Ihr Vorteil als Käufer dieses Buches

Auf der Bonus-Webseite zu diesem Buch finden Sie zusätzliche Informationen und Services. Dazu gehört auch ein kostenloser **Testzugang** zur Online-Fassung Ihres Buches. Und der besondere Vorteil: Wenn Sie Ihr **Online-Buch** auch weiterhin nutzen wollen, erhalten Sie den vollen Zugang zum **Vorzugspreis**.

So nutzen Sie Ihren Vorteil

Halten Sie den unten abgedruckten Zugangscode bereit und gehen Sie auf www.galileocomputing.de. Dort finden Sie den Kasten **Die Bonus-Seite für Buchkäufer**. Klicken Sie auf **Zur Bonus-Seite/Buch registrieren**, und geben Sie Ihren **Zugangscode** ein. Schon stehen Ihnen die Bonus-Angebote zur Verfügung.

Ihr persönlicher Zugangscode: 48ba-exyd-rfvn-jwgh

Martin Linten, Axel Schemberg, Kai Surendorf

PC-Netzwerke

Galileo Press

Liebe Leserin, lieber Leser,

mit diesem Buch halten Sie ein seit Jahren bewährtes Standard-Werk zu allen Fragen der PC-Vernetzung in den Händen. Die vielen positiven Rückmeldungen zeigen mir, dass alle bisherigen fünf Auflagen zufriedene Leser gefunden haben.

Den beiden Autoren und Netzwerk-Experten Axel Schemberg und Martin Linten ist es gelungen, Theorie und Praxis optimal miteinander zu verbinden. Sie beraten Sie kompetent von A bis Z bei der Einrichtung Ihres Netzwerkes. Von der Auswahl der richtigen Komponenten wie Kabel, Netzwerkkarten, Switches, Router oder NAS, der Bestimmung der besten Netzwerk-Architektur, der Einrichtung des Betriebssystems bis hin zu Fragen der Sicherheit. Umfangreiche Ergänzungen zur Vernetzung von Macs wurden vom Mac-Experten Kai Surendorf verfasst. Natürlich werden in dieser Auflage auch das neue Windows 8 sowie aktuelle Themen wie Virtualisierung und Cloud-Computing berücksichtigt.

Darüber hinaus erhalten Sie alle nötigen Informationen, um Ihr Netzwerk auch in der Theorie zu verstehen. So wissen Sie von Anfang an, wie alles funktioniert und zusammenhängt und haben im Bedarfsfall schnell den Fehler gefunden. Immer haben in diesem Buch auch die jeweils neuesten Technologien direkt Eingang gefunden. Selbstverständlich unterstützt es Sie daher auch bei der Nutzung von Sprachtelefonie über das Internet oder bei der Einrichtung eines drahtlosen Netzwerkes in der Wohnung.

Dieses Buch versteht sich als »Komplett-Paket«. Die Autoren stellen Ihnen nur Lösungen vor, die sie selbst getestet haben. Wie wäre es mit der Linux-Router-Lösung Fli4L oder einem vorkonfigurierten Netzwerkserver, den Sie auf der DVD finden? Ob Sie ein professionelles Netzwerk zu Hause, im Büro oder für eine LAN-Party nutzen möchten: Ich bin mir sicher, dass Sie in diesem Buch die für Sie passende professionelle Lösung finden werden.

Dieses Buch wurde mit großer Sorgfalt lektoriert und produziert. Sollten Sie dennoch Fehler finden oder inhaltliche Anregungen haben, wenden Sie sich an uns. Ihre Fragen und Änderungswünsche sind jederzeit willkommen.

Viel Vergnügen beim Lesen! Wir freuen uns auf den Dialog mit Ihnen.

Ihr Stephan Mattescheck
Lektorat Galileo Computing

stephan.mattescheck@galileo-press.de
www.galileocomputing.de
Galileo Press · Rheinwerkallee 4 · 53227 Bonn

Auf einen Blick

TEIL I
Grundwissen Netzwerke 41

TEIL II
Lokale Netze 59

TEIL III
Weitverkehrsnetze 97

TEIL IV
Höhere Protokollschichten 117

TEIL V
Praxiswissen 163

Der Name Galileo Press geht auf den italienischen Mathematiker und Philosophen Galileo Galilei (1564–1642) zurück. Er gilt als Gründungsfigur der neuzeitlichen Wissenschaft und wurde berühmt als Verfechter des modernen, heliozentrischen Weltbilds. Legendär ist sein Ausspruch *Eppur si muove* (Und sie bewegt sich doch). Das Emblem von Galileo Press ist der Jupiter, umkreist von den vier Galileischen Monden. Galilei entdeckte die nach ihm benannten Monde 1610.

Lektorat   Stephan Mattescheck, Anne Scheibe
Korrektorat   Heike Jurzik, Köln
Typografie und Layout   Vera Brauner
Herstellung   Maxi Beithe
Satz   Martin Linten
Einbandgestaltung   Barbara Thoben, Köln
Titelbilder   Fotolia.com: 31189816 © Deymos, 29435005 © Pavel Morozov; Getty Images: 143174173 © Eva Serrabassa
Druck und Bindung   Beltz Druckpartner, Hemsbach

Dieses Buch wurde gesetzt aus der Linotype Syntax Serif (9,25/13,25 pt) in LaTeX.

Gerne stehen wir Ihnen mit Rat und Tat zur Seite:
stephan.mattescheck@galileo-press.de bei Fragen und Anmerkungen zum Inhalt des Buches
service@galileo-press.de für versandkostenfreie Bestellungen und Reklamationen
britta.behrens@galileo-press.de für Rezensions- und Schulungsexemplare

Bibliografische Information der Deutschen Nationalbibliothek
Die Deutsche Nationalbibliothek verzeichnet diese Publikation in der Deutschen Nationalbibliografie; detaillierte bibliografische Daten sind im Internet über *http://dnb.d-nb.de* abrufbar.

ISBN   978-3-8362-1899-3

© Galileo Press, Bonn 2013
6., aktualisierte und erweiterte Auflage 2013

Das vorliegende Werk ist in all seinen Teilen urheberrechtlich geschützt. Alle Rechte vorbehalten, insbesondere das Recht der Übersetzung, des Vortrags, der Reproduktion, der Vervielfältigung auf fotomechanischem oder anderen Wegen und der Speicherung in elektronischen Medien. Ungeachtet der Sorgfalt, die auf die Erstellung von Text, Abbildungen und Programmen verwendet wurde, können weder Verlag noch Autor, Herausgeber oder Übersetzer für mögliche Fehler und deren Folgen eine juristische Verantwortung oder irgendeine Haftung übernehmen. Die in diesem Werk wiedergegebenen Gebrauchsnamen, Handelsnamen, Warenbezeichnungen usw. können auch ohne besondere Kennzeichnung Marken sein und als solche den gesetzlichen Bestimmungen unterliegen.

Inhalt

Vorwort 23

1 Einleitung 25

1.1 Aufbau des Buches 25
1.2 Formatierungen und Auszeichnungen 26
1.3 Die DVD zum Buch 28

2 Schnelleinstieg: Für Praktiker 31

2.1 Planung: Welche Komponenten benötigen Sie? 31
    2.1.1 Kabel – wenn ja, welches? 32
    2.1.2 Beispiel: Familie Müller 34
2.2 Einkaufen 36
    2.2.1 Multifunktionsgeräte 37
2.3 Hardware ein- und aufbauen 37
    2.3.1 Netzwerkkarten 38
    2.3.2 LAN-Verschaltung 38
2.4 IP konfigurieren 39
2.5 Funktionstest 40

TEIL I: Grundwissen Netzwerke

3 Grundlagen der Kommunikation 43

3.1 Kommunikation im Alltag 43
3.2 Kommunikation zwischen Computern 44
3.3 Was ist nun ein Netzwerk? 45

4 Netzwerktopologien 47

4.1 Bustopologie 47
4.2 Ringtopologie 48
4.3 Sterntopologie 48

5 Kommunikationsmodelle 51

5.1 DoD-Modell 52
5.2 ISO/OSI-Modell 53
5.3 Ablauf der Kommunikation 54

TEIL II: Lokale Netze

6 Ethernet 61

6.1 Ursprung des Ethernet 61
6.2 Fast-Ethernet 63
6.3 Gigabit-Ethernet 65
6.4 10-Gigabit-Ethernet 66
    6.4.1 IEEE 802.3ae – 10GBASE 66
    6.4.2 IEEE 802.3an – 10GBASE-T 67
6.5 IEEE 802.3ba – 40- und 100-Gigabit-Ethernet 67
6.6 Hub 68
6.7 Switch 69
    6.7.1 Broadcast 70
    6.7.2 Multicast 71
6.8 Ausblick 71

7 Wireless LAN 73

7.1 IEEE 802.11 74
7.2 IEEE 802.11b 78
7.3 IEEE 802.11a/h 78
7.4 IEEE 802.11g 79
    7.4.1 Kanalwahl 79
    7.4.2 Sendeleistung 81
7.5 IEEE 802.11n 82
7.6 IEEE 802.11ac 83
7.7 IEEE 802.11ad 83
7.8 IEEE 802.11e 84
7.9 Wi-Fi Alliance 84
7.10 Beschleunigertechniken 85
    7.10.1 Channel Bonding 85
    7.10.2 Frame bursting 86
    7.10.3 Frame Aggregation 86

		7.10.4	Sendeleistung	86
		7.10.5	Antennenausrichtung	87
		7.10.6	Multiple In Multiple Out	87
	7.11	Sicherheit von WLANs		88
	7.12	Hot Spot		88
	7.13	Ausblick		88

8 Netzwerk ohne neue Kabel — 91

	8.1	Daten über Stromkabel		91
		8.1.1	Homeplug 1.0	92
		8.1.2	Homeplug AV	93
		8.1.3	Homeplug AV2	93
		8.1.4	HomeGrid	94
	8.2	Powerline Telecommunication		94
	8.3	Sicherheit		95

TEIL III: Weitverkehrsnetze

9 Kabelinternetzugang — 99

	9.1	Aufbau	100
	9.2	Marktsituation	100

10 DSL — 103

	10.1	ADSL	105
	10.2	SDSL	108
	10.3	VDSL	109
	10.4	VDSL2	109
	10.5	TV über das Telefonkabel	110
	10.6	Ausblick	110

11 Kabelloser Internetzugang — 113

	11.1	GPRS	114
	11.2	EDGE	114
	11.3	UMTS	114

11.4 LTE 115
11.5 WiMAX 115

TEIL IV: Höhere Protokollschichten

12 Das Internetprotokoll 119

12.1 Routing 123
12.2 Private IP-Adressen 126
12.3 Network Address Translation 127
12.4 IP-Version 6 129
    12.4.1 Vergleich 129
    12.4.2 Adressen 130
    12.4.3 Privacy Extension 131
    12.4.4 Sicherheit 131
    12.4.5 Migration 132
    12.4.6 IPv6 ausprobieren 132

13 Address Resolution Protocol 135

14 Internet Control Message Protocol 137

15 Transmission Control Protocol 139

16 User Datagram Protocol 141

17 DHCP 143

17.1 Die einzelnen Pakete 145
    17.1.1 DISCOVER 145
    17.1.2 OFFER 145
    17.1.3 REQUEST 145
    17.1.4 ACKNOWLEDGE 146
17.2 Der DHCP-Ablauf 147
    17.2.1 Initialisierung 147
    17.2.2 Bindung 147
    17.2.3 Erneuerung 148

18 Namensauflösung ... 149

- 18.1 Die hosts-Datei ... 149
- 18.2 WINS ... 150
- 18.3 DNS ... 150

19 Simple Network Management Protocol ... 153

20 Zeroconf ... 155

- 20.1 Windows ... 155
- 20.2 OS X ... 157
- 20.3 Avahi unter Linux ... 158

21 Universal Plug and Play ... 161

TEIL V: Praxiswissen

22 Netzwerkkabel ... 165

- 22.1 Kategorien ... 166
- 22.2 Linkklassen ... 166
- 22.3 Schirmung ... 167
- 22.4 Netzwerkstecker anbringen ... 168
- 22.5 Kabeltest ... 171
- 22.6 Patchpanel und Netzwerkdosen anschließen ... 172
- 22.7 Belegung von ISDN ... 175
- 22.8 Cross-Kabel ... 175

23 Netzwerkkarten ... 177

- 23.1 Kaufhilfe für kabelgebundene Netzwerkkarten ... 177
  - 23.1.1 Gigabit ... 178
  - 23.1.2 Fazit ... 178
- 23.2 PCI- und PCIe-Netzwerkkarten ... 179
  - 23.2.1 PCI-Express-Netzwerkkarten ... 179
  - 23.2.2 WLAN-Netzwerkkarten ... 181
- 23.3 Netzwerkkarte einbauen ... 182

23.4 PCMCIA-/Cardbus-Netzwerkkarten 184
    23.4.1 LAN-Karten 185
    23.4.2 WLAN-Karten 186
23.5 USB-Adapter 187
    23.5.1 USB-Varianten 187
    23.5.2 LAN-Adapter 188
    23.5.3 WLAN-Adapter 188
23.6 Sonderfunktionen 190
    23.6.1 Half-/Fullduplex 191
    23.6.2 Autonegotiation 191
    23.6.3 Autosensing 191
    23.6.4 Trunking 191
    23.6.5 Wake-on-LAN 192

24 Switches 193

24.1 Marktübersicht 193
    24.1.1 Einsteiger: Mini-Switches 194
    24.1.2 Workgroup-Switches 195
    24.1.3 Modulare Switches 198
    24.1.4 Fachbegriffe für den Switch-Kauf 199
    24.1.5 Fazit 200
24.2 Switches im Netzwerk integrieren 201
    24.2.1 Uplink 201
    24.2.2 Auto-MDI/MDX 201

25 Windows einrichten 203

25.1 Windows 8 203
    25.1.1 Versionen 204
    25.1.2 Windows Live ID 204
    25.1.3 Einstellungen synchronisieren 204
    25.1.4 Bildcode 206
    25.1.5 File History 206
    25.1.6 Windows Defender 209
    25.1.7 Client HyperV 209
25.2 Windows 7 210
    25.2.1 Versionen 210
    25.2.2 Besondere Netzwerkfunktionen 211
    25.2.3 IP-Konfiguration 212
    25.2.4 Windows-7-Firewall 213

	25.2.5	Homegroup	214
	25.2.6	Windows-Remoteunterstützung Easy Connect	216
	25.2.7	Kleine Änderungen	219
25.3	Windows Vista		220
	25.3.1	Besondere Netzwerkfunktionen	220
	25.3.2	IP-Einstellungen	223
	25.3.3	Erweiterte Netzwerkeinstellungen	227
	25.3.4	Firewall und Defender	229
	25.3.5	Netzwerk- und Freigabecenter	231
	25.3.6	Jugendschutz	234
25.4	Windows XP		236
	25.4.1	Hardware-Erkennung	236
	25.4.2	IP-Einstellungen	237
	25.4.3	Firewall	240
25.5	Windows in verschiedenen Netzwerken		245
25.6	Drucker- und Dateifreigaben		246
	25.6.1	Computername und Arbeitsgruppe	246
	25.6.2	Vista, Windows 7 und Windows 8	247
	25.6.3	Link Online-ID	251
	25.6.4	Windows XP	252
	25.6.5	Druckerfreigabe	258
	25.6.6	Freigabeprobleme	258

26 Linux einrichten ... 261

26.1	Dokumentation	262
26.2	Administration	263
26.3	Netzwerkkarte unter SUSE einrichten	264
26.4	SUSE-Firewall	269
26.5	WLAN unter Linux	271
26.6	WLAN unter SUSE einrichten	271

27 OS X einrichten ... 275

27.1	Netzwerkumgebungen		275
27.2	Schnittstellen verwalten		277
27.3	Schnittstellen konfigurieren		278
	27.3.1	Einfache Konfiguration	278
	27.3.2	Details konfigurieren	279
27.4	WLAN-Karte konfigurieren		280
27.5	Die Firewalls von OS X		283

27.6	networksetup am Terminal		286
27.7	Freigaben für Windows unter OS X		287
	27.7.1	Ordner freigeben	287
	27.7.2	Samba starten	288

28 Troubleshooting — 291

28.1	Problemursachen finden		292
28.2	Fehlersuche Schritt für Schritt		294
	28.2.1	Kabel	295
	28.2.2	Netzwerkkartentreiber	295
	28.2.3	IP-Konfiguration	296
28.3	Checkliste		297
28.4	Windows-Bordmittel		299
	28.4.1	Konfiguration auslesen	299
	28.4.2	MAC-Adressen zu IP	300
	28.4.3	DHCP erneuern	300
	28.4.4	ping	301
	28.4.5	traceroute	302
	28.4.6	route	303
	28.4.7	TCP-/UDP-Verbindungen	304
	28.4.8	NetBIOS	305
	28.4.9	Windows XP Performancemonitor	305
	28.4.10	Network Diagnostics Framework	307
28.5	Linux-Bordmittel		308
	28.5.1	Ethernet-Konfiguration: ethtool	309
	28.5.2	IP-Konfiguration: ifconfig	310
	28.5.3	ping	311
	28.5.4	bing	313
	28.5.5	MAC-Adressen und IP-Adressen: arp	314
	28.5.6	traceroute	315
	28.5.7	route	315
	28.5.8	MTU: tracepath	317
	28.5.9	TCP-/UDP-Verbindungen	317
	28.5.10	Portscanner: nmap	318
28.6	Bordmittel von OS X		319

29 Zusatzprogramme — 323

29.1	Wireshark	323
29.2	Zusatzprogramme für Windows	327

	29.2.1	CurrPorts	327
	29.2.2	inSSIDer	328
	29.2.3	Tftpd32	329
	29.2.4	SlimFTPd	329
	29.2.5	FileZilla	330
	29.2.6	Microsoft Network Monitor	330
29.3	Zusatzprogramme für Linux		333
	29.3.1	Performanceüberblick mit xosview	333
	29.3.2	Pakete mitschneiden mit IPTraf	333

30 Netzwerkgeschwindigkeit ermitteln — 335

30.1	Performancemessung mit NetIO		335
	30.1.1	Windows	335
	30.1.2	Linux	337
30.2	Performancemessung mit Iperf		337
	30.2.1	Windows	338
	30.2.2	Linux	338
30.3	Netzwerkgeschwindigkeit mit FTP		339
30.4	Intel NAS Performance Toolkit		340
30.5	Ergebnisse Performancemessung		342

31 Fernadministration und Zusammenarbeit — 345

31.1	Telnet		346
31.2	Secure Shell (SSH)		348
	31.2.1	Passwortgeschützte Verbindung mit Serverschlüssel	348
	31.2.2	Passphrasegestützte Verbindung mit Clientschlüssel	349
	31.2.3	SSH Single Sign On	350
	31.2.4	Erweiterte Konfiguration des Servers	352
	31.2.5	SSH unter OS X nutzen	353
31.3	X11, das grafische System unter Linux		354
	31.3.1	X11-Client	355
	31.3.2	X11-Server	355
	31.3.3	Getunneltes X11	356
	31.3.4	Xming, X11 für Windows	357
	31.3.5	X11 für OS X	358
31.4	TeamViewer		359
31.5	Zusammenarbeit im Internet – Kollaboration		361
	31.5.1	Mikogo	361
	31.5.2	Webmeeting mit Spreed	363

31.6	Virtual Network Computing (VNC)	365
	31.6.1 VNC-Client und VNC-Server	365
	31.6.2 Getunneltes VNC	367
	31.6.3 Bildschirmfreigabe unter OS X	369
31.7	Remotedesktop	371
	31.7.1 RDP für Linux	374
	31.7.2 Remotedesktopverbindung für OS X	374
31.8	Remoteunterstützung	375

32 Sicherheit im LAN und im Internet — 379

32.1	Mögliche Sicherheitsprobleme	380
	32.1.1 Authentifizierung und Autorisierung	380
	32.1.2 Datenintegrität	381
	32.1.3 Schadprogramme	382
	32.1.4 Sicherheitslücken	382
	32.1.5 Exploit	382
	32.1.6 Fallbeispiele	383
	32.1.7 Der Hackerparagraf	384
32.2	Angriffsarten: Übersicht	385
32.3	ARP-Missbrauch	386
32.4	Sicherheitslösungen im Überblick	389
	32.4.1 Firewall	390
	32.4.2 Virenscanner	392
	32.4.3 Network Intrusion Detection System	392
	32.4.4 Unsichere Passwörter	393

33 Programme zur Netzwerksicherheit — 395

33.1	Firewalls für Windows	395
	33.1.1 Firewall-Leistungen	396
	33.1.2 Quellen im Web	396
33.2	IPTables, Firewall für Linux	397
33.3	Firewalls testen	397

34 WLAN und Sicherheit — 399

34.1	Sicherheitsverfahren	399
	34.1.1 WEP	400
	34.1.2 WPA	401

	34.1.3	WPA2	401
	34.1.4	Access List	402
	34.1.5	VPN	402
	34.1.6	WLAN-Fachchinesisch	403
	34.1.7	Aspekte	404
34.2	WPA in der Praxis		405
34.3	Wi-Fi Protected Setup		407
34.4	WLAN-Sicherheit analysieren		408
	34.4.1	Aircrack-ng	409
	34.4.2	Weitere Tools	411

35 Verschlüsselung 413

35.1	Symmetrische Verschlüsselung		413
35.2	Asymmetrische Verschlüsselung		414
35.3	Hybride Verschlüsselung		414
35.4	Signaturen		415
35.5	(Un-)Sicherheitsfaktoren der Verschlüsselung		415
35.6	GNU Privacy Guard (GnuPG)		416
	35.6.1	Schlüsselgenerierung	416
	35.6.2	Export	418
	35.6.3	Import	418
	35.6.4	Überprüfung	418
	35.6.5	Signierung	419
	35.6.6	Verschlüsselung	420
	35.6.7	Entschlüsselung	420
	35.6.8	Vertrauen	420
	35.6.9	Keyserver	422
	35.6.10	Keysigning-Partys	422
	35.6.11	Verschlüsselte Kommunikation mit Servern	422
	35.6.12	KGpg	423
35.7	E-Mails mit GnuPG und Enigmail verschlüsseln		424
	35.7.1	Installation	424
	35.7.2	Konfiguration	425
	35.7.3	PGP/Mime	427
35.8	GPGTools für OS X		428
35.9	Virtual Private Network		430
	35.9.1	PPTP	431
	35.9.2	L2TP	431
	35.9.3	IPsec	431
	35.9.4	End-to-Site-VPN	432

Inhalt

	35.9.5	Site-to-Site-VPN	435
	35.9.6	VPN zwischen Netzwerken	435
	35.9.7	Hamachi: VPN mit einem Klick	436
	35.9.8	Fritz!Box-VPN	439

36 Internetzugang — 443

36.1	Hardware-Router		444
	36.1.1	Router für die Internetanbindung	445
	36.1.2	Kriterien für den Routerkauf	446
	36.1.3	Stand der Dinge	447
	36.1.4	Ersatzzugang	449
	36.1.5	Alternative Firmware	449
	36.1.6	Apple AirPort	450
	36.1.7	Router aufbauen	451
36.2	Der Software-Router fli4l		452
	36.2.1	Kostenvergleich	453
	36.2.2	Hardware	453
	36.2.3	fli4l beschaffen	454
	36.2.4	fli4l entpacken	455
	36.2.5	fli4l konfigurieren	455
	36.2.6	Diskette bauen	462
	36.2.7	PCs im Netzwerk mit fli4l einrichten	463
	36.2.8	Administration des Routers	463
	36.2.9	fli4l auf der Festplatte	465
36.3	fli4l und OpenVPN		466
	36.3.1	fli4l als OpenVPN-Server	466
	36.3.2	OpenVPN-Client	468
	36.3.3	Kontrolle der OpenVPN-Verbindung	469
36.4	Proxy		471

37 DynDNS-Dienste — 473

37.1	Anbieter		473
37.2	Aktualisierung		474
	37.2.1	Router	474
	37.2.2	Software	475
	37.2.3	DynDNS Updater für OS X	476

38 Netzwerkspeicher ... 477

- 38.1 Windows Home Server ... 478
  - 38.1.1 WHS Connector ... 479
  - 38.1.2 WHS Client Backup ... 479
  - 38.1.3 Datensicherheit ... 480
  - 38.1.4 Licht und Schatten von WHS ... 480
- 38.2 FreeNAS, Openfiler & Co. ... 481
- 38.3 Router mit externer USB-Platte ... 482
  - 38.3.1 DSL-Router ... 482
  - 38.3.2 Filesharing mit Apples AirPort ... 483
- 38.4 Hardware-NAS ... 484
  - 38.4.1 Anzahl der Festplatten ... 484
  - 38.4.2 Fallstricke bei der Auswahl ... 486
  - 38.4.3 Einbindung ins Netzwerk ... 487

39 Virtualisierung ... 489

- 39.1 Hardware-Voraussetzungen ... 490
- 39.2 VMware Server ... 492
  - 39.2.1 Download und Lizenzerwerb ... 492
  - 39.2.2 Installation ... 492
  - 39.2.3 Erste Schritte ... 494
  - 39.2.4 Virtuelle Netzwerke ... 495
- 39.3 Oracle VM VirtualBox ... 496
  - 39.3.1 Installation ... 496
  - 39.3.2 Erste Schritte ... 497
  - 39.3.3 Virtuelle Netzwerke ... 498
- 39.4 VMware Player ... 499
  - 39.4.1 Installation ... 500
  - 39.4.2 Erste Schritte ... 500
  - 39.4.3 Virtuelle Netzwerke ... 501
- 39.5 Anpassungen des Gastbetriebssystems ... 502
- 39.6 Tuning ... 502

40 Virtuelle Appliances ... 503

- 40.1 IP-Adressen der virtuellen Maschinen ... 503
- 40.2 Openfiler Appliance als Datenspeicher ... 504
  - 40.2.1 Einbinden der virtuellen Maschine ... 504
  - 40.2.2 Konfiguration ... 506

	40.2.3	Netzwerksetup	507
	40.2.4	Systemupdate	508
	40.2.5	LDAP-Benutzerverwaltung	508
	40.2.6	Speicherplatzverwaltung	509
	40.2.7	Netzwerkfreigaben	512
	40.2.8	NFS-Freigaben für Linux	514
	40.2.9	Der Netzwerk-Datastore für VMware	515
40.3	Squid Proxy Appliance		516
	40.3.1	Einbinden der virtuellen Maschine	517
	40.3.2	Netzwerksetup	518
	40.3.3	Den Squid Proxy verwenden	519
	40.3.4	Proxy unter OS X konfigurieren	521
	40.3.5	Blacklists	522
	40.3.6	Der Virenscanner ClamAV	522
40.4	Personal Backup Appliance		523
	40.4.1	Einbinden der virtuellen Maschine	524
	40.4.2	Backup	525
	40.4.3	Restore	526
	40.4.4	Verwalten der Backups	526
40.5	Trixbox Asterisk Appliance		527
	40.5.1	FreePBX nutzen	527
	40.5.2	Telefone konfigurieren	528
	40.5.3	SIP-Provider konfigurieren	530

41 siegfried3 – ein vielseitiger Server 533

41.1	Motivation – oder: Warum ausgerechnet Linux?		533
41.2	Aufgaben Ihres Netzwerkservers		535
41.3	Einbinden der virtuellen Maschine		536
41.4	Webmin		536
41.5	DHCP-Server		537
41.6	Samba als Fileserver		543
	41.6.1	Linux als Server	543
	41.6.2	Windows als Client	550
	41.6.3	Linux als Client	551
	41.6.4	OS X als Client	554
	41.6.5	Windows und OS X als Server	555
41.7	Drucken im Netzwerk		556
	41.7.1	Drucker am Server einrichten	557
	41.7.2	PDF-Drucker	558
	41.7.3	Netzwerkdrucker am Client einrichten	559

41.8	Mailserver	561
	41.8.1 Mails mit Postfix verschicken	561
	41.8.2 Mails mit Postfix empfangen	563
	41.8.3 Mails mit Postfix über einen Provider verschicken	566
	41.8.4 Postfächer aus dem Internet holen	568
	41.8.5 Regelmäßiges Abholen der Post	570
	41.8.6 IMAP-Server für Clients im LAN vorbereiten	571
	41.8.7 IMAP-Clients im LAN an den Server anbinden	573
	41.8.8 Shared Folders	574
41.9	PHProjekt Groupware-Server	575
	41.9.1 Installation	576
	41.9.2 Konfiguration	576
	41.9.3 PHProjekt benutzen	578
41.10	MLDonkey: Tauschbörsentalente	578
	41.10.1 MLDonkey einrichten	579
41.11	Time-Server	581
	41.11.1 Zeitserver aufsetzen	582
	41.11.2 Clients an den Zeitserver anbinden	584
	41.11.3 Andere Zeitdienste als NTP	585
	41.11.4 Systemzeit virtueller Maschinen	585

42 Netzwerk-Backup 587

42.1	Wozu Backup?	587
42.2	Backup	588
42.3	Restore	589
42.4	Disaster Recovery	589
42.5	Areca Backup	590
	42.5.1 Sicherungsdefinitionen	590
	42.5.2 Inkrementelle Sicherung	591
	42.5.3 Differenzielle Sicherung	592
	42.5.4 Backup-Verknüpfungen	592
	42.5.5 Restore	592
	42.5.6 Archive löschen und zusammenfügen	593
42.6	Windows-Bordmittel	593
	42.6.1 Robocopy	593
	42.6.2 SyncToy 2.0	594
	42.6.3 Offlinedateien	595
	42.6.4 Systemabbild	596
	42.6.5 Windows File History	597
42.7	OS X Time Machine	597

42.8	Cloud Backup		599
	42.8.1	Amazon S3	600
	42.8.2	File History in die Cloud	600

43 Streaming Media 601

43.1	Protokolle und Codecs		602
	43.1.1	Audio-Codecs	603
	43.1.2	Video-Codecs	604
	43.1.3	Streaming-Dienste	604
43.2	Streaming-Hardware		606
	43.2.1	Digitaler Bilderrahmen	606
	43.2.2	Internetradio	606
	43.2.3	TV Media Player	607
	43.2.4	TV-Geräte	608
	43.2.5	Spielekonsolen	608
	43.2.6	Smartphones	609
	43.2.7	Router	609
	43.2.8	NAS-Speicher	609
43.3	Streaming-Software		609
	43.3.1	Betriebssysteme	609
	43.3.2	Video-Streaming mit dem VLC media player	611

44 Voice over IP 615

44.1	Grundlagen zu VoIP		617
	44.1.1	Protokolle	617
	44.1.2	ENUM	620
	44.1.3	Audio-Codecs	621
	44.1.4	Voraussetzungen für VoIP im Netzwerk	622
44.2	Skype: Einfacher geht es nicht		629
	44.2.1	Installation und Konfiguration	630
	44.2.2	Skype benutzen	630
	44.2.3	Technik	632
44.3	SIP-Provider im Internet		633
44.4	Softphone: PhonerLite		635
	44.4.1	Konfiguration	636
	44.4.2	Einsatz	637
44.5	Fritz!Box Fon		638
44.6	VoIP-Hardware		640

44.6.1	IP-Telefon	641
44.6.2	TK-Anlagen	642
44.6.3	Headsets	642

45 Cloud-Computing — 645

45.1	Infrastrukturen		646
	45.1.1	Public Cloud	646
	45.1.2	Private Cloud	646
	45.1.3	Hybrid Cloud	646
45.2	Everything as a Service		647
	45.2.1	Infrastructure as a Service	647
	45.2.2	Platform as a Service	647
	45.2.3	Software as a Service	648
45.3	Beispiele aus der Cloud		648
	45.3.1	Microsoft SkyDrive	648
	45.3.2	Amazon S3	649
	45.3.3	Dropbox	649
	45.3.4	Google Drive	649
	45.3.5	QNAP MyCloudNAS	650
	45.3.6	Amazon EC2	651
	45.3.7	Apple iCloud	651

Anhang — 653

A	Linux-Werkzeuge		655
	A.1	Vorbemerkung	655
	A.2	Grundbefehle	657
		A.2.1 Bewegen im Dateisystem	657
		A.2.2 Datenstrom	661
		A.2.3 Prozesse und Dateisystem	662
		A.2.4 Netzwerkbefehle	664
	A.3	Der Editor Vi	665
		A.3.1 Arbeiten mit dem Vi	666
	A.4	Shell-Skripte	668
B	ASCII-Tabelle		671
C	Glossar		673

Index ... 693

Vorwort

Da ist sie nun, die bereits sechste Auflage unseres Buches!

Wir alle befinden uns gerade jetzt mitten im Kommunikationszeitalter. Dieses wäre ohne Netzwerke undenkbar.

Die Möglichkeiten scheinen unbegrenzt: Virtualisierung, Cloud-Computing, IPv6 und mobiles Internet sind heute in aller Munde, doch was genau verbirgt sich eigentlich hinter diesen Begriffen? Wie kann ich die neuen Technologien für mich nutzen?

Dieses Buch legt zunächst die Grundlagen und vertieft danach alle aktuellen Themen – einschließlich der Betriebssysteme Windows 8 und OS X 10.8 (Mountain Lion) –, wobei wie schon in den ersten fünf Auflagen der Schwerpunkt eindeutig auf der Praxis liegt. Ihnen geht es vielleicht auch so wie uns: Was Sie selber ausprobieren, ist besser verständlich und bleibt besser im Gedächtnis.

Damit Sie Netzwerkfunktionen bequem testen können, liegt dem Buch wieder eine DVD mit Software und mehreren virtuellen Maschinen bei. Eine dieser virtuellen Maschinen ist siegfried, der bewährte Server für zu Hause. Testen Sie siegfried zusammen mit den anderen virtuellen Maschinen von der Buch-DVD auf Ihrem PC, ohne dass eine Veränderung Ihres Systems oder eigene Hardware erforderlich ist.

Wir sind uns sicher, dass uns mit dieser Auflage die Verknüpfung von Information, Dokumentation und Software aus einer Hand erneut geglückt ist. So wünschen wir Ihnen gutes Gelingen und viel Freude mit diesem Buch!

Erst nachdem wir ein Buch geschrieben hatten, konnten wir nachvollziehen, dass sich üblicherweise Autoren bei Ihren Familien bedanken. An Euch, die Ihr Rücksicht genommen und uns äußerst geduldig ertragen habt:

Vielen Dank!

Axel Schemberg, **Martin Linten** und **Kai Surendorf**

Wie sollten Sie mit diesem Buch arbeiten? Ich möchte Ihnen hier das Konzept dieses Buches vorstellen und die verwendeten Auszeichnungen von Text erklären, sodass Sie sich besser zurechtfinden.

1 Einleitung

Dieses Buch ist darauf ausgelegt, Ihnen sowohl die notwendigen theoretischen Grundlagen zu vermitteln als auch viele praktische Anwendungen zu schildern. Diese können Sie dann in Ihrem Netzwerk anhand der Schritt-für-Schritt-Beschreibungen umsetzen.

1.1 Aufbau des Buches

Dieses Buch besteht aus sechs Teilen:

- Grundwissen Netzwerke, Kapitel 3 bis 5
- Lokale Netze, Kapitel 6 bis 8
- Weitverkehrsnetze, Kapitel 9 bis 11
- Höhere Protokollschichten, Kapitel 12 bis 21
- Praxiswissen, Kapitel 22 bis 45
- Anhang

Der Teil **Grundwissen Netzwerke** vermittelt Ihnen die theoretischen Grundlagen, die Sie immer wieder benötigen werden. Meiner Meinung nach ist es unabdingbar, über eine solide Wissensbasis zu verfügen, bevor man sich weiter mit Netzwerken in der Praxis beschäftigt; daher ist dies der erste Teil des Buches.

Lokale Netze (LAN) sind örtlich begrenzte Netzwerke, wie z. B. ein Firmennetzwerk oder Ihr Heimnetzwerk.

Der Teil **Weitverkehrsnetze** beschäftigt sich mit der Verbindung eines lokalen Netzes mit dem Internet.

Im Teil **Höhere Protokollschichten** erkläre ich wichtige Protokolle, denen Sie in Ihrem LAN und im Internet täglich begegnen.

Das **Praxiswissen** umfasst den größten Teil dieses Buches. Hier zeige ich Ihnen, wie Sie mithilfe der zuvor erworbenen Grundlagen ein Netzwerk aufbauen können. Ich beginne beim Kabel und schließe mit den Anwendungen. Anhand von praktischen Beispielen werden in diesem Teil alle einzelnen Schritte erklärt und vorgeführt. Sie finden hier die Beschreibungen, wie Sie die Netzwerkeinstellungen bei den Betriebssystemen vornehmen können oder welche Programme sich für den Einsatz im Netzwerk eignen.

Im **Anhang** finden Sie nützliche Informationen, beispielsweise eine kleine Einführung in Linux-Befehle.

[»] Sie müssen nicht das ganze Buch von vorn bis hinten lesen! Ich habe darauf geachtet, dass jeder Bereich möglichst auch dann verständlich ist, wenn Sie nur diesen einen Teil lesen.

Meine Empfehlung lautet, dass Sie den Teil **Grundwissen Netzwerke** zuerst lesen. Damit haben Sie die wichtigste Grundlage für das Verständnis von Netzwerken gelegt. Nebenbei bemerkt gehören Sie dann zu den wenigen Menschen auf diesem Planeten, die wissen, wovon sie reden, wenn über TCP/IP gesprochen wird. Wenn Sie nicht die Geduld haben, sich zunächst mit der Theorie auseinanderzusetzen, dann können Sie ab Seite 31 den »Schnelleinstieg: Für Praktiker« wählen.

Die Erläuterungen zu OS X beziehen sich auf die Versionen 10.7 und 10.8. Bei den Bildschirmfotos, die unter OS X 10.8 erstellt wurden, können sich leichte Abweichungen zu vorhergehenden Versionen des Systems ergeben.

1.2 Formatierungen und Auszeichnungen

Ein umfangreicher Text kommt um Formatierungen nicht herum. Zunächst möchte ich Ihnen die Symbole vorstellen, die Sie in der Randspalte finden können.

[zB] Zur Verdeutlichung nenne ich ein Beispiel. Es kann sein, dass ich im weiteren Text Bezug auf dieses Beispiel nehme, allerdings habe ich umfangreichere Beispiele vermieden, sonst müssten Sie das ganze Buch von vorn bis hinten lesen.

[»] Wenn Stellen mit diesem Zeichen versehen sind, möchte ich Sie auf eine Sache besonders hinweisen.

Die beschriebene Funktion/Aktion hat nicht nur Vorteile. Wenn Sie sie umsetzen, [!]
dann können erhebliche Nachteile, z. B. Sicherheitslücken, auftreten.

Dieses Buch enthält eine DVD. Viele der von mir angesprochenen Software ist [O]
dort enthalten. Dieses Symbol macht Sie darauf aufmerksam, im Text finden Sie
den Hinweis, in welchem Verzeichnis unterhalb des Ordners *Software* Sie das
beschriebene Programm finden.

Nachdem Sie jetzt in Bezug auf die Symbolik völlig im Klaren sind, möchte ich
Ihnen noch kurz die Textformatierungen erläutern:

- Befehle oder Angaben, die Sie eingeben müssen, habe ich in nichtproportionaler Schrift ausgezeichnet, z. B. `ping www.web.de`.

- Wenn der Eintrag variabel ist, habe ich ihn in spitze Klammern gesetzt (`ping <IP-Adresse>`). Sie müssen dort ohne Klammern den variablen Wert eintragen. Sollten Teile des Eintrags in eckigen Klammern stehen, so handelt es sich um optionale Bestandteile (`ping [-t] <IP-Adresse>`).

- Menüpunkte oder Programmnamen habe ich in Kapitälchen formatiert, z. B. START • PROGRAMME • EINSTELLUNGEN • SYSTEMSTEUERUNG. Sie müssen die genannten Menüpunkte nacheinander anklicken, um an die gewünschte Stelle zu kommen.

- Wichtige Begriffe sind über die Formatierung *kursiv* gekennzeichnet.

- Alle *Hyperlinks* sind ebenfalls kursiv markiert.

Tasten oder Tastenkombinationen, die Sie auf Ihrer Tastatur drücken müssen, sind im Buch als Tasten dargestellt, z. B. (Enter). Entsprechend bedeutet (Strg) + (Alt) + (Entf), dass Sie diese Tasten gleichzeitig betätigen müssen.

Es ist nicht ganz einfach, die Bedienung eines Programms zu beschreiben. Wenn ich die *Menüleiste* erwähne, meine ich Folgendes:

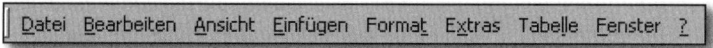

Abbildung 1.1 Die Menüleiste

Mit dem Begriff *Schaltfläche* meine ich einen Button:

Abbildung 1.2 Der Button

Als *Reiter* bezeichne ich diese programmiertechnische Errungenschaft:

Abbildung 1.3 Ein Reiter

Ich hoffe, mit dieser umfangreichen Erklärung lassen sich Missverständnisse bereits im Vorfeld vermeiden, sodass Sie sich voll und ganz auf den Inhalt dieses Buches konzentrieren können. Darüber hinaus finden Sie Erläuterungen zu vielen Begriffen im **Glossar** am Ende des Buches.

1.3 Die DVD zum Buch

Die DVD zum Buch enthält einige Programme, die ich im Text erwähnt habe. Dabei habe ich mich auf Programme konzentriert, bei denen die Version für die Nachvollziehbarkeit der Beispiele im Buch wichtig sein könnte, und auch auf Programme, die im Internet nicht allzu leicht zu finden sind.

Besonders möchte ich auf mehrere fertige virtuelle Maschinen auf der DVD im Verzeichnis *appliances* hinweisen:

- Openfiler: ein Netzwerk-Datenspeicher
- Personal Backup Appliance: ein Image-Backup-Programm
- Squid 3: ein fertiger Proxyserver
- Trixbox: ein Telefonieserver
- siegfried3: Version 3 des vielseitigen Linux-Home-Servers

Es gibt auf der DVD nur wenige Linux-Zusatzpakete, da fast alle erwähnten Programme Teile von siegfried3 sind.

Bei Windows werden wenig Programme mit dem Betriebssystem mitgeliefert. Entsprechend groß ist der Bedarf an ergänzenden Anwendungen.

Die Software finden Sie in thematisch gegliederten Ordnern, sodass Sie sie leichter erreichen können und Sie die Möglichkeit haben, auch einfach ein bisschen auf der DVD im Verzeichnis *software* zu stöbern. Die nachfolgende Tabelle 1.1 enthält eine kurze Beschreibung der Software und gibt an, wo auf der DVD Sie die Installationsdateien finden. Die Sortierung ist alphabetisch.

Programmname	Beschreibung	Verzeichnis
7-Zip	Packprogramm	sonstiges
Areca	Backup-Programm	administration
Automachron	Zeitsynchronisierung mit einem NTP-Server im Internet oder im LAN	management
CUPS-PDF	Erweiterung von CUPS, um PDF-Dokumente erzeugen zu können	sonstiges
Enigmail	Mozilla Thunderbird Sicherheitserweiterung	sicherheit
fli4l	DSL-/ISDN-Linux-Router, der lediglich eine Diskette als Speicherplatz benötigt	internet
FreePDF	PDF-Dokumente über die Standard-Druckfunktion von Programmen erzeugen	sonstiges
Ghostscript	Konvertiert Postscript-Dokumente in PDF-Dokumente und ist Voraussetzung für FreePDF	sonstiges
GnuPG	Verschlüsselungstool	sicherheit
GVim	Der Editor Vim für Windows	sonstiges
Iperf	Performance-Messtool	management
NetIO	Tool zur Messung von Netzwerk-Performance auf TCP/IP-Ebene	management
OpenVPN	VPN-Lösung auf OpenSSL-Basis	internet
PHProjekt	Groupwarelösung, die auf PHP und MySQL basiert und vollständig mit einem Browser bedient und eingerichtet wird	sonstiges
PuTTY	Telnet- und SSH-Client für Windows	administration
SlimFTPd	Kleiner und sehr schneller FTP-Server für Windows	sonstiges
VNC	Fernsteuerungssoftware für verschiedene Betriebssysteme	administration
Webmin	Web-Administrationsoberfläche für UNIX- und Linux-Systeme	administration
Winscp	Verschlüsselte Übertragung von Dateien für Windows	administration
Xming	X11-Server für Windows	administration

Tabelle 1.1 Überblick über Software und Dokumente auf der DVD

Sie möchten ein LAN mit maximal zehn PCs, einem gemeinsamen Internetzugang und gegenseitigen Datei- und Druckerfreigaben aufbauen? An dieser Stelle zeige ich Ihnen, wie Sie vorgehen müssen.

2 Schnelleinstieg: Für Praktiker

Ich werde Ihnen sehr konkrete Vorschläge machen. Das wird die Auswahl und den Aufbau eines LANs einfacher gestalten. Möglicherweise möchten Sie meine Vorschläge variieren, das ist selbstverständlich möglich. Alles Wissenswerte dazu finden Sie in den umfangreicheren Theorie- und Praxisteilen dieses Buches.

2.1 Planung: Welche Komponenten benötigen Sie?

Die ersten Fragen, die Sie jetzt für sich beantworten müssen, lauten:

- Wie viele Netzwerkteilnehmer gibt es?
- Können Verbindungskabel verlegt werden? Wenn ja: Wo?
- An welchem Punkt können die Netzwerkkabel zusammenlaufen und an einen Switch angeschlossen werden?
- Wie stark und schnell wird das LAN in Zukunft wachsen?
- Was will ich im Netzwerk nutzen? (Beispiele: Netzwerkspeicher, Musik, Internetzugang)

Da diese Fragen individuell auf Ihre Situation bezogen sind, können nur Sie diese Fragen beantworten, nachfolgend möchte ich einige Hinweise geben.

Die erste Frage ist sicherlich die einfachste: Wie viele PCs haben Sie, und wie viele davon sollen an das LAN angeschlossen werden? Mögliche weitere Geräte, die Sie an das LAN anschließen können und die Sie an dieser Stelle mitzählen sollten, sind netzwerkfähige Drucker, Internetrouter (DSL-/ISDN-Router) und Wireless LAN Access Points.

Wenn Sie Twisted-Pair-Netzwerkkabel benutzen, dann müssen Sie für jeden Netzwerkanschluss ein Kabel vom Switch bis zum PC verlegen. Ein einzelnes Kabel darf nicht länger als 90 Meter sein.

Jedes Netzwerkkabel muss an einem Switch-Anschluss, dem sogenannten *Switch-Port*, eingesteckt werden. Der Switch sollte an einem Punkt Ihrer Räumlichkeiten platziert werden, an dem er und die Kabel nicht stören. Wenn Sie einen lüfterlosen Switch kaufen, dann kann dieser beispielsweise in der Ecke eines Raumes installiert werden. Der Raum, in dem sich Netzwerkkomponenten befinden, sollte selbstverständlich trocken und staubarm sein.

Die Frage nach der Expansion Ihres Netzwerkes zielt auf den Investitionsschutz. Wenn Sie zurzeit mit fünf PCs arbeiten, aber jetzt schon feststeht, dass Sie ein expandierendes Unternehmen sind und jeden Monat ein bis zwei Kollegen/Kolleginnen, also auch ein bis zwei PCs, hinzukommen, ergibt es keinen Sinn, das LAN auf fünf PCs auszulegen. Wenn Sie wissen, dass Sie innerhalb eines halben Jahres mit der jetzigen Anzahl der Switch-Ports und der LAN-Anschlüsse nicht mehr auskommen, dann sollten Sie die zukünftige Anzahl schon jetzt berücksichtigen. Das gilt zumindest für die Verkabelung.

Ebenfalls wichtig ist die Frage, welche Aufgaben Ihr Netzwerk erfüllen soll. Das Übertragen großer Datenmengen kann über WLAN zu langsam sein; andere Netzwerkgeräte bieten nur einen WLAN-Anschluss.

2.1.1 Kabel – wenn ja, welches?

Um ein Netzwerk aufzubauen, haben Sie inzwischen vielfältige Möglichkeiten. Sie können Netzwerkkabel verlegen, Wireless LAN (Funk) verwenden oder auf Ihre Stromverkabelung mit Homeplug zurückgreifen.

Die Reihenfolge der Varianten, die ich im Folgenden vorstelle, entspricht meiner persönlichen Präferenz.

Twisted Pair

Wenn Sie sich für die kostengünstigere, schnellere und sicherere Variante Twisted-Pair-Kabel entscheiden, wird jeder PC mit einer Netzwerkkarte und einem LAN-Anschluss versehen.

Wenn es sich um gemietete Räume handelt und die Verkabelung eher vorübergehender Natur ist, besteht der LAN-Anschluss aus einem Switch-Port und dem Verbindungskabel (Netzwerkkabel, LAN-Kabel, Patchkabel) zwischen Switch und dem PC. Die Kabel verfügen über jeweils einen RJ-45-Stecker an den Enden und werden unter dem Begriff *Patchkabel* verkauft. Der Nachteil dieser Verkabelung ist offensichtlich: Frei verlegte Netzwerkkabel sehen nicht besonders gut aus!

Eine dauerhafte Verkabelung, die nicht die Ästhetik der Wohnung ruiniert, ist aufwendiger. Sie lohnt sich, wenn Sie planen, die Netzwerkkabel durch Wände zu verlegen. Mit einem Patchkabel müssten Sie aufgrund der Stecker sehr große

Löcher bohren (ca. 15 mm). Die Alternative sind Verlegekabel ohne Stecker. Sie benötigen nur kleine Löcher (ca. 6 mm). Idealerweise schließen Sie das Kabel an eine Netzwerkdose an, das andere Ende des Kabels wird an einen Verteiler (Fachbegriff: *Patchpanel*) angeschlossen. Sie verbinden die Buchsen des Patchpanels mittels kurzer Patchkabel mit dem Switch. Ebenso verwenden Sie ein Patchkabel, um den PC mit der Netzwerkdose zu verbinden. Wenn Sie einen Netzwerkanschluss nicht benötigen, können Sie die Verkabelung auch für ein Telefon benutzen. Mit einem LSA-Plus-Werkzeug, das ca. 15 € kostet, werden die Adern des Kabels auf die Leisten der Netzwerkdose und des Patchpanels gedrückt.

Wenn Sie sich so viel Mühe machen, dann sollten Sie nicht am Netzwerkkabel selbst sparen! Kaufen Sie Cat 6 oder Cat 6A, damit sind Sie dann für die nächsten zehn Jahre bis zu einer Geschwindigkeit von 10 Gbit/s gerüstet.

[«]

Wireless LAN

Sie möchten keine zusätzlichen Kabel in Ihrer Wohnung oder Ihrem Büro verlegen? Wireless LAN (dt. *drahtloses LAN*) ist eine Alternative. Die Geschwindigkeit, die Sie erreichen können, ist im Vergleich zu kabelgebundenen LANs niedriger, für den Datenaustausch und den Internetzugang aber ausreichend, vorausgesetzt, dass die zu übertragenden Datenmengen nicht ungewöhnlich groß sind. Bequemlichkeit hat ihren Preis, denn ein WLAN ist hinsichtlich der aktiven Netzwerkkomponenten (Access Point und WLAN-Karten) teurer als kabelgebundenes LAN.

Bevor Sie jetzt in völliger Begeisterung WLAN-Komponenten kaufen, sollten Sie weitere Informationen berücksichtigen.

WLANs sind sehr einfach aufzubauen und funktionieren nach dem ersten Einschalten sofort. Doch in ihrem Auslieferungszustand sind die Komponenten oft nicht sicher genug konfiguriert, es besteht ein erhebliches Sicherheitsrisiko. Weitere Informationen zu WLANs finden Sie in Kapitel 7, »Wireless LAN«; Sicherheitsaspekte werden in Kapitel 34, »WLAN und Sicherheit«, erläutert.

Die Reichweite von WLAN hängt sehr stark von den baulichen Gegebenheiten ab. Stahlbeton ist der »Killer« aller Funkwellen, daher wird WLAN durch mehrere Geschossdecken vermutlich nicht funktionieren. Sie sollten also darauf achten, dass Sie eine Umtauschmöglichkeit haben, wenn es nicht funktioniert. Bei Käufen über das Internet ist das meist innerhalb von 14 Tagen der Fall. Als Anhaltspunkt kann die Reichweite eines Funktelefons (DECT-Telefon) gelten. Dort wo Sie mit dem DECT-Telefon keinen Empfang haben, wird WLAN nicht funktionieren.

Powerline mit Homeplug

Wenn es mit WLAN nicht funktioniert, weil Sie nicht überall dort Empfang bekommen, wo Sie ihn brauchen, Sie aber keine LAN-Kabel verlegen können, wollen oder dürfen, kann Homeplug eine Lösung sein.

Homeplug bietet die Möglichkeit, die hauseigene Stromverkabelung als »Netzwerkkabel« zu nutzen. Sie brauchen keine neuen Kabel zu verlegen, benötigen pro Netzwerkanschluss an das Stromnetz einen Adapter (ca. 70 €), logischerweise insgesamt mindestens zwei, die Sie als Starterpaket z. B. von der Firma Devolo zu einem Preis von ca. 100 € bekommen.

Neben dem relativ hohen Preis gibt es weitere Einschränkungen. Die Bandbreite entspricht in der Praxis der WLAN-Geschwindigkeit. Sie können keinen Stromzähler überspringen. Homeplug ist also nur innerhalb einer Wohnung/eines Hauses einsetzbar. Die maximale Übertragungsstrecke beträgt 200 Meter (ein Laborwert); in der Praxis wird es weniger sein. Die Adapter sollten Sie nicht hinter einem Überspannungs-Netzfilter anschließen, weil dieser die Übertragungsqualität negativ beeinflusst.

Die Adapter stecken Sie einfach in eine freie Wandsteckdose (möglichst nicht auf eine Steckerleiste). Sie sind unempfindlich gegen Störeinflüsse von anderen Elektrogeräten. Detailinformationen dazu lesen Sie im Abschnitt 8.1, »Daten über Stromkabel«.

Aus meiner Sicht ist Homeplug eine Alternative zu WLAN und steht schon aufgrund hoher Kosten und der geringeren Bandbreite nicht in Konkurrenz zum normalen LAN über Twisted-Pair-Kabel. Es bedient einen Nischenmarkt, bietet aber einen technisch stabilen Netzwerkzugang, der sicher ist.

2.1.2 Beispiel: Familie Müller

Exemplarisch möchte ich Ihnen den Entwurf eines Netzwerkes anhand einer erfundenen, durchschnittlichen Familie vorstellen.

[zB] Im Haus von Familie Müller (siehe Abbildung 2.1) soll ein Netzwerk aufgebaut werden. Schon lange verwendet die Familie DSL für den Internetzugang. Der Internet-PC steht in einem kleinen Arbeitszimmer im Erdgeschoss. Zu Weihnachten hat sich Herr Müller ein Notebook zugelegt, damit er flexibler arbeiten kann. Dieses Notebook nutzt auch Frau Müller, wenn sie im Internet surft. Der achtjährige Sohn hat noch keinen eigenen PC, doch in den nächsten Jahren wird wohl auch er einen Computer bekommen.

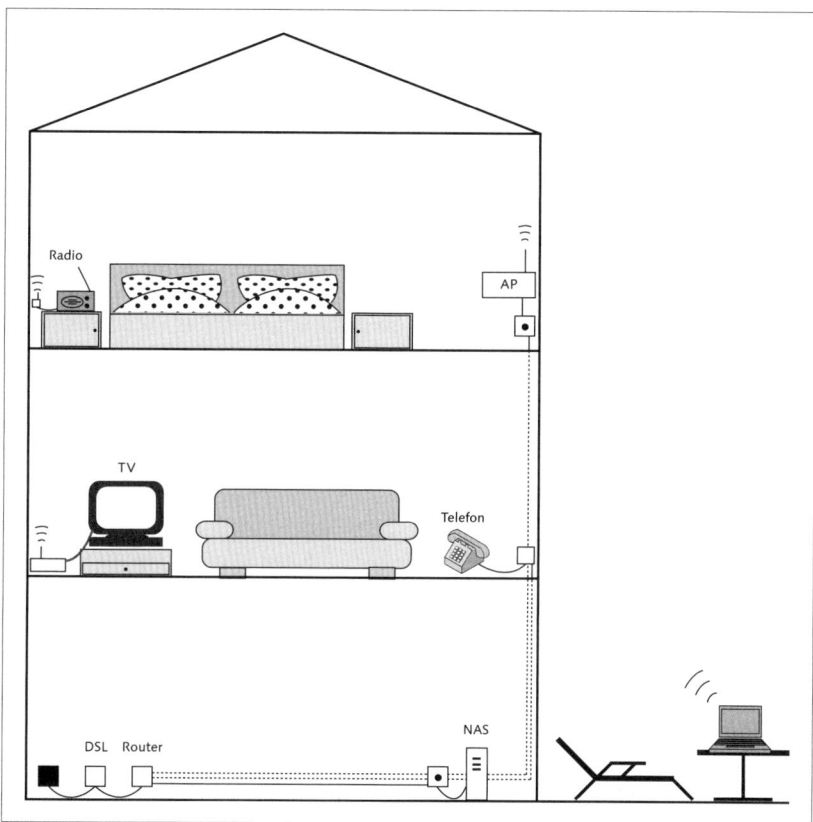

Abbildung 2.1 Das Haus der Müllers

Im Zuge der Netzwerkverkabelung möchten die Müllers mit ihrem Telefonanschluss zu einem DSL-Komplettanbieter wechseln. Telefonieren werden sie dann ebenfalls über DSL.

Herr Müller fotografiert gerne, und er überlegt schon länger, wie er seine Digitalfotos sicher speichern und trotzdem ständig darauf zugreifen kann – auch vom Notebook aus. Frau Müller möchte zukünftig gerne Filme aus dem Angebot des DSL-Anbieters schauen; der Fernseher steht im Wohnzimmer, und einen LAN-Anschluss gibt es dort leider nicht.

Bleibt noch das zweite Weihnachtsgeschenk von Herrn Müller: ein Internetradio. Er hört damit aus einer riesigen Fülle von Radiostationen seinen Musikgeschmack: Country Music.

Wenn Sie dieses Beispiel mit den zuvor gestellten Fragen vergleichen, kommen Sie in etwa zu folgendem Ergebnis:

- Wie viele Netzwerkteilnehmer gibt es? Zwei WLAN-Clients (Notebook und Internetradio), drei LAN-Clients (PC, Telefon und ein Fileserver/NAS).
- Können Verbindungskabel verlegt werden? Wenn ja: Wo? LAN-Kabel sind verlegt, jedoch nicht im Wohnzimmer.
- An welchem Punkt können die Netzwerkkabel zusammenlaufen und an einen Switch angeschlossen werden? Im Keller, wo auch die Hauseinführung für die Telefonkabel ist.
- Wie stark und schnell wird das LAN in Zukunft expandieren? Der Sohn wird einen PC bekommen, Frau Müller möchte einen Streaming-Client für den Fernseher.
- Was will ich im Netzwerk nutzen? Internetzugang für alle Teilnehmer, Telefonieren, Musik- und Video-Streaming, sowie Datenablage auf dem Fileserver.

Üblicherweise sind heute in allen PCs Netzwerkkarten enthalten, auch bei schon etwas älteren Geräten sind sie üblicherweise »on board«. So ist es auch bei den Müllers. PC, Notebook und Telefon haben einen LAN-Anschluss, ebenso der gerade bestellte Fileserver/NAS.

Das Notebook und das Internetradio haben WLAN integriert. Der noch zu kaufende Video-Streaming-Client müsste ebenfalls WLAN unterstützen. Vom bisherigen Internetzugang ist ein WLAN-Router vorhanden.

Was fehlt also noch?

Der Standort für den WLAN-Router im Keller hat sich als ungeeignet herausgestellt. Für das Internetradio reicht es, doch die Verbindung bis ins Dachgeschoss ist zu schwach. Im Keller wird ein 5-Port-Switch installiert, an diesem kann der alte WLAN-Router mit deaktivierter WLAN-Funktion für den Internetzugang genutzt werden. Zusätzlich sollte Herr Müller noch einen WLAN Access Point kaufen, der WLAN nach dem Standard IEEE 802.11n unterstützt; das ist WLAN mit bis zu 300 Mbit/s. Damit ist er auch für die erforderlichen Geschwindigkeiten für das HD-Video-Streaming gerüstet. Dieser Access Point kann dann im Erd- oder Obergeschoss an das LAN angeschlossen werden.

2.2 Einkaufen

Sie wissen, welche Teile Sie für Ihr Netzwerk benötigen. Jetzt geht es an die praktische Umsetzung. Bevor Sie etwas einbauen können, müssen Sie es zunächst kaufen, und schon stellt sich die nächste Frage: Wo?

Wenn Sie technisch wenig begabt und interessiert sind, dann kann ich Ihnen nur wärmstens empfehlen, in ein Fachgeschäft zu gehen – am besten nicht zu einer der großen Ketten und auf keinen Fall in ein Kaufhaus, sondern in einen »Laden um die Ecke«. Dort wird man Sie beraten, Ihnen die Netzwerkkarten einbauen und für ein paar Euros extra sicherlich auch das Netzwerk in Ihrem Büro oder Ihrer Wohnung aufbauen. Wenn es ein Problem gibt, haben Sie einen Ansprechpartner, der Ihnen weiterhelfen kann. Sicherlich ist diese Variante teurer, als wenn Sie die Teile beim billigsten Internetversand bestellen und selber einbauen. Allerdings sparen Sie Zeit und möglicherweise Nerven.

Wenn Sie technisch interessiert und/oder begabt sind, dann können Sie die benötigten Teile ruhig im Internethandel bestellen, denn das Einbauen und Konfigurieren ist kein Problem; schließlich haben Sie dieses Buch. Dank diverser Preisroboter dürfte es kein Problem sein, einen günstigen Anbieter zu finden.

Abraten möchte ich vom Kauf der Netzwerkkomponenten in Kaufhäusern. Die Preise für alles, was nicht ein Komplett-PC ist, sind oft überhöht, so kostet ein LAN-Kabel (5 m lang) leicht 10 bis 20 €, obwohl es nicht mehr als 5 € wert ist. Selbstverständlich gibt es dort Verkäufer, die Ihnen helfen können, doch das Thema Netzwerk ist recht speziell, sodass Sie keine allzu gute Beratung erwarten dürfen.

2.2.1 Multifunktionsgeräte

Ein paar Worte möchte ich noch zum Thema Kombigeräte schreiben. Ein WLAN-AP-DSL-Router-Print-Server-Switch, also die eierlegende Wollmilchsau der Netzwerkwelt, ist lediglich für kleine Netzwerke sinnvoll.

Nur in kleinen Netzwerken mit wenigen PCs ist es sinnvoll, einen Wireless Access Point an demselben Ort aufzustellen, an dem auch der Internetzugang bereitgestellt wird, der Drucker steht und die vier Switch-Ports genutzt werden.

2.3 Hardware ein- und aufbauen

Das Zusammenbauen der Hardware erfordert üblicherweise keine besonderen technischen Fähigkeiten und auch nur wenig Werkzeug. Lediglich wenn Sie planen, Netzwerkkabel zu verlegen, benötigen Sie mehr Werkzeug. Lesen Sie in diesem Fall auch in Kapitel 22, »Netzwerkkabel«, wie Sie diese Aufgabe meistern.

2.3.1 Netzwerkkarten

In den meisten PCs sind bereits Netzwerkkarten »on board« enthalten. In diesem Fall ist der nachfolgende Abschnitt für Sie nicht relevant. Lediglich wenn Sie die vorhandene Netzwerkkarte gegen eine andere austauschen wollen, finden Sie hier die dafür benötigten Informationen.

PCI-Karten

Eine PCI-Karte wird in den PC eingebaut. Dazu öffnen Sie den PC, stecken die Karte in einen freien PCI-Slot und schließen den PC wieder. Beim nächsten Start erkennt das Betriebssystem – zumindest Windows oder Linux – die neue Hardware und installiert die Treiber.

Das genaue Vorgehen zur Installation von PCI-Karten können Sie Abschnitt 23.3, »Netzwerkkarte einbauen«, entnehmen.

PC-Card/Cardbus-Karten/ExpressCard

Herzlichen Glückwunsch zu dieser Karte, einfacher geht es nicht mehr: Sie stecken die PC-Card/ExpressCard in einen freien Slot – auch PCMCIA-Slot genannt –, und beim nächsten Start des Notebooks wird die Karte erkannt. Wenn Sie Windows oder Linux verwenden, dann sollte die Karte auch im laufenden Betrieb erkannt werden und verwendbar sein.

Aufwendig ist die Sache nur, wenn die Karte nicht erkannt wird und Sie keine Treiber-CD oder Ähnliches haben, denn diese Karten benötigen immer spezielle Treiber, die Sie meist nur vom Hersteller bekommen. Sie sollten sich schon auf den Herstellerseiten umsehen, ob alle Betriebssysteme unterstützt werden, unter denen Sie die Karte verwenden wollen.

WLAN-Karten

Wireless-LAN-Karten gibt es als PCI-Version, als PC-Card/ExpressCard oder als USB-Adapter. Eine WLAN-PCI-Karte unterscheidet sich beim Einbau nicht von einer normalen PCI-Netzwerkkarte. Die PC-Card/ExpressCard, die ehemaligen PCMCIA-Karten, werden in einen freien Slot am Notebook geschoben.

2.3.2 LAN-Verschaltung

Wenn Sie alle Netzwerkkarten eingebaut haben, dann müssen Sie das eigentliche Netzwerk durch die Verkabelung herstellen. Bevor Sie eine Verkabelung, die Sie möglicherweise in übertapezierten oder verputzten Kabelkanälen verlegen, für immer verschwinden lassen, sollten Sie deren Funktion sicherstellen, indem Sie die Kabel ausprobieren. Welche Möglichkeiten Ihnen dabei zur Verfügung stehen, entnehmen Sie bitte den Ausführungen in Abschnitt 22.5, »Kabeltest«.

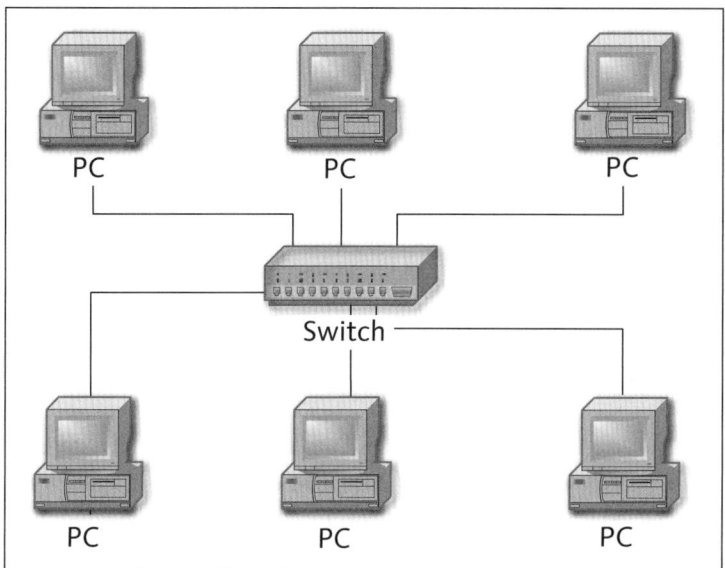

Abbildung 2.2 Systematische Darstellung des LAN-Aufbaus

Abbildung 2.2 zeigt den schematischen Aufbau eines LANs. Jeder PC wird mit einem LAN-Kabel an den Switch angeschlossen.

Wenn Sie die PCs einschalten, um die Treiber zu installieren, sollte die grüne LED an jeder Netzwerkkarte leuchten. Dies ist die Link-LED. Sie zeigt an, dass eine physikalische Verbindung besteht. Entsprechend sollte am Switch auch für jeden Port, an dem ein aktiver PC angeschlossen ist, eine LED leuchten.

Das Leuchten der Link-LED ist unabhängig von der Installation einer Software (ausgenommen PC-Card/ExpressCard und USB-Adapter) oder eines Treibers. Wenn die LED nicht leuchtet, dann sollten Sie die Verkabelung überprüfen, bevor Sie an einer anderen Stelle suchen.

2.4 IP konfigurieren

Die Netzwerkkarten werden von Windows oder Linux üblicherweise direkt erkannt und ins System eingebunden. Eine weitergehende Konfiguration ist nur beim WLAN notwendig. Dort muss man auf allen WLAN-Endgeräten denselben Sicherheitsschlüssel eintragen. Weitere Informationen zur WLAN-Konfiguration finden Sie in Kapitel 7, »Wireless LAN«.

Nahezu alle Netzwerkteilnehmer verwenden als Standardeinstellung, die IP-Konfiguration per DHCP zu beziehen. Entsprechend einfach ist es, diese zu nutzen und sich ohne weitere Probleme die IP-Adresse von einem DHCP-Dienst zuweisen zu lassen.

Ich gehe für diesen Schnelleinstieg davon aus, dass auch Sie DHCP verwenden, das jeder DSL-Router zur Verfügung stellt. Weitere Informationen zur IP-Konfiguration finden Sie für Windows in Kapitel 25, »Windows einrichten«, und für Linux in Kapitel 26, »Linux einrichten«.

2.5 Funktionstest

Wenn Sie alle PCs eingerichtet haben, können Sie sehr einfach ausprobieren, ob Ihr LAN einschließlich der IP-Konfiguration funktioniert:

Geben Sie unter START • AUSFÜHREN ... den Befehl `cmd` ein. Es öffnet sich eine DOS-Box, in der Sie `ping <IP-Adresse>` eingeben und mit Enter bestätigen. Dabei sollten Sie zunächst die eigene IP-Adresse des PCs testen, dann die IP-Adressen der anderen Geräte.

Die DOS-Box wird bei Linux und OS X durch die Shell ersetzt, der Befehl `ping` funktioniert aber genauso. Wenn Sie jeweils Antwortzeiten als Rückmeldung bekommen haben, dann ist Ihr LAN betriebsbereit.

TEIL I
Grundwissen Netzwerke

Dieser Teil des Buches soll Ihnen einen vertieften Überblick über das theoretische Gerüst von Netzwerken geben und damit eine Wissensbasis für die weiteren Kapitel des Buches schaffen. Das Verständnis der Theorie wird Ihnen bei der praktischen Arbeit, insbesondere bei der Fehleranalyse, helfen.

3 Grundlagen der Kommunikation

Aktuelle Netzwerke werden strukturiert aufgebaut. Diese Strukturen basieren auf verschiedenen technologischen Ansätzen.

Wenn Sie ein Netzwerk aufbauen wollen, dessen Technologie und Struktur Sie verstehen möchten, dann werden Sie ohne Theorie sehr schnell an Grenzen stoßen, die Sie der Möglichkeit berauben, ein optimal konfiguriertes Netzwerk zu haben.

In Fehlersituationen werden Ihnen die theoretischen Erkenntnisse helfen, einen Fehler im Netzwerk möglichst schnell zu finden und geeignete Maßnahmen zu seiner Beseitigung einzuleiten.

Dieses Buch legt den Schwerpunkt auf die praxisorientierte Umsetzung von Netzwerken und konzentriert sich auf die Darstellung von kompaktem Netzwerkwissen.

Ein Computernetzwerk kann man allgemein als Kommunikationsnetzwerk bezeichnen. Ausgehend von der menschlichen Kommunikation erkläre ich die Kommunikation von PCs im Netzwerk.

3.1 Kommunikation im Alltag

Als *Kommunikation* bezeichnet man im Alltag vieles. So wird *Telekommunikation* oft als Kommunikation bezeichnet. Wenn Menschen miteinander reden, dann nennen wir das Kommunikation. Auch wenn sie nicht reden, sondern lediglich durch ihre Körpersprache etwas ausdrücken, kann man das Kommunikation nennen. Wichtig ist nicht, über welches Medium Informationen übertragen werden, sondern der Informationsaustausch selbst ist das Entscheidende.

Jede Art von Kommunikation besteht aus den folgenden Komponenten:

- Sender
- Empfänger
- Übertragungsmedium
- Regeln
- Kodierung des Inhalts

Die Punkte 1 und 2 sind wohl nicht erläuterungsbedürftig, doch was ist ein *Übertragungsmedium* (Punkt 3)? Beim Sprechen wird Schall über die Luft, bei einem Bild die Farbe über Lichtreflexion und bei der Telekommunikation wird elektrische Spannung durch Kabelleitungen übertragen; die Medien sind Luft, Licht und das Kabel.

Entweder benutzen beide Gesprächspartner das gleiche Medium, oder es gibt einen Wandler, der die Informationen umwandelt, beispielsweise wandelt das Telefon die akustischen Signale der menschlichen Sprache in elektrische Spannung um. Diese werden dann über Leitungen transportiert, bis sie schließlich beim empfangenden Telefon von elektrischen in akustische Signale zurückgewandelt werden. Zumindest war das vor 50 Jahren bei der Telefonie so.

Regeln (Punkt 4) in der menschlichen Kommunikation sind – soweit sie erfolgreich verlaufen soll – z. B.: »Mit vollem Mund spricht man nicht«, »Lass mich ausreden«, »Jetzt spreche ich!« und Ähnliches. Im Allgemeinen unterbricht man einen anderen beim Sprechen nicht, sodass er ausreden kann. Macht Ihr Gesprächspartner eine Sprechpause, so können Sie sich äußern, das besagt die Regel.

Kodierung des Inhalts (Punkt 5) meint z. B. eine Sprache (Deutsch). Eine Sprache selbst hat schon viele eigene Details. Wenn man sie verstehen will, muss man wissen, welche Wörter welche Bedeutung haben und wie grammatische Beziehungen hergestellt werden.

Erfüllen beide Kommunikationspartner die Punkte 1 bis 5, dann kommt es zu einer erfolgreichen Kommunikation. Sie können sich unterhalten und somit Informationen austauschen.

3.2 Kommunikation zwischen Computern

Auch bei der Kommunikation zwischen Computern sind die gerade genannten Bestandteile wichtig:

- Sender
- Empfänger
- Übertragungsmedium
- Regeln
- Kodierung(en)

Es gibt also hinsichtlich der betrachteten Anforderungen keinen Unterschied zwischen der menschlichen und der PC-Kommunikation. Selbstverständlich handelt es sich beim PC um »dumme« Kommunikationsteilnehmer, und so müssen die Regeln zu eindeutigen Informationen führen, damit sie für PCs verwertbar sind.

Wichtig ist ebenfalls, dass es Medienwechsel geben kann. Ein Handygespräch zu einem Festnetzanschluss erfolgt bis zum Sendemast des Mobilfunkbetreibers über Funk. Dort wird dann eine Transformation in elektrische oder optische Signale auf Kabelbasis vorgenommen.

Es ist sinnvoll, für alle Anwendungen, die über ein Netzwerk kommunizieren wollen, wiederkehrende Aufgaben einheitlich zu lösen. Es werden für jede Anwendung Schnittstellen bereitgestellt, auf denen diese Anwendung aufsetzen kann. Bestimmte Aufgaben, wie die eindeutige Adressierung, müssen daher nicht von jeder Anwendung gelöst werden, sondern werden einheitlich (z. B. vom Betriebssystem) übernommen.

3.3 Was ist nun ein Netzwerk?

Als *Netzwerk* bezeichne ich die Verbindung von mindestens zwei PCs. Selbstverständlich können auch andere Computer als PCs in ein Netzwerk eingebunden werden. Dieses Buch wird die Einbindung z. B. von UNIX-Workstations und Ähnlichem nicht weiter beschreiben, sondern sich auf die Verbindung von PCs mit den Betriebssystemen Windows, Linux oder OS X konzentrieren. Ich werde daher im weiteren Verlauf dieses Buches den Begriff *PC* verwenden; allgemeiner formuliert steht der PC stellvertretend für *Netzwerkteilnehmer*.

Wenn ich von einem Netzwerk oder *LAN* spreche, dann meine ich ein Netzwerk, das auf dem Ethernet-Standard basiert. Ethernet (siehe Kapitel 6, »Ethernet«) ist ein Standard, um Datenpakete zu kodieren und Daten zu versenden oder zu empfangen. Man kann sagen, Ethernet regelt die grundsätzlichen Dinge der Netzwerkkommunikation und den Zugang zum Netzwerk. Um die Ausführungen zu diesem und zu den nächsten zwei Themen besser verstehen zu können, ist es notwendig, einen kurzen Exkurs zu den Kommunikationsmodellen zu machen.

Der Begriff Topologie bedeutet Anordnung oder Aufbau. Es gibt verschiedene Ansätze für den Aufbau eines Netzwerkes. Damit legen Sie indirekt fest, wie PCs in Ihrem LAN mit anderen PCs verkabelt werden können.

4 Netzwerktopologien

Man kann Netzwerke in verschiedenen Topologien aufbauen. Grundsätzlich unterscheidet man zwischen der Bus-, der Ring- und der Sterntopologie. Die Unterschiede möchte ich Ihnen im Folgenden kurz vorstellen.

4.1 Bustopologie

Die Urform von Ethernet war die *Bustopologie* (siehe Abbildung 4.1). Ähnlich wie eine Hauptwasserleitung gibt es ein zentrales Kabel, an das alle teilnehmenden Stationen mit Stichleitungen angeschlossen werden. Ein eindeutiges Merkmal ist, dass dadurch eine dezentrale Struktur entsteht: Jedes Gerät ist gleichrangig an den Bus angeschlossen. Kommt es zu einer Störung der »Hauptwasserleitung«, sind alle angeschlossenen Stationen von dieser Störung betroffen. Diejenigen von Ihnen, die die *BNC-Verkabelung* kennen, wissen, dass es sich bei dieser Art von Netzwerken um Museumsstücke handelt.

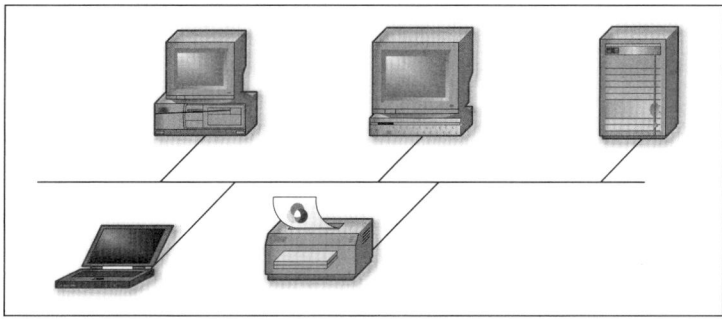

Abbildung 4.1 Bustopologie

4.2 Ringtopologie

Token-Ring und *ATM* sind Beispiele für eine *Ringtopologie* (siehe Abbildung 4.2). Vereinfacht erklärt wandert ein Token (dt. *Zeichen, Symbol*; stellen Sie sich einen Stab beim Staffellauf vor) im Kreis – daher der Name Token-Ring. Wenn das Token frei ist, kann jeder Netzteilnehmer das Token nehmen, ein Netzwerkpaket daran hängen und es innerhalb des Kreises an einen anderen Netzwerkteilnehmer schicken. Bei ATM, der schnelleren Variante der Ringtopologie, wandert nicht ein einziges Token im Kreis, sondern es fährt – bildlich gesprochen – ein Güterzug im Kreis; erwischt Ihr PC einen leeren Waggon – eine ATM-Zelle –, kann er seine Daten dort ablegen und weiterreisen lassen.

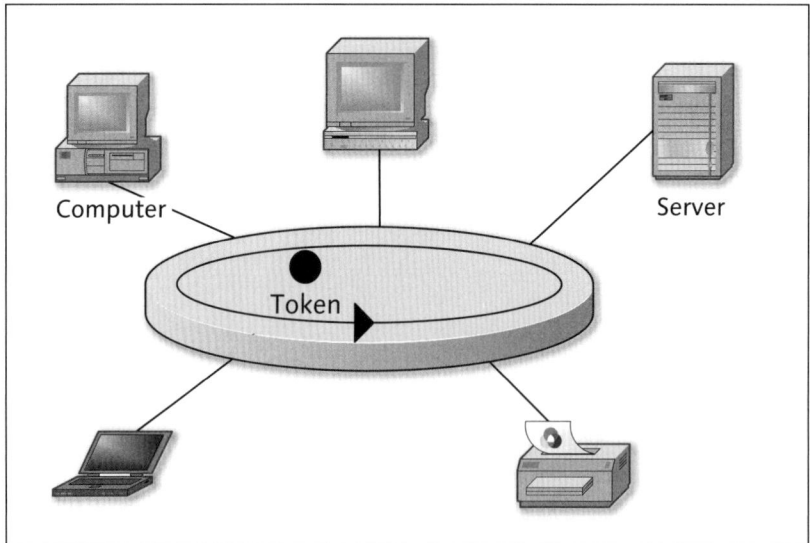

Abbildung 4.2 Ringtopologie

Token-Ring wird auch als *Toter Ring* bezeichnet, weil diese Technologie mittlerweile ausgestorben ist. ATM konnte sich im LAN nicht durchsetzen, weil es zu kostenintensiv betrieben werden muss. Im Bereich der Weitverkehrsnetze hat sich die Technologie etabliert, wird aber inzwischen dort von anderen Technologien verdrängt.

4.3 Sterntopologie

Die *Sterntopologie* ist die Struktur, die sich bei Twisted-Pair-Verkabelungen ergibt (siehe Abbildung 4.3).

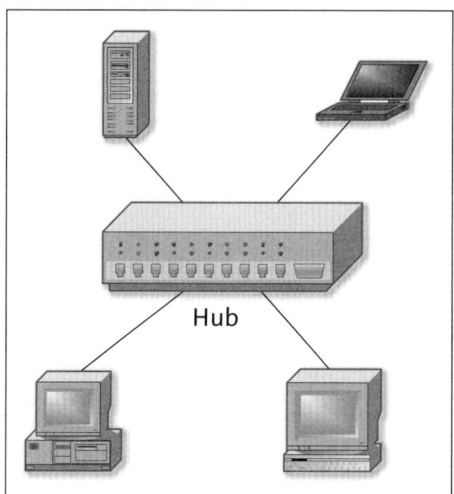

Abbildung 4.3 Sterntopologie

Fast- und Gigabit-Ethernet, die schnellen Varianten von Ethernet, werden ausschließlich in Sterntopologie realisiert. Wenn Ethernet – mit 10 Mbit/s – über eine Twisted-Pair-Verkabelung betrieben wird, handelt es sich ebenfalls um eine Sternstruktur. Es gibt ein zentrales Element, ursprünglich den Hub (dt. *Radnabe*), von dem sternförmig die Zuleitungen zu den einzelnen Netzteilnehmern wie Speichen eines Rades führen. Jeder Netzteilnehmer hat eine eigene Zuleitung; ist eine Zuleitung gestört, bleiben die anderen Teilnehmer davon ungestört.

Das Wort »Kommunikationsmodell« wird Sie vielleicht ein wenig verschrecken. Es klingt aber komplizierter, als es ist. Mit einer Einschätzung haben Sie allerdings recht: Es ist Theorie. Mit einem Modell haben Sie Ihr komplettes Netzwerk verstanden.

5 Kommunikationsmodelle

Damit die Kommunikation in einem Netzwerk allgemein beschrieben werden kann, wurden kluge Leute damit beauftragt, ein Kommunikationsmodell zu entwickeln. Diese Leute fanden heraus, dass es möglich ist, die wesentlichen Leistungen in einem Netzwerk in verschiedene Aufgaben zu gliedern. Diese Aufgaben werden im Kommunikationsmodell als *Schichten* bezeichnet. Jede Schicht erfüllt eine Hauptaufgabe, damit die Kommunikation im Netzwerk stattfinden kann. Sie erinnern sich sicherlich noch an Abschnitt 3.1, »Kommunikation im Alltag«, der das Thema menschliche Kommunikation behandelt. Analog zu den dort genannten Voraussetzungen für die menschliche Kommunikation werden im Kommunikationsmodell die sogenannten Schichten definiert.

Eine Schicht muss für eine eindeutige Adressierung im Netzwerk sorgen; eine weitere muss regeln, wann Daten gesendet werden – eine Art Vorfahrtsregelung für das Netzwerk.

Als schließlich alle Aufgaben festgelegt waren, mussten diese noch praktisch umgesetzt werden. Es gibt definierte Schnittstellen zu den benachbarten Schichten. Wenn es also mehrere Implementierungen (Umsetzungen) einer Schicht gibt, sind diese beliebig austauschbar, weil die Schichten unabhängig voneinander arbeiten.

Es existieren zwei bekannte konkurrierende Kommunikationsmodelle, auf deren Struktur sämtliche Netzwerke basieren: *DoD* und *ISO/OSI*. Diese beiden Modelle widersprechen sich nicht; allerdings sind sie unterschiedlich umfangreich, und dadurch entspricht die Schicht 1 des DoD-Modells nicht der Schicht 1 des ISO/OSI-Modells. Leider verwenden die beiden Modelle nicht die gleichen Bezeichnungen für die einzelnen Schichten.

Lernen Sie, in den Schichten dieser Kommunikationsmodelle zu denken und insbesondere Probleme anhand dieser Einteilungen zu lösen. Wenn Sie das Modell der Netzwerke verstanden haben und in diesen Schichten denken gelernt haben, werden Sie auch Netzwerke leicht verstehen!

[«]

Wenn Sie einige der nachfolgenden Begriffe nicht kennen, seien Sie unbesorgt, diese werden alle in den folgenden Kapiteln erklärt. Wenn Sie schon jetzt neugierig sind, können Sie eine kurze Definition der Begriffe und Abkürzungen auch im Glossar finden.

5.1   DoD-Modell

Das *Department of Defense* (DoD), das US-Verteidigungsministerium, hat ein theoretisches Modell entwickeln lassen, nach dem ein Netzwerk aufgebaut werden sollte (siehe Tabelle 5.1).

Nr.	Schicht	Beispiele in der Praxis			
4	Process	HTTP	SMTP	FTP	DNS
3	Transport	TCP		UDP	
2	Internetwork	IP		IPX	
1	Network Access	Ethernet	ATM	FDDI	TR

Tabelle 5.1   Das DoD-Modell

Die Physik, also das Kabel und die Signalisierung, vermissen Sie sicherlich in dem abgebildeten Modell. Sie können sich diese als weitere Schichten vorstellen, die unterhalb von *Network Access* angeordnet sind.

- *Network Access* ist die Netzzugangsschicht. Eine Umsetzung dieser Schicht ist das Ethernet, das ich noch ausführlich erläutern werde. Aufgabe: Wann darf gesendet werden? Wie wird gesendet? Wie lautet die Adressierung?

- *Internetwork*: Die bekannteste Implementierung ist das *Internet Protocol* (IP). Aufgabe: Wie bringe ich die Daten zum Empfänger? Wie ist die Wegewahl?

- *Host-to-Host*, auch *Session-Layer* genannt: Aufgabe: Überwachen der Kommunikation (Sind alle Pakete angekommen?) und Adressieren der Pakete an die richtige Anwendung.

- *Process*: Ihre Anwendungen. Aufgabe: Was auch immer die Aufgabe der Software ist.

Das DoD-Modell verfügt über vier Schichten, die Sie in der praktischen Arbeit in Ihrem Netzwerk wiederfinden werden. Sie verwenden als Netzwerkverfahren Ethernet – Sie verwenden Ethernet-Karten –, vergeben *IP*-Adressen, vielleicht kennen Sie *TCP/UDP*-Ports, und sicherlich haben Sie schon einmal in die Adresszeile Ihres Browsers *http://...* eingegeben. Wie die einzelnen Schichten in Form der verschiedenen Verfahren (Ethernet, IP, TCP und HTTP) zusammenarbeiten, werde ich im weiteren Verlauf darstellen.

5.2 ISO/OSI-Modell

ISO ist die *International Standardization Organization*, also das Gremium für international gültige Standards. Dort wurde das *ISO/OSI-7-Schichtenmodell* entwickelt, um die Kommunikation innerhalb des Netzwerkes zu beschreiben (siehe Tabelle 5.2). Statt der vier Schichten des DoD-Modells gibt es dort sieben Schichten (engl. *layer*).

Nr.	Schicht	Beispiele			
7	Application	HTTP	SMTP	FTP	DNS
6	Presentation				
5	Session				
4	Transport	TCP		UDP	
3	Network	IP		IPX	
2	Data Link	Ethernet	ATM	FDDI	TR
1	Physical	Manchester	10B5T	Trellis	

Tabelle 5.2 ISO/OSI-7-Schichtenmodell

Die Aufgaben der einzelnen Schichten entsprechen denen des DoD-Modells. Im Unterschied zum DoD-Modell gibt es als Schicht 1 den *Physical Layer*, dieser regelt die Kodierung der Bits in Stromsignale. Daher entspricht die Schicht 2 des ISO/OSI-Modells der Schicht 1 des DoD-Modells.

Der *Presentation* und der *Session Layer* haben nur wenig Bedeutung erlangt, weil die dort vorgesehenen Funktionen durch die Applikationsschicht, den *Application Layer*, erfüllt werden.

Der direkte Vergleich der beiden Modelle in Tabelle 5.3 verdeutlicht, dass die Unterschiede eigentlich gar nicht so groß sind.

DoD	ISO	Schicht	Beispiele			
4	7	Application	HTTP	SMTP	FTP	DNS
	6	Presentation				
	5	Session				

Tabelle 5.3 Vergleich zwischen dem DoD- und dem ISO/OSI-Modell

DoD	ISO	Schicht	Beispiele			
3	4	Transport	TCP		UDP	
2	3	Network	IP		IPX	
1	2	Data Link	Ethernet	ATM	FDDI	TR
	1	Physical	Manchester	10B5T	Trellis	

Tabelle 5.3 Vergleich zwischen dem DoD- und dem ISO/OSI-Modell (Forts.)

[»] Das ISO/OSI-7-Schichtenmodell hat im Netzwerkbereich die größere Bedeutung der beiden Modelle erlangt. Es prägt die Begrifflichkeiten der Netzwerktechnologie (Layer-3-Switch), daher verwende ich in diesem Buch die Schichten nach dem ISO/OSI-Modell, sodass Sie sich an die Benutzung der Schichten gewöhnen können.

5.3 Ablauf der Kommunikation

Ich möchte in diesem Abschnitt beschreiben, wie die einzelnen Schichten zusammenarbeiten, also wie die Kommunikation im Netzwerk funktioniert. Dazu werde ich mein Beispiel auf der Applikationsschicht beginnen.

[zB] Stellen Sie sich vor, Sie geben im Internet Explorer z. B. diese Adresse ein: *http://www.web.de*. Wenige Sekunden später sehen Sie die Webseite des Anbieters Web.de. Zwischen der Eingabe der Adresse in den Browser und dem Erscheinen der Webseite liegen viele übertragene Datenpakete und viel Netzwerkkommunikation. Der Ablauf ist in Tabelle 5.4 dargestellt. Jedes Datenpaket wird auf die gleiche Art und Weise abgearbeitet.

Schritt	Beschreibung	ISO/OSI
1	Ihre Anfrage nach der Webseite wird in ein HTTP-Datenpaket verpackt und über eine Betriebssystemschnittstelle an TCP übergeben.	7
2	Sie möchten einen Webserver ansprechen, d. h. mit diesem HTTP-Pakete austauschen. Es ist festgelegt, dass HTTP dem TCP-Port 80 entspricht. Entsprechend wird nun ein TCP-Paket erzeugt, in dessen Datenteil das HTTP-Paket enthalten ist und in dessen Verwaltungsteil (engl. *header*) die Zielnummer 80 (TCP-Serverport) steht. Zusätzlich wird dort ein zufälliger TCP-Port Ihres PCs eingetragen, z. B. 1333, auf dem Ihr Browser horcht.	4

Tabelle 5.4 Kommunikation im ISO/OSI-Modell

Schritt	Beschreibung	ISO/OSI
3	Der Webserver von web.de hat eine IP-Adresse. Anhand dieser IP-Adresse kann der Weg zu ihm gefunden werden. Das IP-Paket enthält im Datenteil das TCP-Paket (mit dem HTTP-Paket aus Schritt 1) und im Verwaltungsteil (Header) die Ziel-IP-Adresse sowie die IP-Adresse Ihres PCs als Quell-IP-Adresse.	3
4	Sie senden das Datenpaket in Ihrem LAN aus, daher muss dieses Datenpaket mit dem Ethernet-Verfahren übertragen werden. Es entsteht ein Ethernet-Paket, das neben den Paketen aus den Schritten 1 bis 3 die Ziel-Quell-MAC-Adresse enthält. Das ist die MAC-Adresse Ihres DSL-Routers. Die Netzwerkkarte führt nun das Ethernet-Verfahren durch und sendet erst dann, wenn die Leitung frei ist.	2
5	An Ihre Netzwerkkarte ist ein Kupferkabel angeschlossen, daher können Informationen über dieses Medium nur als elektrische Spannungen übertragen werden. Jede binäre Null wird durch keine Spannung und jede binäre Eins durch eine Spannung von 5 Volt dargestellt.	1
	Das Paket wird über das Internet übertragen und passiert dabei viele Router. Schließlich wird das Paket vom Webserver empfangen.	
6	Der Empfänger stellt an seiner Netzwerkkarte wechselnde Spannungen fest; er interpretiert für 5 Volt eine binäre Eins und für keine Spannung eine binäre Null. Das Ergebnis ist eine binäre Kodierung.	1
7	Von der Netzwerkkarte erhält der Netzwerkkartentreiber ein Datenpaket im Ethernet-Format. Es enthält seine MAC-Adresse als Ziel-MAC-Adresse und eine Quell-MAC-Adresse. Im Datenteil befindet sich ein IP-Paket.	2
8	Das IP-Paket enthält als Ziel-IP-Adresse die IP-Adresse des Webservers und die Quell-IP-Adresse Ihres PCs zu Hause. Im Datenteil befindet sich ein TCP-Paket.	3
9	Das TCP-Paket wendet sich an den Serverport 80, also an den Webserver. Entsprechend wird der Datenteil an die Webserver-Applikation übergeben. Eine Antwort muss an den TCP-Clientport 1333 gerichtet werden.	4
10	Der Webserver-Prozess bekommt ein HTTP-Paket, in dem die Hauptwebseite angefordert wird.	7

Tabelle 5.4 Kommunikation im ISO/OSI-Modell (Forts.)

Ihre Anfrage an die Webseite geht von einer Applikation (einem Programm) aus, das ein Applikationsdatenpaket erzeugt (siehe HTTP-Paket). Dieses Paket wandert – logisch gesehen – die ISO/OSI-Schichten herunter (Schicht 7, 4, 3, 2 und 1) und wird schließlich als elektrische Kodierung übertragen. Der Webserver von Web.de empfängt eine elektrische Kodierung mit seiner Netzwerkkarte und erzeugt daraus ein Datenpaket. Dieses beginnt seine Wanderung die ISO/OSI-Schichten hinauf (Schicht 1, 2, 3, 4 und 7) und wird auf der Applikationsschicht von der Anwendung Webserver verarbeitet (siehe Abbildung 5.1).

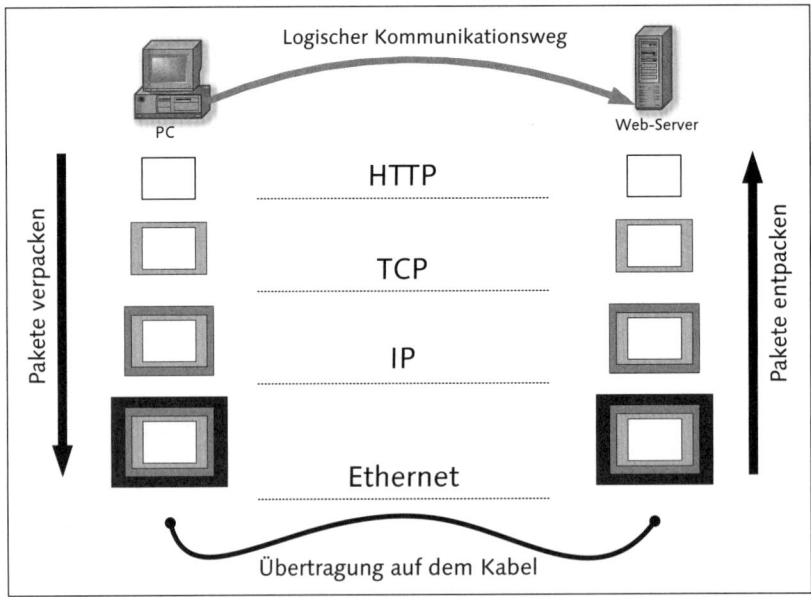

Abbildung 5.1 Datenkommunikation nach ISO/OSI-Modell

Das Verfahren, das ich hier beispielhaft für eine HTTP-Anfrage dargestellt habe, findet für jedes Datenpaket statt.

Das klingt alles sehr kompliziert. Warum also macht man es nicht einfacher? Es könnte doch direkt die Anwendung mit der Anwendung sprechen, oder? Denkbar, doch zwischen Ihnen und dem Webserver von Web.de liegen noch weitere Provider-Netzwerke. Alle Komponenten müssten die Applikation Internet Explorer/HTTP direkt verstehen. Die Applikation Internet Explorer müsste sich darum kümmern, wie sie den Eingang von Paketen überwacht und wie man von Ihnen zum Ziel *http://www.web.de* kommt. Außerdem müsste sie die Integrität der Daten überwachen und wie die Signale auf dem Kabel in elektrische Spannung umgesetzt werden. Das sind sehr viele Aufgaben, die diese Applikation erfüllen müsste. Wenn Sie nur Internet Explorer/HTTP betrachten, ist der Aufwand gleich groß wie bei der Entwicklung selbstständiger Schichten.

Über das Internet kommunizieren noch weitere Applikationen Ihres PCs (z. B. FTP, SIP, ICQ, eDonkey und SMTP), und jede dieser Anwendungen müsste sich um alle Teile der Netzwerkkommunikation kümmern. Das würde bedeuten, dass einerseits die Entwicklung von Anwendungen sehr komplex würde und andererseits die Übermittlung von Daten über allgemeine Netzwerke (z. B. das Internet) fast unmöglich wäre, denn schließlich müsste jedes Netzwerkgerät – insbesondere der Router – z. B. die programmspezifische Adressierung verstehen, denn IP-Adressen gäbe es dann ja nicht.

TEIL II
Lokale Netze

Sie haben nun einen Eindruck von den theoretischen Grundlagen eines Netzwerkes gewonnen. In den nächsten Kapiteln werde ich Ihnen alle gängigen Techniken für lokale Netze (LANs) vorstellen.

6 Ethernet

Die ersten Grundlagen von drahtgebundenem Ethernet wurden von der Firma Xerox in den frühen 70er-Jahren gelegt. Die weitere Entwicklung von Ethernet wurde in einem Ausschuss der US-amerikanischen Ingenieursvereinigung – kurz *IEEE* –, der Gruppe 802, Untergruppe 3, vorangetrieben. Im Jahr 1985 wurde mit dem Standard IEEE 802.3 eine internationale Normung geschaffen. Im Jahr 1990 folgte 10BASE-T, das eine Übertragungsrate von 10 Mbit/s über Twisted-Pair-Verkabelung ermöglichte. Der zehnmal schnellere Nachfolger Fast-Ethernet kam nur zwei Jahre später. Das Ethernet wird laufend weiterentwickelt; die letzte Normung ist die des Standards IEEE 802.3ba, 40-GBit/s-Ethernet, somit mehr als eine Vertausendfachung der ersten Datenrate aus dem Jahr 1985.

Die Entwicklung des Ethernet-Standards können Sie Abbildung 6.1 entnehmen.

6.1 Ursprung des Ethernet

Die Urform von Ethernet ist bereits mehr als 25 Jahre alt und setzt als Übertragungsmedium Koaxialkabel ein. Da alle PCs an dieses Kabel angeschlossen sind, handelt es sich um ein Bussystem. Die PCs teilen sich die Bandbreite, weil der Bus nur einen Kommunikationskanal hat und daher nur ein Rechner senden kann, ohne andere zu stören; alle anderen Rechner müssen zuhören.

Der Ethernet-Standard regelt den Zugriff auf den Kommunikationskanal über *CSMA/CD-Verfahren* an. Das CSMA/CD-Verfahren ist ein nichtdeterministisches Verfahren. Anders gesagt: Es gibt keine Kontrollinstanz, die ein Senderecht erteilt, sondern jeder Netzteilnehmer entscheidet selbst, wann er senden darf. Damit sich die Netzteilnehmer nicht gegenseitig stören, darf nur gesendet werden, wenn keine andere Station sendet.

6 | Ethernet

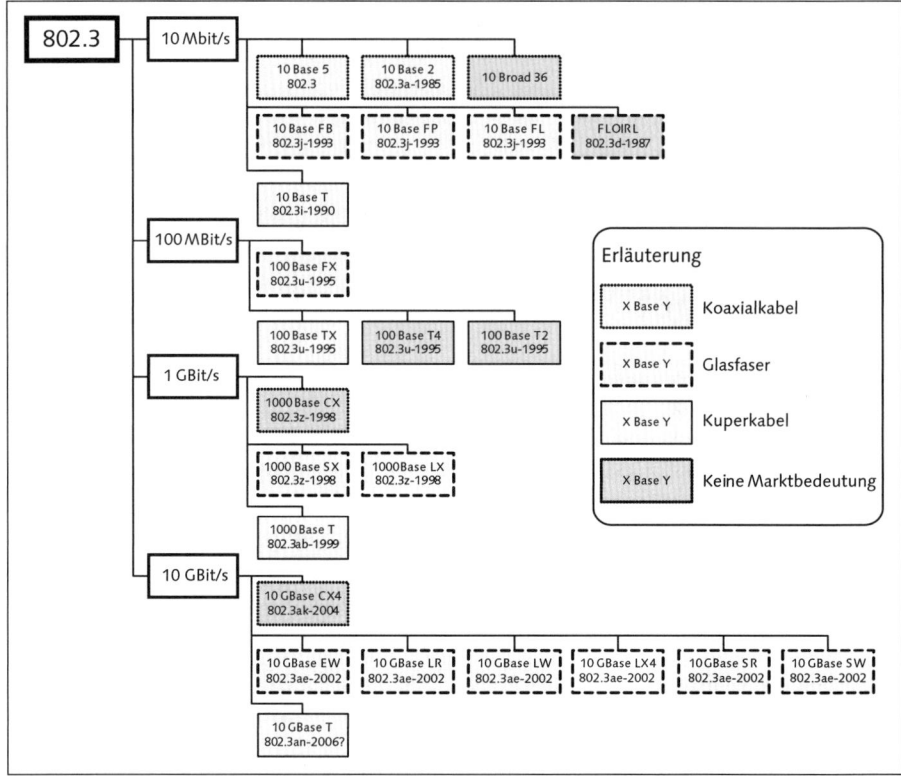

Abbildung 6.1 IEEE 802.3 Ethernet-Varianten im Überblick

Sollten zufällig zwei Stationen gleichzeitig senden, kommt es zu einer Kollision, und die Daten sind zerstört.[1] Dieser Fehlerfall muss erkannt werden; daher sendet die erkennende Station das *JAM-Signal*. Die beteiligten Sender müssen einen zufällig ermittelten Zeitraum abwarten und dürfen erst danach wieder senden.

Mit diesem Wissen fällt es leicht, die Abkürzung CSMA/CD zu verstehen:

- Carrier Sense: Das Kabel wird abgehört.
- Multiple Access: Alle Stationen haben gleichzeitig Sendemöglichkeit.
- Collision Detect: Kollisionen müssen erkannt werden.

Wie Sie wissen, ist die Technologie vorangeschritten, und Koaxialkabel werden heute nicht mehr eingesetzt. Aktuell sind Twisted-Pair-Verkabelungen, die über vier oder acht getrennte Adern verfügen. Üblicherweise wird ein Adernpaar für das Senden und ein Adernpaar für das Empfangen benutzt. Das Senden und Empfangen geschieht so auf getrennten Kommunikationskanälen, folglich stört es

---

1 Technisch wird dieser Zustand an einer Potenzialerhöhung auf dem Kabel festgestellt.

nicht, wenn eine Station gleichzeitig sendet und empfängt. Anders als beim Koaxialkabel-Ethernet, welches nur eine Richtung, also entweder Senden oder Empfangen erlaubte (*Halfduplex*), ist beim Twisted-Pair-*Fullduplex* (siehe Abschnitt 23.6, »Sonderfunktionen«) gleichzeitiges Senden und Empfangen möglich.

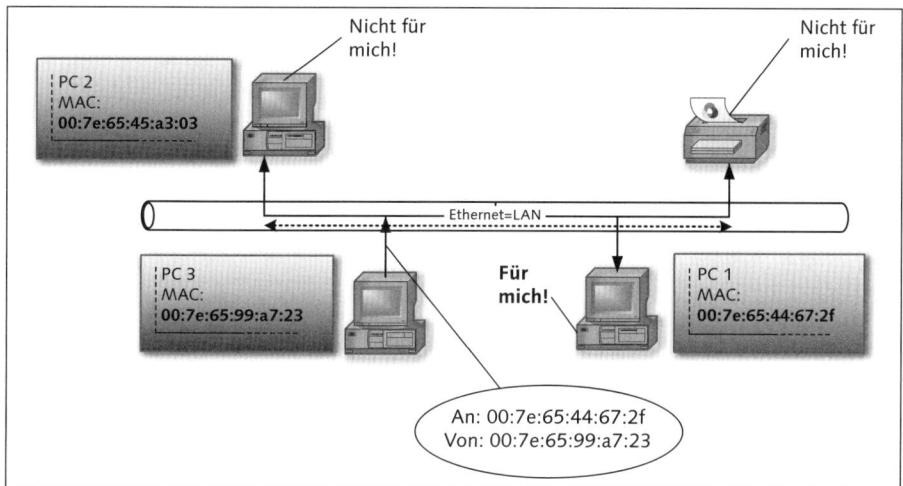

Abbildung 6.2 Kommunikation im Ethernet

In Abbildung 6.2 erkennt PC 3, dass das Netzwerk frei ist, und sendet an PC 1. Er schickt ein Ethernet-Paket an die MAC-Adresse von PC 1 und flutet damit das ganze Kabel. Jede am Kabel angeschlossene Station kann diese Daten empfangen. Anhand der MAC-Adresse wird von der Netzwerkkarte für jede angeschlossene Station entschieden, ob die Daten angenommen werden müssen oder ignoriert werden können. [zB]

Eine Ausnahme bildet der sogenannte *Promiscuous Mode*, in den sich viele Netzwerkkarten versetzen lassen. Es wird dann nicht überprüft, ob die Daten für die eigene MAC-Adresse sind, sondern es werden alle Datenpakete angenommen. Diese Funktion wird typischerweise bei Netzwerküberwachungen eingesetzt; so kann der gesamte Datenverkehr erfasst werden und nicht nur der, der an einen speziellen PC adressiert ist. Das ist notwendig, wenn der Netzwerkverkehr anderer Netzwerkteilnehmer mit *Sniffern* mitgeschnitten werden soll (siehe Abschnitt 29.1, »Wireshark«).

6.2 Fast-Ethernet

Das schnelle Ethernet bietet eine Geschwindigkeit von 100 Mbit/s und ist als IEEE 802.3u im Jahr 1995 normiert worden. Der Erfolg des Verfahrens liegt darin begründet, dass sich das Paketformat von Ethernet mit 10 Mbit/s zu Fast-Ethernet mit 100 Mbit/s nicht geändert hat. Somit konnte vorhandenes Know-how der Mitarbeiter weiter genutzt werden, und auch der Datenaustausch zwischen den beiden Ethernet-Varianten ist nur eine Frage der Geschwindigkeit. Dadurch sinken die Kosten für den Aufbau eines Fast-Ethernet-Netzes, und ein Mischbetrieb ist möglich. Viele Komponenten (wie z. B. Netzwerkkarten), die Fast-Ethernet beherrschen, sind abwärtskompatibel und können auch mit 10-Mbit/s-Ethernet betrieben werden.

Die physikalische Ausbreitungsgeschwindigkeit eines elektrischen Signals von etwa 200.000 km/s konnte nicht verändert werden. Wie hat man die effektive Übertragungsgeschwindigkeit verzehnfachen können? Die Daten werden dichter übertragen, sodass die Laufzeit einer Informationseinheit nicht mehr 51,2 µs, sondern 5,12 µs beträgt.

Da bei beiden im Folgenden beschriebenen Varianten (*100BASE-TX* und *100BASE-FX*) zwei Kanäle (Senden und Empfangen) zur Verfügung stehen, ist es möglich, Daten gleichzeitig zu senden und zu empfangen. Das Verfahren wird *Fullduplex* genannt und bietet theoretisch 100 Prozent, praktisch 15 Prozent mehr Leistung gegenüber der noch möglichen *Halfduplex*-Variante, die jedoch praktisch nie zum Einsatz kommt.

Welche Geschwindigkeit (10 oder 100 Mbit/s) zu benutzen ist, wird meist mit dem *Autosensing-Mechanismus* erkannt. Auch für Half- oder Fullduplex gibt es eine Erkennung, *Autonegotiation*. Beide Technologien stellen in seltenen Fällen Fehlerquellen dar. Weitere Informationen finden Sie in Abschnitt 23.6, »Sonderfunktionen«.

Es gibt zwei Ausprägungen von Fast-Ethernet:

- 100BASE-TX: Fast-Ethernet über Twisted-Pair-Kupferkabel
- 100BASE-FX: Fast-Ethernet über Glasfaser

100BASE-TX ist die weitverbreitete Kupfervariante von Fast-Ethernet. Die Übertragung findet auf vier Kupferadern (also zwei Adernpaaren, und zwar auf den Adern eins, zwei, drei und sechs) mit 100 Mbit/s statt. Üblicherweise sind Twisted-Pair-Kabel achtadrig. Von den acht Adern werden jedoch lediglich vier genutzt. Mit 100BASE-TX können Sie – genau wie bei 10BASE-T – 100 Meter überwinden. Es werden maximal 90 Meter verlegt, und 10 Meter können Anschlusskabel sein.

6.3 Gigabit-Ethernet

Gigabit-Ethernet ist der zurzeit erschwinglichste schnelle Netzwerkstandard. Die Kapazität von 1.000 Mbit/s nutzt ein einzelner PC nur selten dauerhaft aus, doch eine Serverfarm mit einigen Servern kann eine Verbindung mit 1.000 Mbit/s leicht auslasten.

Gigabit-Ethernet wurde bis vor kurzer Zeit hauptsächlich für Verbindungen im sogenannten Backbone, also auf den Hauptnetzwerkverbindungen in großen LANs, eingesetzt. Zunehmend werden auch PCs mit Gigabit-Ethernet versorgt, und das meist weniger aus Gründen mangelnder Kapazität, sondern wegen der sehr guten Paketlaufzeiten von 0,512 µs.

Das Paketformat von Ethernet bleibt wie schon beim Umstieg von 10 auf 100 Mbit/s auch bei Gigabit-Ethernet gleich. Zusätzlich zu dem bestehenden Paketformat wurde der *Burst-Modus* eingefügt. Er bietet die Möglichkeit, viele kleine Pakete zu einem größeren Paket zusammenzufassen und gemeinsam zu übertragen. Dadurch soll die Effektivität des Netzwerkes bei Belastung mit vielen kleinen Paketen gesteigert werden. Man erkauft den Vorteil mit dem Nachteil des leicht verzögerten Versands, sodass mit dem Einsatz dieser Funktion die Eignung eines Netzes für Multimedia, insbesondere Echtzeitvideo, sinkt. Hinzu kommt, dass einige Netzwerkkomponenten diese *Jumbo-Frames* nicht oder nur bis zu einer bestimmten Größe unterstützen. Viele Netzwerkgeräte arbeiten bei der Verwendung von Jumbo-Frames langsamer.

1000BASE-SX und *1000BASE-LX* sind die oft eingesetzten Glasfaservarianten von Gigabit-Ethernet. Meist werden über diese Verfahren Netzwerkkomponenten miteinander verbunden oder ein Backbone aufgebaut.

1000BASE-SX ist die günstigere der beiden Varianten. Sie kommt mit einer Laserdiode als Lichtquelle aus, die wesentlich günstiger als ein echter Laser ist. SX nutzt 850 nm als Lichtwellenlänge auf Multi-Mode-Fasern (62,5/125 µm oder 50/125 µm Durchmesser). Damit können Entfernungen von 220 oder 550 Metern überwunden werden.

1000BASE-LX nutzt 1.300 nm als Lichtwellenlänge, kommt ebenfalls mit einer Laserdiode aus und schafft auf Multi-Mode-Fasern 550 Meter. Setzt man die hochwertigeren Mono-Mode-Fasern (9/125 µm) ein, können bis zu 5.000 Meter Entfernung überwunden werden.

Der Kupferkabelstandard *1000BASE-T* wurde im Jahr 1999 als IEEE 802.3ab (SX und LX schon im Jahr 1998 als IEEE 802.3z) standardisiert. Um diese Variante wurde sehr gerungen. Ziel war es, Gigabit-Ethernet auf bestehenden Kategorie-5-Kupferkabeln zu realisieren. Dieses Ziel wurde erreicht, indem man acht Adern, also vier Adernpaare, nutzt. Der Datenstrom wird in vier Übertragungskanäle aufgeteilt und auf fünf Spannungslevel verteilt. Durch die neue Art der Übertragung werden die in Kategorie 5 (Cat 5) festgelegten Minimalanforderungen überschritten. Es wurde daher die Cat-5e-Normierung vorgenommen, die die Gigabit-Ethernet-Tauglichkeit für Kabel bescheinigt. In der Ausgabe der DIN/EN 50173 vom Januar des Jahres 2000 sind die Anforderungen ebenfalls angepasst. Die DIN/EN-Norm ist für Europa und Deutschland maßgeblich.

1000BASE-TX gibt es offiziell nicht, es existiert also keine Norm von IEEE. Einige Hersteller geben 1000BASE-T als 1000BASE-TX aus, doch es steckt mehr hinter dieser Sache. Der 1000BASE-T-Standard erfordert, alle vier Adernpaare zu nutzen, weil das Kabel (Cat 5) an sich qualitativ eine höhere Belastung nicht zulässt. Dabei wird mithilfe von komplexen Techniken versucht, Fehler zu beseitigen, die das Übersprechen (engl. *next*) auftreten lassen. Angaben in der Fachliteratur zufolge kann mit 1000BASE-T nicht die volle Kapazität von 1.000 Mbit/s ausgenutzt werden; in der Praxis werden lediglich 400 Mbit/s erreicht.

Mit einer Cat-6-Verkabelung hat sich dieses Problem eigentlich erledigt, denn die Qualität dieser Kabel liegt deutlich höher. 1000BASE-TX ist daher die Entwicklung eines Gigabit-Ethernets auf Kupferkabeln, das alle vier Adernpaare nutzt und so ohne technische Tricks 1.000 Mbit/s Fullduplex erreicht. Der Normungsvorschlag TIA854 stammt von der *Telecommunications Industry Association* (TIA). Für die Hersteller von Netzwerkkomponenten entfallen gegenüber 1000BASE-T einige aufwendige Techniken zur Fehlerkompensation.

6.4   10-Gigabit-Ethernet

Es gibt kaum Netzwerkteilnehmer im Privathaushalt oder in kleineren Firmen, die heute eine Geschwindigkeit von 10-Gigabit-Ethernet annähernd sinnvoll ausnutzen können. Insbesondere gibt es wohl kaum jemanden, der es sich leisten will.

6.4.1   IEEE 802.3ae – 10GBASE

Im Jahr 2002 ist der *10GBASE*-Standard als IEEE 802.3ae normiert worden. Dieser Standard bietet 10 Gbit/s als Kapazität und wird auch mit *10 GbE* abgekürzt. Hinzu kommen zahlreiche Änderungen, die den Standard auch für längere Entfernungen von bis zu 40 Kilometern verwendbar machen.

Die Übertragung erfolgt auf Glasfaserkabeln, es gibt verschiedene Varianten, je nach Einsatzgebiet. Bis heute sind die Preise für 10GBASE-Komponenten deutlich gesunken. Einen Durchbruch dieser Technik wird es aber wohl erst geben, wenn die Preise so weit sinken, dass auch Privatkunden – der sogenannte Consumer-Markt – 10GBASE einsetzt. Das ist allerdings nur mit Kupferkabeln zu erwarten.

6.4.2 IEEE 802.3an – 10GBASE-T

Der zweite IEEE-Standard, der 10-Gbit-Ethernet auf Kupferleitungen ermöglichen wird, heißt *10GBASE-T*.

Der Standard wurde Mitte 2006 verabschiedet. Auf Klasse-F-Kabeln (Cat 6 oder besser) wird eine Länge von 100 Metern und auf Klasse-E-Kabeln – unter Ausnutzung aller acht Adern – eine Länge von 60 Metern unterstützt. Selbst auf ungeschirmten Kabeln nach Cat 5 sind noch 22 Meter möglich.

6.5 IEEE 802.3ba – 40- und 100-Gigabit-Ethernet

Im Juni 2010 wurde der Standard *IEEE 802.3ba* mit zwei Geschwindigkeiten – 40 und 100 Gigabit – verabschiedet. Die Geschwindigkeit von 40 Gigabit wurde aus historischen Gründen in diese Norm einbezogen. Sie ist seit Jahren im optischen WAN verbreitet.

Monomode- und Multimode-Glasfasern stehen in Konkurrenz zu Twinaxial-Kupfer-Kabeln (Twinax), ein weiterer Einsatz ist in der Backplane von Bladeservern[2] möglich. Damit steht dieses Verfahren in direkter Konkurrenz zum *Backplane Ethernet* IEEE 802.3ap.

Die hohen Geschwindigkeiten haben für die Industrie jedoch einen kostspieligen Nachteil: Es sind in der Regel neue Kabel erforderlich.

10GBASE auf Glasfaser verwendet zwei Glasfasern, eine für das Senden und eine für das Empfangen von Daten. 40GbE benötigt mindestens acht Fasern, jeweils vier für das Senden und für das Empfangen. 40GBASE-CR4 benötigt acht Twinax-Adern, 100GBASE-CR10 entsprechend zehn Adernpaare. Die Anzahl der jeweils benötigten Adernpaare ist aus der letzten Ziffer der jeweiligen Bezeichnung in Tabelle 6.1 ersichtlich.

40GbE	100GbE	Physik	Max. Distanz
40GBASE-KR4	–	Backplane	<1m
40GBASE-CR4	100GBASE-CR10	Twinax	<10m

Tabelle 6.1 Normierungen 100GbE

---

2 Bladeserver komprimieren die Rechenleistung mererer Server auf engem Raum und sparen Platz und Netzwerkports. Die Verbindung zur Außenwelt erfolgt über das Enclosure.

40GbE	100GbE	Physik	Max. Distanz
40GBASE-SR4	100GBASE-SR10	Multimode	OM3:100m OM4:125m
40GBASE-LR4	100GBASE-LR4	Singlemode	10km
–	100GBASE-ER4	Singlemode	40km

Tabelle 6.1 Normierungen 100GbE (Forts.)

6.6 Hub

Ein *Hub* (dt. *Radnabe*) ist eine aktive Netzwerkkomponente, die im Zentrum der Sterntopologie (siehe Kapitel 4, »Netzwerktopologien«) steht. Alle Anschlusskabel zu den Stationen beginnen im Hub. Der Hub selbst verbindet die einzelnen Anschlüsse intern über einen Bus.

Wenn Sie das Schema von Bus- und Sterntopologie vergleichen, stellen Sie sich bitte vor, dass der Bus nun im Hub steckt und lediglich die Anschlusskabel nach außen geführt werden.

Technisch ist der Hub ein elektrischer Verstärker. Er arbeitet auf Schicht 1 des ISO/OSI-Modells. Das Gerät trifft keinerlei logische Entscheidungen, sondern gibt alle eingehenden Signale ungeprüft und elektrisch verstärkt an allen übrigen Anschlüssen aus. Auch fehlerhafte Pakete (zu groß, zu klein, fehlerhafte Prüfsumme) werden weitergeleitet und nicht schon am Hub verworfen.

Typischerweise wurden Hubs bei Twisted-Pair-Verkabelungen eingesetzt. Sie bieten zwischen fünf und 100 Anschlussmöglichkeiten für RJ-45-Stecker. Sehen Sie sich dazu bitte auch die Abbildung 6.3 an: Der Hub verbindet die PCs miteinander. Stellen Sie sich vor, dass der Bus des BNC-Netzwerkes in den Hub gewandert ist und die Anschlusskabel länger geworden sind.

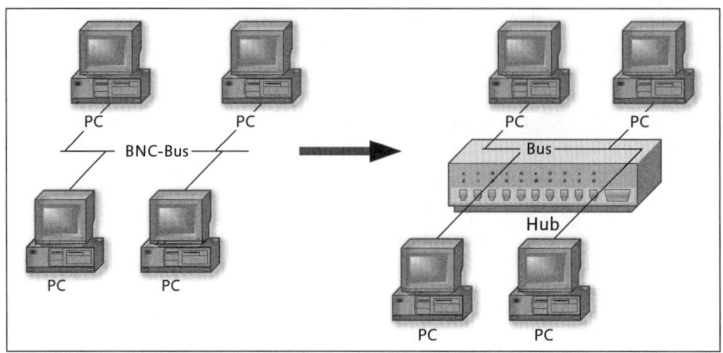

Abbildung 6.3 Der Bus im Hub

Der Hub ist ein technisch simples Gerät; er empfängt ein Eingangssignal auf einem RJ-45-Anschluss, verstärkt das Signal und gibt es elektrisch verstärkt auf allen RJ-45-Anschlüssen aus – funktional nicht anders als der Verstärker Ihrer Hi-Fi-Anlage.

Dieses Verhalten des Hubs ist sein größter Nachteil, und inzwischen gibt es ihn kaum noch. Dadurch dass er ein Signal immer auf allen Anschlüssen ausgibt, müssen sich die Netzwerkteilnehmer streng an CSMA/CD (mehr Informationen dazu finden Sie in Kapitel 6, »Ethernet«) halten: Es kann nur einer senden, alle anderen müssen empfangen.

Die Konsequenz ist, dass sich alle angeschlossenen Stationen die verfügbare Bandbreite teilen: Es kann nur ein Teilnehmer die Bandbreite nutzen, indem er sendet.

Der Einsatz eines Hubs ist nur noch dann sinnvoll, wenn Sie alle Datenpakete analysieren bzw. mitschneiden möchten.

[«]

6.7 Switch

Der *Switch* ist aus der *Bridge* (dt. *Brücke*) hervorgegangen. Eine Bridge – und somit auch ein Switch – teilt ein Ethernet in mehrere Segmente auf. Die Bridge besitzt dabei einen Anschluss pro Segment (siehe Abbildung 6.4) und leitet Pakete aus dem Segment A nur dann in das Segment B, wenn die adressierte MAC-Adresse dort angeschlossen ist. Die Bridge beziehungsweise der Switch trifft die Entscheidungen anhand der ISO/OSI-Schicht 2 Adresstabelle. Wenn also PC 1 an PC 2 sendet, bleiben die Datenpakete im Segment A; parallel kann innerhalb des Segments B gesendet werden, ohne dass es zu Kollisionen kommt.

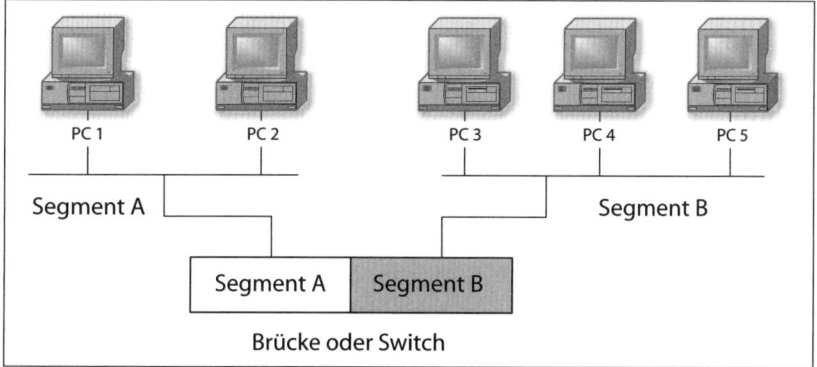

Abbildung 6.4 Eine Bridge erzeugt Segmente auf Ethernet-Ebene.

[zB] Das in Abbildung 6.4 dargestellte Netzwerk hat eine Bandbreite von 10 Mbit/s. Ohne Bridge würden sich die fünf PCs die Bandbreite teilen; es bleiben also 2 Mbit/s pro PC. Die Bridge hat die effektive Netzwerkkapazität pro PC nahezu verdoppelt: Im Segment A teilen sich zwei PCs die Bandbreite von 10 Mbit/s, somit 5 Mbit/s pro PC, im Segment B sind es drei PCs, daher stehen jedem PC 3,33 Mbit/s zur Verfügung. Das gilt unter der Voraussetzung, dass die Kommunikation selten segmentübergreifend (also zwischen A und B) stattfindet.

Ein Switch unterscheidet sich nur durch wenige Eigenschaften von der Bridge. Üblicherweise wird pro Switch-Anschluss ein PC (siehe Abbildung 6.5) angeschlossen. Damit entsteht pro PC ein Ethernet-Segment. Jedem PC steht damit die volle Bandbreite von z. B. 100 Mbit/s pro Kommunikation zur Verfügung, denn es werden nur noch Datenpakete an ihn weitergeleitet, wenn sie für seine MAC-Adresse bestimmt sind.

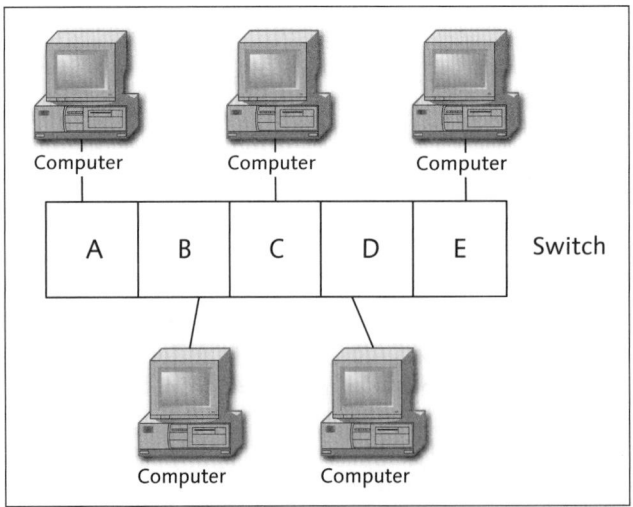

Abbildung 6.5 Ein Switch erzeugt pro Port ein LAN-Segment.

Ein Switch-Anschluss, also eine RJ-45-Buchse eines Switches wird als *Port* oder *Switch-Port* bezeichnet.

6.7.1 Broadcast

Durch den Switch kommt also ein Paket immer beim Empfänger mit der richtigen MAC-Adresse an, ohne die anderen Teilnehmer zu belästigen. Es gibt jedoch zwei Arten von Ethernet-Paketen, die grundsätzlich auf allen Ports ausgegeben werden: *Broadcasts* und *Multicasts*. Sie belasten alle Switch-Ports gleichzeitig.

Ein Broadcast ist ein Paket, das an alle Netzwerkteilnehmer adressiert ist. Es wird also jede Ethernet-Karte unabhängig von der MAC-Adresse angesprochen. Die Ziel-MAC-Adresse lautet ff:ff:ff:ff:ff:ff. Diese Möglichkeit wird z. B. bei ARP (siehe Kapitel 13, »Address Resolution Protocol«) benutzt.

Leider verwenden viele Anwendungen diese simple, aber unschöne Möglichkeit, alle Rechner eines Netzwerkes zu erreichen.

6.7.2 Multicast

Ein Multicast wendet sich an eine Gruppe von Stationen. Es wird vom Sender nur einmal gesendet, und das Netzwerk verteilt die Pakete. So ist es möglich, einen Videodatenstrom zu 100 Empfangsstationen gleichzeitig zu senden. Nur teurere Switches unterstützen intelligente Mechanismen, bei denen sich Empfänger beim Switch für bestimmte Multicasts erfolgreich anmelden, sodass der Switch gezielt die Datenpakete an diesen Port weiterleiten kann (Stichwort *IGMP*). Meist werden Multicasts wie Broadcasts an allen Ports ausgegeben, unabhängig davon, ob es einen wartenden Empfänger gibt oder nicht. Möglich ist auch, dass die Pakete gar nicht weitergeleitet werden.

> [!] Broadcasts und Multicasts belasten das Netzwerk, weil sie auf allen Ports ausgegeben werden. Während eines Broadcasts kann keine parallele Kommunikation stattfinden, weil alle Ports belegt sind. Es ist ein Ziel, möglichst wenig Broadcasts und Multicasts im Netzwerk zu haben.

6.8 Ausblick

Das Verfahren Ethernet wird in immer mehr Bereichen eingesetzt werden. Es gibt aktuell einen Standardisierungsvorschlag für das *Residential Ethernet*, das Ethernet, das verschiedenste Komponenten zu Hause vernetzt.

Der Datenanschluss daheim soll ebenfalls auf Ethernet basieren, die passende Gruppe bei IEEE ist 802.3ah. Sie forciert *Ethernet To The Home* (ETTH) und *Ethernet to the First Mile* (EFM). Gemeint ist der Ausbau von Stadt- und Regionalnetzwerken, über die Ihnen ein Provider TV, Internet und Telefon z. B. über das Telefon-, Fernseh- oder Glasfaserkabel auf der Basis von Ethernet anbietet.

So, wie Sie und ich heute über Modemgeschwindigkeiten von 19,2 Kbit/s in Zeiten von T-DSL mit 20 Mbit/s lächeln, so werden wir auch in zehn Jahren über 1000BASE-T lächeln.

Ich vermute, dass es weitere Entwicklungen im Bereich der Kupferkabel geben wird. In den Unternehmen gibt zu viele installierte Kabel, als dass es sich die Wirtschaft leisten könnte, diese einfach überall zu ersetzen. Vermutlich wird die Entwicklung von Ethernet auf Kupferkabeln bei 10GBASE-T noch nicht ihren Abschluss gefunden haben. 100-Gigabit-Ethernet ist sowohl auf Kupfer als auch auf Lichtwelle normiert. Es wird außerdem überlegt, ob bei einer Kabellänge von 70 Metern 100 GBit/s auf Cat-7-Kabel machbar ist (siehe *http://www.elektronik-kompendium.de/sites/net/1406261.htm*).

Kupfer und Lichtwelle werden weiterhin in Konkurrenz stehen. Es ist abzusehen, dass mit schnelleren Komponenten viele Unternehmen die weithin übliche doppelte Netzwerkinfrastruktur nicht mehr vorhalten möchten. Die Technik, das *Storage Area Network* (SAN) und das *Local Area Network* (LAN) in einem Netzwerk zu konsolidieren, ist vorhanden: 10-Gigabit-Ethernet und Fibre Channel verschmelzen zu einem *Converged 10 GbE*, wie es in *Fibre Channel over Ethernet* (FCoE) Marktreife gefunden hat.

Irgendwann aber stößt das Kupferkabel nicht nur an physikalische Grenzen – aufgrund der mit der höheren Datenrate einhergehenden stärkeren Wärmeentwicklung und dem daraus resultierenden Kühlungsbedarf wird das Kupferkabel irgendwann unwirtschaftlich.

Aktuell wird am 400-Gigabit-Ethernet und Terabit-Ethernet gearbeitet (siehe *http://winfuture.de/news,63086.html*).

Drahtlose Netzwerke haben viele Vorteile und sind zurzeit ein großer Verkaufserfolg. Auch außerhalb der Netzwerke wird alles drahtlos: Tastaturen, Mäuse und Headsets werden mit Bluetooth-Funk versorgt. Handys sind längst weitverbreitet. Dieser Trend setzt sich auch bei Netzwerken durch. Bevor Sie sich für den Einsatz dieser Technik entscheiden, sollten Sie jedoch einige Besonderheiten beachten.

7 Wireless LAN

Das *ISM-Band* liegt auf der Frequenz von 2,4 GHz. In diesem Band darf jedermann innerhalb seines Grundstücks[1] mit einer maximalen Sendeleistung von 100 mW funken. Dem Benutzer entstehen keine Lizenzkosten oder Ähnliches. Zudem ist dieses Frequenzband international reserviert. Leider arbeiten neben verschiedenen Funktechniken auch Mikrowellen[2] und diverse andere Geräte auf genau diesem Frequenzband, sodass es vielfältige Störquellen gibt. Es bestehen zudem einige Einschränkungen, sodass Sie sich bei einem Einsatz außerhalb von Deutschland zusätzlich über die besonderen rechtlichen Vorschriften des betreffenden Landes informieren sollten.

Bluetooth ist ein Standard nach IEEE 802.15 für den Kurzstreckenfunk im ISM-Funkband bei 2,4 GHz. Bluetooth ist für die Versorgung von Headsets, Tastaturen, Mäusen und ähnlichem Zubehör gedacht. Man spricht in diesem Zusammenhang auch von einem *Personal Area Network* (PAN). Dieses Netzwerk kommt im sogenannten *Basic-Rate-Modus* nicht über die Geschwindigkeit von 723,3 Kbit/s hinaus.

Das sogenannte *Bluetooth 2.0+EDR* beherrscht Datenraten von 1.446,4 und 2.196,6 Kbit/s, verdreifacht also die ursprüngliche Datenrate. EDR steht dabei für *Enhanced Data Rate* (dt. höhere Datenrate). Dabei spart die schnellere Übertragung zusätzlich auch noch Energie, weil für die gleiche Datenmenge weniger lang gefunkt werden muss.

---

[1] Ein grundstücksübergreifendes Netzwerk ist bei der Bundesnetzagentur anzeigepflichtig, aber genehmigungsfrei.
[2] Gefährdet sind die WLAN-Kanäle 9 und 10.

Geräte mit Bluetooth-Standard werden anhand ihrer Sendeleistung in drei Klassen eingeteilt:

- Klasse 1: Sendeleistung 1 mW, Reichweite bis 10 Meter
- Klasse 2: Sendeleistung 1 bis 2,5 mW, Reichweite bis 50 Meter
- Klasse 3: Sendeleistung 100 mW, Reichweite bis 100 Meter

Dabei hat die Klasse nichts mit der Datenrate zu tun, sondern eher mit dem vorgesehenen Anwendungsfall. In ein Mobiltelefon wird Bluetooth der Klasse 1 integriert, weil dies z. B. den drahtlosen Abgleich mit dem PC ermöglicht und dabei aber nur 1 mW an Sendeleistung benötigt. Bei der Vernetzung von PCs spielt Bluetooth keine gewichtige Rolle, weil die Bandbreite zu gering ist. Weitere Informationen finden Sie unter *http://www.bluetooth.org*.

Für alle WLAN-Varianten gilt gleichermaßen, dass es sich bei den angegebenen Datenraten um Bruttodatenraten handelt, deren Bandbreite sich alle Teilnehmer teilen und von denen noch Steuerungsdaten abgezogen werden müssen, um die Nettodatenrate zu erhalten.

7.1 IEEE 802.11

Zunächst möchte ich Ihnen in der nachfolgenden Tabelle 7.1 einen Überblick über den Buchstabensalat im Bereich der WLANs geben.

Arbeitsgruppe	Arbeitsgebiet
Übertragungsverfahren	
802.11	Urform des WLANs von 1997, mit 2 Mbit/s im 2,4-GHz-Band
802.11a	54-Mbit/s-WLAN im 5-GHz-Band
802.11b	11-Mbit/s-WLAN im 2,4-GHz-Band
802.11g	54-Mbit/s-WLAN im 2,4-GHz-Band
802.11h	54-Mbit/s-WLAN im 5-GHz-Band mit den europäischen Ergänzungen DFS und TPC
802.11n	Verbesserungen für schnellere WLANs mit 150 Mbit/s pro Datenstrom im 5-GHz- und 2,4-GHz-Band
802.11ac	noch in der Entwicklung: Gigabit-WLAN im 5-GHz-Band
802.11ad	noch in der Entwicklung: Gigabit-WLAN im 60-GHz-Band

Tabelle 7.1 IEEE 802.11: ein Überblick

Arbeitsgruppe	Arbeitsgebiet
Ergänzungen	
802.11c	Wireless Bridging
802.11d	»World Mode«, Anpassung an regionsspezifische Regulatorien
802.11e	QoS- und Streaming-Erweiterung für 802.11a/g/h
802.11f	Inter Access Point Protocol = IAPP, macht z. B. Handover (Roaming zwischen Access Points) möglich
802.11i	Authentifizierung/Verschlüsselung für 802.11a/b/g/h (AES, 802.1x)
802.11j	Entspricht 802.11a, aber Frequenzbereich für Japan
802.11k	Erweiterung, die ortsbezogene Dienste zulassen soll (location-based services)
802.11m	Weiterentwicklung der Standards (Maintenance)
802.11p	Kommunikation zwischen Fahrzeugen im 5,9-GHz-Frequenzband
802.11r	Fast Handover, Roaming zwischen Access Points
802.11s	Aufbau von Mesh-Netzwerken
802.11t	Testverfahren (WPP) und Messverfahren
802.11u	Zusammenspiel mit (unter anderem) Handynetzen, also mit Nicht-WLAN-Netzen
802.11v	WLAN-Management
802.11w	Datenintegrität und Sicherheit
802.11-2012	Zusätzliches 3,7-GHz-Band (3650 bis 3700 MHz)

Tabelle 7.1 IEEE 802.11: ein Überblick (Forts.)

Allen Verfahren liegen grundsätzliche Eigenschaften zugrunde, die oftmals aus den physikalischen Gegebenheiten von Funknetzen resultieren.

Es gibt einzelne Chips und somit auch Geräte, die 11a, b, g und n unterstützen und somit ähnlich wie Tri-Band-Handys universell funktionieren. Für sie gilt das Gleiche wie für Handys: Es war schon immer teurer, einen besonderen Geschmack zu haben. [«]

Alle Teilnehmer im WLAN teilen sich die Bandbreite. Gibt es also elf Stationen, die einen WLAN-Zugang (Access Point) mit 11 Mbit/s benutzen, dann steht im Idealfall jeder Station 1 Mbit/s zur Verfügung. Ein multimediales Erlebnis wird sich über diesen Zugang wohl nicht transportieren lassen, insbesondere, wenn man bedenkt, dass die Nutzdatenraten nur die Hälfte der gerade genannten Übertragungsdatenraten beträgt. [!]

WLAN nach IEEE 802.11 realisiert die Schichten 1 und 2 des ISO/OSI-Modells. Dank der Unabhängigkeit der Schichten ergeben sich z. B. für IP, TCP und andere höhere Protokollschichten keine Auswirkungen.

Es gibt zwei Möglichkeiten für den Betrieb eines WLANs:

- Im *Ad-hoc-Modus* funkt eine WLAN-Karte zu einer anderen WLAN-Karte. Dabei können mehrere WLAN-Verbindungen gleichzeitig bestehen. Der einzige Nachteil im Vergleich zum Infrastruktur-Modus ist die geringere Sende- und Empfangsleistung. Andere Ausdrücke sind *Peer-to-Peer-Netz* oder *Independent Basic Service Set* (IBSS).

- Der *Infrastruktur-Modus* kann betrieben werden, wenn man über mindestens einen *Access Point* (AP) verfügt. Ein AP ist eine Empfangsanlage, meist mit integrierter Antenne für ein WLAN, und wird üblicherweise mit Steckernetzteilen oder über das LAN-Kabel mit Strom versorgt. Üblicherweise stellt der AP auch die Verbindung zum drahtgebundenen LAN her. Teilweise wird auch die Bezeichnung *Basic Service Set* (BSS) verwendet.

»Welchen Modus soll ich einsetzen?«, werden Sie sich fragen. Im Ad-hoc-Modus wird ein WLAN aufgebaut, wenn man nur eine begrenzte Zahl von Clients untereinander spontan verbinden will und keinen Zugang in das kabelgebundene LAN benötigt. Die übliche Verwendung von WLAN findet im Infrastruktur-Modus statt.

[!] Bei Notebooks ist bereits WLAN eingebaut und ungeschützt aktiv. Wenn Sie das Notebook eingeschaltet haben, können Hacker – z. B. im Park oder am Flughafen – leicht auf Ihr Notebook gelangen. Deaktivieren Sie eine nicht benötigte WLAN-Funktion!

Ein wesentlicher Unterschied zwischen drahtgebundenen und drahtlosen Netzen aus physikalischer Sicht ist, dass man bei einem drahtlosen WLAN keine Kollisionen erkennen kann. Es kann aber aufgrund des nichtdeterministischen Zugangsverfahrens immer zu Kollisionen kommen, die bei Ethernet durch das CSMA/CD-Verfahren behandelt werden. Wenn man Kollisionen nicht erkennen kann, ist es auch nicht möglich, den Fall einer Kollision zu behandeln. Bei WLAN gilt daher: CSMA/CA steht für *Collision Advoidance*, die Kollisionsvermeidung. Bei diesem Verfahren hört die sendewillige Station das Medium – also den Funkkanal – ab und wartet, falls dieser frei ist, eine weitere definierte Zeit (IFS = Interframe Space) ab. Ist das Medium am Ende der Wartezeit immer noch frei, wird gesendet. Dabei muss man beachten, dass der Mechanismus nur dann funktioniert, wenn sich alle Stationen gegenseitig empfangen können.

Stellen Sie sich vor, dass drei Stationen im Abstand von jeweils 100 Metern voneinander aufgestellt werden, sodass die beiden äußeren Stationen 200 Meter entfernt sind und sich nicht gegenseitig empfangen können (siehe Abbildung 7.1). Möchten die Stationen A und C zur Station B senden, kann der CSMA/CA-Mechanismus keine Kollisionen verhindern, weil die Station A nicht feststellen kann, dass gleichzeitig die Station C sendet, und daher das Medium als frei erkennt.

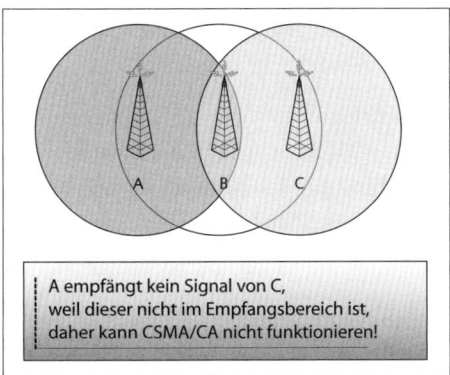

Abbildung 7.1 CSMA/CA funktioniert hier nicht.

Es kann und wird bei WLANs also zu Kollisionen kommen. Daher wurde schon auf dieser Protokollschicht – eigentlich wäre das Aufgabe von TCP – ein Sicherungsmechanismus implementiert. Gesendete Pakete werden vom Empfänger durch ein *ACKnowledge* bestätigt. Kommt das ACK nicht, beginnt die Sendestation mit der Wiederholung (*Retransmission*) nach einer vorher definierten Zeit.

Eine Regelung für das *Roaming*, also das Wandern zwischen verschiedenen APs, gab es lange Zeit gar nicht. Der Standard IEEE 802.11r aus dem Jahr 2008 ermöglicht heute ein sehr schnelles Roaming zwischen Access Points, welches sogar den Ansprüchen der Telefonie genügt.

Andere Ungenauigkeiten führten dazu, dass zu Beginn der WLAN-Ära die Komponenten eines Herstellers zu denen von anderen Herstellern inkompatibel waren. Abhilfe schaffte die *Wi-Fi Alliance* (siehe Abschnitt 7.9, »Wi-Fi Alliance«). Diese zertifiziert die Kompatibilität zwischen den beteiligten Herstellern durch das Wi-Fi-Zertifikat (Wireless Fidelity). Dadurch arbeiten heute die meisten WLAN-Komponenten verschiedener Hersteller zusammen.

Trotz WiFi kommt es auch heute noch regelmäßig vor, dass einzelne WLAN-Komponenten verschiedener Hersteller nicht richtig zusammenarbeiten.

Eine standardisierte Funktion von IEEE 802.11a/b/g/n ist es, eine niedrigere Datenrate auszuhandeln, wenn die Empfangsbedingungen schlechter werden. Die maximale Bandbreite kommt nur bei gutem Empfang zustande, wenn sich Sender und Empfänger in unmittelbarer Nähe zueinander befinden. Wenige Zentimeter entscheiden zum Schluss über den Empfang; man spricht auch vom *Link*. Zwischen den Herstellern gibt es massive Unterschiede, was die Sende- und Empfangsqualität angeht. Dabei ist Stahlbeton das größte Hindernis für Funkverbindungen. Es kommt beim Aufstellen eines Access Points daher sehr auf die geschickte Standortwahl an, um den WLAN-Clients möglichst gute Datenraten bieten zu können.

Mittels IEEE 802.11a/b/g/n lassen sich mit Richtfunkantennen auch längere Strecken überbrücken, wenn Sichtkontakt besteht. Möglich sind ein bis zwei Kilometer bei relativ geringen Datenraten. Diese Verbindung ist störanfällig bei Regen, Schnee, vorbeifliegenden Vögeln, Baukränen und ähnlichen Hindernissen.

7.2   IEEE 802.11b

Mit 11 Mbit/s bietet dieser Standard keine zeitgemäße Datenrate mehr. Die Geschwindigkeit ist für einige Anwendungen ausreichend, so z. B. für den normalen DSL-Internetzugang, doch für Multimedia, also z. B. einen Film, sind die 5 Mbit/s tatsächliche Datenrate einfach zu wenig.

Die Standards sind abwärtskompatibel. IEEE 802.11 beherrscht Datenraten von 1 oder 2 Mbit/s. IEEE 802.11b hat vier Bandbreitenstufen von 11, 5,5, 2 und 1 Mbit/s.

Die Firma Texas Instruments verwendete in ihren WLAN-Chips optional statt der üblichen DSSS- eine PBCC-Kodierung. Dieses Verfahren eignet sich auch für höhere Datenraten. Unter der Bezeichnung *11b+* wurden Geräte verkauft, die Geschwindigkeiten von 22 oder 44 Mbit/s unterstützten. Wenn Sie sowohl WLAN-Karten als auch einen AP einsetzen, der dieses unterstützt, spricht nichts dagegen, diese Geschwindigkeitserhöhung zu nutzen.

7.3   IEEE 802.11a/h

IEEE 802.11a/h bietet Bruttodatenraten von 54 Mbit/s, netto werden unter guten Bedingungen 20 Mbit/s erreicht. Bei diesem Standard wird ein anderes Frequenzband als bei IEEE 802.11b/g benutzt, es liegt im 5-GHz-Bereich. In den USA war das gewünschte Frequenzband vorher unbenutzt und konnte für WLANs verwendet werden. In Europa und auch in Deutschland waren gewisse Bereiche für Satelliten reserviert. Erst seit der Verabschiedung von IEEE 802.11h im September 2003 kann der Standard sorgenfrei in Europa eingesetzt werden. Es handelt sich dabei um den gleichen Standard wie beim US-amerikanischen IEEE 802.11a, jedoch gibt es zwei Erweiterungen zur Frequenzwahl und Sendeleistung:

- *Dynamic Frequency Selection* (*DFS*): Ein benutzter Kanal wird erkannt und erzwingt einen Kanalwechsel.
- *Transmit Power Control* (*TPC*): Schutz anderer Funksysteme; mit implementiertem DFS darf jedoch wieder etwas stärker abgestrahlt werden.

IEEE 802.11a/h ist aufgrund des anderen Frequenzbands nicht zu den älteren oder anderen 802.11-Varianten abwärtskompatibel.

Das 5-GHz-Frequenzband ist frei von Störquellen, weil es ausschließlich für die drahtlose Datenkommunikation reserviert ist. Aufgrund von 19 Kanälen à 20 MHz ist es möglich, mehr WLAN-Clients bei höheren Datenraten anzubinden, als es bei IEEE 802.11b/g mit drei Kanälen möglich ist.

Ein Vergleich der Firma Intersil ergab, dass die Reichweite von 11a in Großraumbüroumgebungen – amerikanischer Büroeinsatz – schlechter ist als bei 11g. Diese Erfahrung kann ich auch für die deutsche Massivbauweise bestätigen; die Funkabdeckung ist hier wesentlich geringer.

7.4 IEEE 802.11g

Im Juni 2003 wurde 11g verabschiedet, die Übertragungsrate beträgt brutto 54 Mbit/s, in der Realität werden unter optimalen Bedingen etwa 20 Mbit/s als Nettodatendurchsatz erreicht. Es gibt keinen grundsätzlichen Unterschied zu 11b, es ist nur viermal so schnell, daher gelten auch die unter 11b gemachten Aussagen.

Dadurch dass dasselbe Frequenzband verwendet wird, gibt es einerseits keinerlei Probleme hinsichtlich der Freigabe durch die Bundesnetzagentur, denn dieses Frequenzband steht schon seit Jahren zur Verfügung, andererseits ist 11g abwärtskompatibel mit 11b. Mit einer WLAN-Karte für 11g können Sie sich somit auch an einem 11b-Netzwerk anmelden.

Wie 11b verwendet auch 11g das ISM-Frequenzband bei 2,4 GHz, somit wirken dort dieselben Störquellen Mikrowellen und Bluetooth. Deutlich störender als Mikrowellen wirken sich inzwischen Nachbar-WLANs aus.

7.4.1 Kanalwahl

In Europa kann im ISM-Band aus 13 Kanälen ausgewählt werden, die jeweils einen Abstand von 5 MHz haben (siehe Abbildung 7.2). Da jeder Funkkanal etwas mehr als 20 MHz belegt, stören sich nebeneinanderliegende Funkkanäle gegenseitig. Bei WLAN-Geräten, die für den internationalen Einsatz vorgesehen sind, werden oftmals nur die Kanäle 1 bis 11 genutzt – in den USA dürfen die Kanäle 12 und 13 nicht verwendet werden –, sodass es nur drei überlappungsfreie Kanäle gibt: Kanal 1, 6 und 11.

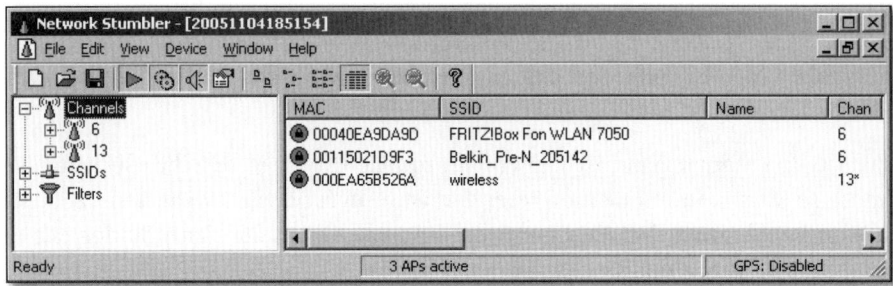

Abbildung 7.2 Network Stumbler zeigt belegte Kanäle an.

[»] Halten Sie mit Ihrem WLAN immer einen Abstand von fünf Kanälen zu Nachbar-WLANs, um eine optimale Performance zu erreichen.

Kanal	Frequenzmitte in GHz	Überlappungsfrei mit Kanal
1	2,412	6 bis 13
2	2,417	7 bis 13
3	2,422	8 bis 13
4	2,427	9 bis 13
5	2,432	10 bis 13
6	2,437	1 und 11 bis 13
7	2,442	1 bis 2 und 12 bis 13
8	2,447	1 bis 3 und 13
9	2,452	1 bis 4
10	2,457	1 bis 5
11	2,462	1 bis 6
12	2,467	1 bis 7
13	2,472	1 bis 8

Tabelle 7.2 Funkkanäle im ISM-Band: Jeder Kanal belegt 22 MHz.

Aus Tabelle 7.2 wird das gegenseitige Störpotenzial der Kanäle ersichtlich.

Beide Verfahren, 11a und g, ermöglichen die höheren Datenraten bei vergleichbarer Sendeleistung gegenüber 11b durch den Einsatz von *Orthogonal Frequency Division Multiplexing* (OFDM). Durch diese Kodierungsverfahren wird insbesondere eine höhere Widerstandsfähigkeit gegenüber Störquellen erreicht.

Wenn Sie ein WLAN aufbauen möchten, dann ist es sehr sinnvoll, einen Kanal zu wählen, der fünf Kanäle von allen Nachbar-WLANs entfernt ist. Die einzelnen Kanäle eines WLANs im 2,4-GHz-Frequenzband sind lediglich 5 MHz auseinander, aber 22 MHz breit, daher sollte der Abstand zu WLANs von Nachbarn fünf Kanäle betragen, damit die anderen WLANs und Ihr eigenes WLAN sich nicht gegenseitig stören. Die Veränderungen durch Channel Bonding für z. B. IEEE 802.11n werden in Abschnitt 7.10.1 beschrieben.

Das Programm inSSIDer (*http://www.metageek.net/products/inssider*) zeigt Ihnen verfügbare WLANs mit Kanal an, so können Sie Nachbar-WLANs aufspüren und Ihre eigene Konfiguration danach richten. Es gibt *Wi-Fi-Finder* oder auch *WLAN Detector* genannte Geräte, die WLAN-Signale melden. Die einfachsten mit einigen LEDs zur Anzeige des Ergebnisses gibt es schon für unter 20 €. Komfortablere Geräte, die auch die SSID und die Verschlüsselungsart anzeigen, kosten ca. 60 €.

> Ein störendes Nachbar-WLAN kann die Leistung Ihres WLANs erheblich beeinflussen, und die Leistung sinkt sehr deutlich, daher sollten Sie den Kanal Ihres WLANs gezielt aussuchen. Ist eine überschneidungsfreie Kanalwahl nicht möglich, sollten Sie möglichst schwache andere WLANs überlappen lassen. Hilft auch das nicht, kann ein WLAN nach IEEE 802.11n die Lösung sein; dort wird häufig auch das 5-GHz-Band unterstützt.

[«]

7.4.2 Sendeleistung

Sollte es nicht möglich sein, einen überlappungsfreien Funkkanal zu finden, hilft oftmals die Regulierung der Sendeleistung. Sie können die anderen Betreiber der WLANs bitten – vorausgesetzt, Sie kennen sie –, die Sendeleistung der einzelnen WLANs zu verringern, sodass deren Reichweiter geringer wird und damit auch ihr störender Einfluss. Leider ist es nicht bei jedem Access Point möglich, die Sendeleistung einzustellen.

Vom Hacken des Nachbar-WLANs, um dort die Sendeleistung ohne die Kenntnis und die Zustimmung des Nachbarn herunterzusetzen oder einen anderen WLAN-Kanal einzustellen, kann ich Ihnen aus juristischen Gründen nur abraten.

[!]

Die Sendeleistung Ihres eigenen WLANs sollten Sie so gering wie möglich halten, damit weniger potenzielle Hacker das Signal Ihres WLANs empfangen können und natürlich auch, um Nachbar-WLANs nicht zu stören. Sollte die Sendeleistung zur Abdeckung Ihres Grundstücks nicht ausreichen, gibt es drei Möglichkeiten:

- Verstärker
- Antennen
- Repeater

[!] Der Einsatz von Verstärkern oder anderen Antennen dient zur Steigerung der Reichweite. Der Einsatz ist nicht ganz unproblematisch, weil die Sendeleistung von 100 mW EIRP nicht überschritten werden darf. Die Sendeleistung ergibt sich danach aus der reinen Sendeleistung zuzüglich Kabel und Antenne. Beim Einsatz von Verstärkern und/oder anderen Antennen passiert es leicht, dass Sie mit dem Betrieb Ihres WLANs die zulässige Höchstgrenze von 100 mW/20 dBm überschreiten. Das ist jedoch nicht zulässig.

WLAN-Repeater haben dieselbe Wirkungsweise wie ihre veralteten kabelgebundenen Verwandten, die Hubs. Sie geben ein empfangenes Signal verstärkt wieder aus. Dabei gibt es dedizierte Geräte für diesen Einsatz, oder Sie verwenden einen normalen Access Point, der diese Funktion[3] unterstützt, für Ihr Vorhaben. Doch Vorsicht: Jeder Repeater halbiert den Datendurchsatz in der Funkzelle, weil er jedes Paket wiederholt und dadurch Sendezeit auf dem Funkkanal belegt.

7.5 IEEE 802.11n

Der Standard wurde nach zähen Jahren des Wartens im Sommer 2009 verabschiedet. Gegenüber dem Entwurf »Draft 2.0« aus dem Jahr 2007 gab es nur wenige Änderungen.

Schon seit 2006 gibt es sogenannte »Pre-N«-Geräte, die also auf Basis des Standardentwurfs arbeiten und sich voraussichtlich mittels Software-Update auf diesen hochrüsten lassen. Damit das Chaos nicht weiter zunimmt, hat sich die Organisation Wi-Fi Alliance entschlossen, eine Interoperabilitätszertifizierung für 11n anzubieten.

Der Standard erfüllt folgende Ziele:

- Einsatz der *MIMO*-Technik, auch unter dem Begriff *Spatial Multiplexing* bekannt, mit zwei, drei oder vier Antennen (2TX, 3TX oder 4TX), um die Datenrate auf 150 Mbit/s pro Datenstrom zu steigern.
Beim Einsatz von zwei Antennen liegt die Bruttodatenrate bei bis zu 150 Mbit/s, bei vier Antennen bis zu 300 Mbit/s unter Verwendung von 20 MHz pro Kanal. Durch *Channel Bonding* (siehe Abschnitt 7.10.1) kann die jeweils

---

[3] Die Funktion heißt bei einigen Routern WLAN-Bridge oder WDS.

doppelte Datenrate – also max. 600 Mbit/s – erzielt werden, dazu werden zwei 20-MHz-Kanäle zusammengeschaltet.

- Einsatz eines neuen High-Through-Put-Modus, der die Technik *Frame bursting* verwendet.
- Die mögliche Größe von WLAN-Paketen steigt von 2.304 auf 8.100 Byte. Damit wird *Packet Aggregation* effektiver, und es werden höhere Nutzdatenraten erzielt.
- Durch Verbesserungen des Kodierungsverfahrens werden höhere Datenraten erzielt. So steigt die Datenrate durch den Einsatz von MIMO nicht auf 108, sondern auf 150 Mbit/s.

Ein Großteil der Beschleunigungsverfahren wird in Abschnitt 7.10, »Beschleunigertechniken«, beschrieben.

7.6 IEEE 802.11ac

Der Standard für Gigabit-WLAN nach IEEE 802.11ac befindet sich noch in der Entwicklung. Das schreckt jedoch die Hersteller nicht ab, den Kunden erste Hardware auf Basis des Entwurfes anzubieten. Diese leisten im Test[4] erstaunliche Bruttodatenraten im Bereich von 1.300 Mbit/s.

Ein WLAN nach 11ac findet im 5-GHz-Band statt und muss dementsprechend – genauso wie IEEE.802.a – die in Abschnitt 7.3, »IEEE 802.11a/h«, beschriebenen europäischen Normen DFS und TPC erfüllen.

Allein aufgrund der Marktpräsenz der 11n-WLAN-Clients werden die 11ac-Router abwärtskompatibel zum 11n-Standard sein.

7.7 IEEE 802.11ad

Auch der Standard für 7-Gigabit-WLAN nach IEEE 802.11ad ist noch in der Entwicklung. 802.11ad wird allerdings im Vergleich zu 11ac nachrangig vorangetrieben – vermutlich, damit die beiden Standards sich nicht gleich von Beginn an gegenseitig Konkurrenz machen.

Der Standard 11ad beschreibt WLAN im 60-GHz-Band. Der Vorteil ist, dass die verfügbare Bandbreite in diesem Bereich relativ groß ist. Die Kanäle können dementsprechend breiter als im 2,4- oder 5-GHz-Band ausgestaltet werden. Die

---

4 Quelle: *http://www.heise.de/ct/artikel/Gigabit-Funker-1673483.html*

Kehrseite der Medaille: Die Dämpfung ist bei Funk mit Wellenlängen im Millimeterbereich enorm; ein WLAN ist damit auf die Abmessungen einer kleinen Wohnung beschränkt. Eine normale Hauswand dürfte für 11ad bereits eine nicht zu bewältigende Herausforderung sein.

Das ist auf den ersten Blick ein großer Nachteil, muss es aber nicht zwangsläufig sein. Die gegenseitige Störung von benachbarten WLANs – bei 2,4- und 5-GHz-Netzen immer ein Thema – scheint im 60-GHz-Band sehr unwahrscheinlich.

7.8 IEEE 802.11e

Dies ist der Standard für die Priorisierung von Daten im WLAN. Sein Ziel ist es, den verschiedenen Bedürfnissen von Daten im WLAN besser gerecht zu werden.

In den meisten privaten Haushalten werden DECT-Telefone genutzt. Aus der Sicht eines Netzwerkers wird man in Zukunft diese Telefone durch WLAN-Telefone ersetzen. Dazu muss das WLAN selbstverständlich diese Daten ohne Zeitverzögerung transportieren, was insbesondere dann eine Herausforderung ist, wenn parallel zum WLAN-Telefonat noch ein Datendownload über WLAN transportiert werden muss.

Die Priorisierung von Daten innerhalb des WLANs wird die neue Standardisierung 11n ergänzen, zusammen werden davon sowohl Privatanwender als auch große Firmen profitieren.

7.9 Wi-Fi Alliance

Die Interoperabilität, also die Zusammenarbeit von Geräten verschiedener Hersteller, normiert und testet die Wi-Fi Alliance. Wi-Fi steht dabei – in Anlehnung an Hi-Fi – für *Wireless Fidelity*. Es gibt ein eigenes Logo, das für interoperable Produkte vergeben wird (siehe Abbildung 7.3).

Abbildung 7.3 Wi-Fi-Logo; Quelle: *http://www.wi-fi.org*

Wenn Sie Wireless-LAN-Produkte kaufen, sollten Sie Wert auf dieses Logo legen, denn nur das garantiert Ihnen, dass das Gerät auch mit Geräten anderer Hersteller funktioniert. Welche Produkte mit welchen Eigenschaften zertifiziert sind, können Sie unter *http://www.wi-fi.org* nachschauen.

7.10 Beschleunigertechniken

Die bestehenden 54-Mbit-WLAN-Techniken sind viele Jahre auf dem Markt, doch der Nachfolgestandard IEEE 802.11n ließ auf sich warten und wurde erst im Jahr 2009 endgültig verabschiedet. Um dem Bedürfnis insbesondere privater Kunden nach mehr Bandbreite im WLAN gerecht zu werden, setzen die Hersteller der WLAN-Chipsätze verschiedene Beschleunigungstechniken ein.

Die Beschleunigungstechniken können herstellerspezifisch sein und funktionieren dann nur bei Geräten mit dem gleichen WLAN-Chipsatz. Kaufen Sie daher passende Geräte eines Herstellers, um die volle Geschwindigkeit nutzen zu können oder noch besser: Achten Sie auf die Zertifizierung durch die Wi-Fi Alliance. [!]

7.10.1 Channel Bonding

Beim Channel Bonding werden einfach zwei Funkkanäle à 20 MHz gleichzeitig genutzt, und so wird mit dem Frequenzband auch die Datenrate verdoppelt. Diese Technik führt bei IEEE 802.11n genauso wie bei einigen herstellerspezifischen 802.11g-Varianten mit 108 MBit bzw. angegebenen 125 MBit dazu, dass durch die benötigten 40 MHz bis zu neun der dreizehn Kanäle im 2,4-GHz-Band belegt werden, weil nur so ausreichend Frequenzband zusammengeschaltet werden kann (siehe Frequenztabelle 7.2 auf Seite 80 und Tabelle 7.3 auf Seite 85).

Zwei dieser WLANs in räumlicher Nähe zueinander schließen sich gegenseitig fast aus. Diese Technik ist im 2,4-GHz-Band in hohem Maße unsozial, egoistisch und mit der zunehmenden Verbreitung von WLANs in Städten immer weniger vereinbar. Trotzdem ist sie auch über IEEE 802.11n offiziell in das 2,4-GHz-Band eingeflossen. Der in Entwicklung befindliche Standard 802.11ac arbeitet aus diesem Grund ausschließlich mit dem 19 Funkkanälen im 5-GHz-Band.

Primärer Kanal	Sekundärer Kanal	Blockierte Kanäle
1	5	1 bis 7
2	6	1 bis 8
3	7	1 bis 9
4	8	2 bis 10

Tabelle 7.3 Channel Bonding im 2,4-GHz-Band: Der sekundäre Kanal liegt 20 MHz über oder unter dem primären Kanal (Quelle: *http://en.wikipedia.org*).

Primärer Kanal	Sekundärer Kanal	Blockierte Kanäle
5	9 oder 1	3 bis 11 oder 1 bis 7
6	10 oder 2	4 bis 12 oder 1 bis 8
7	11 oder 3	5 bis 13 oder 1 bis 9
8	12 oder 4	6 bis 13 oder 2 bis 10
9	13 oder 5	7 bis 13 oder 3 bis 11
10	6	4 bis 12
11	7	5 bis 13
12	8	6 bis 13
13	9	7 bis 13

Tabelle 7.3 Channel Bonding im 2,4-GHz-Band: Der sekundäre Kanal liegt 20 MHz über oder unter dem primären Kanal (Quelle: *http://en.wikipedia.org*) (Forts.).

7.10.2 Frame bursting

Um den Nutzdatenanteil bei der Übertragung zu erhöhen, wird zwischen zwei Datenpaketen nicht die DIFS-Wartezeit eingehalten, sondern nur die kürzere für *ACKnowledge*-Bestätigungspakete (ACK) vorgesehene SIFS-Wartezeit. Der Vorteil liegt weniger in der gesparten Wartezeit, sondern darin, den Funkkanal öfter belegen zu können (im Gegensatz zu anderen WLAN-Clients, die immer die DIFS-Wartezeit warten). Das Verfahren bringt also nur Vorteile, wenn mehrere WLAN-Clients auf einem Funkkanal arbeiten. Standardisiert wurde die Technik in IEEE 802.11e, dem Standard für Quality of Service bei WLAN.

7.10.3 Frame Aggregation

Ein WLAN-Paket darf bis zu 2.304 Byte groß werden, ein Ethernet-Paket nur 1.508 Byte. Beim Packet Aggregation werden mehrere Ethernet-Pakete in ein WLAN-Paket gepackt und übertragen. Dadurch wird die Nutzdatenrate deutlich höher und steigt um ca. 30 Prozent.

7.10.4 Sendeleistung

Die *Sendeleistung* ist am Access Point häufig konfigurierbar. Bei schlechten Empfangsbedingungen kann eine schwache Sendeleistung zu niedrigeren Datenraten führen.

7.10.5 Antennenausrichtung

Ähnlich wie bei der Erhöhung der Sendeleistung geht es bei der optimierten Ausrichtung des elektromagnetischen Feldes auf den Kommunikationspartner um die Verbesserung der Empfangsbedingungen. Daher kann ein Geschwindigkeitsgewinn nur für die Anwender auftreten, die bisher nicht die volle Geschwindigkeit nutzen konnten. Die Ausrichtung erfolgt im Übrigen nicht mechanisch, sondern elektronisch.

7.10.6 Multiple In Multiple Out

Die MIMO-Technik ist für Nicht-Nachrichtentechniker schwierig zu verstehen. Ähnlich wie beim Channel Bonding wird gleichzeitg mehrfach gesendet, allerdings auf demselben Kanal.

MIMO steht für *Multiple In Multiple Out*. Übersetzt bedeutet dies etwa »mehrere rein, mehrere raus« und will ausdrücken, dass Daten parallel übertragen werden. Die Daten werden bei MIMO nicht auf getrennten Kanälen parallel übertragen, denn das wäre ja Channel Bonding, sondern parallel auf demselben Kanal. Auf einem WLAN-Kanal werden parallel bis zu vier Signale gleichzeitig ausgesendet.

Das Problem, das nun ohne weitere Maßnahmen auftritt, ist, dass sich die Signale untrennbar bereits beim Sender vermischen und der Empfänger mit diesem Signalbrei nichts anfangen kann. Die Entwickler von 11n haben sich also ein technisches Verfahren einfallen lassen, das auf OFDM basiert. OFDM verteilt ein Signal auf mehrere sogenannte Unterträger und macht es damit widerstandsfähiger. MIMO nutzt neben der räumlichen Dimension der Unterkanäle nun noch eine zeitliche Dimension, die Unterkanäle werden zeitlich orthogonal versetzt, damit sich das Ausgangssignal beim Empfänger sauber wiederherstellen lässt.

Nun könnte man MIMO mit einer einzigen Antenne betreiben, allerdings müsste man dazu neue, schnelle Chips entwickeln, die in sehr großen Stückzahlen produziert werden müssten, damit man sie günstig verkaufen könnte. Das kostet Zeit und Geld. Die Alternative ist, einfach bestimmte Teile eines WLAN Access Point doppelt, dreifach oder vierfach einzubauen, und daraus resultieren Geräte mit mehreren Antennen. Der WLAN-Client wird auch zukünftig nur eine Antenne benötigen. Das zu erklären, würde tief in die Nachrichtentechnik führen, deshalb verzichte ich hier darauf.

7.11 Sicherheit von WLANs

In den Medien ist von enormen Sicherheitslücken berichtet worden, die entstehen, wenn man ein WLAN einsetzt. Die Darstellungen sind insoweit richtig, als dass Lösungen von Herstellern als *Plug and Play* verkauft werden. In den Standardeinstellungen ist üblicherweise keine oder nur die *WEP*-Verschlüsselung aktiviert, sodass jeder Hacker/Cracker, der mit einem Notebook und einer WLAN-Karte bewaffnet vor Ihrem Gebäude parkt, in Ihr Netz kann.

[»] Betrachten Sie einen WLAN-Zugang ähnlich wie einen Internetzugang als öffentlich, und sichern Sie ihn entsprechend ab, dann können Sie auch weiterhin gut schlafen, ohne vor Hackern/Crackern Angst haben zu müssen: »Es hängt von Ihnen ab, wie sicher Ihr WLAN ist.«

Beachten Sie deshalb unbedingt die Hinweise zur Sicherheit Ihres WLANs in Kapitel 34, »WLAN und Sicherheit«!

7.12 Hot Spot

Weltweit nimmt die Anzahl der sogenannten *Hot Spots* stark zu. Bei einem Hot Spot handelt es sich um einen öffentlichen Wireless-LAN-Zugang, der meist einen Internetzugang ermöglicht. In vielen Cafés der Kette Starbucks wurden weltweit Hot Spots installiert, in Flughäfen und Hotels sollen Geschäftsreisende ihre Aufenthaltszeit besser nutzen können. Die Anzahl der Hot Spots steigt ständig, einen Überblick bezüglich Hot Spots in Ihrer Nähe können Sie sich unter *http://mobileaccess.de/wlan* verschaffen. Die Gebühren sind zuweilen hoch, so werden in Hotels nicht selten 9 € für zwei Stunden verlangt.

Einen interessanten Ansatz bietet die *Wi-Fi-Community* der Firma FON (siehe *http://www.fon.com*). Jeder »Fonero« teilt seinen Internetzugang mit anderen Foneros. So kann jeder beim anderen mitsurfen. Dazu bietet die Firma einen speziellen WLAN-Router.

7.13 Ausblick

Die Anforderungen an WLANs und insbesondere die verfügbaren Bandbreiten steigen. Mit 11n stehen die üblichen 100 Mbit/s, die wir vom kabelgebundenen Ethernet kennen, für WLAN unter idealen Empfangsbedingungen als Nutzdatenrate zur Verfügung. Die Entwicklung bei den Geschwindigkeiten wird sich weiter

Richtung Gigabit-WLAN und darüber hinaus orientieren, und es gibt nicht nur theoretische Nachweise, dass dies mit vorhandener Technik möglich ist.

Damit kehrt sich das Geschwindigkeits-Verhältnis von WLAN zu LAN vielerorts um: WLANs werden mit 802.11ac und 802.11ad plötzlich schneller als die meisten kabelgebundenen Netzwerke. Und manches Unternehmen wird sich fragen müssen, ob die vorhandene kabelgebundene Netzwerkinfrastruktur für das neue WLAN optimal geeignet ist. Die Investition – und damit die eigentliche Hürde für die noch nicht verabschiedeten WLAN-Standards – dürften nicht die Access Points, sondern vielmehr die nachfolgende Infrastruktur sein.

Auch im Markt der Privatanwender finden mit 11n und 11ac Schritte in Richtung 5-GHz-Band statt; somit sollte es zukünftig vielleicht wieder etwas leichter möglich sein, einen freien Kanal für sein eigenes WLAN zu finden.

Die mögliche Nutzung des 60-GHz-Bandes mit 11ad stellt den Kunden in Zukunft vor mehr Auswahlmöglichkeiten. Umso wichtiger ist es für Sie, zwecks Investitionsschutz vor einer Kaufentscheidung Ihre Bedürfnisse zu analysieren, sich genauestens zu informieren und beraten zu lassen.

Die weiteren Entwicklungen werden insbesondere bei der Optimierung von WLANs, z. B. der Integration von Quality of Service nach IEEE 802.11e, stattfinden.

Der Sicherheitsstandard IEEE 802.11i und dessen Pendant WPA2 ist nach wie vor das Maß der Dinge. Bis heute sind keine wesentlichen Nachteile der beiden Verfahren öffentlich geworden. Verfahren, die der Vereinfachung der Konfiguration eines WLANs dienen sollen, sollten Sie vor einem Einsatz unbedingt kritisch prüfen, was ich in Abschnitt 34.3, »Wi-Fi Protected Setup«, am Beispiel WPS deutlich mache.

Das Grundübel von Netzwerken ist, dass die benötigten Kabel meist nicht vorhanden sind. Wenn Sie also ein Netzwerk haben möchten und WLAN aufgrund von Empfangsproblemen nicht möglich ist, dann kommen Sie nicht um das Verlegen von Kabeln herum.

8 Netzwerk ohne neue Kabel

Das bedeutet leider auch, dass entweder hässliche Kabel die Wohnung oder das Haus »verzieren« oder aber Sie viel Arbeit damit haben, die Kabel unter Fußleisten oder in Kabelkanälen verschwinden zu lassen.

Das Problem, keine Kabel für ein Netzwerk verlegen zu wollen oder zu können, haben viele Leute, sodass es sich für die Hersteller lohnt, entsprechende Lösungen anzubieten. Im Wesentlichen werden folgende, meist vorhandene Verkabelungen genutzt:

- Stromverkabelung
- Antennenverkabelung
- Telefonverkabelung

Meiner Meinung nach sind alle drei Verfahren Nischentechnologien, wenn es darum geht, innerhalb eines Gebäudes ein LAN aufzubauen. Die universellste (weil am weitesten verbreitete) Verkabelung ist sicher die Stromverkabelung, so widme ich dieser auch eine eingehende Betrachtung. Als Beispiel für die anderen Kabelarten sei *MoCA* (*Multimedia over Coax Alliance*, siehe *http://www.mocalliance.org*) genannt.

Allen Techniken ist übrigens eines gemeinsam: der hohe Preis.

8.1 Daten über Stromkabel

Nicht überall können oder dürfen Netzwerkkabel verlegt werden. Doch jedes Haus verfügt über eine Stromverkabelung. Zumindest an den Stellen, an denen ein PC steht, gibt es auch eine Steckdose.

Der Trend, auch zu Hause PCs zu vernetzen, ist erst in den letzten zehn Jahren aktuell geworden. Von Ausnahmen abgesehen gab es im Jahr 2002 nur wenige

Leute, die zu Hause ein Netzwerk betrieben haben. Das ist ein Grund, weshalb die wenigsten Häuser derzeit über eine LAN-Verkabelung verfügen.

Die Verbreitung von LAN im heimischen Bereich und die stets vorhandene Stromverkabelung macht sich der *Homeplug*-»Standard« zunutze und realisiert Datenübertragung über Stromleitungen. Homeplug realisiert die ISO/OSI-Schicht 1.

Wie auch WLAN teilen sich alle Clients die verfügbare Bandbreite unabhängig von dem eingesetzten Standard. In der Praxis sind mit Homeplug 1.0 nur 7 Mbit/s erreichbar, mit Homeplug AV 70 Mbit/s oder 150 Mbit/s. Das Stromnetz erzeugt eine Busstruktur: Homeplug hat Hub-Charakter. Entsprechend gelten die strengen CSMA/CD-Regeln für das Ethernet.

Wenn Sie sich jetzt fragen »Homeplug? Das heißt doch anders!«, dann kann ich Ihnen nicht widersprechen, denn der allgemeine Begriff dafür ist *PLC* (*Powerline Communication*). Einige Hersteller bezeichnen die Lösung als *dLAN* (*direct LAN*). Warum das Chaos? Es gibt die »Homeplug Powerline Alliance« (siehe http://www.homeplug.com), ein Zusammenschluss von Herstellern, die einen Industriestandard unter dem Namen Homeplug propagieren. Leider waren die Produkte der einzelnen Hersteller in der Vergangenheit häufig zueinander inkompatibel.

Im Jahr 2010 wurde die Norm IEEE 1901 verabschiedet. Homeplug AV2 wurde auf Basis dieses Standards entwickelt.

[!] IEEE 1901 ist entweder mit *Orthogonal Frequency Division Multiplexing* (*OFDM*) für Europa und Nordamerika oder mit *Wavelet-Modulation* für Asien möglich. Aufgrund der unterschiedlichen Modulation kann es trotz jeweiliger Einhaltung des Standards dazu kommen, dass Geräte diese Norm erfüllen und trotzdem nicht miteinander kommunizieren können.

Im Jahr 2010 wurde von der *International Telecommunication Union* (*ITU*) der *HomeGrid*-Standard *G.hn*, auch als *G.9960* bekannt, verabschiedet. Firmen wie Intel, Panasonic und Motorola gehören dem HomeGrid-Forum an.

Die Standards IEEE 1901 und HomeGrid sind grundsätzlich inkompatibel zueinander. Es gibt jedoch neue Chipsätze, die beide Verfahren beherrschen, z. B. der CG5110 von Sigma.

8.1.1 Homeplug 1.0

Homeplug 1.0 basiert auf Intellons Power-Packet-Technologie und nutzt für die Übertragung OFDM (siehe Abschnitt 7.4, »IEEE 802.11g«) und zur Fehlerkorrektur *Forward Error Correction* (*FEC*). Die Bandbreite erreicht theoretisch 14 Mbit/s, praktisch werden eher 7 Mbit/s oder weniger erreicht. Das Frequenzspektrum von 4 bis 21 MHz wird mittels OFDM in 84 Kanäle aufgesplittet, die parallel genutzt werden. Sollte auf einem Kanal ein Störsignal entdeckt werden, werden die Daten über andere Kanäle übertragen. Dadurch wird ein gewisses Maß an Stabilität im aus Sicht der Datenübertragung unruhigen Stromnetz gewährleistet. Als Störquellen kommen insbesondere Elektrogeräte in Betracht, vor allem solche, die über Elektromotoren verfügen (Bohrmaschinen, Waschmaschinen, Föhn, aber auch Halogenstrahler).

Homeplug 1.0 ist zum Rest der Familie nicht kompatibel, die Geräte sollten sich aber nach Aussage der Hersteller bei gleichzeitigem Betrieb gegenseitig nicht negativ beeinflussen.

8.1.2 Homeplug AV

Der wesentlich schnellere Nachfolger von Homeplug heißt *Homeplug AV*. Dieser erreicht eine Bruttodatenrate von 200 Mbit/s, davon bleiben netto etwa 60 Mbits/s für Nutzdaten übrig. Damit ist es möglich, einen äußerst attraktiven Bereich von Geräten mit Homeplug zu versorgen: HD-Fernseher. Diese LCD-Fernseher unterstützen HDTV mit voller Auflösung (1.920 × 1.080 Bildpunkte), dafür wird eine hohe Datenrate benötigt, die keinesfalls durch Homeplug 1.0 bereitgestellt werden kann. Die Vision, die Homeplug und auch die *Universal Powerline Association* (UPA) nun entfalten, ist das multimediale Haus, in dem der Fernseher mit Filmen per IPTV über Homeplug in HDTV-Qualität versorgt wird. Die Hersteller von Unterhaltungselektronik sollen die Homeplug-Funktion direkt in ihre Geräte integrieren, so wünschen es sich zumindest die Homeplug-Alliance und die UPA. Dieser Wunsch ist allerdings seit einigen Jahren nicht in Erfüllung gegangen. Weiterhin sind für IPTV Set-Top-Boxen notwendig, die allerdings durchaus mit Homeplug-Technik angeboten werden.

8.1.3 Homeplug AV2

Bei Homeplug AV2 wurde MIMO (siehe Abschnitt 7.10.6, »Multiple In Multiple Out«) implementiert und steigert die Performance auf kurzer Distanz. Die genannte Bruttotransferrate von 500 Mbit/s bis zu 1 GBit/s muss in der Praxis deutlich nach unten korrigiert werden, je nach Entfernung, Störungen und Leitungsqualität. Eine Erwartung von 40 Prozent als Nettogeschwindigkeit scheint mir realistisch. Trotzdem werden mit AV2 mehrere parallele HD- oder 3-D-TV-Streams möglich. Durch die Abwärtskompatibilität zu Homeplug AV ist eine Integration in bestehende Netzwerke leichter möglich.

8.1.4 HomeGrid

HomeGrid, auch *G.hn* oder *G.9960*, soll die Nutzung sämtlicher vorhandener Verkabelung möglich machen; auch alte Telefonkabel oder Koaxialkabel können so noch einen Zweck erfüllen.

8.2 Powerline Telecommunication

Anders als bei der reinen Hausvernetzung mit Homeplug, geht es bei *Powerline (PLC)* oder auch *Powerline Telecommunication (PLT)* um den Internetzugang und insbesondere um das Überwinden der sogenannten »letzten Meile«, also dem Anschluss bis zum Provider, ähnlich wie bei DSL.

Neben dem soeben dargestellten Homeplug AV befasst sich die Homeplug-Alliance mit *Homeplug BPL* (*Homeplug Broadband PowerLine*), einem Standard für einen Powerline-Internetzugang.

Surfen über die Stromsteckdose war die Vision, die in Deutschland die Unternehmen RWE und EnBW skizzierten. Die Stromversorger wollten über die bestehende Stromverkabelung Internetdienstleistungen anbieten. In den Umspannhäusern werden die Daten in das Backbone geleitet und über getrennte Datenverbindungen geführt. Auf dieser kurzen Strecke werden bis zu 2 Mbit/s geboten. Allerdings ist zu beachten, dass sich alle, die über dieses Trafohaus versorgt werden, die Bandbreite teilen. Im Extremfall – in einer Hochhaussiedlung – könnten sich also 20 Teilnehmer die Bandbreite von 2 Mbit/s teilen, sodass pro Nutzer nur eine sehr geringe Bandbreite übrig bleibt.

Sowohl RWE und EnBW als auch der größte Hersteller der benötigten Modems (Ascom) kann nicht recht auf Erfolge verweisen. Daher sind beide Stromversorger aus dem Versuch ausgestiegen. Lediglich einige wenige Provider halten an Powerline fest. An dieser Stelle passt die Aussage von heise.de: »Als Internet-Zugangstechnik ist Powerline Communication, Datenübertragung über Stromleitungen, so gut wie gefloppt ...«[1]

Der Grund liegt wohl in technischen Problemen, und die Diskussion über die elektromagnetische Abstrahlung der Lösung ist noch nicht beendet. Neben technischen Problemen gibt es insbesondere immer wieder Ärger mit Amateuerfunkern, deren Hobby durch die hohe elektromagnetische Interferenz von Powerline gestört wird und die massiv gegen Powerline argumentieren.

---

1 http://www.heise.de/newsticker/meldung/Powerline-Zoff-auch-jenseits-des-Atlantiks-83547.html

Anders als bei Homeplug muss die Sendeleistung bei Powerline ausreichend sein, um die Daten sicher bis zum nächsten Trafohaus zu übertragen. Es muss der Stromzähler überwunden werden; aufgrund der Struktur des Stromnetzes sind Ihre Daten grundsätzlich auch beim Nachbarn empfangbar.

8.3 Sicherheit

Das Thema Sicherheit ist auch beim Stromnetz zu beachten, schließlich enden die Kabel ja nicht innerhalb Ihres Gebäudes, sondern werden über den Hausanschluss bis zum Versorger gelegt. Prinzipiell handelt es sich um ein durchgängiges Stromnetz, auf dem sich die Daten komplett ausbreiten. Das gilt für Homeplug aufgrund der geringen Sendeleistungen (*Signalpegel*) eingeschränkt. Nicht nur der Stromzähler, auch das Stromkabel hat eine nicht unerhebliche Dämpfung. Schließlich wurde es ja nicht für die Datenübertragung konzipiert. Weil jede Wohnung und jedes Haus über einen Stromzähler angeschlossen ist, stellt dieser quasi eine Datenbarriere dar. Die Daten verlassen in der Regel nicht den Bereich bis zum Zähler, obwohl dieses theoretisch möglich ist.

Auch bis zum Stromzähler können die Signale vielerorts abgehört werden. Daher gibt es bei Homeplug 1.0 eine DES-56-Bit-Verschlüsselung, ab Homeplug AV 128 Bit AES, die optional eingeschaltet werden kann. Der Schlüssel wirkt zunächst sehr kurz und damit unsicher. Das stimmt aber nur, wenn man automatisiert die Rohdaten auf dem Stromnetz mitlesen kann. Geräte, die den Homeplug-Standard erfüllen, tun dies im Gegensatz zu Ethernet-Karten im *promiscous mode* nicht, sie nehmen nur Daten an, die auch für sie bestimmt sind, und leiten diese dann als Ethernet-Paket weiter. Wenn Sie also die Rohdaten wollen, müssen Sie sich schon ziemlich gut mit Lötkolben auskennen. Daher können Sie nur alle möglichen Schlüssel durchprobieren, und das dauert dann doch zu lange.

Ich empfehle Ihnen in jedem Fall die Aktivierung der Verschlüsselung. Vergessen Sie nicht, das voreingestellte Kennwort zu ändern! [!]

TEIL III
Weitverkehrsnetze

In Deutschland unterrepräsentiert, aber in Österreich und der Schweiz mit einem Marktanteil von etwa 30 Prozent am Breitbandmarkt vertreten: das Internet, das aus dem TV-Netz kommt.

9 Kabelinternetzugang

In vielen Teilen der Welt und auch in Europa hat die Nutzung von Kabelfernsehen für den breitbandigen Internetzugang einen ordentlichen Marktanteil. Deutschland bildete bis vor wenigen Jahren eine Ausnahme. Auch heute liegt der Anteil bei nur etwa 15 Prozent. Die Kundenzahl steigt jedoch, weil für Kabelkunden die *Triple-Play*-Angebote – also Telefon, Internet und Kabelfernsehen – häufig preislich attraktiver sind als ein zusätzlicher Telefonanschluss mit DSL.

Technisch gesehen, handelt es sich bei Kabelinternet nicht um eine DSL-Variante; die verwendete Technik heißt *Data over Cable Service Interface Specification* (*DOCSIS*) oder in Europa *EuroDOCSIS*.

Der EuroDOCSIS-2.0-Standard stammt aus dem Jahr 2003. Der aktuelle Standard EuroDOCSIS 3.0 wartet mit deutlich höheren Bandbreiten und IPv6-Kompatibilität auf.

Das Kabelnetz ist wie ein Hub, daher können Daten grundsätzlich auf dem gesamten Kabel mitgelesen werden. Da dies ein schlechtes Gefühl bei den Kunden auslöst, wenn der Nachbar den Surfinhalt mitlesen könnte, beinhaltet der Standard seit der Version 1.0 eine 56-Bit- und seit Version 2.0 eine 128-Bit-Verschlüsselung.

Mit DOCSIS 2.0 können theoretische 36 Mbit/s (EuroDOCSIS: 50 Mbit/s), mit DOCSIS 3.0 durch Kanalbündelung bis zu 144 Mbit/s (EuroDOCSIS: 200 Mbit/s) im Download erreicht werden. Der Upload reicht bei DOCSIS 2.0 für theoretische 32 Mbit/s und bei DOCSIS 3.0 gar für 128 Mbit/s. Im Vergleich zu ADSL ist DOCSIS deutlich schneller. Das überrascht nicht weiter, denn das Koaxkabel ist wesentlich hochwertiger als ein übliches Telefonkabel. Zu beachten ist aber, dass es sich um ein *shared medium* handelt: Mehrere Anwender teilen sich die mögliche Bandbreite auf dem Kabel.

9 Kabelinternetzugang

9.1 Aufbau

Die Verschaltung des Kabelinternetzugangs ist aus Kundensicht recht einfach: An die/eine Antennendose kommt das Kabelmodem. An das Kabelmodem kommt ein Router, daran der PC. Es gibt natürlich auch Router, z. B. mit dem Zusatz *Cable* im Produktnamen der Firma AVM, welche das Kabelmodem bereits integriert haben.

Auf der Seite des Providers wird das Signal über die Kabelinfrastruktur bis zur Kopfstation des Kabelproviders zum *Cable Modem Termination System* (CMTS) geleitet.

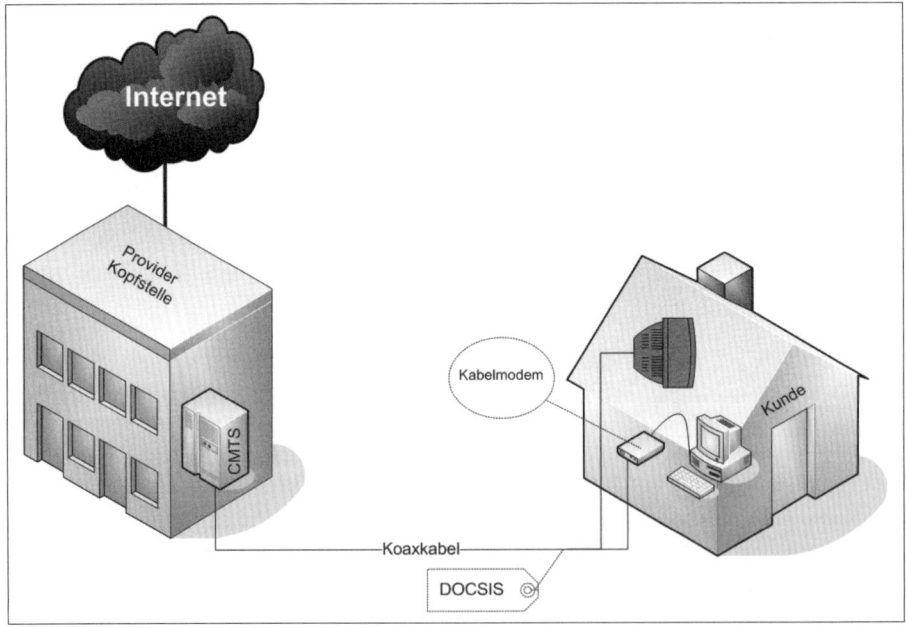

Abbildung 9.1 Aufbau Kabelzugang

Den Aufbau können Sie auch Abbildung 9.1 entnehmen. Die Verbindung zwischen Kabelmodem und CMTS ist dabei verschlüsselt.

9.2 Marktsituation

Aktuelle Angebote der Kabelnetzprovider unterscheiden sich nur durch wenige Euro von denen der DSL-Konkurrenz. Innerhalb der großen Städte gibt es einen starken Wettbewerb. In den Großstädten liegt auch ein großes Potenzial für die Kabelnetzbetreiber, denn viele Mietwohnungen sind mit Kabelfernsehen ausgestattet. Ein übliches Angebot beinhaltet digitales TV für alle frei empfangbaren Fernsehsender, eine Telefon-Flatrate für das deutsche Festnetz und einen 32-Mbit/s-Internetzugang für den Download.

Bei den Internetzugängen werden bis zu 100 oder 128 Mbit/s im Downloadbereich angeboten, soweit der CMTS bereits auf DOCSIS 3.0 umgestellt wurde.

> Prüfen Sie unbedingt vor Vertragsabschluss die Uploadrate Ihres Anbieters! [«]

Der ordentlichen Downloadrate stehen – der Rückkanal ist aufgrund der geringeren Sendeleistung der Kabelmodems häufig nach DOCSIS 1.x realisiert – vergleichsweise mickrige Uploadraten von 1 bis 5 Mbit/s gegenüber. Hier könnte die Nutzung der Frequenzbereiche des analogen Fernsehens für den Upload helfen, »das verweigern die Kabelnetzbetreiber jedoch aus politischen Gründen.«[1]

---

1 *http://www.zdnet.de/41516626/*

DSL ist der Oberbegriff für eine ganze Reihe unterschiedlich leistungsfähiger Übertragungsstandards. Zurzeit ist DSL die erfolgreichste Internetzugangstechnologie.

10 DSL

Digital Subscriber Line (*DSL*) wird über herkömmliche zweiadrige Telefonkabel betrieben. Da es sich bei diesen Kabeln um qualitativ minderwertige Kabel handelt, die spätestens ab dem Hausanschluss bis zur Ortsvermittlung in dicken Bündeln verlegt werden, sind die erzielbaren Datenraten in meinen Augen erstaunlich.

Für den Anwender stellt sich der Anschluss wie in Abbildung 10.1 dar.

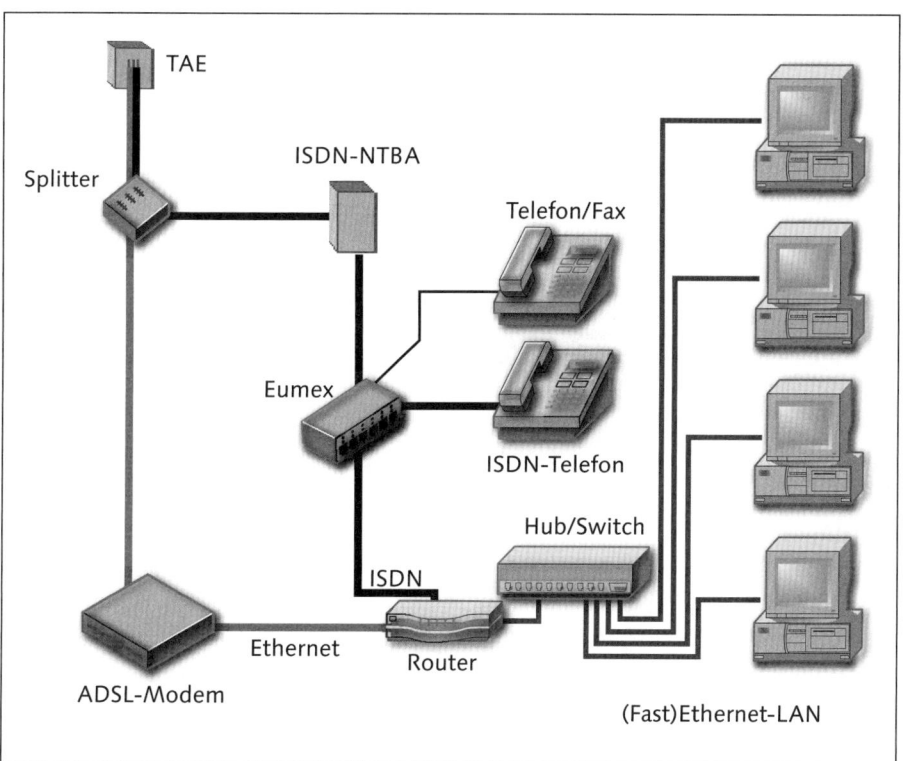

Abbildung 10.1 DSL-Anschluss schematisch; Quelle: Christian Peter

10 | DSL

Der Erfolg von DSL beruht vor allem darauf, dass es mit der vorhandenen Telefonverkabelung eingesetzt werden kann. Damit entfallen teure Neuverkabelungen, die sich im Preis und damit im Verbreitungsgrad bemerkbar machen würden.

Von der verfügbaren Datenrate wird bei DSL ein Kanal für die Telefonie benutzt. In der offiziellen DSL-Sprache heißt der Telefonkanal *Plain Old Telephony Service* (*POTS*). Alle verfügbaren DSL-Varianten bieten die Möglichkeit, neben DSL auch ISDN oder analoge Telefonie zu übertragen. Die Telefonie wird in einem eigenen Frequenzkanal übertragen. Für die Aufteilung des einheitlichen Datenstroms in Daten und Telefonie ist der *Splitter* verantwortlich (siehe Abbildung 10.2). Er trennt die Telefonie aus dem Datenstrom ab und schickt sie an die TAE-Buchse, während DSL an die RJ-45-Buchse und somit an das DSL-Modem weitergeleitet wird. Der Splitter heißt im technischen Deutsch *BreitBandAnschlussEinheit* (BBAE) und kann bei der Verwendung von Annex-A – außerhalb von Deutschland – entfallen.

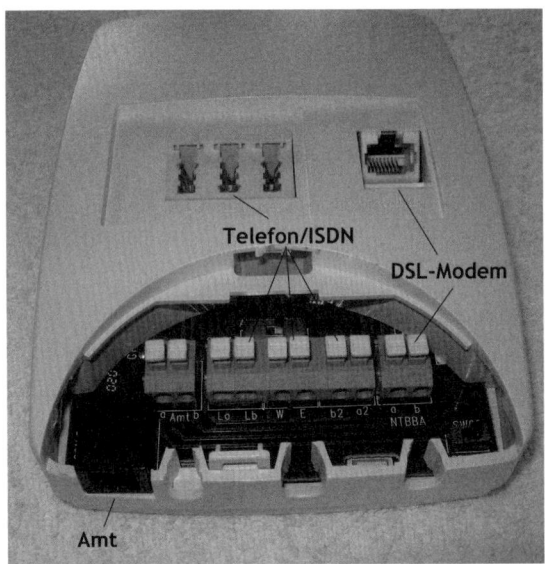

Abbildung 10.2 Ein geöffneter DSL-Splitter

[»] Gelegentlich ist es ein Problem, das DSL-Modem (oft integriert in den Router) an der Stelle zu platzieren, an der der Telefonanschluss ist. Gewünscht ist die Verlegung des DSL-Anschlusses an einen anderen Ort der Wohnung. Sie brauchen dazu lediglich eine Telefonkabel-Doppelader. Die beiden Kabel der Doppelader verbinden Sie mit der Klemmleiste des Splitters (Beschriftung: NTBBA). Am anderen Ende der Leitung legen Sie diese Doppelader auf eine RJ-45-Dose; a auf 4 und b auf 5. Diese RJ-45-Dose verbinden Sie über ein LAN-Kabel mit dem DSL-Modem.

Im Gegensatz zu ISDN und analoger Telefonie ist DSL eine Zugangstechnologie für die »letzte Meile«. Während Sie sich bei ISDN einwählen, wird bei DSL einfach die Verbindung ohne Einwahlnummer hergestellt. In den Ortsvermittlungen der Telekommunikationsanbieter wird der einheitliche Datenstrom ebenfalls in Daten- und Telefonie-Informationen getrennt. ISDN- und Analogdaten werden an die Telefonvermittlungsstelle weitergeleitet, während DSL-Daten über den DSLAM direkt in das Daten-Backbone des Providers fließen.

Der Vorteil: Die Internetverbindungen, insbesondere längere Verbindungen von Flatrate-Nutzern, belasten die Telefonvermittlungsstellen nicht mehr, wenn die Verbindungen statt über ISDN/analog mit DSL hergestellt werden, weil diese Verbindungen nicht vermittelt werden, sondern in der Ortsvermittlung direkt in das Daten-Backbone laufen.

Man kann es auch anders ausdrücken: ISDN- und Analogverbindungen sind immer Punkt-zu-Punkt-Verbindungen. Von Ihnen bis zu Ihrem Internetprovider wird bei ISDN- oder Analogeinwahl eine exklusive Verbindung geschaltet. Bei Ihrem Provider wechseln Ihre Daten dann in das Internet, also in das Datennetz Ihres Providers, in dem Sie keine exklusive Verbindung haben, sondern sich die verfügbare Bandbreite mit den anderen Surfern teilen. Durch DSL wird der Übergang in das Datennetz des Providers möglichst früh, nämlich bereits in Ihrer Ortsvermittlungsstelle, vorgenommen. Dadurch erspart sich einerseits das Telekommunikationsunternehmen die Belastung der Telefonvermittlungsstelle, andererseits können Sie höhere Datenraten nutzen, weil die Übertragungstrecke auf Telefonkabeln kürzer ist.

Eine Untersuchung hat ergeben, dass in Deutschland 80 Prozent der Telefonanschlüsse in einer Entfernung von 2.000 Metern um die nächste Ortsvermittlung installiert sind. Die maximal überbrückbaren Entfernungen dürften in Deutschland, anders als in den USA, bei der Mehrheit der Anschlüsse daher kein Problem für DSL sein.

In einer OECD-Studie aus dem Jahr 2008 bezüglich der Breitbandnutzung liegt Deutschland auf Platz 14, Österreich auf Platz 18 und die Schweiz? Auf Platz 4!

10.1 ADSL

Asymmetric Digital Subscriber Line (ADSL) ist in Deutschland der zurzeit am weitesten verbreitete DSL-Standard. Die deutsche Telekom vertreibt ADSL unter dem Markennamen *T-DSL*. Wichtig ist das »A« für *asymmetric* (dt. *asymmetrisch*) in ADSL. Gemeint ist die Bandbreite bei der Übertragung. Diese ist für den Down- und den Upload unterschiedlich schnell:

- Downloadrate von bis zu 24 Mbit/s
- Uploadrate von bis zu 3,5 Mbit/s

Es gibt jedoch verschiedene Versionen von ADSL (siehe Tabelle 10.1). Die erste Version erlaubte Downloadraten von bis zu 6 Mbit/s, die als *T-DSL 6000* vermarktet wird. Die Vermarktung durch Telekom fiel mit der Ankündigung einiger Provider in Großstädten zusammen, das neue ADSL2+ mit zunächst 12 Mbit/s und später maximal 25 Mbit/s im Downstream anzubieten.

Name	Download	Upload	Norm
ADSL	8 Mbit/s	0,6 Mbit/s	ANSI T1.414 Issue 2
ADSL (G.dmt)	8 Mbit/s	1,0 Mbit/s	ITU-T G.992.1
ADSL over POTS	10 Mbit/s	1,0 Mbit/s	ITU-T G.992.1 Annex A
ADSL over ISDN	10 Mbit/s	1,0 Mbit/s	ITU-T G.992.1 Annex B
ADSL Lite	1,5 Mbit/s	0,5 Mbit/s	ITU-T G.992.2
ADSL2	12 Mbit/s	1,2 Mbit/s	ITU-T G.992.3
ADSL2	12 Mbit/s	3,5 Mbit/s	ITU-T G.992.3 Annex J
RE-ADSL2	6 Mbit/s	1,2 Mbit/s	ITU-T G.992.3 Annex L
ADSL2 Lite	12 Mbit/s	1,0 Mbit/s	ITU-T G.992.4
ADSL2	12 Mbit/s	3,5 Mbit/s	ITU-T G.992.4 Annex J
RE-ADSL	6 Mbit/s	1,2 Mbit/s	ITU-T G.992.4 Annex L
ADSL2+	24 Mbit/s	1,0 Mbit/s	ITU-T G.992.5
RE-ADSL2+	24 Mbit/s	1,0 Mbits/s	ITU-T G.992.5 Annex L
ADSL2+M	24 Mbit/s	3,5 Mbit/s	ITU-T G.992.5 Annex M

Tabelle 10.1 ADSL-Normen; Quelle: *http://de.wikipedia.org*

ADSL wurde in den Standards ITU-T G.992.1, ADSL2+ in G.992.3 und G.992.5 von der ITU genormt. Nähere Infos finden Sie unter *http://www.dslforum.org*. Mit ADSL können Daten über eine Strecke von maximal sechs Kilometern übertragen werden, wenn die Telefonverkabelung in einem ausreichend guten Zustand ist. ADSL benötigt ein Adernpaar, das ist die Anzahl der Adern, die bei einem Standardtelefonanschluss zur Verfügung steht.

Für all diejenigen, die nur ein paar hundert Meter zu weit entfernt wohnen, oder dort, wo die Leitungsqualität nur wenig unter den Anforderungen für ADSL liegt, gibt es *ADSL-Lite*. Es handelt sich um eine abgespeckte Variante von ADSL, die aufgrund von niedrigeren Datenraten beim Download nur halb so hoch liegt und ein paar hundert Meter weiter übertragen werden kann.

Der größte Nachteil von ADSL sind die asymmetrischen Datenraten. Durch dieses Ungleichgewicht ist ADSL für Unternehmen zur Verbindung von Standorten nicht oder nur bedingt geeignet. Der Grund: Die Datenrate ist auf die Uploadrate beschränkt. Selbst wenn der eine Partner noch mehr Daten empfangen könnte, kann der andere Partner nicht mehr Daten senden. Wenn man also den ADSL-Anschluss für die Kopplung eines Unternehmens- und eines Filialnetzwerkes benutzen wollte, ist man auf die maximale Datenrate des Uploads beschränkt, also etwa ein Zehntel der Downloadrate.

ADSL ist eine Zugangstechnologie, und zwar genauer gesagt eine *Internetzugangstechnologie*. Die Surfer laden mehr Informationen aus dem Netz, als sie in das Internet senden, daher war die asymmetrische Übertragungsrate unerheblich. Durch die starke Verbreitung der Internettelefonie und Tauschbörsen bekommt das Missverhältnis von Up- und Download immer mehr Gewicht. Bei einem Upload von 128 Kbit/s lässt sich gerade ein Internettelefongespräch in ISDN-Qualität führen.

Die Antwortzeiten von T-DSL sind langsamer als die von ISDN. Dieser Effekt wirkt sich hauptsächlich bei Echtzeitanwendungen (Sprache, Video) und Onlinespielen mit vielen kleinen Datenpaketen aus, während es größere Downloads nicht verlangsamt. Schuld an der lahmen T-DSL-Verbindung der Telekom ist der *Interleave-Modus*, in dem der Anbieter die DSL-Anschlüsse betreibt. Dabei werden die Daten aus mehreren Datenpaketen zu Zwecken der Fehlerkorrektur verschränkt. Es ist seit dem Jahr 2009 nicht mehr möglich, gegen eine monatliche Gebühr die *Fastpath*-Technik freischalten zu lassen, die die Verzögerungszeiten auf 10 ms senkt. Ein Fastpath-ähnlicher Mechanismus kann aktuell auch über den *DSL!Rate Adaptive Mode* (*RAM*) bereitgestellt werden. Dieser Modus macht die eigentlich starren DSL-Geschwindigkeiten in Abhängigkeit von der aktuellen Leitungsqualität flexibel.

Eine weitere Spezialität sind die in Deutschland eingesetzten ADSL-Anschlüsse gemäß *ADSL over ISDN*, auch wenn beim Teilnehmer kein ISDN eingesetzt wird. Dadurch sinkt die maximale Länge der Telefonleitung um 500 Meter oder die mögliche Bandbreite von 25 Mbit/s auf 16 Mbit/s.

> Wichtig für den ADSL-Zugang in Deutschland ist, dass das DSL-Modem Annex-B unterstützt, denn nur dann kann es betrieben werden. Diese Voraussetzung ist erfüllt, wenn das Modem U-R2 oder 1TR112, eine Telekom-Interpretation des ITU-Standards, unterstützt. Beides hat mit der weltweiten Besonderheit ADSL over ISDN in Deutschland zu tun.

Bei den T-Home-Anschlüssen wird zusätzlich eine feste Einstellung der Maximalgeschwindigkeit vorgenommen, anders als bei anderen Providern. Üblich wäre es, die Maximalgeschwindigkeit im *rate adaptive mode* auszuhandeln. So ist es dann beispielsweise möglich, bei DSL 6000 eine Geschwindigkeit von 4.096 Kbit/s zu erreichen, statt fix auf 3.072 Kbit/s festgelegt zu werden. Diese Technik will die Telekom bis Ende des Jahres 2009 einführen, nachdem ein Feldtest in den Jahren 2008 und 2009 erfolgreich verlaufen ist.

10.2   SDSL

Symmetric Digital Subscriber Line ist die symmetrische DSL-Variante; sie bietet im Up- und Download Übertragungsraten von 2 Mbit/s. Verwendet wird wie bei ADSL ein Kupferadernpaar des Telefonanschlusses, allerdings ist der Übertragungsweg auf 2.400 Meter begrenzt.

Durch die symmetrischen Übertragungsraten wird der bei ADSL aufgeführte Nachteil der asymmetrischen Übertragungsraten ausgeschlossen. Es ist also sinnvoll, zwei LANs über SDSL zu koppeln. Für die Verbindung stehen bis zu 2,3 Mbit/s in beide Richtungen zur Verfügung, eine Geschwindigkeit, die deutlich über den 128 Kbit/s von ISDN oder ADSL liegt. ADSL2+ holt in dieser Hinsicht auf und bietet – zulasten der Downloadgeschwindigkeit – bis zu 3,5 Mbit/s im Upload.

Da eine direkte Kopplung ist nicht möglich, da Sie sich mangels Rufnummer nicht per SDSL einwählen. Also erfordert die Kopplung, dass Ihnen der Provider ein Datennetz als Verbindung zur Verfügung stellt. Sie können, insbesondere wenn Sie weniger strenge Anforderungen an die Qualität der Datenverbindung stellen, eine Kopplung über das Internet vornehmen. In diesem Fall müssen Sie lediglich zwei SDSL-Internetzugänge installieren. Bei der Kopplung sind dann Verschlüsselungstechnologien wie z. B. VPN (siehe Abschnitt 35.9, »Virtual Private Network«) dringend anzuraten.

Die meisten Firmen brauchen Datenverbindungen mit einer gleich bleibenden und stabilen Bandbreite, und das schließt die Kopplung über das Internet aus. Stattdessen kann die Kopplung über eine exklusiv für Sie im Backbone des Providers geschaltete Verbindung realisiert werden. Der Provider kehrt übrigens nicht zur Vermittlungstechnik zurück, sondern arbeitet mit Bandbreiten-Reservierungstechniken in seinen Datennetzen. Die *Quality of Service* (*QoS*), also die Dienstgüte, wird in einem *Service Level Agreement* (*SLA*) vertraglich festgelegt.

Neben den bekannten Anbietern wie der Telekom und Arcor gibt es eine ganze Reihe von Anbietern, die SDSL-Zugänge vermarkten. Erwähnenswert ist insbesondere der Anbieter QSC, der bedingt auch für Privatanwender DSL-Zugänge bereitstellt. Wenn Sie in einer Großstadt ansässig sind, dann wird es vermutlich auch einen City-Carrier geben, der SDSL-Zugänge anbietet.

10.3 VDSL

Very High Data Rate Digital Subscriber Line ist eine DSL-Variante, die insbesondere in den fünf neuen Bundesländern interessant werden wird. Dort liegen, anders als in den alten Bundesländern, oft Glasfaserkabel bis zum Hausanschluss. ADSL, SDSL und andere sind aber Verfahren, die ausschließlich auf Kupferkabeln eingesetzt werden können. Auch VDSL kann auf Kupferkabeln eingesetzt werden, erreicht dann aber für die maximale Downloadrate von 52 Mbit/s nur eine Entfernung von 300 Metern, wenn es auf einem Kupferadernpaar betrieben wird. VSDL als asymmetrisches DSL-Verfahren bietet folgende maximale Übertragungsraten:

- Downloadrate: 52 Mbit/s
- Uploadrate: 11 Mbit/s

Die Verbreitung von VDSL ist in nur wenigen Ländern weltweit gegeben, dazu gehört insbesondere Südkorea. Der Nachfolger VDSL2 wird deutlich häufiger eingesetzt.

10.4 VDSL2

Nachteile des alten VDSL-Standards sind, dass nur sehr beschränkte Längen mit sinnvollen Bandbreiten erreicht werden und dass die Daten nicht priorisiert werden können. Die Priorisierung ist aber für Video-on-Demand und Telefonie wichtig, ohne sie kann Triple Play nicht ernsthaft angeboten werden.

Anders als VDSL oder ADSL ist VDSL2 ein symmetrisches Übertragungsverfahren und kann mit bis zu 200 Mbit/s symmetrisch betrieben werden. Es ist abwärtskompatibel zu ADSL2+ und störungsfrei zu ADSL und ADSL2.

Es gibt sogenannte Profile, welche die Bandbreite, die Anzahl der Frequenzen, den Frequenzabstand und den Übertragungspegel festlegen. Daraus ergibt sich dann auch die maximale Übertragungsgeschwindigkeit.

Bei den hohen Datenraten ist es wichtig, möglichst mit einer Glasfaserverbindung an den Kunden zu kommen und nur wenige hundert Meter auf Telefonleitungen übertragen zu müssen. Entsprechend erreichen VDSL-Angebote Anwohner, die in einem Umkreis von einem Kilometer um die Ortsvermittlungsstellen wohnen.

Alternativ können die Kabelverzweiger – die grauen Kästen am Straßenrand – mit sogenannten Outdoor-DSLAMs aufgerüstet werden.

T-Home hat in Deutschland ein umfangreiches VDSL2-Netz aufgebaut und vermarktet darüber Triple Play. Zur Verfügung stehen asymmetrische Übertragungsraten von 25 Mbit/s Download und 5 Mbit/s Upload oder 50 Mbit/s Download und 10 Mbit/s Upload.

> [»] Insbesondere bei VDSL wirkt sich eine nicht optimierte Einstellung des TCP Receive Window Ihres PCs aus. Sie können sich die aktuellen Einstellungen unter diesem Link anschauen: *http://www.speedguide.net/analyzer.php*
>
> Bei der TCP-Kommunikation wird vom Empfänger dem Sender mitgeteilt, wie viel Daten er senden kann, ohne eine Quittierung zu bekommen. Das ist die sogenannte *TCP Receive Window Size*. Abhängig von der Bandbreite und der Verzögerung (*ping*) zwischen Sender und Empfänger kann der Puffer zu klein sein. Bei 25 Mbit/s und einer Verzögerung von 100 ms wird ein Puffer von 26.214.400 Bit / 8 * 0,1 s = 327.680 Bytes benötigt, bis die Quittierung erfolgt sein kann. Windows XP hat aber nur 65.536 Bytes, also 20 Prozent des notwendigen Wertes. Der Sender wird also lediglich 65 kByte senden (20 Prozent) und dann auf die Quittierung warten (80 Prozent).
>
> Windows Vista, Windows 7 und Windows 8 optimieren den auch RWIN genannten Parameter automatisch. Für Windows XP finden Sie im Internet entsprechende Anleitungen, wie Sie die Registry ändern müssen.

10.5 TV über das Telefonkabel

TV über das Internet ist für viele schon Realität. Schwierig wird es, wenn gleichzeitig zwei Sendersignale parallel übertragen werden sollen, z. B. eines für eine Aufnahme und eines direkt in den Fernseher. Interpoliertes HDTV aus dem Internet ist inzwischen möglich. Die Telekom spricht von mindestens *DSL 16 plus*, welches eine etwas höhere Mindestbandbreite für den Download garantiert. Erst VDSL2-Anschlüsse sind schnell genug für zwei HDTV-Streams.

10.6 Ausblick

Noch vor wenigen Jahren waren Triple-Play-Angebote – Internet, TV und Telefonie – nur aus anderen Ländern bekannt und 10 Mbit/s die Datenraten im LAN. Heute markiert diese Geschwindigkeit die untere Grenze von Angeboten in Großstädten. Es ist auch schon absehbar, dass die hohen Bandbreiten ganz andere Möglichkeiten schaffen.

Technisch stehen im Fokus die Glasfaservarianten bis zum Endkunden, Stichwort: *Fibre To The Home* (*FTTH*). Das ist eine kostenintensive Lösung, schließlich muss die Glasfaser verlegt werden, und ewig hält sie auch nicht, zumindest nicht so lange wie ein Kupferkabel. Es werden uns also in naher Zukunft Datenraten im Gigabitbereich für den Internetzugang erwarten, von denen wir bisher noch nicht einmal zu träumen gewagt haben.

Andererseits gibt es immer noch großflächige Gebiete, die bisher von keiner Breitbandtechnologie erschlossen wurden, weil dies unwirtschaftlich erscheint. Schnelle Internetzugänge sind insbesondere für Unternehmen unverzichtbar und zudem ein wichtiger Standortfaktor. Möglicherweise wird in ländlichen Gebieten Funktechnologie wie WiMAX den DSL-Varianten vorgezogen werden, weil es kostengünstiger angeboten werden kann.

Der mobile Internetzugang wird immer wichtiger und immer verbreiteter. Es ist angesagt, von unterwegs z. B. E-Mails zu bearbeiten, Fotos zu machen und umgehend auf Facebook zu veröffentlichen oder einen der unzähligen standortbezogenen Dienste zu nutzen. Doch Vorsicht: Die neuen Medien können auch Stress erzeugen!

11 Kabelloser Internetzugang

Die Mobilfunknetze unterteilen sich in Generationen, die in einer Übersicht in Tabelle 11.1 dargestellt sind.

Generation	Standard	Vermittlung	max. Bandbreite
2G	GSM	leitungsvermittelt	14,4 KBit/s
2.5G	HSCSD	leitungsvermittelt	57,6 KBit/s
	GPRS	paketvermittelt	171,2 KBit/s
2.75G	EDGE	paketvermittelt	473,6 KBit/s
3G	UMTS	paketvermittelt	384 KBit/s
3.5G	HSPA	paketvermittelt	14,4 MBit/s
3.75G	HSPA+	paketvermittelt	42,44 MBit/s
3.9G	LTE	paketvermittelt	326,4 MBit/s
4G	LTE Advanced	paketvermittelt	1 GBit/s

Tabelle 11.1 Digitale Mobilfunknetze

Es fällt die Unterscheidung zwischen *leitungsvermittelten* und *paketvermittelten* Mobilfunknetzen auf. Die Leitungsvermittlung nutzt die Bandbreite exklusiv. Die Paketvermittlung teilt die Ressourcen des Mobilfunkbetreibers gerecht auf; es bleiben dadurch keine Bandbreiten ungenutzt. Die Pakete werden über eine virtuelle Verbindung übertragen. Der Laufweg des Paketes bleibt – wie z. B. auch im Internet – für den Empfänger unsichtbar. Da sich alle Teilnehmer eine maximale Bandbreite teilen, kann es bei paketvermittelten Netzen mit steigender Nutzung zu massiven Schwankungen kommen.

Welcher Standard mit welcher Geschwindigkeit steht Ihnen nun zur Verfügung? Alle Netzbetreiber bieten Übersichtskarten mit dem aktuellen Stand des Netzausbaus an. Im Internet finden Sie unter *http://www.hsdpa-hsupa.de/netzabdeckung-*

inland-umts-hsdpa einen Einstieg. Sie sollten vor Vertragsabschluss unbedingt prüfen, ob die jeweilige Abdeckung des Anbieters und des Tarifes Ihren individuellen Bedürfnissen entspricht!

Achten Sie auch auf Volumenbegrenzungen. Häufig wird die höhere Geschwindigkeit nur für ein bestimmtes Datenvolumen angeboten, danach fällt die Verbindung auf eine niedrigere Geschwindigkeit zurück.

11.1 GPRS

Der *General Packet Radio Service* (*GPRS*) ist eine Erweiterung des GSM-Netzes. Die durch Kanalbündelung theoretisch erreichbaren 171,2 KBit/s werden in der Praxis durch die Netzbetreiber auf um die 50 KBit/s im Download und etwa die Hälfte dieser Bandbreite im Upload beschränkt. In deutschsprachigen Raum bieten die großen Anbieter eine GPRS-Abdeckung von nahezu 100 Prozent.

11.2 EDGE

Mithilfe des Modulationsverfahrens *Enhanced Data Rates for GSM Evolution* (*EDGE*) wird aus GPRS *E-GPRS*. Das theoretische Maximum von 473,6 KBit/s wird in der Praxis nicht erreicht. Dort sind 220 KBit/s im Download und 110 KBit/s im Upload realistischer; die Telekom verspricht ein wenig mehr. Der Ausbau von EDGE und damit auch die Abdeckung hängen maßgeblich vom Netzbetreiber ab.

Theoretisch wäre *Evolved EDGE* mit möglichen 1,2 MBit/s Downloadrate eine Alternative für Gebiete, in denen noch kein 3G-Netz verfügbar ist. Technisch leicht umsetzbar scheitert Evolved EDGE am mangelnden Willen der Netzbetreiber.

11.3 UMTS

Viele in Deutschland erinnern sich noch an die Versteigerung der Frequenzen des *Universal Mobile Telecommunications System* (*UMTS*) im Jahr 2000 für 100 Milliarden DM. Eigentlich sollte der UMTS-Standard die auf GSM basierenden Netze (2G) zeitnah ablösen. Die Netzbetreiber scheuten die zusätzlich zum Lizenzerwerb anfallenden Kosten für den Netzausbau und zogen die Erweiterung des GSM-Netzes zunächst dem Ausbau des UMTS-Netzes vor. Der UMTS-Netzstandard stellt eine Bandbreite von 384 KBit/s zur Verfügung.

Der Begriff *High Speed Packet Access* (*HSPA*) umfasst diverse Technologien zur Beschleunigung von UMTS. HSDPA bietet im Download bis zu 3,6 MBit/s,

7,2 MBit/s oder 14,4 MBit/s, HSDPA+ zurzeit der Drucklegung dieses Buches mehrstufig bis zu 42,2 MBit/s. Im Upload stehen mit HSUPA maximal 5,76 MBit/s zur Verfügung. Wieder entscheidet letztlich der unterschiedliche Netzausbau der Provider über die maximal verfügbare Geschwindigkeit.

UMTS gibt es im Wesentlichen nur in der Nähe von Städten; auf dem Land sind die Netze nicht voll ausgebaut.

Mittelfristig könnte HSPA neben dem mobilen Internetzugang auch eine Alternative zu DSL werden. Aktuell sprechen jedoch der hohe Preis, mangels Garantie die schwankende Bandbreite, Volumenbegrenzungen und im Vergleich relativ schlechte `ping`-Zeiten gegen einen Umstieg für jedermann.

11.4 LTE

Durch die Umstellung des terristrischen Fernsehens von *Phase Alternating Line* (*PAL*) auf *Digital Video Broadcasting – Terrestrial* (*DVB-T*) wurden Frequenzbänder befreit, welche auch als *digitale Dividende* bezeichnet werden und zur Überbrückung der *digitalen Kluft* dienen sollen. In Deutschland und Österreich wurden daraufhin im Jahr 2010, in der Schweiz im Jahr 2012, Frequenzen für *Long Term Evolution* (*LTE*) versteigert. Dabei nahm der deutsche Fiskus im Vergleich zur UMTS-Frequenzversteigerung bescheidene 4,4 Milliarden € ein. Mit dem Kauf der Lizenz gingen die Netzbetreiber jedoch gleichzeitig die Verpflichtung ein, zuerst die ländlichen Gebiete mit LTE zu versorgen, die noch nicht mit DSL ausgestattet sind. Die Betreiber betrachten Ihre Pflicht vielerorts bereits als erfüllt. Ob mit einem 1-MBit/s-DSL-Internetanschluss die digitale Kluft als überwunden betrachtet werden kann, darf meiner Meinung nach bezweifelt werden.

Aus den Schwierigkeiten beim Umstieg von GSM (2G) nach UMTS (3G) wurde gelernt; der Aufwand beim Umstieg auf LTE (3.9G) ist vergleichsweise gering.

Nicht nur die Verfügbarkeit, auch die maximale LTE-Geschwindigkeit ist abhängig vom Provider. Zurzeit der Drucklegung dieses Buches ist LTE mit bis zu 100 MBit/s im Download und 50 MBit/s im Upload erhältlich.

Erst *LTE Advanced* erfüllt die strengen Anforderungen des Normierungsgremiums *3rd Generation Partnership Project* (*3GPP*) an den 4G-Standard.

11.5 WiMAX

Seit dem Jahr 2001 gibt es einen Standard für Funktechnologie, der insbesondere für die Versorgung der letzten Meile, also als Konkurrenz zu DSL, eingesetzt wird.

WiMAX (*Worldwide Interoperability for Microwave Access*) wird wie WLAN von der IEEE normiert; die Normierungsgruppe ist IEEE 802.16.

Seitdem ein schneller Internetzugang ein bedeutender Standortfaktor ist, suchen Gemeinden ohne DSL-Versorgung zunehmend nach Alternativen. WiMAX kann theoretisch bis zu 109 Mbit/s übertragen oder eine Strecke von bis zu 50 Kilometern überbrücken, wenn Sichtverbindung besteht. Ohne Sichtverbindung werden Datentransferraten erreicht, die auf dem Niveau von UMTS liegen. Mit diesen Eckdaten wird deutlich, dass man WiMAX entweder zur Versorgung von ländlichen Gebieten einsetzen kann, in denen DSL z. B. aufgrund der Längenrestriktion nicht möglich oder aber aufgrund weniger Kunden nicht wirtschaftlich ist.

Gegen Ende des Jahres 2005 wurde der Standard IEEE 802.16e verabschiedet, der auch eine nomadische Nutzung ermöglicht: Man darf sich als Anwender auch bewegen, daher wird auch der Begriff *mobile WiMAX* verwendet.

In Deutschland sind einige wenige Anbieter tätig, die insbesondere ländliche Gebiete mit Breitbandzugängen versorgen, in denen kein DSL zur Verfügung steht.

TEIL IV
Höhere Protokollschichten

Das Internetprotokoll (IP) wird nicht nur im Internet, sondern auch sehr erfolgreich im LAN eingesetzt. Es wird von allen Betriebssystemen unterstützt.

12 Das Internetprotokoll

Das *Internet Protokoll* (*IP*) ist ein Protokoll der dritten Schicht des ISO/OSI-Modells und hat die Aufgabe der Wegewahl: Wie kommt ein Datenpaket vom IP-Netz A in das IP-Netz B (siehe Abbildung 12.1)? Die Wahl des richtigen und möglichst auch des am besten geeigneten Weges, das ist die Aufgabe dieser Netzwerkschicht und damit von IP.

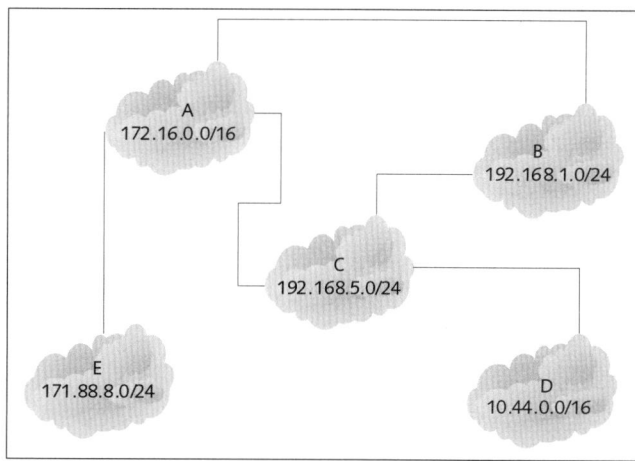

Abbildung 12.1 Verbundene IP-Netze

Bevor wir in dieses schwierige Thema einsteigen, möchte ich versuchen, ein Beispiel zu zeigen, das gerne für Vergleiche mit IP genommen wird: das Telefonsystem. [zB]

Eine Vermittlungsstelle der Telefongesellschaft hat dieselbe Aufgabe wie ein Router im IP: Sie leitet ein Gespräch in Richtung des anderen Teilnehmers weiter. Eine Rufnummer besteht üblicherweise aus einer Vorwahl und einer Rufnummer: (0211) 784444. Wenn Sie also an Ihrem Telefon diese Rufnummer eingeben, weiß die Ortsvermittlungsstelle durch die Ziffer Null, dass Sie ein Ferngespräch führen wollen. Es folgt die Zwei, eine Art Region, hier die Region »West«. Schließlich möchten Sie in das Ortsnetz »11« von Region »West«, konkret ist das Düsseldorf. Die Ziffern »78« bezeichnen die Ortsvermittlungsstelle im Stadtteil »Oberbilk«, dort möchten Sie mit dem Teilnehmer »4444« sprechen.

Von links nach rechts hat die Rufnummer also den Weg Ihres Anrufs bis zum Teilnehmer »4444« vorgegeben. Die Rufnummer enthält zwei Informationen:

- die Zugehörigkeit zu einer geografischen Gruppe (Vorwahl + Ortsteil) = 021178
- eine eindeutige Rufnummer innerhalb dieser Gruppe (Rufnummer) = 4444

Sie werden sehen, dass es beim IP ähnlich ist; wenn Sie die Grundsätze übertragen, hilft Ihnen dies beim Verständnis von IP weiter.

Eine *IP-Adresse*, das bekannteste Element von IP, beinhaltet ebenfalls zwei Informationen:

- die Zugehörigkeit zu einer Gruppe (*IP-Netz*) und
- eine eindeutige Nummer innerhalb dieser Gruppe (*Host-ID*)

Beide Informationen müssen trennbar sein. Die *Subnetzmaske* gibt an, welche Bits der IP-Adresse die Gruppenzugehörigkeit beschreiben. Die restlichen Bits, die nicht von der Subnetzmaske erfasst werden, beschreiben die eindeutige Nummer eines Rechners innerhalb der Gruppe und werden *Hostanteil* oder *Host-ID* genannt.

[»] Sie benötigen das hier dargestellte Wissen für die Themen *Routing* und *Firewall* (siehe Abschnitt 12.1, »Routing«, und Kapitel 33, »Programme zur Netzwerksicherheit«).

Abbildung 12.2 Aufbau einer IP-Adresse

Die IP-Adresse ist 4 Byte, also 32 Bit, lang, und normalerweise wird jedes Byte von den anderen durch einen Punkt getrennt (siehe Abbildung 12.2). In einem Byte können $2^8 = 256$ Werte dargestellt werden. Diese entsprechen dezimalen Werten von 0 bis 255.

Von den 256 möglichen Werten haben die 0 und die 255 eine besondere Bedeutung, aber nur im Bereich der Host-ID, also wenn diese aus Nullen oder aus 255 besteht.

Die Schreibweise 172.16.0.0/16 meint das IP-Netz 172.16. Der Weg in ein Netz wird im Rechner etwa so beschrieben:

172.16.0.0 über 192.168.1.12 am Anschluss Ethernet1

Dieser Routing-Eintrag, bedeutet, dass das IP-Netz 172.16 über den Router 192.168.1.12 erreicht werden kann. Die Nullen in den beiden letzten Bytes geben in Verbindung mit der Subnetzmaske an, dass das gesamte IP-Netz gemeint ist.

Die zweite Sonderbedeutung – neben der 0 – hat die 255, wenn sie den Bereich der Host-ID ausfüllt. Ein IP-Paket, das als Zieladresse 172.16.255.255 eingetragen hat, spricht jede Station im IP-Netz 172.16.0.0 an. Näheres zum Thema Ethernet-Broadcast finden Sie in Abschnitt 6.7.1, »Broadcast«. *IP-Broadcasts* werden in einen Ethernet-Broadcast umgesetzt. Die Ziel-IP-Adresse 172.16.255.255 ist die IP-Broadcast-Adresse des IP-Netzes 172.16.0.0. Wird die Broadcast-Adresse 172.16.255.255 verwendet, dann werden alle PCs in dem IP-Netz angesprochen. Derselbe Effekt wird erreicht, wenn als IP-Adresse 255.255.255.255 angesprochen wird.

Broadcasts und Multicasts werden durch Router nicht von einem IP-Netz in ein anderes IP-Netz geleitet.

Alternativ zur dezimalen Schreibweise könnte man IP-Adressen auch binär schreiben. Man hat pro Byte acht Stellen, die entweder auf 0 oder 1 gesetzt sind. Dabei wird deutlicher, dass eine dezimale Null in einem Byte acht binären Nullen entspricht und 255 acht Einsen. Daraus resultiert deren Sonderbedeutung. Sehr selten kann es vorkommen, dass die IP-Adresse hexadezimal geschrieben wird. Ausnahme: Bei der IP-Version 6 (siehe Abschnitt 12.4, »IP-Version 6«) werden IP-Adressen immer hexadezimal geschrieben.

Beispiele:

- 192.168.4.1 mit einer Subnetzmaske von 255.255.255.0:
  Die 255 bei der Subnetzmaske bedeutet jeweils, dass das Byte auf die Netz-ID entfällt, entsprechend sind bei der Subnetzmaske drei Bytes gesetzt (24 Bit). Die ersten drei Bytes beschreiben den Netzteil (Netz-ID) der IP-Adresse: 192.168.4. Das letzte Byte mit dem Wert 1 ist der Hostteil (Host-ID), die Nummer der Station innerhalb des IP-Netzes.

- 172.16.5.77 mit einer Subnetzmaske von 255.255.0.0:
  Die ersten zwei Bytes sind das Netz 172.16.0.0, die zweiten beiden Bytes 5.77 bestimmen den Rechner in dem IP-Netz. Möchte man alle Rechner in dem IP-Netz ansprechen, lautet die IP-Adresse 172.16.255.255. Das ist die Broadcast-Adresse dieses Netzes.

- 10.6.8.9 mit einer Subnetzmaske 255.0.0.0:
  Der Netzteil der IP-Adresse umfasst lediglich das erste Byte, das IP-Netz lautet daher 10.0.0.0, und der Rechner hat die Nummer 6.8.9.

Wie Sie bemerkt haben, ist die Subnetzmaske bei den Beispielen immer kleiner geworden, und der Bereich, mit dem man die Rechner (engl. *hosts*) anspricht, wurde immer größer. Wozu?

[zB] Stellen Sie sich vor, Sie haben eine Rechtsanwaltskanzlei und möchten ein IP-Netz für Ihre Kanzlei einrichten. Es wird vermutlich ausreichen, ein IP-Netz mit einer 24-Bit-Subnetzmaske – also 255.255.255.0 – zu verwenden. Zur Adressierung von PCs innerhalb dieses Netzes haben Sie 254 Adressen verfügbar.[1] Wenn Sie aber Vorstandschef von Daimler wären und ein IP-Netz einrichten wollten, in dem jeder PC Ihres Unternehmens eine IP-Adresse bekommen soll – würden 254 Möglichkeiten reichen? Nein, Sie brauchen ein IP-Netz, das mehr Adressraum für Host-IDs bereitstellt. Im Fall von Daimler benötigen Sie ein Netz, das eine 8-Bit-Subnetzmaske – also 255.0.0.0 – hat. Dann haben Sie 24 Bit oder 2^{24} = 16,7 Millionen Möglichkeiten, eine Host-ID zu vergeben. Von diesen IP-Netzen mit 8-Bit-Subnetzmaske gibt es weltweit rechnerisch 254 Stück; tatsächlich sind es weniger.

IP-Netze wurden früher in Klassen eingeteilt:

- 24-Bit-Subnetzmaske (255.255.255.0): Class C
- 16-Bit-Subnetzmaske (255.255.0.0): Class B
- 8-Bit-Subnetzmaske (255.0.0.0): Class A

Die Einteilung in Klassen ist weitestgehend überholt (Stichwort: CIDR), häufig trifft man aber auf die Begrifflichkeit Klasse-C-Netz, sodass es sinnvoll ist, die Sache hier kurz zu erwähnen.

Über welche Art von IP-Netz reden wir? Es geht um ein offizielles, aus dem Internet erreichbares IP-Netz. Jeder dort angeschlossene PC hat eine weltweit eindeutige IP-Adresse innerhalb des Internets und ist direkt von dort erreichbar.

Nur wenige Privatleute benötigen eine feste IP-Adresse. Als normaler Anwender »leihen« Sie sich eine offizielle IP-Adresse von Ihrem Internetprovider für die Dauer der Internetverbindung. Bei jeder Verbindung bekommen Sie eine andere IP-Adresse zugewiesen.

Das Problem der *dynamischen Adressen* lösen diverse Anbieter mit Diensten wie *http://www.dyndns.org*. Sie aktualisieren von Ihrem PC aus regelmäßig Ihre öffent-

---

[1] Es sind deshalb 254 Möglichkeiten, weil von 256 bestehenden Möglichkeiten die 0 und die 255 wegfallen.

liche IP-Adresse, sodass Ihre Webadresse zuverlässig und dynamisch zur jeweils aktuellen IP-Adresse aufgelöst wird (siehe Kapitel 37, »DynDNS-Dienste«).

Hat ein Unternehmen einen festen Internetzugang ohne Einwahl, ist es also 24 Stunden online, stellt der Internetprovider eine feste IP-Adresse zur Verfügung. Wie man mit nur einer offiziellen IP-Adresse mit mehreren Rechnern im Internet erreichbar ist, lesen Sie in Abschnitt 12.3, »Network Address Translation«. Private, also nicht offizielle IP-Adressen, werden in Abschnitt 12.2, »Private IP-Adressen«, behandelt.

Offizielle IP-Netze werden an Unternehmen, Behörden und Universitäten vergeben. Diese erhalten dann einen zugeteilten Adressbereich.

Haben Sie als Unternehmen ein eigenes Klasse-C-Netz zugeteilt bekommen (z. B. 192.140.252.0/24), dann haben Sie 254 offizielle IP-Adressen zur Verfügung, die Sie im Internet verwenden dürfen. [zB]

Vergeben werden die IP-Adressen von der Organisation RIPE, die diese Aufgabe an die Provider delegiert hat. Wenn Sie sich also einen Adressbereich reservieren wollen, wenden Sie sich an Ihren Provider.

12.1 Routing

Möchte ein PC aus dem IP-Netz A mit dem Rechner aus dem IP-Netz B kommunizieren, benötigt er dafür mindestens einen *Router*. Der Router arbeitet eine ISO/OSI-Schicht höher als ein Switch, nämlich auf der ISO/OSI-Schicht 3.

Der Router verbindet im einfachsten Fall zwei IP-Netze miteinander. Dabei funktioniert er ähnlich wie eine Bridge (siehe Abschnitt 6.7, »Switch«). Er leitet alle Datenpakete aus dem IP-Netz A in das IP-Netz B, wenn sie an einen Rechner in diesem Netz adressiert sind. Eine Bridge oder ein Switch teilt ein Ethernet in einzelne Segmente, sodass es zu einer Bandbreitenerhöhung kommt. Im IP ist das Einteilen in Segmente schon vorgesehen: Segmente heißen IP-Netze oder Subnetze. Diese IP-Netze verbindet ein Router. Er hat dazu zwei Anschlüsse (engl. *interfaces*), in jedem IP-Netz (A und B) jeweils einen. Empfängt der Router auf seinem IP-Netz-A-Interface ein Datenpaket, so schaut er in die IP-Adressierung. Dort steht unter anderem die IP-Ziel-Adresse. Lautete die Zieladresse IP-Netz B, dann sendet der Router das Datenpaket auf dem Interface B in das IP-Netz B.

Das macht deutlich: Mit dem Begriff Router ist weniger ein konkretes Gerät gemeint, sondern vielmehr eine Funktionalität, die von verschiedenen Geräten, auch PCs, ausgeübt werden kann.

Ein Router entscheidet anhand der IP-Adresse, wohin er das Paket schicken muss, damit es seinem Ziel näher kommt. Dazu hat ein Router mindestens zwei Netzwerkanschlüsse.

[zB] Aus Gründen der Übersichtlichkeit habe ich die IP-Adressen im Beispiel auf zwei Bytes verkürzt. Eine korrekte IP-Adresse würde z.B. 192.168.1.2 oder 192.168.2.1 lauten.

In Abbildung 12.3 sendet der PC 1.2 (Netz 1, PC 2) an den PC 2.1 (Netz 2, PC 1) Daten. Unterstellen Sie in diesem Beispiel eine Subnetzmaske von 24 Bit (255.255.255.0), können Sie zunächst feststellen, dass sich der PC 1.2 und der PC 2.1 nicht im selben IP-Netz befinden, daher kann man sagen: Der PC 2 aus dem Netz 1 möchte mit dem PC 1 aus dem Netz 2 kommunizieren.

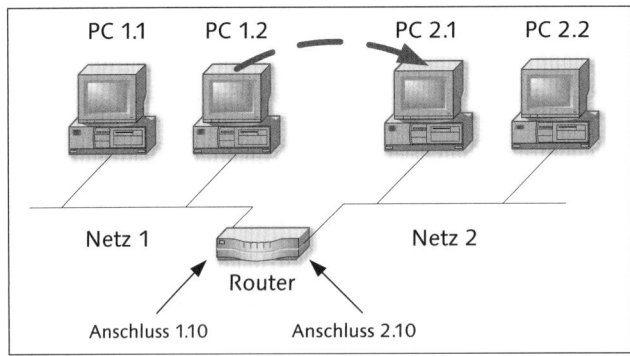

Abbildung 12.3 Routing von 1.2 zu 2.1

Weil beide Rechner unterschiedlichen IP-Netzen angehören, können sie nicht direkt miteinander kommunizieren. Das gilt auch dann, wenn Sie sie mit einem gedrehten Kabel (siehe Abschnitt 22.8, »Cross-Kabel«) direkt verbinden würden. Ein PC rechnet aus, ob die Zieladresse im eigenen Subnetz liegt. Wenn das nicht der Fall ist, dann braucht er einen sogenannten Routing-Eintrag. Hat er keinen Routing-Eintrag, ist das Ziel für den PC nicht erreichbar.

PC 1.2 schickt die Daten also zu seinen Standardgateway, diese Adresse muss in seinem IP-Netz liegen, z.B. die IP-Adresse 1.10. Der Router hat eine Verbindung zum Netz 2 über sein Interface 2.10 und sendet also die Datenpakete an den Rechner 2.1 über sein Interface 2.10.

Stellen Sie sich einen DSL-/ISDN-Router vor. Dieser hat zwei Interfaces, eines in Ihrem LAN (Netzwerk), eines zum Provider (DSL). Der Router hat nur zwei Einträge:

- Das Netz 192.168.1.0/24 (ein Beispiel) leitet über die Netzwerkkarte.
- Alle anderen Netze (0.0.0.0) leiten über DSL zum Provider.

Der letzte Eintrag heißt Default-Routing. Ist kein anderer Routing-Eintrag genauer, dann wird das Default-Routing ausgeführt.

Sie können sich den Weg eines Datenpaketes zum Ziel ansehen. Der Befehl dazu heißt `traceroute`.

[zB] Unter Windows wählen Sie START • AUSFÜHREN ... und geben `cmd` ein. In der Eingabeaufforderung tippen Sie dann beispielsweise `tracert www.web.de`. Sie erhalten eine Auflistung aller Router zwischen dem eigenen Rechner und dem Ziel im Internet. Abbildung 12.4 zeigt, wie ein solches Ergebnis aussehen kann.

Weitere Informationen zu dem Kommando traceroute finden Sie in den Abschnitten 28.4.5 und 28.5.6.

```
C:\>tracert www.web.de
Routenverfolgung zu www.web.de [217.72.195.42] über maximal 30 Abschnitte:

  1    <1 ms    <1 ms    <1 ms  192.168.1.100
  2    42 ms    44 ms    43 ms  217.0.118.76
  3    43 ms    43 ms    43 ms  87.186.242.246
  4    46 ms    47 ms    47 ms  f-eb7-i.F.DE.NET.DTAG.DE [62.154.16.182]
  5    48 ms    49 ms    47 ms  62.156.138.62
  6    50 ms    51 ms    51 ms  te-1-3.bb-c.bs.kae.de.oneandone.net [212.227.120.29]
  7    50 ms    51 ms    51 ms  te-9-1.gw-distwe-a.bs.ka.oneandone.net [212.227.116.218]
  8    52 ms    52 ms    52 ms  ha-42.web.de [217.72.195.42]

Ablaufverfolgung beendet.
C:\>
```

Abbildung 12.4 traceroute vom eigenen PC zu Web.de

Routing-Einträge, also die Information, welches Ziel über welchen Router erreichbar ist, können auf zwei verschiedene Arten in den Router gelangen:

- *statisch*: manuell eingetragen
- *dynamisch*: durch Informationsaustausch zwischen Routern

Die *statischen Routen* werden oftmals von Hand gepflegt und genauso konfiguriert wie eine IP-Adresse. Moderne Betriebssysteme helfen ein wenig und fügen automatisch Routen für die Netze ein, in denen ein Anschluss existiert. Wenn die Netzwerkkarte 1 die IP-Adresse 192.168.1.100/24 hat, dann fügen die Betriebssysteme eine entsprechende Route automatisch hinzu.

Dynamische Routen werden durch sogenannte Routing-Protokolle eingetragen. Router tauschen Informationen über die von ihnen erreichbaren IP-Netze aus, einschließlich der IP-Netze, von denen sie durch andere Router gehört haben. Zusätzlich zu der Information IP-Netz und Router wird angegeben, wie günstig (d. h. nah, schnell) die Route zu dem IP-Netz ist.

Bekommt ein Router (X) die Information von einem Nachbarrouter (Y), dass jener das IP-Netz A mit fünf Schritten erreichen kann, verbreitet Router X, dass er das IP-Netz A mit 5 + 1 = 6 Schritten erreichen kann.

Bekannte Beispiele für Routing-Protokolle sind: RIP, OSPF und (E)IGRP. Ich werde nicht weiter auf Routing-Protokolle eingehen, da sie erst in größeren Netzwerken eingesetzt werden.

12.2 Private IP-Adressen

Als ich schrieb, dass IP-Adressen durch die Organisation RIPE vergeben werden, haben Sie sich vielleicht gefragt, ob Sie eine IP-Adresse für Ihr Netzwerk beantragen müssen. Antwort: normalerweise nicht.

IP-Adressen, die aus dem Internet erreichbar sein sollen, müssen eindeutig sein. Dafür sorgt die RIPE in Europa üblicherweise über die Internetprovider. Diese haben ihrerseits einen Pool von offiziellen IP-Adressen zur Verfügung und leihen jedem Kunden für die Dauer der Internetverbindung eine offizielle IP-Adresse.

[»] Wenn Sie IP-Adressen für Ihr lokales LAN benötigen, kommt es selten zu Problemen: Benutzen Sie und jemand anderes gleichzeitig dieselbe Adresse, dann ist diese zwar nicht eindeutig, aber sie stören sich nicht gegenseitig, weil ihre beiden Netze nicht verbunden sind. Verbinden Sie Ihr Netz dagegen mit dem Internet, verbinden Sie es ja gleichzeitig mit vielen anderen Netzen, und es käme zu einem Adresskonflikt, wenn eine IP-Adresse zweifach genutzt würde.

Für Ihr Heim-/Büronetzwerk und andere interne Netze gibt es Adressbereiche, die im Internet nicht verwendet werden und deren IP-Adressen nicht aus dem oder in das Internet transportiert werden:

- Class C: 192.168.0.0 bis 192.168.255.0
- Class B: 172.16.0.0 bis 172.31.255.0
- Class A: 10.0.0.0

Für ein kleines Netz mit weniger als 255 Rechnern benutzt man ein IP-Netz aus dem Class-C-Bereich, z. B. 192.168.1.0/24. Entsprechend reichen die IP-Adressen dieses IP-Netzes von 192.168.1.1 bis 192.168.1.254.

> Für etwas größere Netzwerke gilt: Vergeben Sie IP-Adressen nicht mit der Gießkanne, planen Sie ein wenig. Die Administration eines Netzwerkes wird umso einfacher, je systematischer Sie IP-Adressen vergeben. Sie erhalten im Idealfall sogenannte *sprechende IP-Adressen*. Das folgende Schema bietet eine Orientierung für ein Klasse-C-Netz:
>
> 192.168.1.200 bis 192.168.1.249 = Drucker
>
> 192.168.1.100 bis 192.168.1.199 = PC-Clients
>
> 192.168.1.20 bis 192.168.1.29 = Linux-Server
>
> 192.168.1.10 bis 192.168.1.19 = Windows-Server
>
> 192.168.1.1 = Router-Interface
>
> Sobald Sie die IP-Adresse kennen, wissen Sie sofort, um welche Art von Netzwerkteilnehmer es sich handelt, und können gezielter Hilfe leisten.

[«]

12.3 Network Address Translation

Die meisten Netzwerke werden mit dem Internet verbunden. Damit ein PC aus einem lokalen Netz direkt mit dem Internet kommunizieren kann, benötigt er eine offizielle IP-Adresse. Sollen also zehn PCs gleichzeitig auf das Internet zugreifen, benötigen Sie zehn offizielle IP-Adressen. Weil sich das Problem vergrößert, je mehr PCs gleichzeitig auf das Internet zugreifen sollen, und weil offizielle IP-Adressen knapp sind, wurden zwei Lösungen erfunden: *Network Address Translation (NAT)* und *Proxy*.

Das Grundprinzip von NAT ist einfach: Beispielsweise ersetzt ein Router die privaten Adressen des internen LANs in den Datenpaketen (z. B. 192.168.4.2) durch die ihm vom Internetprovider zugewiesene offizielle IP-Adresse (z. B. 62.182.96.204). Wenn die Antworten aus dem Internet kommen, erreichen diese zunächst den Router, der sich gemerkt hat, welche Daten zu welchem Ziel gesendet wurden, und er kann die Antwortpakete dem ursprünglichen internen PC zuordnen. Der Router tauscht im Antwortpaket die Ziel-IP-Adresse 62.182.96.204 gegen die private IP-Adresse 192.168.4.2 aus und schickt dem PC das Paket.

Der Router bedient sich dabei der UDP-/TCP-Portnummern. Ein IP-Paket enthält ein UDP- oder TCP-Paket. Das UDP-/TCP-Paket enthält zwei Ports, den Zielport und den Ursprungsport. Der Router baut sich eine Tabelle auf, in der er sich notiert, an welchen PC Antworten geschickt werden müssen:

Ursprungs-IP	Ursprungs-port	Offizielle IP-Adresse	Neuer Port	Ziel-IP-Adresse	Zielport
192.168.1.23	1333	80.44.53.222	5555	62.34.5.6	80
192.168.1.77	23675	80.44.53.222	5556	10.77.33.2	25

Tabelle 12.1 NAT-Tabelle

[zB] Wenn im Beispiel der Tabelle 12.1 dieser Router ein IP-Paket für seine offizielle IP-Adresse 80.44.53.222 und den Ziel-TCP-Port 5555 empfängt, weiß er, dass er das Paket an die IP-Adresse 192.168.1.23 auf dem TCP-Port 1333 weiterleiten muss.

Betrachtet man den Router vom Internet aus, dann scheint er ein »Super-Surfer« zu sein, weil er viele gleichzeitige Anfragen ins Internet schickt.

Der Vorteil von NAT ist, dass man für ein ganzes Netzwerk mit PCs, die auf das Internet zugreifen, nur eine offizielle IP-Adresse benötigt. Anders ausgedrückt: Sie benötigen NAT, wenn Sie mit nur einer offiziellen IP-Adresse mehreren PCs den Zugriff auf das Internet ermöglichen wollen. NAT wird übrigens unter Linux *Masquerading* genannt.

Ein weiterer Vorteil von NAT ist, dass ein potenzieller Angreifer nur den Router im Internet erkennen kann, weil nur der Router bei der Kommunikation ins Internet in Erscheinung tritt. Der Hacker bzw. Cracker weiß nicht, dass sich hinter dem Router ein ganzes Netzwerk verbirgt. Man versteckt also durch NAT die eigene Netzwerkstruktur und macht es so einem Hacker/Cracker schwieriger, die für ihn eigentlich interessanten PCs im LAN anzugreifen. NAT und eine Firewall ergänzen sich. Genaueres dazu erfahren Sie in Abschnitt 32.4, »Sicherheitslösungen im Überblick«.

[!] Leider gibt es einige Anwendungen, die nicht mit NAT zusammenarbeiten. Die meisten von diesen Anwendungen verarbeiten die IP-Adresse in der Applikation, dadurch kommt es zu Problemen, wenn die tatsächliche Absender-IP-Adresse nicht mit der Absender-IP-Adresse der Applikationsdaten identisch ist.

Ein weiterer Nachteil von NAT ist, dass Sie keine Dienste aus dem LAN im Internet anbieten können. Wenn ein Client aus dem Internet auf einen Webserver in Ihrem LAN zugreifen möchte, so kann der NAT-Router die Anfrage keinem PC zuordnen, sodass die Anfrage abgewiesen wird.

Das Problem lösen die meisten DSL-Router so, dass über eine Funktion, oft *Virtual Server* genannt, Verbindungen auf einem bestimmten TCP-/UDP-Port immer zu einem PC im LAN weitergeleitet werden. Das ist z. B. auch erforderlich für die Teilnahme an einem eDonkey- oder BitTorrent-Netzwerk.

12.4 IP-Version 6

Die bekannte und weltweit im Einsatz befindliche IP-Version ist die Version 4. IPv6 oder auch IPnG (*IP next Generation*) wird der Nachfolger von IPv4 sein.[2] Bei dieser Aussage sind sich alle Experten einig. Auf eine andere Frage bekommt man von zehn Experten zwölf Antworten: »Wann wird IPv6 IPv4 ersetzen?«

IPv6 ist schon älter, als Sie vermuten werden. Die ersten Schritte zur Normung sind bereits im Jahr 1994 von der IETF unternommen worden. Nach den damaligen Berechnungen sollten die vorhandenen IP-Adressen im Internet nur noch bis ins Jahr 2005 reichen, und man sah sich daher gezwungen, auf eine IP-Version mit mehr Adressraum umzusteigen. In Europa reicht der IPv4-Adressvorrat bis ins Frühjahr 2013. Die Zuteilung neuer Adressblöcke an die Provider durch die Organisation RIPE ist danach nicht mehr möglich.

12.4.1 Vergleich

Die neue IP-Version soll einige heute bestehende Probleme lösen. Folgende wesentliche Punkte ändern sich:

- Der Adressraum beträgt 2^{128} statt 2^{32} Adressen. IP-Adressen sind keine Mangelware mehr.
- IPv6 bietet mehr Sicherheit (IPsec ist Bestandteil von IPv6).
- Die neue Version setzt auf *Any2Any*-Kommunikation statt NAT; Privacy Extensions.
- Die Autokonfiguration (ähnlich DHCP) ist Bestandteil von IPv6.
- Schnellere Routing-Algorithmen sind durch die bessere IP-Header-Struktur möglich (der IPv6 Standard-Header ist immer gleich groß).
- *Quality of Service* wird möglich (feste Bandbreiten z. B. für Video).
- Die neue Möglichkeit *Anycast* ist ideal für redundante Serversysteme.

Leider sind mit der technischen Umrüstung auch Investitionen verbunden. Davon sind weniger die Endgeräte (PCs, Server) betroffen, die lediglich einen neuen IP-Treiber bekommen, als vielmehr die Infrastruktur des Internets, wo alle Router das neue IPv6 beherrschen müssen. Das bedingt oft den Austausch der Hardware. Es wird daher einen sanften Umstieg auf IPv6 geben, der einige Jahre dauern wird. Auf diese Situation ist IPv6 eingerichtet. Es gibt explizite Migrationstechnologien. Auch alle Anwendungen müssen mit IPv6-Adressen umgehen können.

---

2 IPv5 gibt es nicht.

Bei Windows wird IPv6 seit Vista vorrangig verwendet; Linux bringt die IPv6-Unterstützung schon lange mit.

12.4.2 Adressen

Der Adressraum, also die Anzahl der Adressen, beträgt 2^{128} statt 2^{32}. Ein IP-Netz – ich meine das Subnetz – wird immer mindestens 2^{64} Adressen enthalten, auch ein privates z. B. von Ihrem Provider zugewiesenes Netz. Damit könnten Sie theoretisch einige Milliarden Geräte daheim adressieren. Mehrfach genutzte private Adressen können gänzlich entfallen und durch offizielle IP-Adressen ersetzt werden.

Der Netzanteil der Adresse wird *Prefix* oder auch *Präfix* genannt, der Hostteil heißt *Interface Identifier*.

Es werden verschiedene Klassen von IPv6-Adressen unterschieden. Besonders erwähnenswert sind folgende:

- *Link-Local*: Automatisch generierte lokale Adresse (Präfix fe80::/64).
- *Unique Local*: Zugewiesene lokale Adresse, nicht für das Internet gültig (Präfix fc00::/7).
- *Global*: Adressen, die auch im Internet gültig sind

Die neuen Adressen werden hexadezimal geschrieben. Die acht Blöcke mit jeweils vier Zeichen werden durch einen Doppelpunkt voneinander getrennt:

[zB] 2a01:01e8:e100:00db:0000:0000:0000:0002

Das erste Vorkommen von Nullen kann durch einen Doppelpunkt gekürzt werden. Statt führender Nullen kann auch nur eine einzige Null geschrieben werden.

[zB] Die obige Adresse heißt in der Kurzfassung also 2a01:1e8:e100:db::2.

Bei dieser Adresse lautet das Präfix 2a01:1e8:e100:db/64. Der Interface Identifier lautet ::2, somit ergibt sich die oben stehende vollständige Adresse.

Der *Interface Identifier* kann aus der MAC-Adresse gebildet werden, dazu wird die 48 Bit große MAC (gemäß EUI-64 Verfahren) um die Zeichen ff:fe auf 64 Bit erweitert. Aus der MAC-Adresse 00:01:02:03:04:05 wird der Identifier 0001:02ff:fe03:0405. Per *Multicast* werden danach alle lokalen Router angesprochen. Mithilfe der vom Router verschickten Netzwerkinformationen – die auch das Präfix enthalten – kann nun jedes IPv6-Gerät selbstständig eine gültige IP-Adresse bilden, dazu wird dem Identifier nur das Präfix vorangestellt. Eine doppelte Adressvergabe verhindern die Teilnehmer selbstständig per *Duplicate*

Address Detection (DAD). Dieses Verfahren heißt *Autokonfiguration* oder *Stateless Address Autoconfiguration* (SLAAC).

Zusätzliche Konfigurationen des Netzwerkteilnehmers müssen mittels *DHCPv6* ergänzt werden. Wenn auch der Interface Identifier per DHCPv6 vergeben wird, spricht man von *Stateful Address Configuration* (SAC).

12.4.3 Privacy Extension

Wird aus der weltweit eindeutigen MAC-Adresse der Interface Identifier gebildet, so ist dieser in allen IP-Netzen gleich und somit ist das Gerät sogar in verschiedensten Netzwerken (z. B. in der Firma, zu Hause oder am WLAN-Hot-Spot) eindeutig identifizierbar.

Jeglicher Netzwerkverkehr könnte damit eindeutig bis zu einem Endgerät hin zurückverfolgt werden, was nicht im Sinne des Datenschutzes sein kann. Dieses Problem wird durch die Funktion *Privacy Extensions* (dt: *Erweiterungen für die Privatsphäre*) umgangen. Dabei wird der Interface Identifier aus einer zufälligen Zeichenkette gebildet, und dieser Vorgang wird nach einiger Zeit wiederholt: Die IP-Adresse ändert sich stetig.

12.4.4 Sicherheit

Für eine sichere Verschlüsselung auf IP-Ebene wird üblicherweise über ein *VPN* (siehe Abschnitt 35.9, »Virtual Private Network«) eingerichtet. Eine Möglichkeit ist *IPsec* (siehe Abschnitt 35.9.3, »IPsec«). Diese Funktion war bisher entweder als Bestandteil des Betriebssystems oder als installierbare Zusatzsoftware verfügbar. Mit IPv6 entfällt dieser zusätzliche Aufwand, da jedes IPv6-Gerät automatisch auch IPsec beherrscht. Das macht Sicherheit in IP-Netzen deutlich einfacher.

Insbesondere in kleinen Netzwerken – wie bei Ihnen zu Hause – ist NAT (siehe Abschnitt 12.3, »Network Address Translation«) eine wichtige Funktion des Internetrouters. NAT bewirkt, dass über eine einzige offizielle IP-Adresse mehr als ein Gerät auf das Internet zugreifen kann. Gleichzeitig ergibt sich ein deutlicher Sicherheitsgewinn: Die PCs, Notebooks, Smartphones, Tablets und andere Endgeräte in Ihrem Netzwerk sind aus dem Internet nicht direkt zu erreichen. So kann ein Netzwerkdienst aus Ihrem privaten Netzwerk nur dann im Internet genutzt werden, wenn Sie es ausdrücklich gestatten. Bei IPv6 bekommt Ihr Internetrouter ein ganzes IP-Subnetz zugewiesen. Wie schon erwähnt können Sie damit Milliarden offizielle IPv6-Adressen verteilen. Jeder PC, jedes Notebook usw. bekommt eine eigene, offizielle IP-Adresse. Diese Adressen heißen *globale Adressen*.

[!] Mit diesen globalen Adressen ist jedes IPv6-Gerät vollständig im Internet zu erreichen. Ohne weitere Sicherungsmechanismen wie einer Firewall ist ein Angriff auf diese Geräte nun sehr leicht.

Eine Firewall kann entweder vom Gerät selbst oder vom Internetrouter bereitgestellt werden. Häufig besteht eine Kombination aus beiden. Nicht jedes IPv6-fähige Endgerät – so z. B. auch mein Smartphone – verfügt jedoch über eine Firewall. Somit ist dieses Gerät zwingend auf den Schutz durch den Internetrouter angewiesen.

12.4.5 Migration

Es gab eine Diskussion über IPv6 im Internet: Die Zugangsprovider argumentierten, dass es keine Nachfrage nach IPv6 gab, die Kunden argumentierten, es gäbe keine Inhalte, und Inhaltsanbieter sagten, dass niemand auf Inhalte zugreifen könne, wenn die Zugangsprovider nicht IPv6 freischalten. Kurz: das klassische Henne-Ei-Problem.

Seit etwa einem Jahr ist aber der Knoten durchtrennt, denn die Inhaltsanbieter (insbesondere die Hostinganbieter) haben in großem Stil Inhalte auch per IPv6 erreichbar gemacht.

Im nächsten Schritt müssen die Internetprovider Ihre Kunden zusätzlich zur IPv4-Adresse auch mit einem IPv6-Subnetz versorgen. Alle Provider arbeiten an der Lösung, leider gibt es aber immer wieder Verzögerungen. In Deutschland bietet Mitte des Jahres 2012 noch kein großer Provider IPv6 für Privatkunden.

Viel weiter sind die Hard- und Software-Hersteller. Fast jede Hardware ist IPv6-fähig. Jeder ordentliche DSL-Router kann heute IPv6; genauso sieht es mit netzwerkfähigen Druckern und anderen Geräten aus. Auch Android und Apple iOS können IPv6.

Jeder moderne Browser unterstützt IPv6; ebenso sieht es mit anderen, klassischen Internetanwendungen wie Mail aus. Das hat einen einfachen Grund: IPv6 ist in Asien heute schon Realität, und entsprechende Programme können dort nur mit IPv6-Unterstützung laufen.

12.4.6 IPv6 ausprobieren

Falls Sie IPv6 ausprobieren wollen, kann ich Ihnen den IPv6-Tunnelbroker *SixXS* (siehe *http://www.sixxs.net*) ans Herz legen. Sie müssen sich registrieren und einen Grund angeben, weshalb Sie den IPv6-Tunnel beantragen.

Sie können mit der Software *Anything In Anything* (*AYIYA*) einzelne PCs hinter einem IPv4-NAT-Router über den Tunnel ans Internet anbinden (DYNAMIC NAT-TRAVERSING IPV4 ENDPOINT USING AYIYA). Oder Sie machen Ihren Internetrouter zu einem IPv6-Endgerät und stellen so nicht nur Ihre Internetanbindung, sondern auch Ihr LAN auf IPv6 um (DYNAMIC IPV4 ENDPOINT USING HEARTBEAT). Ich werde Ihnen die Möglichkeit vorstellen, Ihre Fritz!Box als IPv6-Tunnelende zu nutzen.

Wenn Sie einen Tunnel beantragen, bestimmen Sie immer auch den *Point of Presence* (*POP*), also letztlich Ihren Partner für das andere Tunnelende.

IPv6-Tunnel mit Endpunkt Fritz!Box

In den ERWEITERTEN EINSTELLUNGEN der Fritz!Box tragen Sie unter INTERNET Ihre ZUGANGSDATEN und die SixXs-Tunnel-ID ein (siehe Abbildung 12.5).

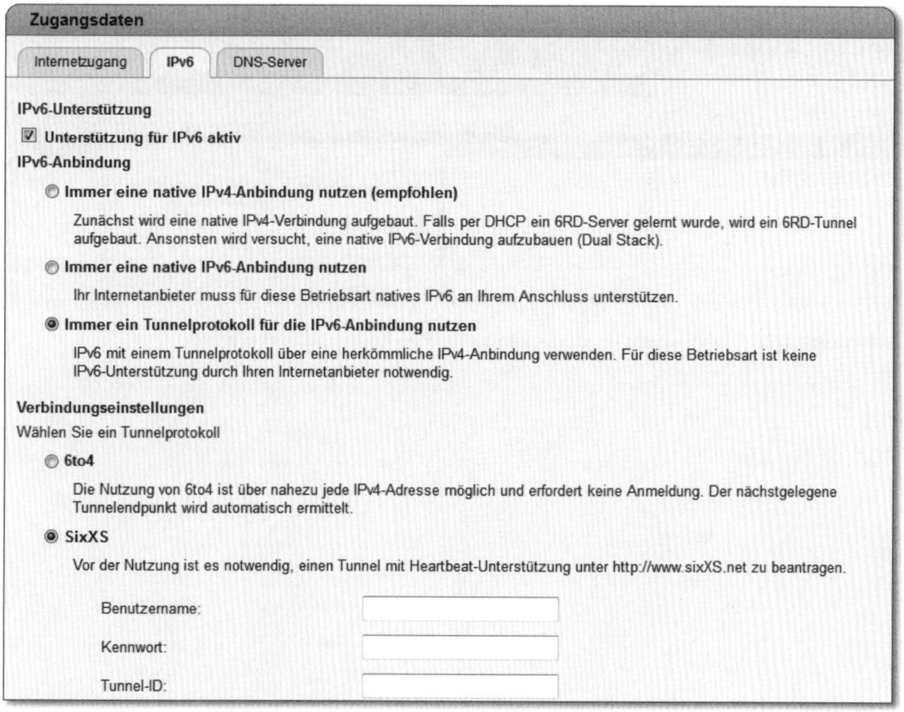

Abbildung 12.5 Die Zugangsdaten für den IPv6-Tunnel von SixXs

Das Resultat sehen Sie im ONLINE-MONITOR (siehe Abbildung 12.6).

12 | Das Internetprotokoll

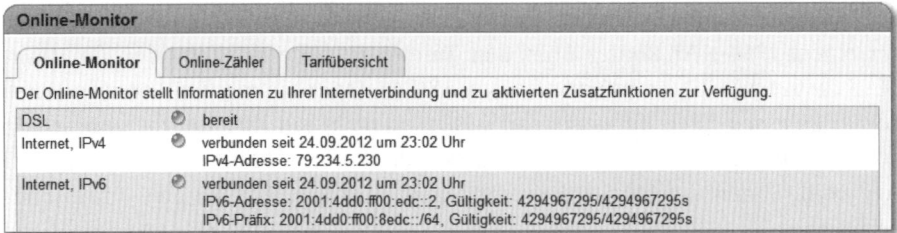

Abbildung 12.6 Im Online-Monitor der Fritz!Box werden Verbindungsstatistiken gepflegt.

Das Firefox-Add-on SixOrNot

Mit dem Add-on *SixOrNot* für Mozilla Firefox (*https://addons.mozilla.org/en-us/firefox/addon/sixornot/*) erkennen Sie anhand eines kleinen Symbols im Browserfenster, ob der Name der Domain in eine IPv6-Adresse aufgelöst werden kann (siehe Abbildung 12.7).

Abbildung 12.7 Die »6« zeigt es an: Es kann per IPv6 kommuniziert werden.

Das Address Resolution Protocol (ARP) hat die Aufgabe, IP- in MAC-Adressen aufzulösen. Es handelt sich um eine sehr wichtige Funktion, die wie das Internetprotokoll auf ISO/OSI-Schicht 3 arbeitet.

13 Address Resolution Protocol

Wenn Ihr PC ein IP-Paket in einem Netzwerk versenden möchte, so muss dieses Paket in ein Ethernet-Paket verpackt werden. Der Ethernet-Frame wird mit der Ziel-MAC-Adresse versehen, doch welche MAC-Adresse gehört zur Ziel-IP-Adresse?

Diese Frage wird durch ARP beantwortet. Dabei ist ARP wenig geschickt, denn es versendet eine Broadcast-Nachricht an alle Stationen mit der Frage: »Welche MAC hat 192.168.1.4?« Die Station, die diese IP-Adresse hat, meldet sich mit »192.168.1.4 hat 00:08:90:4b:33:2e«. Damit kann das Ethernet-Paket erzeugt und versendet werden. Für eine bestimmte Dauer merkt sich der PC nun die Zuordnung der IP- zur MAC-Adresse im sogenannten *ARP-Cache*. Die Informationen dieses Caches kann man bei Windows und Linux mit dem Kommando `arp -a` auslesen. Das Ergebnis mit einem Eintrag können Sie sich in Abbildung 13.1 ansehen.

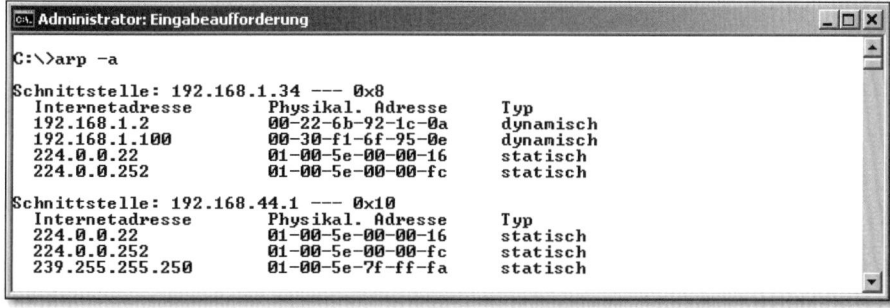

Abbildung 13.1 ARP-Cache mit einem Eintrag

Zum *ARP-Spoofing* – einem verbreiteten Angriff auf die Sicherheit im Netzwerk – finden Sie weitere Informationen in Abschnitt 32.3, »ARP-Missbrauch«.

Nicht alle Aufgaben sind mit TCP/IP lösbar; so kann man beispielsweise die grundsätzliche Erreichbarkeit nicht feststellen oder bessere Routing-Wege nicht mitteilen.

14 Internet Control Message Protocol

Das *Internet Control Message Protocol* (*ICMP*) ist Bestandteil aller TCP/IP-Implementierungen und damit auf jedem Rechnersystem verfügbar. Die Aufgabe von ICMP ist es, Fehler- und Diagnoseinformationen an die Kommunikationspartner zu übermitteln. Es ist ein IP-Hilfsprotokoll und parallel zu IP auf der ISO/OSI-Schicht 3 angesiedelt.

Der bekannteste ICMP-Teil ist der `ping`-Befehl. Technisch gesehen handelt es sich beim `ping` um ein *ECHO request* und ein *ECHO response* des ICMP. Dabei werden von ICMP zusätzlich Zeitinformationen erfasst, die Auskunft über die Paketlaufzeit geben. Diese Laufzeiten sind neben der Frage, ob ein Ziel überhaupt erreichbar ist, eine wichtige Information für Sie. An verlorenen Paketen (*packet loss*) und/oder schwankenden Laufzeiten können Sie Probleme im Netzwerk erkennen und diese dann eingrenzen.

Über ICMP werden weitere Informationen transportiert, z. B. *Source Squench*, wenn der für Datenpakete reservierte Puffer vollgelaufen ist, *Destination unreachable*, wenn ein Zielrechner nicht erreichbar ist, *Time out*, wenn die maximale Laufzeit eines Datenpaketes erreicht wurde, oder *Redirecting*, wenn der Sender in Zukunft einen anderen, günstigeren Weg zum Ziel nehmen soll. Insgesamt gibt es 28 ICMP-Pakettypen.

Insbesondere das *Redirecting* ist eine ernst zu nehmende Sicherheitslücke, weil Hacker/Cracker mit seiner Hilfe Datenströme beliebig umleiten können. Dabei befiehlt der Angreifer einem Rechner im Internet, dass dieser den gesamten Datenverkehr über den Rechner des Hackers/Crackers laufen lassen soll. So erlangt der Angreifer die Möglichkeit, Ihre Daten komplett mitzulesen. [!]

Das war selbstverständlich nicht der ursprüngliche Sinn des *Redirectings*. Es dient dazu, einem Rechner oder Router im Netzwerk bzw. Internet mitzuteilen, dass es einen kürzeren Weg gibt und verrät, welcher das ist.

Mit dem Internetprotokoll finden Sender und Empfänger den richtigen Kommunikationspartner. Das Transmission Control Protocol (TCP) gewährleistet und überwacht diese Kommunikation.

15 Transmission Control Protocol

Weder Ethernet noch IP bieten Möglichkeiten, um zu überprüfen, ob alle Datenpakete auch wirklich ankommen. Defekte Datenpakete werden einfach weggeworfen, dies ist Aufgabe der ISO/OSI-Schicht 4.

Das *Transmission Control Protocol* (TCP) regelt zunächst den *Verbindungsaufbau* mit einem *Three-way-handshake*. Der Sender wendet sich also an den Empfänger: »Ich möchte Daten schicken.« Der Empfänger antwortet: »OK«, worauf der Sender sein Vorhaben nach der Mitteilung »Gut, dann fang' ich jetzt an!« beginnt und die eigentlichen Datenpakete sendet.

Der *Verbindungsabbau* ist ähnlich umständlich: »Ich bin fertig mit Senden.« »Ich habe auch nichts mehr.« »Ich baue dann die Verbindung ab.« »Ist gut.« Das Ganze dient dem Ziel, dass zwei Rechner miteinander kommunizieren, als ob sie allein auf der Welt wären und eine direkte Verbindung zueinander hätten.

TCP handelt aus, nach wie vielen gesendeten Bytes eine Bestätigung über empfangene Pakete gesendet werden muss. Kommt die Empfangsbestätigung nicht, weil z. B. ein einzelnes Paket verloren gegangen ist, werden die nicht bestätigten Pakete alle noch einmal gesendet. Man bezeichnet den Vorgang als empfängerseitige Flusskontrolle. Der Empfangspuffer heißt *TCP Receive Window*, der Sendepuffer *TCP Send Window*. Beide Werte sind oftmals Gegenstand von Optimierungsvorschlägen für schnelle Internetzugänge.

Woher weiß Ihr Betriebssystem, welche Anwendung welche Datenpakete bekommt, wenn Sie gleichzeitig im Internet surfen und E-Mails abrufen?

Die *TCP-Ports* (gilt analog für UDP-Ports) haben eine eindeutige Nummer für eine Anwendung. Man unterscheidet Server- und Clientports. Erstere sind einheitlich festgelegt, Letztere sind zufällig. Jeder Rechner besitzt die Textdatei *services*, welche die Zuordnung der Serverports zu den Anwendungen enthält. So ist der TCP-Serverport 80 für HTTP reserviert. Die Clientports sind immer größer als 1.024 (bis maximal 65.536) und werden dynamisch für die Clientanwendung vergeben.

Erhält Ihr PC ein Datenpaket, steht im TCP-Paket, von welchem Quell-TCP-Port die Daten verschickt wurden und an welchen Ziel-TCP-Port (Clientport) sich das Datenpaket wendet. Das Betriebssystem kann das Datenpaket eindeutig einem Anwendungsprozess zuordnen, wie man in Abbildung 15.1 sehen kann.

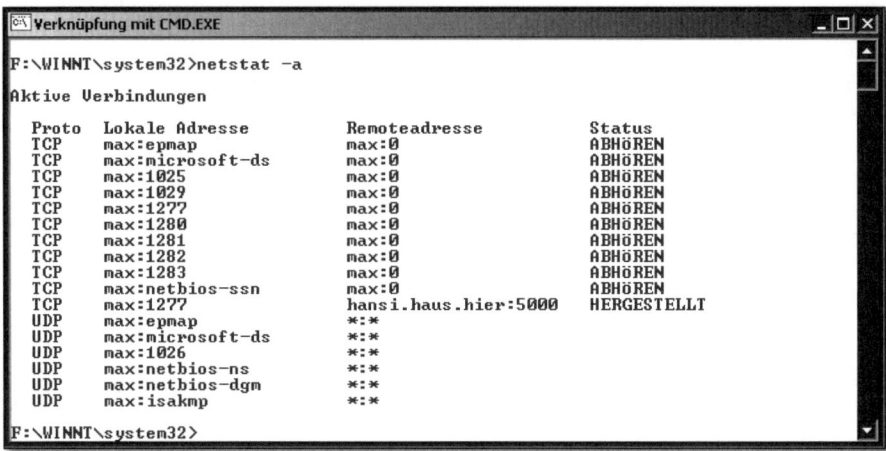

Abbildung 15.1 `netstat -a` listet alle TCP- und UDP-Verbindungen auf.

Es gibt eine Behörde, die *IANA* (siehe *http://www.iana.com*), die weltweit diese Nummern (*Ports*) vergibt. Dort erhalten Sie eine stets aktuelle Datei mit den Zuordnungen, die Sie als *services* einsetzen könnten; üblicherweise ist die vom Betriebssystem mitgelieferte Datei aber ausreichend.

> *Im Gegensatz zu TCP wird bei UDP die Kommunikation nicht kontrolliert: Daten werden einfach gesendet, unabhängig davon, ob der Empfänger damit etwas anfangen kann und ob die Daten empfangen werden oder nicht.*

16 User Datagram Protocol

Das *User Datagram Protocol* (*UDP*) ist auf derselben ISO/OSI-Schicht 4 wie TCP angesiedelt. UDP ist ein verbindungsloses Protokoll. Es werden deutlich höhere Netto-Datendurchsatzraten bei der Übertragung mittels UDP erreicht, weil viele Steuerungsinformationen wegfallen. Einige Anwendungen verwenden UDP und kontrollieren den Erfolg der Kommunikation auf Applikationsebene (ISO/OSI-Schicht 7).

UDP wird üblicherweise bei Anwendungen eingesetzt, die nicht auf jedes Bit angewiesen sind: Sprache und Video. Wenn bei einem Videobild ein Pixel nicht übertragen worden ist, kann das Videoprogramm diese fehlende Information ergänzen. Üblicherweise benutzen Sprach- und Video-Anwendungen das *Real-Time Transport Protocol* (*RTP*) zur Übermittlung der Daten, es basiert auf UDP.

DHCP steht für Dynamic Host Configuration Protocol. DHCP weist PCs und anderen Geräten im LAN automatisch eine Netzwerkkkonfiguration zu. Lästiges Einrichten von Hand ist nicht mehr nötig.

17 DHCP

Sie können, müssen sich aber nicht zwingend für eine vollständige Netzwerkkonfiguration mit dem *Dynamic Host Configuration Protocol* (*DHCP*) entscheiden. Es kann manchmal auch durchaus sinnvoll sein, jeweils einen Teilbereich im Netzwerk für statische und einen Teilbereich für dynamische IP-Adressen zu reservieren.

Die Einrichtung von DHCP in Ihrem Netzwerk läuft folgendermaßen ab: Stellen Sie die PCs im LAN so ein, dass sie ihre IP-Adresse automatisch beziehen, also DHCP durchführen. Das ist die Standardeinstellung fast aller Betriebssysteme. Wenn Sie nun einen PC einschalten, stellt dieser eine Anfrage nach einer IP-Konfiguration ins Netzwerk. Üblicherweise antwortet der DHCP-Server und weist dem PC eine IP-Adresse, eine Subnetzmaske und möglicherweise ein Standardgateway zu. Die Clients, also die PCs, bekommen die Konfiguration nicht auf unbestimmte Zeit, sondern nur für einen begrenzten Zeitraum, z. B. 24 Stunden. Ist die Gültigkeit abgelaufen, muss der Client beim DHCP-Server nachfragen, ob die Gültigkeit verlängert wird oder ob sich etwas ändern soll. Über diesen Mechanismus können Änderungen im Netzwerk (z. B. ein neues Standardgateway) automatisch im LAN verteilt werden.

Bei DHCP handelt es sich um ein Standardverfahren, das bei allen Betriebssystemen Unterstützung findet. DHCP-Pakete werden auf dem UDP-Port 67/68 versendet.

DHCP bietet im Gegensatz zu seinem Vorläufer *BootP* die Möglichkeit, *dynamisches DHCP* durchzuführen. Dynamisch bedeutet, dass ein IP-Adressenbereich definiert wird, innerhalb dessen der DHCP-Server IP-Adressen verteilen kann.

Alternativ kann die IP-Adresse an die MAC-Adresse geknüpft werden; das ist auch das Verfahren bei BootP. Einer festgelegten MAC-Adresse wird immer eine festgelegte IP-Adresse zugewiesen.

Welche Vorteile bietet das DHCP-Verfahren?

- Automatische Konfiguration der LAN-Clients: Sie müssen die Clients nicht mehr manuell konfigurieren, sondern die Einrichtung erfolgt zentral am DHCP-Server.
- Richtlinien: Sie können im DHCP Richtlinien für die Konfigurationsparameter umsetzen, die dann automatisch auf alle Clients angewendet werden.
- Mehrere IP-Subnetze: Ein DHCP-Server kann für mehrere IP-Subnetze zuständig sein. Hierfür ist eine zusätzliche Funktion, DHCP Relay, erforderlich.
- Eindeutige IP-Adressen: Der DHCP-Server verhindert, dass IP-Adressen doppelt vergeben werden. Daher kann es bei vollständiger Anwendung von DHCP keine IP-Konflikte geben.
- Effiziente Speicherung der Daten: Die Konfigurationsdaten werden auf dem DHCP-Server abgelegt. Sollte der Client neu installiert werden, stehen die DHCP-Daten wieder zur Verfügung.
- Unterstützung weiterer Anwendungen: Insbesondere automatische Installationsverfahren, z. B. das *Preboot eXecution Environment* (PXE), benötigen DHCP, um die notwendigen Informationen für die Netzwerkinstallation zu bekommen.

Aus meiner Sicht gibt es keine Nachteile. Alle Betriebssysteme nutzen DHCP als Standardeinstellung; daher sind die Vorteile von DHCP direkt nach der Installation verfügbar.

[!] Allerdings besteht die Gefahr eines konkurrierenden DHCP-Servers. Wenn jemand absichtlich oder unabsichtlich einen DHCP-Server betreibt, der falsche oder bereits vergebene IP-Adressen vergibt, dann kann dadurch schnell ein komplettes Netzwerk in Mitleidenschaft gezogen werden.

In einem solchen Fall muss man den Störenfried schnell ausfindig machen, was bei einem so unscheinbaren Ding wie einem DSL-Router nicht so einfach ist. Ist dies gelungen, müssen alle PCs neu gestartet werden, damit sie die richtige IP-Konfiguration bekommen.

Ein DHCP-Server sollte immer verfügbar sein. Deshalb liegt diese Funktionalität zu Hause gerne auf den DSL-Routern. Falls Sie selbst einen DHCP-Server aufsetzen möchten, haben Sie diese Möglichkeit mit dem Netzwerkserver siegfried (siehe Abschnitt 41.5, »DHCP-Server«).

17.1 Die einzelnen Pakete

Es gibt vier unterschiedliche DHCP-Pakete, die während der Vergabe einer IP-Konfiguration zwischen dem Client und dem Server ausgetauscht werden:

- DHCP DISCOVER
- DHCP OFFER
- DHCP REQUEST
- DHCP ACKNOWLEDGE

17.1.1 DISCOVER

Der *DHCP DISCOVER* ist ein Broadcast-Paket mit ungefähr folgendem Inhalt: »An alle: Ich brauche eine gültige IP-Konfiguration!« Möglicherweise ergänzt der PC die Anfrage noch um den Zusatz: »Ich akzeptiere nur Angebote, die mindestens folgenden Inhalt umfassen: ...«

Diese Anfrage wird im gesamten IP-Netz von allen PCs und Servern empfangen. Weil der anfragende PC noch keine IP-Adresse hat, gibt es in diesem Paket auch keine Absender-IP-Adresse, sondern lediglich eine MAC-Adresse.

17.1.2 OFFER

Jeder DHCP-Server im IP-Netz – es könnten ja mehrere sein – empfängt das *DHCP DISCOVER* des PCs (des Clients). Der DHCP-Server kontrolliert, ob er eine IP-Adresse zuweisen kann, insbesondere, ob noch eine freie dynamische oder eine statische IP-Adresse existiert. Wenn ja, dann macht er ein Angebot (engl. *offer*): »Ich biete dir IP-Adresse ..., Subnetzmaske ...«

Sollte beispielsweise der zur Verfügung stehende Bereich von dynamisch zu vergebenden IP-Adressen ausgeschöpft sein, kommt kein *DHCP OFFER* vom DHCP-Server.

Die IP-Adresse, die der DHCP-Server dem PC angeboten hat, wird zunächst reserviert.

17.1.3 REQUEST

Der PC hat möglicherweise mehrere Angebote erhalten und kann sich nun ein Angebot aussuchen. Üblicherweise wird vom Client überprüft, welcher DHCP-Server alle angefragten Optionen mitliefert. Alle unvollständigen Angebote werden ignoriert. Von den verbleibenden Angeboten wird dasjenige angenommen, das zuerst empfangen wurde.

Das ausgewählte Angebot wird jetzt beim DHCP-Server mittels *REQUEST* noch einmal angefragt (engl. *request*). Es könnte ja sein, dass sich in der Zwischenzeit eine Änderung ergeben hat.

17.1.4 ACKNOWLEDGE

Der DHCP-Server überprüft die erneute Anfrage und schickt in aller Regel eine Bestätigung (engl. *acknowledgement*), auch *ACK* genannt.

Die Alternative zur Bestätigung wäre die Ablehnung mittels *DHCPNAK*. Der Client müsste dann wieder mit einem *DISCOVER* beginnen.

Damit ist das übliche Verfahren abgeschlossen. Der Client hat eine IP-Adresse und kann im LAN über seine IP-Adresse erreicht werden.

Sie halten das Verfahren für aufwendig? Das ist es aber nicht. Das gesamte Verfahren tauscht vier Datenpakete und damit sehr wenig Daten aus. Im Normalfall benötigt der gesamte Vorgang nicht mehr als ein paar Millisekunden.

Optional können weitere Pakete ausgetauscht werden, wie im Folgenden beschrieben wird.

INFORM

Beim *INFORM* handelt es sich um eine Anfrage an einen DHCP-Server, in der nach weiteren Informationen gefragt oder Informationsaustausch zwischen verschiedenen DHCP-Servern betrieben wird.

DECLINE

Der Client lehnt die ihm vom DHCP-Server zugewiesene IP-Konfiguration mit *DECLINE* ab. Das passiert z. B. dann, wenn der Client feststellt, dass ein anderer PC dieselbe IP-Adresse besitzt. Würde er die IP-Adresse akzeptieren, käme es zu einem IP-Adressenkonflikt.

RELEASE

Ein *RELEASE* wird vom Client ausgesendet, wenn er die IP-Konfiguration zurückgeben möchte. Der DHCP-Server weiß, dass die IP-Adresse wieder vergeben werden kann.

17.2 Der DHCP-Ablauf

Nachdem ich Ihnen die einzelnen DHCP-Pakete erläutert habe, möchte ich Ihnen nun die Arbeitsweise von DHCP genauer schildern.

Abbildung 17.1 zeigt den vollständigen Ablauf von DHCP.

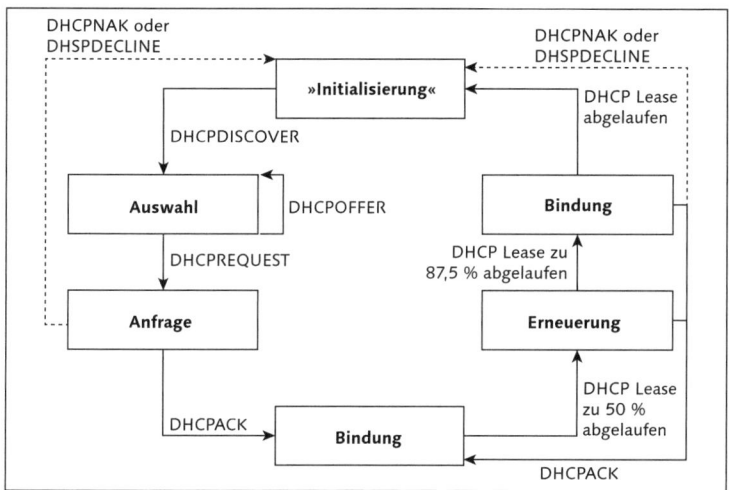

Abbildung 17.1 Zustände des DHCP-Clients

17.2.1 Initialisierung

Im Status der Initialisierung (engl. *init*) führt der Client ein *DHCP DISCOVER* aus. Aus den Angeboten, die der Client bekommt (*DHCP OFFER*), muss er eines auswählen (engl. *selecting*). Die ausgewählte IP-Konfiguration wird angefragt (*DHCP REQUEST*). Üblicherweise bestätigt der DHCP-Server die Anfrage (*DHCPACK*). Ein *DHCPNAK* (Not Acknowledge) würde zurück in den Zustand der Initialisierung führen, ebenso ein durch den Client ausgesendetes *DHCPDECLINE*.

Bis zu diesem Punkt wurden alle Pakete als Broadcast versendet!

17.2.2 Bindung

Die IP-Konfiguration wird angenommen. Wenn 50 Prozent der Gültigkeitsdauer (engl. *lease*) abgelaufen sind, fragt der PC gezielt per Unicast bei dem ihm bekannten DHCP-Server nach, ob die Gültigkeit verlängert (engl. *renewing*) wird. Falls die Anfrage bestätigt wird (*DHCPACK*), geht es zurück in den Zustand Bindung (engl. *bound*).

17.2.3 Erneuerung

Ist der DHCP-Server nicht mehr erreichbar, wartet der Client, bis 87,5 Prozent der Gültigkeitsdauer abgelaufen sind. Er sendet bis zum Ablauf der Gültigkeit – auf Englisch heißt dieser Zustand *Rebinding* – Anfragen per Broadcast an alle DHCP-Server. Kommt eine Bestätigung, befindet sich der Client im Zustand Bindung, ansonsten wechselt er in den Zustand Initialisierung.

Sollte der Client bis zum Ablauf der Gültigkeit seiner IP-Konfiguration keine Bestätigung bekommen, muss er die IP-Konfiguration löschen. Das bedeutet, dass er im LAN nicht mehr erreichbar ist und dort nicht mehr arbeiten kann.

Wozu braucht man Namen? Offensichtlich sind Menschen gut in der Lage, sich Namen zu merken, während der PC besser mit Zahlen umgehen kann. Ein PC verwendet zur Kommunikation die IP- und MAC-Adressen, die wir uns als Menschen nur schwer merken können.

18 Namensauflösung

Es liegt nahe, dass Sie als Ziel einen Namen angeben, ebenso wie Sie Menschen auch mit ihrem Namen ansprechen. Wenn Sie die Webseite der Zeitschrift c't sehen möchten, dann geben Sie in die Adresszeile Ihres Browsers *www.heise.de* und nicht die IP-Adresse 193.99.144.85 ein. Sie wissen aber, dass dieser Name (*www.heise.de*) in eine IP-Adresse umgesetzt werden muss, damit die Anfrage mittels Routing im Internet zum Webserver des Heise-Verlags transportiert wird.

Für die Umsetzung von Namen in IP-Adressen (engl. *mapping*), die üblicherweise als Auflösung bezeichnet wird, stehen drei Verfahren zur Verfügung:

▶ Die Datei *hosts* enthält Rechnernamen und IP-Adressen.

▶ In Windows-NT-4.0-Netzwerken übernimmt der sogenannte *WINS-Server* die Namensauflösung.

▶ Das modernere Verfahren ist das *Domain Name System* (DNS).

Die ersten beiden Verfahren möchte ich nur kurz ansprechen, denn sie haben in der heutigen Netzwerkwelt nur noch eine untergeordnete Bedeutung.

18.1 Die hosts-Datei

Früher, als es nur ein paar Hundert oder ein paar Tausend Rechner im Internet gab, reichte es aus, jeden Tag eine aktualisierte Version der Datei *hosts* bereitzustellen. Diese Datei enthält auf sehr simple Art die gewünschte Information:

```
<IP-Adresse>   <Name>   [<Name2>... # Kommentar]
```

Sie finden die Datei *hosts* unter Windows ab der Version NT im Systemverzeichnis *C:\WINDOWS\system32\drivers\etc*. Sie enthält unverändert lediglich folgenden Eintrag:

```
127.0.0.1   localhost
```

[»] Bei Linux und OS X ist die Datei unter */etc* zu finden. Auf Ihrem Android-Gerät werden Sie unter */system/etc* fündig.

[»] Wenn Sie ein kleines LAN ohne DNS-Server betreiben, dann bietet es sich an, diese Datei für die Namensauflösung zu verwenden. Sie müssen – feste IP-Adressen vorausgesetzt – lediglich eine Datei nach dem gerade dargelegten Muster erzeugen und an alle PCs verteilen, die sich in Ihrem LAN befinden.

Sie sollten in diese Datei nichts einfügen, wenn Sie einen DNS-Server für Ihr LAN betreiben. Der große Vorteil von DNS ist, dass Sie sämtliche Daten nur noch an einer Stelle, nämlich im DNS-Server, pflegen müssen.

18.2 WINS

Der WINS-Dienst von Microsoft wandelt NetBIOS-Namen in IP-Adressen um. NetBIOS-Namen unterscheiden sich von den DNS-Hostnamen dadurch, dass sie nicht Teil einer Struktur sind. Ein PC heißt dort einfach *Kurt* und nicht *Kurt.haus.hier*. Der WINS-Server arbeitet üblicherweise so, dass er sich mit dem *Primary Domain Controller* (*PDC*) abgleicht. Wenn ein PC gestartet wird, meldet sich dieser PC beim PDC an, und die Informationen über die Zugehörigkeit von Name und IP-Adresse sowie der Benutzername und die IP-Adresse werden an den WINS-Server weitergegeben.

18.3 DNS

Heute werden viele Milliarden Rechner im Internet über ihre Namen erreicht. Ein zentrales Konzept, also ein DNS-Server, der alle Informationen hat, wäre ungeschickt, weil ein sehr hoher Datentransfer zu diesem Server entstehen würde. Es wurde daher ein Zonenkonzept entwickelt. Die bekanntesten Zonen sind die Länderzonen, die anhand der *Top-Level-Domain* (*TLD*), z. B. *.de*, *.at* oder *.ch*, zu erkennen sind. Für jede Zone kann ein eigener DNS-Server betrieben werden. In Wirklichkeit werden mehrere DNS-Server für eine TLD-Zone betrieben. Zuständig für den Betrieb sind die nationalen NICs, also in Deutschland die DeNIC, in Österreich NIC.at und in der Schweiz SWITCH. Ein Verzeichnis der nationalen NICs finden Sie unter *http://www.iana.org/root-whois*. Jede Zone kann in beliebig viele Subzonen aufgeteilt werden.

Jede Zone, die im Internet erreichbar ist, muss einen DNS-Server betreiben. Wenn Sie sich die Struktur in Abbildung 18.1 ansehen, werden Sie feststellen, dass DNS automatisch eine hierarchische Struktur aufbaut.

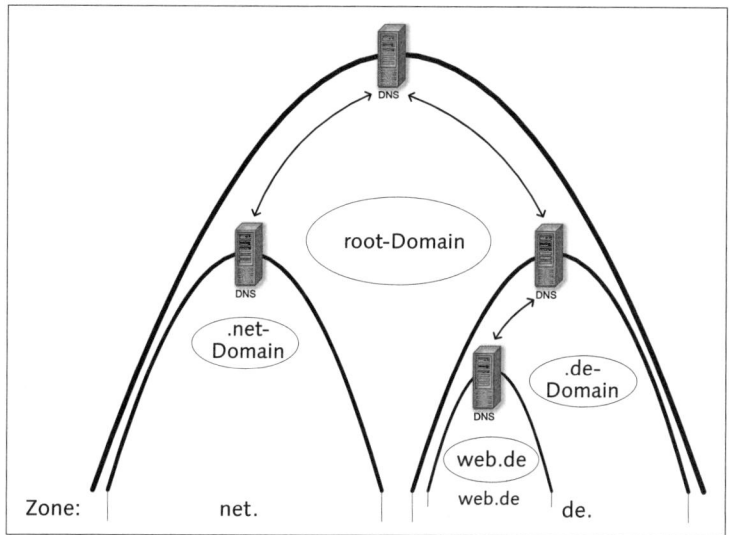

Abbildung 18.1 DNS-Konzept

Der root-DNS-Server kennt alle darunter liegenden Zonen und deren DNS-Server. So kennt auch der de.-Zone-DNS-Server alle unter ihm liegenden DNS-Server, die für seine Subzonen zuständig sind.

Betrachten Sie die Situation von einem PC, der *boris.web.de* heißt. Dieser PC möchte den Rechner *www.web.de* erreichen. Um an die IP-Adresse dieses Rechners zu kommen, richtet *boris* eine Anfrage an den DNS-Server *dns.web.de* und fragt nach *www.web.de*. Kein Problem, denn dieser Rechner liegt in der gleichen Zone, sogar in der gleichen Domain wie *boris* selbst. Der DNS-Server wird die Anfrage sofort beantworten können.

[ZB]

Der Benutzer von *boris.web.de* möchte sich ein neues Autoradio kaufen, daher will er Kontakt zu *www.becker.de* aufnehmen. Die Anfrage beim lokalen DNS-Server der Zone *web.de* (z. B. *dns.web.de*) wird keinen Erfolg bringen. Daher wendet sich der DNS von *web.de* an den übergeordneten[1] DNS-Server, den de.-Zone-DNS-Server. Dieser teilt dem *dns.web.de* mit, dass er sich an den becker.de-DNS-Server (z. B. *dns.becker.de*) wenden muss. Von *dns.becker.de* bekommt *dns.web.de* die benötigte IP-Adresse und reicht diese an *boris.web.de* weiter.

Es werden pro Zone mehrere DNS-Server betrieben. Ein DNS-Server ist der *Master*, die *Slaves* gleichen ihren Datenbestand mit dem Master ab. So wird gewährleistet, dass die Last der Anfragen auf mehrere Server verteilt wird.

---

1 Der nächste DNS-Server, der gefragt werden soll, wird konfiguriert.

Wichtig ist noch zu erwähnen, wie die umgekehrte Namensauflösung (engl. *Reverse Lookup*) funktioniert. Sie haben die IP-Adresse 155.76.45.2 und möchten wissen, wie der dazugehörige Rechner heißt. Jeder DNS-Server erzeugt zu den normalen Einträgen auch sogenannte *Reverse-Einträge*. Dabei wird die IP-Adresse von rechts nach links abgebildet und in die folgende Form gebracht:

2.45.76.155.in-addr.arpa

[!] Wenn Sie einen DNS-Server im LAN betreiben, dann sollten Sie eine Zone/Domain verwenden, die im Internet nicht existent ist. Das gilt auch für den Fall, dass Sie eine Domain wie *http://www.pcnetzwerke.de* besitzen, diese aber bei einem Hoster und nicht lokal in Ihrem LAN erreichbar ist. Warum? Sie verhindern sonst, dass andere DNS-Server zur Namensauflösung angesprochen werden. Wählen Sie z. B. Ihren (Firmen-)Namen mit der Endung (TLD) *.lan*. Diese Domain existiert nicht, daher gibt es keinerlei Verwirrungen. Keinesfalls sollten Sie eine scheinbar kreative Domain wie *test.de* verwenden. In diesem Fall gehört die Domain der Stiftung Warentest. Ihrem DNS-Server müssen Sie mindestens einen offiziellen DNS-Server im Internet mitteilen. Ich empfehle Ihnen, die DNS-Server Ihres Providers zu nutzen. Dadurch sollten DNS-Anfragen am schnellsten beantwortet werden.

Das Simple Network Management Protocol (SNMP) wurde – so wird es auf Seminaren gern erzählt – in einer Kneipe erfunden.

19   Simple Network Management Protocol

Stellen Sie sich vor, Sie haben 200 Netzwerkkomponenten. Wie hoch ist die Wahrscheinlichkeit, dass eine dieser Komponenten ausfällt oder überlastet ist, und wie hoch ist die Wahrscheinlichkeit, dass Sie automatisiert darüber informiert werden?

Aus diesen und ähnlichen Überlegungen heraus wurde das *Simple Management Protocol* (*SNMP*) erfunden. Es besteht aus zwei Komponenten:

▶ Der SNMP-Agent legt die Hardware- und Software-Informationen in Variablen ab.

▶ Die Managementkonsole fragt diese Variablen zyklisch bei allen Geräten ab, schreibt sie in eine Datenbank und generiert Alarme. Außerdem können Sie Auswertungen und Statistiken erstellen.

Der SNMP-Agent schreibt beispielsweise jede Sekunde die aktuelle CPU-Last des DSL-Routers in eine Variable, die SNMP-Software MRTG (siehe *http://oss.oetiker.ch/mrtg*) auf Ihrem PC holt jede Sekunde den Wert ab und kann daraus einen Graphen entwickeln. Sobald die CPU-Last für die Dauer von fünf Minuten über 97 Prozent steigt, wird ein Alarm am Bildschirm des Administrators ausgelöst. [zB]

Die Summe der Variablen heißt *Management Information Base* (*MIB*). Die Werte werden per SNMP ausgelesen. Die Managementkonsole ist ein PC mit einer Software, die die notwendigen zyklischen Abfragen durchführt.

Damit nicht jeder beliebige Teilnehmer beispielsweise das Telnet-Zugangspasswort per SNMP auslesen kann, gibt es ein SNMP-Passwort, die *Community*. Meist gibt es zwei Communitys: *read*, um auszulesen, und *write*, um zu schreiben – schließlich können Sie mittels SNMP auch Werte setzen, beispielsweise die IP-Adresse oder den Namen des Verwalters. Standardmäßig heißt die *read-Community* »*public*« und die *write-Community* »*private*«. Da die Passwörter bei jeder Anfrage im Klartext übertragen werden – also möglicherweise mehrfach pro Sekunde –, stellen diese Passwörter für einen Angreifer keine echte Hürde dar. Es scheint aber so zu sein, dass nur wenige Menschen SNMP beherrschen, sodass noch kein riesiger Schaden über SNMP verursacht wurde. Die Version SNMPv3 löst diese Sicherheitsprobleme, ist aber bisher wenig verbreitet.

Neben dem Auslesen und Setzen von Werten gibt es noch die Möglichkeit, Alarme zu generieren. Diese sogenannten *Traps* werden direkt durch die betroffene Station an die festgelegte Managementstation versendet. Üblicherweise ist das Starten eines Systems ein solcher Fall; es wird ein *Coldstart-Trap* oder Ähnliches vom PC, Switch oder Router ausgesendet.

Weil zusätzlich zu den Traps der Stationen die Netzwerk-Managementstation (oder Managementkonsole) in regelmäßigen Abständen abfragt, werden Sie alarmiert, wenn eine Ihrer 200 Netzwerkkomponenten ausfällt. Sie bekommen eine Meldung und können agieren, bevor der erste Benutzer den Ausfall bemerkt hat. Es existieren zahlreiche kommerzielle Software-Anbieter für System-Management-Lösungen. Ein Beispiel für eine sehr gute freie Software ist Nagios (siehe *http://www.nagios.org*).

Stellen Sie sich vor, Sie starten zwei PCs in Ihrem Netzwerk, und die beiden können dann einfach zusammenarbeiten. Es werden sogar Druckerfreigaben automatisch gefunden. Das ist Zeroconf, eine Lösung ohne Konfiguration (engl. »zero configuration«).

20 Zeroconf

Zeroconf löst das lästige Problem der IP-Adresszuweisung, der Namensauflösung und des Auffindens von Diensten. Dabei setzt Zeroconf auf IP und ist damit betriebssystemunabhängig. Kern von Zeroconf ist der *Multicast DNS (mDNS)* an die IP 224.0.0.251 und den UDP-Port 5353. Die Webseite *http://www.dns-sd.org* bietet eine genaue Beschreibung des Verfahrens, und dort wird auch eine Liste namens *DNS-Based Service Discovery* verwaltet, die über die Dienste und ihre Kürzel informiert.

Während sich Zeroconf als quasi technische Bezeichnung für diese drei Methoden etabliert hat, ist es unter OS X als *Bonjour* bekannt. Unter Linux können Sie mit Avahi Dienste im Netzwerk finden und auch selbst propagieren.

20.1 Windows

Automatic Private IP Adressing (APIPA) ist normalerweise bei jeder Standard-Windows-Installation eingeschaltet, wenn DHCP bei den Netzwerkeinstellungen aktiviert ist. Sie können das sehr einfach nachprüfen, indem Sie `ipconfig /all` auf der Kommandozeile eingeben und dann auf die Zeile `Autokonfiguration aktiviert` schauen (siehe Abbildung 20.1). Zunächst versucht der PC, per DHCP eine IP-Adresse zu bekommen. Erhält der PC nach dem Ablauf einer bestimmten Zeit keine Antwort auf seine DHCP-Anfragen, legt er eine IP-Adresse selbstständig fest.

Der von der IANA normierte Adressbereich für diese Funktion ist 169.254.0.1 bis 169.254.255.254/16. Der Adressbereich umfasst somit ein Class-B-Subnetz und könnte 65.536 PCs versorgen. Der PC sucht sich eine beliebige IP-Adresse aus, z. B. 169.254.10.33/16. Eine IP-Adresse muss eindeutig sein, und daher muss nun sichergestellt werden, dass noch kein anderer PC diese Adresse verwendet. Dazu wird ein ARP-Paket an diese Adresse gesendet. Kommt keine Antwort, ist die Adresse noch frei. Anderenfalls, wenn eine Antwort vom PC empfangen wird, ist die Adresse schon belegt, und der PC sucht sich die nächste zufällige Adresse und wiederholt die Überprüfung.

Folgende Nachteile sind zu bedenken, wenn Sie jetzt diese Lösung für angenehm halten:

- Jeder PC bekommt eine zufällige IP-Adresse.
- Es kann kein Standardgateway per APIPA konfiguriert werden, sodass Sie nur mit den APIPA-PCs kommunizieren können. Ein Zugriff auf das Internet über das LAN ist nicht möglich.
- Zunächst wird auf die Antwort eines DHCP-Servers gewartet, sodass es zu einer Zeitverzögerung von einigen Minuten beim Starten der PCs kommt.

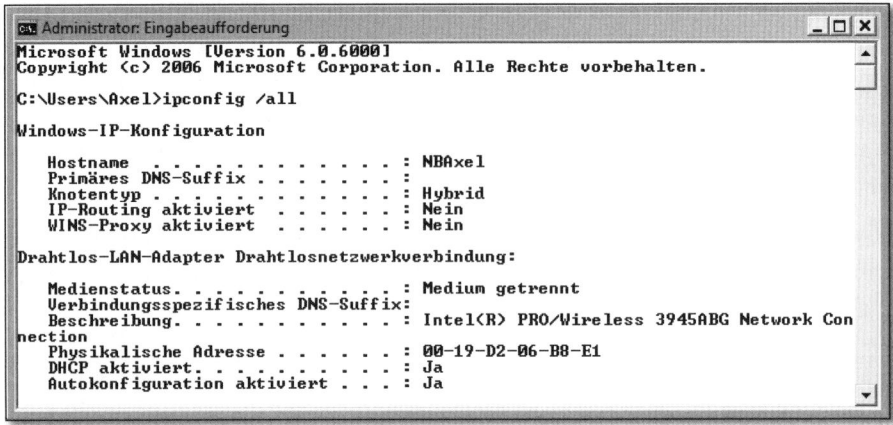

Abbildung 20.1 Die Autokonfiguration ist aktiv.

Der Artikel in der Microsoft Knowledge Base (siehe *http://support.microsoft.com/default.aspx?scid=kb;en-us;Q220874*) erklärt noch einige Details, unter anderem auch, wie Sie APIPA abschalten können, damit keine Konflikte mit DHCP auftreten.

Apple stellt mit Bonjour für Windows eine Möglichkeit zur Verfügung, Zeroconf unter Windows über APIPA hinaus zu nutzen. Unter der URL *http://http://support.apple.com/kb/DL999* finden Sie auf der Webseite von Apple ein Installationspaket, das Sie sowohl unter Windows XP als auch unter Vista und Windows 7 installieren können. Eine Version von Bonjour für Windows 8 war beim Abschluss der Arbeiten an diesem Buch noch nicht angekündigt. Der Bonjour-Druckerassistent ermöglicht es Ihnen, im Netzwerk freigegebene und über Zeroconf kommunizierte Drucker direkt zu installieren und zukünftig über Bonjour anzusprechen.

20.2 OS X

OS X bietet von Haus aus eine vollständige Zeroconf-Unterstützung. Wenn Sie Rechner miteinander verbinden und kein DHCP-Server im Netzwerk eingerichtet wurde, dann weisen sich die miteinander verbundenen Rechner automatisch eine IP-Adresse zu. Die eigenhändige Aktivierung von APIPA ist unter OS X nicht notwendig.

Abbildung 20.2 Wenn kein DHCP-Server gefunden wurde, weist sich OS X selbst eine IP-Adresse zu.

In Abbildung 20.2 wurde der Anschluss Ethernet 2 mit einem Ethernet-Kabel direkt mit einem anderen Rechner verbunden. Sie erhalten in diesem Fall in den Systemeinstellungen von OS X den Hinweis, dass hier eine selbst zugewiesene IP-Adresse verwendet wird. Als Konfigurationsmethode müssen Sie in diesem Fall DHCP auswählen, auch wenn sich in Ihrem Netzwerk kein DHCP-Server befindet.

Innerhalb des Betriebssystems tritt Bonjour unter OS X an vielen Stellen in Erscheinung. So werden Ihnen im Finder alle Rechner, die Dateidienste anbieten und diese über Zeroconf kommunizieren, in der Seitenleiste unter Freigaben und in der Ansicht Netzwerk angezeigt (siehe Abbildung 20.3). Auch bei der Installation eines im Netzwerk freigegebenen Druckers wird unter OS X Bonjour konsultiert, und dem Anwender werden gefundene Drucker direkt angeboten. Ferner ist im lokalen Netzwerk der direkte Chat mit dem Programm *Nachrichten* über Bonjour möglich.

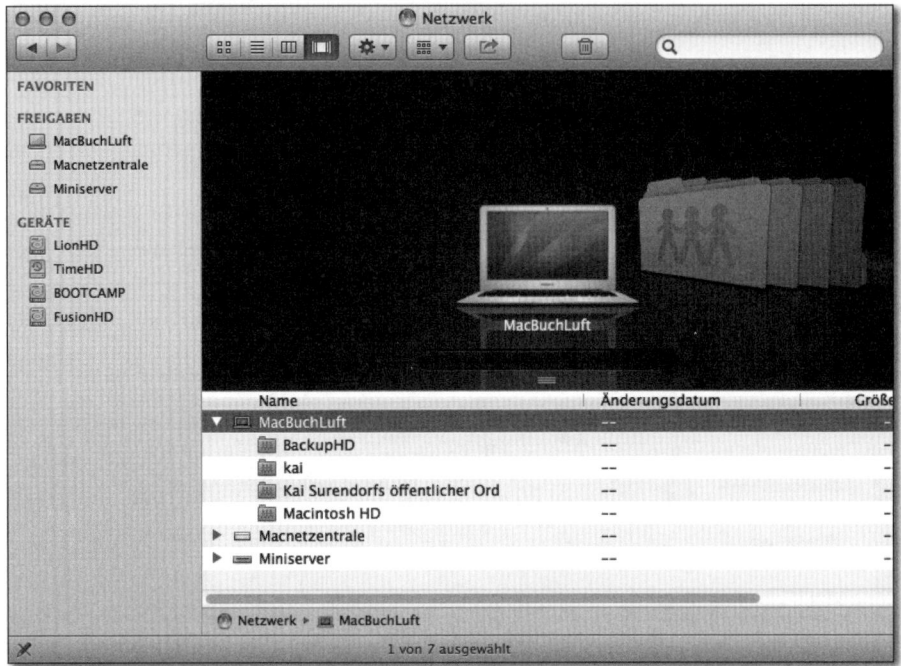

Abbildung 20.3 Der Rechner MacBuch kommuniziert seine Dateidienste über Bonjour im lokalen Netzwerk.

Wenn Sie sich ein wenig für die auffindbaren Dienste interessieren, dann können Sie unter OS X am Dienstprogramm Terminal den Befehl `dns-sd` verwenden. Dieser verfügt über eine mit `man dns-sd` aufrufbare Dokumentation.

20.3 Avahi unter Linux

Für die Verwendung von Zeroconf unter Linux steht Ihnen das Projekt Avahi zur Verfügung, das von den meisten Distributionen (unter anderem OpenSUSE und Ubuntu) unterstützt wird. Avahi beinhaltet zunächst eine Reihe von Bibliotheken und Hintergrunddiensten, welche die Unterstützung für Zeroconf bereitstellen. Die Konfigurationsdateien für den Avahi-Daemon finden Sie im Verzeichnis */etc/avahi*.

Zunächst können Sie unter Ubuntu mit dem Synaptic-Paketmanager das Paket *avahi-ui-utils* installieren. Dies bietet Ihnen unter anderem die Programme *Avahi*

SSH Server Browser und *Avahi VNC Server Browser*, mit denen Sie sich die über Zeroconf kommunizierten SSH- und VNC-Server anzeigen lassen können. Ferner bietet das Avahi-Projekt auch das Programm Avahi Discovery, mit dem Sie im lokalen Netzwerk nach weiteren Diensten suchen können, die über Zeroconf kommuniziert werden. Unter Ubuntu können Sie es mit dem SynapticPaketmanager installieren.

Abbildung 20.4 Das Avahi-Projekt bringt auch ein Hilfsprogramm zur Suche nach Diensten im Netzwerk mit.

Wenn das Programm nicht über die grafischen Oberfläche verfügbar ist, können Sie es am Terminal durch Eingabe von `avahi-discover` starten. Das Programm zeigt Ihnen in einem Fenster alle im lokalen Netzwerk gefundenen Dienste an, wobei deren Bezeichnungen mit dem Kürzel dargestellt werden, das vom jeweiligen Programm verwendet wird (siehe Abbildung 20.4). Welches Kürzel für welchen Dienst steht, können Sie über die Webseite in Erfahrung bringen.

Universal Plug and Play (UPnP) ist eine Technologie, die Netzwerkgeräte im LAN selbstständig findet und konfigurieren kann. Dies geschieht über die automatische Erkennung von Netzwerkgeräten.

21 Universal Plug and Play

Universal Plug and Play (*UPnP*) ist ein Industriestandard, ein Protokoll, das Kommunikation zwischen Netzwerkendgeräten ermöglicht. Es setzt TCP/IP als Basis voraus und kann im LAN oder auch in anderen Netzen eingesetzt werden (siehe Abbildung 21.1).

Abbildung 21.1 UPnP-Logo; Quelle: *http://upnp.org*

Die Vision des UPnP-Forums (siehe *http://www.upnp.org*) ist, dass aufgrund der geringen Preise für Netzwerktechnik viele Geräte mit Netzwerkanschlüssen ausgestattet werden. Diese Geräte sollen sich automatisch finden und sich selbsttätig in das Netzwerk integrieren. Das ist eine schöne Vorstellung, doch sicherlich überlegen einige von Ihnen, ob so etwas wirklich funktionieren kann.

Sie haben in Ihrem technisch hochgerüsteten Eigenheim einen DSL-Anschluss, dort ist ein DSL-Router angeschlossen. Sie besitzen selbstverständlich mehrere PCs, einen WLAN Access Point und einen TV-Festplattenrekorder. Damit der TV-Festplattenrekorder auf das Internet zugreifen und das aktuelle Fernsehprogramm herunterladen kann, meldet sich der DSL-Router beim TV-Festplattenrekorder als Internet-Gateway-Device. Umgekehrt meldet sich der TV-Festplattenrekorder im Netzwerk als Mediaserver. [zB]

Bis hierher ist die Sache in meinen Augen relativ unspektakulär und sicherlich technisch sinnvoll zu lösen. Es geht aber weiter. Möglicherweise setzen Sie auf Ihrem PC eine Software ein, die ausschließlich mit dem Internet kommuniziert.

21 | Universal Plug and Play

[zB] Die Filesharing-Software µTorrent ist ein gutes Beispiel, sie bietet UPnP-Support. Damit Sie erfolgreich durch Firewalls und trotz des Einsatzes von NAT Dateien tauschen können, muss der DSL-Router konfiguriert werden. In diesem Fall erledigt die Software diese Aufgabe per UPnP für Sie.

Dazu müssen Sie auf dem DSL-Router lediglich UPnP aktivieren, und die Software schaltet automatisch Ports in der Firewall des DSL-Routers frei. Selbstverständlich werden Sie nicht darüber informiert, welche Ports das sind und dass dies geschehen ist. Es muss die offizielle IP-Adresse ermittelt werden, und mittels NAT bestimmte TCP-/UDP-Ports müssen an einen PC im LAN weitergeleitet werden. Die Funktion ist auch unter dem Namen *NAT-Traversal* bekannt; die Einstellungen werden von der jeweiligen Software automatisch vorgenommen.

[!] UPnP am Router ist ein riesiges Sicherheitsloch! Wenn Ihnen Sicherheit nicht völlig egal ist, dann deaktivieren Sie UPnP im DSL-Router. Schadsoftware hätte sonst die Möglichkeit, Ihre Firewall nutzlos zu machen.

TEIL V
Praxiswissen

Dieser Teil des Buches befasst sich mit der praktischen Umsetzung eines Netzwerkes. Sie werden alle wichtigen Bereiche anhand dieser Kapitel erarbeiten können: Kabel, Karten und Konfiguration.

22 Netzwerkkabel

Wir erheben in diesem Buch den Anspruch, mehr Wert auf die praktische Umsetzung eines Netzwerkes als auf die Darstellung theoretischer Grundlagen zu legen. Die Fülle der praktischen Möglichkeiten, ein Netzwerk aufzubauen, kann in diesem Buch trotzdem nicht abschließend behandelt werden. In diesem Teil werde ich Ihnen übliche Konfigurationsmöglichkeiten aufzeigen und erläutern.

Wenn Sie sich an die Realisierung Ihres Netzwerkes machen, dann benötigen Sie nur wenig Werkzeug. Falls Sie sich auf die Benutzung von fertigen Netzwerkkabeln und den Einbau von Netzwerkkarten beschränken, ist es üblicherweise ausreichend, über einen Kreuzschlitzschraubenzieher zu verfügen. Für den Fall, dass Sie ein vorgestanztes Blech entfernen müssen, ist eine handelsübliche Zange dienlich.

Sollten Sie den Gedanken hegen, Netzwerkkabel zu verlegen und diese in Netzwerkdosen und auf Patchpanel münden zu lassen, benötigen Sie zusätzlich Abisolierwerkzeug und ein LSA-PLUS-Werkzeug, mit dem Sie die Drähte auf die Kontakte der Netzwerkdose oder des Patchpanels drücken. Wenn Sie Netzwerkkabel mit RJ-45-Steckern versehen, also einen Stecker crimpen möchten, dann benötigen Sie eine Crimpzange.

Je mehr Sie in eigener Regie erledigen möchten, desto mehr Werkzeug benötigen Sie. LSA-PLUS-Werkzeug und das Abisolierwerkzeug kosten ca. 15 €, eine Crimpzange kostet ca. 30 €. Ab 60 € können Sie alle benötigten Werkzeuge in der Hand halten – ein Preis, den Sie durch Ihre Eigenleistung für die Verlegung von Netzwerkkabeln schnell einsparen können.

Kupferkabel gibt es in verschiedenen Qualitäten. Die Qualität und letztendlich auch der Preis eines Kabels zeigen sich einerseits in seiner physikalischen Eigenschaft und andererseits im Aufwand der Schirmung und Verarbeitung.

22.1 Kategorien

Die primäre physikalische Eigenschaft eines Kabels, die für die Netzwerktechnik interessant ist, ist die mögliche Übertragungsfrequenz in Megahertz (MHz). Die US-Normierungsbehörde *Electronic Industries Alliance/Telecommunication Industry Association (ETA/TIA)* teilt Kabel in die in Tabelle 22.1 beschriebenen *Kategorien* (engl. *category*) ein.

Kategorie	Frequenz	Verwendung
Cat 1	Keine Vorgabe	Telefon, Klingeldraht
Cat 2	<= 1 MHz	Telefon
Cat 3	<= 16 MHz	LAN: 10BASE-T
Cat 4	<= 20 MHz	LAN: Token-Ring
Cat 5	<= 100 MHz	LAN: 100BASE-TX
Cat 5e	<= 100 MHz	LAN: 1000BASE-T
Cat 6	<= 250 MHz	LAN: 1000BASE-T
Cat 7	<= 600 MHz	LAN: 10GBASE-T

Tabelle 22.1 Übersicht über die EIA/TIA-Kategorien

[zB] Wenn Sie Ethernet mit 100 Mbit/s, 100BASE-TX, betreiben möchten, dann müssen Sie mindestens ein Cat-5-Kabel verwenden.

22.2 Linkklassen

Die US-Normen werden üblicherweise zur Beschreibung der Kabel angegeben, jedoch sind sie für Europa rechtlich nicht bindend. Die europäischen Normen für Kabelqualität teilen die Verbindungen in die in Tabelle 22.2 beschriebenen *Linkklassen* ein.

Linkklasse	Frequenz	Verwendung
Klasse A	<= 100 kHz	ISDN, X.21
Klasse B	<= 1 MHz	ISDN
Klasse C	<= 16 MHz	10BASE-T, Token-Ring
Klasse D	<= 100 MHz	100BASE-TX
Klasse E	<= 250 MHz	1000BASE-T(X)
Klasse F	<= 600 MHz	10GBASE-T

Tabelle 22.2 Übersicht über die Linkklassen

Die EIA/TIA-Kategorien und die europäischen Linkklassen entsprechen sich zwar hinsichtlich der Frequenzen, normieren aber unterschiedliche Dinge. EIA/TIA normiert das Kabel, während eine Linkklasse die gesamte Verbindung inklusive Patchpanel und Anschlussdose umfasst, doch das sind Details.

22.3 Schirmung

Neben der Eignung bis zu einer festgelegten Frequenz unterscheiden sich die angebotenen Netzwerkkabel insbesondere durch eine unterschiedlich aufwendige *Schirmung*.

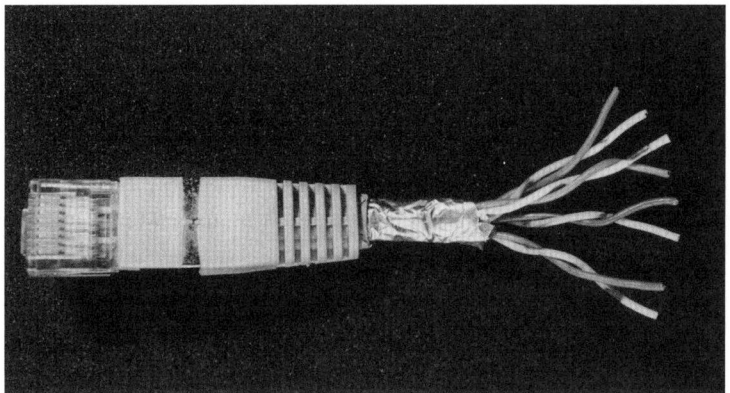

Abbildung 22.1 Twisted-Pair-Stecker mit vier TP-Adernpaaren

Ein Twisted-Pair-Kabel erhält seine eigentliche Schirmung durch die Verdrillung (engl. *twisted*) der vier Adernpaare (siehe Abbildung 22.1). Zusätzlich zu dieser Schirmung gibt es zwei weitere Möglichkeiten: jedes Adernpaar mit einem Schirm zu ummanteln und/oder alle Adern zusammen zu ummanteln. Die sich daraus ergebenden Möglichkeiten zeigt Tabelle 22.3.

Bezeichnung	Gesamtschirm	Adernschirm
(U) UTP	Unscreened	Unshielded
(S) UTP	Screened	Unshielded
(U) STP/PiMf[1]	Unscreened	Shielded
(S) STP	Screened	Shielded

Tabelle 22.3 Schirmungsvarianten für Twisted-Pair-Kabel

---

[1] PiMf bedeutet Paar in Metallfolie.

Damit die Verwirrung noch größer wird, gibt es statt »UTP« auch noch die Möglichkeit »FTP«. Das »F« steht für *Foil*, eine Metallfolie. Ein FTP-Kabel ist somit ein mittels Metallfolie geschirmtes UTP-Kabel. Höherwertige Kabel besitzen statt der Metallfolie zusätzlich ein feines Drahtgeflecht als Schirmung. Sie werden dann als STP- oder S/FTP-Kabel angeboten.

Je aufwendiger die Schirmung ist, desto geringer wirken äußere elektromagnetische Störungen auf das Kabel. Je weniger Störungen auf das Kabel wirken, desto geringer ist die Gefahr von Datenfehlern. Die Nachteile von aufwendig geschirmten Kabeln sind ihre steigende Unflexibilität und ihr höherer Preis.

Ein *Verlegekabel* unterscheidet sich von einem *Patchkabel* dadurch, dass es eine andere Ummantelung hat und dass die Adern beim Patchkabel Litzen sind. Verlegekabel gibt es für verschiedene Anforderungen: Innen- oder Außenverlegung, säurefest und Ähnliches. Das Verlegekabel wird mittels LSA-PLUS-Werkzeug auf LSA-PLUS-Leisten aufgedrückt, während das Patchkabel mit RJ-45-Steckern versehen wird.

Ihr Einsatzzweck bestimmt also, welches Kabel Sie kaufen müssen. Für den Anschluss auf ein Patchpanel oder eine Netzwerkdose muss man Verlegekabel verwenden. RJ-45-Stecker crimpt man auf Patchkabel.

Sie erinnern sich noch an die Zeit, als Sie stundenlang mit zwei Magneten gespielt haben und immer fasziniert waren, dass diese sich abstoßen? Sie haben damals zwei Magnetisierungen gegeneinander ausgespielt, und genauso macht es auch Twisted Pair. In der Mitte zwischen Ihren beiden Magneten gab es augenscheinlich kein Magnetfeld, weil sich dort die Wirkung der beiden Pole aufgehoben hat. Durch die Verdrillung von jeweils zwei Adern heben sich die elektromagnetischen Felder um diese Adern gegenseitig auf, und die Daten werden vor Verfälschungen geschützt.

22.4 Netzwerkstecker anbringen

Der bis zur Linkklasse E oder Cat 6 verwendete Stecker ist der RJ-45-Stecker. Dieser findet außer in der LAN-Technologie auch noch bei ISDN Verwendung und ist aus elektrotechnischer Sicht eine mittelgroße Katastrophe, weil die für Twisted Pair so wichtige Verdrillung im Stecker aufgehoben wird; die Adern liegen am Stecker alle nebeneinander. Der Vorteil dieses Steckers: Er ist billig.

Leider gibt es nicht »den RJ-45-Stecker«, denn dann würde man auch nur »die Crimpzange« benötigen. Es gibt verschiedene, inkompatible Systeme. Die beiden bekanntesten sind *Hirose* und *Steward*. Inkompatibel meint, dass man unterschiedliche Crimpzangen benötigt und einen Hirose-Stecker nicht mit einer

Steward-Crimpzange herstellen kann. Die Stecker sind beide von der Bauform her gleich, sodass sie in jeden RJ-45-Anschluss passen.

Wenn Sie RJ-45-Stecker kaufen, dann müssen Sie entsprechend die Stecker kaufen, die für Ihre Crimpzange geeignet sind.

Eine Crimpzange kostet ca. 30 €; eine hochwertige Qualität darf man für diesen Preis nicht erwarten. Mit einer solchen Crimpzange ist es möglich, Stecker zu crimpen, aber ein sonderliches Vergnügen ist es nicht. Wenn Sie größere Mengen von Steckern crimpen müssen, dann sollten Sie mehr Geld ausgeben und eine gute Crimpzange kaufen. Bessere Crimpzangen erledigen mehrere Arbeitsschritte in einem Durchgang und können verschiedene Steckergrößen über Einsätze crimpen.

[!] Bevor Sie die Adern in der richtigen Reihenfolge in den Stecker schieben, müssen Sie die Knickschutzhülle auf das Kabel schieben!

Um einen Stecker zu crimpen, führen Sie folgende Arbeitsschritte aus:

1. Isolieren Sie das Kabelende knapp drei Zentimeter ab (nur äußeres PVC). Die einzelnen Adern bleiben isoliert!

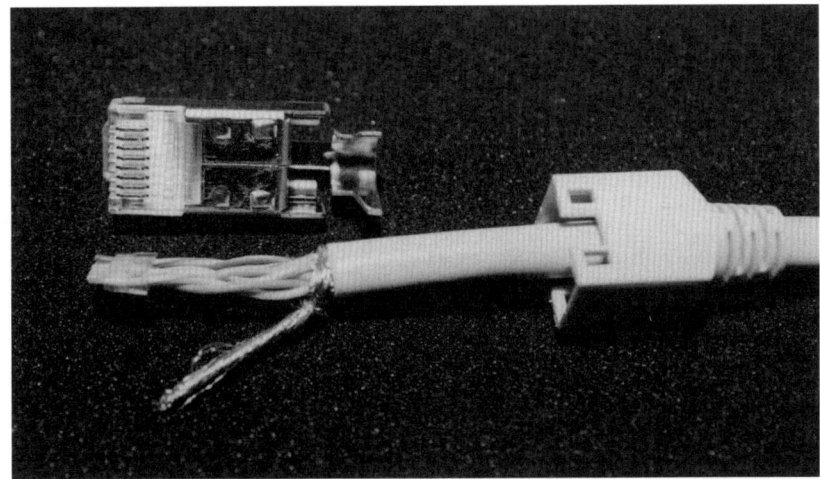

Abbildung 22.2 Abisoliertes Kabel vor dem Stecker

2. Schieben Sie die Knickschutzhülle auf das Kabel.
3. Entdrillen Sie die Adern auf dem abisolierten Stück, und führen Sie das Metallgeflecht nach hinten (Erdung).

4. Sie nehmen nun eine dieser kleinen durchsichtigen Leisten (dünnes Ende nach vorn) und schieben die einzelnen Adern nach der Belegung von EIA/TIA 568B in die Leiste:

Adernfarbe

- Weiß-Orange
- Orange
- Weiß-Grün
- Blau
- Weiß-Blau
- Grün
- Weiß-Braun
- Braun

Die Farbbelegung gilt bei einem Stecker, der wie in Abbildung 22.2 vor Ihnen liegt, von unten nach oben.

5. Schneiden Sie die Aderenden so ab, dass alle Adern gleich lang sind.
6. Führen Sie die Leiste in den Stecker, sodass alle Aderenden vorn am Stecker bündig anliegen (siehe Abbildung 22.3), die Erdung muss von der Zugentlastung erfasst werden.

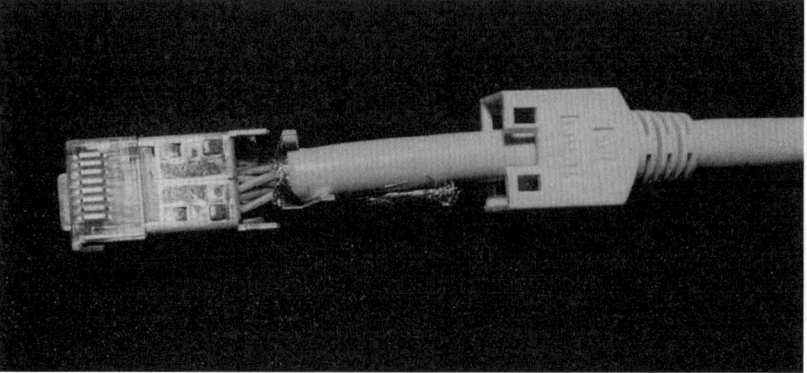

Abbildung 22.3 Stecker für das Crimpen vorbereiten

7. Drücken Sie den Stecker in die Crimpzange.

8. Kontrollieren Sie, ob die Zugentlastung am Ende des Steckers von der Zange richtig erfasst wird; wenn nicht, drücken Sie diese ein wenig zu (siehe Abbildung 22.4).

9. Die Crimpzange müssen Sie jetzt nur noch zudrücken, schon ist der Stecker gecrimpt.

Abbildung 22.4 Crimpen eines Hirose-Steckers

10. Schieben Sie jetzt noch die Knickschutzhülle auf den Stecker, bis sie einrastet.

Bevor Sie das Kabel nun für die nächsten zehn Jahre hinter einer Mahagoni-Vertäfelung verschwinden lassen, sollten Sie erst ausprobieren, ob das Kabel auch funktioniert. [!]

22.5 Kabeltest

Der Königsweg, ein Kabel zu prüfen, ist ein Kabeltester. Die erforderlichen Geräte dafür sind unterschiedlich teuer. Die billigsten Geräte, die lediglich die Adernbelegung testen und somit auch feststellen können, wenn eine Ader nicht funktioniert, kosten ca. 100 €. Bessere Geräte (Kabelmessgeräte) überprüfen nicht nur den Adernkontakt, sondern auch, ob die Anforderungen z. B. an die Linkklasse D erfüllt werden. Leider sind diese Geräte erheblich teurer; ihre Preise beginnen bei ca. 500 €. Sie können diese Geräte aber auch tageweise mieten.

Wenn Sie wenige Kabel herstellen wollen, werden Sie 100 € für einen Kabeltester als zu teuer empfinden. Mit einem handelsüblichen Messgerät kann man den Durchgang prüfen. Sie müssen also jede einzelne Ader testen. Wenn Sie kein

Messgerät besitzen, dann bleibt nur noch die schlechteste aller Möglichkeiten: anschließen. Sie schließen das Kabel an einem Hub oder Switch und einem PC an. Wenn es funktioniert und Sie mit dem PC im Netzwerk erreichbar sind, so ist das Kabel in Ordnung.

> [»] Erst jetzt, nachdem Sie sicher sind, dass das Kabel funktioniert, sollten Sie es in einem Kabelkanal verlegen und verschwinden lassen. Kabelkanäle gibt es in größeren Baumärkten zu kaufen. Für den Hausgebrauch reichen kleine Kabelkanäle für bis zu vier Kabel aus; diese kosten ca. 1 € pro Meter.

Sie fragen sich, warum die letzte Testmethode, nämlich einen PC an dem Kabel zu betreiben, die schlechteste sein soll?

Das 10- und 100-Mbit/s-Ethernet verwendet lediglich vier von acht Adern (also zwei von vier Adernpaaren). Das 1000BASE-T-Verfahren verwendet alle Adern. Sollte Ihr Kabel mit 100BASE-TX funktionieren, könnte es sein, dass Sie nächstes Jahr feststellen, dass eine einzelne, bisher nicht verwendete Ader keinen Kontakt hat und den Einsatz von 1000BASE-T auf diesem Kabel verhindert.

Übrigens sind die für die Übertragung von (Fast-)Ethernet verwendeten Adern die Adern 1, 2, 3 und 6. Die Übertragung verteilt sich wie in Tabelle 22.4 beschrieben auf die Adern.

Ader	Funktion	Polung
1	Senden	Tx+
2	Senden	Tx–
3	Empfangen	Rx+
6	Empfangen	Rx–

Tabelle 22.4 Adernbelegung bei 10/100BASE-T

22.6 Patchpanel und Netzwerkdosen anschließen

Verlegekabel werden nicht direkt mit RJ-45-Steckern versehen an den Switch angeschlossen, sondern auf ein Patchpanel aufgelegt (siehe Abbildung 22.5). Sie können Verlegekabel auch nicht direkt mit RJ-45-Steckern versehen, weil das Kabel massiv ist und sich die Kontakte des Steckers nicht in einen Draht drücken lassen, anders als bei Litze, also Patchkabeln.

Abbildung 22.5 Geöffnetes 8-Port-Patchpanel

Durch das Patchpanel werden die in DIN EN 50173 geforderten Strukturen geschaffen und folgende Vorteile erreicht:

- Ordnung der Verlegekabel
- mechanische Entlastung der Verlegekabel
- Flexibilität in der Frage, welche Netzwerkdosen an einen Switch angebunden werden

Wenn Sie zehn Netzwerkanschlüsse installiert haben, münden auch zehn Netzwerkkabel in Ihren Etagenverteiler. Das Schlimmste, was passieren kann, ist, dass Sie nicht mehr wissen, welches Kabel mit welchem Netzwerkdosenanschluss verbunden ist. Die Beziehung zwischen den Kabelenden im Etagenverteiler und den Netzwerkanschlüssen an den Netzwerkdosen wird durch Nummerierung hergestellt. Jeder Dosenanschluss wird mit einer Nummer versehen, die sich aus der Raumnummer und einer fortlaufenden Nummer zusammensetzt. Bei Doppelnetzwerkdosen, die zwei Netzwerkanschlüsse bieten, wird meist der Zusatz »L« für linker Anschluss und »R« für rechter Anschluss genutzt.

[zB] Im Raum Nummer 4 heißt der rechte Anschluss an der dritten Netzwerkdoppeldose 4/3R. Die Bezeichnung findet sich einerseits auf der Netzwerkdose (4/3) und andererseits auf dem Patchpanel (4/3R).

Sowohl das Patchpanel als auch die Netzwerkdosen bieten eine LSA-Plus-Leiste, auf der die Adern des Verlegekabels verbunden werden (siehe Abbildung 22.6). Als Werkzeug benutzt man dafür ein LSA-Plus-Werkzeug, das ab 15 € erhältlich ist.

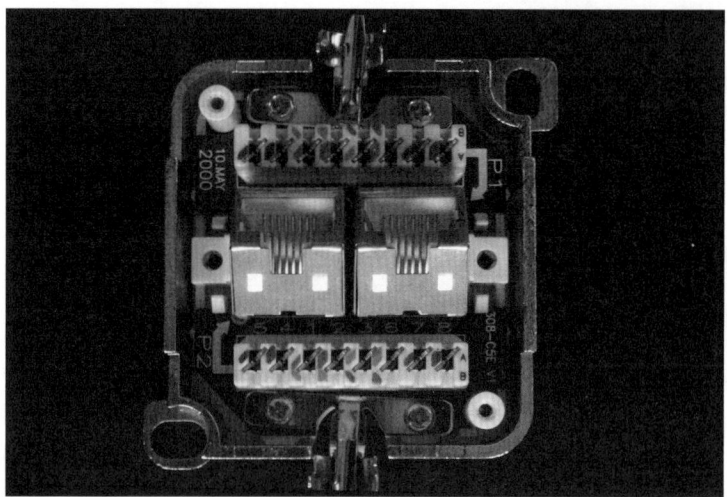

Abbildung 22.6 Geöffnete Netzwerkdose

Die Verbindung vom RJ-45-Port des Patchpanels zum Switch-Anschluss erfolgt mittels Patchkabel. Ein Patchkabel ist ein normales, meist zwei Meter langes Twisted-Pair-Kabel. Neben dem Kriterium der Ordnung schont das Patchpanel das Verlegekabel. Das Patchkabel, welches das Patchpanel und den Switch miteinander verbindet, wird möglicherweise häufiger umgesteckt und dadurch mechanisch belastet; das Verlegekabel wird geschont. Wenn ein Patchkabel defekt ist, wird es einfach ausgetauscht; der Austausch eines verlegten Kabels erfordert einen größeren zeitlichen und finanziellen Aufwand, sodass es sinnvoll ist, das somit wertvollere Verlegekabel zu schonen.

Netzwerkdosen kosten ca. 5 €, es gibt sie als Auf- oder Unterputzdosen. Ein Patchpanel mit 24 Anschlussmöglichkeiten im 19"-Format kostet ca. 45 €, ein Tischpatchverteiler mit zwölf Anschlüssen kostet ca. 24 €. Selbstverständlich kann auch ein Tischpatchverteiler angeschraubt werden, er ist nur nicht im 19"-, sondern oftmals im 10"-Format konstruiert.

22.7 Belegung von ISDN

Wenn Sie eine Wohnung oder ein Haus mit einer LAN-Verkabelung beglücken, möchten Sie vermutlich an der einen oder anderen Stelle normale Telefone verwenden, möglicherweise auch ISDN-Telefone.

Grundsätzlich gilt, dass Sie jede 8-adrige LAN-Dose auch als ISDN-Dose benutzen können. Ebenso sind Kabel nach Cat 5 oder besser für ISDN mehr als ausreichend.

Ich beginne – meiner persönlichen Erfahrung folgend – am Hausanschluss der deutschen Telekom. Im Anschlusskasten, in dem die Kabel für Ihren Hausanschluss auf Klemmleisten aufgelegt sind, haben die roten Kabel unterschiedlich viele schwarze Kringel, welche Sie gemäß Tabelle 22.5 aufschlüsseln.

Farbe T-Com-Kabel	Bezeichnung	Ader RJ-45	Farbe Telefonkabel
Rot ohne Kringel	a1 (a)	4	Rot
Rot mit einem Kringel	b1 (b)	5	Schwarz
Rot mit zwei Kringeln, großer Abstand	a2	3	Weiß
Rot mit zwei Kringeln, kleiner Abstand	b2	6	Gelb

Tabelle 22.5 ISDN-Beschaltung bei S_0

Von den Kabeln benötigen Sie nur die Adern (a) und (b), diese müssen auf der ersten TAE-Dose an den mit 1 und 2 beschrifteten Klemmleisten (von links: die ersten beiden) angeklemmt sein. Die F-codierte TAE-Buchse gibt das Signal nun an den Kontakten unten links – gegen den Uhrzeigersinn 1 und 2 – weiter, z. B. an den DSL-Splitter oder das NTBA. Ab dem NTBA werden nun nicht mehr zwei Adern, sondern vier Adern für den sogenannten S_0-Bus benötigt.

Ausführliche Informationen finden Sie im Internet; empfehlen möchte ich die Webseite *http://www.netzmafia.de/skripten/telefon*.

22.8 Cross-Kabel

Sie können zwei PCs über *Cross-Kabel* direkt miteinander verbinden. Die Sende- und Empfangsadern werden dabei so gekreuzt, dass die Sendeadern des einen PCs mit den Empfangskontakten des anderen PCs verbunden werden. Schematisch ist das in Abbildung 22.7 dargestellt: Die Anschlüsse für das Senden und Empfangen werden gekreuzt (engl. *cross*) verbunden.

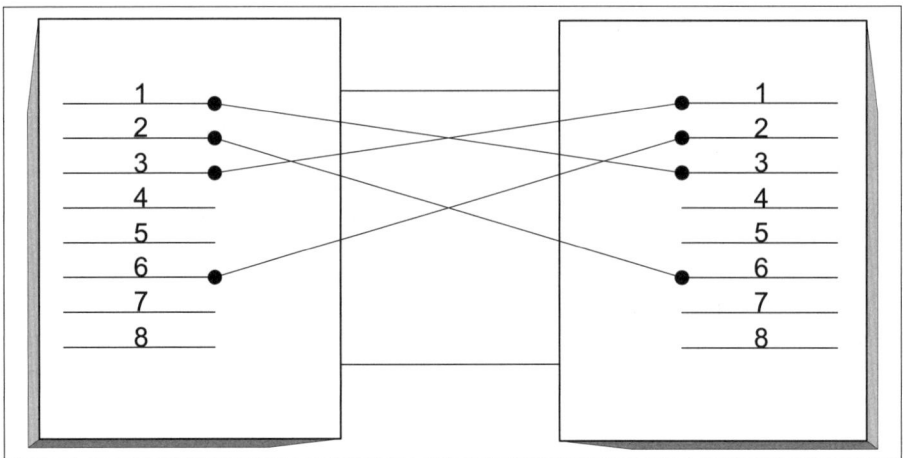

Abbildung 22.7 Ein Cross-Kabel

Ein Cross-Kabel ermöglicht maximal die Verbindung von zwei PCs. Preislich ist die Möglichkeit sehr attraktiv, denn ein Cross-Kabel kostet nur wenige Cent mehr als ein normales 1:1-Kabel, und Sie sparen den Switch.

Unabhängig davon, für welche Ethernet-Variante Sie sich entscheiden, müssen Sie Netzwerkkarten in Ihr System integrieren. Das bedeutet bei PCs ohne On-board-Netzwerkkarte, dass der PC geöffnet werden muss, um die Netzwerkkarte einzusetzen.

23 Netzwerkkarten

In vielen neuen PCs, die man als Komplett-PC kaufen kann, ist bereits eine LAN-Karte integriert. Es handelt sich meist um eine *On-board-Karte*, also um eine in das Motherboard integrierte Netzwerkkarte.

23.1 Kaufhilfe für kabelgebundene Netzwerkkarten

Die aktuelle Standard-Netzwerkkarte hat eine Durchsatzrate von 1 Gbit/s. Diese Geschwindigkeit wird von PCs und anderen Netzwerkkomponenten üblicherweise nicht oder zumindest nicht dauerhaft ausgenutzt.

Aufgrund des Preisverfalls von Gigabit-Netzwerkkomponenten sollten Sie direkt mit Gigabit-LAN einsteigen. Heutige PCs sind durchaus in der Lage, mehr als 100 Mbit/s an Netzwerklast zu erzeugen. Beim Kopieren großer Datenmengen innerhalb des LANs macht sich Gigabit zeitsparend bemerkbar. So kann es durchaus sinnvoll sein, trotz bereits vorhandener 100-Mbit/s-On-board-Netzwerkkarte eine zusätzliche Gigabit-Netzwerkkarte nachzurüsten.

Eine 100-Mbit/s-No-Name-Karte kostet ca. 4 € und enthält meist einen Realtek-8139-Chipsatz. Es handelt sich um eine Karte, welche die grundsätzlichen Anforderungen an eine Netzwerkkarte erfüllt, jedoch keinerlei Sonderleistungen bietet. Der Chipsatz wird von allen Betriebssystemen (unter anderem Windows 95, 98, Me, 2000, XP, Vista, Windows 7, Windows 8, OS X, Linux, FreeBSD) mit Treibern unterstützt, sodass es kein Problem sein dürfte, diese Karte in Betrieb zu nehmen.

Hersteller der mittleren Preisklasse sind z. B. D-Link, SMC und Netgear. Eine einfache 100BASE-TX-Karte kostet dort ca. 8 €. Sie erhalten bis zu fünf Jahre Garantie und haben einen Hersteller, an den Sie sich wenden können, falls Probleme mit der Hardware auftreten. Diese Hersteller werden auch Kartentreiber für künftige Betriebssysteme bereitstellen.

In der preislichen Luxusklasse gibt es z. B. 3Com, Intel und Adaptec als Hersteller von Netzwerkkarten. Üblicherweise liegt der Vorteil dieser Hersteller gegenüber den preislich im Mittelfeld agierenden in der jahrelangen Treiberunterstützung. Was teuer ist, das muss nicht zwangsläufig gut sein; die Performance dieser Netzwerkkarten liegt nicht deutlich über denen von Mittelklassekarten. Sie müssen entscheiden, ob die Marke es Ihnen wert ist, denn die Karten liegen mit 28 € pro Stück im oberen Preissegment.

23.1.1 Gigabit

Seit zehn Jahren gibt es 1000BASE-T, Gigabit-Ethernet über Kupferkabel, die Netzwerkkarten dazu werden immer preisgünstiger und sind als No-Name-Produkte schon für 10 € zu bekommen. Auch die Preise für Gigabit-Switches sind stark gesunken und liegen bei etwa 40 € für einen 5-Port-Switch.

Unterscheiden müssen Sie zwischen PCI und PCI-Expresskarten. Der Preisunterschied ist zwar minimal, jedoch bieten PCI-Expresskarten – die nur in einem entsprechenden Slot eingebaut werden können – einen vielfach höheren tatsächlichen Datendurchsatz und sind somit zu bevorzugen, wenn Sie die Wahl haben.

Während bei PCI-Gigabitkarten bei etwa 500 Mbit/s ein Maximum erreicht wird, können PCI-Expresskarten bis zu 900 Mbit/s verarbeiten. Das sind natürlich Werte aus einem Labortest und in der Praxis so nicht zu erreichen.

Gigabitkarten beherrschen 10, 100 und 1.000 Mbit/s; die bestmögliche Geschwindigkeit des Switches wird dabei mittels *Autosensing* (siehe Abschnitt 23.6, »Sonderfunktionen«) ausgehandelt. Die Abwärtskompatibilität ist also sichergestellt.

Bitte beachten Sie dabei, dass Sie die Netzwerkkarte üblicherweise an einen Switch anschließen. Die Gigabit-Netzwerkkarte bringt nur dann Vorteile, wenn auch der Switch den Anschluss von Gigabit-Netzwerkkarten unterstützt. Diese Switch-Systeme sind aber zurzeit noch teurer als die, die lediglich 100 Mbit/s bieten.

23.1.2 Fazit

Im Wesentlichen gibt es drei Qualitätsstufen bei den Netzwerkkarten:

- No-Name-Karte
- Markenkarte (günstig)
- Markenkarte (teuer)

Unabhängig davon, für welche Preisklasse Sie sich entscheiden, wenn Sie eine Karte kaufen müssen oder wollen, sollten Sie Gigabit kaufen. Der preisliche Unterschied zwischen Fast-Ethernet und Gigabit-Ethernet ist so gering, dass er vernachlässigbar ist.

23.2   PCI- und PCIe-Netzwerkkarten

Peripheral Component Interconnect (*PCI*) wurde von der Firma Intel entwickelt. Es handelt sich um ein Bussystem, mit dem man einen PC mit Erweiterungskarten aufrüsten kann. Die PCI-Busse haben eine Datenbreite von 32 Bit und werden mit 33 oder 66 MHz getaktet. Ein mit 33 MHz getakteter 32-Bit-PCI-Bus kann theoretisch bis zu 133 MByte/s übertragen. Das entspricht 1.064 Mbit/s und zeigt, dass der Einsatz von Gigabit-Netzwerkkarten auf einem solchen PCI-Bus nur bedingt sinnvoll ist. Eine Gigabit-Netzwerkkarte kann schließlich 1.000 Mbit/s empfangen und weitere 1.000 Mbit/s senden, sodass insgesamt 2.000 Mbit/s als Datenverkehr entstehen können, also das Doppelte dessen, was der PCI-Bus transportieren kann. Eine weitere Einschränkung ist, dass sich alle angeschlossenen Geräte die Bandbreite des PCI-Busses teilen. Wenn der PCI-Bus mit 66 MHz getaktet ist, kann theoretisch die doppelte Datenrate von 2.128 Mbit/s erreicht werden.

Diese zwei Nachfolger für das alte PCI gibt es:

- PCI Extended (PCI-X)
- PCI-Express (PCIe)

PCI Extended (PCI-X) kann in Version 2.0 Geschwindigkeiten von bis zu 4,3 Gbit/s erreichen. Allerdings ist PCI-Express (PCIe) doppelt so schnell. Entsprechend gibt es eine nur sehr geringe Verbreitung von PCI-X.

23.2.1   PCI-Express-Netzwerkkarten

Die aktuelle Variante von PCI ist *PCI-Express* (*PCIe*). Anders als PCI und PCI-X ist dies eine serielle Technik, jedem Gerät stehen zwei Adernpaare zur Verfügung. Vom Namen her scheint PCIe lediglich eine Fortentwicklung des alten, bekannten PCI-Busses zu sein. Tatsächlich ist es aber eine kleine Revolution, die uns als Kunden von dem Flaschenhals PCI-Bus endlich befreit.

PCIe ist mit PCI und AGP inkompatibel, sodass man keine PCI-Karten in einem PCIe-Slot betreiben kann. Das liegt daran, dass bei PCIe statt einer parallelen Datenübertragung eine serielle Datenübertragung auf sogenannten *Lanes* (dt. *Spuren*) erfolgt. Die Ziffer hinter dem Kürzel PCIe gibt dabei die Anzahl der gebündelten Lanes an (siehe Tabelle 23.1).

23 | Netzwerkkarten

lanes	Gbit/s (netto)	Anwendung
1x	2	Ersatz für PCI-Slot
2x	4	Ersatz für PCI-Slot
4x	8	Ersatz für PCI-Slot
8x	16	Ersatz für PCI-Slot
16x	32	Grafikkarten (PEG)

Tabelle 23.1 PCIe-Spezifikation

Nur noch mal zur Erinnerung: Der PCI-Bus unterstützt insgesamt eine Bandbreite von 1.064 Mbit/s.

Motherboards bieten oft einen PCIe-16x-Slot für die Grafik und einige PCIe-1x-Slots für andere Erweiterungskarten. Dabei sind die einzelnen PCIe-Kanäle unabhängig voneinander und stören sich gegenseitig nicht. Die 16 gebündelten PCIe-Lanes werden auch *PCI-Express-for-Graphics* (*PEG*) genannt und sind für Grafikkarten gedacht.

Für Netzwerkkarten reicht ein PCIe-1x aus, weil sich dort die Übertragungsrate von 1 Gbit/s als Fullduplex unterbringen lässt, schließlich stehen 2 Gbit/s als Fullduplex zur Verfügung.

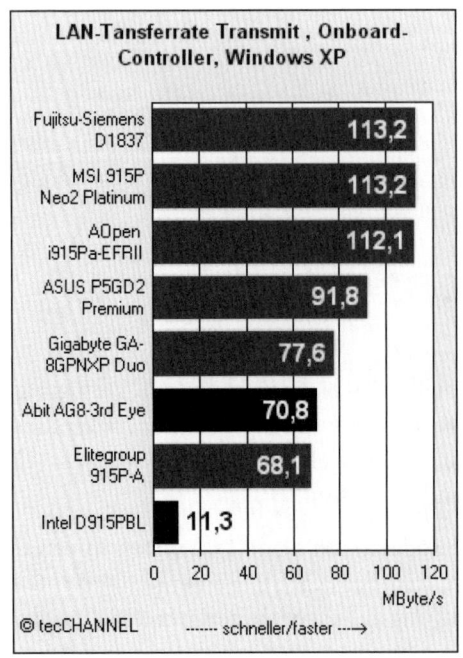

Abbildung 23.1 Performance von Gbit-LAN-Adaptern; Quelle: *http://tecchannel.de*

Schnellere Karten, also insbesondere LAN-Karten für 10-Gigabit-Ethernet, sind derzeit auf Servervarianten beschränkt und kosten mehrere Hundert Euro.

Beispiele für PCIe-NICs sind die Intel Pro1000PT und der HP Broadcom NetXtreme Gb Ethernet PCI-E-Adpater, die in einem PCIe-1x-Slot betrieben werden. Preislich liegen diese Karten zwischen 30 und 50 €.

Einem Test von Tecchannel zufolge (siehe Abbildung 23.1) boten die PCIe-LAN-Adapter einen Datendurchsatz von bis zu 900 Mbit/s, während die PCI-Gigabitkarten nicht über 560 Mbit/s hinauskamen. Das entspricht einer Leistungseinbuße von etwa 40 Prozent beim Einsatz von PCI.

23.2.2 WLAN-Netzwerkkarten

Karten für Wireless LAN (WLAN) gibt es nicht nur für Notebooks oder als USB-Ausführung, sondern auch als PCI- bzw. PCIe-Variante (siehe Abbildung 23.2).

Abbildung 23.2 PCI-WLAN-Karte von Netgear; Quelle: *http://netgear.com*

Wenn Sie die Netzwerkverbindung hauptsächlich für den Internetzugang und nur selten für die Übertragung großer Datenmengen nutzen wollen, dann eignet sich WLAN sehr gut dafür. Der Hauptvorteil ist die Flexibilität, an beliebigen Orten eine Datenverbindung verwenden zu können. Außerdem müssen Sie selbstverständlich keine Kabel verlegen.

Beim Einbau unterscheiden sich die PCI-WLAN-Karten nicht von anderen Netzwerkkarten. Zurzeit gibt es 11-, 54-, 108-, 125- und 300-Mbit/s-Karten; die tatsächlich erreichbaren Übertragungsgeschwindigkeiten liegen bei sehr gutem Empfang ungefähr bei der Hälfte des Packungsaufdrucks.

Die einzelnen WLAN-Karten unterscheiden sich hinsichtlich des Empfangs und dementsprechend hinsichtlich der erzielbaren Übertragungsgeschwindigkeit deutlich. Empfehlenswert ist es, dass Sie sich möglichst vor dem Kauf über Hardwaretests informieren.

Ob Sie innerhalb eines Hauses Empfang haben und welche Geschwindigkeiten Sie dann erreichen, hängt sehr von Ihrem Haus oder von Ihrer Wohnung ab. Normale Funktelefone (DECT) haben üblicherweise einen größeren Aktionsradius. Wenn Sie also mit Ihrem Funktelefon zwischen zwei Punkten keinen Empfang bekommen, können Sie davon ausgehen, dass auch eine WLAN-Verbindung zwischen diesen Punkten nicht funktionieren wird. Das Funksignal wird insbesondere durch Stahlbeton, wie er bei Geschossdecken zum Einsatz kommt, stark abgeschwächt, sodass eine WLAN-Verbindung vom Dachboden bis in den Keller durch mehrere Geschossdecken selten gelingt.

Die Preise von WLAN-PCI-Karten liegen einige Euro über denen für kabelgebundenes LAN.

Ausführliche Informationen zu den WLAN-Technologien finden Sie in Kapitel 7, »Wireless LAN«.

23.3 Netzwerkkarte einbauen

Die größte Hürde beim Einbau einer Netzwerkkarte stellt das PC-Gehäuse dar. Es gibt welche, bei denen man eine Haube abnehmen muss, bei anderen muss man einen Seitendeckel nach hinten wegschieben oder einen Seitendeckel herunterklappen. Eine allgemeingültige Anleitung kann ich daher an dieser Stelle nicht geben. Unabhängig vom Gehäusesystem ist es meist erforderlich, mehrere Gehäuseschrauben an der Rückseite des PCs herauszudrehen.

[!] Ich gehe davon aus, dass Sie den Kampf mit dem PC-Gehäuse gewonnen haben und bisher auch noch keine Schnittverletzungen durch die scharfen Blechkanten davongetragen haben.

Vor Ihnen liegt nun das geöffnete PC-Gehäuse. Bei Tower-Modellen sollten Sie das Gehäuse tatsächlich hinlegen, das erleichtert das Arbeiten erheblich.

Denken Sie jetzt bitte daran:

- Stromstecker raus!
- Sich erden!

Abbildung 23.3 Motherboard mit PCI- und PCIe-Steckplätzen

Auf dem Boden des Gehäuses liegt das Motherboard (siehe Abbildung 23.3). Für uns ist es wichtig, dass Sie nun einen freien PCI- oder PCIe-Steckplatz (engl. *slot*) auswählen.

Das Plastik der PCI-Steckplätze ist immer weiß, das der PCIe-Steckplätze gelb. Bevor Sie die Karte einstecken können, benötigen Sie eine Öffnung am hinteren Teil des Gehäuses; schließlich möchten Sie einen Netzwerkstecker in die Netzwerkkarte stecken. Bei vielen Gehäusen kann man eine Öffnung zum Steckplatz frei machen, indem man einen Blechstreifen abschraubt und entfernt. Die billigen PC-Gehäuse weisen nur vorgestanzte Blechstreifen auf, die Sie mit einer Zange herausbrechen können. Sie sollten die Netzwerkkarte kurz an den PCI-Slot halten, dann sehen Sie, an welcher Stelle die Öffnung sein muss; ansonsten passiert es, dass Sie die Öffnung an der falschen Stelle geschaffen haben und dann durch die falsche Öffnung Staub eindringt.

Haben Sie die Öffnung an der richtigen Stelle des Gehäuses frei gemacht, kann die Karte eingesteckt werden: Sie setzen die Karte auf den ganzen Steckplatz (siehe Abbildung 23.4) und üben von oben Druck aus. Oft ist das ziemlich schwergängig – seien Sie nicht zu zaghaft. Ein wenig Gewalt hilft; so empfindlich sind die Komponenten nicht.

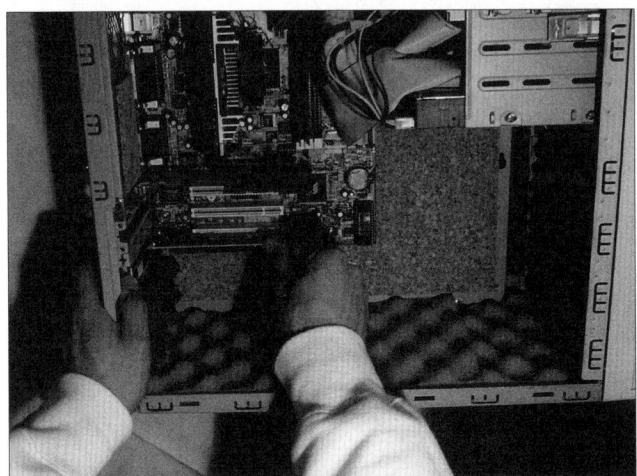

Abbildung 23.4 Einbau einer PCI-Netzwerkkarte

Ist die Karte eingesteckt, wird sie mit einer Schraube am Gehäuse fixiert. Das ist wichtig, denn ansonsten kann sich die Karte lösen, und es kommt zu Fehlern oder im schlimmsten Fall zu einem Kurzschluss.

Voller Stolz können Sie das Gehäuse wieder zusammenschrauben, den Stromstecker wieder einstecken und im Kapitel 25, »Windows einrichten«, im Kapitel 26, »Linux einrichten« oder im Kapitel 27, »OS X einrichten« weiterlesen, wie Sie eine Netzwerkkarte im Betriebssystem einrichten.

23.4 PCMCIA-/Cardbus-Netzwerkkarten

Früher gab es nur den Begriff *PCMCIA* (*Personal Computer Memory Card International Association*), und auch heute wird dieser Begriff für die Erweiterungseinschübe von Notebooks verwendet. Allerdings setzen sich immer mehr die neuen Begriffe PC-Card, Cardbus und ExpressCard durch.

Die PC-Card ist eine 16-Bit-Karte und somit vom Aussterben bedroht, während die Cardbus-Karten mit 32 Bit arbeiten und somit auch sinnvoll mit 100 Mbit/s eingesetzt werden können. Erweiterungskarten, die mit PCIe arbeiten, heißen ExpressCard.

23.4.1 LAN-Karten

Bei heutigen Notebooks ist eine Netzwerkkarte eingebaut, auch WLAN ist on board dabei. Es gibt also nicht viele Gründe, ein Notebook hinsichtlich der Netzwerkkarte aufzurüsten, es sei denn, man möchte WLAN nach IEEE 802.11n nutzen, im Notebook ist aber nur eine Karte nach 11g verbaut. Ein anderer Fall wäre das Nachrüsten einer Gigabit-Netzwerkkarte für eine flotte Datenübertragung vom Notebook.

PCMCIA-Karten sind immer noch deutlich teurer als eine PCI-Karte. Jedoch verfügt nicht jedes Notebook über einen PCMCIA-Slot, insbesondere die beliebten Netbooks bieten einen solchen Erweiterungsslot nicht an. In diesem Fall müssen Sie sich mit USB-Adaptern behelfen (siehe Abschnitt 23.5, »USB-Adapter«).

Zwei verschiedene Systeme stehen Ihnen für die Anbindung eines Notebooks an das LAN zur Verfügung:

- PCMCIA-Karte mit RJ-45-Buchse
- PCMCIA-Karte mittels Adapter auf RJ-45-Anschluss

Die beiden Varianten unterscheiden sich technisch nur geringfügig voneinander; meine persönliche Sympathie gilt der ersten Variante.

Das Gehäuse der PCMCIA-Karte (siehe Abbildung 23.5) ist so dick (Typ III), dass eine RJ-45-Buchse integriert ist. Man kann einen RJ-45-Stecker direkt in die Karte einstöpseln und benötigt keine zusätzlichen Adapter. Der Nachteil ist, dass keine weitere Karte gleichzeitig verwendet werden kann.

Abbildung 23.5 Xircom Cardbus-Karte; Quelle: *http://intel.com*

Die zweite Variante belegt durch ihre geringe Höhe (Typ I oder II) nur einen PCMCIA-Slot, allerdings benötigen Sie ein Adapterkabel, das eine RJ-45-Buchse besitzt (siehe Abbildung 23.6). Dieses Adapterkabel geht leicht verloren, kaputt oder wird vergessen. Wenn dieser Fall eingetreten ist, kommen Sie nicht in das LAN.

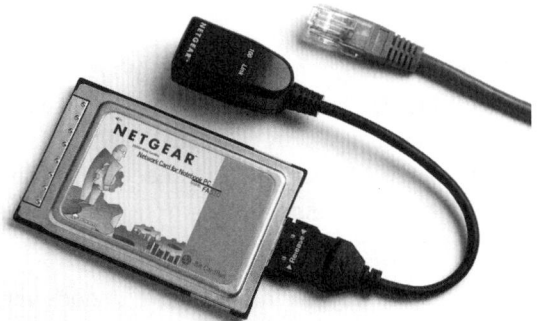

Abbildung 23.6 Cardbus-Karte mit Adapterkabel; Quelle: *http://netgear.com*

Als ein eher weniger gewichtiges Argument spricht gegen diese Adapterkabel, dass sie die Schirmung, die ein Twisted-Pair-Kabel durch seine Verdrillung erzeugt, nicht weiterleiten können. Möglicherweise ist also die Schirmung des Adapterkabels schlecht und führt zu Übertragungsfehlern.

23.4.2 WLAN-Karten

Für die Anbindung von Notebooks bietet WLAN die größte Freiheit. Allerdings gilt es, Sicherheitsaspekte zu beachten. Zudem benötigen Sie einen Access Point. Es handelt sich also um eine bequeme, aber etwas langsamere Variante der Netzwerkanbindung. Informationen zu den verschiedenen WLAN-Varianten und deren Eigenschaften finden Sie in Kapitel 7, »Wireless LAN«.

Abbildung 23.7 Wireless-LAN-Karte; Quelle: *http://tekram.com*

Preise

Wireless-LAN-Karten kosten ca. 20 €; üblicherweise bieten diese dann 300 Mbit/s. Achten Sie darauf, dass der WLAN-Kartenhersteller Mitglied der Wi-Fi Alliance ist und die Karte entsprechend Wi-Fi-zertifiziert ist. Nur das sichert Ihnen zu, dass die Karte auch mit Access Points oder WLAN-Karten anderer Hersteller problemlos zusammenarbeitet.

Linux

Wenn Sie eine schnelle WLAN-Karte unter Linux verwenden wollen, kann es zu Problemen kommen, weil es nicht für alle Chipsätze freie Treiber gibt. Mitgelieferte Konfigurationsprogramme sind in der Regel nur unter Windows nutzbar. Treiber für Linux fehlen, aber über Ndiswrapper können Windows-Treiber angesteuert werden.

Weitere Informationen finden Sie in Abschnitt 26.5, »WLAN unter Linux«.

Hotplug

Das Einbauen der Karte ist nicht erforderlich. Sie schieben die Karte in einen freien Slot, und das Betriebssystem erkennt sie. Die meist recht speziellen Treiber werden auf CD mitgeliefert. Möglicherweise können Sie auf den Internetseiten des Herstellers neuere Treiber bekommen. Moderne Betriebssysteme (ab Windows 2000 oder Linux) können PCMCIA-Erweiterungskarten auch im laufenden Betrieb einbinden (*Hotplug*), ohne dass man dafür booten muss.

Vista, Windows 7 und Windows 8 unterstützen WLAN von Haus aus.

23.5 USB-Adapter

USB-Adapter für den Anschluss eines PCs an das Netzwerk benötigen immer spezielle Treiber, die vom Hersteller meist für Windows beigelegt werden.

Sehr praktisch an den USB-Adaptern ist, dass Sie diese nicht einbauen müssen, sondern einfach nur an Ihren PC stecken und anschließend den Treiber installieren. Sinnvoll sind diese Adapter ebenfalls, wenn Sie keinen PCI-Slot frei haben oder keine Modifikationen am PC vornehmen dürfen. In anderen Fällen erscheinen mir die Kosten der Adapter zu hoch, weil man für den Preis des billigsten USB-Adapters vier PCs mit billigen PCI-Karten ausstatten kann.

Bei Windows XP, Vista, Windows 7, Windows 8 und Linux können die Adapter auch im laufenden Betrieb ein- und ausgesteckt werden. Sie werden automatisch erkannt, in das System eingebunden und können sofort verwendet werden.

23.5.1 USB-Varianten

Es gibt zurzeit drei Ausführungen von USB. Der Standard USB 1.1 ist schon alt und bietet eine theoretische Bandbreite von 12 Mbit/s.

USB 2.0 hingegen bietet theoretisch 480 Mbit/s. Ein USB-Adapter für 100BASE-TX mit 100 Mbit/s an einen USB-1.1-Port anzuschließen, ist offenkundig unsinnig. Vertretbar sind USB-1.1-Adapter lediglich für WLAN mit 11 Mbit/s.

USB-2.0-Geräte können Sie auch an einem USB-1.1-Port anschließen. Der USB-2.0-Standard ist abwärtkompatibel; selbstverständlich können dann nur 12 Mbit/s Datendurchsatz erreicht werden.

USB 3.0 wird auch *SuperSpeed USB* genannt. Der Standard existiert seit dem Jahr 2008 und kann Geschwindigkeiten von bis zu 5 Gbit/s erreichen. Es ist ebenfalls abwärtskompatibel zu den alten Varianten von USB.

23.5.2 LAN-Adapter

Die günstigsten USB-1.1-LAN-Adapter kosten ca. 5 €. Der Adapter beherrscht zwar am LAN-Anschluss 100BASE-TX, jedoch kann er lediglich 12 Mbit/s über USB 1.1 weiterreichen. Für Verbindungen, die nur für den Internetzugang genutzt werden, ist diese Geschwindigkeit ausreichend; größere Datenmengen möchte sicherlich niemand übertragen, wenn pro Sekunde nur 1 MB gesendet wird. Nach meinen Recherchen sind für viele Geräte Linux-Treiber verfügbar, allerdings muss es damit offenbar nicht immer funktionieren.

Theoretisch sind USB-2.0-Adapter in puncto Geschwindigkeit interessanter. Ich habe einige Adapter ausprobiert, und keiner hat ordentliche Datenraten erreicht.

Generell gilt, dass die Geräte keine zusätzliche Stromversorgung benötigen. Sie werden über den USB-Port versorgt. Die Abmessungen sind so gering, dass die Adapter bequem mitgeführt werden können.

Eine in diesem Buch nicht weiter erläuterte Möglichkeit bieten *USB-Direktverbindungen*. Dabei handelt es sich um ein USB-Linkkabel, das an die beiden zu verbindenden PCs angeschlossen wird. In der Mitte befindet sich eine kleine Box, in der eine Elektronik die Datenübertragung steuert. Die Zeitschrift c't (19/2003, Seite 146 ff.) hat diese Adapter getestet und erzielte eine Übertragungsrate von bis zu 152 Mbit/s über USB 2.0.

23.5.3 WLAN-Adapter

Ein Vorteil von USB-Adaptern ist, dass diese durch das USB-Kabel nicht zwingend am gleichen Ort stehen müssen wie das Notebook oder der PC. Sie können also den Empfang von WLAN verbessern, indem Sie einen etwas veränderten Standort für den WLAN-Adapter wählen. Diese Möglichkeit haben Sie bei PCMCIA- oder PCI-Karten nicht.[1]

Es gibt eine große Auswahl von Herstellern und Produkten für WLAN-USB-Adapter. Die WLAN-Adapter sind in etwa so groß wie ein USB-Stick; Sie können sie also bequem mitführen. Eine zusätzliche Stromversorgung ist nicht erforderlich, die notwendige Energie wird über den USB-Port bereitgestellt. Wichtig ist allerdings der korrekte Treiber, der auf CD mitgeliefert wird und im Internet zum Download bereitsteht.

Als einen typischen Vertreter der USB-WLAN-Adapter möchte ich den AVM Fritz!WLAN USB-Stick vorstellen (siehe Abbildung 23.8). [zB]

Der Stick bietet WLAN nach IEEE 802.11g mit der Beschleunigungstechnik Frame Aggregation und ist daher mit 125 Mbit/s Übertragungsrate angegeben. AVM spricht von einer Leistungssteigerung von 35 Prozent gegenüber unfrisierten WLAN-Geräten.

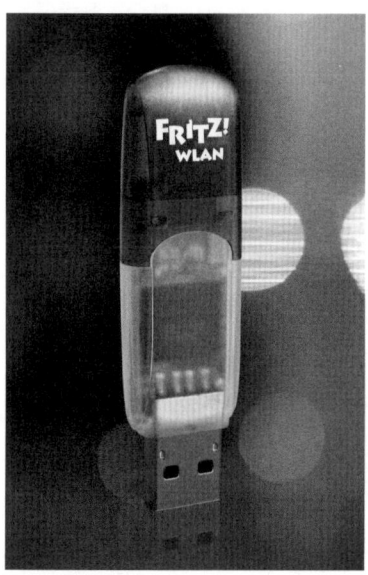

Abbildung 23.8 AVM Fritz!WLAN USB-Stick: schön klein! Quelle: *http://avm.de*

Trotz seiner sehr geringen Abmessungen bietet der zehn Gramm schwere USB-Stick zwei Status-LEDs und auch über größere Entfernungen gute Übertragungsraten. Mit etwa 25 € Ladenpreis gehört er zu den teureren Vertretern seiner Zunft. Es gibt auch eine 11n-Variante, die allerdings deutlich teurer ist.

---

1 Eine Alternative wären separate Antennenkabel.

Die mitgelieferte Software macht die WLAN-Einstellung relativ einfach, weil sie sich auf wenige Parameter beschränkt und diese vorbildlich im Konfigurationsprogramm anordnet (siehe Abbildung 23.9).

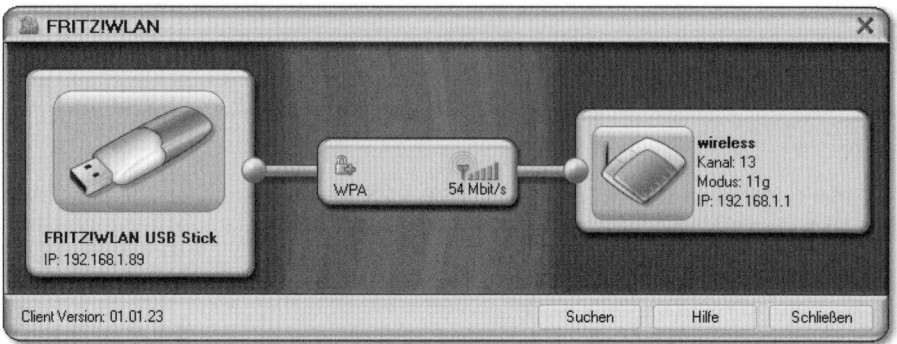

Abbildung 23.9 AVM-Hauptmenü: einfacher, logischer Aufbau

Nach dem Start beginnt die Software mit einer Suche nach einem Access Point. Sie werden zur Eingabe eines WEP-/WPA-Schlüssels aufgefordert, wenn Sie sich mit einem Access Point verbinden wollen, der Verschlüsselung verwendet (siehe Abbildung 23.10).

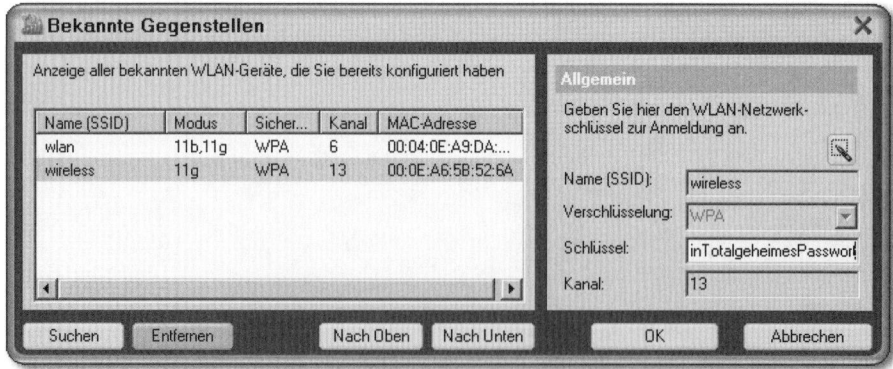

Abbildung 23.10 WLAN-Konfigurationsmenü für bekannte APs

23.6 Sonderfunktionen

Sobald Sie eine Netzwerkkarte eingebaut haben, kann es sein, dass Sie besondere Funktionen dieser Karte nutzen möchten. Auch ist es möglich, dass die Kommunikation zwischen Netzwerkkarte und Switch nicht richtig funktioniert. Die wichtigsten Mechanismen stelle ich Ihnen in diesem Abschnitt vor.

23.6.1 Half-/Fullduplex

Fast-Ethernet bietet ein Full- und ein Halfduplex-Verfahren zur Übertragung an. *Fullduplex* bedeutet gleichzeitiges Senden und Empfangen, während im *Halfduplex*-Modus lediglich das Senden oder das Empfangen möglich ist. Ab 1000BASE-T aufwärts gibt es nur noch den Fullduplex-Modus.

23.6.2 Autonegotiation

Die automatische Aushandlung des Übertragungsmodus (Full-/Halfduplex) nennt man *Autonegotiation*.

Diese Funktion ist eine Fehlerquelle. Dabei handeln der Switch und die Netzwerkkarte unterschiedliche Einstellungen aus, sodass die Kommunikation nicht oder nur mit sehr hoher Fehlerrate funktioniert. Wenn man diesen Fehler festgestellt hat, bleibt nur noch die Möglichkeit, den Übertragungsmodus fest einzustellen.

23.6.3 Autosensing

Alle handelsüblichen Karten beherrschen 10 oder 100 Mbit/s. Sie können also wahlweise mit 10 oder 100 Mbit/s betrieben werden. Damit Sie beim Umstecken der PCs diese Einstellung nicht jeweils manuell vornehmen müssen, wird die maximal mögliche Geschwindigkeit per *Autosensing* ausgehandelt.

Die Aushandlung der Geschwindigkeit funktioniert meist, aber nicht immer, sodass es ähnlich wie bei der Autonegotiation zu Fehlern kommen kann. Sollten Sie einen solchen Fehler bemerken, müssen Sie die Geschwindigkeit fest einstellen.

23.6.4 Trunking

Der Zusammenschluss von mehreren Netzwerkanschlüssen zu einem virtuellen wird oftmals als *Trunking*, manchmal – wie bei IEEE 802.3ad – als *Link-Aggregation* bezeichnet. Man kann bei Markenherstellern Netzwerkkarten des gleichen Typs zusammenschalten. Man hat dann statt 100 Mbit/s beispielsweise 2 × 100 Mbit/s = 200 Mbit/s zur Verfügung.

Zusätzlich sind verschiedene Modi möglich, die ein Load Balancing, also die Verteilung der Netzlast auf beide Adapter, oder ein Failover im Fehlerfall oder aber beides gleichzeitig ermöglichen.

23.6.5 Wake-on-LAN

Bei *Wake-on-LAN* (*WoL*) arbeitet die Netzwerkkarte mit dem ATX-Motherboard zusammen. Über bestimmte Datenpakete, sogenannte Magic-Packets, kann ein schlafen gelegter PC aufgeweckt, also eingeschaltet werden. Die Funktion ist praktisch, wenn Sie PCs aus der Ferne warten oder administrieren wollen, so z. B. bei Software-Updates in der Nacht. Leider funktioniert WoL nicht immer zuverlässig, sodass Sie zunächst zehn erfolgreiche Testzyklen absolvieren sollten, bevor Sie sich auf diese Technik verlassen. Ich meine damit, dass Sie jeden PC vor dem eigentlichen Einsatz zehnmal per WoL aufwecken können müssen – bei 100 Prozent Erfolgsquote.

In den Newsgroups tauchen die ATX-Funktionen immer wieder als Fehlerquelle auf, weil die PCs nicht oder nicht richtig erwachen und Ähnliches. Außerdem nützt Ihnen WoL nichts, wenn die Benutzer ihren PC über eine Steckerleiste stromlos schalten.

Wenn Sie mehr als zwei PCs verbinden, dann benötigen Sie einen Hub oder einen Switch. Dieses Koppelelement verbindet die PCs untereinander; jeder PC wird mit einem Kabel an diesen Hub oder Switch angebunden.

24 Switches

Ein *Switch* ist eine Netzwerkkomponente der ISO/OSI-Schicht 2, arbeitet also auf der Ebene von Ethernet. Ein Switch entscheidet anhand der Ziel-MAC-Adresse, an welchen Anschluss bzw. welche Anschlüsse das Ethernet-Paket ausgegeben werden muss. Ausführliche theoretische Informationen finden Sie in Abschnitt 6.7, »Switch«.

Der Switch arbeitet meist im *Store-and-Forward*-Modus, somit speichert er ein eingehendes Datenpaket zunächst vollständig zwischen und sendet dieses als Ganzes weiter. Dadurch ist es dem Switch möglich, ein defektes Ethernet-Paket zu erkennen und zu verwerfen.

Defekte Ethernet-Pakete werden direkt vom eingehenden Switch-Port als defekt erkannt und verworfen. Beim Einsatz eines Hubs wäre das defekte Paket zunächst bis zum Empfänger transportiert worden, dieser hätte das Paket verworfen, weil er den Defekt feststellt. Wird ein defektes Ethernet-Paket über Hubs transportiert, belastet es das gesamte Netzwerk, um schließlich doch verworfen zu werden. Bei einem Switch wird nur der Port belastet, der das defekte Paket empfängt.

Der Erfolg der Switches beruht unter anderem darauf, dass der Aufbau des Netzwerkes gegenüber dem Einsatz von Hubs gleich bleibt: Die Hubs werden durch Switches ersetzt – fertig. Es ergeben sich insbesondere für die angeschlossenen PCs keine Einstellungsänderungen. Die spürbare Änderung für die Anwender ist die Vervielfachung der Netzwerkbandbreite: Das Netzwerk ist deutlich schneller.

24.1 Marktübersicht

Ich möchte auf den nächsten Seiten einen Überblick geben, welche Switches existieren, Beispiele nennen und Empfehlungen geben, welche Switches Sie situationsabhängig einsetzen sollten.

24.1.1 Einsteiger: Mini-Switches

Den Begriff *Mini-Switch* möchte ich so definieren, dass er alle Switches umfasst, die man nicht administrieren kann.

Es gibt Mini-Switches mit 5 bis 24 Ports. Allen gemeinsam ist, dass sie reine Plug-and-Play-Komponenten sind. Sie schließen sie an das Netzwerk an und können keine Konfiguration vornehmen. Das bedeutet auch, Sie können keinerlei Informationen aus diesem Switch auslesen.

Abbildung 24.1 16-Port-Mini-Switch; Quelle: *http://netgear.com*

Der Vorteil vieler Mini-Switches ist, dass sie lüfterlos arbeiten und daher keine Geräusche erzeugen. Auch die Wärmeabgabe ist sehr gering, sodass sie sich für den Einsatz in Büros oder Wohnräumen eignen (siehe Abbildung 24.1).

Preise

Die billigsten Vertreter der Mini-Switches haben fünf Switch-Ports und bieten die Geschwindigkeit von Fast-Ethernet an jedem davon. Zur Information der Benutzer verfügen die Geräte über zwei LEDs pro Port. Die *Link-LED* zeigt eine Verbindung an, die *Traffic-LED* z. B. die Geschwindigkeit von 100 Mbit/s oder den Datenverkehr. Der Preis für einen solchen Switch beginnt bei 10 €.

Wenn Sie hohe Geschwindigkeiten im eigenen LAN haben möchten, werden Sie zu einem Gigabit-Switch greifen. Der Einsatz eines solchen Switches lohnt sich selbstverständlich nur, wenn Sie auch PCs mit Gigabit-LAN-Karte haben und große Datenmengen übertragen.

[zB] Ein Anwendungsfall sind Filmdaten. Ein HD-Film hat etwa 4 MByte pro Sekunde. Bei einer Spielfilmlänge von 110 Minuten fallen somit etwa 20 GByte Daten an. Bei einer tatsächlichen Übertragungsrate von 85 Mbit/s dauert es 32 Minuten, bis der Film auf einem anderen PC liegt. Bei entsprechender Ausstattung mit Gigabit-Ethernet könnte – 850 Mbit/s als Datenrate[1] vorausgesetzt – der Film in drei Minuten übertragen sein.

---

1 Eine solche Datenrate erzielen Sie nur mit schnellen PCs und PCIe-Karten.

Das Angebot an Mini-Switches, die Gigabit-Geschwindigkeit erreichen, ist groß. Nahezu alle Hersteller von Mini-Switches bieten solche Geräte an. Die günstigen Switches beginnen bei 50 €, die meisten liegen um 60 € und bieten fünf Gigabit-Ports und volle Bandbreite auf allen Ports. Hersteller solcher Switches sind z. B. 3Com, Belkin, D-Link, Level-One, Linksys, Netgear oder SMC.

Ein Mini-Switch ist eine Blackbox. Sie können fast nichts über dieses Gerät erfahren, z. B. wie viele Fehler auf einem Switch-Port aufgelaufen sind und Ähnliches. Das ist ein entscheidender Nachteil beim Troubleshooting, jedoch eher für größere Installation mit vielen PCs interessant.

Die Performance, also die Netzwerkgeschwindigkeit, ist nur interessant, wenn Sie öfter größere Datenmengen über Ihr Netzwerk übertragen. Wenn es lediglich um den Internetzugang geht oder ab und zu mal zwischen zwei PCs ein Film übertragen wird, fällt dies nicht ins Gewicht.

Fazit

Die Geräte decken vor allem den Bedarf bei sehr kleinen Firmen und Privatleuten ab. Ich empfehle den Einsatz von Mini-Switches für maximal 16 Teilnehmer. Wenn Sie mehr Anschlüsse benötigen, dann ist es sinnvoll, das Netzwerk zu planen. Eine Gestaltung können Sie aber nur erreichen, wenn Sie die Switches administrieren können.

24.1.2 Workgroup-Switches

Ein Workgroup-Switch lässt sich managen, besitzt meist ein oder zwei Steckmöglichkeiten für Erweiterungskarten (*Gigabit Interface Converter*, *GBIC*) und ist vorwiegend für den Einsatz als Etagenverteiler konzipiert.

Ein wichtiges Kriterium für einen Workgroup-Switch ist die hohe Anzahl von Anschlussmöglichkeiten, eben RJ-45-Ports. Da Sie an einen Workgroup-Switch möglichst viele PCs anschließen möchten, bieten diese Geräte mit sehr kompakter Bauhöhe 24 bis 48 Switch-Ports für den Anschluss von PCs mittels Twisted-Pair-Kabel.

Abbildung 24.2 Zu managender Workgroup-Switch; Quelle: *http://netgear.com*

In Abbildung 24.2 sehen Sie ein entsprechendes Gerät der Firma Netgear. Er bietet 24 PC-Anschlüsse für Fast-Ethernet, zwei Gigabit-Kupfer-Ports und zwei GBIC-Slots. Solche Geräte kosten üblicherweise einige Hundert Euro.

Ein Workgroup-Switch bietet normalerweise Techniken wie *Spanning Tree*, *VLAN*, *SNMP*, *RMON*, *IGMP* und *Trunking*.

- Für das Management des Switches sind die Protokolle SNMP und RMON wichtig. Viele Netzwerkmanagement-Programme greifen per SNMP auf Netzwerkkomponenten zu und fragen Werte ab.

- Die Technik Spanning Tree IEEE 802.1D/t verhindert die Bildung von Schleifen im Netzwerk. Das bedeutet Folgendes: Wenn Sie z. B. einen Switch redundant, also mit mehr als einem Anschluss an das LAN anbinden, wird es ohne weitere Maßnahmen dazu kommen, dass Datenpakete kreisen. Das Phänomen wächst exponentiell, und nach wenigen Minuten transportiert Ihr Switch nur noch kreisende Pakete. Diese müssen an allen Anschlüssen ausgegeben werden. Spanning Tree erkennt solche redundanten Wege (siehe Abbildung 24.3) und schaltet nach bestimmten Regeln automatisch eine Strecke ab. Fällt die aktive Strecke aus, wird die inaktive Strecke innerhalb von 40 Sekunden aktiviert. Die neuesten Versionen von Spanning Tree heißen Rapid-Reconfiguration-Spanning-Tree (RSTP), IEEE 802.1w oder Multiple-Spanning-Tree (MSTP).

- Das *IGMP* (*Internet Group Management Protocol*) dient zur Behandlung von Multicasts. Ein Multicast ist ein IP-Paket mit einem bestimmten IP-Adressbereich: 224.x.y.z bis 239.x.y.z. Mit einer Multicast-IP-Adresse möchte man nicht alle PCs und nicht einen einzelnen PC, sondern eine Gruppe von Geräten erreichen. Ein Anwendungsbeispiel ist z. B. ein Video-Stream, der idealerweise nicht x-mal zu den Abonnenten übertragen wird, sondern nur einmal rausgeht. Für die Verteilung an alle Empfänger sorgt das Netzwerk. Der Switch muss wissen, an welchen Anschlüssen welche Multicasts ausgegeben werden sollen; daher melden sich PCs beim Switch für einen bestimmten Multicast-Stream an, und der Switch schaltet per IGMP eine Verbindung zwischen Sender und Empfänger.

- Trunking ist die Technik, mit der man mehrere Switch-Ports zu einem größeren Switch-Port zusammenschaltet. Ich habe das schon bei den Netzwerkkarten angesprochen. Ein standardisiertes Verfahren heißt Link-Aggregation und ist nach IEEE 802.3ad normiert.

- VLAN steht für Virtual LAN. Mittels einer besonderen Kennzeichnung der Ethernet-Pakete werden auf einer physikalischen LAN-Verkabelung mehrere virtuelle LANs gebildet. Jedes VLAN hat eine Nummer (ID). Die Pakete für die ID 222 werden nur an Switch-Ports ausgegeben, die sich im VLAN 222 befinden. Zu anderen Anschlüssen können die Pakete nur über einen Router gelangen.

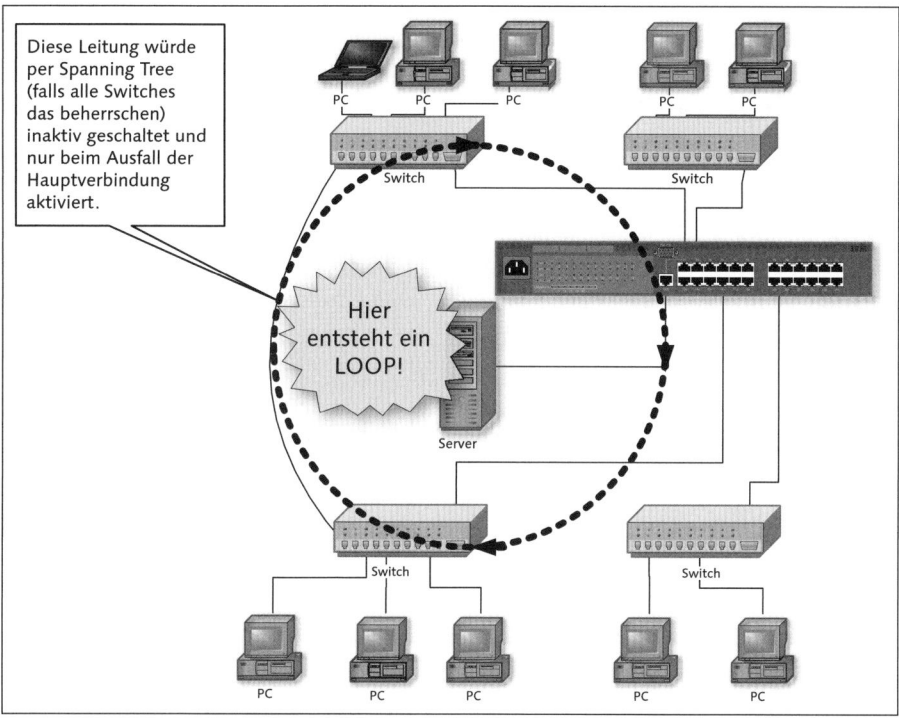

Abbildung 24.3 Ein Fall für Spanning Tree

Sie betreiben ein Bürogebäude und vermieten die Büros inklusive IT-Support an Firmen. Aus finanziellen Gründen möchten Sie eine einheitliche LAN-Verkabelung benutzen. Selbstverständlich müssen die LAN-Anschlüsse der Firma Anton von denen der Firma Berta getrennt sein. Die Lösung sind VLANs. Sie kreieren zwei VLANs und konfigurieren die Anschlüsse so, dass sich die Anschlüsse der Firma Anton in VLAN 1 und die Anschlüsse der Firma Berta in VLAN 2 befinden.

Fazit

Ein Workgroup-Switch muss flexible Erweiterungsmöglichkeiten bieten (GBIC), seine Switching-Leistung muss für die vorhandenen Anschlüsse ausreichen, und sein Preis muss niedrig sein. Konfigurationsmöglichkeiten geben Ihnen zusätzliche Flexibilität für die Zukunft und sichern so Ihre Investitionen.

Ein Switch, der konfigurierbar ist, bietet Ihnen wesentlich mehr Möglichkeiten als ein nicht gemanagter Switch. Die zusätzlichen Möglichkeiten müssen Sie selbstverständlich bezahlen. Die Nachteil sind also sowohl der höhere Preis der

Komponente als auch der Aufwand, sich die Konfiguration anzueignen. Es ist jedoch ein Preis, der leicht wieder eingespart ist, wenn Sie nach Fehlern suchen, eine Konfiguration vornehmen müssen oder Ähnliches, und das können Sie, weil dieser Switch Ihnen die Möglichkeit gibt.

24.1.3 Modulare Switches

Bei modularen Switch-Systemen kommt es in besonderem Maße auf hohe Switching-Leistung und variable Ausstattungsmöglichkeiten an. Ein modulares Switch-System ist das zentrale Switch-System eines großen Unternehmens. Von ihm aus gehen die Verbindungen zu den Workgroup-Switches. Daher verfügen zentrale Switch-Systeme meist über eine große Anzahl von Glasfaserports. Da oftmals die Server direkt am zentralen Switch-System angeschlossen werden, benötigt man jedoch neben den Glasfaserports auch noch Anschlüsse für RJ-45; auch diese werden per Modul, ähnlich wie eine PCI-Karte in einen PC, eingeschoben (siehe Abbildung 24.4).

Da diese Switch-Systeme erhebliche Anschaffungskosten verursachen, wird dieser Abschnitt für Sie nur informativen Charakter haben. Die Anschaffung eines modularen Switches beginnt mit dem Kauf des Chassis, in dem die sogenannte Backplane integriert ist. Die Backplane entspricht funktional dem Motherboard des PCs. Hinzu kommen Netzteile und Module.

Abbildung 24.4 Cisco Catalyst 6500, ein modularer Switch; Quelle: *http://cisco.com*

Ein komplett ausgestatteter modularer Switch kostet leicht mehrere Tausend Euro, dafür bietet er dann aber auch mehrere Hundert Gbit/s als Switching-Leistung. Bekannte Hersteller von modularen Switches sind 3Com, Avaya, Cisco, Extrem-Networks oder Nortel Networks.

24.1.4 Fachbegriffe für den Switch-Kauf

Wenn Sie einen Switch kaufen, werden Sie in der technischen Beschreibung viele der folgenden Fachbegriffe wiederfinden:

- *Auto-MDI/MDX*: Die Anschlussart von RJ-45 kann MDI oder MDX sein. Das erste ist z. B. eine typische Netzwerkkarte, das zweite ein typischer Switch-Port. Möchten Sie zwei gleichartige Anschlüsse (z. B. zwei Netzwerkkarten) direkt miteinander verbinden, ist ein Cross-Kabel erforderlich. Heutige Switches beherrschen meist Auto-MDI/MDX, d. h., sie erkennen automatisch, welcher Partner angeschlossen ist und stellen ihren Anschluss entsprechend ein. Sie könnten also auch mit einem Cross-Kabel einen PC anschließen.

- *Store and forward* bedeutet, dass Datenpakete komplett zwischengespeichert werden, bevor sie übertragen werden. Dadurch kann der Switch defekte Pakete erkennen und diese verwerfen, sodass sie das Netzwerk nicht mehr belasten.

- In seine *Switching-Tabelle* speichert der Switch die Information, welche MAC-Adresse(n) er an einem Port schon empfangen hat. Erst über die MAC-Adresse kann ein Switch einen bestimmten Netzwerkteilnehmer erreichen.

- Ein *Puffer/Buffer* dient zum Zwischenspeichern der Datenpakete.

- *NWay* fasst die Funktionen Autonegotiation und Autosensing zusammen.

- *Uplink* ist ein Anschluss, an dem das Senden und das Empfangen vertauscht sind. Dadurch kann man Daten mit einem normalen Kabel (also ohne Cross-Kabel) einspeisen.

- *Flow Control IEEE 802.3x* verhindert das Überlaufen und Überschreiben des Speichers (Puffer/Buffer). Droht diese Gefahr, sendet der Switch ein Signal an den oder die Sender.

- *Stackable* ist ein Switch, mit dem man mehrere Switches untereinander über ein herstellerabhängiges Kabel verbinden kann. Diese Switches können über einen Uplink versorgt und oft wie ein Switch gemanagt werden.

- *GigaBit Interface Connector* (GBIC) bezeichnet den Einschub, in den ein zusätzliches Modul eingesteckt werden kann. Dieses verfügt als Anschluss z. B. über 1000BASE-T, 1000BASE-SX oder 1000BASE-LX verfügt. Üblicherweise werden diese Einschübe für den Uplink verwendet.

- *Rackmount* sind Switches, die man in einen Netzwerkschrank einbauen kann. 19 Zoll ist das Standardmaß.

- *SNMP* (siehe Kapitel 19, »Simple Network Management Protocol«) bietet die Möglichkeit, einen Switch zu managen und seine Werte abzufragen.
- *RMON* ist ähnlich wie SNMP eine Managementfunktion, um Werte abzufragen.
- *Spanning Tree* ist die Standardtechnologie, um einen Ring (engl. *loop*) zu vermeiden. Wenn man ein Netzwerk so aufbaut, dass Pakete im Kreis transportiert werden, entstehen Überlastungssituationen. Das wird durch Spanning Tree automatisch verhindert, indem doppelte Verbindungen deaktiviert werden (siehe auch Abbildung 24.3).
- *IGMP* dient der Multicast-Fähigkeit von Netzwerken z. B. für Video-Streams (siehe Abschnitt 24.1.2, »Workgroup-Switches«).
- *VLAN/IEEE 802.1q*: Virtuelle LANs bieten die Möglichkeit, auf einer Verkabelung mehrere LANs zu realisieren. Dabei wird ein Ethernet-Paket mit einer Markierung versehen (engl. *tag*). Stellen Sie sich vor, dass Datenströme verschiedene Farben aufweisen. Gelbe Netzanschlüsse können nur untereinander kommunizieren, das Gleiche gilt für andere Farben.
- *Priorisierung/IEEE 802.1p* wird eingesetzt, wenn im LAN zu wenig Bandbreite zur Verfügung steht. Es ist z. B. möglich, kleine Datenpakete großen vorzuziehen. Erst wenn alle kleinen Pakete transportiert sind, werden große Datenpakete transportiert; damit werden die kleinen Datenpakete zeitgerecht zugestellt.
- *Layer 3* ist die ISO/OSI-Schicht 3, also die Schicht von IP. Ein Layer-3-Switch ist ein schneller Router.
- *Power over Ethernet* (PoE) ist eine Stromversorgung von Netzwerkteilnehmern über das Netzwerkkabel durch den Switch. Üblicherweise werden mit PoE Geräte versorgt, die wenig Leistung verbrauchen, wie z. B. IP-Telefone oder Netzwerkkameras.

24.1.5 Fazit

Im Netz daheim sind die Anforderungen üblicherweise nicht so hoch, und ein Mini-Switch mit 100 oder 1.000 Mbit/s reicht aus. An diesen Switches schätzen Sie den lüfterlosen Betrieb, denn der Switch wird in Ihren Wohnräumen stehen. Möglicherweise sind Kombinationsgeräte von Switch, DSL-Router und WLAN Access Point für Sie interessant. Informationen dazu finden Sie in Abschnitt 36.1, »Hardware-Router«.

Zu managende Switches werden aufgrund ihres höheren Preises nur im professionellen Umfeld eingesetzt. Die angebotenen Funktionen zielen auf Firmen ab; meist werden sie im privaten Umfeld nicht gebraucht.

24.2 Switches im Netzwerk integrieren

Ein Switch ist eine Plug-and-Play-Komponente: Sie schließen den Switch an, und er funktioniert.

24.2.1 Uplink

Der an manchen Switches vorhandene *Uplink-Port* ist kein spezieller, sondern ein normaler Anschluss, der gekreuzt als RJ-45-Anschluss als Uplink zur Verfügung gestellt wird, damit man mehrere Switches mit einem normalen Kabel verbinden kann. Gäbe es den Uplink-Port nicht, müsste man ein gedrehtes Kabel benutzen, um mehrere Switches zu verbinden. Das gilt, sofern nicht mindestens einer der beiden Switches MDI/MDX unterstützt.

24.2.2 Auto-MDI/MDX

Fast alle Mini-Switches bieten heute eine *Auto-MDI/MDX-Funktion*, die automatisch erkennt, ob der Port gekreuzt (MDX) oder 1:1 (MDI) angesteuert werden muss. Der Einsatz von speziellen Uplink-Ports entfällt ebenso wie der Einsatz von Cross-Kabeln.

Sollte der Switch Auto-MDI/MDX falsch ausführen, weil z. B. die Kombination dieses Switches mit manchen Netzwerkkarten nicht funktioniert, kommt keine Verbindung zustande. Die Funktion ist nicht genormt, und daher handelt es sich um eine potenzielle Fehlerquelle. [!]

In diesem Kapitel erfahren Sie alle Schritte, um mit Ihrer jeweiligen Windows-Version ins Netz zu kommen.

25 Windows einrichten

In diesem Buch werde ich die Windows-Versionen Windows 8, Windows 7, Windows Vista und Windows XP behandeln. Die Darstellung beschränkt sich also auf die Clientvarianten. Die Windows-Serverprodukte werden in anderen Publikationen von Galileo Computing ausführlich behandelt, und die Darstellung von ActiveDirectory und ähnlichen Technologien würde zudem den Rahmen dieses Buches sprengen.

Ich stelle Ihnen in diesem Kapitel die Neuerungen und Veränderungen der einzelnen Windows-Versionen im Vergleich zum jeweiligen Vorgänger vor.

25.1 Windows 8

Der klassische PC bekommt immer stärkere Konkurrenz von verschiedenen Endgeräten mit leistungsschwachen Prozessoren. Der Nachfolger von Windows 7 vollzieht vermutlich aus diesem Grund einen Spagat zwischen einem von Windows 7 übernommenen Desktop für PCs und der neuen *Metro*-Oberfläche. Diese ist mit ihren Kacheln besonders für Endgeräte mit Touchscreen geeignet, während die Bedienung mit der Maus holprig erscheint. Der Desktop kann als eine von vielen Applikationen aus der Metro-Oberfläche heraus über eine Kachel gestartet werden.

Im c't-Artikel »Weg vom Fenster«, Heft 07/2012, Seite 84, steht deutlich: »Hier wächst zusammen, was nicht zusammengehört.«

Im Netzwerkbereich gibt es wenige, aber richtungsweisende Neuerungen im Vergleich zu Windows 7. Bei Standardthemen, z. B. der IP-Konfiguration, Heimnetzgruppe oder der Windows-Firewall, genügt der Verweis auf den Abschnitt 25.2, »Windows 7«.

25.1.1 Versionen

Folgende Windows-8-Versionen gibt es:

- *Windows 8*: die Standardversion für Privatanwender
- *Windows 8 Pro*: Unterstützt zusätzlich den Remote Desktop Service, die Festplattenverschlüsselung *BitLocker*, Dateiverschlüsselung, Gruppenrichtlinien, *Client HyperV* und Boot von virtuellen Festplatten im VHD-Format.
- *Windows 8 Enterprise*: eine Version ausschließlich für Großkunden
- *Windows RT*: Windows 8 auf ARM-Prozessoren

25.1.2 Windows Live ID

Die ab Windows 7 ins Betriebssystem integrierte Live ID (siehe Abschnitt 25.6.3, »Link Online-ID«) bekommt unter Windows 8 noch mehr Bedeutung. Erstmals können sich Benutzer direkt mit ihrer Windows Live ID am System anmelden.

Das vereinfacht insbesondere die eindeutige Authentifizierung und Cloud-Dienste wie z. B. SkyDrive (siehe Abschnitt 45.3.1, »Microsoft SkyDrive«) und ist ein konsequenter Schritt in Richtung Cloud. Insgesamt wird die effektive Nutzung der Microsoft-Cloud mit Windows 8 deutlich einfacher.

25.1.3 Einstellungen synchronisieren

Unter Windows 8 können Sie Ihre persönlichen Einstellungen mit der Windows Live ID verknüpfen. Damit werden diese Einstellungen verfügbar, sobald Sie sich mit Ihrer Windows Live ID auf irgendeinem Endgerät mit Windows 8 anmelden.

Die Einstellungen werden auf Wunsch in der Cloud abgelegt. Nach einer erfolgreichen Anmeldung an einem Endgerät wird dieses Gerät im Hintergrund synchronisiert.

Über die PC-EINSTELLUNGEN gelangen Sie zum Punkt EINSTELLUNGEN SYNCHRONISIEREN. Hier entscheiden Sie, ob und welche Einstellungen mit der Microsoft Cloud synchronisiert werden sollen (siehe Abbildung 25.1).

Unter den vielen Optionen möchte ich besonders den Punkt KENNWÖRTER hervorheben. Der *Credential Manager* speichert die Login-Informationen verschiedener Anwendungen, Internetseiten, Netzwerke und Heimnetzgruppen. Er arbeitet vergleichbar mit einem Passwortmanager eines Browsers. Die Login-Informationen werden unter Windows 8 auf Wunsch in der Microsoft Cloud gespeichert.

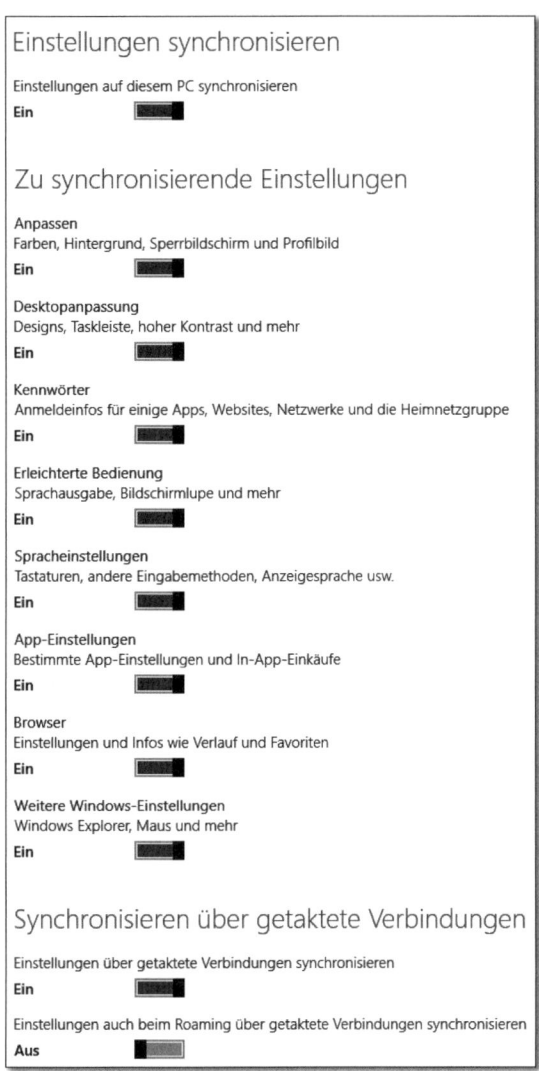

Abbildung 25.1 Welche Einstellungen von Windows 8 sollen in die Cloud?

Der Credential Manager und die Passwort-Synchronisation sind in Kombination ein zweischneidiges Schwert. Viele Benutzer verwenden im Internet eines oder wenige Kennwörter für mehrere Dienste, da sie sich verschiedene nicht merken können oder wollen. Ein Passwortmanager im Betriebssystem bietet Abhilfe und speichert auch komplizierteste Passworte. Der Windows-8-Passwortmanager setzt natürlich ein vertrauenswürdiges Endgerät mit Windows-8-Betriebssystem voraus. Wer Ihre Windows Live ID ausspäht, der erhält gleichzeitig alle synchronisierten Kennwörter auf dem Silbertablett.

[!]

[»] Sollte das Passwort Ihrer Windows Live ID unbefugt geändert worden sein, akzeptiert ein Gerät mit Windows 8 auch das zuletzt bei einer Anmeldung erfolgreich verwendete Passwort.

25.1.4 Bildcode

Unter Windows 8 existiert mit dem *Bildcode* eine neue Art der Benutzerauthentifizierung, welche in erster Linie für Endgeräte mit Touchscreen gedacht ist. Eine Maus kann theoretisch aber auch verwendet werden. Zur Einrichtung des Bildcodes müssen Sie zunächst ein geeignetes Bild auswählen, auf dem Sie dann nacheinander drei Gesten – Striche oder Kreise – zeichnen.

[»] Auch wenn Sie den Bildcode für einen Benutzer eingerichtet haben, kann sich dieser über die Schaltfläche Zu Kennwort wechseln weiterhin mit seinem Passwort anmelden.

Ein Bildpasswort ist grundsätzlich genauso sicher und unsicher wie ein normales Passwort. Detailreichtum und etwas Kreativität sollten Sie unbedingt beherzigen.

25.1.5 File History

Vielleicht haben Sie sich auch schon einmal eine Funktion wie *Apple Time Machine* (siehe Abschnitt 42.7, »OS X mit Time Machine im Netzwerk sichern«) für ein Windows-Betriebssystem gewünscht? Mit *File History* von Windows 8 können Sie Sicherungskopien von Verzeichnissen zu definierten Zeitpunkten einrichten (siehe Abbildung 25.2).

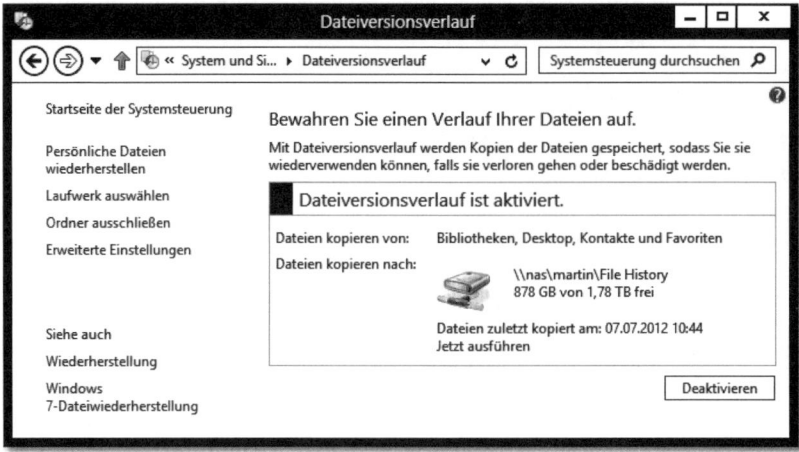

Abbildung 25.2 File History in der Übersicht

Dabei sind Sie auf persönliche Dateien aus Ihren Bibliotheken, den Desktopinhalt, Kontakte und Favoriten beschränkt. Den Inhalt der Bibliotheken können Sie mit dem Windows-Dateiexplorer verwalten. Im Kontextmenü eines Verzeichnisses finden Sie die Aktion IN BIBLIOTHEK AUFNEHMEN.

Natürlich können Sie einzelne Ordner und Unterordner aus der Bibliothek von der Sicherung ausschließen.

Aktivieren

Sie aktivieren File History über die Schaltfläche SYSTEMSTEUERUNG • SYSTEM UND SICHERHEIT • DATEIVERSIONSVERLAUF • AKTIVIEREN.

Laufwerk auswählen

Zunächst müssen Sie ein Laufwerk auswählen. File History kann ein lokal angeschlossenes USB-Laufwerk oder eine Netzwerkfreigabe als Sicherungsmedium verwenden (siehe Abbildung 25.3).

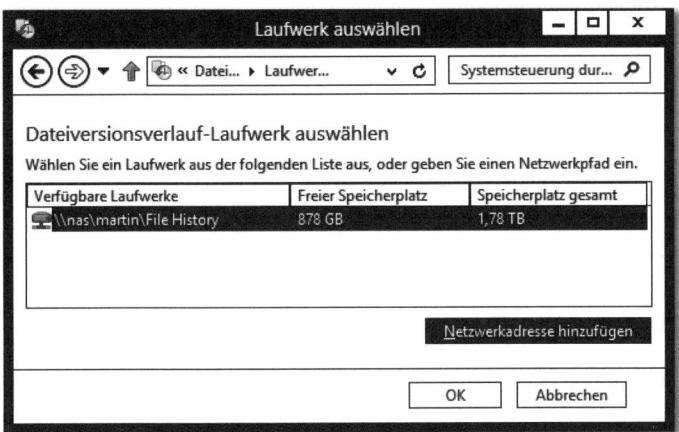

Abbildung 25.3 Sie haben die Auswahl: lokales oder entferntes Sicherungsmedium?

Falls Sie Mitglied einer Heimnetzgruppe sind, möchten Sie anderen Mitgliedern die Verwendung dieses Laufwerkes für File History vielleicht empfehlen, was Ihnen Windows 8 im Anschluss anbietet.

Erweiterte Einstellungen

In den ERWEITERTEN EINSTELLUNGEN können Sie das Sicherungsintervall und die Aufbewahrungsdauer der Sicherung festlegen (siehe Abbildung 25.4).

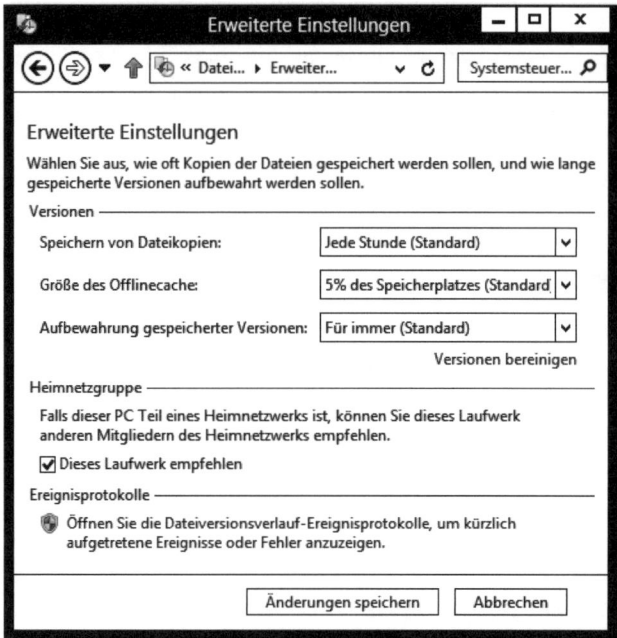

Abbildung 25.4 File History im Detail

Mit der Funktion VERSIONEN BEREINIGEN können Sie alte Sicherungen löschen und Speicherplatz freigeben.

Restore

Mit File History können Sie jede gesicherte Datei wiederherstellen und dabei die Version auswählen. Der Dialog öffnet sich nach einem Klick auf PERSÖNLICHE DATEIEN WIEDERHERSTELLEN (siehe Abbildung 25.5). Bei mehreren gesicherten Versionen können Sie jeweils die VORHERIGE VERSION und die NÄCHSTE VERSION wählen.

Abbildung 25.5 Welche Version ist die richtige? Die Vorschaufunktion könnte helfen.

25.1.6 Windows Defender

Vielleicht kennen Sie die kostenlosen *Microsoft Security Essentials* für Windows-Betriebssysteme (siehe *http://microsoft.com/security-essentials*). Diese gehen unter Windows 8 im *Windows Defender* auf. Windows 8 integriert somit einen Virenscanner (siehe Abschnitt 32.4.2, »Virenscanner«) in den Defender (siehe Abbildung 25.6).

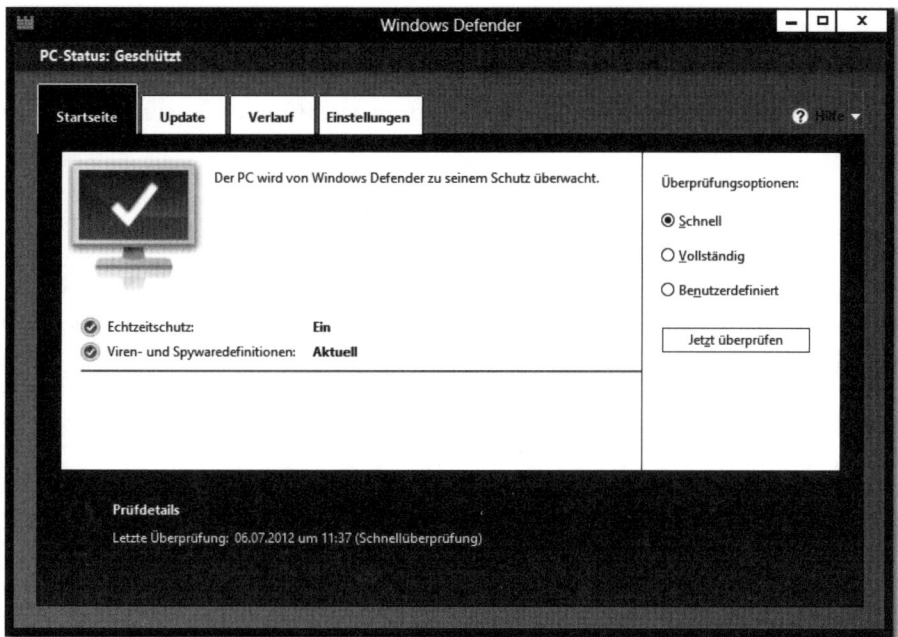

Abbildung 25.6 Der im Defender integrierte Virenschutz bleibt dank Windows-Update aktuell.

25.1.7 Client HyperV

Microsoft bietet mit dem *Windows Virtual PC 2007* eine Virtualisierungslösung (siehe Kapitel 39, »Virtualisierung«) für Windows-7-Hosts und Windows-7-, Windows-Vista- und Windows-XP-Gäste. In Windows 8 hat Microsoft *Client HyperV* integriert. HyperV wurde bisher nur auf Windows-Server-Betriebssystemen angeboten.

Client HyperV bietet im Vergleich zu Virtual PC interessante Funktionen:

- *Snapshots*: Der Zustand einer kompletten virtuellen Maschine wird gesichert.
- *Dynamic Memory*: Der virtuellen Maschine wird ein minimaler und maximaler Speicheranspruch zugewiesen (Memory Oversubscription).

- *Live Storage Move*: Virtuelle Maschinen können zur Laufzeit auf ein anderes Speichermedium (auch im Netzwerk) verschoben werden.

Es gibt jedoch auch Nachteile. Diese wiegen insgesamt so stark, dass ich mich gegen eine detaillierte Beschreibung von Client HyperV in diesem Buch entschieden habe.

- Die Windows-8-Standardversion unterstützt kein Client HyperV.
- Zwingend erforderlich ist die Prozessoreigenschaft *Second Level Address Translation (SLAT)*.
- Es mangelt an Komfort (z. B. Drag & Drop, automatische Anpassung von Größe und Auflösung).

25.2 Windows 7

Drei Jahre nach dem ungeliebten Windows Vista kam Ende des Jahres 2009 der Nachfolger Windows 7. Die Fachwelt ist sich im Urteil bisher recht einig: Windows 7 ist das, was man von Windows Vista immer erwartet hat. Viele sprechen von einem verbesserten Windows Vista.

Untersuchungen haben ergeben, dass deutlich weniger Privatpersonen von Windows XP zu Windows Vista umgestiegen sind als damals von Windows 2000 auf Windows XP; nach zwei Jahren waren es lediglich 20 Prozent. Im geschäftlichen Umfeld wird Windows Vista so gut wie gar nicht eingesetzt, und für die beliebten Netbooks ist Windows Vista zu hardwarehungrig, sodass Microsoft den Verkauf von Windows XP für diese Geräte verlängerte – insgesamt also keine gute Bilanz für Windows Vista bisher.

25.2.1 Versionen

Folgende Windows-7-Versionen gibt es:

- *Windows Starter*: minimalistische Version, die nur an OEM-Partner ausgeliefert wird
- *Windows 7 Home Basic*: Wird nicht in Europa und den USA verkauft.
- *Windows 7 Home Premium*: die Standardversion für Privatanwender
- *Windows 7 Professional*: Nachfolger der Vista-Business-Version; wird im Gegensatz zu dieser aber den vollen Funktionsumfang von Home Premium haben.

- *Windows 7 Enterprise*: eine Version ausschließlich für Großkunden
- *Windows 7 Ultimate Edition*: die Version, die alle Funktionen enthält

Da sich die Netzwerkfunktionen der Versionen nicht voneinander unterscheiden, werde ich hier die Variante *Ultimate Edition* vorstellen.

25.2.2 Besondere Netzwerkfunktionen

Die wesentlichen Änderungen in Windows 7 gegenüber älteren Windows-Versionen hinsichtlich der Netzwerkfunktionalitäten sind:

- *Homegroup*: Der Austausch von Dateien zwischen Windows PCs erfordert neben der korrekten IP-Konfiguration auch, dass der PC in derselben Arbeitsgruppe ist und Freigaben entsprechend berechtigt sind. Nicht selten klappt das schnelle Austauschen von Dateien nicht auf Anhieb. Dieses Problem löst die Funktion Homegroup mithilfe von IPv6.

- *Easy Connect*: Die schon aus Windows XP bekannte Remoteunterstützung hatte stets den Nachteil, einen DSL-Router nicht zu überspringen; er musste erst aufwendig konfiguriert werden. Das wird mit Easy Connect nun anders. Dabei hilft wieder IPv6 und eine Microsoft-Entwicklung: das *Peer Name Resolution Protocol* (PNRP).

- *Bessere WLAN-Unterstützung*: Es reicht nicht immer, verfügbare WLANs anzuzeigen. Bei Hot Spots muss beispielsweise eine Authentifizierung erfolgen. Diese Fähigkeit ist in Windows 7 integriert.

- *Firewall*: Die neue Firewall unterscheidet zwischen Regeln für öffentliche und private Netzwerkstandorte.

- *Netzwerkprofile*: Wird ein PC, insbesondere ein Notebook, in verschiedenen Netzen eingesetzt, ist es mühsam, den Standarddrucker umzustellen. Bisher haben dem Benutzer spezielle Programme diese Arbeit abgenommen; jetzt kann Windows das selbst.

- *Schnelle DHCP-Anfrage*: Windows sendet die DHCP-Anfrage schneller und soll damit den Bootvorgang beschleunigen.

- *Link Online-ID*: Ein Benutzerkonto kann mit einer Windows Live-ID verknüpft werden. Die zentrale Benutzerverwaltung kann für Benutzerfreigaben genutzt werden.

Gut zu erkennen ist, dass Microsoft der häufigeren Vernetzung mit Notebooks Rechnung trägt und Funktionen nachrüstet, die bisher nur mit Drittprogrammen erreicht werden konnten.

25.2.3 IP-Konfiguration

Der Dialog zur IP-Konfiguration ähnelt dem von Windows XP oder Windows Vista (siehe Abbildung 25.7).

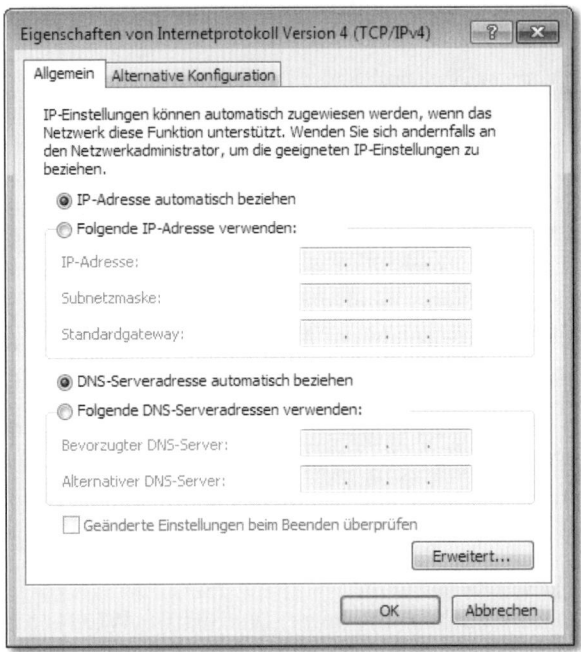

Abbildung 25.7 Windows 7 – Eigenschaften von IPv4

Die IP-Konfiguration finden Sie bei Windows 7 unter START • SYSTEMSTEUERUNG • NETZWERK UND INTERNET • NETZWERK- UND FREIGABECENTER • ADAPTEREINSTELLUNGEN ÄNDERN • LAN-VERBINDUNG • EIGENSCHAFTEN. Dort klicken Sie auf INTERNETPROTOKOLL VERSION 4 (TCP/IPv4) und dann erneut auf EIGENSCHAFTEN.

Ebenfalls seit Windows Vista verfügbar ist die ALTERNATIVE KONFIGURATION. Das war der erste Ansatz, die IP-Konfiguration für zwei Netzwerke zu verwalten (z. B. im Büro oder zu Hause). Es fehlte bei Windows Vista die Möglichkeit, weitergehende Einstellungen verwalten zu können, dies ist jetzt mit den Netzwerkprofilen (siehe Abschnitt 25.5, »Windows in verschiedenen Netzwerken«) erweitert worden. Dabei weisen Sie dem Netzwerk einen Standort zu. Dieser entscheidet dann darüber, welche Sicherheitseinstellungen gelten.

Die Treiber zur *Topologieerkennung* gibt es seit Windows Vista. Diese versuchen, den Aufbau des Netzwerkes zu erkennen, um mit den gewonnenen Informationen Fehler besser diagnostizieren zu können. Weitere Informationen zu LLTP finden Sie im Abschnitt 25.3.2, »IP-Einstellungen«.

25.2.4 Windows-7-Firewall

Die bisherigen Windows-Firewalls genießen in der Fachwelt keinen guten Ruf, die Fachleute rieten zu anderen Firewalls. Entsprechend wurde die Windows-Firewall oft deaktiviert. Ihre Möglichkeiten waren zu beschränkt, als dass sich damit vernünftig arbeiten ließ, auch wenn sie einfach zu benutzen war.

Microsoft hat in Windows 7 die Firewall aufpoliert und unterscheidet jetzt zwischen öffentlichen Netzwerken (z. B. einem Hot Spot im Biergarten) und privaten Netzwerken. Während im Biergarten der Zugriff auf die freigegebenen Ordner unerwünscht ist, ist genau das üblicherweise im eigenen LAN gewollt. Diesem Umstand trägt die neue Firewall Rechnung und passt die Firewall-Regeln an, je nachdem, ob man sich in einem privaten oder öffentlichen Netzwerk befindet.

Auch der bisherige Nachteil, dass standardmäßig lediglich der eingehende Datenverkehr überprüft wurde, während Schädlinge ungehindert ausgehend kommunizieren konnten, ist behoben. Es ist sogar möglich, die Firewall nur für öffentliche Netzwerke zu aktivieren.

Wenn Sie unter SYSTEMSTEUERUNG • SYSTEM UND SICHERHEIT • WINDOWS-FIREWALL die Standardansicht der Firewall aufgerufen haben, stehen Ihnen alle wesentlichen Möglichkeiten der Administration zur Verfügung (siehe Abbildung 25.8).

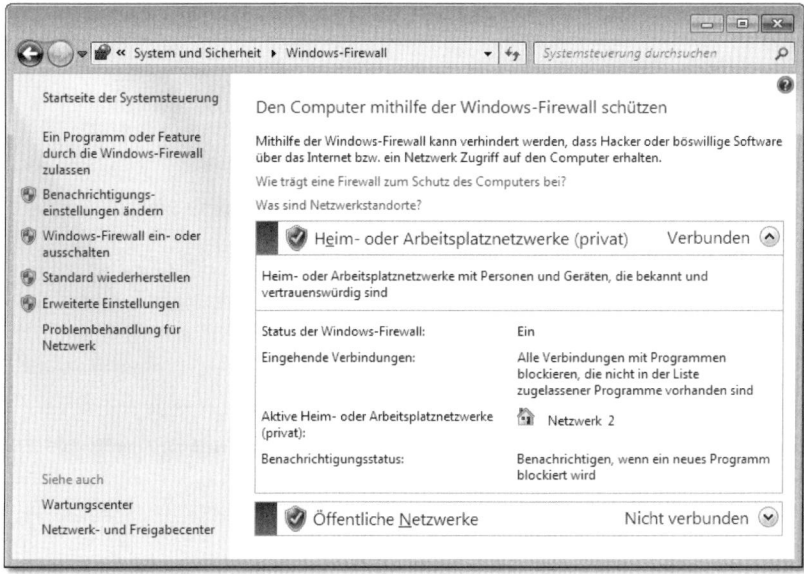

Abbildung 25.8 Die neue Firewall bietet mehr Möglichkeiten.

Wenn Sie auf EIN PROGRAMM ODER FEATURE DURCH DIE WINDOWS-FIREWALL ZULASSEN klicken, können Sie eine neue Regel anlegen. Im Bereich der zugelassenen

Programme klicken Sie auf EINSTELLUNGEN ÄNDERN und dann auf ANDERES PROGRAMM ZULASSEN ...

Im folgenden Dialog (siehe Abbildung 25.9) können Sie das Programm auswählen und über die Schaltfläche NETZWERKSTANDORT-TYPEN direkt festlegen, ob dies nur in privaten oder auch in öffentlichen Netzwerken gelten soll.

Weitergehende Konfigurationen sind nun nicht mehr auf TCP und UDP begrenzt, sondern eine Regel kann auch viele andere Protokolle betreffen, z. B. kann man IPv6 verbieten, aber IPv4 erlauben oder andersherum und vieles mehr.

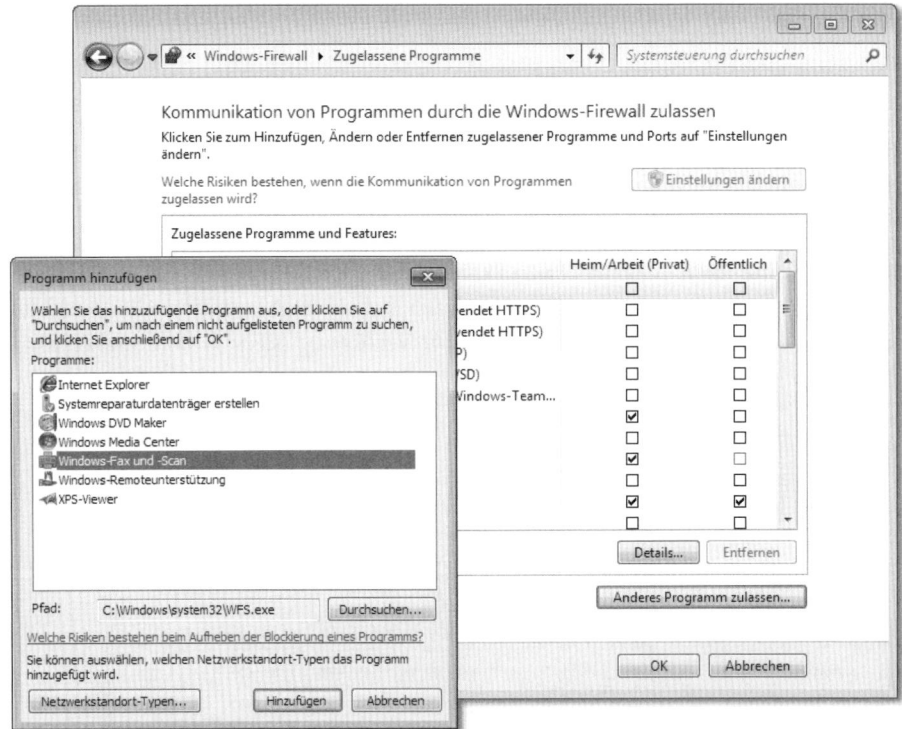

Abbildung 25.9 Programm erlauben

Alles in allem hat sich die Firewall deutlich verbessert und kann nun den kostenlosen Produkten anderer Hersteller das Wasser reichen.

25.2.5 Homegroup

Die *Heimnetzgruppe* – die unglückliche Übersetzung von Homegroup – ist die Weiterentwicklung der *Arbeitsgruppe*, die bereits aus den Vorgängerversionen bekannt ist. Die Nutzung einer Arbeitsgruppe bot eine Fülle von Hürden. Insbesondere mussten die Berechtigungen richtig gesetzt sein, damit ein Benutzer eines anderen Computers zugreifen konnte. Diese Funktion wurde daher massiv vereinfacht.

Bei der Installation von Windows 7 gibt man an, ob eine Homegroup angelegt werden soll oder ob man einer bestehenden Homegroup beitreten möchte. Die dritte Variante ist das Zusammenführen von zwei Gruppen zu einer, wenn zwei bestehende PCs in einem Netzwerk zusammentreffen. Bei der Homegroup gibt es die Beschränkung, dass diese Funktion nur mit Windows 7 und Windows 8 funktioniert und das auch nur innerhalb eines LANs. Zusätzlich muss als Netzwerkstandort für die LAN-Verbindung *Heimnetzwerk* ausgewählt sein.

Im Dialog zur Erstellung der Homegroup (siehe Abbildung 25.10) kann man auswählen, welche Dateitypen man freigeben möchte. Mit einem Klick auf WEITER wird die Homegroup angelegt.

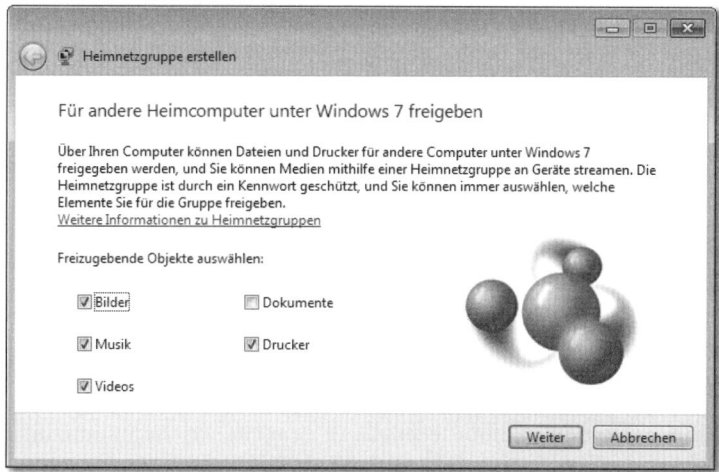

Abbildung 25.10 Homegroup erstellen

Es wird ein Passwort angezeigt, das weitere Mitglieder der Gruppe eingeben müssen, um dieser Homegroup beizutreten (siehe Abbildung 25.11). Das Merken oder Ausdrucken des Passworts ist nicht notwendig, Sie können sich jederzeit über NETZWERK UND INTERNET • HEIMNETZGRUPPE • KENNWORT FÜR DIE HEIMNETZGRUPPE ANZEIGEN ODER DRUCKEN das Passwort anzeigen lassen.

Der Homegroup bereits beigetretene Benutzer können wählen, welche Art von Dateien innerhalb der Gruppe freigeben werden soll. Weitere Einstellungen sind nicht erforderlich: keine Freigaben, keine Benutzer, keine Freigabepasswörter, keine Dateiberechtigungen.

Wenn Sie Windows 7 oder Windows 8 in einem Netzwerk mit einer Arbeitsgruppe einsetzen möchten, dann finden Sie die Einstellungen dazu unter START • SYSTEMSTEUERUNG • SYSTEM • ERWEITERTE SYSTEMEINSTELLUNGEN • COMPUTERNAME • ÄNDERN.

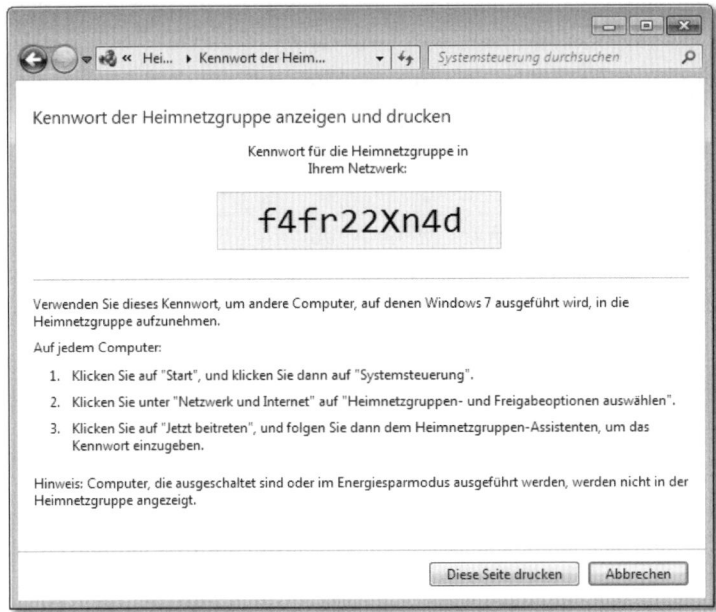

Abbildung 25.11 Kennwort zum Beitritt in die Homegroup

25.2.6 Windows-Remoteunterstützung Easy Connect

Wenn ein Laie Hilfe bei einem Computerproblem braucht, so ist es nützlich, wenn der Helfer auf seinen PC schauen und ihn bei der Lösung des Problems unterstützen kann. Im Grunde handelt es sich dabei um den Bereich der Remoteadministration (siehe Kapitel 31, »Fernadministration und Zusammenarbeit«).

Die Remoteunterstützung gibt es bereits bei Windows XP, für den Einsatzzweck Computerlaie kontaktiert Helfer ist sie ungeeignet, weil dem Helfer die private IP-Adresse mitgeteilt wird, mit der er nichts anfangen kann, wenn er aus dem Internet zugreifen will. Diesen Mangel beseitigt *Easy Connect* in Windows 7. Dabei benutzt Windows 7 zwei Techniken:

- IPv6 mithilfe von *Teredo* auch über IPv4-Internetzugänge
- *Peer Name Resolution Protocol* (*PNRP*), um für den Hilfesuchenden – vergleichbar mit DynDNS – einen weltweit eindeutigen Namen für den Zugriff des Helfers aus dem Internet zu haben.

Damit all das klappt, muss am Internetrouter der UDP-Port 3540 zu diesem Windows-7-PC weitergeleitet werden. Das wird von der Remoteunterstützung geprüft. Kommen die PNRP-Pakete nicht durch den DSL-Router zu diesem PC, wird die Option Easy Connect nicht angeboten.

Die Einstellungen zur Remoteunterstützung finden Sie unter SYSTEMSTEUERUNG • ALLE ELEMENTE • SYSTEM • REMOTEEINSTELLUNGEN (siehe Abbildung 25.12).

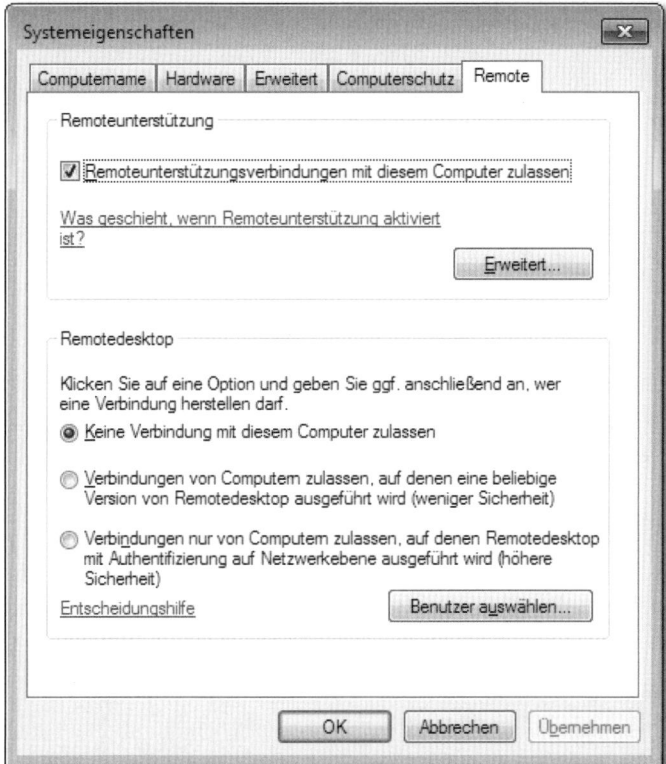

Abbildung 25.12 Die Remoteunterstützung ist aktiviert.

Wenn Sie unter der Schaltfläche ERWEITERT ... die Windows-Version der Helfer auf Windows Vista oder höher beschränken, wird PNRP genutzt.

Um die eine Sitzung zu starten, rufen Sie als Hilfesuchender WINDOWS-REMOTE-UNTERSTÜTZUNG aus dem Startmenü auf. Es erscheint der in Abbildung 25.13 gezeigte Dialog, in dem Sie wählen können, ob Sie Hilfe brauchen oder helfen wollen.

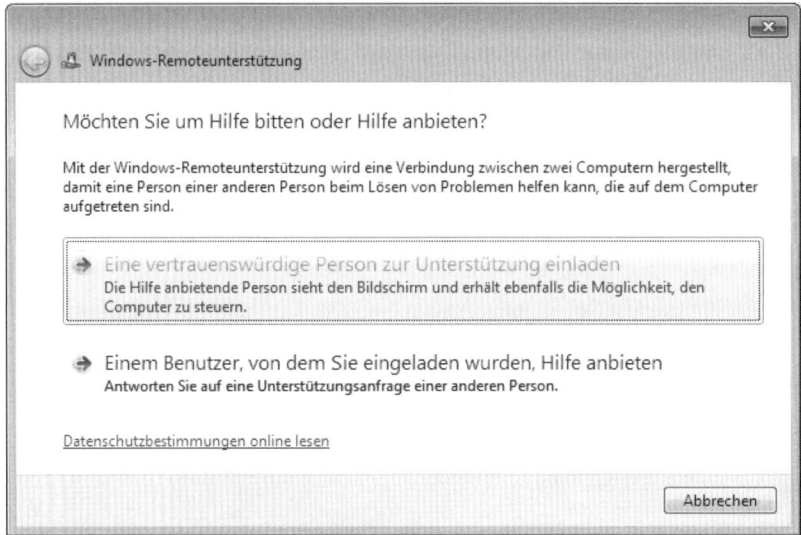

Abbildung 25.13 Helfen oder Hilfe anbieten?

Im nachfolgenden Dialog können Sie entscheiden, wie Sie den Helfer informieren wollen. Bei der Auswahl EASY CONNECT VERWENDEN braucht der Helfer nur noch ein Passwort einzutippen (siehe Abbildung 25.14).

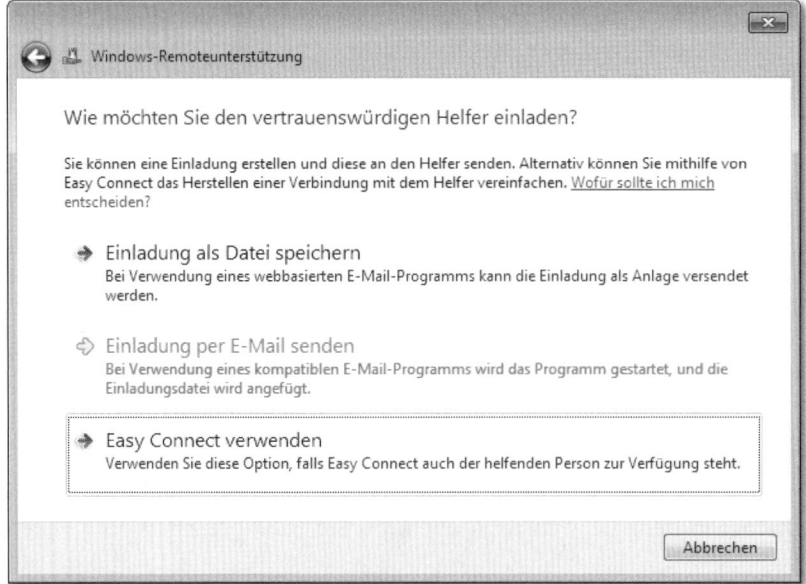

Abbildung 25.14 Einladung an den Helfer

Beim PNRP wird wie bei anderen Peer-to-Peer-Anwendungen auch kein zentraler Server eingesetzt, sondern die Namensauflösung durch andere PCs gewährleistet, die ebenfalls PNRP aktiviert haben.

In der Abbildung 25.15 hilft ein Windows-Vista- einem Windows 7-PC.

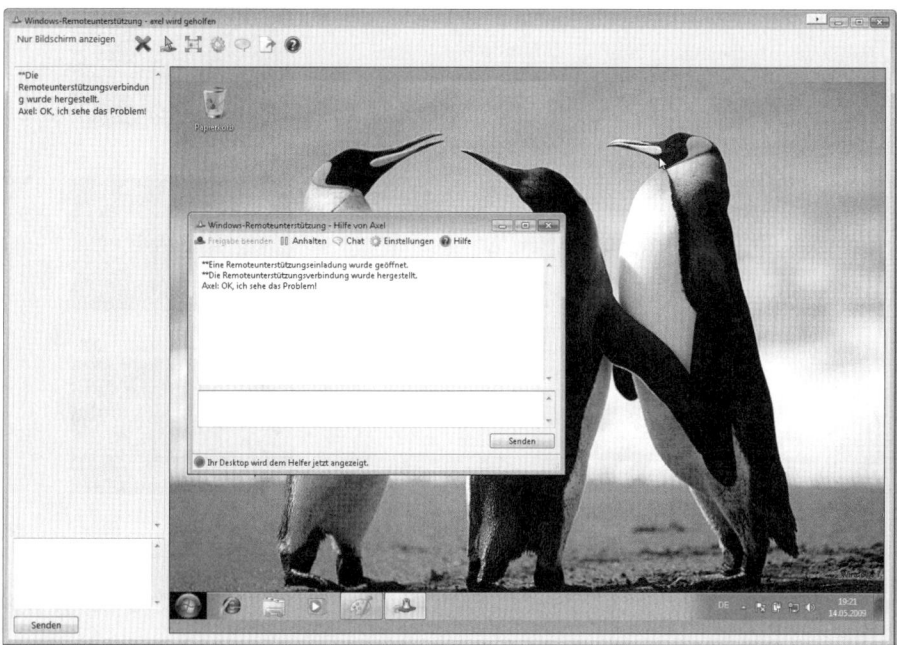

Abbildung 25.15 Der Helferdesktop

25.2.7 Kleine Änderungen

Die *Netzwerkprofile* wurden mit Windows Vista eingeführt und geben Ihnen die Möglichkeit, abhängig von der Art des Netzwerkes bestimmte Freigabeoptionen zu nutzen. So wird standardmäßig bei *Öffentliches Netzwerk*, also etwa einem Hot Spot, der Datenverkehr restriktiv durch die Firewall behandelt; bei *Heimnetzwerk* sind Freigaben möglich.

Die Netzwerkprofile wurden jetzt um die Möglichkeit erweitert, einen Standarddrucker vorzugeben.

Verbessert wurde auch der *Ressourcenmonitor*; er zeigt nun, welche Anwendung wie viel Leistung nutzt und auch welche Ports verwendet werden (siehe Abbildung 25.16).

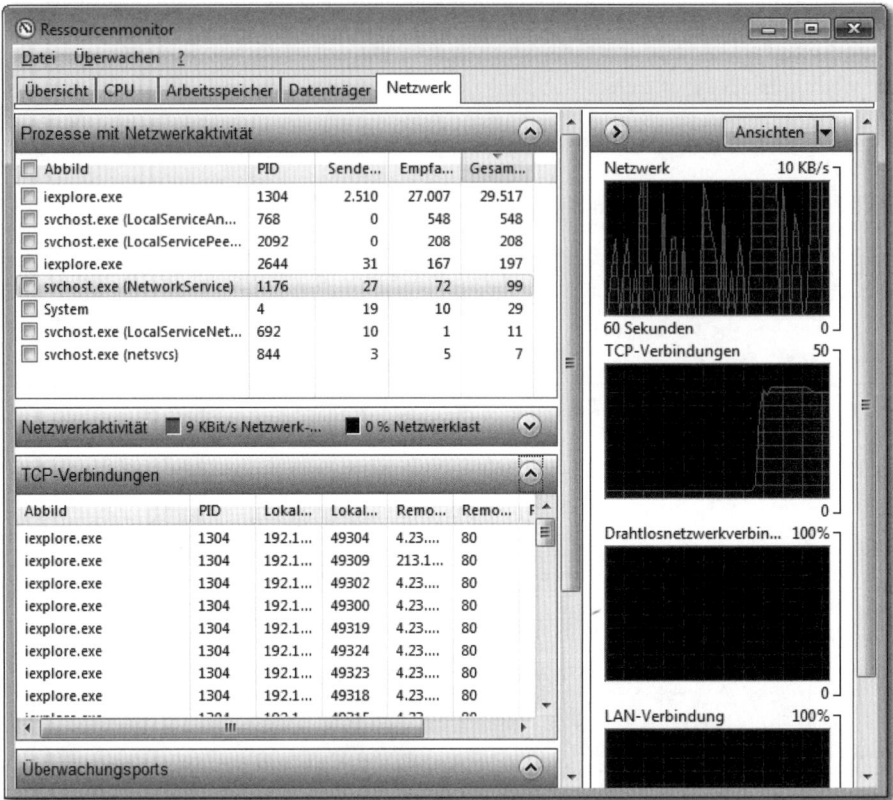

Abbildung 25.16 Netzwerkreiter des Ressourcenmonitors

25.3 Windows Vista

Windows Vista ist der Nachfolger von Windows XP und bietet nach mehr als fünf Jahren Entwicklungszeit seit dem Jahr 2007 eine Fülle an Neuerungen. Überraschenderweise sind die Verkaufszahlen von Windows Vista nicht den Erwartungen entsprechend. So nutzt kaum ein Geschäftskunde Windows Vista; die meisten sind bei Windows XP geblieben und wechselten direkt zu Windows 7.

25.3.1 Besondere Netzwerkfunktionen

Windows Vista unterscheidet sich von Windows XP in vielen Bereichen, einige Änderungen betreffen die Netzwerkfunktionen. Die augenscheinlichen Neuerungen von Windows Vista liegen insbesondere in der neuen Windows-Oberfläche

Aero, die auf Vektorgrafiken basiert und lediglich verwendet wird, wenn die Grafikkarte entsprechende Anforderungen[1] unterstützt.

Wichtige Neuerungen bietet der Bereich Sicherheit. Nach Aussagen von Microsoft ist Windows Vista das erste Produkt, das den neuen internen Sicherheitszertifizierungsprozess vollständig durchlaufen hat.

Den meisten Kontakt haben Sie als normaler Benutzer zu der neuen Benutzerkontensteuerung *User Account Control* (*UAC*). Für die Änderung der Systemzeit waren bei Windows XP noch Administratorrechte erforderlich, ebenso für die Installation von Programmen. Die weitgehende Beschränkung normaler Benutzer, die bei den Vorgängerversionen letztendlich dazu führte, dass fast alle Benutzer mit vollen administrativen Rechten auf einem PC arbeiteten, ist bei Windows Vista entfallen. Normale Benutzer können nicht nur die Uhrzeit umstellen, sondern auch Programme installieren, wenn diese nicht auf die Systemverzeichnisse zugreifen. Sind administrative Rechte erforderlich, können diese für einzelne Aktionen zur Verfügung gestellt werden. Selbst wenn Sie als Benutzer mit administrativen Rechten arbeiten, werden Sie zu allen Vorgängen, die administrative Rechte wirklich benötigen, zusätzlich gefragt (siehe Abbildung 25.17).

Abbildung 25.17 Wieder ist eine Zustimmung erforderlich.

Da bei der Benutzerkontensteuerung von Windows Vista wirklich viele Nachfragen kommen, wurde diese oftmals deaktiviert, sodass keine zusätzliche Sicherheit gewonnen war. Dieses Problem wurde in Windows 7 geändert, dort ist die Benutzerkontensteuerung anpassbar.

Weitere Sicherheitsfunktionen bieten *Defender* (Spyware-Schutz), Firewall und Jugendschutz; genauere Informationen darüber finden Sie in den jeweiligen Abschnitten.

---

1 DirectX 9.0 und WDDM-Grafiktreiber

Der Bereich Netzwerk wurde insgesamt deutlich umgestaltet. So gibt es statt getrennter Bereiche für Netzwerkeinstellungen und Datei- und Laufwerksfreigaben jetzt das Netzwerk- und Freigabecenter, zu dem Sie weitere Informationen ab Seite 229 finden.

Der Ressourcenmonitor listet übersichtlich auf, was sonst der Befehl `netstat` auf der Kommandozeile zeigen musste, und listet zusätzlich auf, welche Anwendung wie viel Netzwerkverkehr erzeugt (siehe Abbildung 25.18).

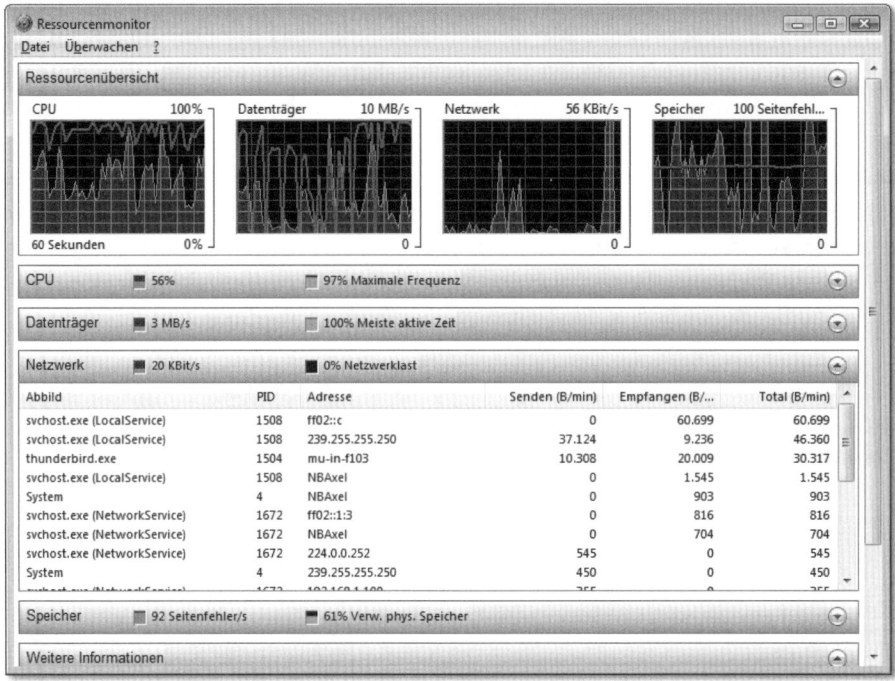

Abbildung 25.18 Der Windows-Vista-Ressourcenmonitor zeigt auch die Netzwerklast.

Die bisher als gesonderte Windows-XP-Version vermarktete MediaCenterEdition (MCE) ist bei Windows Vista Home Premium und Ultimate enthalten. Mit dem Programm MediaCenter können Sie eine Medienbibliothek verwalten (Bilder, Musik, Video), anhören bzw. anschauen, Videos aufnehmen oder Mediadateien aus dem Internet einbinden (Video on Demand). Auch das Streaming von Videos auf den Fernseher ist mit von Microsoft *MediaCenter Extender* genannten Geräten möglich. Als Extender gibt es neben der *XBox* auch von weiteren Herstellern Set-Top-Boxen oder LCD-TVs, die als Extender arbeiten können.

Viele Netzwerkänderungen haben sich unter der Oberfläche von Windows Vista vollzogen. So ist der TCP-IP-Stack komplett neu entwickelt worden und bietet neue Netzwerkfunktionen. Mit den Neuerungen kommt der Benutzer jedoch nicht in Berührung, und ich möchte daher nicht näher auf Einzelheiten eingehen.

> Eine Änderung betrifft auch das Verhalten von Windows Vista bei der Steuerung des TCP-Empfangspuffers: RWIN. Das TCP Receive Window wird automatisch geregelt. Anschauen bzw. einstellen können Sie über die net-Shell: `netsh interface tcp show global`. Die Funktion heißt AUTOM. ABSTIMMUNGSGRAD EMPFANGSFENSTER. [«]

Die Hardware-Erkennung ist bei Windows Vista weiter verbessert worden. Windows Vista liefert den Großteil an Treibern gleich mit. Es können oftmals auch die Windows XP-Treiber für ein Gerät weiterverwendet werden.

Microsoft identifiziert Software, die im Kernel-Modus[2] arbeitet, über ein Verisign-Zertifikat,[3] sodass eine höhere Systemstabilität sichergestellt werden kann. Als Benutzer des 64-Bit-Windows-Vista können Sie im Gegensatz zur 32-Bit-Version ausschließlich signierte Treiber installieren.

25.3.2 IP-Einstellungen

Sie rufen über SYSTEMSTEUERUNG • NETZWERK- UND FREIGABECENTER selbiges auf. Dort wählen Sie links unter AUFGABEN den Punkt NETZWERKVERBINDUNGEN VERWALTEN (siehe Abbildung 25.19).

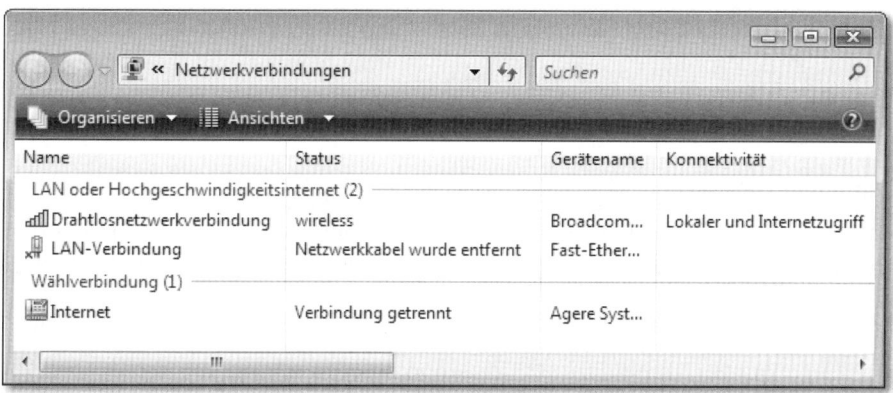

Abbildung 25.19 Verwaltung der Netzwerkverbindungen

---

2 Prozesse können im User-Modus oder im privilegierten Kernel-Modus arbeiten. Den Wechsel zwischen diesen beiden Modi bezeichnet man als Kontextwechsel (engl. *context switch*).
3 PIC = Publisher Identity Certificate

Die IP-Konfiguration geschieht bei Windows Vista in der Voreinstellung per DHCP, wie dies auch bei allen Vorgängerversionen der Fall war. Wenn Sie diese Einstellungen ändern möchten, ist der Zugriff auf die Eigenschaften der Netzwerkverbindung in Windows Vista gegenüber Windows XP leicht modifiziert. Sie können nun mit der rechten Maustaste über das Kontextmenü EIGENSCHAFTEN die Eigenschaften einer Netzwerkverbindung konfigurieren, wie Sie es von XP her bereits kennen (siehe Abbildung 25.20).

Abbildung 25.20 Netzwerkeigenschaften unter Vista

Zusätzlich zu den von Windows XP bekannten Elementen gibt es drei neue Elemente:

- Internetprotokoll Version 6 (TCP/IPv6)
- E/A-Treiber für Verbindungsschicht-Topologieerkennung
- Antwort für Verbindungsschicht-Topologieerkennung

Wie schon im Überblick über die Vista-Neuerungen erwähnt, ist IPv6 (siehe Abschnitt 12.4, »IP-Version 6«) fester Bestandteil von Windows Vista. Üblicherweise wird es selten genutzt, da die meisten Netzwerkgeräte und Programme IPv6 nicht verarbeiten können.

Die letzten beiden Punkte betreffen den Link *Layer Topology Discovery* (*LLTP*), der die Microsoft-properitäre Topologieerkennung in einem Netzwerk unterstützen soll und nicht kompatibel mit dem IEEE 802.1ab LLDP ist.

Wenn Sie die EIGENSCHAFTEN von TCP/IPv4 aufrufen, gibt es neben ALLGEMEIN den Reiter ALTERNATIVE KONFIGURATION. Letzterer erscheint nur, wenn die IP-Konfiguration unter ALLGEMEIN auf IP-ADRESSE AUTOMATISCH BEZIEHEN gesetzt ist, wenn also DHCP verwendet wird. Inhaltlich entspricht die Konfiguration der von XP (siehe Abschnitt 25.3.2, »IP-Einstellungen«).

Wozu gibt es die ALTERNATIVE KONFIGURATION? Der von Microsoft angedachte Anwendungsfall ist die Verwendung eines Notebooks im Firmen-LAN mit DHCP-Server (Reiter ALLGEMEIN) und zu Hause ohne DHCP-Server und ohne APIPA (siehe Abschnitt 25.3.2, »IP-Einstellungen«), sondern mit der alternativen IP-Konfiguration.

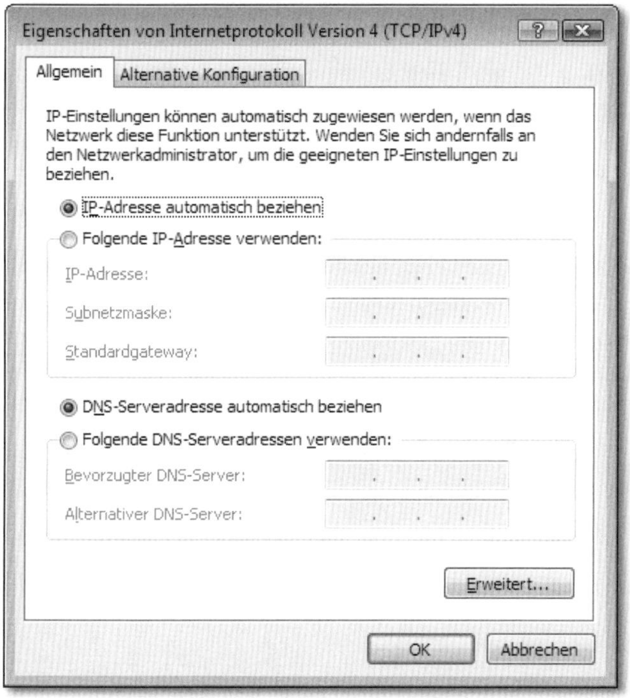

Abbildung 25.21 Die IP-Konfiguration von Vista

Wenn Sie kein DHCP verwenden, dann müssen Sie die IP-Adresse, die Subnetzmaske und das Standardgateway wie gehabt manuell eintragen (siehe Abbildung 25.21). Damit die Namensauflösung – beispielsweise für das Surfen im

Internet – funktioniert, müssen Sie auch einen DNS-Server angeben. Üblicherweise ist dies die IP-Adresse des Internetrouters in Ihrem LAN.

Über die Schaltfläche ERWEITERT ... erreichen Sie weitere Konfigurationsmöglichkeiten. Dort können Sie beispielsweise ein zweites Standardgateway eintragen oder erweiterte Einstellungen zur Namensauflösung vornehmen. Auch hier ist die Konfiguration identisch mit der von Windows XP. In nur sehr seltenen Fällen muss die erweiterte IP-Konfiguration genutzt werden.

Sollten Sie IPv6 verwenden wollen, haben Sie mehrere Möglichkeiten:

- automatische Link-Lokale-Adressen
- manuelle IPv6-Konfiguration
- IPv6-fähiger DHCP-Server

Der letzte Fall findet selten Anwendung, da es bisher erst wenige IPv6-fähige DHCP-Server gibt.

In Abschnitt 12.4, »IP-Version 6«, wird beschrieben, dass die *Autokonfiguration* von IPv6 die Verwendung von DHCP weitestgehend überflüssig macht. Daher wird es üblich sein, IPv6 ohne DHCP zu verwenden. Das Betriebssystem errechnet anhand der MAC-Adresse eine sogenannte Link-Lokale-Adresse nach dem EUI-64-Standard.

[»] Windows-Versionen ab Windows Vista verwenden IPv6 vorrangig. Das bedeutet, sollte eine IPv6-Adresse des Netzwerkteilnehmers vorhanden sein, wird diese auch verwendet. Sehen können Sie das, wenn Sie einen `ping` auf den Namen `localhost` absetzen. Dort wird die IP-Adresse ::1 verwendet, dies ist die Entsprechung zu 127.0.0.1 bei IPv4.

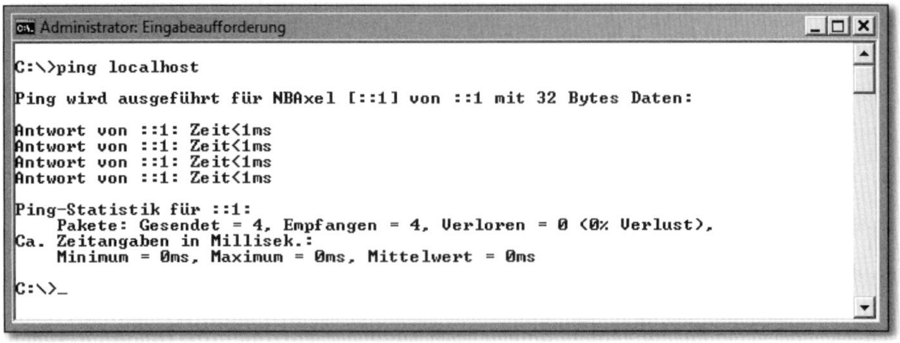

Abbildung 25.22 »ping« auf »localhost« mit IPv6

Ihre LAN-Karte hat die MAC-Adresse 00:11:22:33:44:55. Windows und im Übrigen auch Linux würden daraus die folgende Link-Lokale-Adresse generieren: [zB]
fe80::02**11**:**22**FF:FE**33**:**4455**

In den fett markierten Ziffern der IPv6-Adresse finden Sie die MAC-Adresse wieder.

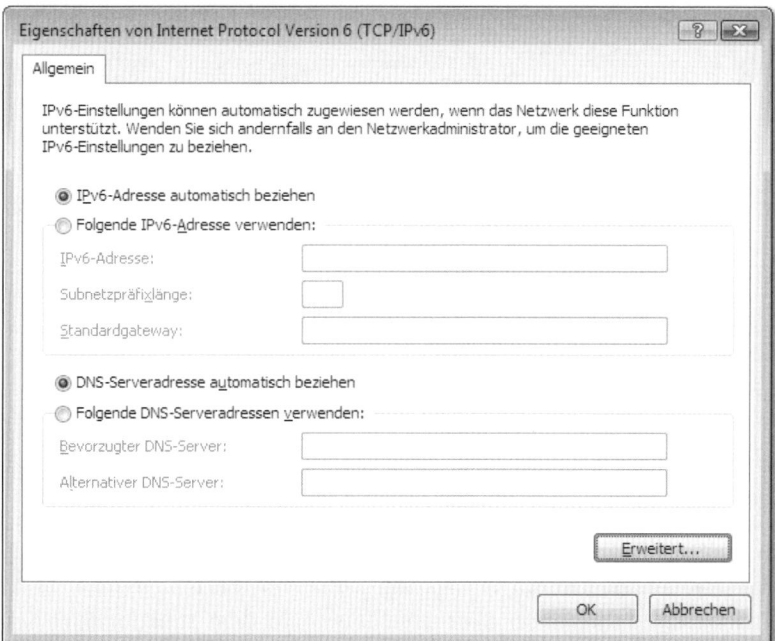

Abbildung 25.23 Die IPv6-Konfiguration geschieht meist automatisch.

Normalerweise sollten Sie bei IPv6 keine manuelle Konfiguration (siehe Abbildung 25.23) vornehmen müssen. Wenn Sie sich näher mit IPv6 unter Windows Vista beschäftigen möchten, finden Sie in diesem Artikel einen guten Einstieg dazu: *http://www.microsoft.com/germany/technet/datenbank/articles/600950.mspx*.

25.3.3 Erweiterte Netzwerkeinstellungen

Bei Windows XP existiert zu jeder Netzwerkverbindung ein Reiter ERWEITERT, über den die Windows-Firewall und die Internetverbindungsfreigabe erreichbar sind. Dieser Reiter und auch der Reiter AUTHENTIFIZIERUNG existieren bei Windows Vista nicht mehr, es gibt nur noch den Reiter FREIGABE. Damit ist allerdings nicht die Datei- und Druckerfreigabe gemeint, sondern die Internetverbindungsfreigabe.

Abbildung 25.24 Internetverbindungsfreigabe unter Windows Vista

Die Konfiguration der Internetverbindungsfreigabe (siehe Abbildung 25.24) entspricht der von XP.

Eine echte Neuerung von Windows Vista ist die Netzwerktopologieerkennung, diese wird von Microsoft *Link Layer Topology Discovery* (*LLTD*) genannt. LLTD ist ein properitäres Verfahren von Microsoft, das nicht dem funktionsgleichen *LLDP* (*Link Layer Discovery Protocol*) entspricht. LLTP erkennt Router, Switches, Hubs und andere LLTD-Clients, und so kann Windows Vista den Aufbau des Netzwerkes erahnen.

LLDP ist nach IEEE 802.1ab normiert worden. Es verwendet Ethernet-Multicast-Pakete, um zwischen den LLDP-Agenten Informationen auszutauschen. Die Informationen werden in einer SNMP-MIB gespeichert und können von entsprechenden Netzwerk-Managementprogrammen abgefragt und ausgewertet werden. Es handelt sich um eine Weiterentwicklung des properitären *CDP* (*Cisco Discovery Protocol*), mit dem es nicht kompatibel ist.

[»] Um auch Windows-XP-PCs in der Topologiedarstellung von Windows Vista wiederzufinden (siehe Abbildung 25.28) müssen Sie unter Windows XP den kostenfreien LLTP-Responder installieren; er ist unter dem Stichwort *KB922120* auf den Seiten von Microsoft zu finden.

25.3.4 Firewall und Defender

Schon bei Windows XP und insbesondere nach der Installation des Service Pack 2 für Windows XP war spürbar, dass Microsoft seinem Betriebssystem eine Firewall spendiert hat. Die Entwicklung der Firewall ging weiter, und sie kann nun bei Windows Vista – eigentlich eine Selbstverständlichkeit – auch ausgehenden Datenverkehr überwachen. Die Neuerungen sind:

- Überwachung des ein- und ausgehenden Datenverkehrs. Eingehend werden nur Daten akzeptiert, die einer Firewall-Regel entsprechen. Ausgehend werden nur Daten blockiert, wenn sie keiner Firewall-Regel entsprechen.
- ein SnapIn für die *Microsoft Management Console* (MMC) oder Kommandozeilenversion über `netsh advfirewall`
- Integration von IPsec- und Firewall-Parametern
- Erweiterung des Regelwerkes für die Firewall

Ausführliche Informationen zu den Neuerungen finden Sie im englischsprachigen Artikel von Microsoft unter *http://www.microsoft.com/technet/community/columns/cableguy/cg0106.mspx*.

Zu beachten ist, dass über SYSTEMSTEUERUNG • SICHERHEITSCENTER nur eine eingeschränkte Oberfläche der Firewall verfügbar ist. Möchten Sie alle Möglichkeiten sehen, müssen Sie mit administrativen Rechten an einem anderen Ort suchen. Über SYSTEMSTEUERUNG • VERWALTUNG • WINDOWS FIREWALL MIT ERWEITERTER SICHERHEIT startet die MMC mit dem Firewall-SnapIn (siehe Abbildung 25.25). Dort können Sie nicht nur die Protokollierung einsehen, sondern auch sämtliche Regeln verwalten.

Es ist mir auch bei der Windows-Vista-Firewall nicht gelungen, über Portscans vernünftig informiert zu werden. Daher bleibe ich bei meiner schon zur Windows-XP-Firewall geäußerten Meinung: Verwenden Sie diese nur, wenn Sie keine bessere Alternative zur Verfügung haben!

Bei Spyware (dt. *Spionagemittel*) handelt es sich um Programme, die meist mit nützlichen Programmen mitgeliefert werden. Die Spyware ermittelt das Surfverhalten des Nutzers, meldet dieses über das Internet an einen Spyware-Anbieter, und dieser verkauft seine Informationen z. B. an einen Werbeanbieter. Dieser ist schlussendlich in der Lage, dem Benutzer auf diesen zugeschnittene Werbung (engl. *adware*) zu zeigen.

Soweit die harmlose Variante. Die wirklich bösen Ausführungen zeichnen als Keylogger Tastatureingaben auf, fertigen Screenshots an und versenden diese an den Auftraggeber.

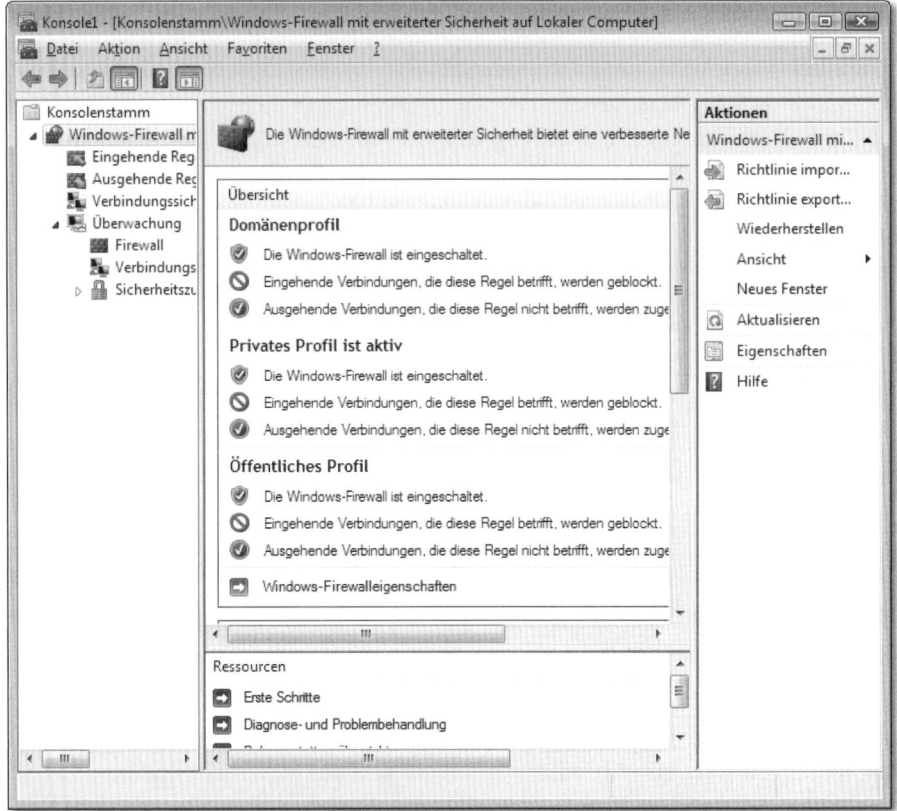

Abbildung 25.25 MMC mit Firewall-SnapIn

Um Ihre Privatsphäre zu schützen, sollten Sie eine Anti-Spyware einsetzen. Das bekannteste Programm ist *AdAware*. Das für den privaten Gebrauch kostenfreie Programm finden Sie im Internet unter *http://www.lavasoft.de*. Microsoft bietet mit Windows-Defender unter *http://www.microsoft.com/athome/security/spyware/software* eine kostenfreie Software an, die als Anti-Spyware arbeitet und ab Windows XP installiert werden kann.

Ähnlich wie ein Virenschutz überwacht Defender die Systemaktivität und warnt, wenn eine bekannte Spyware installiert werden soll. In Abbildung 25.26 sehen Sie die Reaktion, wenn eine Spyware installiert werden würde.

Bei einem Test unter Windows XP auf meinem Arbeitsplatz-PC hat Windows-Defender die Software UltraVNC als potenziell gefährliche Software ausgemacht. Es gilt möglicherweise der Grundsatz: »Lieber einmal zu viel, als einmal zu wenig gewarnt.«

Die meisten Antivirus-Programme decken den Bereich Anti-Spyware ebenfalls
ab. Es ist der Performance eines PCs abträglich, mehrere Programme aktiv zu
haben, die dieselbe Aufgabe wahrnehmen. Entsprechend sollten Sie Defender
deaktivieren, wenn Ihr Virenschutzprogramm auch vor Spyware schützt. Meist
übernimmt die Virussoftware die Deaktivierung von Defender.

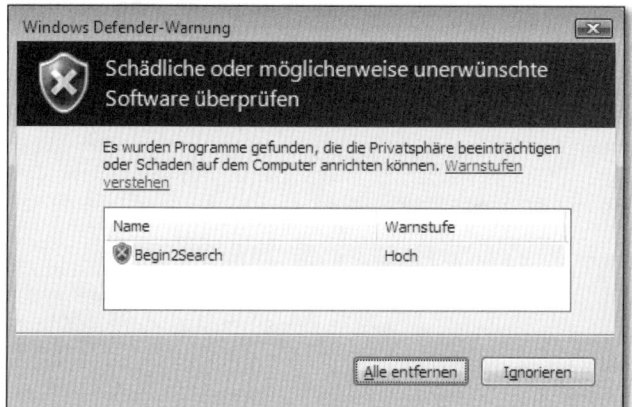

Abbildung 25.26 Defender verhindert eine Spyware-Installation.

Über ein Onlineupdate aktualisiert sich der Defender automatisch. Optional kann
man dem Microsoft SpyNet beitreten, dann werden die Ergebnisse von Defender
an Microsoft zurückgesendet, sodass die Defender-Signaturen aktualisiert werden
können.

25.3.5 Netzwerk- und Freigabecenter

Wie schon im Überblick erwähnt, sind die bislang getrennten Einstellungen für
Netzwerk und Freigabe (Drucker-, Datei- und Laufwerksfreigaben) nun im Netzwerk-
und Freigabecenter zusammengefasst worden.

Im oberen Bereich der Abbildung 25.27 sehen Sie den Netzwerkstatus: Der Vista-PC NBAXEL ist über das Netzwerk MEHRERE NETZWERKE mit dem INTERNET
verbunden. Der Bereich in der Mitte zeigt für jeden Netzwerktyp und jede Netzwerkverbindung
einzeln an, ob es sich um ein privates oder öffentliches Netzwerk
handelt. Der Unterschied ist folgender: Während in privaten Netzwerken Laufwerksfreigaben
aktiv sind, sind diese in öffentlichen Netzwerken – die nur für
den Internetzugang verwendet werden – deaktiviert.

25 | Windows einrichten

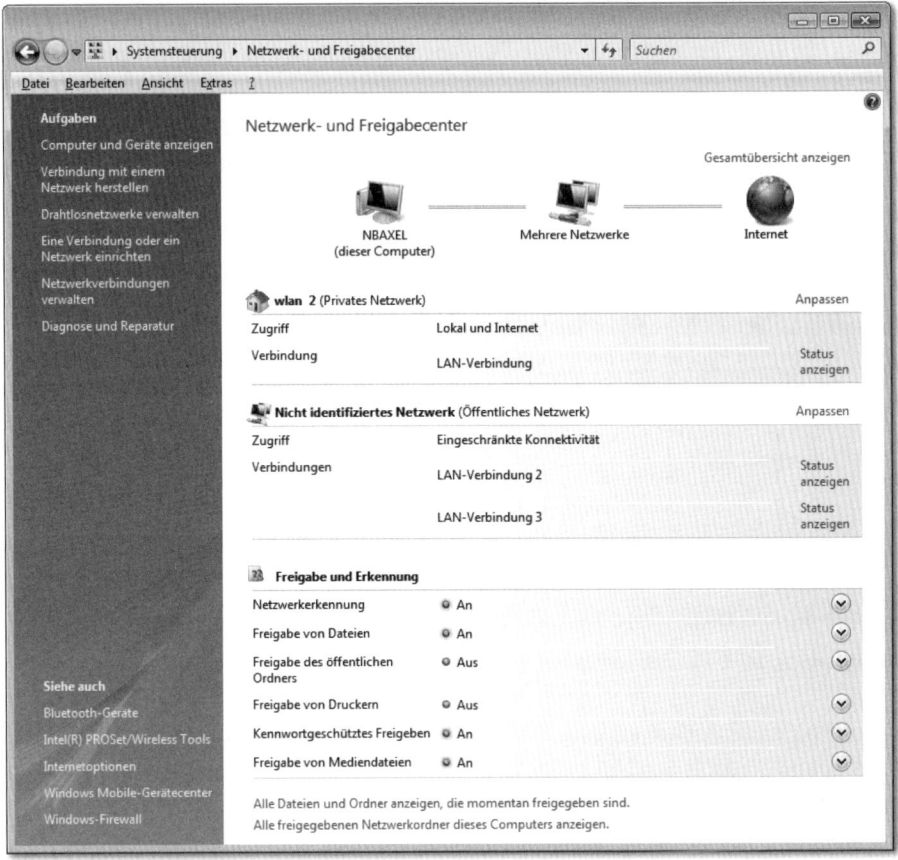

Abbildung 25.27 Netzwerk- und Freigabecenter

Der Bereich FREIGABE UND ERKENNUNG bietet weitergehende Einstellungsmöglichkeiten zum Netzwerkverhalten. Damit überhaupt Netzwerkfreigaben verwendet werden können, muss zunächst die Netzwerkerkennung eingeschaltet werden. Sollte das von Windows Vista verwendete Netzwerk ein öffentliches sein, fragt Windows Vista nach, ob dieses Netzwerk zu einem privaten gemacht werden soll.

[!] Dies sollten Sie selbstverständlich nur zulassen, wenn es sich um ein vertrauenswürdiges Netzwerk handelt, und nicht, wenn Sie über einen WLAN-Hot-Spot von Starbucks surfen.

Nachdem Sie grundsätzlich die Freigabe von Dateien aktiviert haben, können Sie Dateien, Ordner oder Laufwerke freigeben, wie Sie es von XP her kennen. Dazu klicken Sie mit der rechten Maustaste auf einen Ordner und wählen aus dem Kontextmenü den Eintrag FREIGABE ... Sie werden allerdings feststellen, dass sich die Optik geändert hat.

Um auf einfache Art und Weise Dokumente mit anderen Benutzern desselben PCs oder auch mit anderen Benutzern im Netzwerk austauschen zu können, hat Microsoft den öffentlichen Ordner erfunden. Ohne weitere Einstellung im Netzwerk- und Freigabecenter können nur lokale Benutzer des PCs den öffentlichen Ordner zum Datenaustausch nutzen. Sie können den Ordner zusätzlich mit oder ohne Kennwortschutz für Benutzer im Netzwerk freigeben. Die Erfindung des öffentlichen Ordners ist eigentlich nur eine Vereinfachung, sodass ohne Aufwand Dateien im Netzwerk zur Verfügung gestellt werden können, und ist auch mit den Bordmitteln von Windows XP realisierbar.

Die Druckerfreigabe ist wie auch bei den Vorgängerversionen ein gesonderter Punkt, damit nicht zwingend der Drucker im Netzwerk freigegeben ist, wenn ein Ordner im Netzwerk zur Verfügung gestellt wird.

Der letzte Punkt FREIGABE VON MEDIADATEIEN ermöglicht es, per UPnP (siehe Kapitel 21, »Universal Plug and Play«) beispielsweise Filme zu einem UPnP-fähigen Empfänger zu streamen oder einen Film-Stream von einem UPnP-fähigen Mediaserver zu empfangen. Damit dies funktioniert, müssen alle beteiligten Geräte in einem IP-Subnetz sein, und der Standorttyp des Netzwerkes muss privat sein. Automatisch werden in der Windows-Firewall benötigte TCP-/UDP-Ports geöffnet. Nähere Informationen bietet die Onlinehilfe.

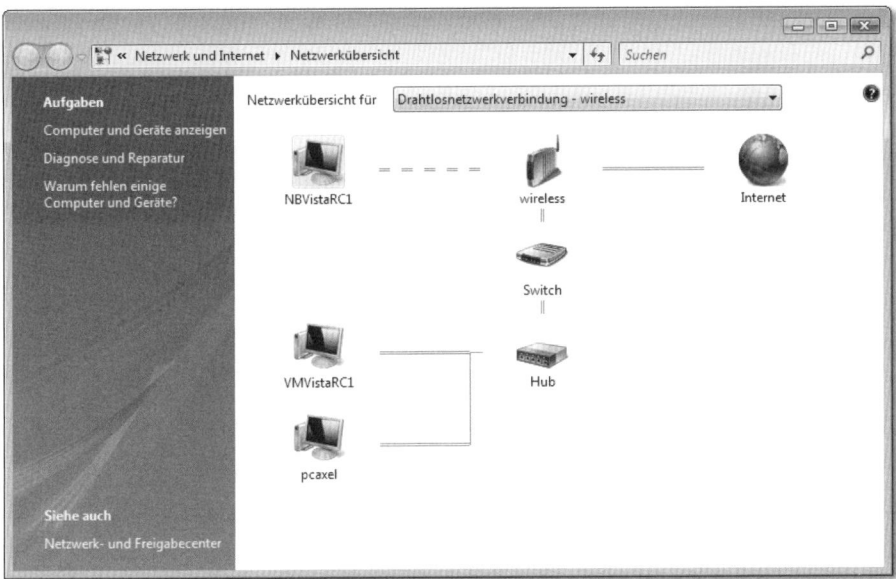

Abbildung 25.28 Windows Vista zeichnet Netzwerke.

Windows versucht, die Netzwerktopologie zu erkennen und stellt diese grafisch dar. Um das Netzwerk zu sehen, wie Windows Vista es erkennt, klicken Sie im NETZWERK- UND FREIGABECENTER auf GESAMTÜBERSICHT ANZEIGEN.

Die Abbildung 25.28 zeigt mein LAN mit zwei aktiven PCs, einer VMware-Session und einem WLAN-Router mit integriertem Switch. Der PC NBVISTARC1 ist per WLAN an das Netzwerk angebunden, die VMware-Session läuft auf dem PC mit Namen PCAXEL.

Ich halte die grafische Darstellung der Netzwerktopologie für ein Nebenprodukt des *Network Diagnostics Framework* (siehe Abschnitt 28.4.10, »Network Diagnostics Framework«), denn für Fehleranalyse muss man zunächst erst einmal wissen, wie das Netzwerk aufgebaut sein muss, in dem der PC arbeitet.

25.3.6 Jugendschutz

Es ist ein Streithema in vielen Familien: die Computernutzung durch die lieben Kleinen. Der Software-Markt bietet einige Programme, welche die PC-Nutzung für den Nachwuchs limitieren oder gefährdende Webseiten blockieren. Microsoft hat in Windows Vista ähnliche Funktionen integriert.

Abbildung 25.29 Jugendschutz im Überblick

Sie können als Administrator die Nutzung des PCs auf bestimmte Zeiten beschränken, z. B. auf solche, in denen Sie den Nachwuchs beaufsichtigen. Doch die Möglichkeiten gehen noch deutlich weiter. Schalten Sie den Jugendschutz für einen Benutzer aktiv, können Sie mehrere Optionen auswählen, die Sie der Abbildung 25.29 entnehmen können.

Alle Möglichkeiten der Jugendschutzeinstellungen aufzulisten, würde den Rahmen dieses Buches sprengen. Ich möchte mich daher auf den Bereich beschränken, der etwas mit Netzwerken zu tun hat: den Webfilter.

Der Filter des Internet Explorers arbeitet mit gesperrten Begriffen, die auf der Webseite im Text enthalten sind oder für Namen von Bildern verwendet werden. So werden Bilder – egal welchen Inhalts – gesperrt, die beispielsweise *msexlore.jpg* heißen, weil dort die Buchstabenfolge »sex« im Namen enthalten ist. Benennt man die Datei in *bild2.jpg* um, wird sie angezeigt (siehe Abbildung 25.30). Vielsagend finde ich die Möglichkeit, pornografische Seiten zu sperren, während Hassreden und Bombenbau frei zugänglich bleiben.

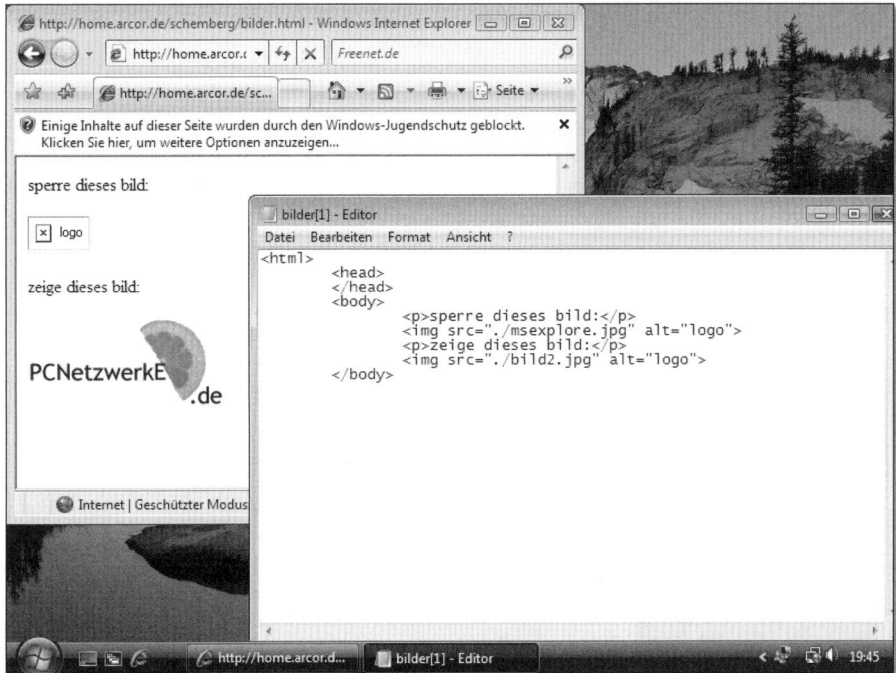

Abbildung 25.30 IE 7 blockt das Bild »msexplore.jpg«.

Eine große Hürde dürften diese Möglichkeiten nicht bieten, da es bei der Umgehung lediglich darum geht, bestimmte Begriffe im Text und beim Bildernamen zu vermeiden. Meiner Meinung nach ist der Schutz bestenfalls für Kinder unter 12 Jahren ein Hindernis.

[!] Der Webfilter bietet dagegen hervorragende Möglichkeiten, gezielt Seiten unerreichbar zu machen. So können Sie von bestimmten Informationen im Internet abgeschnitten sein, weil z. B. einzelne Begriffe auf der Startseite einer Domain oder in der Ergebnisliste von Google vorhanden sind.

25.4 Windows XP

Windows XP ist die erste Version, die mit Home und Professional auf demselben Betriebssystemkern aufbaut und zwischen Privatanwendern und Firmenkunden nur geringe Unterschiede macht. Der Vorteil ist, dass die deutlich stabiler funktionierende Windows-2000-Linie weiterentwickelt wurde.

Ich habe das Layout von XP auf Standard-Windows umgestellt. Auswirkungen auf die hier beschriebenen Funktionen hat das nicht, allerdings hat es Auswirkungen auf die Screenshots, die hier abgebildet sind.

25.4.1 Hardware-Erkennung

Sie haben eine neue Netzwerkkarte eingebaut und starten den PC zum ersten Mal. Windows XP wird erkennen, dass es ein neues Gerät gibt, und startet die Hardware-Erkennung (siehe Abbildung 25.31).

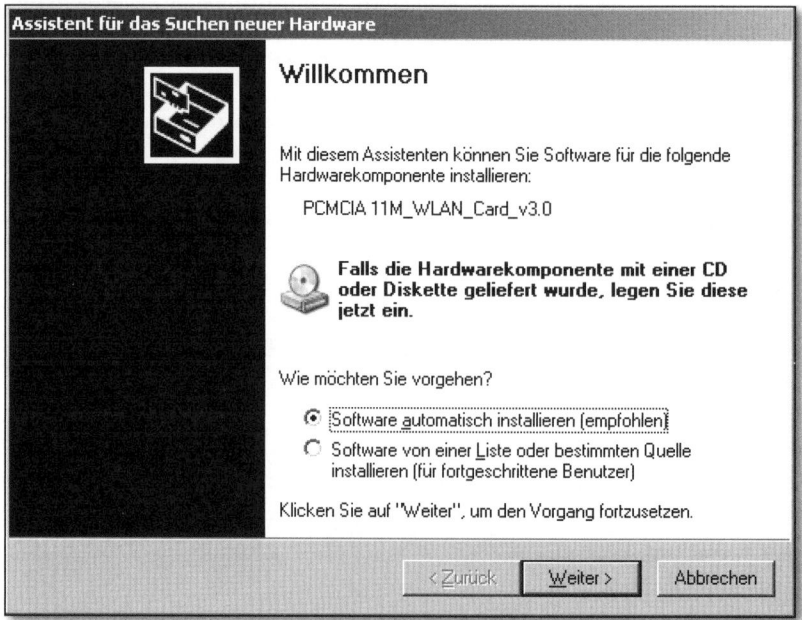

Abbildung 25.31 Hardware-Assistent bei Windows XP

Sollte der Hardware-Assistent über keinen Treiber für das Produkt verfügen, dann startet Windows die Suche im Internet nach einem passenden Treiber. Die Internetsuche tritt nur ein, wenn man nicht der Aufforderung folgt, die Treiber-CD des Herstellers einzulegen.

Üblicherweise funktioniert die Installation ohne weitere Probleme; eine billige Wireless-LAN-PCMCIA-Karte ist sicherlich schon eine der exotischsten Komponenten, die Sie im Netzwerkbereich verwenden können.

25.4.2 IP-Einstellungen

Das Netzwerk ist mit der Treiberinstallation bis zur ISO/OSI-Schicht 2 eingerichtet. Die Standardeinstellung für IP (ISO/OSI-Schicht 3), ist DHCP (siehe Abbildung 25.32).

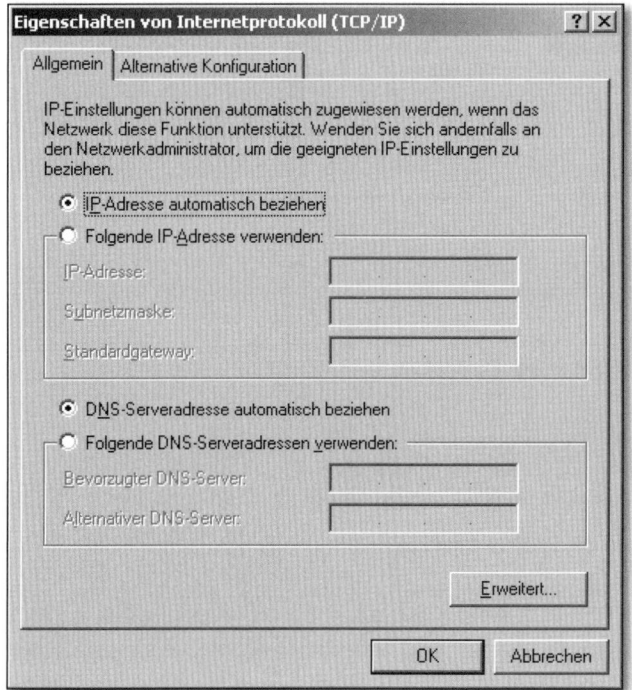

Abbildung 25.32 Die TCP/IP-Standardinstallation ist DHCP.

Sie können sich die Netzwerkeinstellungen ansehen, indem Sie über START • EINSTELLUNGEN • SYSTEMSTEUERUNG • NETZWERKVERBINDUNGEN gehen und sich dort unter LAN ODER HOCHGESCHWINDIGKEITSINTERNET (rechte Maustaste) die EIGENSCHAFTEN (siehe Abbildung 25.33) der LAN-Verbindung ansehen.

Die TCP/IP-Einstellungen verbergen sich hinter den Internetprotokoll-Eigenschaften (TCP/IP). Klicken Sie auf INTERNETPROTOKOLL (TCP/IP), sodass der Eintrag markiert ist, und dann auf EIGENSCHAFTEN.

Wenn Sie einen DHCP-Server beispielsweise auf einem DSL-Router betreiben, dann ist die IP-ADRESSE AUTOMATISCH BEZIEHEN die richtige Auswahl. Der DHCP-Server wird dem Windows-XP-PC die richtige IP-Konfiguration zuweisen.

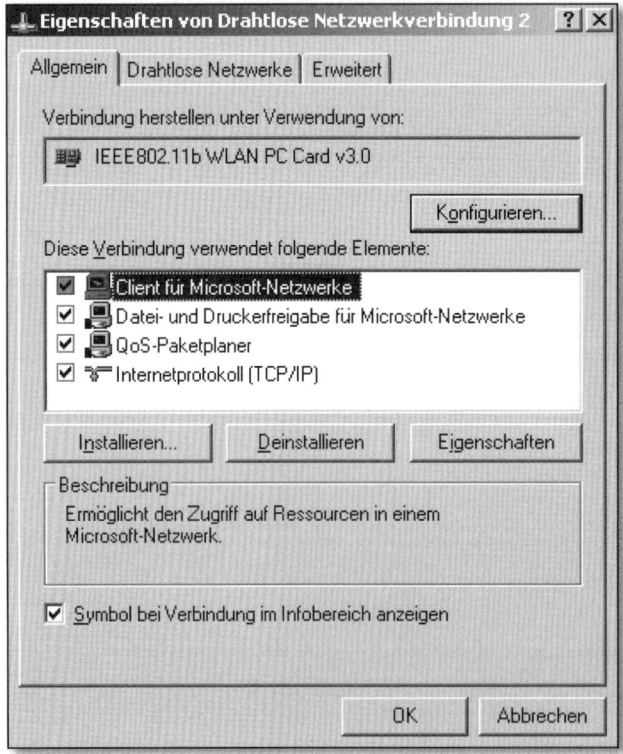

Abbildung 25.33 Eigenschaften der LAN-Verbindung

Betreiben Sie keinen DHCP-Server, sollten Sie die IP-Konfiguration selbst vornehmen, wie es in Abbildung 25.34 gezeigt wird. Aber auch wenn Sie einen solchen Server nutzen, kann es sinnvoll sein, PCs mit einer festen IP-Konfiguration zu versehen, die ständig ausschließlich in Ihrem LAN arbeiten. Oft ist das die einzige Möglichkeit, einem PC immer dieselbe IP-Adresse zuzuteilen, sodass er Dienste anbieten kann, die immer unter einer Adresse erreichbar sind.

Die wichtigste manuelle IP-Einstellung ist zunächst die IP-Adresse.

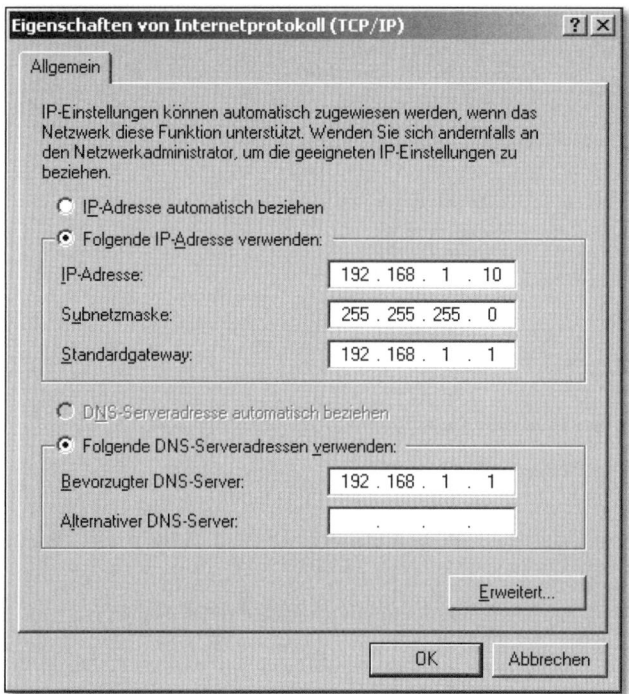

Abbildung 25.34 Manuelle IP-Konfiguration

Bitte beachten Sie diese Hinweise zum Thema IP:

▶ gleiche Gruppen-ID (Netz-ID) wie die anderen PCs
▶ andere Host-ID als die anderen PCs im IP-Netz

Die SUBNETZMASKE wird von Windows XP automatisch bereitgestellt; vermutlich ist sie richtig. Dann müssen Sie lediglich noch ein STANDARDGATEWAY einrichten, wenn Sie im IP-Netz übergreifend kommunizieren möchten (z. B. Internetzugriff über das LAN).

In meinem privaten LAN sind das STANDARDGATEWAY und der BEVORZUGTE DNS-SERVER mein DSL-Router. Mein PC kommuniziert mit anderen IP-Netzen nur, wenn ich ins Internet gehe.

Mit diesen wenigen Einstellungen haben Sie den PC in Ihr Netzwerk integriert. Ob es wirklich funktioniert, sollten Sie selbstverständlich ausprobieren. Der einfachste Test ist: `ping <andere IP-Adresse im LAN>` (siehe Abbildung 25.35). Ist der `ping` erfolgreich, so ist die Funktionalität bis zur Schicht 3 des ISO/OSI-Modells sichergestellt.

Klicken Sie auf Start • Ausführen ..., und geben Sie cmd ein, um die Eingabeaufforderung zu öffnen.

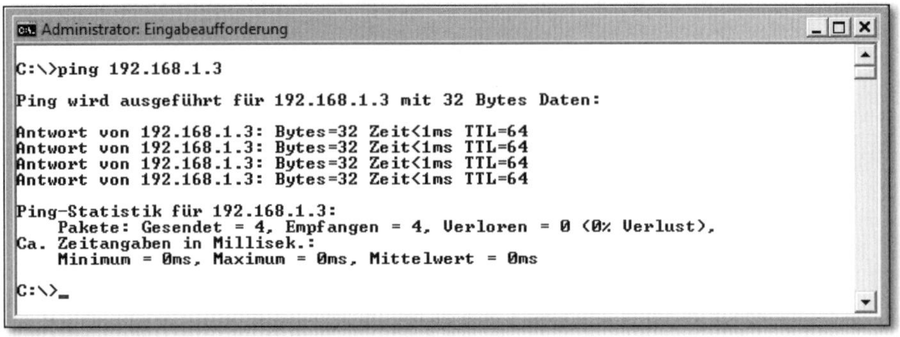

```
Administrator: Eingabeaufforderung
C:\>ping 192.168.1.3

Ping wird ausgeführt für 192.168.1.3 mit 32 Bytes Daten:
Antwort von 192.168.1.3: Bytes=32 Zeit<1ms TTL=64
Antwort von 192.168.1.3: Bytes=32 Zeit<1ms TTL=64
Antwort von 192.168.1.3: Bytes=32 Zeit<1ms TTL=64
Antwort von 192.168.1.3: Bytes=32 Zeit<1ms TTL=64

Ping-Statistik für 192.168.1.3:
    Pakete: Gesendet = 4, Empfangen = 4, Verloren = 0 (0% Verlust),
Ca. Zeitangaben in Millisek.:
    Minimum = 0ms, Maximum = 0ms, Mittelwert = 0ms

C:\>_
```

Abbildung 25.35 Erfolgreicher ping unter Windows XP

Am Prompt tippen Sie dann das soeben genannte ping-Kommando ein. Wenn das funktioniert, werden Ihnen Antwortzeiten angezeigt. Funktioniert er nicht, sehen Sie lediglich die Meldung Zeitüberschreitung der Anforderung.

Sollte wirklich der Fall eintreten, dass Sie die IP-Adresse des anderen PCs nicht erreichen können, finden Sie weitere Informationen zur Fehlersuche in Kapitel 28, »Troubleshooting«.

Der ping von Windows XP zeigt die Antwortergebnisse auf Millisekunden genau an. In älteren Windows-Versionen wurde für alle Antworten unter 10 Millisekunden als Zeit <10ms ausgegeben. Unter Linux ist die Ausgabe der Antwortzeiten noch genauer.

Alternativ können Sie das Programm hrping verwenden; es zeigt die Antwortzeiten in Mikrosekunden, also sehr genau. Weitere Informationen zu hrping finden Sie unter *http://www.cfos.de/ping/ping_d.htm*.

25.4.3 Firewall

Neben den grundsätzlichen Einstellungen können auch noch erweiterte Einstellungen im Netzwerk unter Windows XP vorgenommen werden. Unter Systemsteuerung • Netzwerkverbindungen und dort unter LAN oder Hochgeschwindigkeitsinternet finden Sie die erweiterten Einstellungen wenn Sie im Kontextmenü der rechten Maustaste Eigenschaften der LAN-Verbindung wählen.

Hinter dem Reiter Erweitert verbergen sich die Einstellungen für eine Firewall (siehe Abbildung 25.36), die z. B. die Internetverbindungsfreigabe von Microsoft Windows schützen kann. Sie sollten diese Firewall nur im Notfall verwenden. Ihr größter Nachteil ist, dass sie lediglich eingehenden Datenverkehr filtert. Schadprogramme können an der Firewall vorbei Spam-Mails von einem infizierten PC aus verschicken.

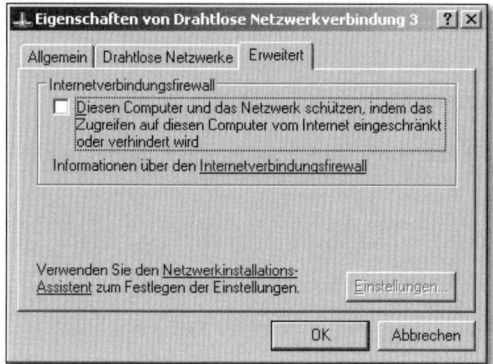

Abbildung 25.36 Firewall-Einstellungen

Diese Firewall wurde bis zum Service Pack 2 (SP2) für Windows XP eigentlich nicht wahrgenommen. Ab dem Service Pack 2 wird die Firewall in der Voreinstellung aktiviert und muss explizit deaktiviert werden, wenn der Einsatz nicht gewünscht ist (siehe Abbildung 25.37).

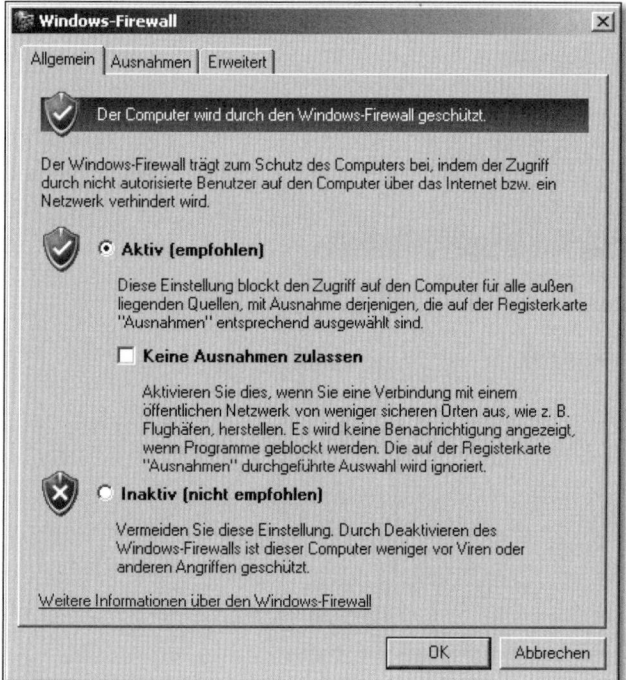

Abbildung 25.37 Bedienoberfläche der Windows-XP-Firewall

Viele kostenlose Firewalls sind der integrierten Firewall des Service Pack 2 vorzuziehen. Auf einige Nachteile weise ich ausdrücklich hin:

- Es gibt Schadsoftware, die diese Firewall deaktiviert.
- Sie merkt sich nur den Pfad und Namen eines erlaubten Programms; jedes gleichnamige Programm im Pfad wird zugelassen.
- Regeln sind grundsätzlich für alle Netzwerk-Interfaces (z. B. LAN, ISDN, WLAN) gültig.
- Darf ein Programm keine Verbindung aufbauen, dann wird es einfach blockiert; es erfolgt keine Nachfrage beim Benutzer.
- Die Bedienung ist sehr technisch und wenig für Einsteiger geeignet.

Wenn Sie die Firewall aktivieren, können Sie unter EINSTELLUNGEN... die im Folgenden beschriebene Konfiguration vornehmen.

Eine Firewall berücksichtigt die Quell- und Ziel-IP-Adresse sowie den Quell- und Ziel-TCP-/UDP-Port. Die TCP-/UDP-Ports sind weltweit einheitlich definiert. Es handelt sich um einfache Nummern, so hat z. B. HTTP die TCP-Portnummer 80.

Wie Sie in Abbildung 25.38 sehen können, kann man für die Windows-Firewall auch DIENSTE aktivieren.

Abbildung 25.38 Firewall: erlaubte Dienste auswählen

Üblicherweise lautet die allgemeingültige Regel, die immer dann anzuwenden ist, wenn es keine speziellere Regelung gibt: verboten. Von dieser allgemeinen Regel werden im Bereich der Dienste Ausnahmen geschaffen. Keiner der genannten Dienste ist in einem LAN üblich. Es geht bei diesen Einstellungen darum, dass ein Internetnutzer auf Ihren PC zugreift. Wenn der Nutzer das tut, passieren seine Anfragen die Windows-XP-Firewall und werden, wenn die TCP-/UDP-Ports unter 1024 (Well-Known-Ports) liegen, abgewiesen.

[zB] Sie haben den Internetzugang für LAN über die Internetverbindungsfreigabe von Windows XP realisiert und haben die Firewall aktiviert, ohne Änderungen an den Einstellungen vorzunehmen (siehe Abbildung 25.38). Ihr Provider hat Ihnen die offizielle IP-Adresse 67.223.2.115 zugewiesen. Ein Internetnutzer probiert, ob er unter der offiziellen IP-Adresse, die Ihnen Ihr Provider zugewiesen hat, einen Webserver erreichen kann, und gibt in seinem Browser *http://67.223.2.115* ein. Die Datenpakete gelangen bis zu Ihrem PC, die Firewall überprüft, ob es eine spezielle Regelung für HTTP (TCP-Port 80) gibt. Das ist nicht so, daher gilt die allgemeine Regel, dass alle Anfragen blockiert werden, deren TCP-Port unter 1024 liegt. Der Internetbenutzer wird abgewiesen.

Wenn Sie einen Peer-to-Peer-Tauschdienst im Internet nutzen, z. B. eDonkey, müssen Sie an dieser Stelle einen neuen Dienst hinzufügen. Anderenfalls funktioniert eDonkey nicht mehr, und Sie können keine weiteren Dateien tauschen. Welche Einstellungen das sind, erfahren Sie in Abschnitt 41.10.1, »MLDonkey einrichten«.

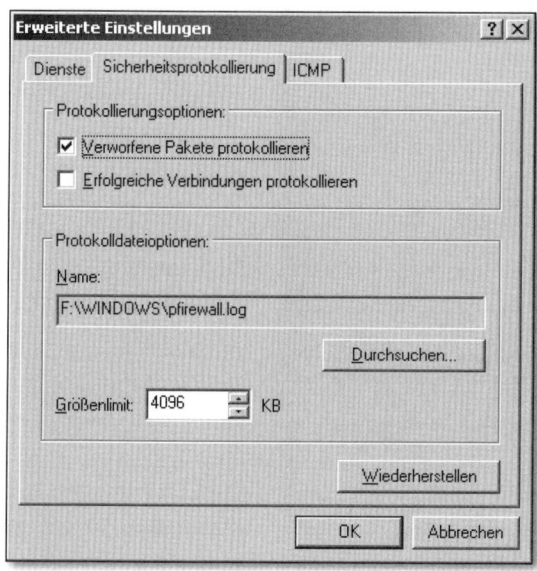

Abbildung 25.39 Firewall-Log konfigurieren

Unter dem Reiter SICHERHEITSPROTOKOLLIERUNG (siehe Abbildung 25.39) können Sie konfigurieren, welche Aktionen in eine Logdatei geschrieben werden sollen, wie groß die Datei maximal werden darf und wo sie liegt.

Mit VERWORFENE PAKETE PROTOKOLLIEREN sind die Pakete gemeint, die aufgrund einer Firewall-Regel nicht angenommen wurden. Lassen Sie die Protokollierung aktiv, um Einbruchsversuche nachvollziehen zu können.

Schließlich bleibt noch der Reiter ICMP. Das *Internet Control Message Protocol* weist einige Sicherheitslücken auf. Es lässt sich über die Einstellungen (siehe Abbildung 25.40) regeln, welche ICMP-Funktionen Sie nutzen möchten und welche nicht. Die Standardeinstellungen verweigern die Benutzung von ICMP aus dem Internet heraus fast gänzlich.

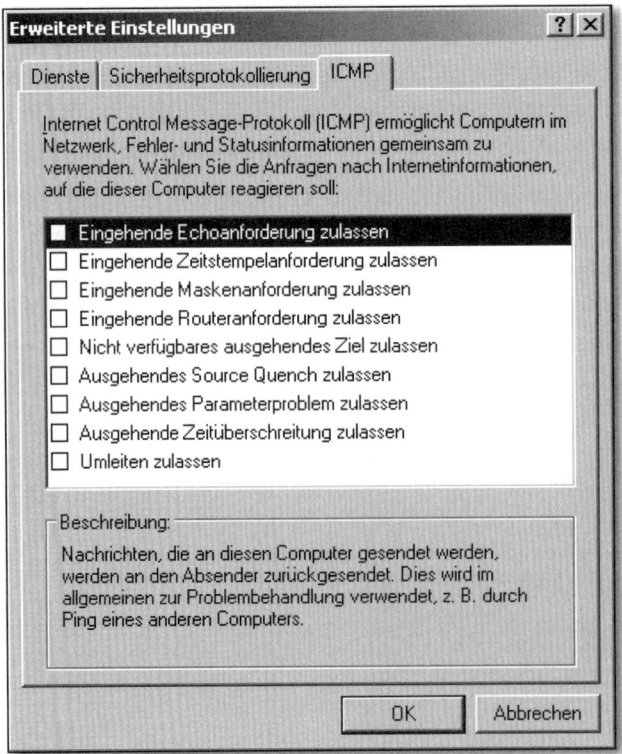

Abbildung 25.40 ICMP-Einstellungen für die Firewall

[!] Ohne Notwendigkeit sollten Sie keine der Dienste- oder ICMP-Einstellungen verändern. Weil zunächst in der Standardkonfiguration die maximale Anzahl an Verbindungen aus dem Internet abgeblockt wird, haben Sie einen guten Schutz vor der im Internet weitverbreiteten Spezies des Hobbycrackers.

25.5 Windows in verschiedenen Netzwerken

Sie haben vielleicht ein Notebook, das Sie in verschiedenen Netzwerken verwenden möchten. Sollten alle Netzwerke die Konfiguration per DHCP erhalten, haben Sie zumindest immer eine passende IP-Adresse. Weitere Einstellungen wie Proxy, Standarddrucker, Netzwerkfreigaben oder die Nutzung von DHCP selbst werden jedoch nicht angepasst.

Als Lösung bietet sich ein kleines Hilfsprogramm an: *Net Profiles* (siehe *http://www.milnersolutions.com/netprofiles*). Sie benötigen Administratorrechte, um das Programm nutzen zu können. Nach der Installation ist das Programm englischsprachig, über OPTIONS • SELECT YOUR LANGUAGE • DEUTSCH können Sie es in unsere Muttersprache ändern.

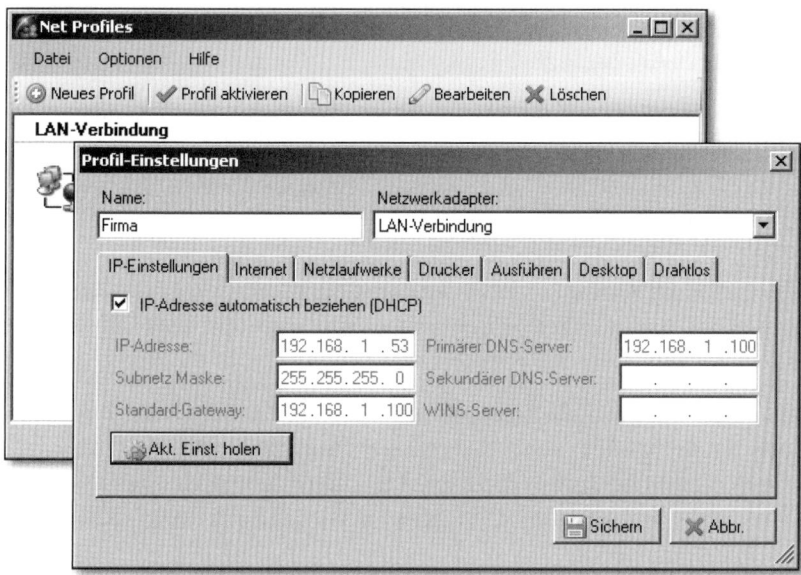

Abbildung 25.41 Net Profiles verwaltet Konfigurationen.

Ein neues Netzwerkprofil können Sie über die Schaltfläche NEUES PROFIL anlegen. Im Gegensatz zu vielen anderen Programmen können Sie neben einigen Netzwerkeinstellungen auch Proxyeinstellungen, anzubindende Netzlaufwerke, Standarddrucker, Programmausführungen, Hintergrundbild und WLAN-Einstellungen festlegen. Entweder schalten Sie die Netzwerkeinstellungen über das Programm um, oder Sie legen auf dem Desktop je nach Umgebung eine Verknüpfung an.

Die Möglichkeiten dieses Programms gehen weit über das hinaus, was mit Windows-Bordmitteln realisiert werden kann.

25.6 Drucker- und Dateifreigaben

Die Motivation, im kleinen Rahmen ein Netzwerk aufzubauen, entsteht oftmals aus dem Wunsch heraus, Dateien zwischen mehreren PCs bequem austauschen zu können. Damit Sie unter Windows sehr bequem Dateien austauschen oder auf Dateien eines anderen PCs zugreifen können, müssen Sie eine Dateifreigabe einrichten.

Wenn Sie einen Freigabenamen wählen, der mit einem Dollarzeichen $ endet, handelt es sich um eine *versteckte Freigabe*. Das Wort »versteckt« drückt es gut aus: Benutzer können über die Netzwerkumgebung die Freigabe nicht sehen, sie wird nicht angezeigt. Selbstverständlich kann – je nach Berechtigung – jeder Benutzer nach wie vor eine Verbindung zu dieser Freigabe herstellen, er muss nur den Namen der Freigabe kennen. Üblicherweise gibt es vordefinierte Freigaben: `<Laufwerksbuchstabe>$`, so z. B. c$, die als administrative Freigabe einem Administrator über LAN zugänglich sind.

[!] Das Verstecken von Laufwerks- oder Druckerfreigaben ist kein Sicherheitsmechanismus!

25.6.1 Computername und Arbeitsgruppe

Freigaben zwischen Windows-PCs erfordern, dass die beteiligten PCs unterschiedliche Namen haben und in einer gemeinsamen Arbeitsgruppe sind. Ohne Änderungen verwendet Windows den Namen »WORKGROUP« für die Arbeitsgruppe.

Die Einstellungen für die Arbeitsgruppe und den Computernamen finden Sie bei Windows XP im Kontextmenü der rechten Maustaste unter ARBEITSPLATZ • EIGENSCHAFTEN • COMPUTERNAME • ÄNDERN. Einfacher können Sie die Einstellungen über den Netzwerkinstallations-Assistenten vornehmen, mehr dazu in Abschnitt 25.6.4, »Windows XP«.

Bei Windows Vista, Windows 7 und Windows 8 finden Sie die Einstellungen im Kontextmenü unter COMPUTER • EIGENSCHAFTEN • EINSTELLUNGEN FÜR COMPUTERNAMEN, DOMÄNE UND ARBEITSGRUPPE. In einem reinen Windows-7- und Windows-8-Netzwerk sind die Einstellungen aufgrund der Homegroup entbehrlich (siehe Abschnitt 25.2.5, »Homegroup«).

Sind die Einstellungen vorgenommen, kann man in der Netzwerkumgebung – bei Windows Vista, Windows 7 und Windows 8 heißt es nur noch *Netzwerk* – PCs finden, die eine Freigabe anbieten. Die Einrichtung von Freigaben wird in den folgenden Abschnitten behandelt.

25.6.2 Vista, Windows 7 und Windows 8

Für Freigaben ist entscheidend, welchen Netzwerktyp Sie konfiguriert haben: *öffentliches Netzwerk* oder *privates Netzwerk*.

Nur in einem privaten Netzwerk werden Freigaben wirksam. Bei Windows 7 und Windows 8 muss der Typ *Heimnetzwerk* sein, damit die Homegroup wirksam wird (siehe Abschnitt 25.2.5, »Homegroup«). Wie im Abschnitt über die Firewalls dargestellt, passt die Firewall ihr Regelwerk an, je nachdem, ob Sie sich in einem öffentlichen oder privaten Netzwerk befinden. Standardmäßig wird jedes Netzwerk erst einmal als öffentlich deklariert. Sie können dies mit wenigen Mausklicks im NETZWERK- UND FREIGABECENTER ändern.

Sie können natürlich über ERWEITERTE FREIGABEOPTIONEN die Freigaben so anpassen, dass sie auch in öffentlichen Netzwerken verfügbar sind. Empfehlen möchte ich das nicht, denn damit steigt die Wahrscheinlichkeit, dass bei einem Besuch eines Hot Spots Freigaben sichtbar sind. Nutzen Sie die Trennung von Windows, und deklarieren Sie private Netzwerkverbindungen als privat. Damit sind alle übrigen Netzwerkverbindungen öffentlich, und die Firewall arbeitet dort restriktiver. [!]

Der nächste Punkt zum Thema Freigabe bei Windows Vista im NETZWERK- UND FREIGABECENTER sind die Einstellungen zur NETZWERKERKENNUNG und FREIGABE VON DATEIEN (siehe Abbildung 25.42).

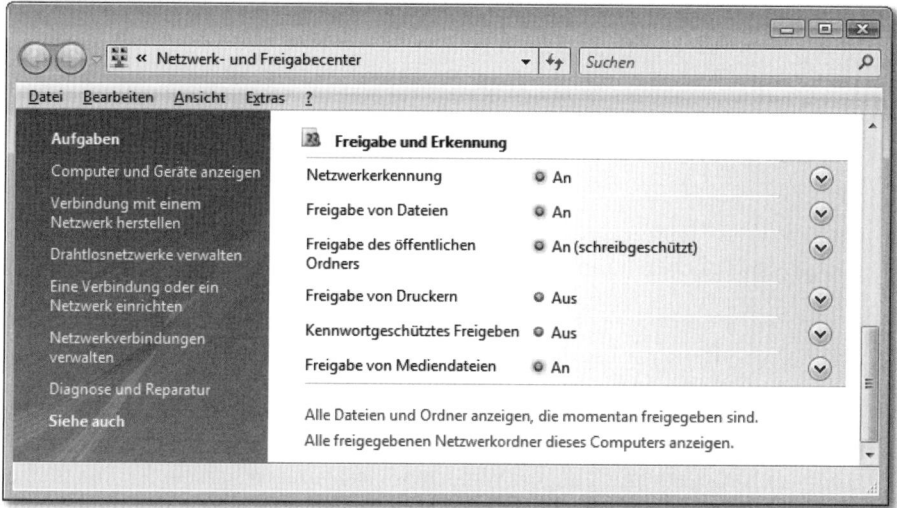

Abbildung 25.42 Freigabe und Erkennung bei Windows Vista

Hier eine kurze Erläuterung der einzelnen Möglichkeiten:

- *Netzwerkerkennung*: Ihr PC wird in der Netzwerkumgebung angezeigt.
- *Freigabe von Dateien*: Aktiviert die Dateifreigabe.
- *Freigabe des öffentlichen Ordners*: Die öffentlichen Ordner werden im Netzwerk freigegeben.
- *Freigabe von Druckern*: Aktiviert die Druckerfreigabe.
- *Kennwortgeschütztes Freigeben*: Wenn dieser Punkt aktiviert ist, muss ein Benutzerkonto und ein Kennwort existieren, damit auf eine Freigabe zugegriffen werden kann.
- *Freigabe von Mediadateien*: Gibt Bilder, Musik und Videos im Netzwerk per UPnP frei.

Windows 7 ist an dieser Stelle leicht modifiziert, los geht es auch dort im NETZWERK- UND FREIGABECENTER • HEIMNETZGRUPPEN- UND FREIGABEOPTIONEN AUSWÄHLEN.

Unter Windows 8 kommen Sie über SYSTEMSTEUERUNG • NETZWERK UND INTERNET • HEIMNETZGRUPPEN- UND FREIGABEOPTIONEN AUSWÄHLEN zu diesem Dialog. Zunächst werden Ihnen hier die Bibliotheken angezeigt, die über die Homegroup freigegeben sind. Ganz unten auf der Seite gibt es den Punkt ERWEITERTE FREIGABEEINSTELLUNGEN ÄNDERN. Erst hier haben Sie Möglichkeit (wie bei Windows Vista direkt im NETZWERK- UND FREIGABECENTER) für Ihr privates und öffentliches Netzwerkprofil Einstellungen vorzunehmen.

Bis auf den letzten Punkt entspricht der Inhalt dem vom Windows Vista. VERBINDUNGEN DER WINDOWS-HEIMNETZGRUPPE ist neu und bietet diese beiden Optionen:

- der Windows-Heimnetzgruppe die Verwaltung der Verbindung der Heimnetzgruppe ermöglichen (empfohlen)
- Benutzerkonten und Kennwörter zum Herstellen von Verbindungen mit anderen Computern verwenden

Wenn Sie mehrere Windows-7- oder Windows-8-PCs haben und eine Homegroup nutzen, sollten Sie die Einstellung bei der Empfehlung belassen. Haben Sie ein heterogenes Netzwerk mit einigen Windows-Vista- und Windows-XP-PCs zu betreuen, dann kann die Verwendung von Benutzerkonten und Kennwörtern die bessere Möglichkeit sein. Sie müssen sich neu anmelden, damit eine Änderung wirksam wird.

Windows Vista verwendet grundsätzlich den Freigabeassistenten. Um die von Windows XP gewohnte Oberfläche zu nutzen, müssen Sie im Explorer unter EXTRAS • ORDNEROPTIONEN • ANSICHT den Punkt FREIGABE-ASSISTENT VERWENDEN (EMPFOHLEN) deaktivieren.

Windows Vista: Freigaben einrichten

Klicken Sie mit der rechten Maustaste auf einen Ordner, den Sie freigeben möchten, und wählen Sie den Punkt FREIGABE ... Im folgenden Dialog können Sie Benutzer hinzufügen (siehe Abbildung 25.43).

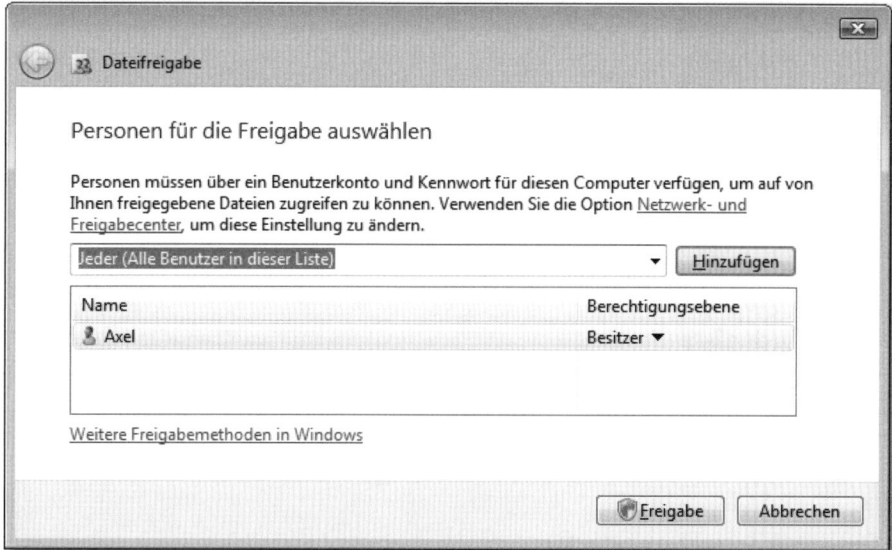

Abbildung 25.43 Personen für die Freigabe auswählen

JEDER ist wie bei allen anderen Windows-Versionen die richtige Auswahl, wenn Sie jedem Benutzer, der einen Account auf Ihrem PC besitzt, den Zugriff – auch über das Netzwerk – gewähren möchten.

Zu jedem Nutzer können Sie folgende Rechte auswählen:

▸ LESER: Lesen und Ausführen von Programmen

▸ MITWIRKENDER: Lesen, Ändern und Ausführen

▸ MITBESITZER: Entspricht dem Vollzugriff unter Windows XP; zusätzlich zu Lesen, Ändern und Ausführen auch NTFS-Recht ändern.

Alternativ können Sie den Benutzer aus der Liste entfernen. Ein Klick auf FREIGABE gibt den Ordner dann frei.

Im Bereich NETZWERK- UND FREIGABECENTER • FREIGABE UND ERKENNUNG können Sie FREIGABE DES ÖFFENTLICHEN ORDNERS definieren. Diese Freigabe können Sie unabhängig von den anderen Freigaben steuern.

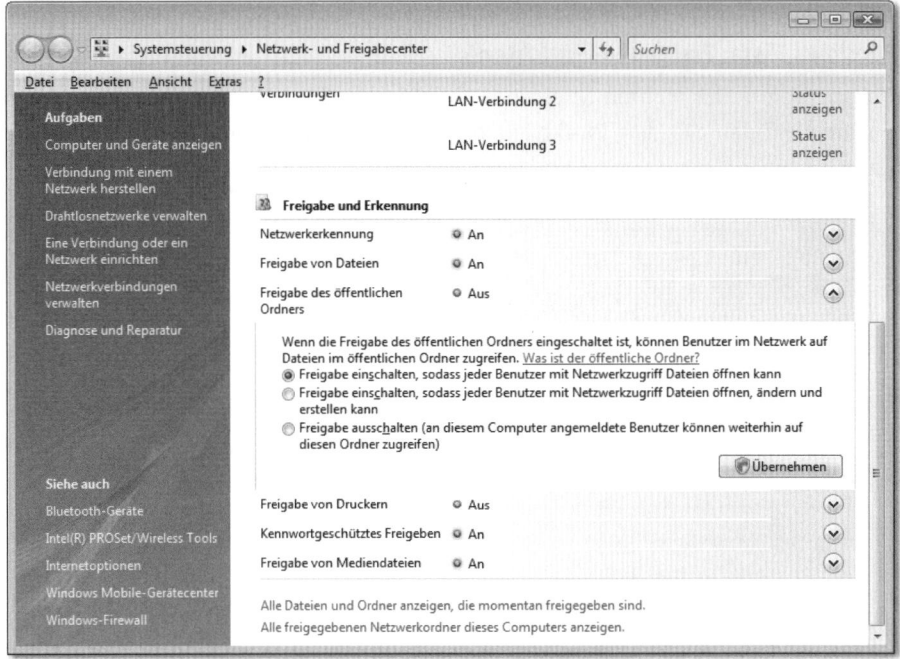

Abbildung 25.44 Freigabe von öffentlichen Ordnern steuern

Windows 7: Freigabe einrichten

Klicken Sie mit der rechten Maustaste auf den Ordner, den Sie freigeben möchten, und wählen Sie FREIGEBEN FÜR aus. Im Untermenü entscheiden Sie sich für einen dieser Punkte:

- NIEMAND
- HOMEGROUP (LESEN)
- HOMEGROUP (LESEN/SCHREIBEN)
- BESTIMMTE PERSONEN

Hinter dem letzten Punkt verbergen sich die von Windows Vista bekannten Freigabeeinstellungen.

Windows 8: Freigabe einrichten

Klicken Sie mit der rechten Maustaste auf den Ordner, den Sie freigeben möchten, und wählen Sie den Punkt FREIGEBEN FÜR aus. Im Vergleich zu Windows 7 wurden die Menüpunkte nur umbenannt:

- FREIGABE BEENDEN
- HEIMNETZGRUPPE (ANZEIGEN)
- HEIMNETZGRUPPE (ANZEIGEN UND BEARBEITEN)
- BESTIMMTE PERSONEN

Außerdem werden lokale Benutzer mit in dieser Auswahl aufgeführt.

25.6.3 Link Online-ID

Innerhalb Ihrer Heimnetzgruppe mit Windows 7 und Windows 8 können Sie Freigaben grundsätzlich nur für die gesamte Gruppe oder lokal bekannte Benutzer einrichten. Eine feinere Rechtestruktur fehlt, da es an einer zentralen Benutzerverwaltung mangelt. Ein berechtigter Benutzer muss daher immer im Vorhinein auf allen beteiligten System eingerichtet werden. Wenn Sie die Benutzerkonten jedoch mit Online-IDs verknüpfen, wird ein Benutzer durch seine Online-ID eindeutig identifizierbar, und eine Freigabe für einzelne mit einer Online-ID verknüpfte Benutzer ist möglich, ohne dass im Vorhinein ein Benutzerkonto auf dem freigebenden PC eingerichtet wurde.

Bei Windows 8 ist eine Anmeldung am System mit der Live ID möglich (siehe Abschnitt 25.1.2, »Windows Live ID«). Unter Windows 7 kann eine Live ID mit einem lokalen Konto verknüpft werden. Dafür muss das System jedoch erst vorbereitet werden: Ein Anbieter einer Online-ID wird über START • SYSTEMSTEUERUNG • BENUTZERKONTEN UND JUGENDSCHUTZ • BENUTZERKONTEN • ONLINE-IDS VERKNÜPFEN • ONLINE-ID ANBIETER HINZUFÜGEN dem System bekannt gemacht. Mithilfe des *Windows Live ID Sign-in Assistant* können Windows Live IDs mit lokalen Benutzerkonten verknüpft werden (siehe Abbildung 25.45).

Beim Einrichten einer Freigabe tauchen die Windows Live IDs aus der Heimnetzgruppe unter den BESTIMMTEN PERSONEN ... auf (siehe Abschnitt »Windows 7: Freigabe einrichten« und Abschnitt »Windows 8: Freigabe einrichten« in Abschnitt 25.6.2, »Vista, Windows 7 und Windows 8«).

Abbildung 25.45 Ein lokales Konto ist mit einem Onlinekonto verknüpft.

Netzlaufwerke

Die Einrichtung von Freigaben als Netzlaufwerke kann mit einem Rechtsklick auf COMPUTER • NETZLAUFWERK VERBINDEN (bei Windows Vista heißt es NETZLAUFWERK ZUORDNEN) geschehen. Wie von anderen Windows-Versionen her gewohnt, kann ein Laufwerksbuchstabe ausgewählt werden, und es kann festgelegt werden, mit welchen Anmeldeinformationen die Verbindung erfolgt und ob die Verbindung bei jeder Anmeldung hergestellt werden soll.

25.6.4 Windows XP

Bevor Sie nun versuchen, eine Laufwerksfreigabe einzurichten, sollten Sie überprüfen, ob die DATEI- UND DRUCKERFREIGABE FÜR MICROSOFT-NETZWERKE installiert ist (siehe Abbildung 25.46). Mit der Installation des Netzwerkes sollte es automatisch installiert worden sein.

Unter Windows XP gibt zwei verschiedene Verfahren zu den Freigaben:

- einfache Dateifreigabe
- normale Dateifreigabe

Die einfache Dateifreigabe wird bei Windows XP Home immer und bei Windows XP Professional dann genutzt, wenn der PC Mitglied einer Arbeitsgruppe ist. Die Dateifreigabe verwendet das Gastbenutzerkonto, um Zugriffe zu ermöglichen. Sie ersparen sich den Aufwand, Benutzer auf jedem PC einzurichten und ihnen entsprechende Freigaben zuzuordnen: einfach das Gastkonto aktivieren, Ordner freigeben, fertig.

Abbildung 25.46 Datei- und Druckerfreigabe bei Windows XP

Einfache Dateifreigabe

Alle, die über das Netzwerk mittels Datei- oder Druckerfreigabe auf Ihren PC zugreifen, werden als Benutzer *Gast* behandelt. Voraussetzung ist, dass das Konto des Benutzers Gast aktiviert ist und dass die Sicherheitsrichtlinien einen solchen Zugriff erlauben; beides ist standardmäßig nicht aktiviert.

In kleinen Netzwerken hat die Gast-Authentifizierung den Vorteil, dass alle PCs im LAN auf eine Freigabe zugreifen können, und zwar unabhängig davon, ob Sie den richtigen Benutzer eingetragen haben, und ohne dass ein Passwort eingegeben werden muss. Das geht mit dem Sicherheitsnachteil einher, dass jeder, der per TCP/IP auf Ihren PC zugreifen kann, auch auf alle Freigaben zugreifen kann.

Ein zweiter Nachteil dieser Lösung ist, dass keine Unterscheidung des Zugriffs nach Benutzern erfolgen kann; alle haben dieselben Rechte. Ebenso ist es Administratoren nicht mehr möglich, privilegiert auf einen PC, z. B. auf die Standardfreigabe c$, zuzugreifen.

Die einfachste Lösung, die notwendigen Berechtigungen des Gastkontos einzurichten, ist über den Netzwerkinstallations-Assistenten: START • PROGRAMME • ZUBEHÖR • KOMMUNIKATION • NETZWERKINSTALLATIONS-ASSISTENT. Mit einigen einfachen Dialogen können Sie dort die Arbeitsgruppe und den Computernamen eintragen. Anschließend kann die einfache Dateifreigabe genutzt werden (siehe Abbildung 25.47). Dazu wählen Sie im Kontextmenü eines Ordners FREIGABE UND SICHERHEIT... aus.

Abbildung 25.47 Einfache Dateifreigabe unter Windows XP

Er bietet wesentlich weniger Einstellungsmöglichkeiten für die Freigabe als der normale Freigabedialog. Sein Vorteil ist, dass die NTFS-Berechtigungen für das Benutzerkonto Gast automatisch gesetzt werden.

[!] Wenn Sie als Schutz vor Angriffen aus dem Internet keine Firewall einrichten – allein das ist schon ein sehr leichtfertiges Verhalten (siehe Kapitel 33, »Programme zur Netzwerksicherheit«) –, dürfen Sie keinesfalls die Gast-Authentifizierung verwenden, da sonst jeder aus dem Internet heraus und ohne Passwort auf Ihre Freigaben zugreifen könnte.

Normale Dateifreigabe

Unter Windows XP gibt es zwei für Freigaben relevante Berechtigungen: zum einen die Berechtigung, auf eine Freigabe zugreifen zu können (Freigabeberechtigung), und zum anderen gibt es die NTFS-Berechtigungen einer Datei (die Dateisystemberechtigung). Beide Berechtigungen müssen erfüllt sein, damit Dateifreigaben funktionieren.

Sie können einzelne Dateien, Ordner oder ganze Laufwerke freigeben. Angenommen, Sie möchten den Ordner *C:\Dokumente und Einstellungen\Administrator* gerne für alle anderen Benutzer im Netzwerk freigeben. Klicken Sie dazu mit der rechten Maustaste auf diesen Ordner. Es erscheint das Kontextmenü. Der Menüpunkt FREIGABE UND SICHERHEIT führt zum richtigen Dialog.

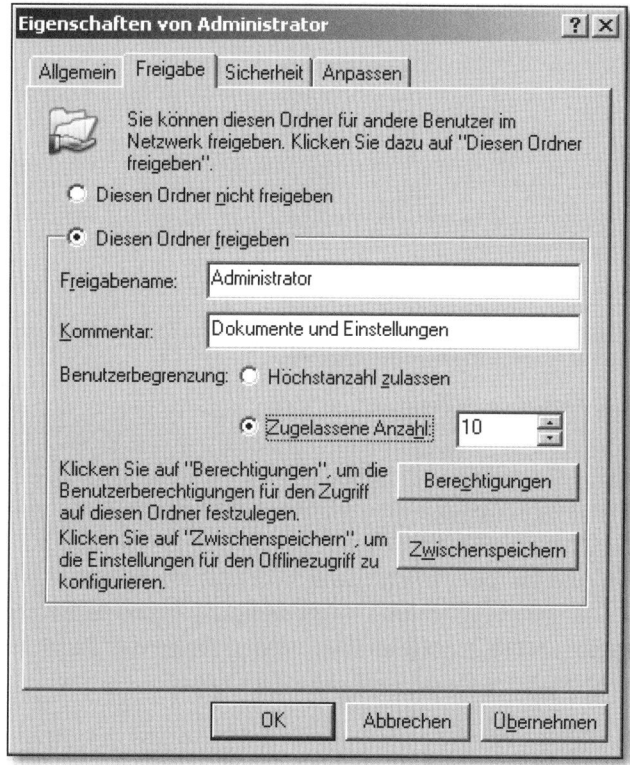

Abbildung 25.48 Freigabeoptionen für einen Ordner

Die Abbildung 25.48 zeigt die normale Dateifreigabe; hier müssen Sie zunächst die Option DIESEN ORDNER FREIGEBEN auswählen. Automatisch wird Ihnen der Name des Ordners als Freigabename vorgeschlagen. Alle weiteren Einstellungen sind optional; so können Sie einen Kommentar eingeben, der in der Netzwerkumgebung für die anderen Benutzer sichtbar ist.

Wenn Sie nicht möchten, dass jeder auf Ihre Freigabe zugreifen kann, dann ist die Schaltfläche BERECHTIGUNGEN gefragt (siehe Abbildung 25.49). Ohne Veränderungen hat jeder Lesezugriff, Mitbenutzer können keine Dateien ändern, löschen oder eigene dort speichern.

Abbildung 25.49 Berechtigungen einstellen für Freigaben

Im Einzelnen bedeutet LESEN, dass der so berechtigte Benutzer sich Dateien und Unterordner anzeigen lassen, zu Unterordnern wechseln und Programme ausführen kann. Zusätzlich kann man mit der Berechtigung ÄNDERN Dateien und Ordner hinzufügen, ändern und löschen. Die höchste Stufe, der VOLLZUGRIFF, erweitert das Änderungsrecht um die Möglichkeit, NTFS-Berechtigungen zu ändern und den Besitz zu übernehmen. NTFS-Berechtigungen stehen Ihnen nur dann zur Verfügung, wenn Sie über NTFS-formatierte Laufwerke verfügen.

Im Eingabefeld für ZUGELASSENE ANZAHL ist es möglich, die Anzahl der gleichzeitig herstellbaren Verbindungen zu begrenzen. Belassen Sie es bei HÖCHSTANZAHL ZULASSEN, können sich maximal zehn Benutzer mit Ihrer Laufwerksfreigabe verbinden. Das ist einer der Unterschiede zwischen Windows 2000 Professional, Windows XP Home, Windows XP Professional auf der einen und Windows Server auf der anderen Seite. Bei Windows Server können Sie wesentlich mehr Benutzern Zugriff auf die Freigabe erlauben.

Einen freigegebenen Ordner erkennen Sie an der Hand, die das Ordnersymbol trägt (siehe Abbildung 25.50).

Abbildung 25.50 Das Freigabesymbol bei Windows XP: eine Hand

Um auf einen freigegebenen Order, eine freigegebene Datei oder ein freigegebenes Laufwerk zugreifen zu können, geben Sie unter START • AUSFÜHREN ... den Freigabenamen in der folgenden Schreibweise an:

\\<PC>\<Freigabe-Name>

Netzlaufwerke

Sie möchten vermutlich öfter auf die Freigabe zugreifen, aber nicht jedes Mal den Zugriff einrichten: Richten Sie also ein Netzlaufwerk ein. Beim Anlegen können Sie angeben, ob beim nächsten Start die Verbindung wiederhergestellt werden soll. Ein rechter Mausklick auf den Arbeitsplatz oder die Netzwerkumgebung bietet Ihnen die Möglichkeit NETZLAUFWERK VERBINDEN... und damit genau die Funktion, die es Ihnen ermöglicht, Netzlaufwerke einzurichten. Ein Netzlaufwerk bekommt einen Laufwerksbuchstaben, z.B. *z:*, und Sie können bequem und einfach Ihre Dokumente auf *z:* und damit direkt auf dem anderen PC speichern. Ein Netzlaufwerk erkennen Sie leicht am Symbol: Das Laufwerk hängt am Kabel (siehe Abbildung 25.51).

Abbildung 25.51 Netzlaufwerkssymbol: die Festplatte am Kabel

Die Geschwindigkeit von Laufwerksfreigaben liegt unter den Möglichkeiten des Netzwerkes. Das liegt am SMB-Protokoll, das für die Datenpakete verantwortlich ist. Im Extremfall können Sie einen Geschwindigkeitsunterschied von bis zu 50 Prozent zwischen FTP-Übertragung und der Laufwerksfreigabe haben. Das ist relativ uninteressant, wenn Sie nur geringe Datenmengen übertragen. Übertragen Sie regelmäßig hohe Datenmengen, dann sollten Sie prüfen, ob der Umstieg auf FTP sinnvoll ist. Mehr Informationen dazu lesen Sie in Abschnitt 30.3, »Netzwerkgeschwindigkeit mit FTP«.

25.6.5 Druckerfreigabe

Wenn Sie einen Drucker freigeben möchten, sodass auch andere Benutzer den Drucker benutzen können, gehen Sie analog zur Dateifreigabe vor. Sie klicken mit der rechten Maustaste auf den Drucker und wählen DRUCKEREIGENSCHAFTEN • FREIGABE. Es erscheint ein Dialog, in dem Sie die Option in DRUCKER FREIGEBEN wählen. Windows schlägt Ihnen einen Freigabename vor, der dem Druckernamen entspricht. Eine weitere Konfiguration ist üblicherweise nicht erforderlich.

[»] Bei Windows XP und Windows Vista erreichen Sie den Freigabedialog zusätzlich über FREIGABE . . . direkt aus dem Kontextmenü.

Die Schaltfläche ZUSÄTZLICHE TREIBER . . . bietet die Möglichkeit, die Druckertreiber dieses Geräts für andere Windows-Varianten zur Installation über das Netzwerk bereitzustellen. Windows richtet die versteckte Freigabe *print$* ein, über die Druckertreiber bezogen werden können. Wenn Sie keinen Druckertreiber für das Betriebssystem zur Verfügung stellen, wird der Benutzer von seinem Betriebssystem aufgefordert, einen Treiber zu installieren.

[»] Unter Windows Vista, Windows 7 und Windows 8 muss im NETZWERK- UND FREIGABECENTER bzw. in der Freigabeverwaltung der Heimnetzgruppe die Freigabe von Druckern eingeschaltet bleiben, sonst klappt die Druckerfreigabe nicht.

25.6.6 Freigabeprobleme

Unter Windows kann es zu Problemen beim Zugriff auf Freigaben kommen. Die Probleme resultieren oft aus der Benutzer-Authentifizierung. Sie können beim Verbinden zu einer Freigabe einen Benutzernamen und ein Kennwort eingeben. Geben Sie den Benutzernamen folgendermaßen ein: `<PC-Name>\<Benutzername>`, dann sollte es klappen. Mit dieser Schreibweise fordern Sie den PC auf, nicht den Benutzer `<Benutzername>` Ihres PCs zu authentifizieren, da auf dem PC dieser Benutzer möglicherweise nicht existiert. Stattdessen machen Sie deutlich, dass Sie `<Benutzername>` auf dem PC `<PC-Name>` meinen.

Sie werden sich fragen, warum das nicht ohne das Anlegen eines Benutzers geht, denn schließlich haben Sie den Vollzugriff für JEDER erlaubt. JEDER bezieht sich im Fall von Windows auf jeden, den das PC-System kennt, und darunter fallen nicht alle.

Namensauflösung

Eine weitere Fehlerquelle, die den erfolgreichen Zugriff auf eine Freigabe im Netzwerk (ganz gleich, bei welcher Windows-Variante) verhindern kann, ist die Namensauflösung. Ich habe unter Windows XP erlebt, dass ich auf eine in der Netzwerkumgebung als `\\<PC-Name>\<Freigabename>` angezeigte Freigabe nicht zugreifen konnte. Ein `ping <PC-Name>` funktionierte ebenfalls nicht. Verwendete ich die IP-Adresse, funktionierten die Laufwerksverbindung und der `ping` problemlos. Das Problem der fehlenden Namensauflösung können Sie beheben, indem Sie in der Datei *C:\Windows\system32\drivers\etc\lmhosts* einen Eintrag wie den folgenden vornehmen:

`<IP-Adresse> <name> <NAME> #PRE`

Nun sollte auch die Namensauflösung funktionieren; möglicherweise müssen Sie noch einmal booten. Wenn ein `ping <Name>` immer noch nicht funktioniert, dann kontrollieren Sie noch einmal unter SYSTEMSTEUERUNG • NETZWERKVERBINDUNGEN • LAN-VERBINDUNG • EIGENSCHAFTEN • INTERNETPROTOKOLL (TCP/IP) • EIGENSCHAFTEN • ERWEITERT ... • WINS • LMHOSTS-ABFRAGE AKTIVIEREN, ob die LMHOSTS-Abfrage aktiviert ist. Wenn Sie in Ihrem Netzwerk einen lokalen DNS-Server einsetzen, müssen Sie sicherstellen, dass der neue PC, dessen Name nicht aufgelöst werden kann, im DNS-Server eingetragen wird.

Wer denkt, es gäbe schon viele Windows-Versionen, der kennt noch nicht die bunte Linux-Vielfalt.

26 Linux einrichten

Als 1991 von Linus Torvalds der erste Linux-Kernel in der Version 0.01 zur Diskussion ins Internet gestellt wurde, konnte er nicht ahnen, welche Lawine er damit ins Rollen bringen würde.

Von Anfang an war TCP/IP ein fester Bestandteil von Linux. Dieses könnte man als Sachzwang bezeichnen, denn die Entwicklung des Betriebssystems und unzähliger Programme wurde vornehmlich über das Internet vorangetrieben. Rasch fanden sich in diesem neuen Medium unzählige freiwillige Programmierer, die sich für die Idee der freien Software begeisterten.

Die Entwickler der Software rund um Linux stellen häufig ihre Software unter die *GNU General Public License* (*GPL*, siehe *http://www.gnu.org*). Diese Software zeichnet sich insbesondere durch den Gedanken der Freiheit aus. Dabei ist nicht die Freiheit im Sinne von Freibier, sondern eher eine Freiheit im Sinne der Redefreiheit gemeint. Alle Quellen der Software unter der GPL müssen für Entwickler und Interessierte verfügbar sein.

In diesen Wirrungen unzähliger Entwickler und Richtungen muss es Standards geben, an die sich alle halten. Unter anderem werden die Linux-Kernel versioniert und tauchen in diesen Versionen bei den Distributoren wie z. B. Red Hat, SUSE und Debian wieder auf. Dabei bedeutet eine gerade Zahl nach dem Punkt immer, dass es sich um einen stabilen Kernel handelt. Die Kernel-Version des Distributors ist nicht zu verwechseln mit der Version des Verkaufspaketes.

Ich beschränke mich in diesem Buch auf SUSE. Diese Distribution erfreut sich im deutschsprachigen Raum großer Beliebtheit. OpenSUSE ist ein Ableger, der sich ausschließlich auf die GPL-Bestandteile der Distribution konzentriert. siegfried3 ist ein von mir für dieses Buch vorkonfiguriertes OpenSUSE. Testen Sie ausführlich die Annehmlichkeiten dieses Systems in Kapitel 41, »siegfried3 – ein vielseitiger Server«.

26.1 Dokumentation

Von Linux wird behauptet, es sei das am besten dokumentierte Betriebssystem überhaupt. Aber man sollte schon wissen, wo man suchen muss. Ich möchte Ihnen eine kleine Systematik zeigen, nach der Sie vorgehen können, wenn Sie Informationen suchen.

Die erste Informationsquelle des Administrators ist das Manual (dt. *Anleitung*). Mit Manual ist nicht eine gedruckte Anleitung wie die Ihres Fernsehers gemeint. Mit dem Befehl `man <Schlüsselwort>` erhalten Sie in einer Shell Einsicht in die Manpage (dt. *Seite*) zum gewünschten Thema (siehe Abbildung 26.1). Mit (Space) blättern Sie nach unten, mit (q) verlassen Sie das Manual.

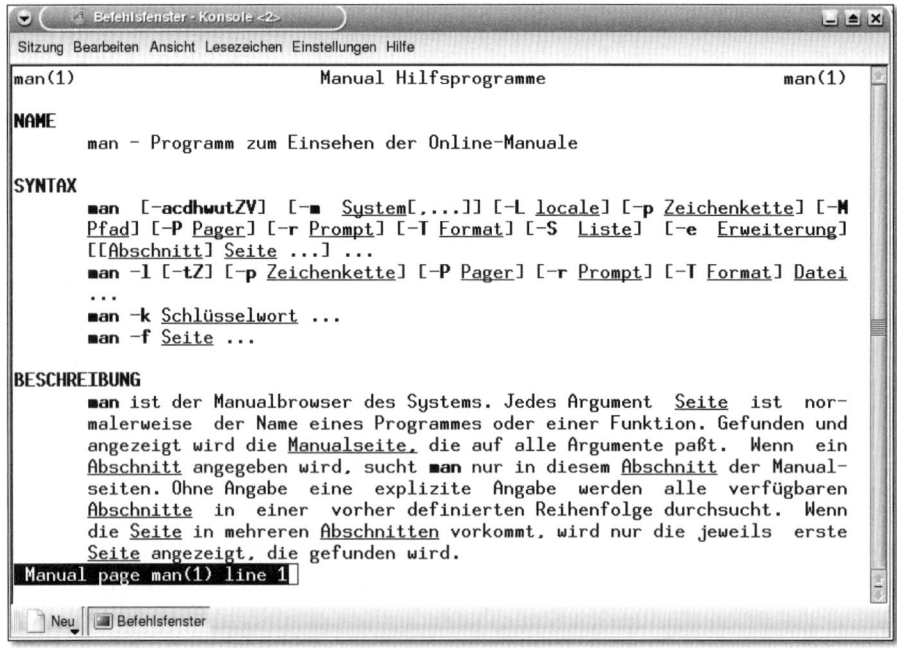

Abbildung 26.1 Der Hilfebrowser »man«

Frequently Asked Questions (FAQ, dt. *regelmäßig gestellte Fragen*) begleiten die Dokumentation vieler Software-Pakete. Auch im Internet sind FAQs zu vielen Linux-Themen zu finden.

HowTos sind systematischer aufgebaut als FAQs. Sie sind oft sehr umfangreich und eignen sich daher sowohl für unerfahrene Benutzer als auch für alte Hasen, die sich in ein Thema einlesen wollen. SUSE installiert viele dieser HowTos im Verzeichnis */usr/share/doc/howto*.

Viele Softwarepakete bringen eigene Dokumentation mit. Bei SUSE finden Sie diese Pakete in Unterverzeichnissen von */usr/share/doc/packages*, bei siegfried unterhalb von */usr/share/doc*.

Das *Linux Documentation Project* (*LDP*) bietet Bücher und Dokumente zu etlichen Themen an. Die Großzahl der Bücher ist in englischer Sprache, einige sind auch auf Deutsch erhältlich. Auf der Internetseite *http://www.tldp.org* finden Sie ganz nebenbei auch Manpages, HowTos und FAQs.

Es gibt außerdem noch unzählige gute Foren im Internet. Sie können dort als Anfänger wie auch als Fortgeschrittener Ihre Probleme schildern. Wenn Sie dann Erfahrung gesammelt haben, können Sie diese später selbst an andere weitergeben. In Newsgroups können Sie sich einschreiben, um per E-Mail zu einem bestimmten Thema auf dem Laufenden gehalten zu werden.

Eine Suchmaschine empfehle ich nur bedingt. Wenn sie nicht genau wissen, wie Sie die Suche eingrenzen sollen, werden Sie häufig von der Zahl der Ergebnisse erschlagen. Trotzdem kenne ich viele Einsteiger, die schon im Internet gesucht haben, bevor Sie eine Manpage betrachtet haben.

26.2 Administration

Die Vielfalt der Programme und Distributionen führt oftmals dazu, dass sich der weniger erfahrene Anwender nicht mit Linux befassen möchte. Das liegt auch daran, dass sich die Distributoren bis heute nicht auf ein einheitliches System geeinigt haben. Dateien liegen manchmal bei dem einen dort, beim nächsten woanders. Ein Administrationstool wie YaST2 (*Yet another Setup Tool*) gibt es nur für SUSE. Einen erfahrenen Anwender kann das nicht schocken, aber manch Otto-Normal-Linuxer wünscht sich am Anfang doch seine gewohnte Windows-Klick-Umgebung zurück.

Aus diesem Grund verwende ich in diesem Buch neben YaST2 soweit möglich das Administrationstool *Webmin*. Webmin kann mithilfe des Betriebssystems weitgehend erkennen, wo welche Konfigurationsdatei zu finden ist. Wenn Sie mit Webmin umgehen können, dann können Sie bei der Administration jedes Unix- oder Linux-Systems zumindest ein Wörtchen mitreden.

Falls Sie Webmin auf einem anderen Linux-System installieren möchten, finden Sie die dafür notwendigen Dateien auf der Buch-DVD im Verzeichnis */software/administration/webmin*. Die Anleitungen zur Installation und mehr Information finden Sie im Internet auf der Webmin-Homepage (siehe *http://www.webmin.com/download.html*).

Administrationsarbeit erledigt in der Regel der Benutzer root. Außerhalb des Heimatverzeichnisses stoßen andere Benutzer schnell an die Grenzen ihrer Berechtigungen. Wenn Sie mit einer Shell arbeiten, können Sie sich mit dem Kommando `who am i` Klarheit über Ihre Identität verschaffen.

Linux lässt sich ganz ohne grafische Werkzeuge administrieren. Sie können jede Datei einzeln mit einem Editor bearbeiten. Meine Empfehlung lautet, für die unterschiedlichen administrativen Aufgaben jeweils das individuell beste Werkzeug zu verwenden. Das könnte für SUSE YaST2, Webmin, der Editor auf der Kommandozeile oder auch ein grafisches KDE-Werkzeug[1] sein.

An einigen Stellen offenbaren grafische Tools ihre Unzulänglichkeiten. In diesem Fall ist ein guter Editor der einzig Erfolg versprechende Weg, den Inhalt einer Konfigurationsdatei zu manipulieren. Ich verwende den Editor Vi, der in der Unix-Welt weit mehr als nur ein einfacher Texteditor ist. Er wurde entwickelt, als die verschiedenen Terminals[2] mit stark unterschiedlichen Tastaturbelegungen aufwarteten. Um ein unabhängiges Werkzeug zu schaffen, bildeten die Entwickler viele Vi-Funktionen auf der Standardtastatur ab. Wenn Sie Dateien bearbeiten, dann lernen Sie den Umgang mit dem Vi in Abschnitt A.3, »Der Editor Vi«. Aller Anfang ist schwer – das gilt auch für den Vi. Aber: Die Mühe lohnt sich!

Die Kommandozeile (Eingabeaufforderung) von Linux ist Teil der Shell. Die Shell bietet im Gegensatz zur Windows-Eingabeaufforderung deutlich mehr Möglichkeiten. Die Shell nimmt Kommandos entgegen, interpretiert diese und bietet jedem auszuführenden Programm eine definierte Umgebung. Wenn Sie in die Shell hineinschnuppern möchten, dann finden Sie ein paar Kommandos in Abschnitt A.2, »Grundbefehle«.

Die Konfiguration der Netzwerkkarte besteht eigentlich aus zwei Schritten. Zuerst muss der erforderliche Treiber für die Netzwerkkarte als Modul in den Kernel geladen werden. Danach kann die Karte über den Treiber konfiguriert werden. YaST2 arbeitet so, dass diese Unterteilung nicht sofort augenscheinlich wird.

26.3 Netzwerkkarte unter SUSE einrichten

Im Normalfall wird die Konfiguration der Netzwerkkarte bereits im Rahmen der Installation abgefragt. Sie können diese Konfiguration später aber jederzeit ändern. Dazu melden Sie sich an der grafischen Oberfläche an und drücken (Alt) + (F2), um ein Schnellstartfenster zu öffnen. Tippen Sie dort `yast2`, ein und drücken Sie (Enter). Sie geben auf Nachfrage das Passwort des Administrators ROOT ein,

---

1 KDE ist eine beliebte Desktopumgebung für Linux.
2 Terminals sind Arbeitsplätze mit Tastatur und Bildschirm.

und YaST2 startet (siehe Abbildung 26.2). Die Netzwerkkonfiguration verbirgt sich unter NETZWERKGERÄTE • NETZWERKEINSTELLUNGEN.

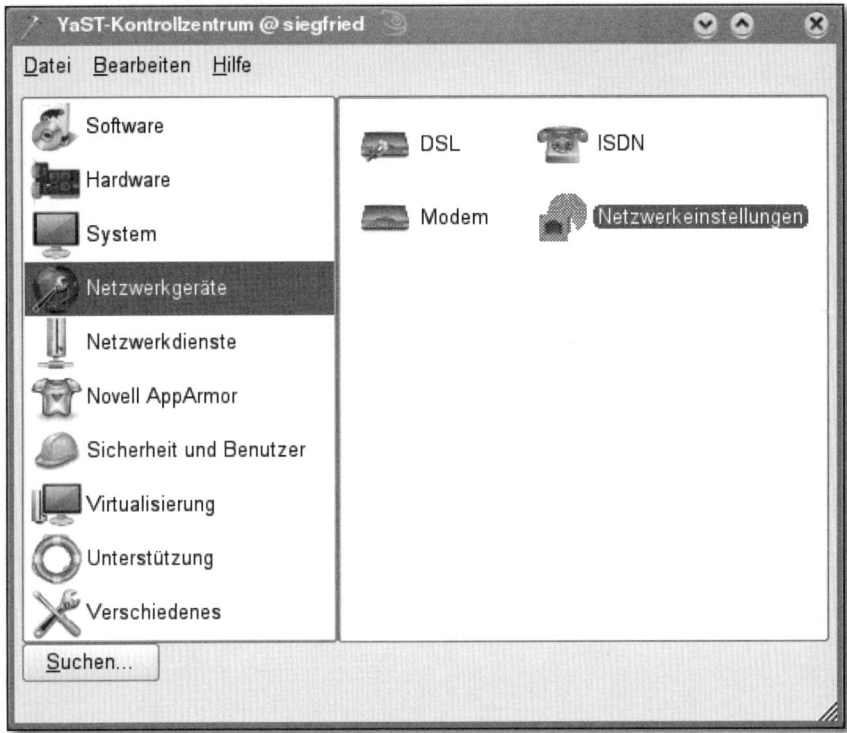

Abbildung 26.2 Mit dem Konfigurationstool YaST2 bearbeiten Sie auch die Netzwerkeinstellungen.

Im folgenden Fenster wählen Sie eine vom System erkannte Netzwerkkarte aus und klicken auf BEARBEITEN. Es ist aber auch möglich, dass die Netzwerkkarte über HINZUFÜGEN zunächst dem System bekannt gemacht werden muss (siehe Abbildung 26.3).

Bei einer vom System nicht erkannten Netzwerkkarte handelt es sich in der Regel um einen PCMCIA- oder USB-Netzwerkadapter. In diesem Fall setzen Sie einfach das entsprechende Häkchen.

Mit einem Klick auf BEARBEITEN bzw. WEITER gelangen Sie zur IP-Konfiguration dieser Netzwerkkarte.

26 | Linux einrichten

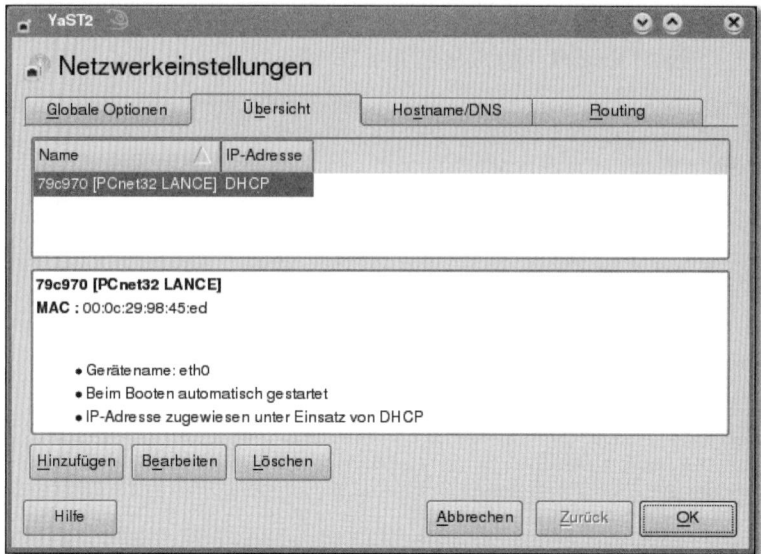

Abbildung 26.3 Eine Netzwerkkarte bearbeiten oder hinzufügen

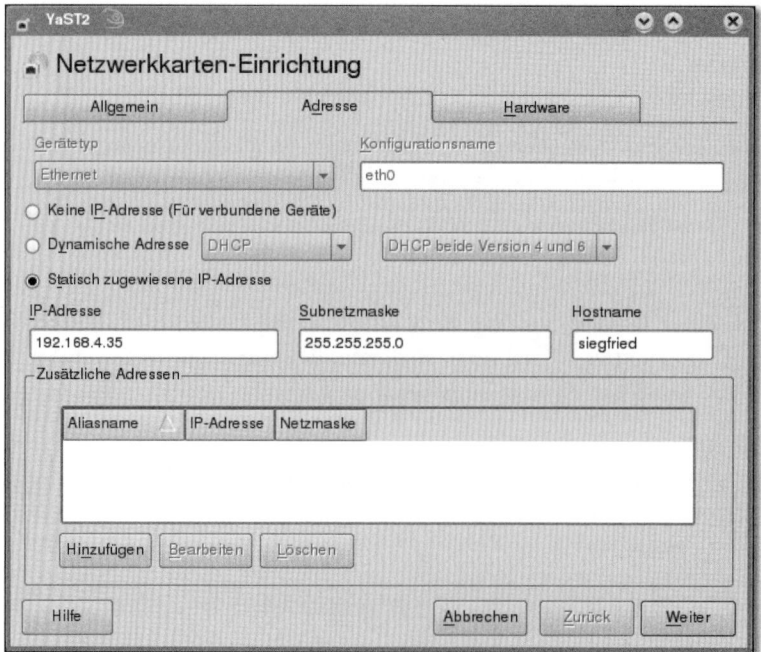

Abbildung 26.4 Die IP-Konfiguration des Netzwerkadapters

SUSE Linux verwendet standardmäßig die DYNAMISCHE ADRESSE (DHCP). Wenn Sie keinen DHCP-Server betreiben oder für diesen PC eine statische IP-Adresse bevorzugen, müssen Sie STATISCH ZUGEWIESENE IP-ADRESSE auswählen. Einem Server sollten Sie immer eine statische Adresse geben (siehe Abbildung 26.4).

Die statische IP-ADRESSE tragen Sie zusammen mit der SUBNETZMASKE und dem HOSTNAMEN ein, bevor Sie auf WEITER klicken.

Falls Sie die IP-Adresse über DHCP beziehen, können Sie zusätzlich bestimmen, ob zusammen mit der IP-Adresse auch der Hostname, das Standardgateway und der Nameserver vom DHCP-Server bezogen werden sollen.

Sollten Sie eine statische IP-Adresse konfiguriert haben, müssen Sie das STANDARDGATEWAY für den Zugriff auf das Internet nun ebenfalls von Hand eintragen. Zurück in den Netzwerkeinstellungen, verwenden Sie dazu den Reiter ROUTING (siehe Abbildung 26.5). Beim Standardgateway wird es sich in der Regel um die IP-Adresse Ihres Internetrouters handeln. Dieser eine Eintrag sollte für eine normale Netzwerkinstallation ausreichen.

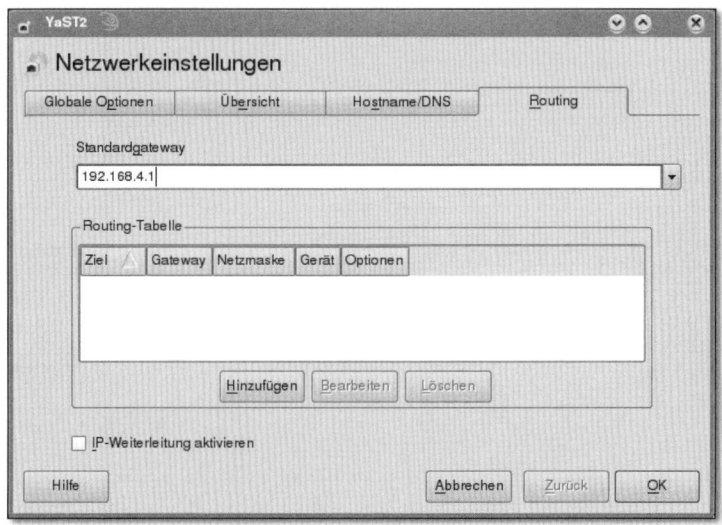

Abbildung 26.5 Die IP-Adresse des Routers als Standardgateway

Wenn Sie die Option IP-WEITERLEITUNG aktivieren, machen Sie den PC zum Router. Dieses empfehle ich Ihnen nur, wenn Sie genau wissen, was Sie tun (siehe Abschnitt 12.1, »Routing«). Auf einem Server hat eine Routing-Funktionalität generell nichts zu suchen. [!]

Falls Sie mit dem Linux-PC ins Internet wollen, müssen die Namen der Kommunikationspartner in IP-Adressen übersetzt werden. Einen Dienst für diese Aufgabe nennt man allgemein *Nameserver* (siehe Kapitel 18, »Namensauflösung«). Es gibt mindestens zwei Möglichkeiten, wie die Namensübersetzung in IP-Adressen (genannt *Namensauflösung*) erfolgen kann:

- *Domain Name Service* (DNS)
- *hosts*-Datei

Sie müssen sich nicht entweder für DNS oder für die Datei */etc/hosts* entscheiden. Üblicherweise werden beide Verfahren parallel genutzt. Welches Verfahren Vorrang hat, wird durch die Reihenfolge der Einträge `files` und `dns` in der Datei */etc/nsswitch.conf* bestimmt.

Ein DNS-Server betreibt zentral im Netzwerk Namensauflösung.

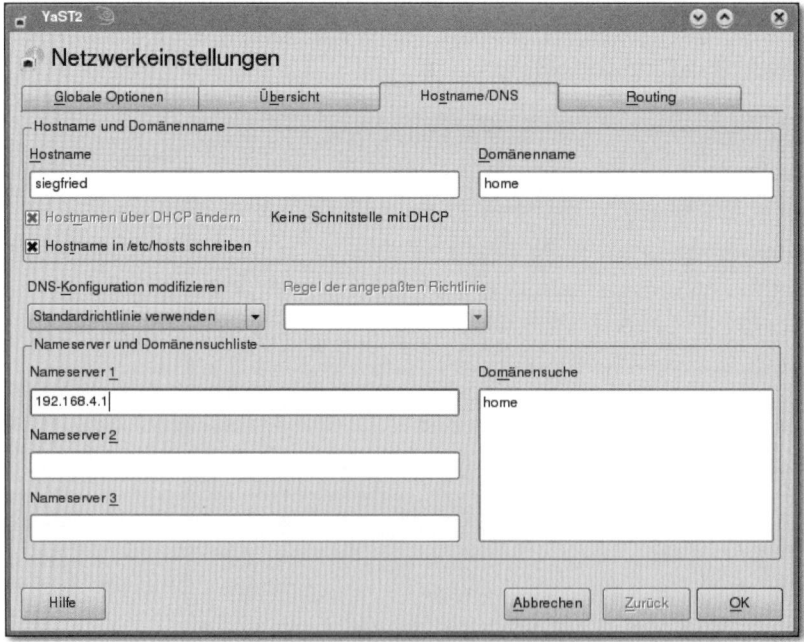

Abbildung 26.6 Hostname und Nameserver mit YaST2 einstellen

[zB] In Abbildung 26.6 sehen Sie ein Beispiel für einen Nameserver. Ich habe die IP-Adresse meines DSL-Routers eingetragen. Dieser leitet die Namensauflösungen für das Internet an DNS-Server im Internet weiter. Der Hostname für meinen Linux-PC ist `suse`, den Domainnamen (nicht zu verwechseln mit einer Windows-Domäne) habe ich mit `home` so gewählt, dass dieser im Internet nicht vorkommen kann. Die Top-Level-Domain »home« gibt es nicht und wird es wohl auch nie geben.

Die Datei */etc/hosts* enthält Einträge wie:

```
127.0.0.1    localhost  # loopback - device
192.168.1.2  max  Max   # PC Max
192.168.1.3  WLAN wlan  # DSL-Router
```

Anhand dieser Datei kann Namensauflösung betrieben werden, denn die Namen sind der IP-Adresse zugeordnet. Mit YaST2 können Sie die Einträge unter NETZWERKDIENSTE • RECHNERNAMEN bearbeiten.

Das waren alle wesentlichen Einstellungen zur Netzwerkkarte unter SUSE Linux. Verlassen Sie den YaST2-Netzwerkassistenten über OK.

26.4 SUSE-Firewall

Die Firewall kann dazu verwendet werden, einen PC mit einer Netzwerkschnittstelle sicher gegen Angriffe aus dem lokalen Netz oder dem Internet zu machen (siehe Kapitel 33, »Programme zur Netzwerksicherheit«). Wenn Sie ein aktuelles SUSE installieren, wird automatisch eine Firewall eingespielt und auch aktiviert. Ich möchte Ihnen die wichtigsten Funktionen dieser Firewall und deren Konfiguration mit dem YaST2 kurz vorstellen. YaST2 verändert dabei die Konfigurationsdatei der Firewall */etc/sysconfig/SUSEfirewall2*. Wenn Sie später tiefer in das Thema SUSE-Firewall einsteigen möchten, dann ist die Lektüre dieser Datei hervorragend dazu geeignet. Sie werden die Schlüsselwörter aus dieser Datei, die YaST2 bearbeitet, im Text wiederfinden.

Zur Administration verwenden Sie das YaST2-Modul SICHERHEIT UND BENUTZER • FIREWALL. Unter START wählen Sie zwischen AKTIVIERE AUTOMATISCHEN FIREWALL START und DEAKTIVIERE AUTOMATISCHEN FIREWALL START aus. Beim Punkt SCHNITTSTELLEN ordnen Sie jedem Netzwerk-Interface einen Gefahrenbereich zu. Es kann Aufgabe der Firewall sein, einen bestimmten Dienst im lokalen Netz (interne Zone) anzubieten und den Zugriff aus einem unsicheren Netz (externe Zone) zu unterbinden. Eine entmilitarisierte Zone ist ein gewöhnlich durch zwei Firewalls abgeschlossenes Netzwerksegment zwischen Ihrem lokalen Netz und dem Internet, in dem Sie Server für den Zugriff aus dem WAN platzieren können, ohne ihr eigenes LAN zu gefährden. Wenn Sie nichts anderes bestimmen, dann ist die Firewall nur für den Zugriff aus der externen Zone und der entmilitarisierten Zone aktiviert. YaST2 besetzt daraufhin die Variablen FW_DEV_EXT, FW_DEV_INT und FW_DEV_DMZ in der Konfigurationsdatei mit Ihren Werten.

Unter ERLAUBTE DIENSTE können Sie dies bei Bedarf mit der Auswahl FIREWALL VOR INTERNER ZONE SCHÜTZEN ändern und so den Rechner auch gegen Angriffe aus dem eigenen LAN wappnen (FW_PROTECT_FROM_INT).

Sie können nun mit YaST2 für jede Zone explizit festlegen, welche Dienste zugelassen werden sollen (`FW_SERVICES_*`). Achten Sie darauf, dass nicht nur Server, sondern auch einige Clients bei der Arbeit von der Firewall geblockt werden können. Das liegt z. B. im Fall vom DHCP-CLIENT daran, dass der Client per Broadcast eine IP-Adresse anfordert und noch gar nicht wissen kann, welcher Netzwerkteilnehmer ihm ein Antwortpaket schicken wird.

[!] Jeder Dienst, den Sie in einem unsicheren Netz erlauben, ist ein zusätzlicher Schwachpunkt der Firewall. Die Firewall wird also aus einem unsicheren Netzwerk heraus zusätzlich angreifbar.

Wenn Sie MASQUERADING FÜR NETZWERKE aktivieren, dann wird von der internen Zone in die externe Zone NAT (siehe Abschnitt 12.3, »Network Address Translation«) durchgeführt (`FW_MASQUERADE`). Zusätzlich haben Sie die Möglichkeit, für einzelne Dienste den Zugriff aus dem externen Netz auf einen bestimmten Server im internen Server (virtual Server) umzuleiten (`FW_FORWARD_MASQ`).

Masquerading kann überhaupt nur dann von Interesse sein, wenn Sie über mindestens zwei Netzwerkschnittstellen verfügen. Dann können Sie mit der SUSE-Firewall einen gemeinsamen Zugriff der lokalen Netzwerkteilnehmer auf das Internet einrichten.

[!] Auf einen Server mit wichtigen Daten gehört meiner Meinung nach keinerlei Routing-Funktionalität, also auch kein Masquerading. Da der Server aus dem Internet sichtbar ist, ist er auch angreifbar. Auch eine aktivierte Firewall bietet keinen hundertprozentigen Schutz. Deshalb betrachte ich den Einsatz einer Software-Firewall mit Routing-Funktionalität grundsätzlich als Sicherheitsrisiko!

[»] Die Administration der SUSE-Firewall ist in diesem Punkt mächtiger als das optionale Routing mittels `IP_FORWARD`, das Sie in der Datei */etc/sysconfig/sysctl* oder mit YaST2 in der Netzwerkkonfiguration einrichten können. Die Firewall protokolliert Ereignisse wie das Verwerfen (`DROP`) von Paketen in der Datei */var/log/messages*.

[!] Falls Sie die IP-Adresse einer Einwahlverbindung mittels DynDNS auf einem DNS-Server im Internet aktualisieren möchten, darf in der Datei */etc/sysconfig/sysctl* der Eintrag `IP_DYNIP="yes"` nicht fehlen. Nur dann wird die Routing- bzw. NAT-Tabelle auf der Firewall ebenfalls dynamisch aktualisiert.

Damit kennen Sie die wichtigsten Funktionen der SUSE-Firewall. Mit einem Klick auf WEITER gelangen Sie zu einer Zusammenfassung Ihrer geplanten Konfiguration. Lesen Sie diese bitte gründlich durch!

26.5 WLAN unter Linux

Nicht immer haben freie Software-Projekte nur Vorteile. Beim Thema WLAN birgt Linux eine gewisse Komplexität. Wenn Sie WLAN unter Linux einsetzen möchten, sollten Sie sich möglichst vor dem Kauf erkundigen, ob dieses WLAN-Gerät bei Linux im gewünschten Umfang unterstützt wird.

Entscheidend für die Linux-Unterstützung einer WLAN-Hardware ist der verwendete Chipsatz. Es ist also weniger entscheidend, ob Sie eine WLAN-Karte von Netgear oder von D-Link haben, sondern welchen Chipsatz die Karte verwendet.

Die Firma Diavlon GmbH, die hinter der Webseite Tuxhardware.de steckt, verkauft Linux-kompatible Komponenten. WLAN-Karten finden Sie unter *http://www.tuxhardware.de/index.php?cat=c9_Wireless-LAN.html* mitsamt Installationsanleitung. Ich denke, das kann auch nützlich sein, wenn Sie nicht dort gekauft haben.

[«]

Weil Sie vermutlich nicht wissen, welche Karte beziehungsweise welches USB-Gerät welchen WLAN-Chipsatz verwendet und dies meistens vom Hersteller nicht veröffentlicht wird, gibt es Webseiten, die zu aktuellen WLAN-Geräten die verwendeten Chipsätze auflisten. Dabei müssen Sie teilweise sehr genau auf Versionen achten. Eine englischsprachige Webseite gibt Auskunft unter *http://www.hpl.hp.com/personal/Jean_Tourrilhes/Linux*. OpenSUSE pflegt seine Liste in dem Hardware-Portal unter *de.opensuse.org/Portal:Hardware*.

Wenn Sie wissen, welcher Chipsatz verwendet wird, dann gibt es zwei Möglichkeiten: Entweder es existiert ein echter Linux-Treiber oder nicht. Wenn für den Chipsatz Ihrer Karte kein Linux-Treiber zur Verfügung steht, gibt es immer noch Hoffnung: Sie können unter Linux die Windows-Treiber verwenden. Dazu gibt es *Ndiswrapper* (siehe *http://ndiswrapper.sourceforge.net*), allerdings wird der sogenannte Monitor-Modus nicht unterstützt; Sie können also mit einer per Ndiswrapper betriebenen WLAN-Karte keine Sniffer nutzen.

26.6 WLAN unter SUSE einrichten

SUSE verwendet für die Konfiguration der WLAN-Hardware wiederum YaST2. Für die eigentlichen Verbindungseinstellungen zeigt sich der NetworkManager verantwortlich, der unter KDE als *KNetworkManager*-Applet daherkommt. Sie öffnen das grafische Konfigurationstool per Klick auf die Weltkugel in der Kontrollleiste (siehe Abbildung 26.7).

26 | Linux einrichten

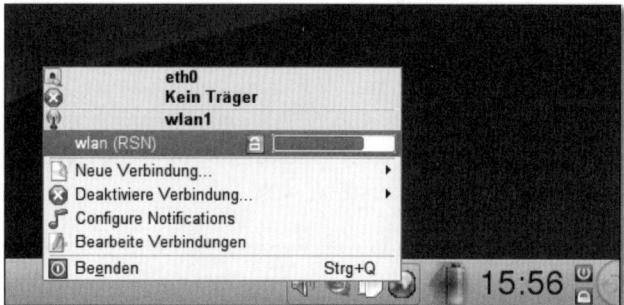

Abbildung 26.7 Verbindungen mit KNetworkManager verwalten

Wenn Sie mit der rechten Maustaste auf das Symbol klicken, erscheint das Kontextmenü. Wählen Sie dort NEUE VERBINDUNG..., und es erscheint eine Auswahl der Netzwerk-Interfaces, z. B. *eth0* und *wlan0*. Klicken Sie auf WLAN0, und Ihnen werden verfügbare WLANs angezeigt. Hier wählen Sie Ihr Netzwerk aus und klicken dann auf WEITER. Jetzt erscheint der Dialog zu den WLAN-Einstellungen (siehe Abbildung 26.8). Klicken Sie auf EXPERTEN-EINSTELLUNGEN um alle Einstellungen eintragen zu können.

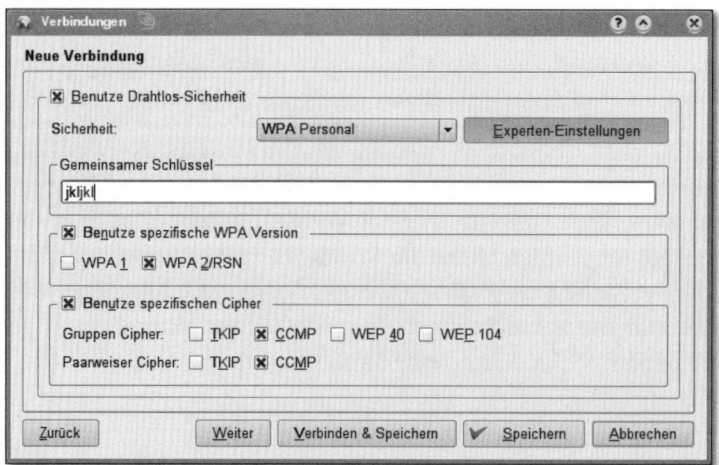

Abbildung 26.8 WLAN-Einstellungen

[»] Sollte Ihre WLAN-Karte nicht automatisch erkannt werden, können Sie sie üblicherweise mit dem Windows-Treiber in Gang bekommen. Dazu gibt es das Programm Ndiswrapper, das OpenSUSE mitbringt. Sie müssen es nur über das Software-Modul von YaST2 installieren.

Nach der Installation muss Ndiswrapper eingerichtet werden. Eine detaillierte Installationsanleitung finden Sie im Wiki von OpenSUSE unter *http://de.opensuse.org/SDB:Ndiswrapper*.

Alternativ zum KNetworkManager gibt es speziell für WLAN das Programm *KWiFi*, das auch verschiedene Profile verwaltet. KWiFi installieren Sie ebenfalls über YaST2, müssen aber vor dem ersten Einsatz den KNetworkManager deaktivieren. Dazu gehen Sie im YaST2 zu NETZWERKGERÄTE • NETZWERKEINSTELLUNGEN • GLOBALE OPTIONEN und setzen ein Häkchen bei TRADITIONELLE METHODE MIT IFUP.

Auch der Netzwerkmanager *Wicd* (siehe *http://wicd.sourceforge.net*) bietet sich als Ausweichmöglichkeit an, um Verbindungen zu WLAN- und kabelgebundenen Netzwerken ohne den NetworkManager herzustellen. Die Python-Anwendung integriert sich in die gängigen Linux-Desktops und ist einfach zu bedienen (siehe Abbildung 26.9).

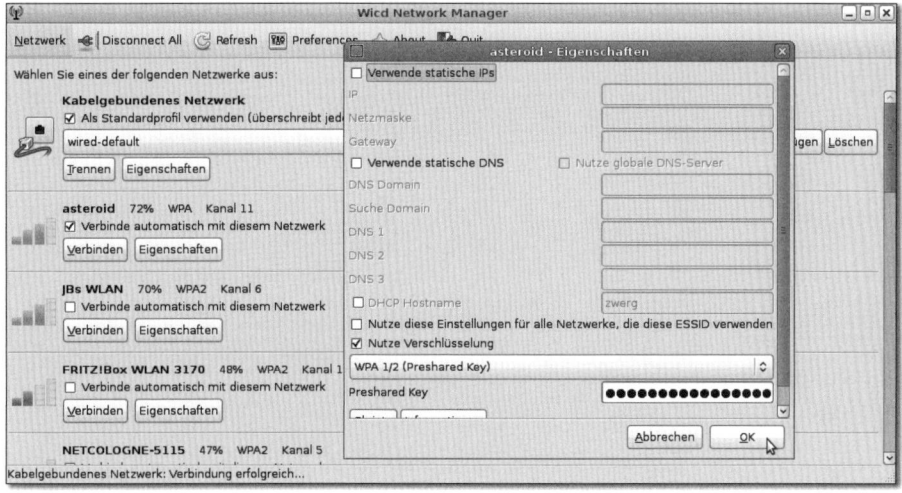

Abbildung 26.9 Der übersichtliche Wicd als Alternative zum NetworkManager

OS X bringt als offizielles UNIX-System umfangreiche Netzwerkfunktionen mit. Mit den Systemeinstellungen gelingt die Konfiguration recht schnell.

27 OS X einrichten

Die Konfiguration des Netzwerkes wird unter OS X mit den SYSTEMEINSTELLUNGEN im Ordner PROGRAMME vorgenommen. Wenn Sie die Systemeinstellungen gestartet haben, dann finden Sie dort einen Eintrag NETZWERK. Mit einem Klick auf diesen Eintrag wechseln Sie die Ansicht und gelangen zu den Einstellungen, die das Netzwerk betreffen. Um Änderungen an den Netzwerkeinstellungen vornehmen zu können, müssen Sie sich mit einem Benutzerkonto anmelden, bei dem in der Ansicht BENUTZER der Systemeinstellungen die Option DER BENUTZER DARF DIESEN COMPUTER VERWALTEN aktiviert ist. Sollte die Ansicht NETZWERK gesperrt sein, sodass Sie keine Änderungen vornehmen können, dann können Sie diese mit einem Klick auf das Schloss unten links und der darauffolgenden Eingabe des Passworts entsperren.

Bei der Änderung der Netzwerkeinstellungen müssen Sie beachten, dass diese erst wirksam werden, wenn Sie unten rechts auf die Schaltfläche ANWENDEN klicken. Mit einem Klick auf die Schaltfläche ZURÜCKSETZEN kehren Sie zur letzten angewandten Konfiguration zurück und können auf diese Weise Eingaben verwerfen.

27.1 Netzwerkumgebungen

OS X gruppiert die Einstellungen in sogenannten NETZWERKUMGEBUNGEN. In den SYSTEMEINSTELLUNGEN finden Sie oben den Eintrag UMGEBUNG (siehe Abbildung 27.1).

Die Aufgabe dieser Umgebungen besteht darin, verschiedene Konfigurationen zu bündeln und einen schnellen Wechsel zwischen diesen zu ermöglichen. Sie könnten z. B. eine Umgebung ZU HAUSE anlegen, die Ihre Einstellungen für das Netzwerk im heimischen Wohnzimmer enthält, und eine weitere Umgebung ARBEIT, in der Sie die Einstellungen für die Firma treffen.

Nützlich ist der Einsatz dieser Umgebungen insbesondere mit einem mobilen Rechner, den Sie z. B. tagsüber in der Firma und abends zu Hause einsetzen.

Mit einem Mausklick können Sie zwischen den Konfigurationen wechseln und müssen nicht jedes Mal erneut die IP-Adresse, den DNS-Server und die anderen Einstellungen eingeben.

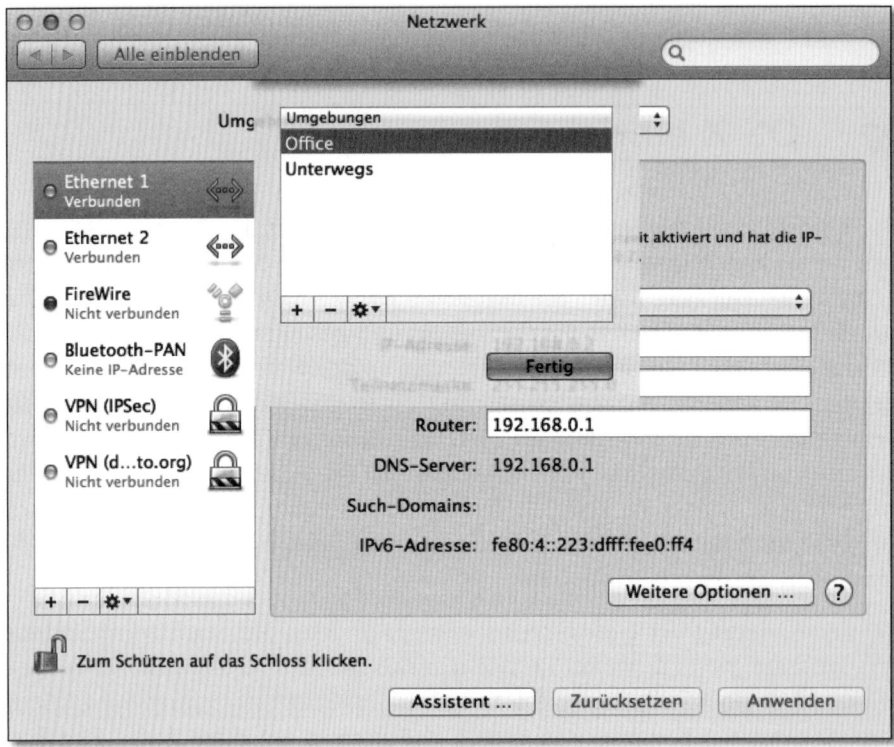

Abbildung 27.1 OS X gruppiert verschiedene Konfigurationen.

In dem Ausklappmenü nach dem Eintrag UMGEBUNGEN finden Sie sowohl die schon vorhandenen Umgebungen als auch den Eintrag UMGEBUNGEN BEARBEITEN. Wenn Sie diesen Punkt auswählen, dann erscheint ein Panel (siehe Abbildung 27.1), in dem Sie neue Umgebungen erstellen, vorhandene löschen sowie umbenennen können.

Es gibt zwei Möglichkeiten, die aktive Netzwerkumgebung zu wechseln. Zunächst können Sie in den SYSTEMEINSTELLUNGEN oben eine Umgebung auswählen und dann auf ANWENDEN klicken. Einfacher und direkter geht der Wechsel über das Apfel-Menü.

Haben Sie mindestens zwei Umgebungen angelegt, dann finden Sie im Apfel-Menü (siehe Abbildung 27.2) den Eintrag UMGEBUNG und können dort die von Ihnen gewünschte Umgebung auswählen. Der Wechsel wird hier unmittelbar vorgenommen.

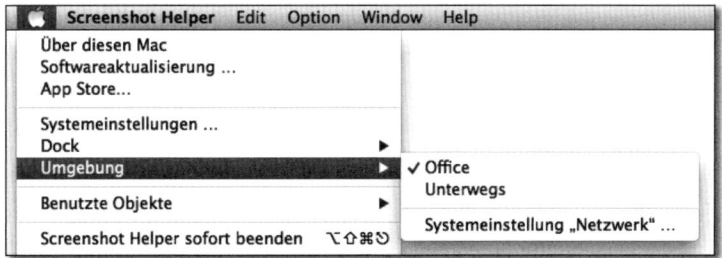

Abbildung 27.2 Die Netzwerkumgebung kann über das Apfel-Menü ausgewählt werden.

27.2 Schnittstellen verwalten

In den Systemeinstellungen finden Sie in der linken Spalte die aktiven Netzwerkschnittstellen, die in diesem Zusammenhang als Dienst bezeichnet werden. Abhängig von der Hardware Ihres Rechners finden Sie dort Ethernet-Schnittstellen, WLAN-Karten, FireWire und Bluetooth.

Abbildung 27.3 Über das Pluszeichen kann eine Netzwerkschnittstelle zur Konfiguration hinzugefügt werden.

Eine aktive Schnittstelle wird mit einem grünen, eine inaktive mit einem roten Knopf gekennzeichnet. Ein gelber Knopf besagt, dass entweder ein Problem vorliegt oder aber eine selbst zugewiesene IP-Adresse verwendet wird. Eine ausgegraute Schnittstelle (in Abbildung 27.3 ist dies die zweite Ethernet-Karte ETHERNET 2) besagt, dass diese deaktiviert wurde.

Über das Pluszeichen unten links können Sie eine nicht aufgeführte oder aus der Liste entfernte Netzwerkschnittstelle dieser hinzufügen. In dem erscheinenden Panel finden Sie auch die Möglichkeit, ein VPN oder eine DSL-Verbindung über PPPoE einzurichten.

Mit dem Minuszeichen können Sie eine Schnittstelle aus der Liste entfernen. Über das Rad erreichen Sie ein Menü, in dem Ihnen unter anderem die Möglichkeit zur Verfügung steht, eine Schnittstelle zu deaktivieren oder die Reihenfolge der Dienste festzulegen. Die Reihenfolge der Dienste legt hierbei auch fest, über welche Schnittstelle die Datenpakete zuerst verschickt werden.

27.3 Schnittstellen konfigurieren

Für jede Schnittstelle, die links aufgeführt wird und die nicht deaktiviert ist, können Sie dann die Einstellungen vornehmen.

27.3.1 Einfache Konfiguration

Zunächst können Sie unter IPv4 KONFIGURIEREN auswählen, wie die IP-Adresse vergeben wird. Zur Auswahl stehen hier DHCP, DHCP MIT MANUELLER ADRESSE, der DHCP-Vorläufer BOOTP und MANUELL. Handelt es sich um eine Ethernet-Karte, dann steht Ihnen auch die Option PPPOE-DIENST ERSTELLEN zur Verfügung. Mit dieser Option erstellen Sie eine Verbindung zu Ihrem DSL-Provider, die links in der Liste der Schnittstellen erscheint und in der Sie Zugangsdaten eingeben können.

Wenn Sie die Einstellungen getroffen haben, dann können Sie diese anwenden. Das System versucht dann, mit diesen Einstellungen eine Verbindung ins Netzwerk aufzubauen und zeigt den Status anschließend über den Knopf in der linken Spalte an.

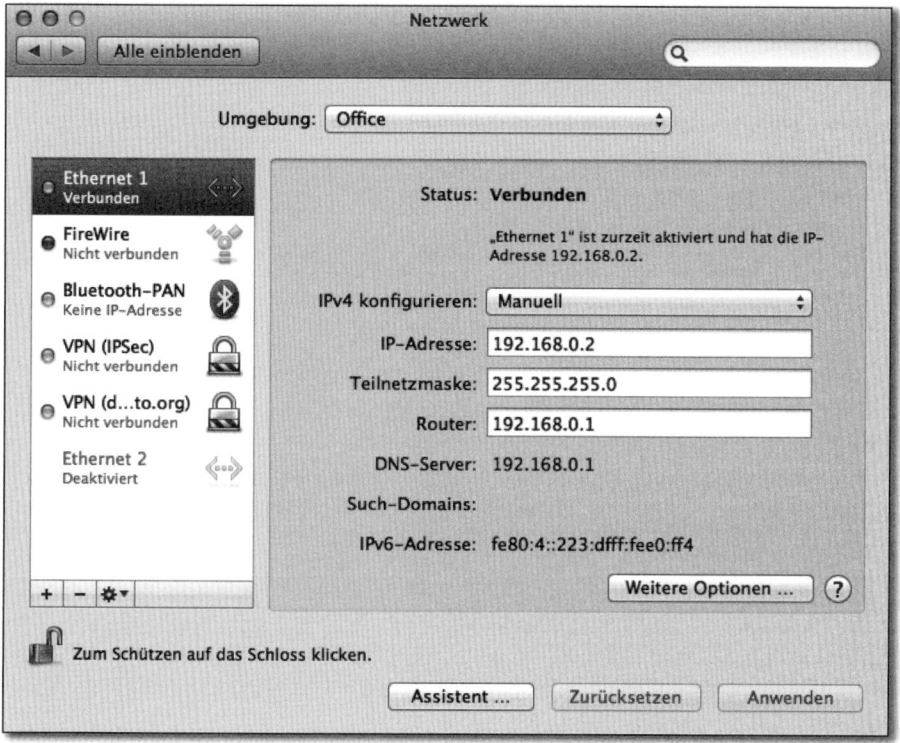

Abbildung 27.4 Die IP-Adresse, Subnetzmaske und der Router können auch manuell eingegeben werden.

27.3.2 Details konfigurieren

Während Sie auf diese Weise nur die grundlegenden Parameter konfigurieren können, können Sie über die Schaltfläche WEITERE OPTIONEN eine detaillierte Konfiguration vornehmen. Das Panel (siehe Abbildung 27.5) ist in fünf bis sechs Ansichten unterteilt. Sie können zunächst unter TCP/IP wieder die IP-Adresse vergeben. Hierbei ist es unter dem Menüpunkt IPv6 KONFIGURIEREN auch möglich, die IPv6-Adresse manuell vorzugeben oder, sofern das überhaupt gewünscht ist, die Unterstützung von IPv6 ganz auszuschalten.

In der Ansicht DNS können Sie mehrere DNS-SERVER und SUCH-DOMAINS vorgeben, sofern Ihr Netzwerk diese Komplexität bereits erreicht hat. In der Ansicht HARDWARE finden Sie unter anderem die MAC-Adresse der Schnittstelle.

Bestätigen Sie die Änderungen über die Schaltfläche OK, dann müssen Sie diese anschließend ebenfalls anwenden.

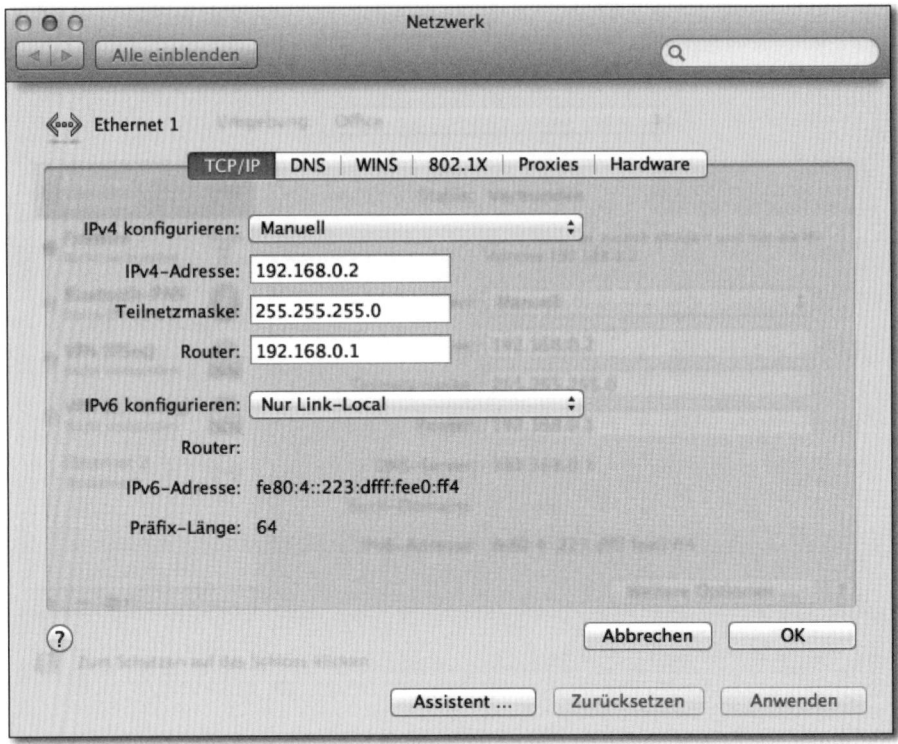

Abbildung 27.5 Weitere Details können in einem Panel konfiguriert werden.

27.4 WLAN-Karte konfigurieren

Im Apple-Markt wird für eine drahtlose Verbindung auch der Begriff AirPort genutzt. Wenn Ihr Rechner über eine solche Karte verfügt, dann finden Sie links in der Liste der Schnittstellen auch einen Eintrag WLAN. Haben Sie diesen ausgewählt, dann können Sie hinter STATUS die Karte aktivieren und deaktivieren. Hinter NETZWERKNAME finden Sie ein Ausklappmenü (siehe Abbildung 27.6), das Ihnen zunächst das derzeit aktive Netzwerk anzeigt. Wenn Sie das Menü ausklappen, dann beginnt die Suche nach verfügbaren und sichtbaren Netzwerken in Ihrer Umgebung. Verschlüsselte Netzwerke werden in der Liste mit einem Schloss gekennzeichnet. Sie können nun ein Netzwerk aus der Liste auswählen oder über den Eintrag MIT ANDEREM NETZWERK VERBINDEN den Namen eines unsichtbaren Netzwerkes eingeben. Sofern das Netzwerk verschlüsselt wird, werden Sie anschließend zur Eingabe des Passworts aufgefordert.

Abbildung 27.6 Das Menü hinter »Netzwerkname« zeigt die gefundenen Netzwerke in der Umgebung an.

Über die Option WLAN-STATUS IN DER MENÜLEISTE ANZEIGEN können Sie der Leiste oben rechts einen Eintrag hinzufügen (siehe Abbildung 27.7), mit dessen Hilfe Sie ein Netzwerk auswählen oder die Karte aktivieren und deaktivieren können.

Auch die WLAN-Karte verfügt über weitergehende Konfigurationsmöglichkeiten, die Sie über die Schaltfläche WEITERE OPTIONEN aufrufen können. Sie finden hier zusätzlich eine Ansicht WLAN. Zunächst können Sie über den Eintrag ALLE NETZWERKE MERKEN, MIT DENEN DIESER COMPUTER VERBUNDEN WAR das System anweisen, über die aufgenommenen Verbindungen Buch zu führen. Die so gemerkten Netzwerke werden dann in der Liste BEVORZUGTE NETZWERKE aufgeführt. Über das Plus- und Minuszeichen können Sie dieser Liste selbst Netzwerke hinzufügen oder vorhandene Einträge löschen.

Abbildung 27.7 Der WLAN-Status kann auch in der Menüleiste angezeigt werden.

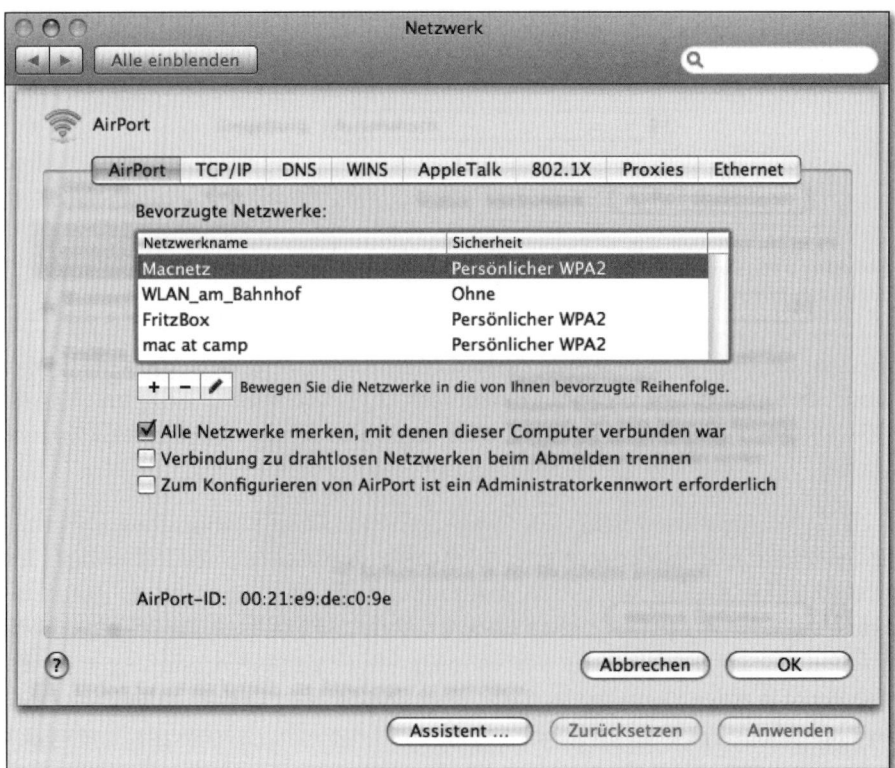

Abbildung 27.8 In den Details der Schnittstelle kann auch vorgegeben werden, ob sich das System die Netzwerke merken soll.

27.5 Die Firewalls von OS X

OS X verfügt über bis zu drei Firewalls. Die Application-Level-Firewall wird in diesem Abschnitt eingehend beschrieben und konfiguriert.

Bei der zweiten, nicht direkt zu konfigurierenden Firewall handelt es sich um den Paketfilter `ipfw` in der Version 2. Diese Firewall wurde bis Mac OS X 10.6 standardmäßig genutzt. Sie prüft die eingehenden Pakete anhand von Regeln und entspricht in ihrer Funktionsweise in etwa IPTables (siehe Abschnitt 33.2, »IPTables, Firewall für Linux«) unter Linux. Sie könnten am Terminal mit dem Befehl `ipfw` Regeln für diese Firewall definieren. Dabei würden Sie aber unter anderem vor dem Problem stehen, dass diese Regeln von `ipfw` nicht automatisch gespeichert werden und nach jedem Neustart des Systems verloren gehen. Mit OS X 10.7 wurde neben der nun regelrecht brach liegenden `ipfw` die von OpenBSD übernommene Firewall `pf` eingeführt. Deren Funktionsweise entspricht im Wesentlichen der `ipfw`, wobei `pf` viel flexibler zu konfigurieren ist. Eine grafische Oberfläche für die Konfiguration dieser beiden Firewalls bietet OS X nicht. Im Verzeichnis */etc* finden Sie die Konfigurationsdateien der `pf`. Neben den beiden Hauptdateien (*pf.conf* und *pf.os*) finden Sie im Unterverzeichnis *pf.anchors* noch weitere Einstellungsdateien. Die Konfiguration der `pf` setzt aber sehr gute Kenntnisse über Firewall und Netzwerkkonfiguration voraus.

Dabei ist die erste Firewall von OS X für die meisten Zwecke völlig ausreichend und auch viel leichter zu konfigurieren. Hierbei handelt es sich nicht um einen Paketfilter, sondern um eine Application-Level-Firewall. Sie überprüft, ob ein Programm Daten aus dem Netzwerk entgegennehmen darf oder nicht. Die Prüfung bezieht sich dabei nur auf eingehende Datenpakete. Beim Datenverkehr, der von Programmen ins Netzwerk geschickt wird, erfolgt keine Prüfung.

In den SYSTEMEINSTELLUNGEN finden Sie in der Ansicht SICHERHEIT auch die Ansicht FIREWALL. Wenn Sie die FIREWALL AKTIVIEREN, dann stehen Ihnen auch die FIREWALL-OPTIONEN zur Verfügung. Die Firewall bietet Ihnen drei Optionen:

▶ ALLE EINGEHENDEN VERBINDUNGEN BLOCKIEREN: Hierbei handelt es sich um die stringenteste Einstellung. Kein Programm darf Pakete aus dem Netzwerk entgegennehmen. Als Ausnahmen (oder in der Terminologie Apples: Standard-Internetdienste) gelten in diesem Zusammhang der unter anderem für DHCP zuständige Systemdienst `configd`, der `mDNSResponder` für Bonjour sowie der Dienst `racoon`, mit dem das Protokoll IPsec unter OS X realisiert wird. Beachten Sie, dass Ihnen bei dieser restriktiven Einstellung keine Windows-Rechner mehr in der Ansicht NETZWERK angezeigt werden, weil auch diese Kommunikation unterbunden wird.

- SIGNIERTER SOFTWARE AUTOMATISCH ERLAUBEN, EINGEHENDE VERBINDUNGEN ZU EMPFANGEN: Unter OS X können Programme mit einer digitalen Signatur versehen werden. Diese soll die Echtheit und Integrität garantieren, sodass Sie als Anwender vor einem trojanischen Pferd weitgehend geschützt sind. Zu den signierten Programmen gehören auf jeden Fall fast alle Programme, die zur Standardinstallation des Systems gehören. Ferner werden die Programme, die Sie über den App Store erwerben, ebenfalls mit einer Signatur versehen. Aktivieren Sie diese Option, dann ist es signierter Software automatisch möglich, Verbindungen entgegenzunehmen.

- TARNMODUS: Aktivieren Sie diese Option, dann wird Ihr Rechner im Netzwerk mehr oder weniger unsichtbar. In einer im weiteren Sinne feindlichen Netzwerkumgebung kann diese Option sinnvoll sein. Andererseits kann sie die Fehlersuche erschweren, weil Ihr Rechner zum Beispiel auf `ping` nicht mehr antwortet, und Sie dadurch nicht mehr in der Lage sind, die Verbindung als solche auf Ihre Funktionsfähigkeit hin zu überprüfen.

Neben diesen drei Grundeinstellungen finden Sie auch eine Liste der Programme, denen Sie die Entgegennahme einer Verbindung erlaubt oder verboten haben. Bei den Freigaben werden in der Liste (siehe Abbildung 27.9) etwaige Dienste (DATEIFREIGABE, ENTFERNTE ANMELDUNG...) aufgeführt.

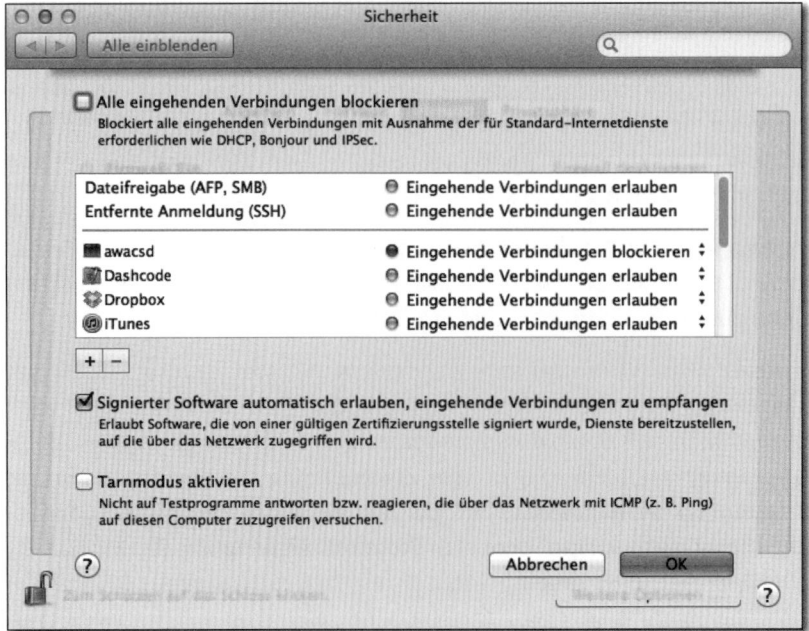

Abbildung 27.9 Die Firewall wird in der Ansicht SICHERHEIT der Systemeinstellungen konfiguriert.

Haben Sie einen solchen Dienst aktiviert, dann wird dieser vom System automatisch den Regeln der Firewall hinzugefügt. Das System geht davon aus, dass der Empfang von Datenpaketen gewünscht ist, wenn Sie den Dienst aktivieren. Darunter finden Sie die Programme, die Pakete entgegennehmen dürfen oder nicht. Sie können entweder über das Pluszeichen Programme dieser Liste hinzufügen oder sie mit dem Minuszeichen wieder entfernen. Bei Programmen, die in dieser Liste aufgeführt werden, können Sie festlegen, ob Sie EINGEHENDE VERBINDUNGEN ERLAUBEN oder EINGEHENDE VERBINDUNGEN BLOCKIEREN.

Wenn Sie ein Programm starten, das Daten aus dem Netzwerk empfangen möchte und das noch nicht in der Liste in den SYSTEMEINSTELLUNGEN aufgeführt wird, dann erhalten Sie eine Rückfrage des Systems, ob das Programm eingehende Netzwerkverbindungen erhalten darf. Ihre Auswahl wird anschließend der Liste der SYSTEMEINSTELLUNGEN hinzugefügt.

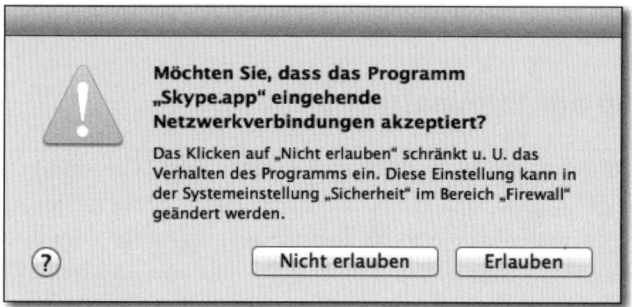

Abbildung 27.10 Möchte ein Programm eingehende Netzwerkverbindungen entgegennehmen, dann kann ihm dies nicht erlaubt werden.

Die Firewall protokolliert im Hintergrund, welchen Programmen die Kommunikation erlaubt oder verboten wurde. Im Dienstprogramm KONSOLE finden Sie links in der Übersicht der Protokolle im Verzeichnis /var/log den Eintrag APPFIREWALL.LOG. In dem Protokoll (siehe Abbildung 27.11) wird aufgeführt, wann ein Programm eine Verbindung aufnehmen wollte, und wie die Entscheidung ausgefallen ist.

Wenn Sie sich nicht mit der Konfiguration der pf im Detail auseinandersetzen möchten und Ihnen die Beschränkung der *Application-Level-Firewall* auf den eingehenden Datenverkehr nicht ausreicht, dann bietet Ihnen die Shareware *Little Snitch* (siehe http://www.obdev.at) eine recht komfortable Möglichkeit, um sowohl den ein- als auch den ausgehenden Datenverkehr zu überwachen und zu reglementieren.

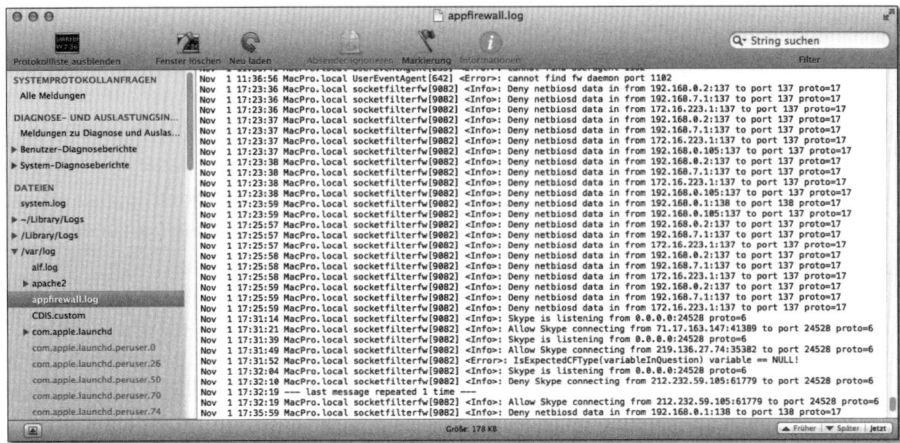

Abbildung 27.11 Im Dienstprogramm Konsole kann das Protokoll der Firewall eingesehen werden.

27.6 networksetup am Terminal

Wenn Sie auf die Konfiguration über die grafische Benutzeroberfläche und insbesondere die Systemeinstellungen verzichten möchten, dann können Sie am Terminal auch den Befehl networksetup nutzen. Dieser muss als Super-User ausgeführt werden, und Sie müssen ihm daher den Befehl sudo voranstellen. Die über man networksetup aufzurufende Dokumentation enthält alle Parameter und Optionen, die Sie networksetup übergeben können.

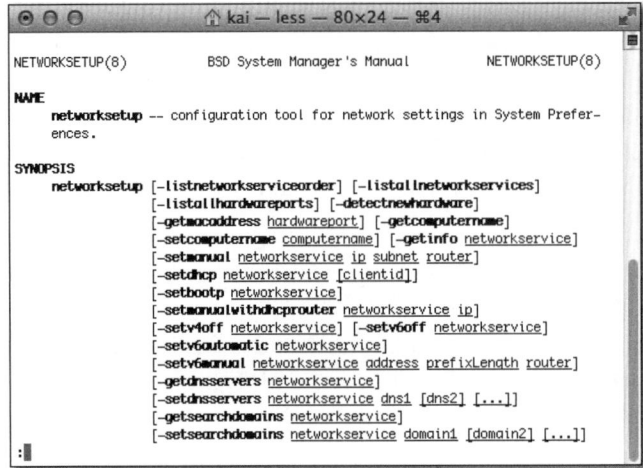

Abbildung 27.12 Der Befehl »networksetup« verfügt über eine umfangreiche Dokumentation.

27.7 Freigaben für Windows unter OS X

Wenn Sie Ordner unter OS X mittels SMB auch für Windows oder für Linux freigeben möchten, dann können Sie die entsprechende Freigabe in den SYSTEMEINSTELLUNGEN aktivieren. Bis Mac OS X 10.6 hat Apple Samba integriert, und für die Konfiguration eine mehr oder wenige rudimentäre Oberfläche in den SYSTEMEINSTELLUNGEN vorgesehen. Den Schritt von Samba 2 auf Samba 3 hat Apple jedoch nicht vollzogen und mit OS X 10.7 eine eigene Implementation des Protokolls SMB eingeführt. Diese bietet zwar nicht so viele Optionen wie Samba, ist aber in der Regel vollkommen ausreichend und recht einfach zu nutzen.

27.7.1 Ordner freigeben

In den SYSTEMEINSTELLUNGEN in der Ansicht FREIGABEN können Sie zunächst allgemein den Dienst DATEIFREIGABE aktivieren. Sie finden dort auch eine Liste FREIGEGEBENE ORDNER. Über das Pluszeichen unterhalb dieser Liste können Sie weitere Ordner im Netzwerk freigeben und in der Liste BENUTZER die Benutzerkonten festlegen, die auf diesen Ordner zugreifen dürfen.

Abbildung 27.13 Die im Netzwerk freizugebenden Ordner werden in den Systemeinstellungen konfiguriert.

27.7.2 Samba starten

Selbst wenn der Dienst DATEIFREIGABE bereits aktiv ist, bedeutet dies nicht, dass auch die Freigabe mittels SMB aktiviert wurde. Hierzu müssen Sie über die Schaltfläche OPTIONEN das Panel aufrufen, in dem Sie die Serverdienste aktivieren, die die freigegebenen Ordner im Netzwerk verfügbar machen. Neben dem Apple eigenen AFP-Protokoll finden Sie dort auch die Option DATEIEN UND ORDNER ÜBER SMB (WINDOWS) BEREITSTELLEN. Wenn Sie diese Option aktivieren, dann wird die Freigabe mittels SMB gestartet.

Eine Anmeldung können Sie aber immer noch nicht vornehmen, denn Sie müssen für die Freigabe über SMB auch die Benutzerkonten explizit freigeben, die mittels SMB auf die freigegebenen Ordner zugreifen dürfen.

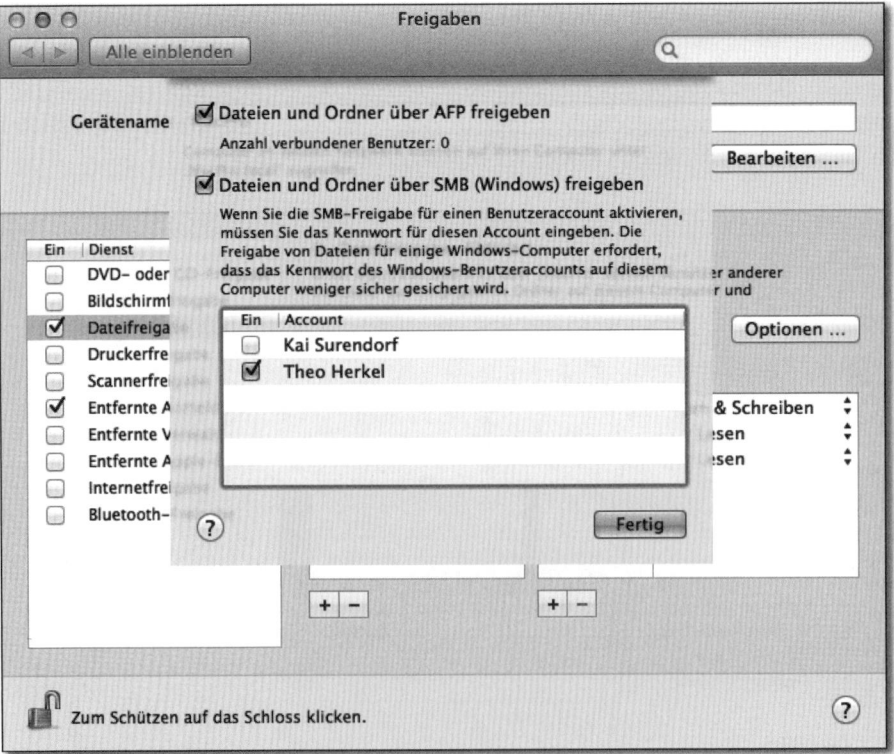

Abbildung 27.14 Die Benutzerkonten, die über SMB auf Freigaben zugreifen dürfen, müssen eigens ausgewählt werden.

Der Grund für diese Maßnahme besteht darin, dass die SMB-Implementierung unter OS X nicht in der Lage ist, direkt auf die Passwortdatenbank des Systems zuzugreifen. Der Hinweis in dem Panel, dass dieses Passwort weniger sicher sei, ist dahingehend korrekt, als dass die Verschlüsselung des Passworts nicht ganz dem

Standard von OS X entspricht. Allerdings haben Sie keine andere Wahl, als das Passwort weniger sicher zu speichern, wenn Sie über ein Benutzerkonto mittels Samba auf die freigegebenen Ordner zugreifen. Haben Sie einen oder mehrere Accounts ausgewählt (siehe Abbildung 27.14), die über SMB auf Ordner zugreifen sollen, und die Schaltfläche Fertig betätigt, dann müssen Sie die Passwörter der ausgewählten Konten nacheinander eingeben. Anschließend ist eine Anmeldung von Windows aus möglich.

Wenn in Ihrem Netzwerk eine Arbeitsgruppe existiert, in die sich auch das OS-X-System einfügen soll, dann können Sie in den Systemeinstellungen in der Ansicht Netzwerk die betreffende Schnittstelle auswählen und über Weitere Optionen das Panel für die detaillierte Konfiguration aufrufen. Dort finden Sie in der Ansicht WINS auch ein Feld Arbeitsgruppe (siehe Abbildung 27.15).

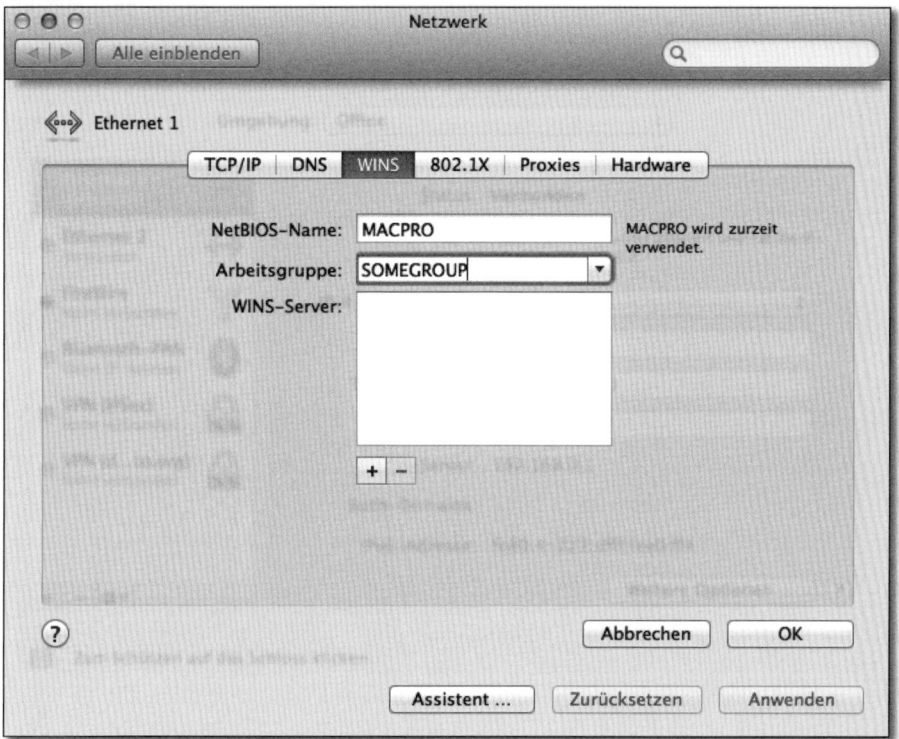

Abbildung 27.15 Die Arbeitsgruppe wird in den Einstellungen der Netzwerkschnittstelle vorgegeben.

Sie haben ein Netzwerk erfolgreich eingerichtet, alle angeschlossenen PCs funktionieren, und Sie können einzelne PCs erreichen. Ein einziger PC tut aber nicht, was Sie erwarten. Jetzt möchten Sie den Fehler möglichst schnell finden.

28   Troubleshooting

Vielleicht kennen Sie die folgenden Situationen:

- Sie haben alle Anschluss- und Einstellungsarbeiten an einem PC erledigt, der PC ist aber nicht im Netzwerk erreichbar.
- Ein Kollege hat Sie gerade angerufen, dass sein PC nicht mehr »im Netz« ist.

In beiden Fällen kommt es meist darauf an, den Fehler schnell zu finden, um die Ausfallzeiten zu minimieren, denn: »Ohne Netz läuft nix!«

Eine gezielte und effektive Fehlersuche wird umso wichtiger, je mehr PCs Sie betreuen. Sie machen nicht nur einen kompetenten Eindruck, es hilft Ihnen auch, Ihre Aufgaben zu bewältigen.

Das nachfolgende Vorgehen vermittle ich in Netzwerkseminaren Anfängern am ersten Nachmittag. Daraufhin manipuliere ich die Netzwerkkonfigurationen aller PCs im LAN, und die Teilnehmer müssen anhand des nachfolgenden Vorgehens die Fehlerursache finden. Für sechs PCs mit jeweils mehreren Fehlern, Erklärungen und Diskussionen benötigen die Teilnehmer nie mehr als eine halbe Stunde. Dann sind alle Fehler gefunden und behoben.

Machen Sie sich systematisch an die Fehlersuche. Es bringt nichts, mal hier, mal dort nach dem Fehler zu suchen. Es gibt grundsätzlich vier mögliche Bereiche:

- das Kabel
- der Netzwerkkartentreiber
- die IP-Konfiguration
- Programmeinstellungen

Die Bereiche bauen aufeinander auf. Ich möchte damit ausdrücken, dass das Kabel ohne das Programm seine Funktion erfüllen kann, aber nicht umgekehrt. Jeder

28 | Troubleshooting

der gerade genannten Bereiche funktioniert nur, wenn die Bereiche davor funktionieren. Jeder Bereich ist also von den zuvor genannten Bereichen abhängig.

Der schlechteste Einstieg ist es, die Suche beim Programm zu beginnen. Angenommen, es läge am Netzwerkkabel, dann müssten Sie alle vier Fehlerbereiche abarbeiten, bis Sie schlussendlich auf das defekte Netzwerkkabel stoßen.

> [»] Eine systematische Fehlersuche im LAN beginnt daher in der Mitte mit dem Befehl ping. Sie überprüfen, ob die Verbindung bis zur IP-Konfiguration funktioniert. Wenn ja, dann liegt der Fehler in einer logischen Schicht oberhalb von IP, wenn nein, gibt es zumindest einen Fehler auf der Schicht von IP oder darunter.

28.1 Problemursachen finden

Wenn Ihnen ein Netzwerkfehler gemeldet wird, ist es am augenfälligsten, dass die gewünschte Anwendung nicht funktioniert: »Ich komme nicht ins Internet!« Diese Aussage hilft Ihnen bei der Problemfindung nicht viel weiter. Wenn Sie sich an das ISO/OSI-Modell (siehe Abschnitt 5.2, »ISO/OSI-Modell«) erinnern, wurde Ihnen gerade ein Fehler auf der Schicht 7 (Application) gemeldet. Die Ursache kann die Applikation selbst, alle sechs darunter liegenden Schichten und zusätzlich die Hardware sein (siehe Tabelle 28.1).

Nr.	Schicht	Beispiel			
7	Application	HTTP	SMTP	FTP	DNS
6	Presentation				
5	Session				
4	Transport	TCP		UDP	
3	Network	IP		IPX	
2	Data Link	Ethernet	ATM	FDDI	TR
1	Physic	Manchester	10B5T	Trellis	

Tabelle 28.1 ISO/OSI-Schichtenmodell

Wenn Sie das Schichtenmodell nun von oben beginnend nach unten abarbeiten, das Problem aber ein abgezogenes Netzwerkkabel ist, haben Sie viel Aufwand betrieben – immerhin haben Sie sechs Schichten des ISO/OSI-Modells überprüft. Das Problem hätten Sie schneller finden können.

> [»] Steigen Sie mit Ihrer Fehlersuche in der Mitte des ISO/OSI-Modells ein!

Sie probieren, ob die ISO/OSI-Schichten bis zur Schicht 3 funktionieren, indem Sie einen `ping` an die IP-Adresse des PCs schicken, bei dem der Fehler aufgetreten ist.

Hat Ihr `ping` Erfolg, und können Sie den PC damit erreichen, dann kann der Fehler nur noch oberhalb der Schicht 3 liegen. Weil es in der Schicht 4 sehr selten zu Problemen kommt und die Schichten 5 und 6 faktisch nicht existieren, wird der Fehler auf der Anwendungsebene zu finden sein. Ein Beispiel wäre ein falscher Proxyeintrag für den Internet Explorer oder ein falsch geschriebener Eintrag in der Browserzeile. Ist der `ping` erfolglos und der PC des Kollegen nicht auf diese Weise erreichbar, dann müssen Sie das Problem unterhalb von Schicht 4 suchen.

> [«] Sie sehen, dass Sie durch Ihren Einstieg in der Mitte des ISO/OSI-Modells viel Zeit gewonnen haben, denn Sie wissen nun anhand des `ping`-Ergebnisses, ob Sie unterhalb oder oberhalb der Schicht 3 suchen müssen.

Selbstverständlich gibt es Fehler, die aus mehreren Einzelfehlern bestehen, sodass man mit einer einfachen Lösungsstrategie nicht in einem Schritt zum Erfolg kommt. Dieses kann insbesondere dann auftreten, wenn durch falsches Ausprobieren bereits unabsichtlich ein zusätzlicher Fehler produziert wurde. Aber die Fehler sind sehr selten und in einfachen Netzwerken unwahrscheinlich.

Auch bei der Kombination mehrerer Fehler kommen Sie mit dem `ping`-Einstieg schnell ans Ziel, z. B. wenn eine der folgenden Sachen zutrifft: [zB]

- Netzwerkkabel nicht angeschlossen,
- falscher Netzwerkkartentreiber,
- falsche Subnetzmaske und
- fehlerhafte Einstellungen in der Anwendung

Der `ping` schlägt in einem solchen Fall fehl, daher überprüfen Sie die Schicht 3 und alle darunter liegenden Schichten. Bei der Überprüfung von Schicht 3 fällt Ihnen auf, dass die Subnetzmaske falsch ist. Sie korrigieren diese Einstellung und probieren erneut den `ping`.

Der `ping` funktioniert immer noch nicht, daher überprüfen Sie die Schichten 3 bis 1. Auf Schicht 2 fällt Ihnen auf, dass die Netzwerkkarte im Gerätemanager mit einem gelben Ausrufezeichen dargestellt wird, dass also ein Hardware-Problem vorliegt. Sie installieren den richtigen Treiber.

Der `ping` wird immer noch nicht funktionieren. Von Windows, Linux und OS X wird jetzt der Fehlerzustand angezeigt, dass kein Netzwerkkabel am PC angeschlossen ist. Sie können das auch an anhand der Link-LED der Netzwerkkarte erkennen. Sie stecken daraufhin das Netzwerkkabel ein.

Der `ping` funktioniert, doch die Freude währt nicht lange, denn die Anwendung funktioniert immer noch nicht. Sie wissen aber nun, dass der Fehler nur noch oberhalb von Schicht 3 zu suchen ist und vermutlich in der Anwendung liegt – ich hatte bereits erwähnt, dass auf der Schicht 4 selten Fehlerursachen gefunden werden –, und die Schichten 5 und 6 gibt es in der Realität nicht.

Jetzt haben Sie gezielt ein Problem gelöst, das sehr komplex aus mehreren Fehlern bestand.

[!] Ein falscher Lösungsansatz, der meiner Meinung nach oft gemacht wird, besteht darin, zunächst in den Anwendungseinstellungen zu suchen. Wenn ich als Beispiel den Internet Explorer anführe, wird sehr schnell deutlich, weshalb ich das für problematisch halte: Programme haben üblicherweise heute so viele Optionen, dass man Stunden damit verbringen kann, alle denkbaren Einstellungen durchzuprobieren. Dabei verliert man leicht den Überblick, und die Gefahr des »Verschlimmbesserns« ist sehr groß. Möglicherweise verstellen Sie richtige Einstellungen und vergessen später, diese wieder zurückzusetzen. Auf den Punkt gebracht: Das ist oftmals wie ein Stochern im Nebel.

Wenn Sie die Fehlersuche mit einem `ping` einleiten und es sich herausstellt, dass das Problem in den Programmeinstellungen zu finden ist, ist der Zeitverlust durch den `ping` nicht messbar, da er nur wenige Sekunden beträgt. In jedem Fall verhindern Sie stundenlanges Suchen in den Programmeinstellungen, falls das eigentliche Problem z. B. in einer falschen Subnetzmaske liegt.

Man kann es auch anders formulieren: Weil man am `ping` nichts einstellen kann, ist es sehr leicht, die ISO/OSI-Schichten 1 bis 3 als Fehlerquelle auszuschließen. Die Programmschicht (ISO/OSI-Schicht 7) auszuschließen, ist wesentlich schwieriger, weil dort mehr Fehlerquellen in Form von Einstellungsmöglichkeiten existieren.

28.2 Fehlersuche Schritt für Schritt

Sie haben den Fehler mithilfe des ISO/OSI-Modells nun eingekreist. Jetzt bestimmen Sie die exakte Fehlerursache und schließen dazu andere Fehlerquellen gezielt aus.

28.2.1 Kabel

Jede Netzwerkkarte verfügt über eine Link-LED (siehe Abbildung 28.1). Diese Link-LED leuchtet dann, wenn physikalisch eine elektrische Verbindung zu einem anderen Netzwerkgerät, z. B. einem Switch, besteht und beide Geräte – Switch und PC – eingeschaltet sind.

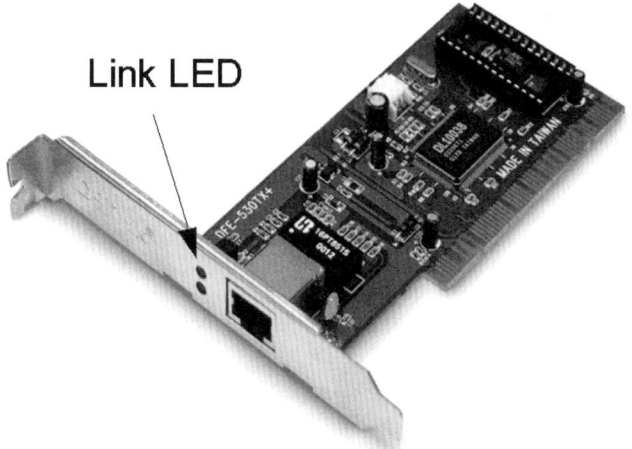

Abbildung 28.1 Einfache Netzwerkkarte; Quelle: *http://dlink.de*

Wenn die LED leuchtet, dann ist das Kabel in Ordnung. Wenn nicht, sollten Sie zunächst beide RJ-45-Stecker noch einmal aus- und wieder einstecken. Es kommt vor, dass ein Stecker nicht richtig in der RJ-45-Buchse sitzt, leicht verkantet ist und dadurch kein Kontakt zustande kommt. Schafft dies keine Abhilfe, dann sollten Sie ein anderes Kabel verwenden – vorzugsweise eines, von dem Sie wissen, dass es funktioniert.

Sollte auch mit dem anderen Netzwerkkabel, von dem Sie sicher wissen, dass es funktioniert, die Link-LED nicht leuchten, dann liegt es vielleicht an einer falsch eingebauten Netzwerkkarte. Möglicherweise sitzt die Karte nicht richtig im Slot? Oder ist die On-board-Karte im BIOS deaktiviert?

28.2.2 Netzwerkkartentreiber

Unter Windows können Sie die Funktionsfähigkeit des Netzwerkkartentreibers im Gerätemanager kontrollieren. Ist ein Treiber oder ein Gerät fehlerhaft, wird dies im Gerätemanager mit einem gelben Ausrufezeichen oder einem roten Kreuz neben der Netzwerkkarte symbolisiert. Zusätzlich erfahren Sie durch einen Doppelklick auf das Problemgerät, warum es funktionsuntüchtig ist.

[»] Eine Netzwerkkarte ist eine Komponente wie jede andere auch. Wenn die Karte laut Windows nicht funktioniert, sollten Sie zunächst versuchen, den richtigen Treiber zu installieren. Dieser Schritt ist oftmals leichter gesagt als getan. Wegen der Vielzahl an möglichen Ursachen kann ich an dieser Stelle nicht näher auf das Problem der Treiberinstallation eingehen.[1]

28.2.3 IP-Konfiguration

Die IP-Konfiguration – oder besser gesagt deren Funktion – können Sie mit dem Kommando `ping` überprüfen.

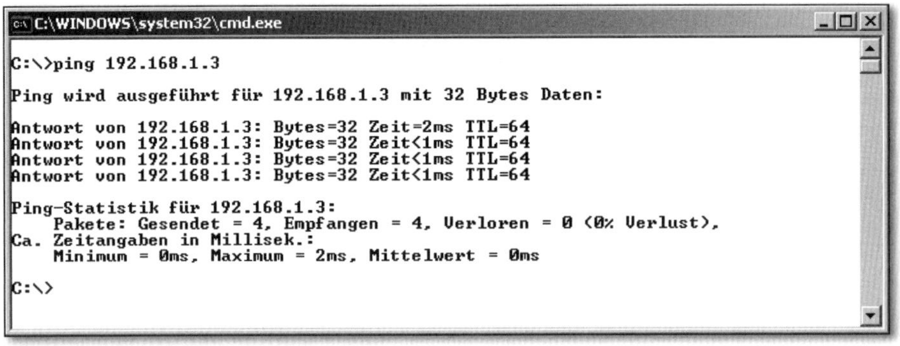

```
C:\>ping 192.168.1.3

Ping wird ausgeführt für 192.168.1.3 mit 32 Bytes Daten:
Antwort von 192.168.1.3: Bytes=32 Zeit=2ms TTL=64
Antwort von 192.168.1.3: Bytes=32 Zeit<1ms TTL=64
Antwort von 192.168.1.3: Bytes=32 Zeit<1ms TTL=64
Antwort von 192.168.1.3: Bytes=32 Zeit<1ms TTL=64

Ping-Statistik für 192.168.1.3:
    Pakete: Gesendet = 4, Empfangen = 4, Verloren = 0 (0% Verlust),
Ca. Zeitangaben in Millisek.:
    Minimum = 0ms, Maximum = 2ms, Mittelwert = 0ms

C:\>
```

Abbildung 28.2 `ping` unter Windows

Sie geben in der Eingabeaufforderung `ping <Ziel-IP-Adresse/Ziel-Name>` ein und betätigen anschließend (Enter). Wenn der Ziel-PC erreicht werden kann, wird Ihnen die Antwortzeit angezeigt (siehe Abbildung 28.2). Hat Ihr `ping` funktioniert, dann müssen Sie die Fehlerursache im Programm suchen.

Hat der `ping` nicht funktioniert, liegt ein Fehler in der IP-Konfiguration und/oder in den vorherigen Bereichen vor. Damit ist nicht ausgeschlossen, dass auch im Programm zusätzlich ein Konfigurationsfehler vorliegt. Beginnen Sie damit, die Link-LED zu kontrollieren. Dann sehen Sie nach, ob der Treiber korrekt arbeitet. Sind diese beiden Bereiche überprüft worden, kann das Problem nur noch bei der IP-Konfiguration liegen.

Sie können sich mit dem Windows-Befehl `ipconfig /all` die IP-Konfiguration für alle Netzwerkkarten anzeigen lassen (siehe Abbildung 28.3). Der Befehl für Linux heißt `ifconfig eth0` oder für alle Netzwerkkarten einfach `ifconfig`.

---

1 Weitere Informationen finden Sie z. B. im c't-Artikel »PC-System-Check«, Heft 26/2002, Seite 102, den Sie auch im Internet unter *http://www.heise.de/kiosk* finden.

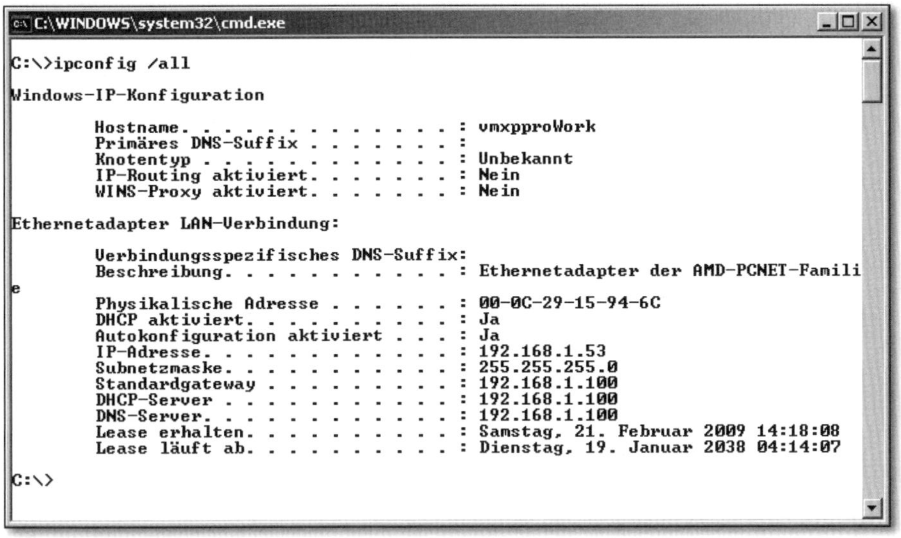

```
C:\>ipconfig /all

Windows-IP-Konfiguration

        Hostname. . . . . . . . . . . . . : vmxpproWork
        Primäres DNS-Suffix  . . . . . . :
        Knotentyp  . . . . . . . . . . . : Unbekannt
        IP-Routing aktiviert. . . . . . . : Nein
        WINS-Proxy aktiviert. . . . . . . : Nein

Ethernetadapter LAN-Verbindung:

        Verbindungsspezifisches DNS-Suffix:
        Beschreibung. . . . . . . . . . . : Ethernetadapter der AMD-PCNET-Familie
        Physikalische Adresse . . . . . . : 00-0C-29-15-94-6C
        DHCP aktiviert. . . . . . . . . . : Ja
        Autokonfiguration aktiviert . . . : Ja
        IP-Adresse. . . . . . . . . . . . : 192.168.1.53
        Subnetzmaske. . . . . . . . . . . : 255.255.255.0
        Standardgateway . . . . . . . . . : 192.168.1.100
        DHCP-Server . . . . . . . . . . . : 192.168.1.100
        DNS-Server. . . . . . . . . . . . : 192.168.1.100
        Lease erhalten. . . . . . . . . . : Samstag, 21. Februar 2009 14:18:08
        Lease läuft ab. . . . . . . . . . : Dienstag, 19. Januar 2038 04:14:07

C:\>
```

Abbildung 28.3 `ipconfig/all` unter Windows

28.3 Checkliste

Ich möchte Ihnen jetzt eine Checkliste vorstellen, die Sie abarbeiten können und mit der Sie fast jedem Fehler auf die Schliche kommen können.

1. **ping**
   Ist der PC per `ping` erreichbar?

   ▶ Ja, dann Schritt 5.

   ▶ Nein, dann Schritt 2.

2. **Link**
   Leuchtet die Link-LED an der Netzwerkkarte?

   ▶ Ja, dann Schritt 4.

   ▶ Nein, dann Schritt 3.

3. **Kabel**
   Die/Eine Fehlerquelle ist

   ▶ das Kabel: Steckt das Kabel richtig (am Switch und am PC!)? Tauschen Sie möglicherweise das Kabel.

   ▶ die Karte: Steckt die PCI-Karte richtig?

   ▶ der Switch: Ist der Switch eingeschaltet?

28 | Troubleshooting

- der PC: Ist der PC einschaltet? Sind alle PCI-Slots im BIOS aktiviert?
- der Netzwerkkartentreiber. Wird er im Gerätemanager richtig angezeigt?

4. **IP**
   Stimmt die IP-Konfiguration?

   - Windows: `ipconfig /all`
   - Linux: `ifconfig`
   - OS X: Netzwerkdienstprogramm oder `networksetup`

   Prüfen Sie insbesondere die IP-Adresse (eindeutig?) und die Subnetzmaske! (Kein Problem, wenn DHCP genutzt wird!)

   Wird die Netzwerkkarte im Gerätemanager richtig angezeigt?

   Stimmt der Netzwerkkartentreiber?

   Wenn die Konfiguration stimmt, wie sieht das Routing aus?

   - Windows: `route print`
   - Linux: `route`
   - OS X: Netzwerkdienstprogramm

   Falls mehrere Router im Spiel sind (z. B. ins Internet): Stimmt das Routing außerhalb des LANs?

   - Windows: `tracert <Ziel-Adresse/Ziel-Name>`
   - Linux: `traceroute <Ziel-Adresse/Ziel-Name>`
   - OS X: Netzwerkdienstprogramm

5. **Firewall**
   Läuft auf dem PC eine Personal-Firewall?

   - Wenn ja, dann testweise beenden!
   - Wenn nein, dann Schritt 6.

6. **DNS**
   Kontrollieren Sie die manuellen DNS-Einstellungen. Löschen Sie alle Einträge, booten Sie, und führen Sie (bei Windows) `ipconfig /flushdns` aus.

7. **Programm**
   Die Fehlerquelle ist das Programm! Kontrollieren Sie alle Einstellungen genau!

> Arbeiten Sie diese Checkliste grundsätzlich von oben nach unten ab, wenn Sie nicht auf einen nächsten Schritt verwiesen werden. Wenn Sie einen Fehler gefunden haben, müssen Sie ihn lösen. Überprüfen Sie dann wieder mit `ping`, ob die Verbindung funktioniert.

Eine zusätzliche Fehlerquelle kann die Namensauflösung sein. Dies gilt insbesondere für den Zugriff auf das Internet, weil dort üblicherweise Namen verwendet werden. Führen Sie einen `ping` auf den Zielnamen aus und prüfen Sie dann mittels des Onlinedienstes *http://www.ping.eu*, ob der Name richtig aufgelöst wird.

28.4 Windows-Bordmittel

Die hier vorgestellten Windows-Programme, welche Ihnen bei der Fehlersuche helfen werden, arbeiten fast alle auf der Kommandozeile und wirken daher möglicherweise veraltet oder unprofessionell. Das ist ungerechtfertigt, denn schließlich basieren viele professionelle Applikationen auf eben solch einfachen Programmen und stellen die Ergebnisse nur anders und in einer grafischen Oberfläche dar. Viele der genannten Programme sind bereits installiert und auf jedem PC verfügbar. Sie kosten keine Lizenzgebühren und müssen nicht konfiguriert werden. Damit sind die Programme überall sofort einsatzbereit und zeigen dem Benutzer exakt die Informationen, die er in der jeweiligen Situation benötigt.

Vista, Windows 7 und Windows 8 besitzen als weitere Option vieler Kommandos `-4` und `-6`. Damit können Sie gezielt für IPv4 oder IPv6 einen Befehl absetzen. Ich lasse dies bewusst in den folgenden Darstellungen unberücksichtigt, da IPv6 bisher wenig Praxisrelevanz besitzt.

Ich werde mich bei der Beschreibung der Programme an den Schichten des ISO/OSI-Modells orientieren, beginnend bei Schicht 1.

28.4.1 Konfiguration auslesen

Mit dem Kommando `ipconfig /all` (siehe Abbildung 28.4) können Sie die aktuelle IP-Konfiguration aller Netzwerkadapter ausgeben.

Für die Schicht 1 des ISO/OSI-Modells gibt es kein Programm, das von den Betriebssystemen mitgeliefert wird. Wenn bei dem Kommando allerdings kein Ethernet-Adapter ausgegeben wird, dann ist die Netzwerkkarte nicht richtig eingebunden, daher funktioniert die Kommunikation nicht.

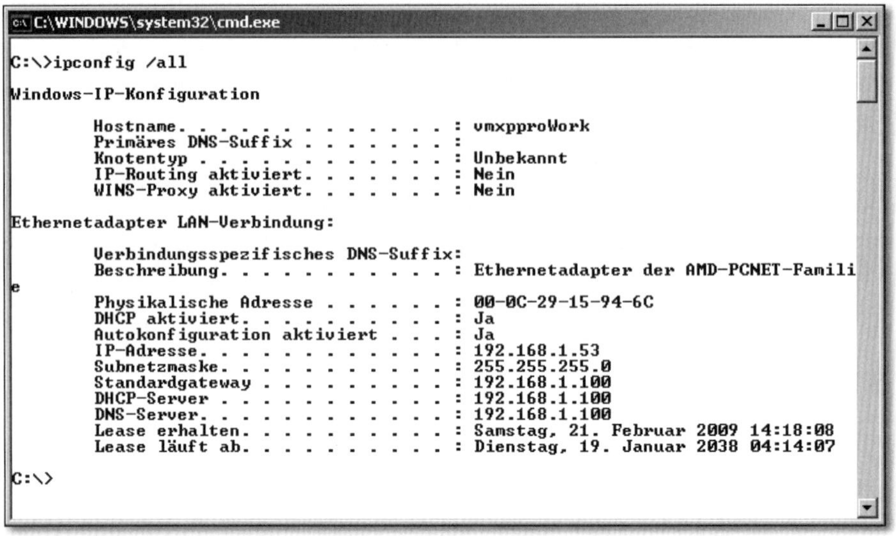

```
C:\WINDOWS\system32\cmd.exe

C:\>ipconfig /all
Windows-IP-Konfiguration

        Hostname. . . . . . . . . . . . . : vmxpproWork
        Primäres DNS-Suffix . . . . . . . :
        Knotentyp . . . . . . . . . . . . : Unbekannt
        IP-Routing aktiviert. . . . . . . : Nein
        WINS-Proxy aktiviert. . . . . . . : Nein

Ethernetadapter LAN-Verbindung:

        Verbindungsspezifisches DNS-Suffix:
        Beschreibung. . . . . . . . . . . : Ethernetadapter der AMD-PCNET-Famili
e
        Physikalische Adresse . . . . . . : 00-0C-29-15-94-6C
        DHCP aktiviert. . . . . . . . . . : Ja
        Autokonfiguration aktiviert . . . : Ja
        IP-Adresse. . . . . . . . . . . . : 192.168.1.53
        Subnetzmaske. . . . . . . . . . . : 255.255.255.0
        Standardgateway . . . . . . . . . : 192.168.1.100
        DHCP-Server . . . . . . . . . . . : 192.168.1.100
        DNS-Server. . . . . . . . . . . . : 192.168.1.100
        Lease erhalten. . . . . . . . . . : Samstag, 21. Februar 2009 14:18:08
        Lease läuft ab. . . . . . . . . . : Dienstag, 19. Januar 2038 04:14:07

C:\>
```

Abbildung 28.4 `ipconfig` liest die IP-Konfiguration aus.

28.4.2 MAC-Adressen zu IP

Der Befehl `arp -a` listet den sogenannten ARP-Cache auf (siehe Abbildung 28.5). Im ARP-Cache wird zwischengespeichert, welche MAC-Adresse zu welcher IP-Adresse gehört. Auch für die Schicht 2 des ISO/OSI-Modells gibt es eigentlich kein Testprogramm.

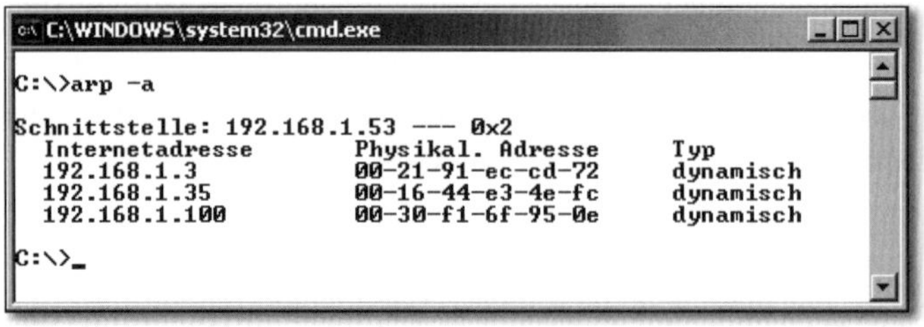

```
C:\WINDOWS\system32\cmd.exe

C:\>arp -a
Schnittstelle: 192.168.1.53 --- 0x2
  Internetadresse       Physikal. Adresse      Typ
  192.168.1.3           00-21-91-ec-cd-72      dynamisch
  192.168.1.35          00-16-44-e3-4e-fc      dynamisch
  192.168.1.100         00-30-f1-6f-95-0e      dynamisch

C:\>_
```

Abbildung 28.5 ARP-Cache wird angezeigt.

28.4.3 DHCP erneuern

Wenn Sie einen DHCP-Server einsetzen, möchten Sie einen PC möglicherweise zwingen, seine Konfiguration zu erneuern, damit sich Änderungen auswirken. Dazu müssen Sie weder die halbe Lease-Time abwarten noch booten. Geben Sie `ipconfig /release` ein, und der PC gibt seine IP-Konfiguration zurück.

Sie sollten dieses Kommando nicht bei einer Remoteverbindung ausführen, weil der ferngewartete PC dann aus dem Netz nicht mehr erreichbar ist, schließlich hat er keine IP-Konfiguration! **[!]**

Mit dem Befehl `ipconfig /renew` zwingen Sie den PC, beim DHCP erneut anzufragen.

28.4.4 ping

Der `ping`-Befehl ist das von Netzwerkadministratoren am häufigsten eingesetzte Werkzeug, um Fehler zu diagnostizieren. Das ist deshalb so, weil dieser Befehl sehr unkompliziert verwendet werden kann. Mit Optionen kann man `ping` um weitere wichtige Funktionen ergänzen und so optimale Informationen erhalten.

Der Standardanwendungsfall ist `ping <IP-Adresse>`. Wenn Sie zusätzlich auch noch überprüfen möchten, ob der Name des PCs in die richtige IP-Adresse aufgelöst wird, geben Sie `ping <Name>` ein. Oftmals zeigen Netzwerkkomponenten Probleme, wenn die Datenpakete größer werden. Mit `ping -f -l 1426 <IP-Adresse>` senden Sie 1.426 Bytes große ICMP-Pakete. Die Option `-f` gibt an, dass die Datenpakete nicht fragmentiert werden, sondern in einem Stück übertragen werden müssen (siehe Abbildung 28.6).

```
C:\>ping -n 2 -f -l 1427 www.pcnetzwerke.de

Ping www.pcnetzwerke.de [80.237.132.54] mit 1427 Bytes Daten:

Zeitüberschreitung der Anforderung.
Zeitüberschreitung der Anforderung.

Ping-Statistik für 80.237.132.54:
    Pakete: Gesendet = 2, Empfangen = 0, Verloren = 2 (100% Verlust),

C:\>ping -n 2 -f -l 1426 www.pcnetzwerke.de

Ping www.pcnetzwerke.de [80.237.132.54] mit 1426 Bytes Daten:

Antwort von 80.237.132.54: Bytes=1426 Zeit=76ms TTL=57
Antwort von 80.237.132.54: Bytes=1426 Zeit=78ms TTL=57

Ping-Statistik für 80.237.132.54:
    Pakete: Gesendet = 2, Empfangen = 2, Verloren = 0 (0% Verlust),
Ca. Zeitangaben in Millisek.:
    Minimum = 76ms, Maximum = 78ms, Mittelwert = 77ms

C:\>_
```

Abbildung 28.6 Mit `ping` die Datenpaketgröße messen

Diese Information ist insbesondere dann interessant, wenn Sie feststellen wollen, welche maximale Paketgröße Sie in das Internet senden können, ohne dass die Pakete fragmentiert werden.

28.4.5 traceroute

Die IP-Konfiguration der beiden an der Kommunikation beteiligten PCs scheint in Ordnung zu sein. Allerdings befinden sich beide Geräte in verschiedenen IP-Netzen, die über Router verbunden sind. Ein `ping <Ziel-PC>` funktioniert nicht. Das folgerichtige Kommando heißt `traceroute`.

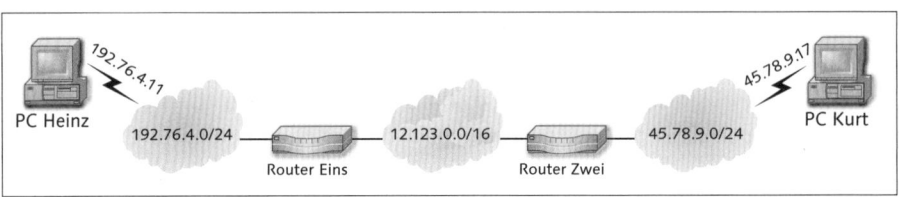

Abbildung 28.7 `traceroute`-Anwendungsfall

[zB] PC Heinz möchte PC Kurt Daten schicken, und das klappt nicht. Sie machen einen `traceroute` von PC Heinz zu PC Kurt: `tracert kurt` (siehe Abbildung 28.7)

Es wird ein ICMP-Request mit der Lebensdauer[2] (TTL) von eins an die Ziel-IP-Adresse 45.78.9.17 geschickt. Der Router Eins bekommt das Paket, zieht von der Lebensdauer eins ab (1-1=0) und kommt auf einen Wert von null. Das bedeutet: Das Paket darf nicht weitergeleitet werden, schließlich hat es keine Lebensdauer mehr. Diese Information wird vom ersten Router an den Absender, den PC Heinz, zurückgemeldet: Das ICMP-Paket hat seine Lebensdauer überschritten.

PC Heinz schickt nun einen erneuten ICMP-Request mit der TTL zwei an die Ziel-IP-Adresse. Router Eins leitet das Paket weiter, die Rest-TTL beträgt eins (2-1=1), Router Zwei bekommt das Paket. Er leitet es nicht weiter, sondern meldet der Absender-IP-Adresse, dass die Lebensdauer abgelaufen ist (1-1=0).

PC Heinz sendet einen dritten ICMP-Request, den PC Kurt beantwortet. Jetzt listet `traceroute` alle drei beteiligten Komponenten auf. Die Informationen zu den zwischengeschalteten Routern Eins und Zwei, z. B. IP-Adresse und Name, hat PC Heinz aus der Rückmeldung der Fehler bekommen.

Allgemein kann man sagen, dass `traceroute` die ICMP-Fehlermeldungen auswertet. Sie könnten die Funktion von `traceroute` auch manuell per `ping` nachbilden. Auch dort können Sie von Hand die TTL mit der Option `-i <TTL>` setzen.

Der Befehl `tracert <Ziel>` liefert sehr wertvolle Hinweise, an welcher Stelle die Kommunikation abbricht. Man muss nur nach dieser Stelle suchen und nicht mehr die gesamte Übertragungsstrecke prüfen (siehe Abbildung 28.8).

---

2 Es wird auch von *Hop* gesprochen.

```
C:\WINDOWS\system32\cmd.exe                                    _ □ ×

C:\>tracert www.web.de

Routenverfolgung zu www.web.de [217.72.195.42] über maximal 30 Abschnitte:

  1     1 ms    <1 ms    <1 ms  192.168.1.100
  2    43 ms    42 ms    43 ms  217.0.118.76
  3    43 ms    43 ms    42 ms  87.186.242.246
  4    47 ms    47 ms    47 ms  f-eb7-i.F.DE.NET.DTAG.DE [62.154.16.182]
  5    50 ms    49 ms    48 ms  62.156.138.62
  6    50 ms    51 ms    51 ms  te-1-3.bb-c.bs.kae.de.oneandone.net [212.227.120
.29]
  7    51 ms    52 ms    52 ms  te-9-1.gw-distwe-a.bs.ka.oneandone.net [212.227.
116.218]
  8    52 ms    52 ms    51 ms  ha-42.web.de [217.72.195.42]

Ablaufverfolgung beendet.

C:\>_
```

Abbildung 28.8 tracert ins Internet

traceroute hilft aber nur bei fehlerhaften Routing-Einträgen weiter. Wenn Sie in Ihrem Netz keinen Router betreiben, dann kann traceroute Ihnen keine Informationen liefern.

28.4.6 route

Das Internetprotokoll dient der Wegewahl, dem Routing. Die Routing-Tabelle eines PCs können Sie mit route print ausgeben lassen (siehe Abbildung 28.9).

```
C:\WINDOWS\system32\cmd.exe                                    _ □ ×

C:\>route print
===========================================================================
Schnittstellenliste
0x1 ........................... MS TCP Loopback interface
0x2 ...00 0c 29 15 94 6c ...... Ethernetadapter der AMD-PCNET-Familie - Paketpla
ner-Miniport
===========================================================================
===========================================================================
Aktive Routen:
    Netzwerkziel      Netzwerkmaske         Gateway    Schnittstelle  Anzahl
         0.0.0.0          0.0.0.0     192.168.1.100     192.168.1.53      30
       127.0.0.0        255.0.0.0         127.0.0.1        127.0.0.1       1
     192.168.1.0    255.255.255.0      192.168.1.53     192.168.1.53      30
    192.168.1.53  255.255.255.255         127.0.0.1        127.0.0.1      30
   192.168.1.255  255.255.255.255      192.168.1.53     192.168.1.53      30
       224.0.0.0        240.0.0.0      192.168.1.53     192.168.1.53      30
 255.255.255.255  255.255.255.255      192.168.1.53     192.168.1.53       1
Standardgateway:      192.168.1.100
===========================================================================
Ständige Routen:
  Keine

C:\>_
```

Abbildung 28.9 route print zeigt die Routing-Tabelle.

Wenn Sie einen manuellen Routing-Eintrag erzeugen möchten, können Sie das mit folgendem Kommando erledigen:

```
route add <Ziel"=IP> mask <Subnetzmaske zum Ziel> <Router"=IP>
Metric <Zahl> if <Nummer der Schnittstelle>
```

Ebenso können Sie einen Routing-Eintrag löschen:

```
route delete <Ziel-IP>
```

Um ihn zu verändern, tippen Sie:

`route change`... (dann wie `route add`).

Wenn Sie mit `route add` einen Routing-Eintrag erzeugen, ist dieser Eintrag beim nächsten Booten nicht mehr aktiv! Wenn Sie den Routing-Eintrag dauerhaft (engl. *persistent*) hinzufügen wollen, müssen Sie die Option -p verwenden:

`route add -p`... (dann wie `route add`).

28.4.7 TCP-/UDP-Verbindungen

Welche Verbindungen von Ihrem PC unterhalten werden und auf welchen Verbindungen Ihr PC Anfragen akzeptiert, können Sie mit dem Befehl `netstat -a` auflisten.

```
C:\WINDOWS\system32\cmd.exe

C:\>netstat -ano

Aktive Verbindungen

  Proto  Lokale Adresse          Remoteadresse           Status           PID
  TCP    0.0.0.0:135             0.0.0.0:0               ABHÖREN          924
  TCP    0.0.0.0:445             0.0.0.0:0               ABHÖREN          4
  TCP    192.168.1.53:139        0.0.0.0:0               ABHÖREN          4
  TCP    192.168.1.53:445        192.168.1.35:1086       HERGESTELLT      4
  UDP    0.0.0.0:445             *:*                                      4
  UDP    0.0.0.0:500             *:*                                      668
  UDP    0.0.0.0:1051            *:*                                      1072
  UDP    0.0.0.0:4500            *:*                                      668
  UDP    192.168.1.53:137        *:*                                      4
  UDP    192.168.1.53:138        *:*                                      4

C:\>
```

Abbildung 28.10 `netstat` listet Verbindungen auf.

Die Option -n listet die TCP-/UDP-Ports numerisch auf. Mit der Option -o können Sie sich zusätzlich die Prozessnummer[3] ausgeben lassen. Der Befehl `netstat -ano` listet alle TCP-/UDP-Verbindungen auf. Egal, in welchem Zustand sich diese befinden, TCP-/UDP-Ports werden numerisch ausgegeben, und zu jeder Verbindung wird die Prozess-ID auf Ihrem PC mit angegeben (siehe Abbildung 28.10).

Eine grafische Aufbereitung dieser Ausgabe finden Sie in Abschnitt 29.2.1, »CurrPorts«.

---

3 Die Option -o steht leider nicht in allen Windows-Varianten zur Verfügung.

28.4.8 NetBIOS

Informationen über die NetBIOS-Funktion bekommt man mit dem Befehl nbtstat. Insbesondere ist der Befehl nbtstat -c interessant; dieser listet die Namenstabelle auf, die im NetBIOS-Cache abgelegt ist.

Mit der Eingabe von nbtstat -A <IP-Adresse> können Sie die MAC-Adresse und weitere Informationen über einen anderen PC abfragen (siehe Abbildung 28.11).

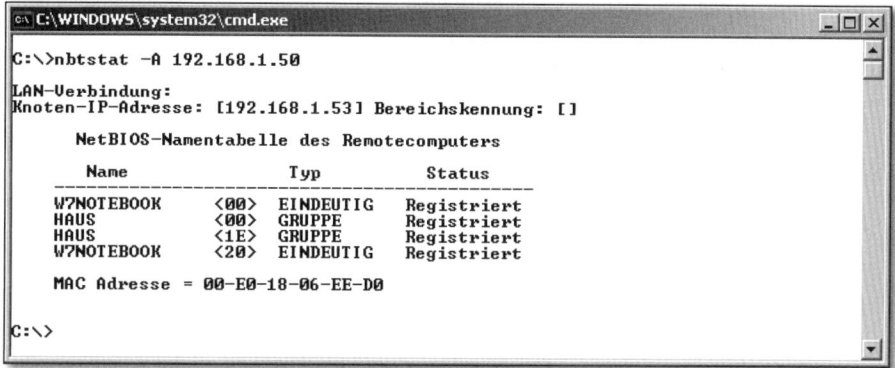

Abbildung 28.11 nbtstat -A listet die Informationen zum PC auf.

Hinter dem Namen wird ein hexadezimaler Wert angegeben. Beträgt dieser Wert 20, handelt es sich um einen Server im Sinne von NetBIOS, der PC hat z. B. eine Dateifreigabe eingerichtet.

Freigaben können Sie sich mit dem Befehl net view \\<IP-Adresse> zu der angegebenen IP-Adresse auflisten lassen; allerdings nur, wenn Sie Zugriffsrechte auf den PC haben.

28.4.9 Windows XP Performancemonitor

Windows bietet Ihnen im Taskmanager eine Anzeige für die Netzwerkkartenauslastung (siehe Abbildung 28.12). Klicken Sie mit der rechten Maustaste auf die Taskleiste und dann auf TASKMANAGER • NETZWERK.

Wenn man die Auslastung der Netzwerkschnittstelle genauer beobachten möchte, insbesondere die fehlerhaften Pakete, dann gibt es eine sehr komfortable Möglichkeit. Unter SYSTEMSTEUERUNG wählen Sie VERWALTUNG aus, dort wählen Sie LEISTUNG, und schon sehen Sie den Performancemonitor, der zunächst die Daten zum Prozessor anzeigt. Sie können zudem über das Pluszeichen Indikatoren hinzufügen.

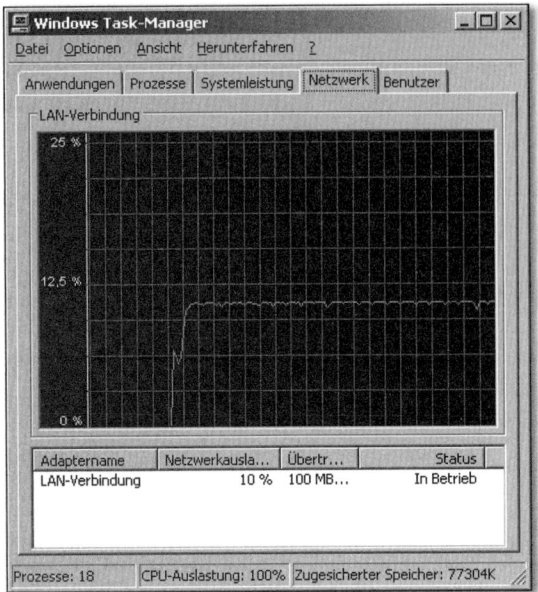

Abbildung 28.12 Netzwerkauslastung unter XP

In Abbildung 28.13 sehen Sie das Ergebnis der Übertragung einer 180 MByte großen Datei. Sie können einzelne Indikatoren (Eigenschaften der Netzwerkkarte) auswählen. Bei vielen Werten ist das allerdings grafisch sehr unübersichtlich. Wenn Sie viele Werte im Auge haben möchten oder diese als absolute Zahlen benötigen, dann hilft die Textansicht weiter.

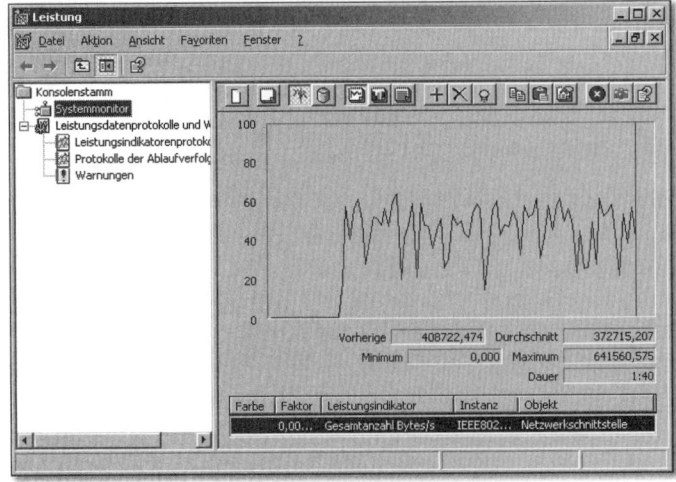

Abbildung 28.13 Überwachung der Netzwerkschnittstelle unter Windows XP

Sie können die aussagekräftigen Grafiken mit X- und Y-Achsenbeschriftung versehen, mit einem Faktor vergleichbare Größenverhältnisse herstellen und vieles mehr.

Vergleichbare Anzeigen können Sie unter Vista, Windows 7 und Windows 8 mit dem Ressourcenmonitor erreichen (TASKMANAGER • LEISTUNG • RESSOURCENMONITOR... • NETZWERK).

28.4.10 Network Diagnostics Framework

Die Netzwerkverbindung eines Computers ist heute eine absolute Selbstverständlichkeit. Dementsprechend ärgerlich ist es, wenn sie nicht funktioniert. Bisher konnte Windows z. B. im Browser nur anzeigen, dass die gewünschte Webseite nicht aufgerufen werden konnte. Den Grund dafür herauszufinden blieb dem Benutzer überlassen. Das Abarbeiten des Prüfungsschemas (siehe Abschnitt 28.3, »Checkliste«) kann aber in vielen Fällen auch durch das Betriebssystem erfolgen, und so können Netzwerkprobleme leichter analysiert und Lösungen für das Problem vorgeschlagen werden.

Ab Windows Vista ist das *Network Diagnostics Framework* (*NDF*) integriert. Das NDF prüft den Zustand unterschiedlicher Komponenten (Netzwerkkarte, WLAN-Verbindung, IP-Konfiguration, DNS-Konfiguration, Firewall-Einstellungen) und lokalisiert das Problem.

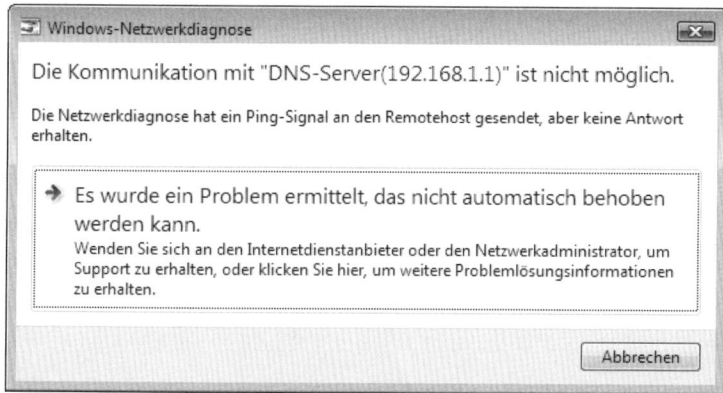

Abbildung 28.14 NDF zeigt fehlerhafte Einstellungen des DNS-Servers.

Wie Sie der Abbildung 28.14 entnehmen können, habe ich einige typische Fehler mit dem NDF diagnostizieren lassen. In diesem Fall hatte ich für den Test einen fehlerhaften lokalen DNS-Server eingetragen.

Bei einer manuell falsch vergebenen IP-Adresse und dem damit fehlenden Internetzugriff macht NDF mehrere Vorschläge. Einer davon lautet, die Netzwerkkonfiguration zu prüfen. Gleichzeitig wird im NETZWERK- UND FREIGABECENTER angezeigt, dass die WLAN-Verbindung erfolgreich besteht.

Bei einer WLAN-Verbindung mit einem fehlerhaften WPA-Key wies NDF darauf hin (siehe Abbildung 28.15) und forderte zur Korrektur auf.

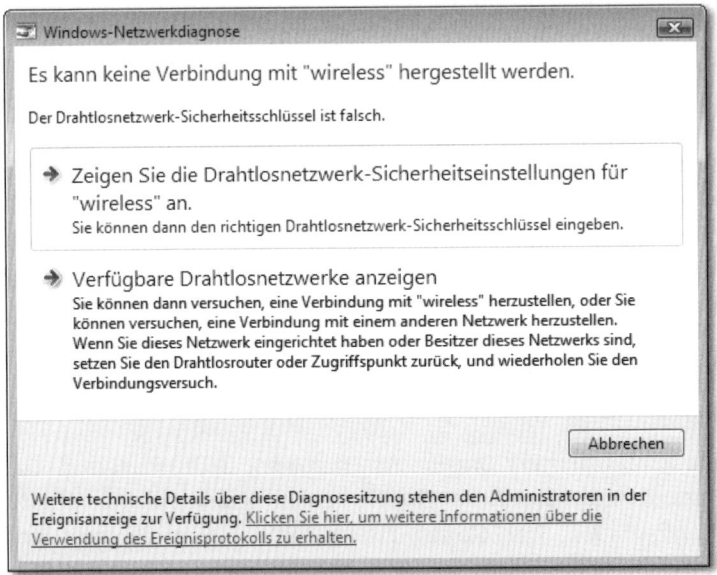

Abbildung 28.15 Falscher WPA-Key, daher keine Verbindung zum WLAN

Da der Fokus des NDF auf der Analyse leichter Netzwerkprobleme liegt, erfüllt es durchaus seinen Zweck. Ob jeder Nutzer allerdings in der Lage ist, anhand der Fehlermeldungen entsprechende Korrekturen vorzunehmen, vermag ich nicht zu beurteilen.

Eine ausführliche Darstellung dieser Problematik finden Sie im Microsoft TechNet unter *http://www.microsoft.com/germany/technet/community/columns/cableguy/cg0706.mspx*.

28.5 Linux-Bordmittel

Linux bringt eine ganze Reihe von Programmen mit, die Ihnen bei der Fehlersuche helfen. Die von mir vorgestellten Programme führen Sie in einer Linux-Shell aus, also in einem Terminalfenster oder auf einer der Konsolen.

Ich werde mich bei der Beschreibung der Programme an den Schichten des ISO/OSI-Modells orientieren, beginnend bei Schicht 1.

28.5.1 Ethernet-Konfiguration: ethtool

Nur selten müssen Sie die die Ethernet-Konfiguration einer Netzwerkkarte von Hand korrigieren. Die Netzwerkgeschwindigkeit und die Duplexeinstellung der Netzwerkteilnehmer und des Switches müssen übereinstimmen. In der Regel handeln die beiden Ethernet-Teilnehmer diese Regeln über Autonegotiation stimmig aus. Nur sehr selten funktioniert dieses automatische Verfahren nicht. Sollte hier ein manueller Eingriff doch einmal nötig sein, ist das Kommando `ethtool` das richtige Werkzeug. Das Kommando `ethtool eth0` listet die verfügbaren Modi der Netzwerkkarte auf (siehe Abbildung 28.16). Außerdem teilt das Betriebssystem mit, ob die Netzwerkkarte überhaupt einen Link zum Ethernet erkannt hat.

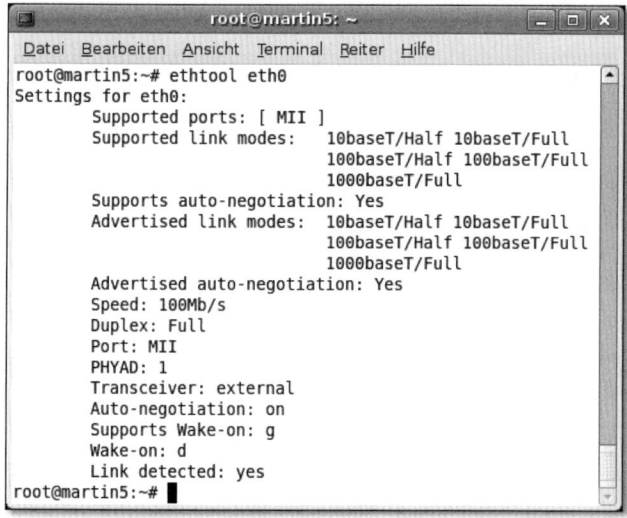

Abbildung 28.16 Hier wurden 100 Mbit Fullduplex ausgehandelt.

Das Kommando ermöglicht eine Fülle weiterer Möglichkeiten. Ich empfehle Ihnen die Lektüre der Manpage (`man ethtool`) und möchte Ihnen hier nur wenige Beispiele vorstellen:

Mit dem Kommando `ethtool -s eth0 speed 10 duplex half autoneg off` [zB] setzt die Netzwerkkarte `eth0` fest auf 10 Mbit Halfduplex. Nach einem `ethtool -s eth0 autoneg on` werden die Einstellungen wieder automatisch ausgehandelt.

Auch die Einstellungen für *Wake-on-LAN* können mit dem Kommando `ethtool` [«] verändert werden. Die Möglichkeiten der Einstellung entnehmen Sie der Manpage.

Nicht alle Netzwerkkartentreiber arbeiten vollständig mit `ethtool` zusammen. [!]

28.5.2 IP-Konfiguration: ifconfig

Das Kommando `ifconfig eth0` zeigt die Konfiguration der ersten Netzwerkschnittstelle an. Der Name des Befehls *Interface Configuration* unterstreicht das richtige Verständnis für ein Netzwerk. Ein PC hat einen Netzwerkanschluss, möglicherweise auch mehrere Netzwerkanschlüsse, eben ein Interface oder mehrere Interfaces. Der Befehl gibt die Netzwerkkonfiguration auf Hardware-Ebene aus. Dazu gehört die Information, welches ISO/OSI-Schicht-2-Protokoll angewendet wird. In Abbildung 28.17 ist es Ethernet, dahinter folgen die MAC-Adresse, die IP-Adresse, die IP-Broadcast-Adresse und die Subnetzmaske.

Zusätzlich wird eine IPv6-Adresse vergeben. Bei dieser Adresse handelt es sich um eine sogenannte Link-lokale-Adresse. Die IPv6-Adressen werden immer hexadezimal angegeben; führende Nullen können durch einen Doppelpunkt ersetzt werden. Link-lokale-Adressen bei IPv6 beginnen immer mit `fe80::` und enthalten im hinteren Teil die MAC-Adresse in leicht abgewandelter Form.

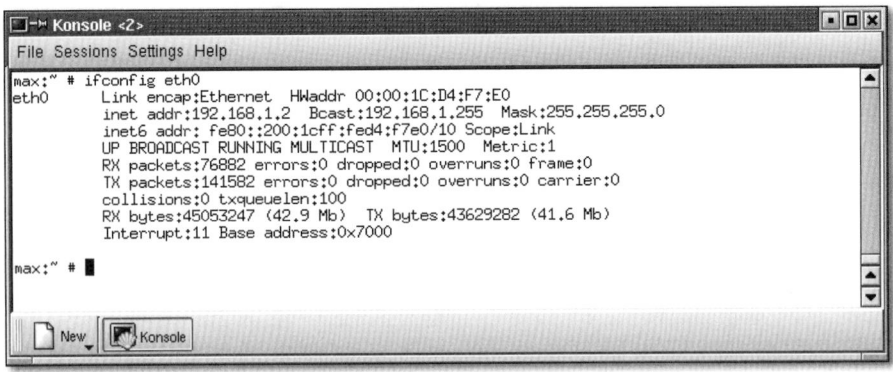

Abbildung 28.17 Wichtige Infos per `ifconfig`

Die Information, wie viele Daten das Interface empfangen (RX) und gesendet (TX) hat, halte ich für sehr nützlich. Auch Fehler (engl. *errors*) werden gezählt und an dieser Stelle angezeigt. Die Werte beziehen sich auf den Zeitraum, in dem das Interface, also die Netzwerkschnittstelle, aktiv ist. Als Bonbon werden auch noch die Hardware-Ressourcen angezeigt, die von der Karte belegt werden. In Abbildung 28.17 ist das der Interrupt 11.

Der Befehl `ifconfig` kann mehr, als nur die Konfiguration der Netzwerkschnittstelle auslesen. Mit ihm kann man eine Netzwerkschnittstelle auch konfigurieren. Das können Sie aber nur dann, wenn Sie als Administrator auf dem System arbeiten, also als Benutzer `root`.

Ob Sie als Benutzer `root` arbeiten, können Sie am Prompt der Shell erkennen. Das # am Prompt wird nur für den Benutzer `root` verwendet. Wenn Sie sich nicht sicher sind, unter welcher Benutzerkennung Sie gerade arbeiten, können Sie auch `who am i` eingeben. Um als normaler Benutzer Kommandos mit den Rechten des Super-Users `root` auszuführen, müssen Sie dem Kommando ein `sudo` voranstellen und auf Nachfrage das Passwort des Administrators eingeben.

Wenn Sie ein Interface abschalten wollen, können Sie dies mittels `ifconfig <Interface-Name> down` tun, und schon ist das Interface deaktiviert. Mit `ifconfig <Interface-Name> up` aktivieren Sie dieselbe Schnittstelle wieder.

[!] UNIX-typisch wird selbst bei solch massiven Aktivitäten nicht nachgefragt, ob Sie die Aktion wirklich ausführen möchten. Wenn Sie per Fernadministration auf einem Linux-System arbeiten und dann mittels `ifconfig eth0 down` die Netzwerkschnittstelle abschalten, haben Sie sich ausgesperrt: Sobald Sie (Enter) gedrückt haben, ist die Datenverbindung unterbrochen. Wenn es unbedingt sein muss, können Sie mittels `ifconfig eth0 down;ifconfig eth0 up` beide Befehle nacheinander ausführen lassen und so verhindern, dass Sie sich aussperren. Eine Netzwerkschnittstelle kann nur dann aktiviert werden, wenn der Treiber für das Gerät ordentlich in den Kernel eingebunden ist und geladen werden kann. Die Einrichtung einer Netzwerkkarte wird in Kapitel 26, »Linux einrichten«, behandelt. Auf der Shell geben Sie zur Aktivierung eines abgeschalteten Netzwerkanschlusses Folgendes ein:

```
ifconfig eth0 192.168.1.2 netmask 255.255.255.0 up
```

Danach arbeitet das Interface mit der IP-Adresse 192.168.1.2. Manchmal wird die Broadcast-Adresse nicht richtig gesetzt, insbesondere, wenn Sie einen IP-Bereich, der ursprünglich für Class-B-IP-Netze gedacht war, für ein Class-C-Subnetz nutzen. Sie können das Problem lösen, indem Sie die Broadcast-Adresse mit angeben:

```
ifconfig eth0 172.16.1.2 netmask 255.255.255.0
    broadcast 172.16.1.255 up
```

Diese Beispiele gelten für den Fall, dass Sie die Netzwerkschnittstelle *eth0* oder genauer */dev/eth0* konfigurieren möchten. Das ist die erste Ethernet-Netzwerkkarte im System. Entsprechend wäre die zweite Netzwerkkarte */dev/eth1* usw.

28.5.3 ping

Das Kommando `ping` ist unter Linux um ein Vielfaches mächtiger als unter Windows. Es ist ein wirkliches Universalwerkzeug. Die Möglichkeiten, die `ping` bietet, werden mit Optionen nutzbar, die man nach dem Bindestrich hinter dem eigentlichen Kommando anhängt.

Im einfachsten Fall tippen Sie:

```
ping <Ziel-IP-Adresse>
```

Die Anzeige des Ergebnisses ist sehr genau, sodass Sie auch die Schwankungen im schnellen Fast-Ethernet erkennen können. Anders als bei Windows werden nicht lediglich vier `ping`-Pakete versendet, sondern, der Windows-Option `-t` entsprechend, unbegrenzt viele. Abbrechen können Sie den `ping`-Lauf mit der Tastenkombination (Strg) + (C).

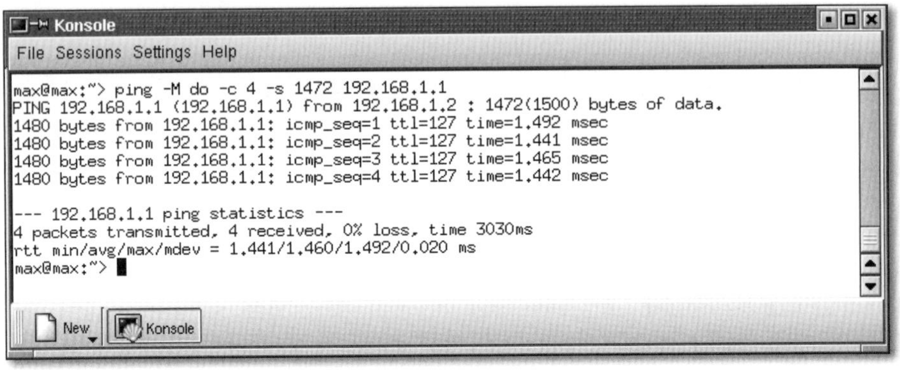

```
max@max:~> ping -M do -c 4 -s 1472 192.168.1.1
PING 192.168.1.1 (192.168.1.1) from 192.168.1.2 : 1472(1500) bytes of data.
1480 bytes from 192.168.1.1: icmp_seq=1 ttl=127 time=1.492 msec
1480 bytes from 192.168.1.1: icmp_seq=2 ttl=127 time=1.441 msec
1480 bytes from 192.168.1.1: icmp_seq=3 ttl=127 time=1.465 msec
1480 bytes from 192.168.1.1: icmp_seq=4 ttl=127 time=1.442 msec

--- 192.168.1.1 ping statistics ---
4 packets transmitted, 4 received, 0% loss, time 3030ms
rtt min/avg/max/mdev = 1.441/1.460/1.492/0.020 ms
max@max:~>
```

Abbildung 28.18 `ping` mit Optionen unter Linux

In Abbildung 28.18 wird ein `ping -M do -c 4 -s 1472 <IP-Adresse>` ausgeführt. Die Option `-M do` führt dazu, dass Pakete nicht defragmentiert werden; sie entspricht also der Option `-f` unter Windows/DOS. Die Option `-c 4` bedeutet, dass vier Pakete gesendet werden; ansonsten würden endlos Pakete geschickt. Die Option `-s 1472` schließlich gibt die IP-Paketgröße von 1.472 Bytes an. Dass trotz der Angabe `-s 1472` in Wirklichkeit 1.480 Bytes gesendet werden, liegt daran, dass die `ping`-Kontrollinformationen (ICMP-Header) acht Bytes umfassen.

[»] Interessant ist die Option `-f`. Dieser sogenannte *flood-ping* sendet unablässig ICMP-Pakete. Für jedes gesendete Paket schreibt er einen Punkt auf den Bildschirm, und für jedes beantwortete Paket wird ein Punkt gelöscht. Dadurch können Sie sehr schnell sehen, wie viele Pakete verloren gegangen sind.

Eine weitere nützliche Option ist `ping -l <Zahl>`. Man erzeugt eine definierte Anzahl von Paketen und sendet diese als Last sofort los. Damit können sehr gut Hochlastsituationen simuliert werden.

Die Abbildung 28.19 zeigt einen `ping -l 50 -c 50 -s 1472 <IP-Adresse>`, bei dem 52 Prozent der Pakete verloren gehen. Wie Sie erkennen können, wurden die Pakete bis zum Paket 24 beantwortet, dann war der Kommunikationspartner überlastet. Mit der Option `-l 50` werden fünfzig Datenpakete im Speicher erzeugt und als Spitzenlast losgesendet. Der `ping` sendet durch die Einstellung `-c 50` genau fünfzig Pakete.

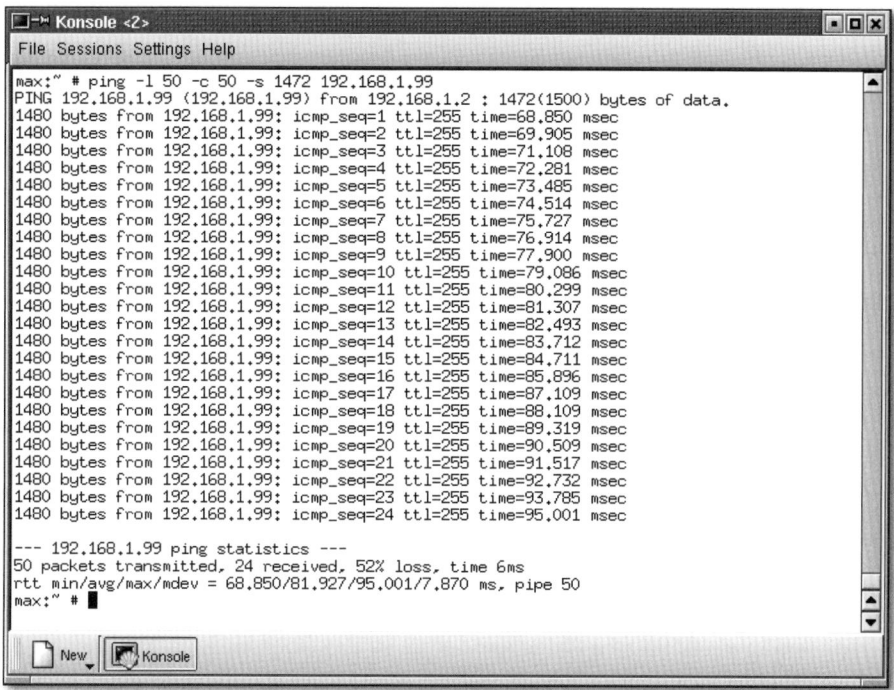

Abbildung 28.19 In Lastsituationen gehen 52 Prozent der Pakete verloren.

Die angesprochenen Optionen sind nur ein kleiner Teil aller Möglichkeiten. Wenn Sie weitere Optionen nutzen möchten, dann können Sie sich mittels `ping -h` und `man ping` zusätzliche Information beschaffen.

28.5.4 bing

Ein Befehl, der so ähnlich wie `ping` funktioniert, ist `bing`. Sie können die Antwortzeiten von zwei oder mehr PCs miteinander vergleichen. In der Abbildung 28.20 vergleicht dieser Befehl die Geschwindigkeit der beiden PCs 192.168.1.1 und 192.168.1.99:

```
bing -S 1000 -e 50 -c 1 192.168.1.99 192.168.1.1
```

Wenn Sie sich die Werte für die großen Datenpakete ansehen, können Sie feststellen, dass der PC 192.168.1.99 etwa die doppelte Antwortzeit benötigt, also deutlich langsamer ist. Die Option `-S 1000` gibt die Paketgröße mit 1.000 Bytes an, die Option `-e 50` sendet 50 Pakete an die beiden PCs, und durch `-c 1` sendet `bing` nur einmal 50 Pakete.

28 | Troubleshooting

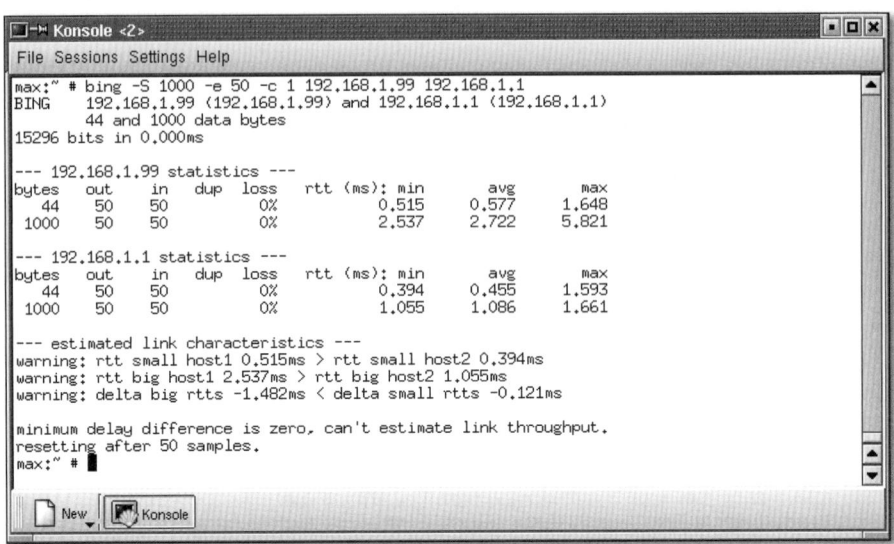

Abbildung 28.20 `bing` vergleicht die Geschwindigkeit von zwei PCs.

[zB] Ein Anwendungsfall für den Einsatz von `bing` ist das Überprüfen der Server-Netzwerkanbindungen: Benutzer beklagen sich, dass die Anwendung langsam sei. Sie sollten herausfinden, ob wirklich das Netzwerk oder vielleicht der Server langsam ist. Dazu »bingen« Sie von einem Linux-PC auf alle Server. Sollte sich herausstellen, dass die Antwortzeiten des Servers, auf dem die als langsam beschriebene Anwendung läuft, im Vergleich zu den anderen Servern besonders langsam sind, ist das Problem vermutlich nicht im Netzwerk, sondern zunächst auf dem Server zu suchen.

28.5.5 MAC-Adressen und IP-Adressen: arp

Den ARP-Cache können Sie auch unter Linux sehr einfach auslesen. Das Kommando `arp -a` listet alle bekannten Beziehungen zwischen MAC- und IP-Adresse auf (siehe Abbildung 28.21).

Abbildung 28.21 `arp -a` unter Linux

314

Wie schon für die Windows-Option beschrieben, können Sie mit dem Befehl `arp -s <IP-Adresse> <MAC-Adresse>` auch ARP-Einträge setzen, sogenannte statische ARP-Einträge. Sollten Sie ARP-Einträge löschen wollen, verwenden Sie das Kommando `arp -d <IP-Adresse>`.

Das Löschen des ARP-Caches kann notwendig sein, wenn Sie einen neuen PC mit der IP-Adresse eines alten PCs betreiben möchten. Ist zwischen dem Abschalten und der Inbetriebnahme des neuen PCs nur wenig Zeit vergangen, kann es sein, dass noch die alte Beziehung der MAC-Adresse zur IP-Adresse besteht. Mit dem Löschen des alten ARP-Cache-Eintrags können Sie die Aktualisierung der anderen Netzwerkteilnehmer erzwingen. [zB]

28.5.6 traceroute

Sie haben einen PC, dessen Netzwerkschnittstelle funktioniert; auch die Netzwerkanbindung des Ziel-PCs funktioniert, »doch sie können zueinander nicht finden«. Beide PCs sind in unterschiedlichen IP-Netzen, haben also verschiedene Netz-IDs. Das ist immer der Fall, wenn Sie einen PC im Internet ansprechen möchten.

Das Werkzeug der Wahl ist in einem solchen Fall `traceroute`. Der Befehl sendet ICMP-Pakete (also `ping`-Pakete) mit fest definierter Gültigkeit. Da ein Router, der ein Paket nicht weiterleitet, weil dessen Gültigkeit abgelaufen ist, eine Information zum Absender schickt, gibt jeder Router zwischen dem Absender- und der Ziel-IP mit einem `traceroute <Ziel-IP>` dem Absender seine Existenz bekannt.

Sie wissen dann, bis zu welchem Punkt die Kommunikation funktioniert, nämlich bis zum letzten Router, der angezeigt wurde. Sie können nun in der Kommunikationskette gezielt hinter diesem Punkt mit Ihrer Fehlersuche beginnen.

28.5.7 route

Die Routing-Tabellen des PCs können Sie mit dem Kommando `route` auslesen.

Für eine Standardinstallation sollten, wie in Abbildung 28.22 zu sehen ist, nur zwei Einträge in der Routing-Tabelle vorhanden sein. Der erste Eintrag ist eigentlich kein richtiger Routing-Eintrag. Er beschreibt, dass der PC das Netz 192.168.1.0/24 ohne Gateway erreichen kann. Das ist verständlich, wenn man berücksichtigt, dass der PC mit seiner IP-Adresse 192.168.1.2 bereits Mitglied im Netzwerk 192.168.1.0/24 ist.

Der Eintrag `default` ist das Standardgateway. Wenn ein Datenpaket zu einer IP-Adresse gesendet werden muss, die nicht in das eigene Netzwerk 192.168.1.0/24 gehört, dann wird das IP-Paket über den Default-Routing-Eintrag abgearbeitet.

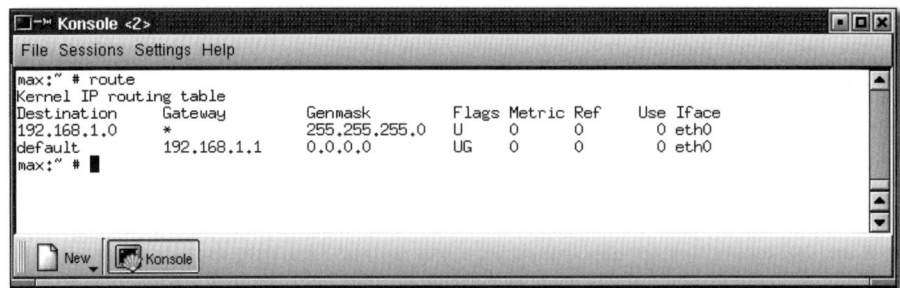

Abbildung 28.22 Die Kernel-Routing-Tabellen ausgeben

[!] »Gateway« ist meiner Meinung nach keine korrekte Bezeichnung, denn gemeint ist an dieser Stelle ein Router. Ein Gateway ist eigentlich ein Gerät, das das Übertragungsmedium wechselt, z. B. ein E-Mail-Fax-Gateway: E-Mails werden in Faxe umgesetzt und umgekehrt. Ein Router wechselt das Übertragungsmedium nicht, sondern leitet das IP-Paket aus einem Netzwerk in die Zielrichtung eines anderen Netzwerkes weiter.

Mittels `route add -<net/host> <Ziel-IP-Netz/-Host> netmask <SN-Maske> gw <Router-IP>` können Sie Routing-Einträge hinzufügen. Der Befehl `route add -net 0.0.0.0 netmask 0.0.0.0 gw 192.168.1.1` richtet einen Default-Routing-Eintrag ein.

Sie sollten nie mehr als einen Default-Routing-Eintrag erzeugen – auch dann nicht, wenn Sie mehr als eine Netzwerkkarte betreiben. Wie soll sich in einem solchen Fall Ihr PC entscheiden? Die Lösung für das Problem, das Sie vermutlich mit zwei Default-Routing-Einträgen beseitigen möchten, ist die Metrik. Mit der Angabe einer Metrik können Sie die Reihenfolge ansonsten gleichwertiger Routing-Einträge bestimmen und so im Fehlerfall eine andere Verbindung nutzen:

```
route add -net 0.0.0.0 netmask 0.0.0.0
   gw 192.168.1.254 metric 4
```

Sie erzeugen einen weiteren Default-Routing-Eintrag, der durch die Metrik aber ungünstiger ist als der zuvor vorgenommene Eintrag. Dieser Eintrag wird nur dann vom Routing-Dienst genutzt, wenn der erste Routing-Eintrag fehlschlägt.

[!] Das Ändern von Routing-Einträgen kann die Netzwerkverbindung unterbrechen. Eine Verbindungsunterbrechung ist sehr ungünstig, wenn Sie den PC von einem anderen PC z. B. per SSH oder Telnet fernadministrieren. Sollten Sie sich selbst ausgesperrt haben, bleibt Ihnen nur noch die Möglichkeit, persönlich den PC aufzusuchen, ein unter Umständen zeitraubendes Vorhaben.

Sie können mit dem Kommando `route del <Ziel-IP-Netz/-Adresse> netmask <SN-Mas` komplette Routing-Einträge löschen.

28.5.8 MTU: tracepath

Wenn Sie die *Maximum Transmisson Unit* (*MTU*), also die maximale Paketgröße für ein Datenpaket, das durch mehrere IP-Netze wandern soll, bestimmen möchten, kann das aufwendig werden. Hierbei hilft Ihnen das Programm tracepath (siehe Abbildung 28.23). Mit der Syntax tracepath [-n] <destination> [<port>] können Sie z. B. auch die Kommunikation mit einem Teilnehmer im Internet prüfen lassen: tracepath www.web.de.

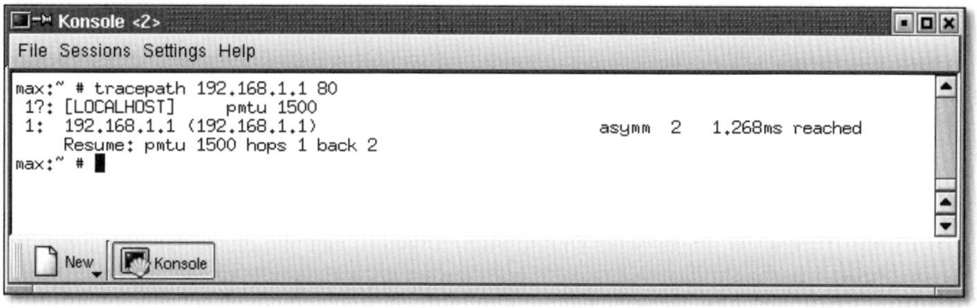

Abbildung 28.23 Ein tracepath im gleichen IP-Netz, die MTU ist 1500.

So wird die maximale Paketgröße für die Kommunikation mit einem anderen Netzwerkteilnehmer bestimmt. Diese können Sie dann als MTU in Ihre Netzwerkeinstellungen übernehmen.

28.5.9 TCP-/UDP-Verbindungen

Der Befehl netstat listet auf, in welchem Zustand sich die TCP-/UDP-Verbindungen befinden.

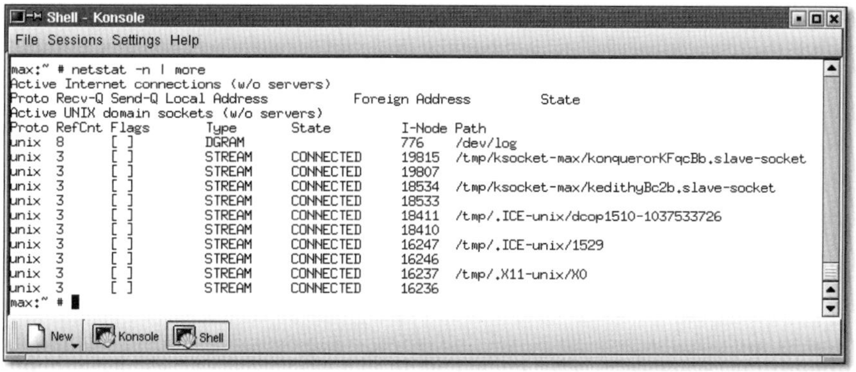

Abbildung 28.24 Der Befehl netstat -n listet die TCP-/UDP-Verbindungen auf.

Die Option `-n` veranlasst, den Befehl auszuführen und dem Dienst die TCP-/UDP-Port-Nummern als Zahl und nicht im Klartext auszugeben (siehe Abbildung 28.24).

28.5.10 Portscanner: nmap

Ein Portscanner ist ein Programm, mit dem man die TCP-/UDP-Ports prüfen kann. Wenn eine Verbindung auf einem bestimmten TCP-/UDP-Port akzeptiert wird, lässt das den Schluss zu, dass ein entsprechender Dienst, z. B. für TCP-Port 23 der Telnet-Dienst, verfügbar ist.

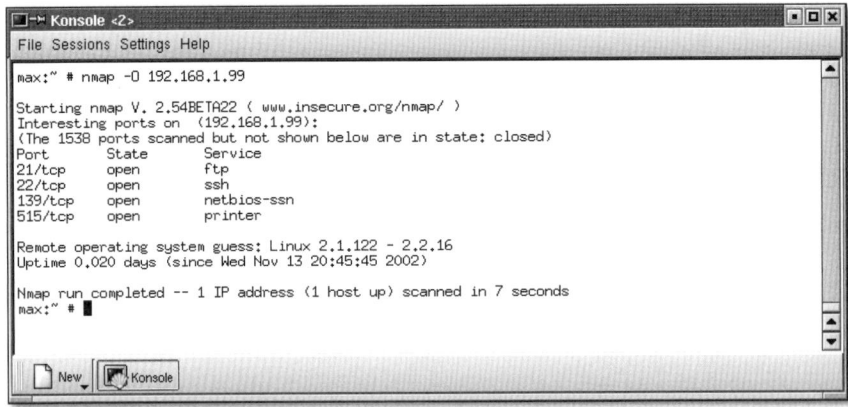

Abbildung 28.25 Betriebssystemraten mit `nmap -O`: Es ist Linux.

Das Programm `nmap` kann aber noch viel mehr, als nur TCP-/UDP-Ports überprüfen. So ist es möglich, mit `nmap -O <Ziel-IP-Adresse>` das Betriebssystem des Ziel-PCs zu erraten (siehe Abbildung 28.25).

Ähnlich wie beim für Windows vorgestellten Programm Netcat gibt es bei `nmap` zwei Seiten der Medaille. Einerseits ist es sehr praktisch, überprüfen zu können, ob ein PC einen bestimmten Dienst überhaupt anbietet. Andererseits wird `nmap` von Hackern/Crackern eingesetzt, die damit nach geöffneten Server-TCP-/UDP-Ports suchen und möglicherweise das Betriebssystem erraten, um sich dann über dessen Schwachstellen zu informieren.

Zurzeit kann `nmap` über 1.700 Betriebssysteme in über 5.000 Versionen an charakteristischen Merkmalen der Netzwerkkommunikation erkennen. Beim TCP-Handshake agieren Betriebssysteme unterschiedlich, und anhand ihres Verhaltens (Fachbegriff: *Fingerprint*, dt. *Fingerabdruck*) kann `nmap` erraten, welches Betriebssystem sich hinter einem Netzwerkteilnehmer verbirgt. Wenn Sie genauer wissen möchten, wie `nmap` die Erkennung des Betriebssystems durchführt, finden Sie nähere Informationen auf der Internetseite *http://nmap.org/book/osdetect.html*. Sie wundern sich, dass es so viele Betriebssysteme gibt? Es handelt sich hier auch um Betriebssysteme von Netzwerkkomponenten (z. B. Switches und Router).

28.6 Bordmittel von OS X

Unter OS X steht Ihnen das NETZWERKDIENSTPROGRAMM im Verzeichnis DIENSTPROGRAMME zur Verfügung, um Fehler und Probleme im Netzwerk aufzuspüren.

Das Fenster (siehe Abbildung 28.26) unterteilt sich in acht bis neun Ansichten. In der Abteilung INFORMATION können Sie den Status der aktiven Netzwerkschnittstellen einsehen und sich über die aktuelle IP-Adresse, die als HARDWAREADRESSE bezeichnete MAC-Adresse sowie die ÜBERTRAGUNGSSTATISTIK informieren.

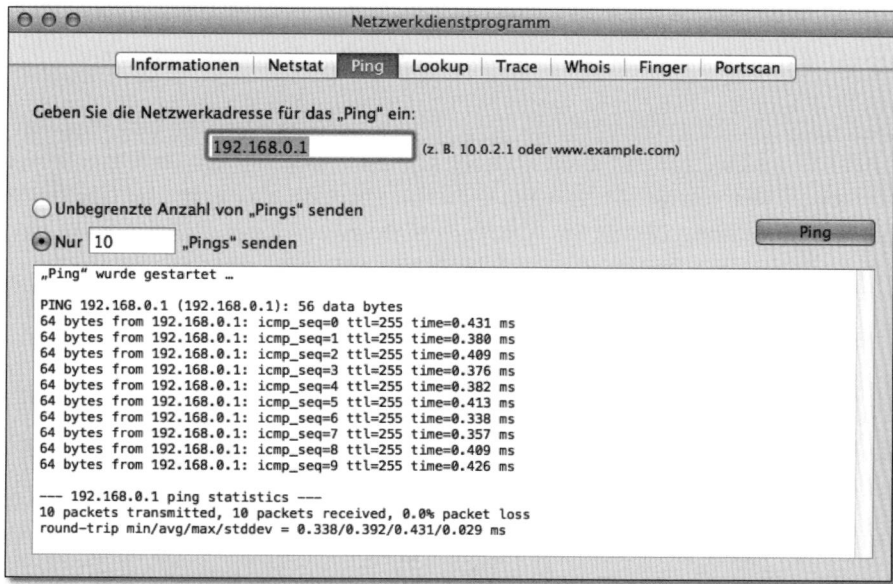

Abbildung 28.26 Die Funktion PING im Festplattendienstprogramm entspricht in der Funktionsweise derjenigen unter Linux.

Eine Verbindung zu einem anderen Rechner können Sie im Bereich PING prüfen. Die Funktionsweise von `ping` entspricht unter OS X der unter Linux.

In der Ansicht NETSTAT finden Sie eine grafische Oberfläche für den Befehl `netstat`, der Ihnen übrigens auch im Terminal zur Verfügung steht. Wenn Sie die Option INFORMATIONEN DER ROUTING-TABELLEN ANZEIGEN (siehe Abbildung 28.27) auswählen und dann die Schaltfläche NETSTAT betätigen, erhalten Sie den aktuellen Status der Routing-Tabelle.

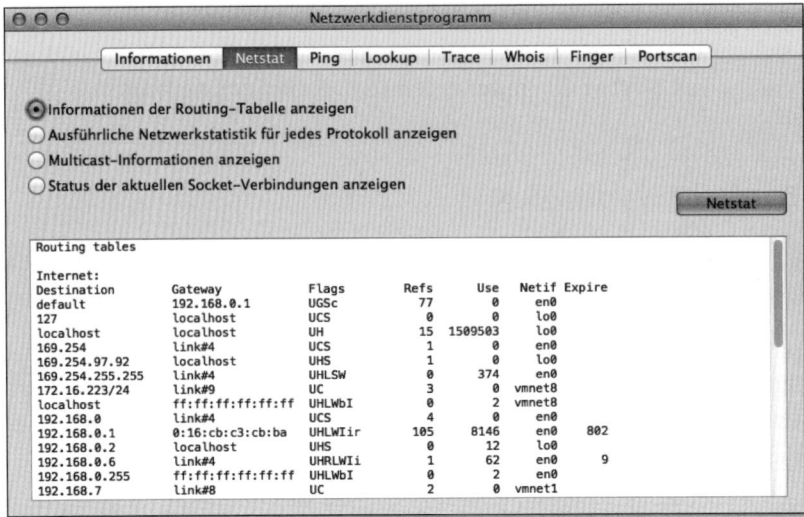

Abbildung 28.27 Die Routing-Tabelle kann über Netstat in Erfahrung gebracht werden.

Auch unter OS X kann der Befehl `traceroute` genutzt werden, um den Weg eines Datenpaketes zu einem anderen Rechner nachzuverfolgen. Das Netzwerkdienstprogramm bietet in der Ansicht Trace hierfür ebenfalls eine grafische Oberfläche an (siehe Abbildung 28.28). Sie können eine Domain oder eine IP-Adresse eingeben und über die Schaltfläche Trace den Weg der Pakete ermitteln lassen.

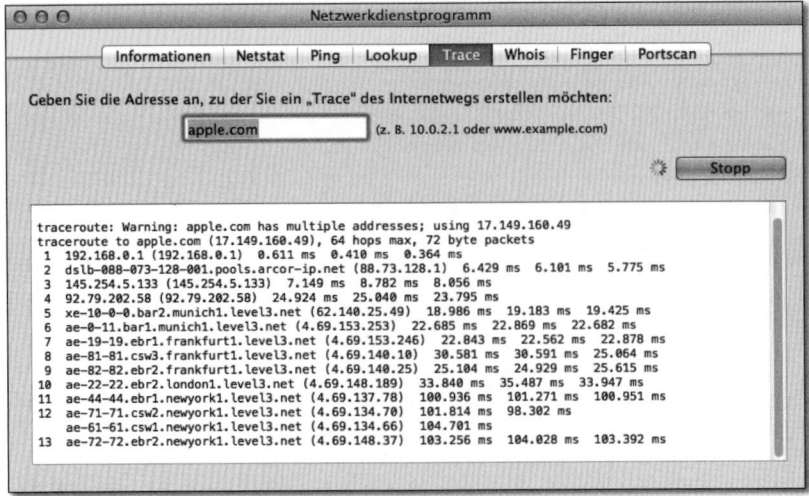

Abbildung 28.28 Das Netzwerkdienstprogramm stellt auch eine grafische Oberfläche für den Befehl `traceroute` zur Verfügung.

OS X verfügt nicht über das Programm nmap. Einen PORTSCAN können Sie stattdessen in der gleichnamigen Ansicht im NETZWERKDIENSTPROGRAMM durchführen, indem Sie die Domain oder IP-Adresse des Rechners eingeben und mit START den Scan beginnen (siehe Abbildung 28.29). Es ist auch möglich, über die Option NUR PORTS DURCHSUCHEN... nur bestimmte Ports abzufragen.

Abbildung 28.29 In der Ansicht PORTSCAN können die offenen Ports eines Rechners abgefragt werden.

Sie benötigen noch weitere Informationen über einen PC oder über den Datenverkehr im Netzwerk? Mit den richtigen Werkzeugen ist das kein Problem!

29 Zusatzprogramme

Wenn Sie ganz sicher sind, dass das Problem, das eine erfolgreiche Netzwerkkommunikation verhindert, nur noch auf der Anwendungsebene gefunden werden kann, sind Sie dennoch nicht am Ziel:

Sie müssen das Problem erst noch finden!

Mit etwas Glück stellt Ihnen die Anwendung selbst brauchbare Informationen in Logfiles zur Verfügung, und durch Analyse grenzen Sie das Problem weiter ein. Eine weitere Möglichkeit, solchen – meist anwendungsbezogenen – Problemen in Netzwerken auf den Grund zu gehen, ist die Paketanalyse. Dabei helfen sogenannte *Sniffer* (dt. *Schnüffler*), die den gesamten Netzwerkverkehr mitschneiden und den Inhalt der Pakete anzeigen.

29.1 Wireshark

Ursprünglich begann die Software unter dem Namen *Ethereal* für das Betriebssystem Linux. Nun heißt sie *Wireshark*, und es existieren Portierungen auf zahlreiche andere Betriebssysteme, wie Windows und OS X. Die Unabhängigkeit vom Betriebssystem macht Wireshark sehr beliebt.

Der Einsatz von Wireshark (siehe Abbildung 29.1) ist eine fortgeschrittene Analysemethode, die fortgeschrittenes Wissen erfordert. Kapitel 3 dieses Buches, »Grundlagen der Kommunikation«, hilft Ihnen, das entsprechende Basiswissen aufzubauen.

Wireshark für Windows benötigt eine weitere Anwendung, die WinPcap-Bibliothek. *Windows Packet Capture* ist eine Freeware-Bibliothek, die es ermöglicht, Netzwerkpakete unter Windows mitzuschneiden. Die WinPcap-Bibliothek wird auch von *ntop* und *NmapWin* benutzt.

29 | Zusatzprogramme

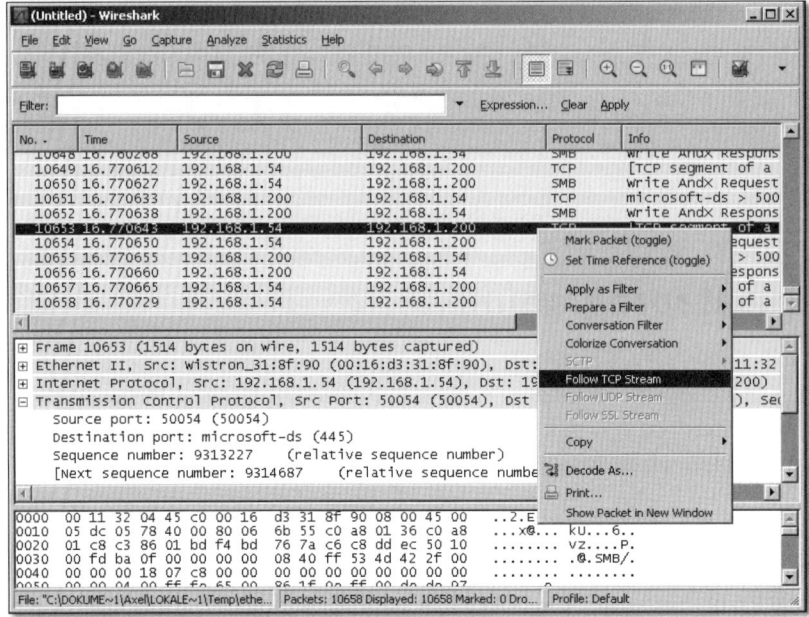

Abbildung 29.1 Mitgeschnittener Datenverkehr

Im Hauptfenster (siehe Abbildung 29.2) wählen Sie den Menüpunkt CAPTURE • OPTIONS.

Abbildung 29.2 Wireshark-Hauptansicht

Es erscheint ein Konfigurationsfenster, in dem Sie Einstellungen für das Paketesammeln vornehmen können. Der wichtigste Punkt ist INTERFACE. Dort sollten Sie die Bezeichnung der Netzwerkkarte wiederfinden, die Sie benutzen wollen. Eine hilfreiche Einstellung ist der CAPTURE FILTER, wenn Sie die Daten vorfiltern wollen. Eventuell wissen Sie, welcher PC die Anfragen sendet; dann können Sie eintragen, dass nur die Pakete mitgeschnitten werden sollen, die von diesem PC kommen. Das spart Platz und ist für Sie wesentlich übersichtlicher.

Sie wollen alle Pakete erfassen, die zum Webserver von Web.de gesendet werden (siehe Abbildung 29.3). Der Filter würde dann lauten: [ZB]

```
dst host web.de && tcp dst port 80
```

Weitere Informationen zu den Filtermöglichkeiten finden Sie auf den Hilfeseiten, entweder im Internet auf der Seite *http://www.tcpdump.org/tcpdump_man.html* oder unter Linux mit dem Kommando `man tcpdump`.

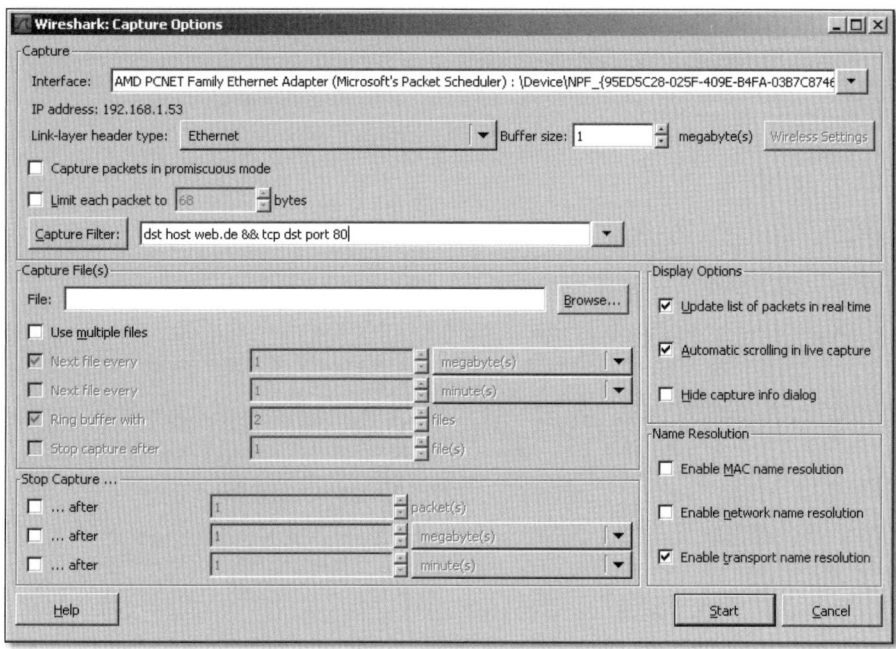

Abbildung 29.3 Wireshark mit »Capture Filter«

Wenn Sie auf START klicken, beginnt die Aufzeichnung. Sie dauert so lange, bis Sie auf STOP klicken.

Jede Zeile im Hauptfenster steht für ein Datenpaket. Sie sehen in der ersten Spalte eine fortlaufende Nummerierung von Wireshark, in der zweiten Spalte eine sehr genaue Zeitangabe. Die Spalte *Source* gibt die IP-Adresse oder den Namen des

Absenders an, *Destination* ist die Ziel-IP-Adresse oder der Name des Ziel-PCs. In der Spalte *Protocol* wird das Verfahren (z. B. HTTP) angegeben, und unter *Info* erfahren Sie, welche Funktion des Protokolls benutzt wurde.

Wenn Sie auf ein Paket, also auf eine Zeile der Hauptansicht, klicken, werden weitere Informationen im Bereich der Einzelansicht angezeigt. Die Einzelheiten beziehen sich auf die sogenannten Header-Informationen, also auf die Kontrollinformationen der verschiedenen Verfahren bzw. Protokolle. Im unteren Teil, in den Paketdetails, werden die Datenpakete dekodiert angezeigt (soweit das Dekodieren möglich war).

Sehr hilfreich ist die Möglichkeit, mit der rechten Maustaste auf ein Datenpaket zu klicken und aus dem Kontextmenü FOLLOW TCP-STREAM auszuwählen. Alle zu der TCP-Kommunikation gehörenden und aufgezeichneten Pakete werden in der richtigen Reihenfolge von Wireshark zusammengesetzt und in einem gesonderten Fenster dargestellt (siehe Abbildung 29.4).

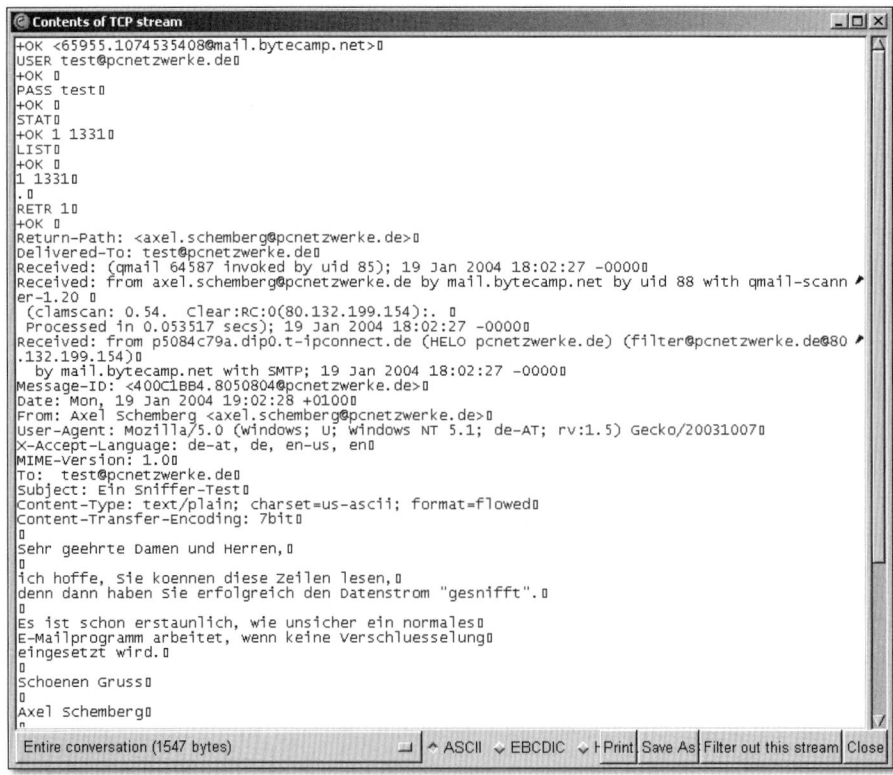

Abbildung 29.4 Dekodierte E-Mail unter Wireshark

Erschreckend ist, wenn die unverschlüsselte Kommunikation beim Abrufen von E-Mails mitgeschnitten wird. Mit FOLLOW TCP-STREAM können Sie die Anmeldeprozedur mit Benutzername/Passwort und den Inhalt der E-Mail im Klartext lesen (siehe Abbildung 29.4).

Diese Möglichkeit besteht nicht, wenn Sie Ihre E-Mails verschlüsselt abrufen. Doch diese Funktion wird nicht von jedem Provider angeboten oder von jedem Kunden genutzt, sodass viele der abgerufenen E-Mails genauso lesbar sind wie die hier dargestellte.

Verwenden Sie für die Kommunikation mit dem E-Mail-Server – wann immer möglich – unbedingt TLS (siehe Abschnitt 35.3, »Hybride Verschlüsselung«). Dabei spielt es keine Rolle, ob Sie Ihre E-Mails mit POP3 oder IMAP abrufen!

[«]

29.2 Zusatzprogramme für Windows

Sie benötigen weitere Informationen über einen PC in Ihrem Netzwerk? Unter Windows, insbesondere wenn Sie sich innerhalb einer Domäne befinden und Administrator sind, erhalten Sie leicht alle benötigten Informationen über die beteiligten PCs.

29.2.1 CurrPorts

Sie kennen schon das Kommando `netstat`, mit dem Sie sich offene TCP- und UDP-Verbindungen ansehen können (siehe Abschnitt 28.4.7, »TCP-/UDP-Verbindungen«).

Zusätzlich möchte ich Ihnen aber mit dem Programm *CurrPorts* (siehe *http://www.nirsoft.net*) ein grafisches Werkzeug für Windows vorstellen. Mit *netstat* sehen Sie die Verbindung, wissen aber nicht, welcher Prozess die Verbindung hält. Dieses ist mit CurrPorts ersichtlich. Außerdem können Sie sich Details zur Verbindung und zum jeweiligen Prozess ansehen, der die Netzwerkverbindung hält (siehe Abbildung 29.5).

In der Datei *readme.txt* finden Sie Hinweise, wie Sie das deutsche Sprachpaket für CurrPorts installieren können.

29 | Zusatzprogramme

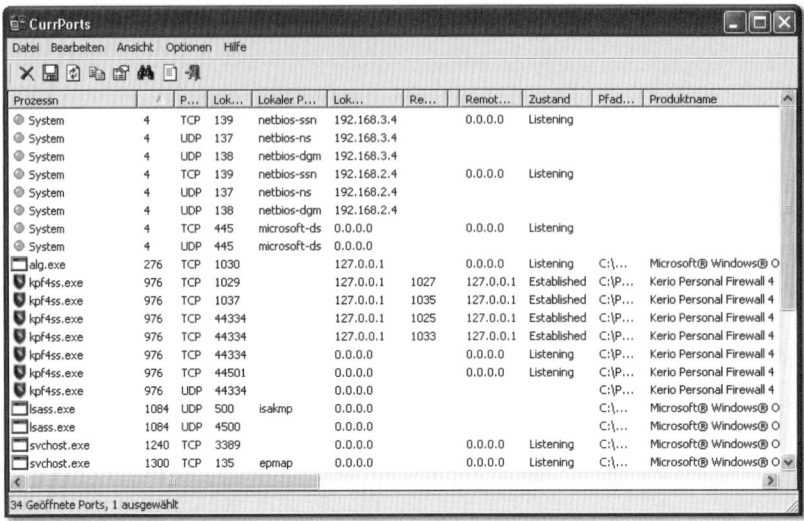

Abbildung 29.5 CurrPorts zeigt TCP-/UDP-Verbindungen.

29.2.2 inSSIDer

Wenn Sie ein WLAN einrichten wollen, ist es wichtig, zu wissen, welche anderen WLANs existieren. Ein Programm, das dies leistet, war lange Zeit der *Net-Stumbler*, der allerdings nicht mehr weiterentwickelt wird und zudem unter Vista, Windows 7 und Windows 8 nicht funktioniert.

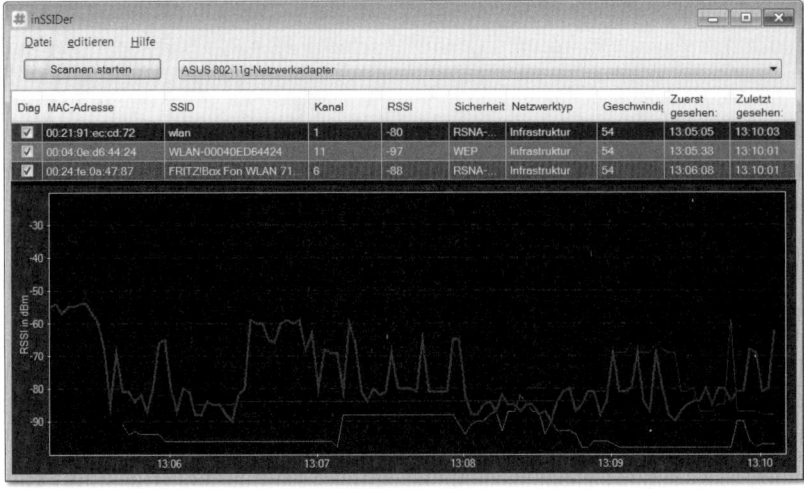

Abbildung 29.6 inSSIDer zeigt WLANs.

Ein aktuelle Alternative zu dem veralteten NetStumbler ist *inSSIDer* (siehe *http://www.metageek.net/products/inssider*), das die Windows-API nutzt, um auf die WLAN-Informationen zuzugreifen. Angezeigt wird sowohl die SSID – daher der Name – als auch der Kanal, die Signalqualität, Sicherheit und Geschwindigkeit. Dazu gibt es auch noch eine nette Grafik (siehe Abbildung 29.6).

29.2.3 Tftpd32

Das Schweizermesser des Netzwerkadministrators ist das Programm *Tftpd32* (siehe *http://tftpd32.jounin.net*). Es bietet neben einem TFTP-Server – wie der Name schon vermuten lässt – auch einen DHCP-, SNTP- und Syslog-Server (siehe Abbildung 29.7).

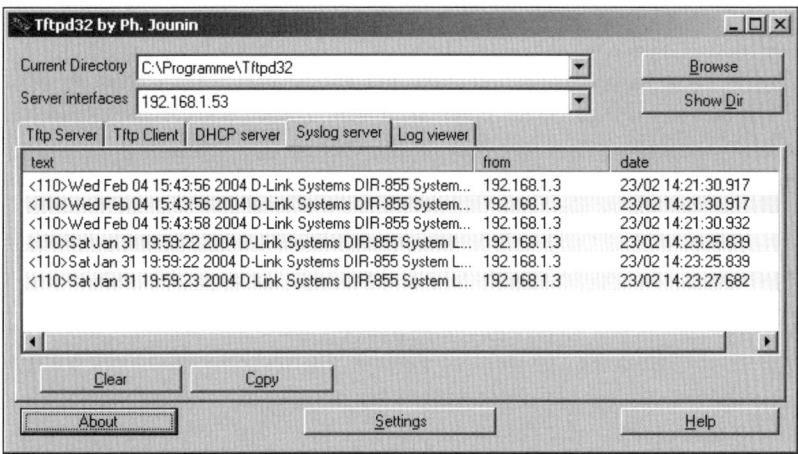

Abbildung 29.7 Tftpd32, hier als Syslog-Server

Das Programm steht in zwei Varianten zur Verfügung: als Dienst (*service edition*) oder als normales Programm.

29.2.4 SlimFTPd

Mit dem FTP-Server *SlimFTPd* (siehe *http://www.whitsoftdev.com/slimftpd*) haben Sie einen FTP-Server mit gutem Datendurchsatz. Wenn Sie also einen FTP-Server für die Übertragung großer oder vieler Dateien benötigen, bietet es sich an, zumindest unter Windows auf den SlimFTPd zurückzugreifen.

Er wird über die Konfigurationsdatei *slimftpd.conf* konfiguriert. Der einzige notwendige Eintrag ist der Laufwerkspfad:

```
gpSymbol060User "admin">
 Password "geheim"
 Mount / d:\download
 Allow / All
gpSymbol060/User>
```

Bei dieser Einstellung darf der Benutzer `admin` mit dem Passwort `geheim` auf das Verzeichnis *d:\download* mit allen Berechtigungen zugreifen.

29.2.5 FileZilla

Wenn Sie einen FTP-Server mit einer ansprechenden grafischen Oberfläche und umfangreicher Funktionalität suchen, dann sollten Sie sich unbedingt den *FileZilla-Server* anschauen. Er ist die Ergänzung zum recht bekannten *FileZilla-FTP-Client*.

Sie finden beide Programme unter *http://filezilla-project.org*. Das Programm wird ständig weiterentwickelt und bietet beim Start sehr häufig Aktualisierungen an. FileZilla ist ein grafisches Windows-Programm, das meiner Meinung nach dem Platzhirschen *WS_FTP* in nichts nachsteht.

29.2.6 Microsoft Network Monitor

Der *Microsoft Network Monitor* erlaubt das Mitschneiden von Paketen auf Windows-Systemen ab Windows XP Service Pack 3. In der sehr übersichtlich gestalteten Oberfläche wählen Sie unter SELECT NETWORKS die zu überwachenden Netzwerkschnittstellen aus und leiten mit einem Klick auf NEW CAPTURE TAB • START einen neuen Mitschnitt ein (siehe Abbildung 29.8).

Das Programm beinhaltet mehrere Fenster mit allen relevanten Daten:

- NETWORK CONVERSATIONS: Der Verkehr mit den jeweiligen Kommunikationsteilnehmern wird getrennt sortiert.

- FRAME SUMMARY: Die Frames werden fortlaufend nummeriert. Sie können einzelne Frames markieren.

- FRAME DETAILS: Die ISO/OSI Schichten des markierten Frames werden aufgeschlüsselt dargestellt.

- HEX DETAILS: Im Einzelfall kann der hexadezimale Code eines Frames interessant sein.

- DISPLAY FILTER: Unerwünschte Pakete können in der Darstellung aussortiert werden.

29.2 Zusatzprogramme für Windows

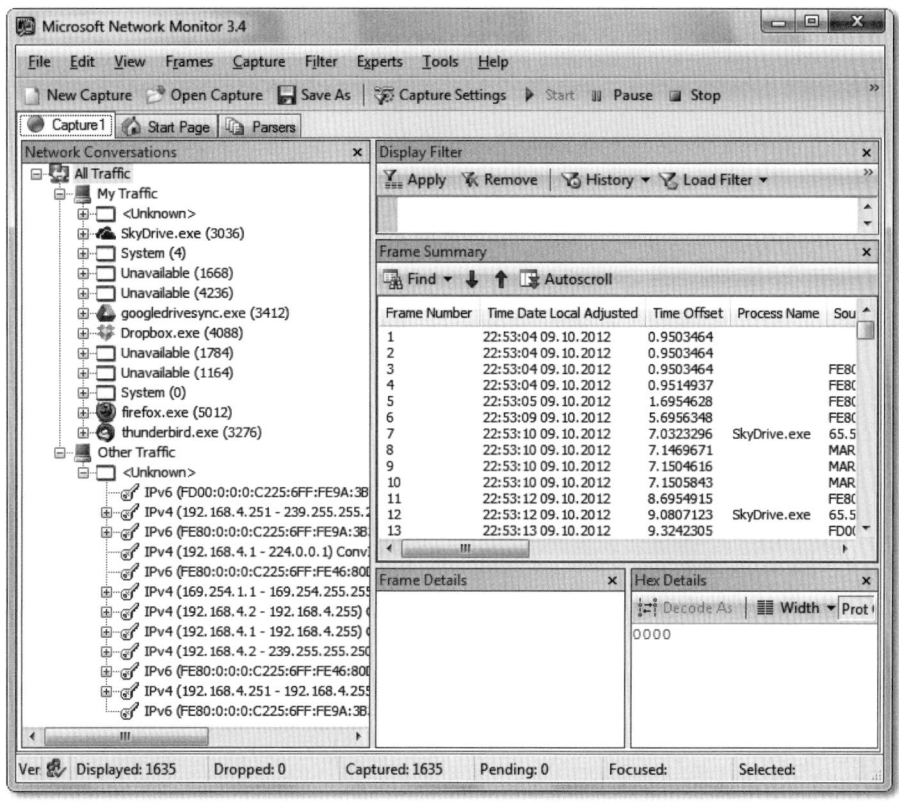

Abbildung 29.8 Der Microsoft Network Monitor schneidet Pakete mit.

Der Microsoft Network Monitor kennt zwei Arten von Filtern:

- CAPTURE FILTER greifen bereits bei der Aufzeichnung der Daten. Wenn Sie genau wissen, wonach Sie suchen, verschwenden Sie keinen unnötigen Speicherplatz.

- DISPLAY FILTER ermöglichen eine bessere Übersichtlichkeit und damit eine nachträgliche Konzentration auf das Wesentliche.

Der Microsoft Network Monitor kennt bereits sehr viele nützliche vordefinierte Filter (siehe Abbildung 29.9).

Sie wollen alle Pakete erfassen, die zum Webserver von Web.de (IP-Adresse 217.72.200.13) gesendet werden (siehe Abbildung 29.10). Der Filter würde dann lauten: [ZB]

```
.Protocol.HTTP && .IPv4.DestinationAddress == 217.72.200.13
```

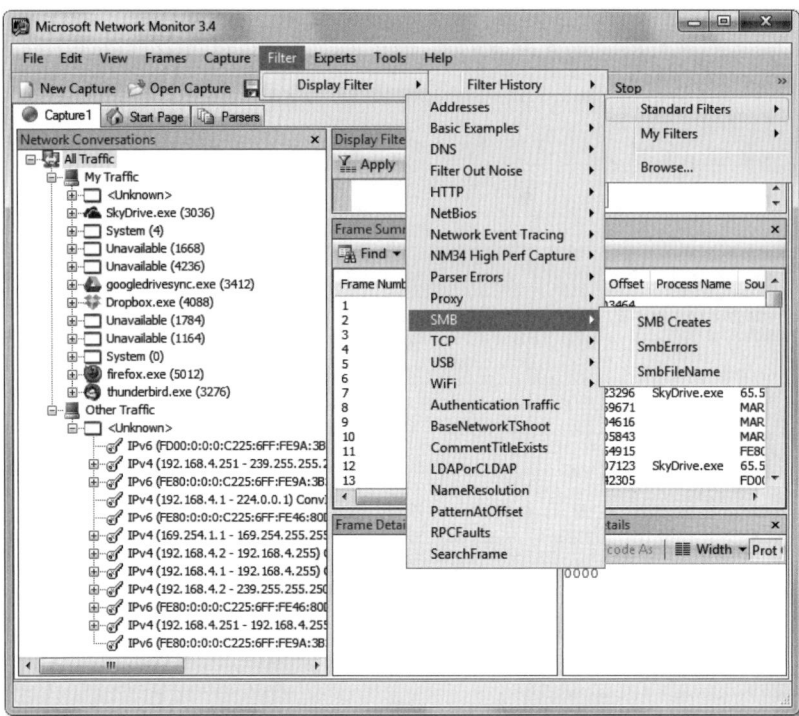

Abbildung 29.9 Vordefinierte Filter erleichtern die Fehlersuche.

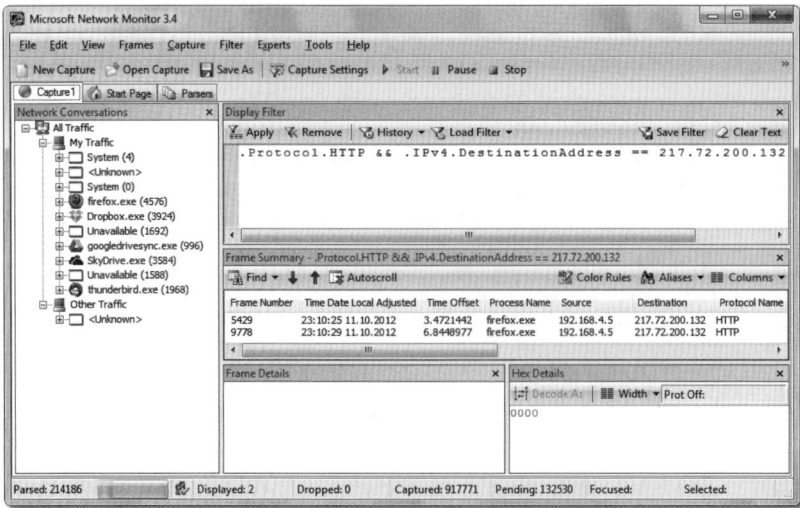

Abbildung 29.10 Der Microsoft Network Monitor mit »Capture Filter«

29.3 Zusatzprogramme für Linux

Einige der Zusatzprogramme für Windows werden Sie auch unter Linux wiederfinden. Andere hingegen existieren nur unter Linux.

29.3.1 Performanceüberblick mit xosview

Für einen ständigen Blick auf die wichtigsten Performancedaten des PCs eignet sich *xosview*. Neben der CPU- und Speicherauslastung sehen Sie in der Zeile NET auch die Auslastung des Netzwerkadapters (siehe Abbildung 29.11). Meiner Meinung nach ist xosview ein Programm der Art »klein, aber fein«.

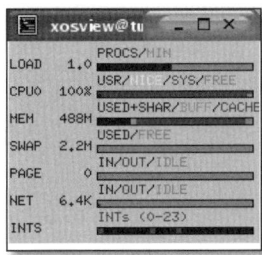

Abbildung 29.11 xosview, Überblick über die Systemparameter

29.3.2 Pakete mitschneiden mit IPTraf

Nicht mehr ganz frisch kommt *IPTraf* daher. Es handelt sich um ein textbasiertes Programm, mit dem Sie einfache Netzwerkmitschnitte machen können.

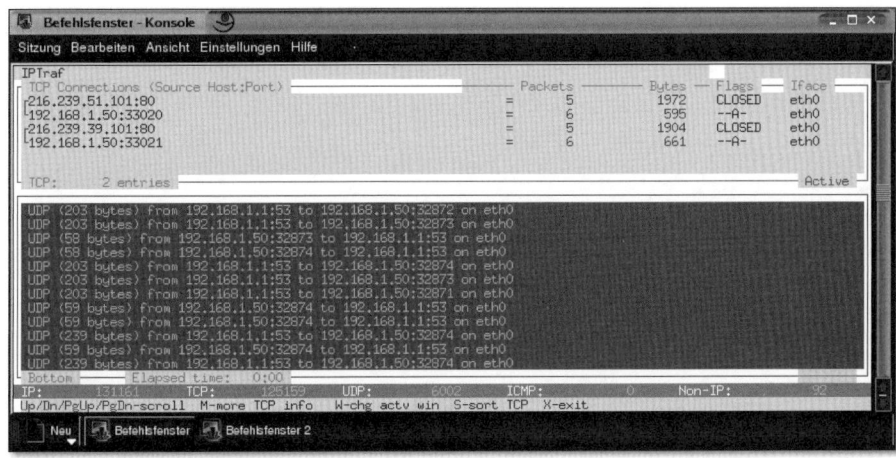

Abbildung 29.12 Das rudimentäre IPTraf in Aktion

Wenn Sie Programme wie Wireshark oder KSnuffle benutzen können, werden Sie kaum auf solch primitive Werkzeuge zurückgreifen. Doch der Vorteil von diesem einfachen Programm ist, dass es leicht auf der Kommandozeile, z. B. über eine SSH-Verbindung, genutzt werden kann.

Wenn Sie ein LAN betreiben, kommt sicherlich schnell die Frage auf, welchen Datendurchsatz Ihr Netzwerk erreicht. Der Vergleich des Durchsatzes kann auch beim Aufspüren von Fehlern helfen. Wie Sie den Datendurchsatz am besten messen können, erfahren Sie in diesem Kapitel.

30 Netzwerkgeschwindigkeit ermitteln

Es gibt sehr viele Programme zur Messung von Netzwerkperformance. Sie erhalten einen Überblick über diese Werkzeuge im Internet auf der Seite *http://www.caida.org/tools/taxonomy/perftaxonomy.xml*.

30.1 Performancemessung mit NetIO

Das sicherlich bekannteste, einfachste und vielleicht insgesamt beste Programm für Geschwindigkeitsmessungen im LAN ist *NetIO* (siehe *http://www.ars.de/ars/ars.nsf/docs/netio*). Es ist auf der DVD im Verzeichnis */software/management* zu finden.

Wenn Sie die ZIP-Datei ausgepackt haben, finden Sie im Ordner *bin* drei Programme:

- *linux-i386*: für Linux auf normalen PCs
- *os2-i386.exe*: für OS/2
- *sol9-sparc*: für Solaris
- *win32-i386.exe*: für Windows

NetIO funktioniert betriebssystemübergreifend. Sie können also z. B. einen Linux- und einen Windows-PC beliebig als Server und Client verwenden.

30.1.1 Windows

Legen Sie das Programm *win32-i386.exe* in ein per Kommandozeile gut erreichbares Verzeichnis, z. B. *c:\programme*, und benennen Sie es aussagekräftig um, z. B. *netio126.exe*. Öffnen Sie danach über START • AUSFÜHREN ... und das Kommando cmd eine Eingabeaufforderung.

30 | Netzwerkgeschwindigkeit ermitteln

```
C:\WINDOWS\system32\cmd.exe - netio126.exe -s

C:\Programme>netio126.exe -s
NETIO - Network Throughput Benchmark, Version 1.26
(C) 1997-2005 Kai Uwe Rommel

UDP server listening.
TCP server listening.
NetBIOS server listening.
TCP connection established ...
Receiving from client, packet size   1k ...
Sending to client, packet size   1k ...
Receiving from client, packet size   2k ...
Sending to client, packet size   2k ...
Receiving from client, packet size   4k ...
Sending to client, packet size   4k ...
Receiving from client, packet size   8k ...
Sending to client, packet size   8k ...
Receiving from client, packet size  16k ...
Sending to client, packet size  16k ...
Receiving from client, packet size  32k ...
Sending to client, packet size  32k ...
Done.
TCP server listening.
```

Abbildung 30.1 NetIO wartet auf Verbindungen.

Beim ersten PC sollten Sie NetIO als Server starten; geben Sie dazu in der Eingabeaufforderung den Befehl `netio -s` ein. Auf diesem PC wartet NetIO jetzt auf Verbindungen von Clients (siehe Abbildung 30.1). Dann starten Sie auf dem zweiten PC ebenfalls in einer Eingabeaufforderung `netio -t <Server-IP>`, und NetIO legt los (siehe Abbildung 30.2).

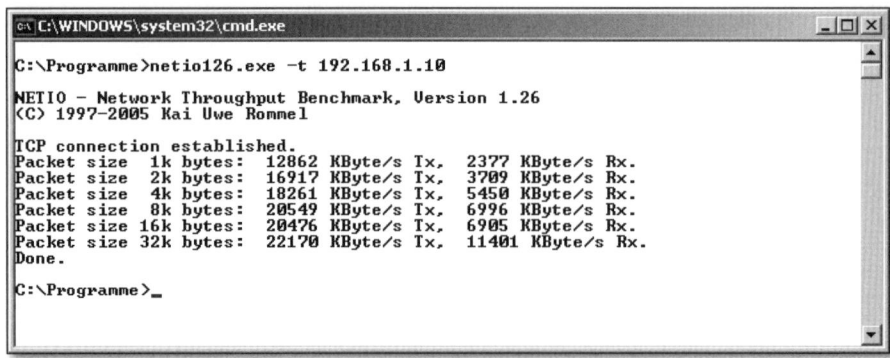

Abbildung 30.2 NetIO-Datendurchsatzmessung

Die Option `-t` bedeutet dabei, dass TCP-Pakete gesendet werden, `-u` erzeugt UDP-Pakete und `-n` NetBIOS-Pakete. NetBIOS wird für Windows-Freigaben genutzt und hat üblicherweise einen wesentlich schlechteren Datendurchsatz als etwa FTP.

Beim UDP-Test wird angegeben, wie viel Prozent der UDP-Pakete verloren gegangen sind. Weitere Informationen zu UDP und den Unterschieden zu TCP finden Sie in Kapitel 15, »Transmission Control Protocol«.

Wenn Sie den NetBIOS-Durchsatz messen möchten, dann müssen Sie NetIO mit einer etwas anderen Syntax aufrufen:

```
netio126 -n -m <PC-Name>
```

Dabei meint `<PC-Name>` den Windows-Namen, auch *NetBIOS-Name* genannt.

30.1.2 Linux

Wie schon erwähnt, gibt es im Verzeichnis *bin* des ZIP-Archivs eine fertige Version von NetIO für Linux. Das gilt so lange, wie Linux auf normalen PCs ausgeführt wird, also auf PCs mit x86-kompatiblen Prozessoren, wie es Intel- und AMD-Prozessoren üblicherweise sind.

Der erste Schritt ist, dass Sie die Datei, sofern nicht schon erledigt, ausführbar machen:

```
chmod 700 linux-i386
```

Anschließend sollten Sie das Programm noch sinnvoll umbenennen:

```
mv linux-i386 netio126
```

Sie können die gleiche Syntax unter Linux wie unter Windows verwenden. Entsprechend starten Sie auf einem der Rechner den Server mit diesem Befehl:

```
./netio126 -s
```

Danac kontaktieren Sie ihn vom anderen Computer aus z. B. mit TCP-Paketen:

```
./netio126 -t <Server-IP>
```

Sie erhalten die gleichen Ausgaben wie auch unter Windows.

NetIO ist für siegfried bereits unter */usr/local/bin/netio126* installiert.

30.2 Performancemessung mit Iperf

Als Alternative zu NetIO bietet sich das Programm *Iperf* (weitere Informationen siehe *http://sourceforge.net/projects/iperf*) an. Es misst genau wie NetIO den Datendurchsatz als TCP- oder UDP-Datendurchsatz. Auf der DVD finden Sie das Programm im Verzeichnis */software/management*.

[o]

30.2.1 Windows

Wie auch bei NetIO, müssen Sie auf einem PC den Iperf-Server mit der Option -s starten und auf der Gegenseite eine Verbindung zu diesem aufbauen (siehe Abbildung 30.3):

```
iperf -c <IP-Adresse>
```

```
Y:\Buch\tmp\iperf>iperf.exe -c 192.168.1.10
WARNING: TCP window size set to 32 bytes. A small window size
will give poor performance. See the Iperf documentation.
------------------------------------------------------------
Client connecting to 192.168.1.10, TCP port 5001
TCP window size: 32.0 Byte
------------------------------------------------------------
[1952] local 192.168.1.50 port 1124 connected with 192.168.1.10 port 5001
[ ID] Interval       Transfer     Bandwidth
[1952]  0.0-10.0 sec  24.5 MBytes  20.5 Mbits/sec

Y:\Buch\tmp\iperf>_
```

Abbildung 30.3 Iperf misst den Datendurchsatz im WLAN.

Wenn Sie eine andere TCP Window Size – also einen anderen Empfangspuffer – verwenden möchten, dann müssen Sie vor dem Start des Clients die Umgebungsvariable TCP_WINDOW_SIZE wie folgt setzen:

```
set TCP_WINDOWS_SIZE=<Wert in Bytes>
```

30.2.2 Linux

Unter Linux muss Iperf zunächst installiert werden. Dazu benötigen Sie die Entwicklerwerkzeuge, unter anderem den Compiler *gc++*. Die folgenden drei Kommandos kompilieren Iperf aus den Quellen und installieren es nach */usr/local/bin*:

```
siegfried:/usr/src/iperf"=2.0.4 # ./configure
siegfried:/usr/src/iperf"=2.0.4 # make
siegfried:/usr/src/iperf"=2.0.4 # make install
```

Eine Manpage mit näheren Informationen zu Iperf ist ebenfalls enthalten. Sie öffnen diese über den Befehl man iperf.

Iperf ist für siegfried bereits unter */usr/local/bin/iperf* installiert.

30.3 Netzwerkgeschwindigkeit mit FTP

Die Geschwindigkeit eines Netzwerkes können Sie außer mit dem NetIO auch mit dem Übertragen großer Datenmengen mittels FTP ermitteln.

Für FTP benötigen Sie einen FTP-Client, denjedes Betriebssystem in der Voreinstellung mitbringt. Außerdem brauchen Sie einen FTP-Server wie SlimFTPd für Windows. Diesen finden Sie auf der DVD im Verzeichnis /software/sonstiges. [O]

Im Gegensatz zu NetIO, das den Datendurchsatz auf der Ebene TCP/UDP misst, misst der FTP den Datendurchsatz auf Anwendungsebene. Der Rückschluss auf die Netzwerkgeschwindigkeit von Anwendungen allgemein ist daher etwas besser möglich.

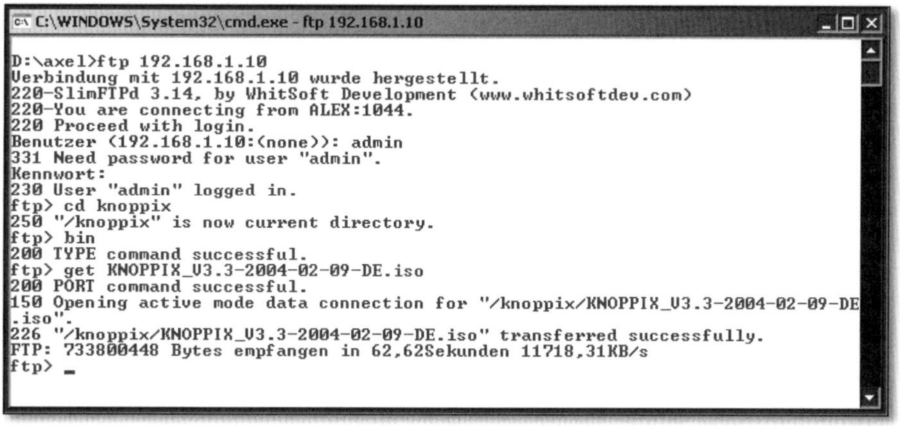

```
C:\WINDOWS\System32\cmd.exe - ftp 192.168.1.10

D:\axel>ftp 192.168.1.10
Verbindung mit 192.168.1.10 wurde hergestellt.
220-SlimFTPd 3.14, by WhitSoft Development (www.whitsoftdev.com)
220-You are connecting from ALEX:1044.
220 Proceed with login.
Benutzer (192.168.1.10:(none)): admin
331 Need password for user "admin".
Kennwort:
230 User "admin" logged in.
ftp> cd knoppix
250 "/knoppix" is now current directory.
ftp> bin
200 TYPE command successful.
ftp> get KNOPPIX_V3.3-2004-02-09-DE.iso
200 PORT command successful.
150 Opening active mode data connection for "/knoppix/KNOPPIX_V3.3-2004-02-09-DE
.iso".
226 "/knoppix/KNOPPIX_V3.3-2004-02-09-DE.iso" transferred successfully.
FTP: 733800448 Bytes empfangen in 62,62Sekunden 11718,31KB/s
ftp>
```

Abbildung 30.4 SlimFTPd-Datendurchsatz im LAN unter Windows

In der Abbildung 30.4 sehen Sie die Übertragung eines 700 MByte großen KNOPPIX-ISO-Images im LAN. Beide PCs sind Windows-XP-PCs, mit 10/100-Mbit/s-LAN-Karten. Als FTP-Client wurde der von Windows mitgelieferte FTP auf der Kommandozeile verwendet, als Server agierte SlimFTPd. Der durchschnittliche Datendurchsatz betrug 91,55 Mbit/s. [zB]

In einem zweiten Versuch habe ich dieselbe Datenmenge über ein ungestörtes 54-Mbit/s-WLAN auf mein Notebook übertragen, das 10 Meter entfernt im Wohnzimmer stand. Bei dieser Übertragung wurden im Durchschnitt 14,79 Mbit/s erreicht; entsprechend dauerte der Transfer statt gut einer Minute nun 6:28 Minuten. Zum Vergleich habe ich die Übertragung nochmals über eine Laufwerksfreigabe durchgeführt; es hat 8:15 Minuten gedauert und damit 1:47 Minuten, d. h. rund 28 Prozent länger. Es ergibt sich für die Übertragung per SMB (Laufwerksfreigabe) eine durchschnittliche Übertragungsrate von 11,3 Mbit/s (siehe Abbildung 30.5).

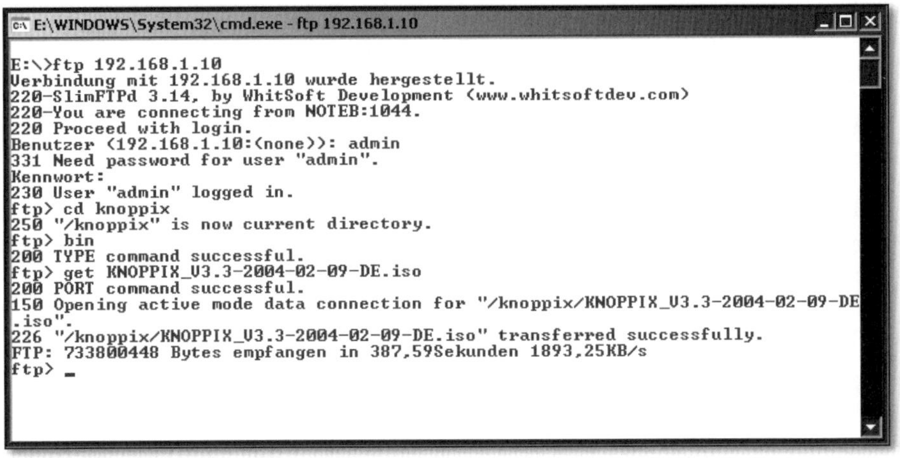

Abbildung 30.5 SlimFTPd-Datendurchsatz im WLAN unter Windows

Die vorgenannten Überlegungen sind für die meisten Anwendungen im LAN unerheblich. Ob Sie eine WLAN-Verbindung mit 14,79 oder 11,3 Mbit/s haben, macht meistens keinen Unterschied. Technisch gesehen ist der Unterschied aber schon recht groß.

30.4 Intel NAS Performance Toolkit

Die Ermittlung einer aussagekräftigen Netzwerkgeschwindigkeit ist kein einfaches Unterfangen. Wenn Sie große Dateien mittels FTP übertragen, werden Sie relativ hohe Datendurchsatzgeschwindigkeiten messen. Diese Geschwindigkeiten werden Sie beim Kopieren vieler kleiner Dateien nicht annähernd erreichen.

Es ist also schwierig, wirklichkeitsnahe Szenarien zu entwerfen, die einzelnen Messungen richtig zu gewichten und daraus die zu erwartende realistische Geschwindigkeit abschätzen zu können. Das gilt auch, wenn Sie verschiedene Netzlaufwerke hinsichtlich ihrer Geschwindigkeit vergleichen wollen.

Das *Intel NAS Performance Toolkit* (*NASPT*) gibt es zum Download unter *http://www.intel.com/design/servers/storage/NAS_Perf_Toolkit.htm*. Dieses Werkzeug enthält diverse vordefinierte Szenarien, wie z. B. die HD-Wiedergabe, Officedateien, Dateien zum oder vom NAS kopieren, Fotoalbum und einige mehr.

Die Software besteht aus zwei Programmen:

- NASPT-Exerciser: führt die Tests aus
- NASPT-Analyzer: bereitet die Testergebnisse grafisch auf

Starten Sie nun den NASPT-Exerciser über das Icon CONFIGURE, und legen Sie fest, welches Netzlaufwerk verwendet werden soll und wo die Testergebnisse gespeichert werden sollen. Auf dem NAS benötigen Sie 80 GByte freien Platz.

Wählen Sie aus der Liste *Application Tests* die Tests aus, die Sie für relevant halten. Weiter geht es mit dem einem Klick auf das Icon PREPARE. Nun werden entsprechende Daten angelegt (siehe Abbildung 30.6). Dieser Vorgang ist zeitintensiv; je mehr Tests Sie ausgewählt haben, desto länger dauert es. Auf dem Netzlaufwerk werden nun Ordner angelegt.

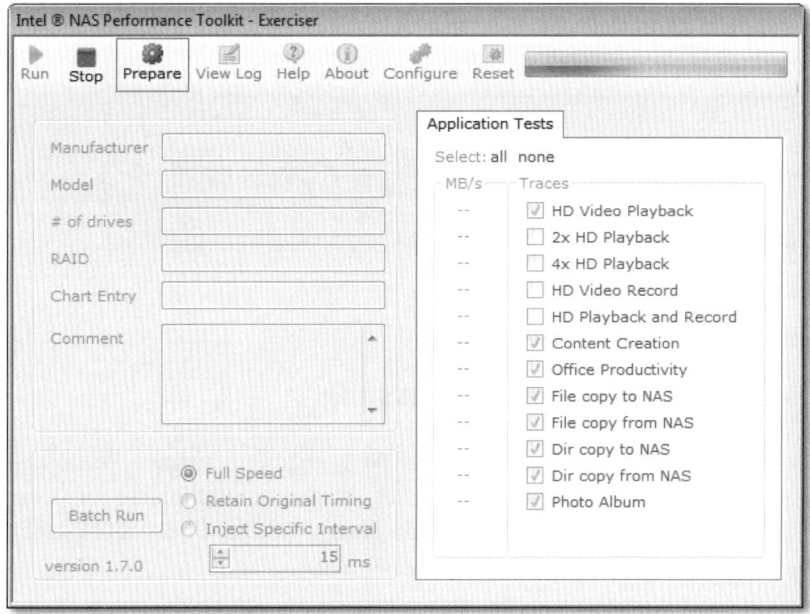

Abbildung 30.6 NASPT-Exerciser bereitet Testdaten vor.

Klicken Sie nach der Vorbereitung auf das Icon RUN. Während des Tests beeinflusst die anderweitige Benutzung des NAS natürlich die Performanceergebnisse. Da ich jedoch davon ausgehe, dass Sie nicht an wissenschaftlich korrekten Messreihen arbeiten, vernachlässige ich diesen Aspekt hier, schließlich wird in der Praxis auch unterschiedlich auf ein NAS zugegriffen.

Die Testergebnisse werden in XML-Dateien abgelegt und können mit dem NASPT-Analyzer ausgewertet werden (siehe Abbildung 30.7). Unter dem Reiter THROUGHPUT finden Sie den Datendurchsatz.

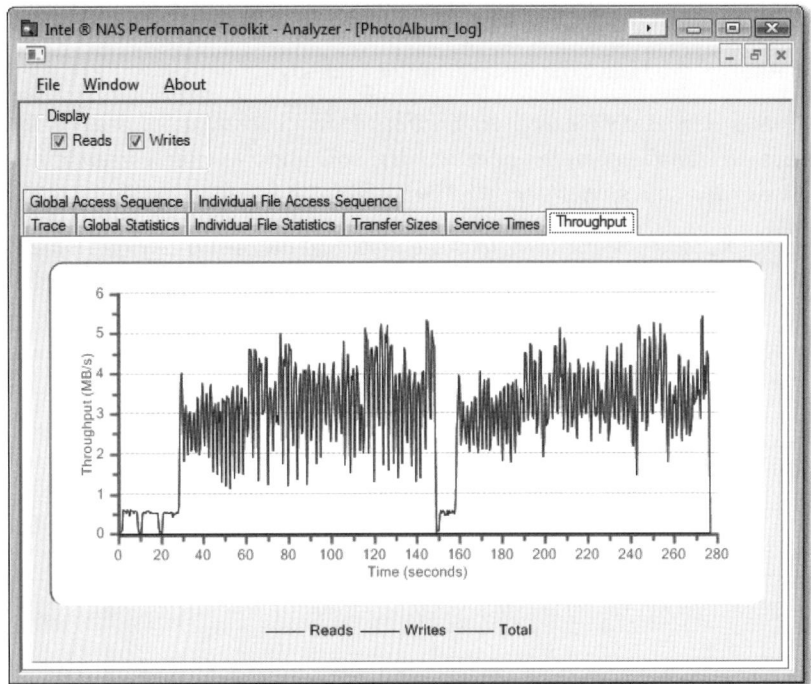

Abbildung 30.7 NASPT-Analyzer zeigt den Fotoalbumdurchsatz.

30.5 Ergebnisse Performancemessung

Die Ergebnisse in Tabelle 30.1 basieren auf Messungen in meiner Wohnung. Dort herrschen keine Laborbedingungen, daher können die Ergebnisse im Detail ungenau sein. Sie sind aber ein guter Anhaltspunkt, welche Übertragungsraten Sie unter praktischen Bedingungen erwarten können.

Alle Durchsatzangaben sind in Megabit pro Sekunde (Mbit/s) angegeben, die ping-Zeiten sind in Millisekunden eingetragen. Die Messungen wurden mit dem Programm NetIO 1.26 (siehe Abschnitt 30.1, »Performancemessung mit NetIO«) durchgeführt. Dabei wurde nur der TCP-Datendurchsatz gemessen.

Kleine Pakete stehen für die 1 und 2 KByte großen Datenpakete, *Große Pakete* steht für die 16 und 32 KByte großen. Jeder Wert ist der Durchschnitt von drei Durchläufen. Die Messergebnisse zeigen die Daten aus Sicht des Clients, entsprechend steht TX für Senden und RX für Empfangen.

30.5 Ergebnisse Performancemessung

Beschreibung	Kleine Pakete (TX)	Kleine Pakete (RX)	Große Pakete (TX)	Große Pakete (RX)	ping (ms)
Fast-Ethernet					
100 Mbit/s, Referenz	90,33	90,34	79,17	78,89	0,17
Belkin USB 2.0 Ethernet-Adapter	4,51	5,41	4,62	5,75	1,34
WLAN, nah					
Asus 11g (WL100g+500g), WPA mit AES	16,18	16,73	19,64	19,87	1,35
AVM 11g++ (Fritz!+Stick) WPA mit AES	18,58	19,68	18,36	21,43	1,77
Draytek 11g (Vigor 550+2900), WEP 64	21,05	21,19	22,55	22,70	1,36
Belkin MIMO, WPA mit AES	27,36	27,16	38,06	30,83	0,87
WLAN, fern					
Asus 11g (WL100g+500g), WPA mit AES	3,83	4,04	6,51	5,82	1,46
AVM 11g++ (Fritz!+Stick) WPA mit AES	1,46	1,34	1,76	2,59	1,95
Draytek 11g (Vigor 550+2900), WEP 64	8,20	10,27	11,83	11,31	1,55
Belkin MIMO, WPA mit AES	14,15	28,36	--	--[1]	1,86
WLAN 11b&11g Asus (WL100g+500g), nah					
Mixed 11b+11g (WEP 64)	6,50	10,62	10,82	4,24	
11g only, WEP64	8,58	14,40	22,63	22,87	
11b only, WEP64	--	--	6,67	6,99	
Kanalüberschneidung von zwei 11g-WLANs	14,93	17,30	16,00	16,21	

Tabelle 30.1 Beispiele für den Datendurchsatz in LAN und WLAN

Wie Sie in der Tabelle erkennen können, ist der WLAN-Datendurchsatz von einigen Faktoren abhängig. Sie sehen, wie deutlich der Datendurchsatz beim WLAN mit zunehmender Strecke und zunehmenden Hindernissen einbricht.

---

[1] Bei Last brach die Verbindung der MIMO-Geräte reproduzierbar zusammen.

Die Remoteadministration ist einer der wesentlichen Vorteile eines Netzwerkes. Ich verstehe unter diesem Begriff die Möglichkeit, einen PC über das Netzwerk zu bedienen, ohne persönlich vor Ort sein zu müssen.

31 Fernadministration und Zusammenarbeit

In einem begrenzten Raum wie einer Etagenwohnung ist es vielleicht einfacher, jeweils zu dem PC hinzulaufen, der gerade ein Problem hat. Je größer der räumliche Abstand und je ausgeprägter das Wissen des Administrators über die Mittel eines Netzwerkes zur Fernwartung sind, desto häufiger wird der Administrator lieber sitzen bleiben und das Problem von seinem PC aus lösen.

Die Fähigkeit zur Remoteadministration ist ein großer Vorteil in einem Netzwerk. Die Administration über das LAN spart Zeit, und diese können Sie sicher sinnvoller verbringen als damit, durch das Gebäude zu laufen.

Wenn Sie geringe Ansprüche an die Remoteadministration stellen, kommen Sie ohne Investitionen aus: VNC, Remote-Desktop oder notfalls Netmeeting helfen Ihnen weiter. Alle drei Programme sind eher für die gelegentliche Fernadministration in kleineren LANs geeignet und bieten ohne weitere Maßnahmen keine sichere Übertragung. Der Einsatz über das ungesicherte Internet ist daher allenfalls im privaten Bereich denkbar.

Einen PC aus der Ferne administrieren zu können, hat viele Vorteile. Leider geht man damit auch das Risiko ein, dass der PC von Hackern fernadministriert wird. Insbesondere warne ich vor der sorglosen Freischaltung von Funktionen, die dann ungehindert aus dem Internet verfügbar sind. Eine übliche Firewall schützt in diesem Punkt vor so mancher Gefahr. Sie sollten sie deshalb unbedingt einsetzen! [!]

Die Remoteadministration kann selbstverständlich auch zum Benutzersupport eingesetzt werden. Wenn Sie die Möglichkeit haben, auf jedem PC Ihrer Firma Remotesoftware einzusetzen, können Sie Kolleginnen und Kollegen, die z. B. Ihre Unterstützung bei der Erstellung eines Serienbriefs in Word benötigen, auch aus der Ferne helfen. Sie beobachten, wie die Kolleginnen und Kollegen versuchen, das Problem zu lösen, und können notfalls die Steuerung übernehmen und die anderen auf den richtigen Lösungsweg bringen. Sie sparen die Zeit, um persönlich im Büro des Hilfesuchenden zu erscheinen, und können möglicherweise aus Ihrem Büro heraus aufgrund der erweiterten Möglichkeiten auf Ihrem PC besseren Support leisten.

Eine Remotesoftware hat dort ihre technische Grenze, wo es Probleme mit der Hardware gibt. Ein nicht eingestecktes Netzwerkkabel werden Sie sicherlich nicht aus der Ferne in die Netzwerkdose stecken können.

Die Kommandozeile bietet häufig mehr Möglichkeiten als eine grafische Umgebung. Manchmal kann es auch vorkommen, dass eine grafische Benutzeroberfläche nicht richtig funktioniert.

31.1 Telnet

Das älteste Programm zur Fernadministration ist Telnet. Es ist vor allem bei UNIX-Systemen und Netzwerkkomponenten (Switches, Router und Ähnlichen) weitverbreitet. Die Befehle, die auf der Kommandozeile (Shell) lokal eingegeben werden können, können auch im Telnet-Fenster eingegeben werden. Beide Eingabeformen haben die gleiche Wirkung. Telnet und SSH bieten eine Textoberfläche, die einer Eingabeaufforderung ähnelt. Für Linux ist das unerheblich, weil üblicherweise alle wesentlichen Befehle als Kommando vorliegen und textorientiert sind.

Telnet benötigt – wie auch SSH – zwei Komponenten: den Telnet- oder SSH-Serverdienst und einen Telnet- oder SSH-Client. Nach dem Herstellen der Verbindung des Clients zum Server müssen Sie einen Benutzernamen und ein Passwort eingeben. Auf dem zu administrierenden PC muss der Telnet- oder SSH-Serverdienst aktiviert sein; entsprechend wird auf dem Administrations-PC der Telnet- oder SSH-Client eingesetzt.

[!] Unter Linux wird seit SUSE 7.2 der Telnet-Server aus Sicherheitsgründen nach der Installation deaktiviert. Aktiviert ist der OpenSSH-Dienst, sodass man den Linux-PC zunächst erst einmal nur per SSH fernadministrieren kann. Der Telnet-Dienst sollte auch nur dann aktiviert werden, wenn es gute Gründe dafür gibt, und es gibt sie eigentlich nie.

Weil Telnet die Daten unverschlüsselt überträgt und daher sehr unsicher ist, gibt es meiner Meinung nach keinen guten Grund, Telnet als Server unter Linux einzusetzen. Ich beschränke mich daher auf die Beschreibung der Verwendung des Clients, den man z. B. für die Administration von Routern einsetzen kann.

Der Telnet-Client von Windows kann über START • AUSFÜHREN... und Eingabe von `telnet <Ziel-IP-Adresse> [TCP-Port]` ausgeführt werden. Die Angabe des TCP-Ports ist optional. So können Sie sich beispielsweise per Telnet zu einem

SMTP-Server verbinden und alle Befehle manuell absetzen, die normalerweise das E-Mail-Programm für Sie erledigt:

```
telnet mail.gmx.de 25
```

Um einen Linux-PC von Windows aus per per Telnet oder SSH zu administrieren, bietet sich als SSH-Client *PuTTY* an (siehe Abbildung 31.1). PuTTY ist meiner Meinung nach ein hervorragender Telnet- und SSH-Client. Die Benutzung von SSH ist in der Windows-Welt nicht verbreitet. Als Freeware sind lediglich SSH-Clients erhältlich: PuTTY und WinSCP. PuTTY (siehe *http://www.chiark.greenend.org.uk/~sgtatham/putty*) ist ein Telnet- und SSH-Client, der vor allem dadurch positiv auffällt, dass man verschiedene Tastaturzeichensätze einstellen kann, sodass das Arbeiten auf verschiedenen Zielsystemen möglich wird. Sie finden ihn im Verzeichnis */software/administration/* auf der DVD.

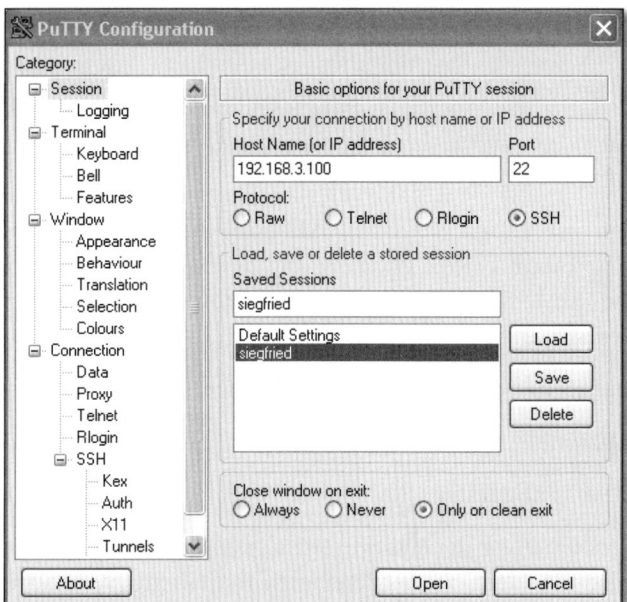

Abbildung 31.1 PuTTY, der Telnet und SSH-Client für Windows

Es gibt auch Telnet-Dienste für Windows; bei Windows 2000 und Windows XP sind diese enthalten. Meiner Meinung nach ist es aber relativ sinnlos, Windows über Telnet zu administrieren, weil man sich zunächst alle Kommandozeilen-Befehle aneignen müsste, die man ansonsten nie benötigt. Für Windows ist meiner Meinung nach eine grafische Remotesoftware besser geeignet.

31.2 Secure Shell (SSH)

Telnet ist wie viele Anwendungen (z. B. FTP, Mail, News) sehr alt, daher wurden keine Sicherheitsmechanismen eingebaut. Login, Passwort und die Befehle – alle Daten werden im Klartext als ASCII-Zeichen über das LAN transportiert. Telnet ist also in höchstem Maße unsicher.

Kein Problem bleibt ohne Lösung, und es wurde die *Secure Shell* (*SSH*) erfunden, mit dem die gesamte Datenkommunikation »Ende zu Ende«-verschlüsselt wird. Aktuelle SSH-Versionen arbeiten mit relativ sicherer hybrider Verschlüsselung (siehe Abschnitt 35.3, »Hybride Verschlüsselung«). Dies ist jedoch konfigurierbar, insoweit auf ältere Verfahren zurückgegriffen werden darf.

Die ersten Versionen von SSH waren Freeware, inzwischen ist SSH kostenpflichtig. Aufbauend auf der letzten Freeware-Version wurde *OpenSSH* (siehe *http://www.openssh.org*), eine Freeware-Version von der Firma SSH Communications, entwickelt, die als Open-Source-Software frei verwendbar, leider aber nur für Linux und UNIX-Systeme verfügbar ist.

[O] Als Telnet-Client habe ich Ihnen das Programm PuTTY schon vorgestellt. PuTTY kann aber auch SSH-Verbindungen initiieren. Sie finden die Anwendung im Verzeichnis */software/administration* auf der Buch-DVD.

Auch das sichere Kopieren von Daten kann per SSH erfolgen. Das Kommando heißt unter Linux `scp` (*secure copy*). WinSCP (im Verzeichnis */software/administration*) bietet eine Ansicht ähnlich der des Windows-Explorers. Mit diesem ist es leicht, Dateien sicher zu kopieren.

Die Konfiguration von OpenSSH erfolgt in diesen zwei Dateien:

- */etc/ssh/ssh_config*: Clientkonfiguration
- */etc/ssh/sshd_config*: Serverkonfiguration

Bevor für die eigentliche SSH-Sitzung der hybride *Sitzungsschlüssel* (engl. *session key*) ausgetauscht wird, wird die Identität der Beteiligten mit einem asymmetrischen *Serverschlüssel* (engl. *host key*) oder *Benutzerschlüssel* (engl. *user key*, auch *Clientschlüssel* genannt) überprüft.

31.2.1 Passwortgeschützte Verbindung mit Serverschlüssel

Beim ersten Login wird Ihnen der Fingerprint des öffentlichen Schlüssels des SSH-Servers angezeigt. Sie werden gefragt, ob es sich um den richtigen Server handelt. Wenn Sie misstrauisch sind, sollten Sie den Administrator anrufen und den Fingerprint vergleichen. Danach speichert der Client den öffentlichen Schlüssel. Jemand könnte nun einen anderen Server in das Netzwerk einschleusen und diesen als den richtigen SSH-Server ausgeben (*Man-in-the-middle-Angriff*), um so Informationen zur Authentifizierung gegen den originalen SSH-Server zu sammeln. In diesem Fall würde sich aber auch der öffentliche Schlüssel des Servers ändern, und der Verbindungsaufbau würde abgebrochen (siehe Abbildung 31.2).

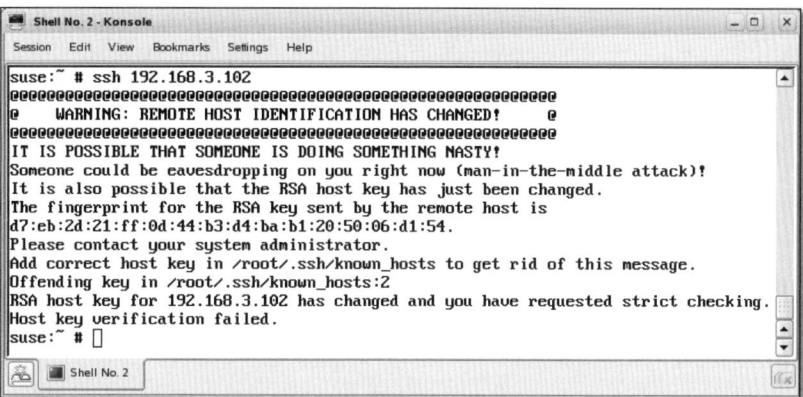

Abbildung 31.2 Handelt es sich um einen möglichen Man-in-the-middle-Angriff?

So haben Sie auf einfache Art eine passwortgeschützte und verschlüsselte Verbindung eingerichtet. Allerdings gibt es auch hier Nachteile:

- Sie müssen das Passwort bei jeder Verbindung eintippen.
- Ändert sich der Host Key, dann müssen Sie den Client anpassen.

Grundsätzlich gilt dieses Verfahren als sicher. Sie können die Secure Shell allerdings noch sicherer gestalten. Das entsprechende Verfahren möchte ich Ihnen im folgenden Abschnitt vorstellen.

31.2.2 Passphrasegestützte Verbindung mit Clientschlüssel

Anstelle des Serverschlüssels können Sie auch ein Schlüsselpaar eines Benutzers am Client (Clientschlüssel) zum Verschlüsseln der Verbindung benutzen. Sie müssen dazu zuerst ein Schlüsselpaar auf dem Client erzeugen. Dieses funktioniert jeweils etwas anders, je nachdem, welches Betriebssystem Sie auf dem PC einsetzen.

Linux als Client

Den Clientschlüssel können Sie als Benutzer auf dem Linux-Betriebssystem wie folgt erzeugen:

[zB]

31 | Fernadministration und Zusammenarbeit

```
siegfried@siegfried:~> ssh-keygen -t dsa
Generating public/private dsa key pair.
Enter file in which to save the key (~/.ssh/id_dsa):
Enter passphrase (empty for no passphrase):
Your identification has been saved in ~/.ssh/id_dsa.
Your public key has been saved in ~/.ssh/id_dsa.pub.
```

Den öffentlichen Clientschlüssel kopieren Sie nun auf den Server, den Sie fernadministrieren wollen:

```
~> ssh-copy-id -i ~/.ssh/id_dsa.pub 192.168.4.100
siegfried@192.168.4.100 's password:
Now try logging into the machine, with "ssh '192.168.4.100'",
and check in: .ssh/authorized_keys to make sure we
haven't added extra keys that you weren't expecting.
```

Danach ist es möglich, dass sich der Benutzer vom Client aus über `ssh 192.168.4.100` ohne weitere Passworteingabe, dafür aber mit Eingabe der Passphrase am Server anmeldet.

[!] Zwei Dinge sollten Sie unbedingt verinnerlichen:

- Achten Sie peinlichst darauf, den privaten Schlüssel nicht von Fremden ausspähen zu lassen!
- Es ist deutlich sicherer, beim Erstellen des Clientschlüssels eine Passphrase für den privaten Schlüssel einzugeben!

Wenn Sie auf die Passphrase verzichten, kann sich jeder, dem es gelingt, Ihren privaten Schlüssel zu entwenden, ohne Eintippen einer Passphrase oder eines Passworts am Zielsystem anmelden!

31.2.3 SSH Single Sign On

Es ist trotz der Konfiguration eines Clientschlüssels erforderlich, dass Sie bei jedem Login die Passphrase des privaten Schlüssels eingeben. Abhilfe bietet der *SSH-Agent*. Dieser benutzerbezogene Dienst kann einen oder mehrere private Schlüssel abspeichern und sich darum kümmern, dass Sie sich nur noch einmal mithilfe der Passphrase identifizieren müssen. Der SSH-Agent speichert dann den Schlüssel und die Passphrase, auf Wunsch bis zu einem Neustart des Systems. Sie müssen sich also nur noch einmal authentifizieren (engl. *Single Sign On*).

[O] Das gut dokumentierte Skript mit dem Namen *setup* finden Sie auf der DVD im Verzeichnis */software/sicherheit*.

Dieses Skript legen Sie ins Verzeichnis ~/.ssh und führen anschließend das Kommando `chmod 700 setup` aus. Anschließend fügen Sie an die Datei ~/.profile folgende Zeile an:

. $HOME/.ssh/setup

Achten Sie bitte auf das Leerzeichen nach dem Punkt!

Einmal authentifiziert, funktioniert der SSH-Agent nun auch in anderen Konsolen.

Ich empfehle in sicherheitskritischen Umgebungen, den privaten Schlüssel nur eine bestimmte Zeit im Speicher zu halten. Das können Sie erreichen, indem Sie den Befehl `ssh-add` im Skript um die Option `-t` und die Anzahl der Sekunden erweitern, welche die Passphrase gültig sein soll.   [!]

Windows als Client

Auch für Windows existiert mit PuTTY ein mächtiger SSH-Client. Für die Verbindung mit einem Clientschlüssel benötigt auch der PuTTY zunächst ein Schlüsselpaar.

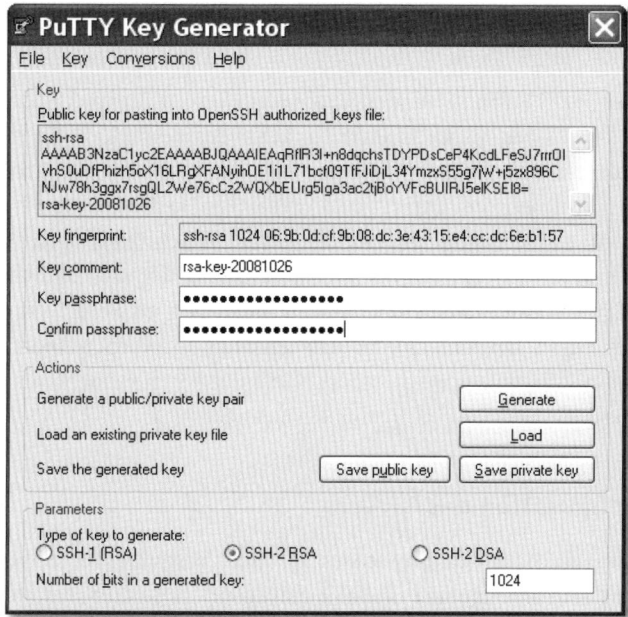

Abbildung 31.3 PuTTY erzeugt ein Schlüsselpaar.

Im Verzeichnis */software/administration/* finden Sie die ausführbare Datei *putty-*   [o]
gen.exe, mit deren Hilfe Sie neue Schlüssel erstellen oder vorhandene Schlüssel für PuTTY importieren und aufbereiten können.

Um einen neuen Schlüssel zu generieren, klicken Sie auf KEY • GENERATE KEY PAIR. Den Typ des Schlüssels können Sie auf SSH-2 RSA belassen. Nach dem Klick auf GE-NERATE müssen Sie nun den Mauszeiger über dem Fenster bewegen, um dem Programm genügend Zufallsdaten für den Schlüssel zu liefern. Anschließend tragen Sie noch eine Passphrase für den privaten Schlüssel ein (siehe Abbildung 31.3).

Den öffentlichen und den privaten Schlüssel speichern Sie nun jeweils nach einem Klick auf SAVE PUBLIC KEY und SAVE PRIVATE KEY. Bevor Sie das Programm beenden, markieren Sie den Inhalt des Fensters PUBLIC KEY FOR PASTING INTO OPENSSH AUTHORIZED_KEYS FILE mit der Maus und kopieren ihn mit der Tastenkombination (Strg) + (C) in die Zwischenablage Ihres PCs.

Sie melden sich nun mit PuTTY am Linux-PC an. Im Heimatverzeichnis des Benutzers erstellen Sie nun zunächst das Verzeichnis *.ssh*, das unter siegfried bereits existiert:

```
mkdir .ssh
```

Danach kopieren Sie den Inhalt der Zwischenablage mit einem Editor in die Datei *.ssh/authorized_keys*. Alternativ können Sie die Datei auch auf einem Windows-System mit dem Editor Notepad speichern und danach mit dem Programm WinSCP auf das Linux-System übertragen.

Nun können Sie ein neues PuTTY-Profil für das Login auf diesem Linux-System anlegen. Dazu starten Sie PuTTY erneut und füllen zunächst das Feld HOST NAME (OR IP ADDRESS). Den Benutzernamen tragen Sie unter CONNECTION • DATA • AUTO-LOGIN USERNAME ein. Nun müssen Sie unter CONNECTION • SSH • AUTH • PRIVATE KEY FILE FOR AUTHENTICATION auf den abgespeicherten privaten Schlüssel verweisen. Die Einstellungen sollten Sie abschließend mit einem Klick auf SESSION • SAVE unter einem aussagekräftigen Namen abspeichern, den Sie zuvor im Feld SAVED SESSIONS eintragen. Durch einen Doppelklick auf diesen Namen werden später immer wieder die aktuellen Einstellungen geladen. Sie müssen die Daten also nicht noch einmal eintippen.

31.2.4 Erweiterte Konfiguration des Servers

In sicherheitskritischen Umgebungen sollten Sie sich mit der verschlüsselten Verbindung allein noch nicht zufriedengeben. Sobald genügend Benutzer auf die Authentifizierung mit dem Clientschlüssel umgestiegen sind, sollten Sie daher den Server noch umkonfigurieren, indem Sie zwei Einträge in der Datei */etc/ssh/sshd_config* bearbeiten:

- Mit `UsePAM no` ignoriert der Server die Standardauthentifizierung *Pluggable Authentication Module* (PAM).

- Mit `PermitRootLogin no` wird verhindert, dass der Administrator `root` sich direkt am System anmelden kann. Ein Administrator kann sich so nur noch mit seinem personalisierten Account anmelden. Danach muss er sich dann mit anderen Mitteln um weitere Rechte bemühen.[1]

Vergessen Sie nicht, den Secure-Shell-Server anschließend mittels des Kommandos `/etc/init.d/sshd restart` neu zu starten!

Es kann passieren, dass Sie mit Fehlern in der Konfiguration des SSH-Servers das Login über das Netzwerk verhindern und sich so selbst aussperren. In diesem Fall können Sie sich aber zumindest noch lokal an der Konsole anmelden.

31.2.5 SSH unter OS X nutzen

OpenSSH ist auch in OS X integriert. Sie können den Dienst in den SYSTEMEINSTELLUNGEN in der Ansicht FREIGABEN aktivieren. Es handelt sich um den Dienst ENTFERNTE ANMELDUNG (siehe Abbildung 31.4). Dabei können Sie unter ZUGRIFF ERLAUBEN FÜR festlegen, ob alle Benutzer oder nur ausgewählte Benutzer und Gruppen sich über SSH anmelden dürfen.

Abbildung 31.4 Die Secure Shell (SSH) wird unter OS X in der Ansicht FREIGABEN mit dem Dienst ENTFERNTE ANMELDUNG aktiviert.

---

1 Standard unter Linux für die Vergabe dedizierter Administrationsrechte ist das Programm `sudo`.

Am Terminal können Sie den Befehl `ssh` in der gleichen Form nutzen, wie dies unter Linux geschieht. Es ist ebenfalls möglich, wie in Abschnitt 31.2.2, »Passphrasegestützte Verbindung mit Clientschlüssel«, beschrieben, anstelle eines Passworts sich durch Hinterlegen eines Schlüssel zu authentifizieren. Während Sie das Schlüsselpaar ebenfalls mit dem dort erläuterten Befehl `ssh-keygen` erzeugen können, steht Ihnen `ssh-copy-id` unter OS X nicht zur Verfügung. Sie können stattdessen den Befehl `scp` nutzen, um über eine verschlüsselte SSH-Verbindung den Schlüssel zu kopieren:

```
scp ~/.ssh/id_dsa.pub Benutzer@Rechner:~/
```

lauten. Damit wird der Schlüssel auf den entfernten Rechner kopiert. Sie finden im persönlichen Ordner des Benutzers anschließend die Datei *id_dsa.pub*, deren Inhalt Sie anschließend der Datei *authorized_keys* hinzufügen müssen. Wenn auf dem entfernten Rechner Linux oder OS X eingesetzt wird, dann können Sie sich zunächst mit diesem Kommando dort anmelden:

```
ssh Benutzer@Rechner
```

Anschließend geben Sie Folgendes ein, um den Inhalt der Datei *id_dsa.pub* der Datei *authorized_keys* hinzufügen:

```
cat id_dsa.pub >> ~/.ssh/authorized_keys
```

Für alle zukünftigen Anmeldungen wird das Schlüsselpaar zur Authentifizierung herangezogen.

31.3 X11, das grafische System unter Linux

Telnet und SSH bieten Ihnen die Möglichkeit, textbasierte Kommandos auszuführen. Viele der heute genutzten Anwendungen haben leider ausschließlich eine grafische Ausgabe und sind somit nicht allein per Telnet oder SSH nutzbar.

Unter UNIX/Linux ist die grafische Ausgabe nur eine Anwendung. Linux läuft selbstverständlich auch dann, wenn das grafische System nicht gestartet ist. Das grafische System heißt *X11*. Bei Linux ist X11 als Open-Source-Software in Form von *X.org* (siehe *http://www.x.org*) eingesetzt. Allgemein wird X11 als *X* bezeichnet. Es handelt sich nur um eine andere Bezeichnung, meint aber dasselbe. KDE oder Gnome, die bekanntesten Benutzeroberflächen von Linux, sind keine Alternative zum X-Server, sondern grafische Desktops (X-Clients). Damit Sie KDE oder Gnome benutzen können, muss auf Ihrem System ein X11-Server installiert und lauffähig sein. Diese Aufgabe erledigt YaST für Sie bei der Installation von SUSE-Linux. Unter siegfried ist natürlich auch ein X-Server installiert.

Normalerweise wird die X11-Ausgabe auf den lokalen PC gelenkt. X-Server und X-Client laufen also physikalisch auf dem gleichen PC. Das ist aber kein Muss, man kann die X11-Ausgabe genauso gut auch auf andere PCs umlenken.

31.3.1 X11-Client

Ein X11-Client ist ein Programm, das grafische Daten erzeugt und diese an einen X-Server zur Darstellung weitergibt. Auf der Kommandozeile geben Sie `export DISPLAY=<Ziel-IP-Adresse>:0.0` ein. Damit haben Sie das Ziel für die Ausgabe umgesetzt. Jetzt können Sie ein Programm mit grafischer Ausgabe aufrufen, z. B. `xterm`, ein Terminalprogramm, in dem Sie Shell-Kommandos absetzen können. Sie werden auf dem Quellsystem nichts sehen, denn die Ausgabe wird ja umgeleitet.

31.3.2 X11-Server

Der X11-Server läuft im Hintergrund. Seine Hauptaufgabe ist die Bereitstellung einer Hardware-unabhängigen Schnittstelle für Anwendungen (X-Clients). Auf dem Empfänger-PC muss ein X11-Server laufen, der X-Daten verarbeiten, also darstellen kann. Eine weitere Voraussetzung dafür ist die Bereitschaft des X11-Servers, Fenster anzunehmen. Unter Linux geben Sie bei dem PC, der die Daten von einem X-Client empfangen soll, `xhost +<Quell-IP-Adresse>` ein, und schon gehen Fenster auf Ihrem Zielsystem auf, sobald Sie eine X11-Ausgabe auf diesen Rechner umgelenkt haben.

X11 ist unsicher. Ein fremder X11-Client kann sich ohne großen Aufwand an einem Server anmelden und Daten ausspähen. Es ist daher aus Sicherheitsgründen populär, den X11-Server ohne Netzwerkunterstützung zu starten. Das führt dazu, dass keine X11-Clientanfragen vom Netzwerk angenommen werden. Falls Sie das ausnahmsweise doch wünschen, müssen Sie zunächst zwei Einträge in der Datei */etc/sysconfig/displaymanager* verändern:

[!]

```
DISPLAYMANAGER_REMOTE_ACCESS="yes"
DISPLAYMANAGER_XSERVER_TCP_PORT_6000_OPEN="yes"
```

Jetzt müssen Sie diese geänderten Einstellungen noch mit dem Kommando `/sbin/SUSEconfig` wirksam machen.

Alternativ können Sie diese Einstellungen auch mit dem Konfigurationstool YaST2 über Sicherheit und Benutzer • Lokale Sicherheit • Sicherheits Überblick • Fernzugriff auf den X-Server deaktivieren • Status ändern durchführen.

Im Anschluss müssen Sie jeweils den X11-Server neu starten. Das erledigen Sie bei laufendem X-Server am einfachsten mit der Tastenkombination (Backspace) +

`Strg` + `Alt`. Diese Tastenkombination muss – abhängig von der Konfiguration des X-Servers – auf einigen Distributionen doppelt ausgeführt werden.

Jeder X11-Server hat eine eindeutige Nummer. So bedeutet das Kommando `export DISPLAY=<IP-Adresse>:0.0`, dass im Bedarfsfall Verbindung mit dem ersten X-Server auf einem bestimmten PC aufgenommen würde. Ein zusätzlicher X11-Server auf der gleichen Hardware hieße wahrscheinlich `<IP-Adresse>:1.0`. Das Kommando `export DISPLAY=:0.0` ließe einen X11-Client Verbindung mit dem lokalen X11-Server `:0.0` aufnehmen. Mit dem Kommando `echo $DISPLAY` erhalten Sie Information über den in Ihrer Shell gerade aktuellen X11-Server.

Ich meine mit »Ausgabe umlenken«, dass einerseits die gesamte Programmoberfläche auf einem anderen PC dargestellt wird, andererseits das Programm auch von dort gesteuert wird. Sie können das Programm so benutzen, als säßen Sie direkt vor dem Quell-PC.

[zB] Sie haben zwei Linux-PCs, ein PC steht im Wohnzimmer (192.168.1.3), der andere in Ihrem Arbeitszimmer (192.168.1.10). Beide PCs sind Teil eines LANs. Im Wohnzimmer haben Sie in das CD-Laufwerk des Linux-PCs Ihre Lieblings-CD »Isabella« von den »Flippers« eingelegt. Sie sitzen noch in Ihrem Arbeitszimmer, möchten aber gern das Wohnzimmer für den »Flippers«-Genuss allein für sich haben.

Kein Problem! Geben Sie in einer Konsole Ihres Arbeitszimmer-PCs das Kommando `xhost +192.168.1.3` ein, und verbinden Sie sich mittels `ssh <Benutzer>@192.168.1.3` zu Ihrem Wohnzimmer-PC. Lenken Sie nun X zu Ihrem Arbeitszimmer-PC um (`export DISPLAY=192.168.1.10:0.0`), und rufen Sie den KDE-CD-Player mit dem Kommando `kscd` auf. Auf Ihrem Arbeitszimmer-Linux-PC erscheint der CD-Player; Sie klicken auf PLAY, und schon ertönt im Wohnzimmer »Isabella« von den »Flippers«. Ob Sie damit das Wohnzimmer für sich erobern, mögen Ihre Mitmenschen entscheiden.

Sie merken: Obwohl die Ausgabe umgelenkt wurde, wird das Programm nicht auf der Hardware des X11-Servers ausgeführt, sondern auf dem PC, auf dem das Programm gestartet wurde. In gewisser Weise kann man daher einen Linux-PC also auch fernbedienen.

31.3.3 Getunneltes X11

[!] Alle Freunde der Sicherheit werden aufschreien, dass ich beschrieben habe, wie man X ohne weitere Sicherheit weiterleitet. Das Umlenken von X bietet keinen besonderen Schutz, daher ist das Verfahren unsicher. Um das Manko zu beseitigen, müssen Sie das gerade geschilderte Beispiel wie folgt abwandeln:

Beide PCs sind unverändert. Die »Flippers«-CD liegt im Laufwerk. Auf Ihrem [ZB]
Arbeitszimmer-Linux-PC setzen Sie das Kommando

ssh -X <Benutzer>@192.168.1.3 /usr/bin/kscd

ab, geben das Passwort für den Benutzer ein, und auf Ihrem lokalen Desktop erscheint der KDE-CD-Player. Alle Daten werden durch den SSH-X11-Tunnel verschlüsselt übertragen.

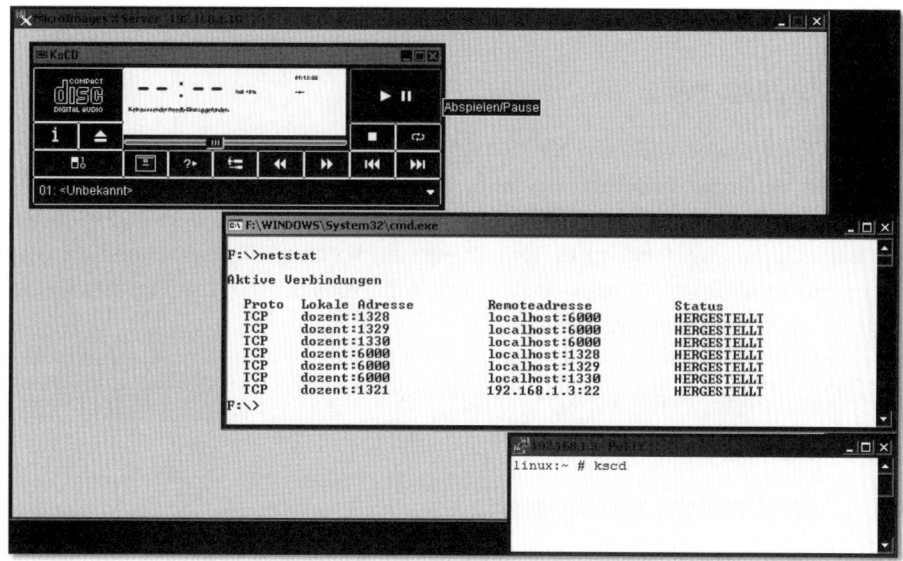

Abbildung 31.5 SSH-getunneltes X11 unter Windows XP

In Abbildung 31.5 sehen Sie ein SSH-getunneltes X, das unter Windows XP mit dem X11-Server MI/X dargestellt wird: den KsCD-Player. Sie erkennen in der Eingabeaufforderung (mittleres Fenster), dass die untere Verbindung die einzige externe Verbindung ist und dass sie auf den SSH-TCP-Port 22 des PCs verweist, auf dem die X-Applikation läuft. Dieser Linux-PC steht (siehe soeben erwähntes Beispiel) im Wohnzimmer und hat die IP-Adresse 192.168.1.3, während der Windows-PC (192.168.1.10) im Arbeitszimmer steht.

31.3.4 Xming, X11 für Windows

Sie finden im Verzeichnis */software/administration* die Installationsdateien *Xming-* [O]
6-9-0-31-setup.exe und *Xming-fonts-7-3-0-33-setup.exe*. Bei der Installation von Xming können Sie die Standardeinstellungen akzeptieren. Nach der Installation starten Sie Xming und damit den X11-Server auf Ihrem Windows-PC.

Damit der SSH-Client PuTTY unter Windows das X11-Protokoll tunnelt, müssen Sie unter CONNECTION • SSH • X11 die Option ENABLE X11 FORWARDING aktivieren. Sie verbinden sich danach ganz normal per SSH mit dem X11-Client (im Beispiel 192.168.1.3) und führen den Befehl aus (im Beispiel `kscd`). Die X-Umlenkung geschieht nun automatisch.

[»] Auf der Projekt-Homepage *http://sourceforge.net/projects/xming* finden Sie eine extra auf Xming abgestimmte PuTTY-Version. Sie können für die von mir beschriebene Arbeit jedoch genauso gut die Standardausgabe von PuTTY verwenden.

31.3.5 X11 für OS X

Für OS X steht ebenfalls ein X11-Server zur Verfügung, wobei sich dieser naturgemäß nicht der Beliebtheit erfreut, die ihm unter Linux zuteil wird. Apple hat einen Teil der Entwicklung des X11-Servers ausgelagert und in einem freien Projekt zusammengefasst. In diesem Projekt findet auch die Arbeit und das Engagement Freiwilliger Eingang. Unter *http://xquartz.macosforge.org* finden Sie ein Installationspaket dieser Variante.

Abbildung 31.6 OS X stellt über den X11-Server den Browser Firefox dar.

Das X11-System von OS X unterscheidet sich von den unter Linux eingesetzten X11-Servern in einem wichtigen Punkt: Die Variable `DISPLAY` wird nicht von Ihnen als Anwender festgelegt, sondern im Hintergrund durch den Systemdienst `launchd`. Dieser überwacht auch, ob ein Programm gestartet wird, das auf einen

X11-Server angewiesen ist. Wenn Sie unter OS X am Terminal den Befehl `xeyes` eingeben, dann erkennt `launchd`, dass dieses Programm einen X11-Server benötigt und startet diesen. Dies funktioniert auch bei der Verbindung im Netzwerk. Bauen Sie zunächst über diese Eingabe eine verschlüsselte Verbindung auf:

```
ssh -X Benutzer@Rechner
```

Starten Sie auf dem entfernten Rechner mit einem Befehl wie `startkde` ein Programm, dann wird automatisch das X11-System und in diesem das Programm gestartet. Die Nutzung von Desktopumgebungen wie KDE oder Gnome in Verbindung mit dem X11-Server unter OS X funktionierte zur Drucklegung nicht einwandfrei.

31.4 TeamViewer

Für die Fernadministration über das Internet benötigt man in einigen Fällen eine einfache Lösung, die beim Hilfesuchenden ohne weitere Einstellungen am Router oder an einer Personal Firewall zuverlässig funktioniert. Die Software TeamViewer (siehe *http://www.teamviewer.com*) bohrt sich durch alle Firewalls. Für die private Nutzung ist die Software kostenfrei. Es existieren jeweils Versionen für Windows, Linux, OS X und alle gängigen mobilen Geräte. Mit dabei ist eine Extrakomponente für Hilfesuchende namens *TeamViewer QuickSupport*.

Abbildung 31.7 TeamViewer: Hilfesuchende starten TeamViewer QuickSupport.

Hilfesuchende starten das Programm *TeamViewer_QS.exe*. Es erscheint eine Anzeige wie in Abbildung 31.7, die eine ID und ein Kennwort angibt. Dieses erhalten Sie als Helfender beispielsweise per Telefon, und Sie tragen beides in Ihrem TeamViewer-Programmfenster ein (siehe Abbildung 31.8). Anschließend werden Sie noch nach dem Kennwort gefragt, und die Verbindung wird geöffnet.

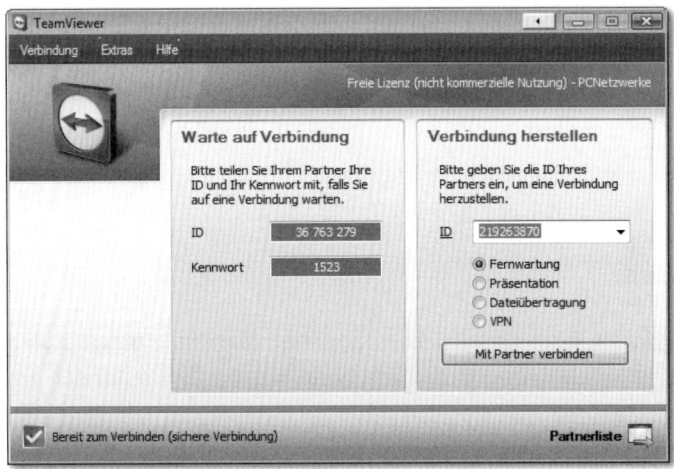

Abbildung 31.8 TeamViewer: Einstellungen für den Helfer

Abbildung 31.9 Fernsteuerung und Chat sind aktiv.

Neben dem Remotedesktop (siehe Abbildung 31.9) bietet TeamViewer auch noch einen Chat oder die Möglichkeit, eine Datei zu übertragen oder ein VPN aufzubauen. Auch über schmalere Internetverbindungen arbeitet die Fernsteuerung flüssig.

31.5 Zusammenarbeit im Internet – Kollaboration

Die Globalisierung führt dazu, das immer mehr Teams über den Globus verteilt sind, aber gemeinsam an Projekten arbeiten. Bekanntes Beispiel sind die indischen Programmierer, die für weniger als 1.000 € im Monat für große Software-Konzerne programmieren.

Die Herausforderung besteht darin, trotz der geografischen Entfernungen ein gemeinsames Produkt zu erstellen. Telefongespräche allein reichen dafür oftmals nicht aus, ständiges Reisen zu Besprechungen ist ineffizient.

Es müssen aber nicht immer internationale Projekte sein, für die der Einsatz von Kollaborations-Werkzeugen (dt. *Zusammenarbeit*) sinnvoll ist. Auch für dieses Buch wurden solche Lösungen genutzt, um die Zusammenarbeit der drei Autoren zu unterstützen.

Die meisten hier vorgestellten Lösungen bieten keine oder qualitativ nur unzureichende Möglichkeiten einer Telefonkonferenz. Eine gute Alternative ist Skype, das wir Ihnen in Abschnitt 44.2, »Skype: Einfacher geht es nicht«, vorstellen.

31.5.1 Mikogo

Die Software Mikogo (siehe *http://www.mikogo.com*) kann kostenfrei verwendet werden, auch für geschäftliche Anwendungen. Vor der Benutzung müssen Sie und die anderen Teilnehmer ein Benutzerkonto auf der Webseite von Mikogo anlegen.

Nach der Installation der Software finden Sie im Windows-Tray links neben der Uhr ein graues M, das Mikogo-Icon. Mit einem Klick auf das Icon können Sie sich entscheiden, ein Meeting zu starten (START MEETING) oder einem Meeting beizutreten (JOIN MEETING).

Derjenige, der ein Meeting gestartet hat (siehe Abbildung 31.10), erhält eine neunstellige Meeting-Nummer (*Meeting-ID*), die er den anderen Teilnehmern beispielsweise per E-Mail oder Skype Chat mitteilt.

31 | Fernadministration und Zusammenarbeit

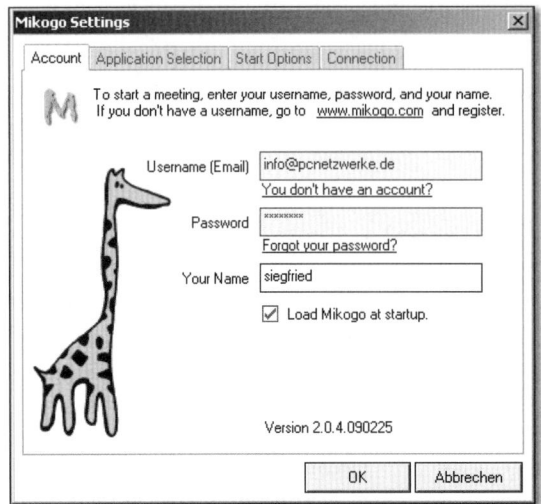

Abbildung 31.10 Mikogo: Ein Meeting starten

Die Teilnehmer loggen sich mit ihrem Account und der Meeting-ID ein (siehe Abbildung 31.11).

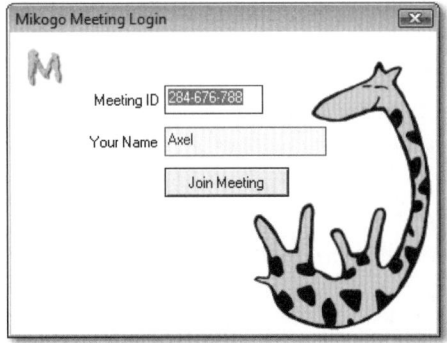

Abbildung 31.11 Mikogo: Am Meeting teilnehmen

Als Vortragender (engl. *presenter*) können Sie mit einem Klick auf das nun rote Mikogo-Logo eine Fülle von Einstellungen vornehmen. So ist es möglich, die Sitzung aufzuzeichnen, den Vortragenden zu wechseln oder aber auch Ihre Anwendungen von einem anderen Teilnehmer bedienen zu lassen. Sie können auch auswählen, welche Anwendungen die Teilnehmer sehen können (siehe Abbildung 31.12). Das ist sehr sinnvoll, wenn Sie beispielsweise mit lediglich einer Anwendung wie Word gemeinsam arbeiten und die anderen Teilnehmer die Meldungen über neue E-Mails nicht sehen sollen.

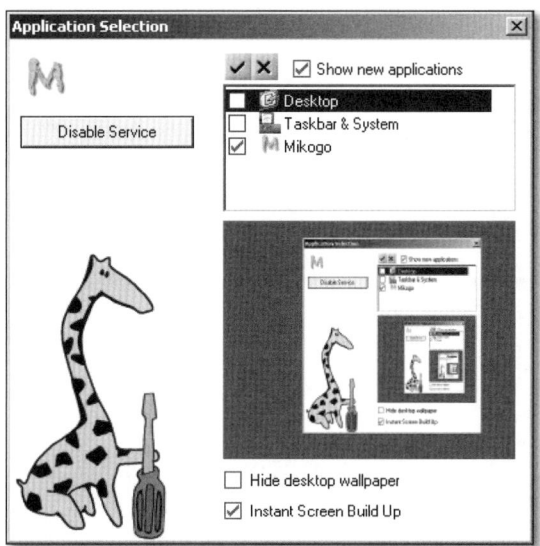

Abbildung 31.12 Auswahl der Anwendungen, die gemeinsam benutzt werden

Wie in Abbildung 31.12 zu sehen ist, wird eine Vorschau Ihres Bildschirms direkt angezeigt.

Die Anwendungen werden mit sehr geringer Verzögerung übertragen, allerdings belastet die Anwendung die CPU der Teilnehmer nicht unerheblich. Die Belastung wird stärker, je mehr Änderungen sich am Bildschirm ergeben. Wildes Hin- und Herschieben von Fenstern sollte man also lieber unterlassen.

31.5.2 Webmeeting mit Spreed

Eine fast unüberschaubare Anzahl von Firmen bietet sogenannte Webmeetings an. Gemeint sind Sitzungen wie mit Mikogo, allerdings ohne dass ein Teilnehmer eine Software installieren muss. Ein Browser reicht vollkommen. Diese Form der Onlinekollaboration ist sehr einfach und kann auch hinter Firewalls problemlos genutzt werden, denn der Zugriff auf Webinhalte ist immer erlaubt.

Aus der Fülle der Angebote habe ich Spreed (siehe *http://www.spreed.com*) herausgegriffen, weil dies für bis zu drei Teilnehmer und eine maximale Sitzungslänge von je 90 Minuten kostenfrei ist. Eine Alternative zu Spreed ist beispielsweise Vyew unter *http://www.vyew.com*.

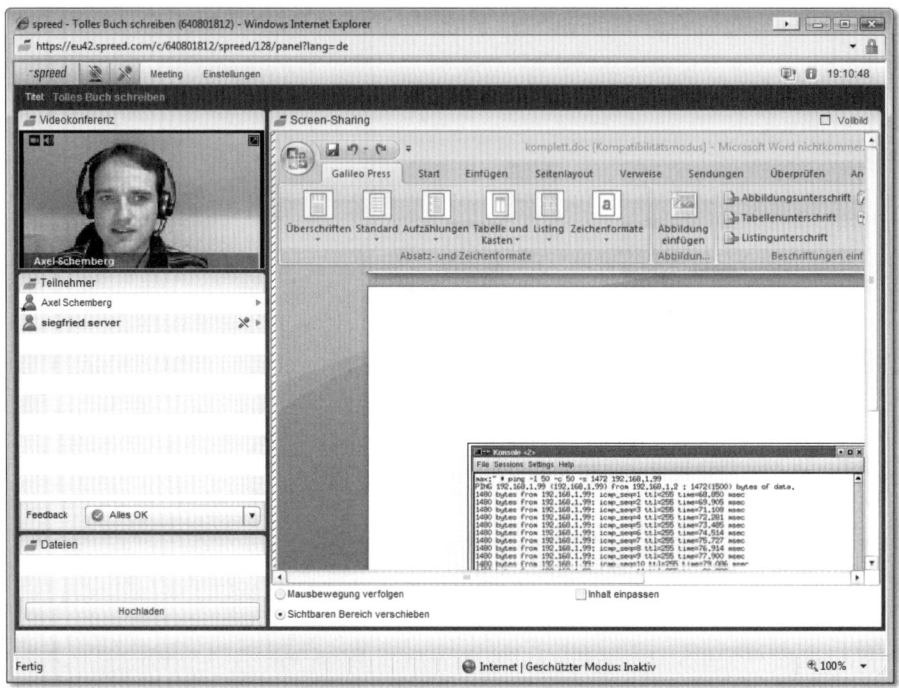

Abbildung 31.13 Im Meeting wird Word geteilt.

Wie Sie in Abbildung 31.13 sehen können, sieht der Teilnehmer einer Konferenz, was ihm der Moderator zur Verfügung stellt. Hier gibt es neben der Teilnehmerliste und einem Video im Hauptfenster eine geteilte Applikation: Word. Je nach Wunsch können die Moderationsmöglichkeiten auch an einen anderen Teilnehmer übertragen werden, oder ein anderer Teilnehmer kann die Steuerungsrechte anfordern.

Wie bei anderen Lösungen kann die Sitzung aufgezeichnet werden. Das ist insbesondere für Präsentationen eine schöne Option: Fehlenden Teilnehmern kann das Video anschließend zur Verfügung gestellt werden.

Zur Teilnahme an einem Meeting reicht ein Browser mit Flash Player. Möchte man Teile seines Desktops freigeben, ist ein kleines Programm erforderlich, das man herunterladen und starten muss. Dieses gibt es nicht nur für Windows, sondern auch für Linux und OS X.

Selbstverständlich können Webmeetings kein persönliches Treffen ersetzen. Immer dann, wenn es eigentlich zu gar keinem gemeinsamen Treffen kommt, weil beispielsweise keine Zeit für die Reise oder kein Budget zur Verfügung steht, erreicht man mit Webmeetings jedoch eine kostengünstige und sehr spontan realisierbare Möglichkeit der Zusammenarbeit.

31.6 Virtual Network Computing (VNC)

Virtual Network Computing (siehe *http://www.realvnc.com*) ist eine PC-Fernsteuerungs-Software im eigentlichen Sinne. Die Free Edition der Software steht unter der GPL.

31.6.1 VNC-Client und VNC-Server

Auf dem fernzusteuernden PC wird der VNC-Server installiert und konfiguriert. Mit dem Client VNC-Viewer verbindet man sich von einem entfernten PC aus mit dem VNC-Server. Man sieht die Oberfläche des ferngesteuerten PCs, die im Fall von Windows genau dem entspricht, was Sie auch auf der lokalen Konsole sehen würden.

VNC gibt es im Internet für alle gängigen Betriebssysteme. VNC-Viewer und VNC-Server können, müssen aber nicht auf der gleichen Betriebssystemplattform betrieben werden. Die Installationspakete für Windows und Linux finden Sie auf der DVD im Verzeichnis */software/administration*. Bei siegfried ist VNC bereits installiert.

Sie können auf einem Windows-PC den VNC-Server installieren und konfigurieren (siehe Abbildung 31.14) und dann unter Linux auf diesen PC zugreifen. Sie haben ein Programmfenster, in dem alle Bedienungsmöglichkeiten vorhanden sind, die Ihnen auch lokal am Windows-PC zur Verfügung stehen würden.

Abbildung 31.14 WinVNC konfigurieren; Quelle: *http://realvnc.com*

31 | Fernadministration und Zusammenarbeit

An dieser Stelle sollen die Nachteile von VNC nicht verschwiegen werden:

- Der VNC-Server belastet Windows-Systeme spürbar, wenn von den Clients aus zugegriffen wird.
- Es ist nicht möglich, Audio zu übertragen.
- Die Reaktionen von VNC sind relativ langsam. Das ist ärgerlich für dauerhaftes Arbeiten, insbesondere über langsame WAN-Verbindungen.
- Es gibt keine Integration von anderen Authentifizierungs-Mechanismen; es ist immer ein eigenständiges Passwort erforderlich.
- VNC ist nicht sehr sicher (mögliche Lösung: SSH-Tunnel).

Die aufgezählten Nachteile wirken sich insbesondere bei größeren Netzwerken aus. Im Allgemeinen ist man daher in größeren Firmen meistens bereit, Geld für eine andere Remoteadministrations-Software auszugeben.

Ideal ist VNC für kleine Netzwerke, in denen ab und zu mal ein Server fernadministriert werden soll oder Sie einem Kollegen über das Netzwerk kurz auf seinem Desktop behilflich sein möchten.

[zB] Angenommen, Sie möchten sich vom Windows-PC (192.168.1.4) mit dem VNC-Viewer zu einem VNC-Server auf einem Linux-PC (192.168.1.102) verbinden. Zunächst müssen Sie den VNC-Server auf dem Linux-PC starten:

```
vncserver :10
```

Sie bestimmen das Passwort für den Zugriff auf den Server. Der VNC-Server wird in diesem Beispiel mit der Displaynummer 10 gestartet. Der VNC-Dienst ist entsprechend über Port 5910 (5900 + Displaynummer 10) nativ und über Port 5810 (5800 + Displaynummer 10) für einen Webbrowser ansprechbar.

Jetzt starten Sie den VNC-Viewer auf dem Windows-PC und geben in das Feld VNC SERVER: die IP-Adresse 192.168.1.102 ein. Es erscheint eine zweite Abfrage, in der Sie um die Eingabe des Passworts gebeten werden. Bei richtiger Eingabe des Passworts öffnet sich der Desktop Ihres Servers.

[»] Alternativ zum VNC-Viewer bietet VNC den Zugriff über einen Webbrowser. Dazu benötigt der VNC eine Java-Klasse. In diesem Beispiel ist er dann über die URL *http://192.168.1.102:5810* erreichbar.

31.6.2 Getunneltes VNC

Wenn Sie VNC über eine gesicherte Verbindung mit SSH übertragen möchten, dann müssen Sie beim Windows-SSH-Client PuTTY einige besondere Einstellungen vornehmen (siehe Abbildung 31.15).

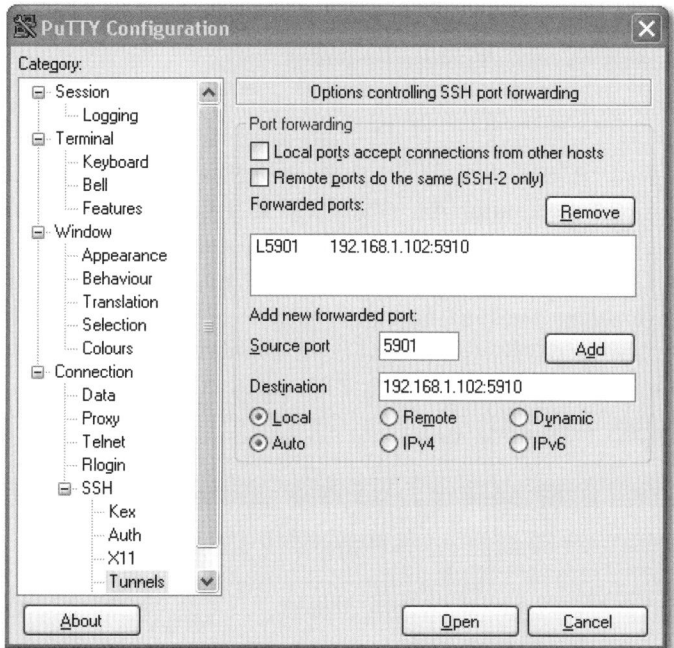

Abbildung 31.15 PuTTY-Einstellungen für VNC über SSH

Die Konfiguration erfolgt im Bereich CONNECTION • SSH • TUNNELS • PORT FORWARDING. Sie tragen bei ADD NEW FORWARDED PORT: unter SOURCE PORT den normalen VNC-TCP-Port 5901 ein. Das ist der lokale TCP-Port, den das VNC-Clientprogramm auf dem Windows-PC sieht. Dann tragen Sie unter DESTINATION die IP-Adresse des VNC-Server-PCs ein, gefolgt von einem Doppelpunkt und der TCP-Portnummer des Servers. Weil wir das Display 10 gewählt haben, lautet die vollständige Adresse 192.168.1.102:5910.[2] Klicken Sie auf die Schaltfläche ADD. Jetzt verbinden Sie PuTTY mit dem Linux-PC 192.168.1.102 ganz normal über SSH.

Lassen Sie das PuTTY-Fenser unbeachtet, und starten Sie den VNC-Viewer mit der Ziel-Adresse `localhost:5901` (siehe Abbildung 31.16). Geben Sie das Passwort ein, das Sie für den VNC-Server vergeben haben.

---

[2] Der VNC-Port beträgt 5900 + <Display-Nummer>.

Abbildung 31.16 Der VNC-Viewer

[»] Grundsätzlich startet der VNC-Server unter SUSE die wenig benutzerfreundliche Oberfläche TWM. Wenn Sie die komfortable Oberfläche KDE benutzen möchten, wechseln Sie zunächst in das Home-Verzeichnis des Benutzers, der bei Ihnen den VNC-Server startet. Öffnen Sie nun die Datei */home/<Benutzer>/.vnc/xstartup* mit einem Texteditor. Ersetzen Sie `twm&` durch `startkde&`. Sie müssen nun alle laufenden VNC-Server beenden (`vncserver -kill:<Nr>`) und danach neu starten. Unter siegfried wird automatisch die Oberfläche KDE gestartet. Jetzt können Sie KDE benutzen (siehe Abbildung 31.17).

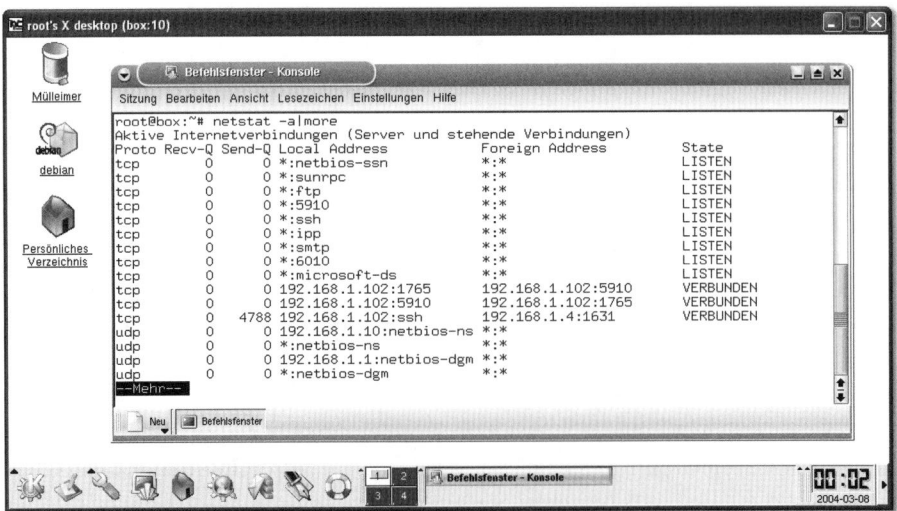

Abbildung 31.17 KDE über SSH-getunneltes VNC

Gesetzt den Fall, dass Sie einen Linux-PC mit einem anderen Linux-PC über VNC fernadministrieren und die Verbindung mittels SSH-Tunnel verschlüsseln möchten, ändert sich gegenüber der Vorgehensweise für Windows nur die SSH-Clientkonfiguration. Geben Sie auf der Kommandozeile Ihres Fernsteuerungs-PCs Folgendes ein:

```
ssh -L 5901:192.168.1.102:5910 192.168.1.102
```

Das entspricht dann genau der PuTTY-Konfiguration für Windows.

31.6.3 Bildschirmfreigabe unter OS X

OS X verfügt ebenfalls über einen VNC-Client und einen VNC-Server, wobei Apple diese Funktion BILDSCHIRMFREIGABE getauft hat. In den Systemeinstellungen können Sie in der Ansicht FREIGABEN den Dienst BILDSCHIRMFREIGABE aktivieren.

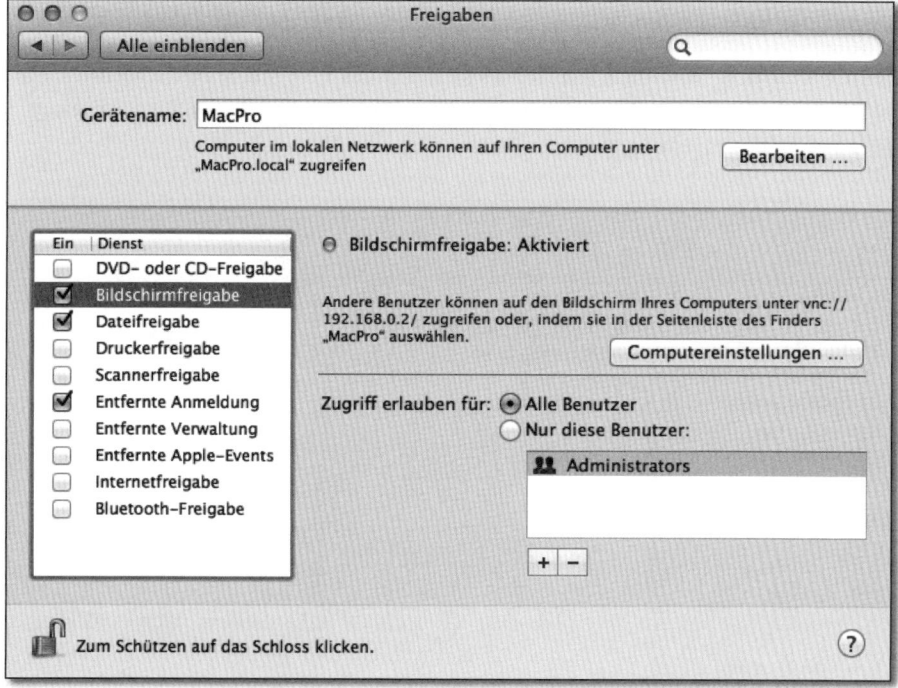

Abbildung 31.18 Der VNC-Server von OS X wird mit dem Dienst BILDSCHIRMFREIGABE gestartet.

Sie können hierbei den Zugriff auf bestimmte Benutzer und Gruppen beschränken. Über die Schaltfläche COMPUTEREINSTELLUNGEN können Sie ferner festlegen, ob bei der Verbindung zur Ihrem Rechner über VNC ein Passwort abgefragt wird und ob sich jeder an Ihrem Rechner anmelden darf, dies jedoch Ihrer Zustimmung bedarf. Wenn Sie von Linux oder Windows aus eine Verbindung aufbauen möchten, dann sollten Sie in dem über COMPUTEREINSTELLUNGEN erreichbaren Panel die Option VNC-BENUTZER DÜRFEN DEN BILDSCHIRM MIT DEM FOLGENDEN KENNWORT STEUERN aktivieren und ein Passwort vergeben.

[»] Bei der Arbeit mit Apples Bildschirmfreigabe sollten Sie bedenken, dass es sich hierbei um einen recht stark modifizierten VNC-Server handelt. Wenn Sie die Verbindung zu einem anderen Betriebssystem wie Windows oder Linux herstellen, kann es Probleme bei der Tastaturbelegung geben.

Um von Ihrem Rechner eine Verbindung über VNC aufzunehmen, können Sie den in OS X enthaltenen VNC-Client nutzen. Sofern der entfernte VNC-Dienst über Zeroconf bzw. Bonjour kommuniziert wird, was auch bei vielen Linux-Distributionen mittlerweile der Fall ist, dann erscheint dieser in der Ansicht Netzwerk im Finder von OS X. Wenn Sie den Rechner ausgewählt haben, dann können Sie über die Schaltfläche BILDSCHIRM STEUERN den VNC-Client starten.

Beim VNC-Client von OS X handelt es sich um das Programm Bildschirmfreigabe im Verzeichnis */System/Library/Core Services*. Sie können dieses Programm auch direkt starten und es ebenfalls im Dock ablegen.

Abbildung 31.19 Wenn der VNC-Server über Zeroconf kommuniziert wird, dann erscheint er in der Ansicht NETZWERK.

Haben Sie das Programm Bildschirmfreigabe direkt gestartet, dann werden Sie aufgefordert, einen HOST einzugeben. Hierbei handelt es sich entweder um die IP-Adresse oder den Namen des Rechners, zu dem Sie eine Verbindung aufbauen möchten. Sofern die VNC-Verbindung mit einem Passwort gesichert ist, müssen Sie dieses in einem zweiten Dialog eingeben. Wird die Verbindung aufgenommen, dann erhalten Sie in jedem Fall eine Warnung, dass die Verbindung unverschlüsselt erfolgt. Dies ist auch der Fall, wenn Sie zuvor einen Tunnel mit SSH erstellt haben.

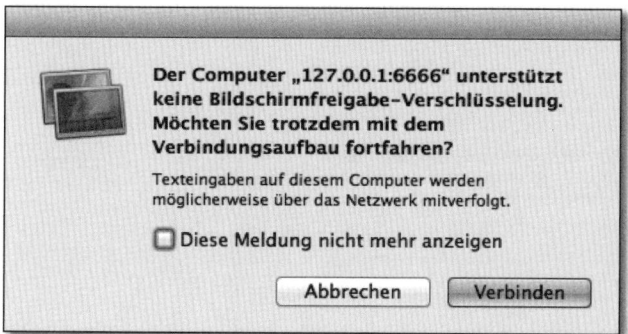

Abbildung 31.20 Die Warnung bezüglich einer unsicheren Verbindung erfolgt auch dann, wenn die Verbindung über SSH aufgebaut wird.

Die Tunnelung einer VNC-Verbindung mit SSH ist auch unter OS X möglich. Dazu erstellen Sie zunächst den Tunnel:

```
ssh -L 6666:127.0.0.1:5900 -N -l Benutzer Rechner
```

Wenn Sie nun das Programm Bildschirmfreigabe starten, können Sie als HOST 127.0.0.1:6666 eingeben, und die Verbindung wird über SSH getunnelt.

31.7 Remotedesktop

Wenn Sie einen Windows-PC in Ihrem LAN fernsteuern möchten, gibt es eine kostenlose Alternative zu kommerziellen Programmen: das *Remote Desktop Protocol (RDP)*. Bei den Windows-Clientversionen (Windows XP, Vista, 7, 8) heißt der Terminalservice *Remotedesktop* und kann nur zur Administration genutzt werden.

Ich arbeite oft mit RDP und kann sagen, dass dies sehr zuverlässig funktioniert und eine gute Performance aufweist. Hinsichtlich der Performance ist RDP dem bekannten VNC weit überlegen und belastet den fernzusteuernden PC nicht allzu sehr.

Sie arbeiten in einer Sitzung. An der Konsole des PC sieht man also nicht, was Sie tun.

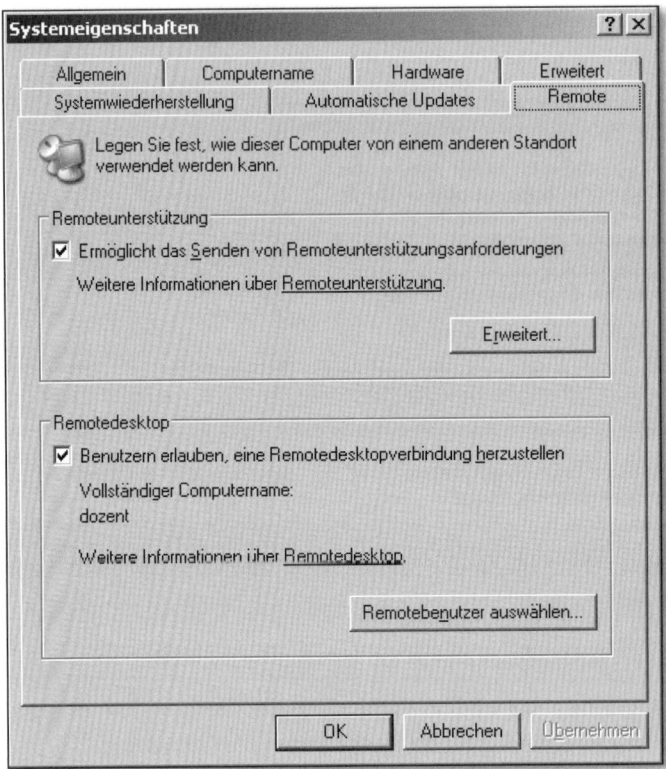

Abbildung 31.21 Der Remotedesktop muss aktiviert werden.

Auf dem fernzusteuernden PC muss der Terminalservice bzw. Remotedesktop aktiv sein (siehe Abbildung 31.21). Klicken Sie bei Windows XP mit der rechten Maustaste auf ARBEITSPLATZ • EIGENSCHAFTEN • REMOTE. Bei Vista, Windows 7 und Windows 8 finden Sie die Einstellungen zum Remotedesktop fast an derselben Stelle unter COMPUTER • EIGENSCHAFTEN • REMOTEEINSTELLUNGEN. Im unteren Teil des Fensters können Sie den Remotedesktop aktivieren.

Der Administrations-PC benötigt einen RDP-Client, wie er bei Microsoft unter dem Stichwort *Remote Connection Client* heruntergeladen werden kann. Das Einstellen des RDP-Clients ist sehr einfach (siehe Abbildung 31.22). Sie tragen unter COMPUTER lediglich die IP-Adresse oder den Namen des Ziel-PCs ein; BENUTZERNAME und KENNWORT sollten selbstredend sein. Über die Schaltfläche VERBINDEN stellen Sie die Verbindung her. Das Ergebnis der Verbindung sehen Sie in Abbildung 31.23.

Abbildung 31.22 Remotedesktopverbindung einstellen

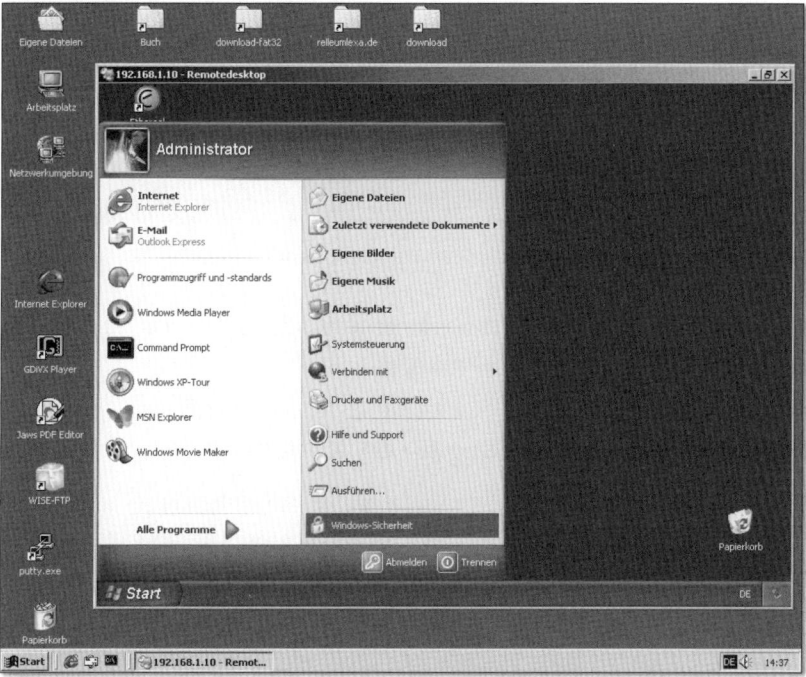

Abbildung 31.23 Windows XP unter Windows 2000 per RDP

31.7.1 RDP für Linux

Für Linux findet man mit dem Programm *rdesktop* (siehe *http://www.rdesktop.org/*) einen RDP-Client. Für alle Basisanwendungen reicht die Funktion von rdesktop (siehe Abbildung 31.24) völlig aus.

Abbildung 31.24 rdesktop administriert Windows von Linux aus.

Mit dem RDP-Client verbinden Sie sich mit dem Windows-PC, was im Ergebnis dem Vorgehen unter Windows sehr ähnlich ist.

31.7.2 Remotedesktopverbindung für OS X

Microsoft stellt unter *http://www.microsoft.com/mac* einen kostenlosen Remote Desktop Connection Client für OS X zur Verfügung. Dieses Programm ermöglicht die direkte Verbindung mit einem Windows-System über eine RDP-Verbindung und bietet eine vollständige Unterstützung des Protokolls und auch der Zwischenablagen.

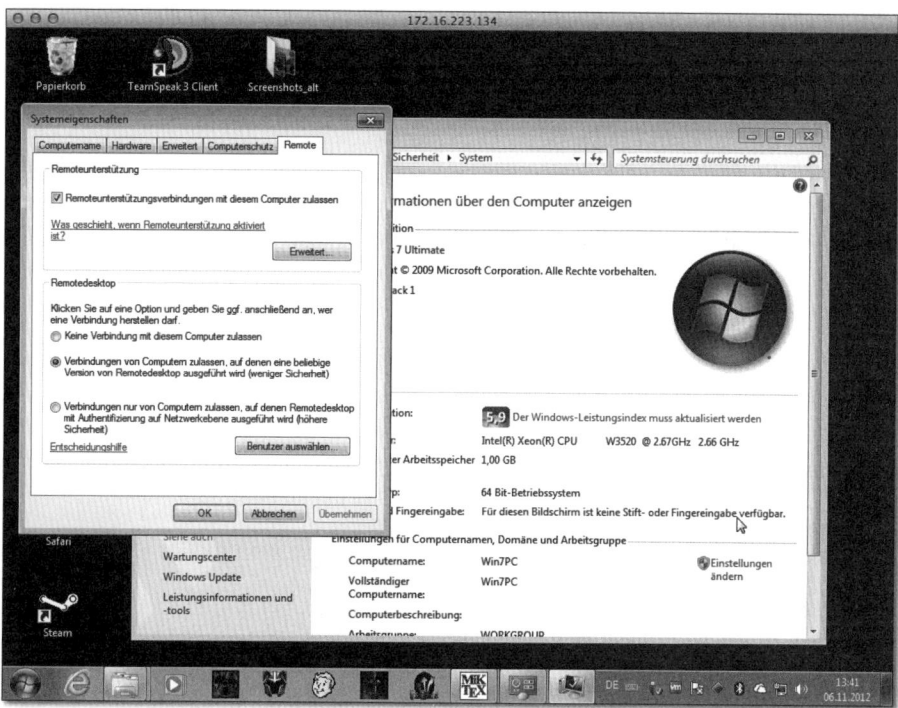

Abbildung 31.25 Die Verbindung zu einem Windows-Rechner kann über den Remote Desktop Connection Client von Microsoft erfolgen.

31.8 Remoteunterstützung

Bei Windows XP gibt es die Funktion REMOTEUNTERSTÜTZUNG. Sie erreichen Sie unter START • HILFE UND SUPPORT • SUPPORT ERHALTEN • REMOTEUNTERSTÜTZUNG • JEMANDEN EINLADEN... Sie können entweder den Microsoft Messenger oder Outlook Express zur Benachrichtigung des Helfers verwenden. Es wird ein kleiner E-Mail-Anhang[3] versendet, der als *.msrcincident*-Datei von der Remoteunterstützung aller Windows XP-Varianten geöffnet werden kann. In der Datei ist insbesondere die IP-Adresse des Hilfesuchenden enthalten.

Bevor der Helfer – der hier als Experte bezeichnet wird – auf den PC des Hilfesuchenden zugreifen kann, muss der Hilfesuchende noch ein paar Dialoge à la »MÖCHTEN SIE DEN EXPERTEN WIRKLICH ZUGREIFEN LASSEN? JA/NEIN« beantworten. In Abbildung 31.26 und Abbildung 31.27 erhalten Sie einen Eindruck davon, wie sich die Remoteunterstützung für die Benutzer präsentiert.

---

[3] Es handelt sich um eine Datei im XML-Format; sie ist also mit jedem Texteditor les- und veränderbar.

[»] In der *.msrcincident*-Datei wird die IP-Adresse eingetragen, die der PC gerade besitzt. Wenn Sie über einen Router mit NAT im Internet surfen und Hilfe über das Internet haben möchten, funktioniert die Remoteunterstützung nicht mehr. Erstens ist in der Hilfedatei die lokale/private IP-Adresse enthalten (z. B. 192.168.1.2), die aus dem Internet nicht erreichbar ist, und zweitens müssen die Daten für den Zielport direkt an den hilfesuchenden PC weitergeleitet werden. Eine solche Funktion muss aber konfiguriert werden (Port Forwarding). Mit diesen Hürden ist die Remoteunterstützung für die Zielgruppe »Hilfe suchende Computer-Analphabeten« nicht verwendbar.

Mein Fazit zur Remoteunterstützung von Windows XP und Vista lautet, dass sie nur dann über das Internet verwendet werden kann, wenn der Hilfesuchende einen direkten Internetzugang nutzt. Dann ist es allemal bequemer, zunächst die Remoteunterstützung zu nutzen.

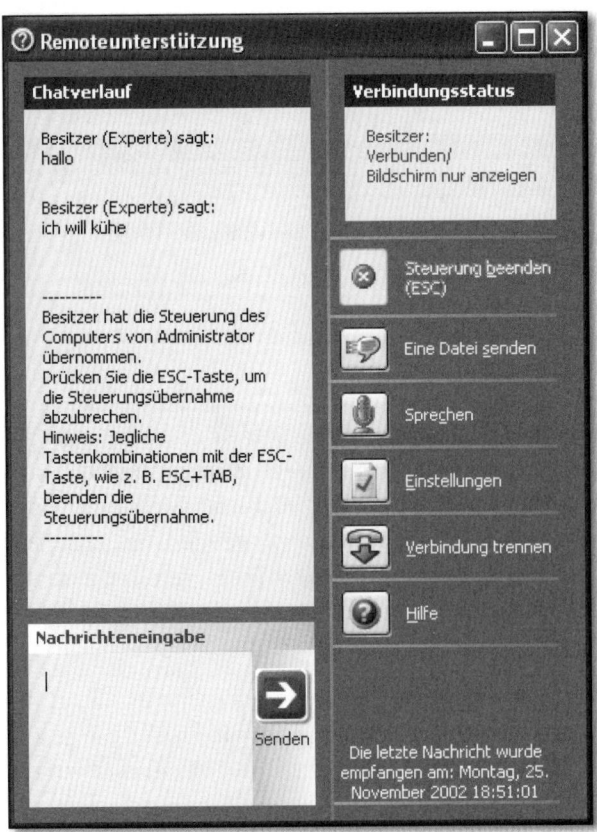

Abbildung 31.26 Remoteunterstützung auf der Seite des Hilfesuchenden

Mit Windows 7 kann die Remoteunterstützung dank IPv6 und dem *Peer Name Resolution Protocol* (*PNRP*) auch durch NAT-Router hindurch eingesetzt werden, weitere Informationen finden Sie dazu in Abschnitt 25.2.6, »Windows-Remoteunterstützung Easy Connect«.

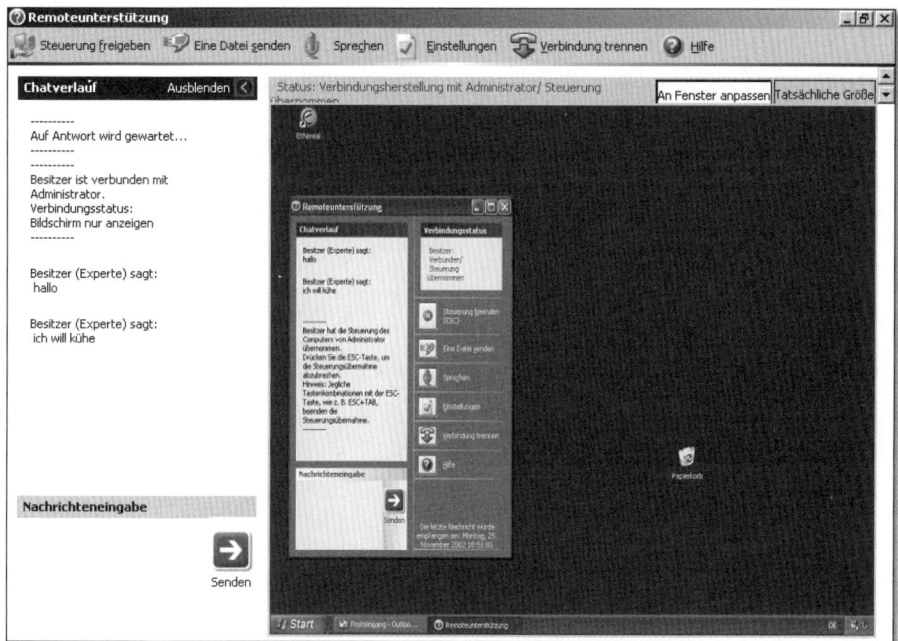

Abbildung 31.27 Bildschirm des helfenden Experten

Ein nicht gesichertes LAN, das man vergleichend auch als »offenes Scheunentor« bezeichnet, ist nicht nur eine Gefahr für Ihre Daten, sondern auch eine Gefahr für andere Netzwerke und ein juristisches Risiko für Sie, weil Ihre PCs für Angriffe missbraucht werden können.

32   Sicherheit im LAN und im Internet

Warum sind die Netzwerkanwendungen so unsicher? Diese Frage könnten Sie stellen, wenn Sie dieses Kapitel gelesen haben. Die Antwort heißt: »Netzwerkverfahren sind historisch gewachsen!« Ethernet, TCP/IP, Telnet, FTP, DHCP, DNS und weitere Verfahren wurden erfunden, als es das Internet in seiner heutigen Form noch nicht gab.

Ende des Jahres 1969 wurden die ersten Schritte für das *ARPANET* (*Advanced Research Projects Agency Network*) – ein Vorläufer des Internets – abgeschlossen. Im Jahr 1978 wurde TCP/IP geboren, sechs Jahre später kam DNS hinzu, weil die Anzahl der Rechner im ARPANET schon auf über 1.000 gestiegen war. Im Verlauf des Jahres 1989, als die Anzahl der Rechner 100.000 überstieg, wurde von den Europäern *RIPE* (*Réseaux IP Européens*) gegründet. Gleichzeitig kam das Ende des ARPANET, der Nachfolger hieß *NSFNET*. Erst im Jahr 1992 wurde der Grundstein für das Internet gelegt: Die *Internet Society* (*ISOC*) wurde gegründet, und zugleich wurde das WWW am CERN erfunden. Noch immer war das Internet ein Medium, von dem Sie vermutlich damals nicht wussten, dass es existiert. Erst das Jahr 1995 war das Jahr, in dem es mit *Netscape*, einem bequemen Browser, und dem Angebot einiger Provider wirklich losging. Das Thema wurde in den Medien präsent, und Privatleute eroberten zögerlich das Internet. Heute sind über 60 Prozent der deutschen Haushalte online, und kaum jemand kann mit dem Begriff Internet gar nichts anfangen.

Nachdem Sie den kurzen Abschnitt über die Geschichte des Internets gelesen haben, wird Ihnen klar geworden sein, dass das Internet nicht als Netz für jedermann geplant war. Die Erfinder haben zu Beginn das Potenzial nicht erkennen können. Das primäre Ziel des ARPANET und des Internets war der Austausch von Forschungsinformationen. Noch im Jahr 1995 hat Microsoft auf das eigene Netzwerk *The Microsoft Network* (MSN), gesetzt. Daher wurde bei Windows 95 kein TCP/IP installiert, denn das brauchte man nach Ansicht von Microsoft nicht. Firmenchef Bill Gates veröffentlichte sein Buch »The Road Ahead«, in dem er dem Internet keine Chance einräumte. Nur ein halbes Jahr später kam die Wende, und auch Microsoft setzte ganz auf das Internet. Im selben Jahr begann der sogenannte Browserkrieg zwischen Microsofts *Internet Explorer* und dem damals weitverbreiteten *Netscape Navigator*, den Microsoft zunächst für sich entscheiden konnte. Heute gehört Netscape zu AOL und besitzt nur noch geringe Marktanteile. Aber *Firefox* von Mozilla, die Open-Source-Alternative, hat sich inzwischen einen respektablen Anteil am Browsermarkt gesichert und so auch Microsoft gezwungen, den Internet Explorer weiterzuentwickeln.

Im Jahr 1969 wurden die Bedrohungen, die das Internet mit sich bringt, nicht erkannt, weil sie damals noch nicht einmal hypothetisch bestanden. Damals gab es keine Privatleute, die einen PC hatten, und die Anzahl potenzieller Hacker/Cracker war entsprechend gering. Der Einsatz von Verschlüsselungsalgorithmen wäre viel zu rechenintensiv für die damals vorhandenen Rechner gewesen.

Alles in allem liegt es an den sehr alten Wurzeln der noch heute genutzten Technologien, dass diese von sich aus unsicher sind und keinen wirklichen Schutz bieten.

32.1 Mögliche Sicherheitsprobleme

Wenn man eine generelle Aussage zum Thema Netzwerksicherheit machen möchte, die unanfechtbar ist, dann diese: »Ein LAN ist unsicher.« Dieser weise Ausspruch hilft Ihnen nicht weiter, weil Sie konkret erfahren müssen, wo die Probleme liegen und wie Sie diese lösen können.

Ich möchte Ihnen zunächst ganz allgemein mögliche Sicherheitslücken nennen:

- Authentifizierung von Benutzern
- Autorisierung von Benutzern
- Authentifizierung von PCs
- Überprüfung der Datenintegrität
- Schadprogramme (Viren, Dialer, Würmer usw.)
- Sicherheitslücken in Programmen (Bugs)

32.1.1 Authentifizierung und Autorisierung

Die Authentifizierung und Autorisierung von Benutzern in einem Netzwerk wird üblicherweise von den Betriebssystemen gelöst. Sie melden sich an einem PC mit dem Betriebssystem Windows, Linux oder OS X als Benutzer an und haben vom Administrator ein definiertes Maß an Benutzerrechten bekommen. Durch diese

Anmeldung und das Zuweisen von Rechten sind die unter Punkt 1 und Punkt 2 genannten Problemen somit gelöst.

Das gilt nicht für Datenträger, die FAT/FAT32 als Dateisystem einsetzen. FAT/FAT32 unterstützt keine Berechtigungen, daher kann jeder mit Zugriff auf dieses System alle Dateien lesen, ändern oder löschen.

Schwierig ist es, einen PC zu authentifizieren. Wenn Sie Daten von einem PC zu einem anderen schicken, dessen IP-Adresse Sie kennen oder dessen Name per DNS in eine IP-Adresse aufgelöst wird, woher wissen Sie, welchen Computer Sie tatsächlich ansprechen? Sie wissen es nicht!

Die LAN-Protokolle Ethernet und IP unterstützen keine Authentifizierung. Jeder PC, der die entsprechende MAC-/IP-Adresse hat, bekommt die Daten für diese MAC-/IP-Adresse, unabhängig davon, ob diese wirklich für ihn bestimmt sind.

Wenn Sie überprüfen, wie es auf den anderen Schichten des ISO/OSI-Modells in puncto Sicherheit aussieht, werden Sie feststellen, dass keine Schicht Authentifizierung und/oder Autorisierung unterstützt.

Sie können zwei Konsequenzen daraus ziehen:

- Ein LAN ist auf den ISO/OSI-Schichten 1 bis 6 unsicher.
- Für Sicherheit muss demnach auf der Applikationsschicht (ISO/OSI-Schicht 7) gesorgt werden.

32.1.2 Datenintegrität

Der vierte Punkt, die Datenintegrität, ist ebenfalls bisher nicht durch die bestehenden LAN-Protokolle abgedeckt. Woher wissen Sie, dass die E-Mail, die Sie von Ihrer Bank bekommen haben, auch wirklich mit dem geschriebenen Text des Bankmitarbeiters übereinstimmt? Ist es ausgeschlossen, dass die Daten auf dem Transportweg verändert wurden? Eine Methode, dies sicherzustellen, finden Sie in Abschnitt 35.7, »E-Mails mit GnuPG und Enigmail verschlüsseln«.

Tatsächlich könnten die Authentifizierung und Autorisierung auch auf anderen ISO/OSI-Schichten als auf der Applikationsschicht erfolgen. Beispielsweise finden in der IP-Version 6 (IPv6) beide Funktionen auch auf ISO/OSI-Schicht 3 (IP) statt (siehe Abschnitt 12.4, »IP-Version 6«).

Da IPv6 zurzeit nicht weitverbreitet ist und daher nicht flächendeckend eingesetzt werden kann, bleiben folgende Lösungen übrig:

32 | Sicherheit im LAN und im Internet

- VPN-Verschlüsselung auf ISO/OSI-Schicht 2 oder 3
- IPv4 um IPsec (*Internet Protocol Security*) erweitern
- Sicherheit auf der Applikationsebene, z. B. SSH-Verschlüsselung
- Datenintegrität durch Signaturen und Verschlüsselungsalgorithmen sicherstellen

32.1.3 Schadprogramme

Schadprogramme wie Viren, Würmer, Dialer, Spyware, Bots und Ähnliches werden zu einem gewissen Teil von Virenscannern erkannt und unschädlich gemacht. Weitere Informationen zu Virenscannern finden Sie in Abschnitt 32.4, »Sicherheitslösungen im Überblick«.

32.1.4 Sicherheitslücken

Heutige Programme sind viele Hunderttausend Zeilen lang, entsprechend ist ein fehlerfreies Programm nicht zu erwarten. Täglich werden z. B. auf *http://nvd.nist.gov* Sicherheitslöcher veröffentlicht. Das ist nicht weiter schlimm, wenn es um selten benutzte Programme geht. Leider sind sehr oft Browser oder Webserveri betroffen. Dabei handelt es sich genau um die Anwendungen, die viel im unsicheren Internet kommunizieren. Erkenntnis ist wie immer der erste Schritt zur Besserung, also brauchen Sie für ein betroffenes Produkt ein Update, oft auch Patch (dt. *Flecken*, *Flicken*) genannt. Üblicherweise kann Ihnen nur der Hersteller des Produkts einen solchen Patch liefern. Die Firma Microsoft hat in den letzten Jahren einiges für die Sicherheit ihrer Produkte getan. Zum *Patchday*, dem zweiten Dienstag eines jeden Monats, werden für Microsoft-Produkte Sammlungen von Patches veröffentlicht.

32.1.5 Exploit

Wenn Sie sich die Beschreibung einer Sicherheitslücke durchlesen, werden Sie vermutlich denken: »Gut und schön, aber wer treibt so einen Aufwand, um eine derartige Sicherheitslücke auszunutzen?« Falsch! Es gibt im Internet Software-Baukästen, mit denen man Programme (Fachbegriff: *Exploit*) zusammenbasteln kann, die speziell altbekannte Sicherheitslücken ausprobieren und, falls möglich, ausnutzen. Diese Baukästen – das sind einfach Programme – sind sehr leicht zu bedienen, sodass auch einfache Gemüter ein solches Programm erzeugen können, um Sicherheitslücken auszunutzen.

Wenn Sie keines der bereits genannten Verfahren zur Verbesserung der Sicherheit (Verschlüsselung, Virenscanner, Benutzerauthentifizierung, Firewall) einsetzen, ist Ihr LAN nicht sicher. Ob Ihr LAN sicher sein muss, das müssen Sie entscheiden. Oftmals reicht eine Firewall, um die »bösen Buben« nicht in das LAN zu lassen. Sie hilft aber nicht, wenn jemand von innen, z. B. über das WLAN, Zugriff auf Ihr Netzwerk hat.

[«]

32.1.6 Fallbeispiele

Nehmen wir einmal an, Sie betreiben in Ihrem Büro ein LAN mit acht PCs. Es gibt einen PC mit ISDN-Karte für Faxe. Dieser Rechner hat einen DSL-Anschluss und teilt diesen mittels MS-Internetverbindungsfreigabe mit den anderen PCs. Auf den Computern haben Sie verschiedentlich Laufwerksfreigaben eingerichtet, damit Sie bequem Dateien von einem PC zu anderen PCs verschieben können. Der Internetzugang wird immer dann aufgebaut, wenn ein Computer Daten aus dem Internet benötigt. Er ist während der Bürozeiten faktisch immer aufgebaut, sodass Anforderungen aus dem Internet schnell bedient werden.

[zB]

Dieses LAN ist hochgradig unsicher! Sie setzen zum Internet hin keine Firewall ein, sodass Sie weder Kontrolle darüber haben, welche Daten aus dem Internet in Ihr LAN kommen, noch darüber, welche Daten ins Internet gesendet werden. Über E-Mails oder Downloads können ungehindert Schadprogramme in Ihr LAN gelangen und sich dort ausbreiten. Sie werden das – vorausgesetzt, die Schadwirkung ist nicht zu massiv – entweder gar nicht oder aber zu spät mitbekommen.

Time	Message	Source	Destination	Note
Jan/22/2004 18:38:31	Drop TCP packet from WAN	80.132.4.212:3381	80.132.197.51:445	Rule: Default deny
Jan/22/2004 18:40:20	Drop UDP packet from WAN	81.74.151.73:17265	80.132.197.51:137	Rule: Default deny
Jan/22/2004 18:40:21	Drop UDP packet from WAN	217.126.210.214:1026	80.132.197.51:137	Rule: Default deny
Jan/22/2004 18:41:08	Drop TCP packet from WAN	80.132.205.131:4133	80.132.197.51:135	Rule: Default deny
Jan/22/2004 18:41:11	Drop TCP packet from WAN	80.132.205.131:4133	80.132.197.51:135	Rule: Default deny
Jan/22/2004 18:41:56	Drop UDP packet from WAN	172.137.230.203:1107	80.132.197.51:1434	Rule: Default deny
Jan/22/2004 18:42:09	Drop UDP packet from WAN	200.71.42.21:43417	80.132.197.51:137	Rule: Default deny
Jan/22/2004 18:43:16	Drop UDP packet from WAN	200.69.24.242:1039	80.132.197.51:137	Rule: Default deny
Jan/22/2004 18:43:55	Drop UDP packet from WAN	206.117.130.162:1040	80.132.197.51:137	Rule: Default deny

Abbildung 32.1 Fünf Minuten Firewall-Log mit neun geblockten Paketen

Ich habe in Abbildung 32.1 einen Auszug aus der Logdatei meiner Firewall dargestellt. Sie können erkennen, dass innerhalb der fünf Minuten, in denen die Internetverbindung bestand, neun Pakete verworfen wurden. In der Spalte DESTINATION sehen Sie die IP-Adresse, die mein DSL-Router hatte (80.132.197.51) und nach dem Doppelpunkt den Ziel-UDP-Port, meist 137. Die TCP-/UDP-Ports 137 bis 139 übermitteln NetBIOS over TCP/IP. Mit anderen Worten: Über diese Ports werden z. B. die Datei- und Druckerfreigabe ermöglicht. In dem gerade ausgeführten Beispiel habe ich unterstellt, dass Sie keine Firewall einsetzen und Laufwerksfreigaben benutzen. Die fünf Datenpakete für den Port 137 wären vermutlich erfolgreich gewesen, sodass Ihre Laufwerksfreigaben über das Internet verfügbar wären und jeder Ihre Daten kopieren, ändern oder löschen könnte.

Die beiden ICMP-Pakete, also die `ping`-Pakete, sollen feststellen, ob in einem Bereich von IP-Adressen ein PC erreichbar ist. Erst wenn der `ping` erfolgreich war, suchen die Hacker-Programme weiter.

Laut der Firewall-Logdatei wurden alle Pakete verworfen (engl. *dropped*), sodass der Absender der soeben aufgezählten Pakete keine Rückmeldung erhalten hat. Das bietet zwar keinen umfangreichen Schutz, doch die Mehrzahl aller Hacker gibt auf, wenn sie auf einen `ping` keine Antwort bekommt, und sucht sich ein leichteres Ziel. Nur dann, wenn Ihr LAN ein besonderes Interesse bei Hackern, Crackern und Industriespionen weckt, werden sich diese Zeitgenossen nicht durch so einfache Mechanismen abhalten lassen, und Sie müssen auf jeden Fall intensiver vorsorgen.

Nicht jedes Datenpaket, das zu Ihrem PC gelangt, muss von einem Hacker sein; potenziell ist aber jedes Paket von einem Hacker, der Ihnen Böses will. Insbesondere die Datenpakete, die auf Ihren TCP-Port 4662 zielen, sind harmlos, sie stammen aus dem *eDonkey*-Netzwerk. Es gibt keine IP-Adresse der großen Internetprovider in Deutschland, die nicht im eDonkey-Netzwerk registriert ist und die deshalb nicht mit Anfragen aus diesem bombardiert wird.

32.1.7 Der Hackerparagraf

In Deutschland gibt es mit dem §202c StGB einen sogenannten Hackerparagrafen. Er stellt den Versuch unter Strafe, in andere Netzwerke einzudringen. Damit der Versuch strafbar ist, muss ein kritisches Programm (beispielsweise ein Sniffer) ohne Erlaubnis des Netzwerkbesitzers absichtlich gegen ein Netzwerk eingesetzt werden. Soweit die Theorie, in der Praxis werden die meisten Angriffe gar nicht erst entdeckt. Es ist außerdem fraglich, ob die Angreifer ermittelt werden können. Selbst falls das gelingen sollte, müssen Sie die Absicht, manipulativ in Ihr Netzwerk eindringen zu wollen, dann auch noch beweisen können.

Ich jedenfalls verlasse mich nicht darauf, im Falle des Falles juristisch gegen Eindringlinge vorgehen zu können. Es scheint mir im Vergleich mit einer nachträglich ausgetragenen Auseinandersetzung vor Gericht doch deutlich einfacher, im Vorhinein ein LAN ausreichend zu sichern, sodass Aufwand und Nutzen aus der Sicht eines potenziellen Angreifers in keinem tragbaren Verhältnis zueinander stehen.

32.2 Angriffsarten: Übersicht

Ich möchte in der Tabelle 32.1 die gängigsten Begriffe für Angriffe auf ein Netzwerk oder einen PC in einer Übersicht darstellen.

Name	Beschreibung	Beispiel
Brute Force Attack	Passwörter durch Power knacken. Alle Varianten werden durchprobiert.	Anhand von Wortlisten werden die gängigsten Passwörter mit einem entsprechenden Programm (z. B. *john* unter Linux) durchprobiert.
Buffer Overruns	Programmierfehler ausnutzen, indem man in Eingabefelder falsche oder zu viele Daten eingibt.	Eine zu lange Benutzereingabe enthält den Programmcode einer Shell. Dieser ersetzt den auf die Eingabe wartenden Prozess.
Denial of Service (DoS)	Netzwerkverbindungen oder Server stören bzw. unterbrechen. Wenn möglich, den PC/das Netzwerk zum Absturz bringen.	Der Webserver wird mit Anfragen bombardiert. Lücken in TCP/IP werden ausgenutzt, um den Speicher eines Systems mit Müll zu belegen.
Distributed DoS	PCs oder Netzwerke werden zum Ausfall gebracht, indem ein Sturm von Daten erzeugt wird. Der Datensturm geht von vielen anderen Servern im Internet gleichzeitig aus. Diese hat der Hacker unter seine Kontrolle gebracht.	Die Webseiten von Yahoo werden mit so vielen Anfragen bombardiert, dass sie für (sinnvolle) Benutzung nicht mehr zur Verfügung stehen.
Man in the Middle Attack	Die Daten werden zwischen dem Quell- und dem Ziel-PC abgefangen und modifiziert zum Ziel-PC geschickt.	In einer Onlinebanking-Sitzung werden die Eingaben abgefangen und die Zielkontonummer, der Betrag oder beides geändert.

Tabelle 32.1 Angriffsszenarien im Überblick

Name	Beschreibung	Beispiel
Portscanning	Welche Dienste bietet ein PC an?	Mit nmap prüfen, ob ein Telnet auf einem PC läuft.
Replay	Mitgeschnittene Daten werden wieder abgespielt.	SSH-Login mitschneiden, dann wieder abspielen und an einem Server per SSH angemeldet sein.
Sniffing, Monitoring	Daten mitschneiden oder mithören.	Passwörter im Netzwerk abhören.
Social Engineering	Menschen klassisch täuschen. Hierzu gehört auch Phishing.	Telefonanruf eines angeblichen Administrators, der nach einem Benutzerpasswort fragt. Mit einem Techniker-Overall PCs abbauen und mitnehmen.
Spoofing, Hijacking	Der Cracker schleicht sich unter Vortäuschung einer anderen Identität in eine Netzwerkverbindung ein.	Der Cracker verwendet die IP-Adresse eines wichtigen PC/Servers, damit die Benutzer dort ihr Passwort eingeben.

Tabelle 32.1 Angriffsszenarien im Überblick (Forts.)

Sie können an der Vielzahl der Angriffe erkennen, dass es zahlreiche Möglichkeiten gibt, ein Netzwerk zu attackieren. Entsprechend schwer ist es, ein Netzwerk zu sichern – wenn es nicht sogar unmöglich ist.

32.3 ARP-Missbrauch

ARP ist die Auflösung einer IP- in eine MAC-Adresse (siehe Kapitel 13, »Address Resolution Protocol«). Entsprechend wird im LAN für die Adressierung des Ethernet-Paketes an einen PC immer zunächst per ARP nach dessen MAC-Adresse gefragt. Falls kürzlich bereits mit dem Ziel-PC kommuniziert wurde, befindet sich diese bereits im eigenen ARP-Cache und muss nicht neu ermittelt werden.

Ein Sicherheitsproblem von ARP ist nun, dass jeder PC im LAN behaupten kann, der PC mit der IP-Adresse 192.168.1.44 zu sein. Es eröffnet sich die Möglichkeit des *ARP-Spoofing* (siehe Abbildung 32.2), mit dem man trotz des Einsatzes von Switches beliebig Datenverkehr über den eigenen PC umleiten kann.

[ZB] Der Angreifer (192.168.1.66, MAC 00:00:00:00:00:66) schleicht sich in die Kommunikation eines anderen PCs (192.168.1.20, MAC 00:00:00:00:00:20) ein. Er bombardiert unaufgefordert den DSL-Router mit gefälschten ARP-Antwortpaketen. In diesen gibt er vor, dass die IP-Adresse 192.168.1.20 in seine MAC-Adresse aufzulösen sei (00:00:00:00:00:66). Entsprechend adressiert der Router ab sofort

– der ARP-Cache ist ja gefüllt, und er muss dank des »Bombardements« kein ARP mehr für diesen PC durchführen – alle Ethernet-Pakete für den PC mit der IP-Adresse 192.168.1.20 an die MAC-Adresse 00:00:00:00:00:66. Entsprechend leitet der Switch, er arbeitet auf MAC-Ebene (ISO/OSI-Layer 2), das Datenpaket an den Angreifer-PC weiter.

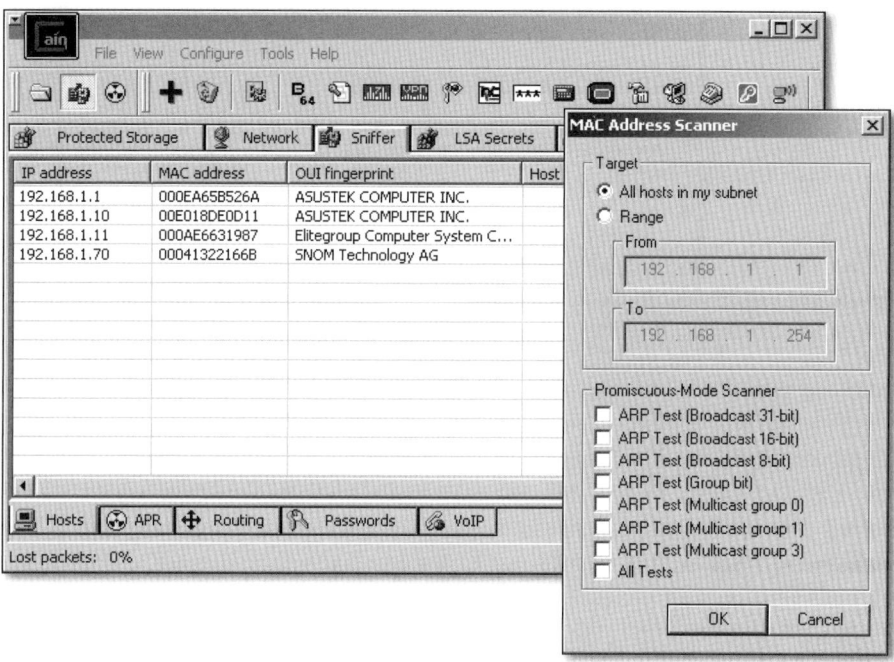

Abbildung 32.2 Mit Cain & Abel zunächst die Opfer aussuchen

Damit die Kommunikation nun nicht ins Stocken gerät, muss der Angreifer-PC alle Datenpakete, die eigentlich für den PC 192.168.1.20 gedacht sind, an diesen weiterleiten. Nichts einfacher als das – er nimmt die Pakete, verpackt sie in ein neues Ethernet-Paket und adressiert es an die korrekte MAC-Adresse 00:00:00:00:00:20.

Die Sache ist aber noch nicht ganz perfekt, denn bisher gelangen nur die Datenpakete aus dem Internet auf den Angreifer-PC. Um die vollständige Kommunikation erschnüffeln zu können, müssen auch die Datenpakete vom Opfer-PC an den Router über den Angreifer-PC umgeleitet werden. Das geschieht analog zum ersten ARP-Spoofing, indem der Surf-PC unaufgefordert mit ARP-Antwortpaketen bombardiert wird. Dieses Verhalten können Sie in Abbildung 32.3 unter dem Stichwort *Full-routing* nachvollziehen.

32 | Sicherheit im LAN und im Internet

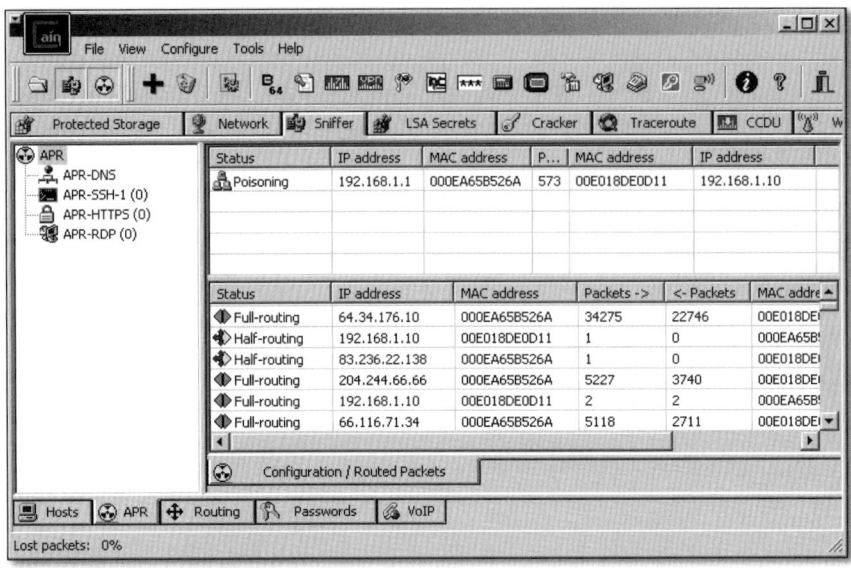

Abbildung 32.3 APR ist aktiv und leitet alle Pakete um.

Sie denken, dass es recht kompliziert klingt und dass so etwas doch nur wirklich gute Hacker/Cracker hinbekommen? Falsch, die gesamte Funktion finden Sie inklusive einiger Passwort-Cracker im kostenfreien Windows-Programm *Cain & Abel* (siehe *http://www.oxid.it*). Abbildung 32.4 zeigt das Tool im Einsatz.

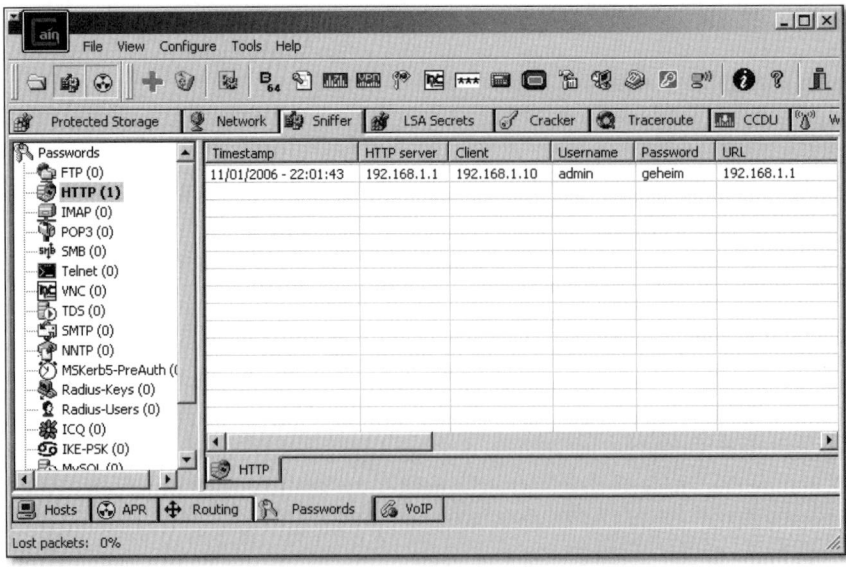

Abbildung 32.4 Eine komplette HTTP-Anmeldung wurde mitgeschnitten.

32.4 Sicherheitslösungen im Überblick

Sie haben nun einen Überblick darüber erhalten, welche Gefahren im Netzwerk lauern. Es gibt jedoch einige einfache Mittel, mit deren Hilfe Sie möglichen Angreifern große und hoffentlich unüberwindbare Hürden aufbauen können.

Ich wiederhole mich, wenn ich sage, dass es keine absolute Sicherheit gibt. Und gerade, wenn ich glaube, dass alles sicher ist, werde ich leichtsinnig und öffne versehentlich eine kleine Hintertür.

Zum Beispiel war ich sehr vorsichtig, was Viren auf Datenträgern und Fremdprogrammen anging. Über Jahre hinweg hatte ich auf meinen PCs keinerlei Befall, während viele Freunde regelmäßig über Viren und Datenverlust klagten. Eines Nachts klickte ich müde eine Warnmeldung meiner Firewall weg und hatte mir prompt einen Virus eingefangen.

Man kann sagen: Die Sicherheitskette ist immer nur so stark wie ihr schwächstes Glied! [!]

Es gibt zurzeit vier Säulen, auf denen die Sicherheit im Netzwerk basiert:

- Grundsicherheit (sichere Passwörter...)
- Virenscanner
- Firewalls
- Network Intrusion Detection Systeme

Alle diese Verfahren sind nur dann wirkungsvoll, wenn Sie in Ihrem Netzwerk bei allen Benutzern gewisse Sicherheitsstandards durchsetzen. Der am schwächsten gesicherte Zugang zu Ihrem Netzwerk entspricht dem Sicherheitsniveau des gesamten Netzwerkes, weil genau wie bei einer Kette das schwächste Glied maßgeblich ist. Selbstverständlich ist es unsinnig, ein hohes Maß an Sicherheit aufzubieten und dann als Benutzerpasswort eines Administrators »Passwort« zuzulassen.

Auch wenn es keine absolute Sicherheit gibt, lohnt es sich, Arbeit in die Absicherung eines Netzwerkes zu stecken. Denn: Warum sollte jemand viel Arbeit in Angriffe auf Ihr Netzwerk investieren, wenn es für weniger Mühe an anderer Stelle leichtere Beute gibt? [«]

Oftmals gilt also beim allgemein niedrigen Sicherheitsniveau im Internet, dass Sie nur besser sein müssen als die anderen. Sobald Sie besseren Schutz einsetzen, werden Angreifer vermutlich auch nicht massiv attackieren, weil es Tausende anderer gibt, die schwächere Schutzmechanismen nutzen.

So ist es auch bei der Sicherheit im Internet! Wenn Sie ein besser gesichertes Netzwerk haben, ist es unwahrscheinlicher, dass Ihr Netzwerk erfolgreich angegriffen wird, auch wenn es nicht hundertprozentig perfekt gesichert ist.

32.4.1 Firewall

Ich habe schon mehrfach den Begriff *Firewall* benutzt, ohne ihn genauer zu definieren. Viele verstehen eine Firewall als ein komplettes Sicherheitskonzept und nicht als ein einzelnes Programm. Das ist auch sinnvoll, denn das Programm allein verschafft keine wirkliche Sicherheit. Im Folgenden spreche ich allerdings von der Firewall als einem Programm, das im einfachsten Fall auf der Basis von IP-Adressen und TCP-/UDP-Ports und anhand der Transportrichtung (Richtung Internet oder Richtung LAN) Datenpakete prüft und filtert.

Eine Firewall ist ein elektronischer Filter, der nicht jedes Paket, sondern nur bestimmte Pakete durchlässt, ähnlich wie der Türsteher am Samstag vor der Disco; ein Türsteher wendet jedoch andere Kriterien an als eine Firewall.

[zB] Ich beziehe mich noch einmal auf das Beispiel des vorherigen Abschnitts. Wenn Sie keine Dateien über das Internet durch Windows-Laufwerksfreigaben austauschen wollen, ergibt es keinen Sinn, Datenpakete aus dem Internet auf den TCP-Ports 137 bis 139 zu akzeptieren oder deren Versand in das Internet zuzulassen.

Damit Sie das Versenden oder das Empfangen unerwünschter Pakete verhindern können, ist eine Firewall erfunden worden. Sie blockt Pakete, die nach definierten Regeln nicht weitergeleitet werden dürfen. Diese Regeln – Firewall-Regeln – definieren Sie selbst. Die wichtigste Firewall-Regel ist: Alles blockieren! Diese wichtigste Regel greift immer dann, wenn es keine speziellere Firewall-Regel gibt. Sie blockieren jeglichen Datenverkehr und legen dann Ausnahmen von dieser Regel fest. Falsch wäre es, umgekehrt nur bestimmte Bereiche zu blockieren; es wird immer nur im Rahmen einer Ausnahme bestimmter Datenverkehr erlaubt.

Ich kann mir vorstellen, dass Sie per HTTP im WWW surfen möchten, daher muss eine Regel lauten: Eine ausgehende Verbindung zu allen IP-Adressen mit dem TCP-Zielport 80 ist erlaubt.

[!] Mit dieser Regel, die Ihnen einerseits das Surfen ermöglicht, haben Sie andererseits das erste kleine Sicherheitsloch erzeugt. Wenn man es genau betrachtet, könnte ein Programm Daten Ihres PCs aus Ihrem LAN in das Internet senden, wenn es den TCP-Zielport 80 benutzt. Diese Programme heißen in Anspielung auf den bekannten griechischen Mythos *Trojanische Pferde*.[1]

---

1 Fälschlicherweise werden sie auch als Trojaner bezeichnet, denn geschichtlich waren die Trojaner die Opfer des trojanischen Pferdes.

Die einzig logische Schlussfolgerung ist, dass möglichst wenige – genauer gesagt nicht mehr als unbedingt nötig – Firewall-Ausnahmen existieren sollten. Je mehr Ausnahmen existieren, desto durchlässiger ist Ihre Firewall. Und je durchlässiger die Firewall insgesamt ist, desto eher findet ein Schadprogramm ein Schlupfloch.

Firewalls gliedern sich in drei Kategorien:

- Paketfilter
- Stateful Inspection
- Application Level

Packet-Filtering-Firewalls prüfen auf der IP-Ebene (ISO/OSI-Schicht 3). Die Firewall-Regeln beinhalten als Merkmale die IP-Adresse(n), die TCP-/UDP-Port(s) und die Transportrichtung (in das LAN oder in das Internet). Diese Art der Firewall bietet Basissicherheit und lässt sich relativ leicht umgehen. Ihr großer Vorteil ist der recht geringe CPU-Aufwand, sodass hohe Durchsatzraten erzielt werden.

Stateful-Inspection-Firewalls arbeiten auf der Ebene TCP-/UDP (ISO/OSI-Schicht 4). Sie berücksichtigen, ob eine wartende Verbindung für einen speziellen Port besteht, und passen die Firewall-Regeln für bestimmte Anwendungen (wie aktives/dynamisches FTP) dynamisch an, wenn innerhalb der Anwendungsdaten neue TCP-Ports ausgehandelt werden. Das erzielbare Sicherheitsniveau ist sehr hoch, die Konfiguration ist schwierig, die Datendurchsatzraten sind ebenfalls hoch.

Application-Level-Firewalls filtern auf der Applikationsebene (ISO/OSI-Schicht 7) Daten. Damit wird es möglich, Benutzer zu authentifizieren oder zu autorisieren. Bei den beiden zuvor genannten Firewalls ist es lediglich möglich, auf Basis der IP-Adresse(n) Regeln aufzustellen. Die Funktionsweise einer Application-Level-Firewall ist dagegen der *Proxy* (dt. *Stellvertreter*), der stellvertretend für den Zielwebserver im Internet die Anfragen vom Client annimmt, sie in das Internet weiterleitet, die Antworten vom Zielwebserver bekommt und diese seinerseits an den Client weiterleitet. Da die Tätigkeit der Firewall sehr aufwendig ist, ist der Datendurchsatz niedrig.

Nicht selten sind Firewalls selbst anfällig für Angriffe, sodass es bereits gelang, die Firewall selbst zu kapern. Da Firewalls – insbesondere Personal Firewalls auf PCs – mit administrativen Rechten laufen, hatte der Angreifer direkt Administratorrechte erlangt.

32.4.2 Virenscanner

Wenn Sie Sicherheit vor Trojanischen Pferden haben möchten, müssen Sie einen *Virenscanner* einsetzen. Wenn Sie ein Programm aus dem Internet laden, z. B. die neueste Version von WinZip, woher wollen Sie dann wissen, dass die Programmquelle nicht mit einem Virus, einem Trojanischen Pferd, verseucht ist, das genau das von mir beschriebene schädliche Verhalten aufweist und persönliche Daten von Ihnen über den TCP-Zielport 80 ins Internet sendet? Sie können nur dann einigermaßen sicher sein, wenn Sie einen Virenscanner mit den aktuellsten Virendefinitionen einsetzen. Der Aktualisierungsrhythmus muss im Bereich weniger Stunden liegen, weil sich im Internet Viren bereits innerhalb von wenigen Stunden massiv verbreiten.

Die Firma Avira bietet für den privaten Einsatz den kostenlosen Virenscanner AntiVir Personal an (siehe *http://www.free-av.de*). Altenativ gibt es noch als freien Virenscanner AVG Antivirus (siehe *http://free.avg.com*). Ich bin allerdings der Meinung, dass es sich durchaus lohnt, die etwa 20 € für ein kommerzielles Produkt mit wesentlich mehr Leistung auszugeben.

Da ein Virenscanner nicht nur dann einzusetzen ist, wenn man ein LAN betreibt, und er auch nicht zum Kernbereich des Netzwerkes gehört, belasse ich es bei diesem Hinweis.

32.4.3 Network Intrusion Detection System

Sie betreiben ein LAN, es versorgt 50 PCs. Die Kollegen in dem LAN sind alle technisch sehr versiert. Der Chef wird aufgrund der schwierigen Finanzlage 20 Mitarbeitern die Kündigung aussprechen. Wie hoch ist die Chance, dass einer der gekündigten Kollegen sich rächt, indem er einen Server lahmlegt oder Daten für die Konkurrenz stiehlt, um seine Chance auf einen neuen Job zu erhöhen?

Man soll an das Gute im Menschen glauben; die Möglichkeit, dass einer der gekündigten Kollegen sich in dieser Weise betätigen will, besteht aber unabweisbar. Studien behaupten, dass die Mehrzahl aller Angriffe auf ein LAN aus dem LAN selbst kommt.

Angriffe aus dem LAN auf das eigene LAN werden nicht von einer Firewall erfasst, da die Daten ja nicht über die Firewall gesendet werden. Eine Firewall bietet für ein solches Szenario also keinen Schutz. Wenn Sie also herausfinden möchten, welche Merkwürdigkeiten bzw. Auffälligkeiten intern in Ihrem Netzwerk auftreten, müssen Sie ein *Network Intrusion Detection System* (*NIDS*) einsetzen. Ein solches System sammelt Merkwürdigkeiten, wie ich es ausdrücken möchte.

Eine Merkwürdigkeit wäre z. B. eine IP-Adresse, die während der normalen Geschäftszeiten anhand der MAC-Adresse einem Server zuzuordnen ist und von 22:00 bis 22:23 Uhr – ebenfalls anhand der MAC-Adresse nachweisbar – von einem anderen PC genutzt wird. Geht man von den in Westeuropa üblichen Arbeitszeiten aus, ist es ein sehr ungewöhnliches Verhalten für einen PC, um 22 Uhr seine IP-Adresse zu ändern und das auch nur für 23 Minuten.

[zB]

Wenn Sie kein NIDS einsetzen, wird Ihnen nichts auffallen, weil Sie um 22 Uhr nicht mehr im Büro sind, und selbst wenn Sie es wären, ist die Wahrscheinlichkeit gering, dass Sie es bemerkten. Damit bleiben solche Merkwürdigkeiten von den meisten Firmen mangels NIDS unerkannt.

Ein NIDS erkennt bekannte Angriffsmuster, z. B. Portscans, und schlägt dann Alarm. Die Reaktion des Systems können Sie einstellen; sie sollte davon abhängig sein, gegen welchen Rechner sich der Angriff gerichtet hat. Es gibt zahlreiche verschiedene NIDS. Einige installieren einen sogenannten Honey-Pot (dt. *Honig-Topf*), auf den der Hacker/Cracker geleitet wird. Dort beobachtet man, welche Aktionen der Cracker eigentlich auf seinem Zielrechner vornehmen wollte, und erhofft sich so Anhaltspunkte, um wen es sich bei dem Angreifer handeln könnte.

Ein NIDS einzurichten, zu pflegen und laufend zu überwachen ist aufwendig. Das ist der Grund, weshalb solche Systeme nur selten anzutreffen sind. Eine Alternative zum NIDS ist das HIDS (Host Intrusion Detection System), das einzelne PCs überwacht. Es werden von diesem System beispielsweise Veränderungen an Systemdateien und ungewöhnliche Zugriffe auf das Netzwerk bemerkt und verhindert.

32.4.4 Unsichere Passwörter

Sichere Passwörter sind der Anfang von Sicherheit. Viele Anwender wählen Passwörter, die innerhalb eines Radius von einem Meter um ihren PC zu finden sind, oder notieren Passwörter auf Zetteln, die unter der Schreibtischablage liegen.

Dabei ist es sehr menschlich, unsichere Passwörter zu wählen, weil es wirklich schwer ist, sich regelmäßig ein sicheres Passwort auszudenken. Viele Systeme setzen inzwischen Mindestanforderungen an Passwörter durch. Beispielsweise muss das Passwort oftmals Klein- und Großbuchstaben und Zahlen enthalten, manchmal zusätzlich Sonderzeichen. Üblicherweise kombinieren Anwender dann einfache Tricks: Aus »Passwort« wird »Passw0rd« oder »Passwort123«. Der Gewinn an Sicherheit ist minimal, weil diese simplen Tricks in entsprechenden Passwortlisten längst enthalten sind.

Die einzige Lösung ist es, statt Passwörtern richtige Passphrasen zu verwenden. Gemeint ist damit ein ganzer Satz, denn damit werden üblicherweise wesentlich mehr Zeichen verwendet, und die Sicherheit steigt enorm. Wenn ein ganzer Satz zu lang ist, kann man ein sicheres Passwort sehr einfach wählen. Nehmen Sie einen Satz: »Petra? Isst gerne 68 saure Kirschen!« Jetzt verwenden Sie immer die ersten drei Buchstaben eines jeden Wortes und das Ausrufezeichen: »Pet?issger68sauKir!«

Jede Wette, dass ein solches Passwort in absehbarer Zeit nicht genackt wird! Reicht das? Nein, Sie sollten mehr als ein Passwort besitzen. Wenn Sie dieses gute Passwort einsetzen, um neben Ihrem Onlinebanking auch noch E-Mails bei einem Freemailer wie GMX, Yahoo! oder GMail abzuholen und somit jedes Mal unverschlüsselt zu übertragen, dann sinkt natürlich die Sicherheit enorm. Die wirkliche Krux der Passwörter ist, dass wir alle inzwischen so viele Passwörter und PINs haben, dass sich niemand mehr all diese merken kann.

Weitere Informationen zu sicheren Passwörtern finden Sie beim *Bundesamt für Sicherheit in der Informationstechnik* unter *http://www.bsi-fuer-buerger.de/schuetzen/07_0201.htm.*

Mit den theoretischen Grundlagen können Sie nun entscheiden, welche Programme für Ihr Netzwerk sinnvoll sind.

33 Programme zur Netzwerksicherheit

Das Thema Datensicherheit rückt auch in der öffentlichen Diskussion immer mehr in den Vordergrund. Früher musste man eine Firewall nach einer Linux-Installation erst mühsam konfigurieren und extra einschalten. Heute wird sie automatisch gestartet und ist in der Regel bereits sinnvoll vorkonfiguriert. Auch Windows-Betriebssysteme brachten ursprünglich keine Firewall mit. Heute gehören sie zum Standardumfang.

Über den Sinn von *Personal Firewalls*[1] wird in Fachkreisen auch immer wieder gestritten, weil dem Anwender ultimative Sicherheit suggeriert, tatsächlich aber ein deutlich geringeres Sicherheitsniveau erreicht wird. Der Anwender wähnt sich in Sicherheit und verhält sich weniger sicherheitsbewusst, öffnet möglicherweise aus Neugier doch mal einen unaufgefordert zugesandten Dateianhang eines unbekannten E-Mail-Absenders oder surft auf fragwürdigen Webseiten.

33.1 Firewalls für Windows

In allen aktuellen Windows-Versionen sind Firewalls (siehe Kapitel 25, »Windows einrichten«) enthalten. Die Alternative oder die Ergänzung zu den Windows-Firewalls sind kostenlose oder kostenpflichtige Programme von Drittanbietern. Wenn Sie bereits ein Security-Paket (Virenscanner, Firewall und Anti-Spyware) verwenden, ist es uninteressant, eine weitere Firewall zu installieren. Sollten Sie lediglich einen Virenscanner verwenden, ist es durchaus sinnvoll, eine Firewall einzusetzen. Sie verhindert nicht nur den Zugriff auf Ihr System, sondern auch, dass Schadsoftware von Ihrem System aus weiteren Schaden anrichtet.

Der Markt für Windows-Firewalls ist recht unübersichtlich, es gibt Hunderte von Produkten. Die Anzahl der kostenfreien Firewalls ist da schon geringer, ändert sich aber ständig. Es ist daher unmöglich, hier konkrete Empfehlungen für ein-

---

[1] Personal Firewalls sind auf PCs laufende Zusatzprogramme, welche die Aufgabe einer Firewall wahrnehmen.

zelne Produkte zu geben, da die Haltbarkeit der Information nur wenige Wochen beträgt.

Anstelle konkreter Vorschläge möchte ich Ihnen ein paar Tipps an die Hand geben, wie Sie eine für Sie geeignete Firewall finden können.

33.1.1 Firewall-Leistungen

Die Leistungen der einzelnen Firewalls sind recht unterschiedlich, auch wenn jeder Hersteller damit wirbt, ultimative Sicherheit zu bieten. Ein Beispiel für weniger gute Firewalls ist die Möglichkeit, die Firewall durch ein Schadprogramm einfach zu beenden oder zu deaktivieren. Merkt sich die Firewall nur den Programmnamen und den Pfad einer zugelassenen Datei, muss die Schadsoftware nur dieses Programm mit demselben Namen überschreiben und kann dann ins Internet kommunizieren. Abhilfe schafft nur, sich den Hash-Wert eines Programms zu merken und zu vergleichen, allerdings geht dies zulasten der Geschwindigkeit.

Die Möglichkeiten, eine Firewall auszuhebeln, sind vielfältig, und offenbar greifen die alten Angriffe von *http://www.firewallleaktester.com* auch im c't-Test aus dem Jahr 2008: Von den elf getesten Angriffen erkannte die beste Firewall sechs.

Wirkungslos wird so manche Firewall, weil sie permanent kryptische Fragen stellt: »Programm *xzy.dll* will auf das Internet zugreifen. Erlauben/Verweigern.« Kaum jemand vermag zu entscheiden, ob die Bibliothek *xzy.dll* auf das Internet zugreifen können soll. Die Folge ist, dass mit der Zunahme der Nachfragen auch die Anwendungen erlaubt werden... Das bringt keine Sicherheit!

Eine Firewall, die also den Anwender permanent fragt, ist selbst eher fragwürdig. Kommerzielle Produkte bieten einen Modus, in dem anhand einer Liste bekannter Programme der Zugriff auf das Internet geregelt wird.

Bei den heutigen Datendurchsatzraten des Internetzugangs – beispielsweise 50 Mbit/s bei VDSL – ist eine Firewall oft ein Flaschenhals und bremst auf ein deutlich geringeres Tempo herunter.

33.1.2 Quellen im Web

Durch die Popularität der sogenannten *Personal Firewalls* wird in der Fachpresse regelmäßig geprüft, welche Firewall die beste ist. Dabei kommen naturgemäß unterschiedliche Ergebnisse heraus, je nachdem, worauf die Tester ihre Schwerpunkte legen.

Mit den Suchbegriffen »Windows Firewall Test« gelangen Sie zu entsprechenden Berichten. Dabei kann ich Forendiskussionen über Firewalls nur bedingt empfehlen, weil dort meist lediglich persönliche Erfahrungen wiedergegeben werden und nicht Erfahrungen, die auf strukturierten Tests verschiedener Firewalls basieren.

In der Vergangenheit haben solche Tests beispielsweise die folgenden Seiten veröffentlicht:

- TecChannel (siehe *http://www.tecchannel.de*)
- PC-Welt (siehe *http://www.pcwelt.de*)

Hinzu kommen zahlreiche Tests in den Printmedien, also in Computerzeitschriften.

33.2 IPTables, Firewall für Linux

IPTables ist eine Schnittstelle zur Linux-Firewall, die bereits in den Kernel 2.6 integriert ist. Über Befehle auf der Kommandoebene werden einzelne Firewall-Regeln gesetzt, geändert oder gelöscht. Mit IPTables werden Tabellen gepflegt, die im Wesentlichen Filterregeln und Adressumsetzungen beinhalten.

Es gibt mehrere Möglichkeiten, die IPTables-Firewall auch grafisch zu konfigurieren. Ein Beispiel ist die Firewall von SUSE, die in Abschnitt 26.4, »SUSE-Firewall«, beschrieben wird.

33.3 Firewalls testen

Wenn Sie eine Firewall eingerichtet haben, dann sollten Sie unbedingt testen, ob die Firewall auch funktioniert. Firewalls werden üblicherweise durch simulierte Angriffe getestet. Es gibt die Möglichkeit, ein Unternehmen, das sich auf Sicherheitsüberprüfungen spezialisiert hat, mit der Überprüfung zu beauftragen. Da Experten auf dem Gebiet der Sicherheit hoch bezahlte Mitmenschen sind, wird ein solcher Test mit hohen Kosten verbunden sein. Diese Kosten sollten Sie als größeres Unternehmen nicht scheuen, denn es ist billiger, wenn die Sicherheitsfirma die Lücken aufdeckt, als wenn ein Cracker sie findet und Ihr Netzwerk zum Beweis seines Könnens stilllegt.

Als kleines Unternehmen oder als Privatperson können Sie auf Tests zurückgreifen, die im Internet angeboten werden. Die offizielle IP-Adresse, unter der Sie aus dem Internet heraus zu erreichen sind, steht in jedem Datenpaket, das aus Ihrem LAN zu einem Server im Internet gesendet wird. Es ist daher kein Problem für Dienste im Internet, direkt diese IP-Adresse anzusprechen. Die Webseiten, die einen Firewall-Test anbieten, greifen die IP-Adresse mit Programmen wie `nmap` an und stellen die Ergebnisse über die Webseiten dar. Einige kostenlose Anbieter sind:

- *http://www.hackerwhacker.com*
- *http://www.heise.de/security/dienste/portscan*
- *http://webscan.security-check.ch*

Ich empfehle, alle Angebote auszuprobieren; dann können Sie sicher sein, dass viele Angriffspunkte getestet wurden. Außer dem geringen Zeitaufwand müssen Sie nichts investieren.

Die Ergebnisse der Tests werden üblicherweise direkt auf der Webseite angezeigt. Wenn die Tests sehr intensiv sind, kann das mehrere Stunden dauern. Sie müssen den Fortgang nicht beobachten, sodass nur ein geringer Teil Ihrer Zeit für das Testen benötigt wird.

[!] Führen Sie die Firewall-Tests nur dann aus, wenn Sie der Administrator der Firewalls sind oder wenn Sie den Test mit dem zuständigen Administrator abgesprochen haben. Ansonsten wird er einen Hacker-Angriff vermuten und entsprechend reagieren.

Wenige Neuerungen bei den Netzwerken haben so viele Sicherheitsfragen aufgeworfen wie WLAN. Da Funkwellen nur schwer auf eine Wohnung oder ein Haus zu begrenzen sind, gab es viele potenzielle Mitleser.

34 WLAN und Sicherheit

Manchmal wird die Verschlüsselung des Routers oder *Access Points* (*AP*) vom Endkunden gar nicht eingesetzt, weil er es für zu kompliziert hält, sich durch die Konfiguration zu arbeiten. Auf diesen Mangel sind die Hersteller eingegangen und haben Techniken entwickelt, mit denen die Geräte selbstständig Verschlüsselung und Kennwort austauschen. Der Anwender klickt im entsprechenden Programm eine Schaltfläche an und drückt eine Taste am Access Point (siehe Abschnitt 34.3, »Wi-Fi Protected Setup«).

> [!] WPS ist unsicher und sollte von Ihnen nicht mehr eingesetzt werden, solange Sie nicht sicher ausschließen können, dass Ihr Access Point verwundbar ist.

34.1 Sicherheitsverfahren

Der erste Sicherheitsmechanismus im WLAN war das Verschlüsselungsverfahren *Wired Equivalent Privacy* (*WEP*). Der Inhalt der Datenpakete wird verschlüsselt übertragen; so kann zwar immer noch jeder die Daten abhören, jedoch nicht mehr auswerten. Es gibt zwei Stufen von WEP, meist WEP64 und WEP128 genannt.

> [!] Unabhängig von der WEP-Stufe ist das Verfahren unsicher und sollte von Ihnen nicht mehr eingesetzt werden.

Das aktuelle Verschlüsselungsverfahren heißt *Wi-Fi Protected Access* (*WPA*). Es wurde von der Organisation Wi-Fi Alliance entwickelt und sollte die massiven Sicherheitsprobleme mit WEP bis zum hochsicheren Standard IEEE 802.11i überbrücken. Inzwischen gibt es weitverbreitet *WPA2*, dass dem vorgenannten Standard entspricht und bisher noch nicht geknackt wurde.

Der Administrator des WLANs bestimmt mit dem sogenannten *Service Set Identifier* (*SSID*) oder *Extended Service Set Identifier* (*ESSID*) den Namen. Eine wirkliche Sicherheitshürde stellen diese Identifier nicht einmal versteckt dar.

34.1.1 WEP

Das oft erwähnte WEP ist optionaler Bestandteil des IEEE-802.11b-Standards. Dabei wird der Inhalt der Nachrichtenpakete mit einem 40-Bit-RC4-Algorithmus (WEP64) verschlüsselt. Der Administrator richtet maximal vier Passphrasen ein, die er auch bei jedem WLAN-Client hinterlegt und mit deren Hilfe die Verschlüsselung durchgeführt wird. Die 104-Bit-Variante von WEP (WEP128) ist nicht viel sicherer als die 40-Bit-Variante, und sie ist nicht Teil des IEEE-Standards, es kann daher zu Inkompatibilitäten zwischen Produkten verschiedener Hersteller kommen. WEP ist leicht und schnell zu knacken, das ist inzwischen bewiesen.

Sie definieren maximal vier Schlüssel (engl. *keys*). Jeder Schlüssel ist fünf oder 13 Bytes lang, also fünf bzw. 13 Buchstaben.[1] Sollten Sie die Schlüssel als Hexadezimalwert eingeben, müssen Sie zehn oder 26 Zeichen eingeben (siehe Abbildung 34.1).

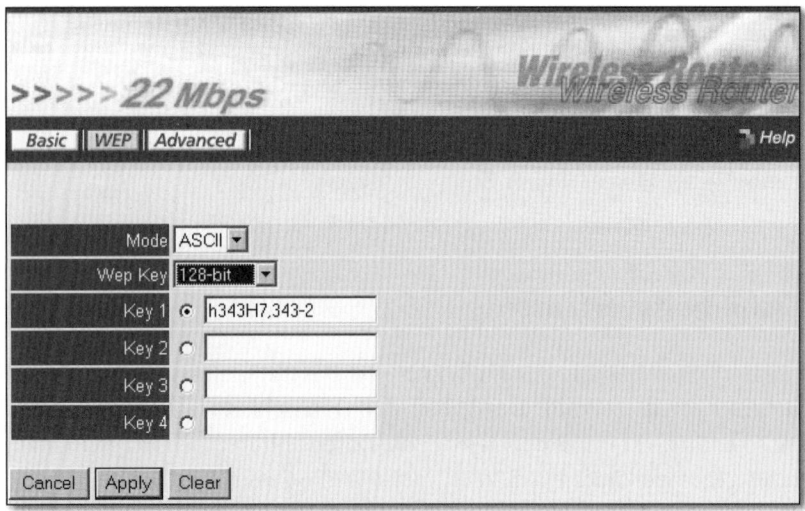

Abbildung 34.1 WEP-Schlüssel einrichten

Weil diese Schlüssel einmal definiert werden, relativ kurz sind und der eingesetzte RC4-Verschlüsselungsalgorithmus ein sogenannter Stromchiffrierungsalgorithmus und daher nicht besonders sicher ist, ist WEP knackbar. Man kann WEP entweder durch aktives Hacken oder durch passives Mitschneiden von Daten knacken. Das Kernproblem ist, dass aus dem Schlüssel ein sogenannter *Initialisierungsvektor (IV)* generiert wird. Weil es sich um statische Schlüssel handelt, wiederholt sich der IV spätestens nach 2^{24} Paketen. Durch statistische Verfahren

---

1 Die Länge ist davon abhängig, ob Sie eine 40-(64-)Bit- oder eine 104-(128-)Bit-WEP-Verschlüsselung einsetzen.

kann man deutlich schneller den WEP-Key entschlüsseln, sodass teilweise wenige Minuten ausreichen.

Selbst für weniger interessante private WLANs ist WEP kein ausreichender Schutz, da völlig unverschlüsselte Zugänge selten sind. WEP stellt also die unterste Stufe der Sicherheitshürden dar. [!]

Wie Sie ein WLAN insbesondere hinsichtlich der WEP-Sicherheit selbst überprüfen können, erfahren Sie in Abschnitt 34.4, »WLAN-Sicherheit analysieren«.

34.1.2 WPA

Nach der massenweisen Verbreitung von WLAN und dem schnellen Bekanntwerden der vielen Sicherheitsprobleme der WEP-Verschlüsselung war die Wi-Fi Alliance zum Handeln gezwungen. Es war nicht möglich, auf die gute Sicherheitslösung IEEE 802.11i zu warten, und daher musste eine Lösung geschaffen werden, die auf den bereits verkauften WLAN-Komponenten lauffähig war.

Das verbesserte WEP heißt WPA und ist weniger leicht zu knacken, wenn Passwörter verwendet werden, die zufällig sind und mehr als 20 Zeichen haben. Das wichtigste Kriterium bei der Entwicklung von WPA war der Grundsatz, dass man WPA über ein Software-Update auf den bisherigen Geräten einsetzen kann. Daher basiert die Verschlüsselung weiterhin auf dem Algorithmus RC4, wurde aber um die Authentifizierungs-Protokolle *Extensible Authentication Protocol* (*EAP*) und *Temporal Key Integrity Protocol* (*TKIP*) erweitert. Diese beiden Verfahren umgehen die größten Schwächen von WEP: den konstanten Schlüssel und die fehlerhafte Integritätssicherung. Damit machen sie WPA sicherer als WEP. EAP prüft die Authentizität des WLAN-Headers, sodass es nicht mehr möglich ist, einfach aufgezeichnete Pakete erneut zu senden (engl *replay attack*).

Doch auch WPA ist zu knacken, insbesondere dann, wenn die Länge der Passphrase lediglich wenige Zeichen lang ist und nicht die mögliche Länge von 63 Zeichen ausschöpft.

34.1.3 WPA2

Inzwischen ist *WPA2* üblich; dieser Sicherheitsstandard unterstützt neben dem Verschlüsselungsverfahren TKIP (RC4) auch AES. Die Wi-Fi Alliance unterscheidet zwischen *WPA2 Personal* und *WPA2 Enterprise*, wobei die Personal-Version mit einem sogenannten *Pre-Shared Key*, also einem gemeinsamen Passwort, arbeitet und die Enterprise-Version die Regelungen von IEEE 802.11i zur Integration eines RADIUS-Servers zur Authentifizierung von WLAN-Clients nutzt.

Wenn Sie prüfen möchten, ob Geräte WPA2 unterstützen, schauen Sie dazu unter *http://www.wi-fi.org* nach.

Das sogenannte WPA2 nutzt als Verschlüsselungsverfahren AES mit 128 Bit, genauer gesagt AES-CCMP, es wird unter Linux manchmal auch CCMP genannt. AES ist rechenintensiver, sodass 40 Berechnungen pro Byte für die Verschlüsselung durchgeführt werden können.

WPA2 unter Einsatz von AES-Verschlüsselung mit hinreichend langen Passphrasen ist bis heute nicht zu knacken und daher sicher.

34.1.4 Access List

Die meisten Access Points bieten die Möglichkeit, sogenannte *Access Lists* (*ACLs*) zu führen. Dabei handelt es sich um Listen, in der die zulässigen MAC-Adressen aufgeführt werden. Andere als die dort notierten Adressen werden ausgesperrt.

Die MAC-Adressen der meisten WLAN-Karten sind veränderbar, sodass eine mitgelesene MAC-Adresse auch mit einer anderen Karte benutzt werden kann; auf diese Weise können Angreifer Zutritt erhalten. Alle üblichen Programme, die geeignet sind, ein WLAN zu hacken, bieten die Möglichkeit, die MAC-Adresse beliebig zu fälschen.

Dieser Mechanismus bringt meiner Meinung nach mehr Nach- als Vorteile. So ist möglicherweise unklar, warum das neue Notebook nicht ins Internet kommt, wenn man vergessen hat, die neue MAC-Adresse im Access Point einzutragen. Einen Hacker hält man mit diesem Mittel nicht auf.

34.1.5 VPN

Eine von allen Experten als sicher angesehene Lösung ist der Aufbau einer VPN-Infrastruktur. Der Aufbau wird in Abschnitt 35.9, »Virtual Private Network«, geschildert. Die Daten werden z. B. durch PPTP oder IPsec verschlüsselt. Damit ist ausgeschlossen, dass Ihre Daten entschlüsselt werden, nicht jedoch, dass der Access Point nicht von Hackern/Crackern benutzt wird und Ihre verschlüsselten Daten empfangen werden.

IEEE 802.1x, Port-based Authentication, arbeitet mit umfangreichen Sicherheitsmechanismen, insbesondere werden Benutzer über einen sogenannten *RADIUS*-Server (*Remote Authentication Dial-In User Service*) authentifiziert. Der Netzzugang wird hinsichtlich der übertragbaren Daten zunächst auf Authentifizierungsdaten beschränkt. Sie können also anfänglich nur IEEE 802.1x-Authentifizierungen senden oder empfangen. Erst wenn die Authentifizierung erfolgreich war, können auch normale Daten empfangen werden.

In großen Unternehmensnetzwerken ist der Einsatz einer solchen Technologie sicherlich denkbar, für kleinere Unternehmen oder Privatleute kommt weder ein VPN noch IEEE 802.1x als Lösung in die engere Wahl, weil der Aufwand viel zu hoch ist, um diese Techniken einzusetzen. Sie benötigen für die Nutzung von IEEE 802.1x ein Betriebssystem, das IEEE 802.1x beherrscht.

IEEE 802.11i, der neue Sicherheitsstandard für WLAN, wurde im Juni 2007 verabschiedet und könnte somit zur Verfügung stehen. Fachartikel zu dem Thema zeigen, dass es sehr komplex ist, eine entsprechende Sicherheitsstruktur aufzubauen, weil eine IEEE-802.1x-Authentifizierungstruktur benötigt wird. Der Aufwand ist etwa mit dem Aufbau eines VPN vergleichbar, sodass sich die Frage stellt, ob man überhaupt IEEE 802.11i einsetzen wird. Ein VPN kann für einen Zugang aus dem Internet und für WLAN genutzt werden, während IEEE 802.11i sich lediglich für WLAN verwenden lässt.

34.1.6 WLAN-Fachchinesisch

Das *Beacon-Intervall* ist der Zeitabstand, in dem der WLAN Access Point ein Beacon (dt. *Signalfeuer*) verschickt. Ein Beacon-Paket enthält unter anderem die SSID, MAC-Adresse, maximale Datentransferrate und Zeitinformationen. Ein Beacon-Paket ist immer unverschlüsselt, und es verrät einen Access Point.

Eine *TIM* (*Traffic Indication Map*) ist in einem Beacon enthalten. Die TIM ist ein Paket, das WLAN-Clients aus dem Energiesparmodus aufweckt. Aus Energiespargründen können WLAN-Clients, z. B. ein Notebook mit WLAN-Karte, im *PAM*-Modus (*Polled Access Mode*) betrieben werden. Wenn Daten für diese Clients am Access Point vorhanden sind, werden die Clients angesprochen und mit einer TIM aufgeweckt.

Das *DTIM*-Intervall (*Delivery Traffic Indication Map*) gibt an, in welchen Zeitabständen eine TIM in Beacons erwartet wird. Wenn der Wert auf 3 gesetzt wird, dann bedeutet es, dass bei jedem dritten Beacon der WLAN-Client eine TIM erwartet und erwacht. Wenn der Wert höher eingestellt wird, verbleiben die Clients länger im Energiesparmodus, und es laufen möglicherweise mehr Daten am Access Point auf, bevor diese vom Client abgeholt werden.

Wenn Sie sehr viele WLAN-Clients an einem Access Point betreiben, kann das CSMA/CA-Verfahren (siehe Kapitel 7, »Wireless LAN«) nicht mehr ordentlich durchgeführt werden. In diesem Fall wird *RTS* (*Request To Send*) angewendet. Ein WLAN-Client muss sich das Senderecht vom Access Point erteilen lassen, ansonsten darf er nicht senden. Beim *RTS Threshold* wird die Anzahl der Bytes angegeben, die erforderlich ist, damit das RTS/CTS-Verfahren angewendet wird.

WLANs bieten die Möglichkeit, Pakete zu fragmentieren, also zu zerteilen. Der Wert des *Fragmentation Threshold* gibt an, wie viele Bytes ein Datenpaket groß sein muss, damit es fragmentiert wird. Die Fragmentierung von Paketen führt zu überflüssigen Kontrollinformationen und verschlechtert die Performance des WLAN-Zugangs. Sie sollten den Wert möglichst hoch setzen und nur dann nach unten verändern, wenn es zu defekten Datenpaketen oder Kommunikationsstörungen kommt.

Die Einstellung *Preamble Type* bietet die Möglichkeit einer langen (128 Bit) oder einer kurzen (56 Bit) Präambel. Die lange Präambel ist im Standard IEEE 802.11b vorgeschrieben, die kurze Präambel wird nur von einigen Komponenten unterstützt. Mit der kurzen Präambel soll es möglich sein, eine bessere Performance zu erreichen. Tests zeigten lediglich eine Verbesserung von zwei Prozent, die Performanceverbesserung ist also vernachlässigbar gering. Sie sollten daher den Wert auf Long belassen, um Probleme mit den WLAN-Komponenten zu vermeiden.

34.1.7 Aspekte

Wie findet man Access Points? Es gibt einige Programme, die beim Finden helfen. Unter Windows ist das Programm *inSSIDer* (siehe Abschnitt 29.2.2, »inSSIDer«) sehr nützlich.

Manche verbringen ihre Freizeit damit, durch größere Städte und Büro- oder Industriegebiete zu fahren und dort nach WLAN-Zugängen zu suchen. Diese Tätigkeit wird als *WarDriving* bezeichnet. Im harmlosesten Fall werden ungesicherte Zugänge einfach für den – meist schnellen – Internetzugang genutzt und über ein GPS-System fein säuberlich in eine Karte eingetragen, zusammen mit den notwendigen Parametern, die man einstellen muss, um Zutritt zum WLAN zu bekommen.

Landstreicher (engl. *hobo*) haben früher mit Kreide Zeichen an Hauswände gemalt, die Auskunft darüber gaben, wie nett die Bewohner zu ihnen waren. Dadurch wussten die anderen Landstreicher, ob es sich lohnte, dort z. B. nach Essen zu fragen. Heute werden Zeichen gemalt, wo sich WLAN-Zugänge befinden: Man spricht von *WarChalking*. Die Leute, die diese Zeichen anbringen, nennen sich *Wibo*. Spätestens, wenn Sie solche Zeichen an Ihrer Hauswand finden, sollten Sie nachdenklich werden.

Sicherlich kommt Ihnen an dieser Stelle die Frage in den Sinn, ob das, was durch diese Hacker gemacht wird, denn nicht rechtswidrig ist. Wird Ihr WLAN lediglich geortet, ist kein Gesetzesverstoß zu erkennen. Das Knacken des WEP- oder WPA-Keys ist inzwischen durch den §202c StGB strafbar. Sollte in Ihr Netzwerk eingedrungen worden sein, ist es nicht einfach, den Urheber festzustellen. Da müsste es schon ein großer Zufall sein, wenn Sie den Eindringling dabei erwischen.

34.2 WPA in der Praxis

WPA ist bei fast allen Access Points integriert, die auch höhere Datenraten von 54 Mbit/s oder mehr bieten. Das Leben wäre zu einfach, wenn WPA einfach WPA wäre. Die Tabelle 34.1 gibt Ihnen einen Überblick über die Varianten.

WPA gibt es in zwei Ausprägungen, die Variante WPA-PSK wendet sich mehr an Privatleute und kleine Unternehmen. Sie arbeitet mit *Pre-Shared Keys* (*PSK*; dt. *zuvor ausgetauschter Schlüssel*), die genau wie bei WEP sowohl im Access Point als auch im PC eingetragen werden. Diese Variante gibt es unabhängig vom Verschlüsselungsalgorithmus (TKIP oder AES).

WPA	Verschlüsselung	Bemerkung
WPA	TKIP	
WPA	AES	
WPA2-PSK	TKIP	
WPA2-PSK	AES	WPA-Version 2

Tabelle 34.1 WPA im Überblick

In großen Installation ist es wichtig, nicht allen Mitarbeitern einen Schlüssel mitzuteilen, den diese dann auch noch eingeben müssen. Der Schlüssel ist dann natürlich nicht mehr geheim. Es lässt sich auch nicht mehr herausfinden, wer diesen Schlüssel an die WarDriver vom Wochenende verraten hat. Es sollte zudem möglich sein, sich als Benutzer z. B. über die Windows-Domäne und das dort vergebene Passwort auch am WLAN anzumelden. Die Verwaltung und Bereitstellung der Passwörter übernimmt ein RADIUS-Server in Zusammenarbeit mit EAP und IEEE 802.1x. Auch bei diesem WPA-Verfahren kommen TKIP und AES zum Einsatz.

Die Zeitschrift c't (25/2003, Seite 166 ff.) kommt wie ich zu dem interessanten Ergebnis, dass AES schneller ist als TKIP. Die Mehrleistung beträgt nach meinen Messungen[2] ungefähr neun Prozent bei gleichzeitig größerer Sicherheit.

Für Windows XP ist die WPA-Unterstützung im Service Pack 2 enthalten; in Windows Vista, Windows 7 und Windows 8 ist WPA von Anfang an inbegriffen.

---

2 Keine Laborbedingungen, daher sind Ungenauigkeiten möglich.

Sie können Windows XP zum Konfigurieren von WLAN-Adaptern verwenden, wenn der Dienst KONFIGURATIONSFREIE DRAHTLOSE VERBINDUNG gestartet ist. Sie können, wenn die WLAN-Karte die Funktion bietet, bei den EIGENSCHAFTEN zu einer ESSID, Reiter ZUORDNUNG die Netzwerkauthentifizierung von OFFEN auf z. B. WPA-PSK umstellen (siehe Abbildung 34.2).

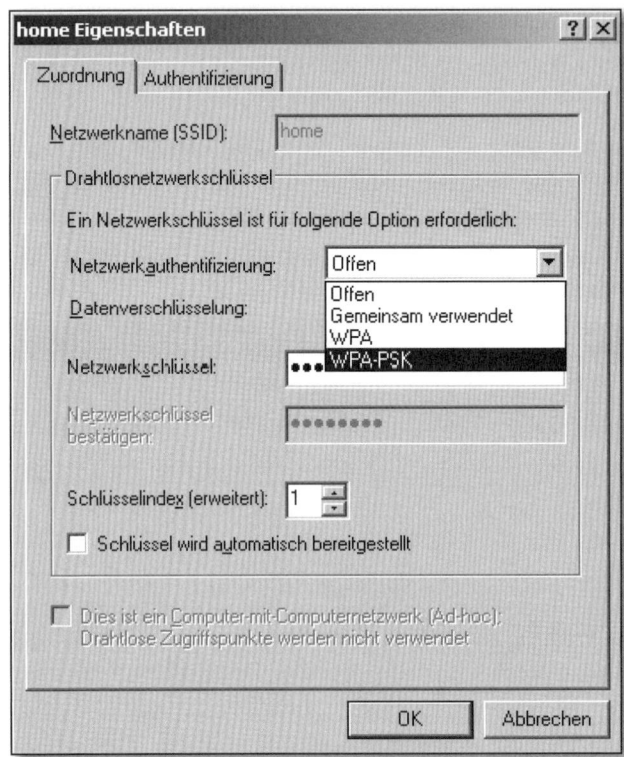

Abbildung 34.2 WPA mit Windows XP

Windows Vista, Windows 7 und Windows 8 wurden hinsichtlich WLAN deutlich weiterentwickelt und bieten eine überarbeitete Konfigurationsoberfläche (siehe Abbildung 34.3). Ein Assistent begleitet Sie durch die WLAN-Einstellungen, das *Network Discovery Framework* hilft Ihnen bei Verbindungsproblemen.

Die meisten Hersteller von WLAN-Hardware liefern zusätzlich zu der gelungenen Oberfläche von Windows Vista, Windows 7 und Windows 8 eigene Programme mit, die weiteren Komfort bieten.

Bei WPA müssen Sie im PSK-Verfahren einen Schlüssel festlegen – man könnte auch Passwort sagen. Wichtig ist, dass Sie diesen Schlüssel nicht zu kurz wählen, weil er sonst sehr unsicher ist und leicht passiv erraten werden kann. Der

Schlüssel sollte länger als 20 Zeichen sein. Die Unterscheidung in ASCII und HEX wird bei WPA nicht mehr vorgenommen, möglich sind auch alphanumerische Schlüssel.

WPA müssen Sie ganz oder gar nicht einsetzen, zumindest sieht das die Wi-Fi-Organisation so. Einen Mixed Mode mit WEP und WPA hält sie für völlig unsinnig, weil man damit das gesamte Netzwerk auf die Sicherheitsstufe von WEP herabsetzt.

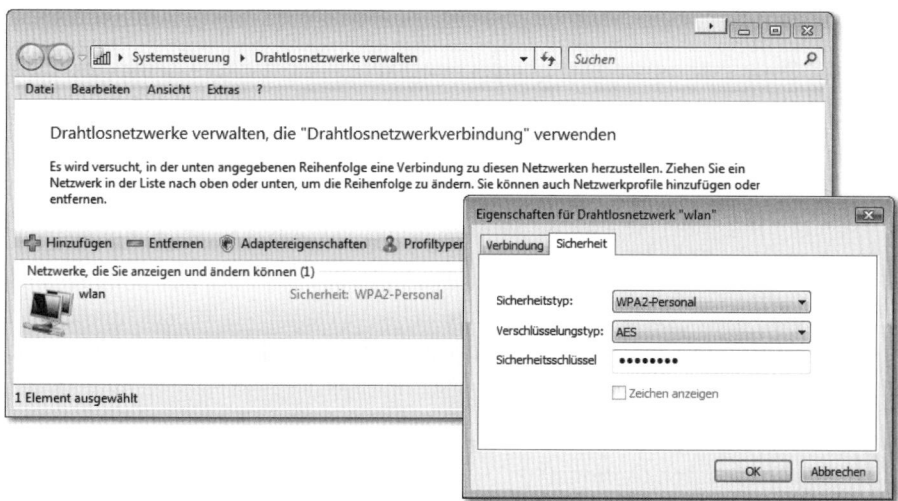

Abbildung 34.3 WLAN-Konfiguration unter Vista

34.3 Wi-Fi Protected Setup

> Das Wichtigste gleich zuerst: Deaktivieren Sie unbedingt WPS, bis Sie wissen, dass Ihr Access Point nicht angreifbar ist. [«]

Die korrekte und sichere Konfiguration von WLAN ist kein einfaches Unterfangen. Ein einfacher WPA-Schlüssel wie `passwort123` ist in Sekunden geknackt, schwierige Schlüssel werden von den Anwendern nicht freiwillig eingestellt. Dieser Mangel wurde von der Wi-Fi Alliance aufgegriffen, und es wurde *Wi-Fi Protected Setup* (*WPS*) als Quasistandard geschaffen. Viele neue WLAN-Komponenten beherrschen WPS.

> WPS gaukelt Ihnen vor, ein einfaches Setup mit ausreichender Sicherheit verbinden zu können. Das ist definitiv nicht der Fall! WPS ist in vielen Routermodellen angreif- [!]

bar (siehe *http://www.kb.cert.org/vuls/id/723755*). Einbrechern liefert WPS das WLAN-Passwort in wenigen Stunden auf dem Silbertablett. Dabei gibt es anfälligere und weniger anfälligere Systeme (siehe *http://www.zdnet.de/magazin/41559084/wpa2-geknackt-wie-der-neue-wlan-hack-funktioniert.htm*). Das Verfahren ist denkbar einfach (siehe *http://code.google.com/p/reaver-wps*).

Es gibt zwei übliche Methoden, wie WPS ablaufen kann. Dabei müssen Access Point und WLAN-Client beide dieselben Methoden unterstützen:

- **PIN**: Eine PIN steht auf dem Access Point oder wird in einem Display angezeigt. Diese PIN müssen Sie bei der Einrichtung des WLAN-Clients eintragen. Dieses Verfahren muss von allen zertifizierten Lösungen unterstützt werden.
- **PBC**: Ein Knopf muss gedrückt werden (auch ein virtueller in einer Software). Anschließend wird unverschlüsselt die Konfiguration ausgetauscht und nach wenigen Sekunden wieder in die sichere Konfiguration zurückgeschaltet (üblich).
- **NFC**: Das Gerät muss in die absolute Nähe, weniger als 10 Zentimeter, des Access Points gebracht werden. Dort erfolgt die Aushandlung (optional, zukünftige Nutzung).
- **USB**: Die Konfiguration wird auf einem USB-Stick abgespeichert und kann eingelesen werden (optional).

Auch Windows Vista, Windows 7 und Windows 8 unterstützen WPS, dort heißt es *Windows Connect Now* (*WCN*). WLAN-Geräte werden dabei über UPnP im Netzwerk erkannt. Das funktioniert nicht, wenn Sie meinem Rat gefolgt sind und am Router UPnP deaktiviert haben, damit nicht x-beliebige Programme Firewall-Regeln anpassen können.

34.4 WLAN-Sicherheit analysieren

Die Sicherheit von Wireless LANs ist ein ständiges Thema in den Fachmedien. Wenn Sie ein WLAN betreiben, ist es für Sie interessant und wichtig, Ihr eigenes WLAN in puncto Sicherheit zu prüfen. Ich möchte Ihnen in diesem Abschnitt einige Programme vorstellen, die zur Sicherheitsanalyse von WLANs eingesetzt werden können. Viele Programme funktionieren ausschließlich unter Linux.

[!] An dieser Stelle möchte ich noch einmal auf den Hackerparagrafen in Deutschland hinweisen: §202c StGB stellt das Mitschneiden von Netzwerkverkehr unter Strafe. Das gilt nicht, wenn man sein eigenes WLAN prüft. Das WLAN des Nachbarn ist aber tabu!

Für das Prüfen von WLANs gibt es eine spezielle Linux-Distribution, die als Live-DVD verwendet werden kann: *BackTrack* (siehe *http://www.remote-exploit.org/backtrack.html*). Diese Distribution unterstützt auch eine Vielzahl von WLAN-Karten.

Brennen Sie die ISO-Datei auf eine DVD, und booten Sie von dieser DVD. Einloggen können Sie sich als Benutzer *root* mit dem Passwort *toor*.

34.4.1 Aircrack-ng

Bei der Software *Aircrack-ng* (siehe *http://www.aircrack-ng.org*) geht es um das Knacken von WEP- oder WPA-Keys. Aircrack-ng besteht aus mehreren Programmen, die jeweils eine eigene Funktion haben. So ist es nicht möglich, parallel zum eigentlichen Schnüffeln der WLAN-Daten (engl. *sniff*) diese direkt zu dekodieren, dies erfolgt vielmehr in zwei Schritten:

- `airmon-ng`: Ersetzt die WLAN-Karte in den Monitormodus, damit überhaupt Pakete aufgezeichnet werden.

- `airodump-ng`: Zeichnet WLAN-Pakete auf, damit Aircrack-ng sie analysieren kann.

- `aircrack-ng`: Crack-Programm, das entsprechende Mitschnitte benötigt und den Schlüssel knackt.

- `aireplay-ng`: Ein Programm, um modifizierte WLAN-Pakete zu senden.

- `airdecap-ng`: Entschlüsselt Mitschnitte, die mit WEP oder WPA verschlüsselt sind.

Damit Sie die Analyse Ihres WLANs beginnen können, müssen Sie unter Linux einen WLAN-Anschluss haben. Das Kommando `ifconfig` listet alle Netzwerk-Interfaces auf. WLAN-Karten verbergen sich üblicherweise hinter `wlan0`.

Im nächsten Schritt versetzen Sie Ihre WLAN-Karte mit dem Programm `airmon-ng` in den Monitormodus:

```
airmon-ng start wlan0
```

Weiter geht es zur Aufzeichnung mit dem Programm `airodump-ng`:

```
airodump-ng -w <Dateiname> wlan0 --bssid <MAC AP>
```

Aus rechtlicher Sicht ist es wichtig, dass Sie die Daten auf die MAC-Adresse Ihres Access Points beschränken. Sie verhindern damit, versehentlich Daten eines anderen WLANs mitzuschneiden. Melden Sie nun einen WLAN-Client in Ihrem Netzwerk an; Sie können bei `airodump-ng` sehen, dass es eine Station gibt.

Warten Sie die WLAN-Anmeldung (siehe Abbildung 34.4) ab, und drücken Sie anschließend (Strg) + (C).

Gesetzt den Fall, Sie haben als Dateiname *dump* gewählt, so werden mehrere Dateien nach dem Muster *dump<Nummer>.cap* angelegt.

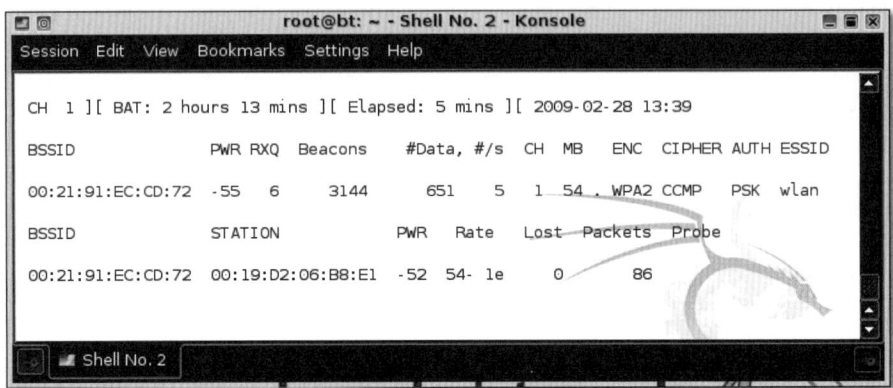

Abbildung 34.4 »airodump-ng« zeichnet WLAN auf.

Diese Dateien sind die Ausgangsbasis für den nächsten Schritt. Sie benötigen nun noch eine Passwortliste. Der Einfachheit legen Sie sich diese einfach selbst an:

```
echo <WPA-Passwort> > wordlist.txt
```

Wenn Sie Ihr WPA-Passwort hier eintragen, können Sie nicht herausfinden, ob es in Passwortlisten im Internet enthalten ist, doch wenn nicht, ergäbe sich die Frage: Wie lange bleibt es noch unerkannt? Wenn also unter Kenntnis Ihres Passworts mit nur einer einzigen Anmeldung Ihr WLAN zu hacken wäre, ist eine grundsätzliche Schwäche gegeben.

Der Aufruf von `aircrack-ng` lautet nun wie folgt:

```
aircrack-ng -w wordlist.txt dump*.cap
```

Nach der Auswahl Ihres WLANs dauert es voraussichtlich nur wenige Sekunden, und schon sehen Sie Ihren WLAN-Key (siehe Abbildung 34.5).

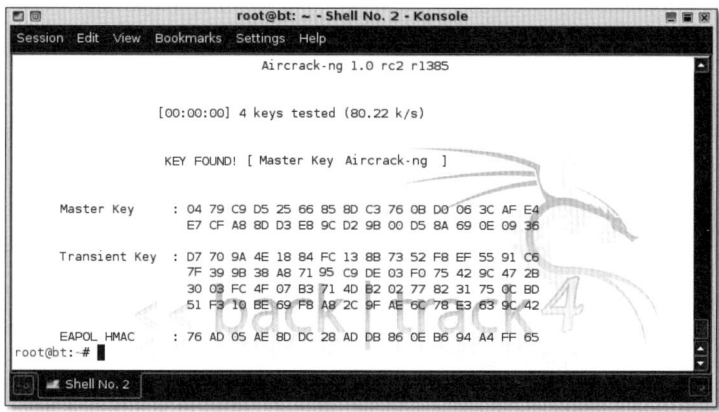

Abbildung 34.5 »aircrack-ng« zeigt den WPA2-Key: Master Key Aircrack-ng

34.4.2 Weitere Tools

Auf der BackTrack-DVD finden Sie im Startmenü im Ordner BACKTRACK weitere Programme, mit denen man WLANs analysieren kann. Ein bekanntes Programm ist *coWPAtty*, das wie Aircrack-ng in der Lage ist, WPA-Keys zu knacken.

Von weiteren Programmen, die beispielsweise einen Access Point vortäuschen und somit Benutzer zur Eingabe der Zugangsdaten verleiten, kann ich – ohne konkreten Auftrag des WLAN-Besitzers – nur abraten. Sie machen sich mit dem Einsatz zu Recht strafbar.

Sie haben es beim Thema Sicherheit im WLAN bemerkt: An Verschlüsselungstechniken führt kein Weg vorbei. Aber wie genau funktioniert eigentlich eine verschlüsselte Verbindung?

35 Verschlüsselung

Ein Datenpaket durchläuft auf seinem Weg vom Sender zum Empfänger zumeist mehrere Stationen und durchwandert mehrere Übertragungsmedien. Das gilt sowohl für Ihr lokales Netzwerk (z. B. Router, Ethernet, WLAN), erst recht aber für das Internet. Stellen Sie sich bitte einmal die Route einer E-Mail von Ihrem PC über die beteiligten Mailprovider vor, bis sie schließlich auf dem PC des Empfängers angekommen ist!

Auf diesem Weg wird diese E-Mail gewöhnlich im Klartext übertragen. Sie kann gelesen und im schlimmsten Fall sogar verändert werden, bevor sie ihr Ziel erreicht. Die Werkzeuge, die dazu nötig sind, wurden sogar von Netzwerkadministratoren für die tägliche Arbeit entwickelt (siehe Kapitel 29, »Zusatzprogramme«).

Dabei ist eine Überwachung nicht unbedingt automatisch auch eine rechtswidrige Handlung. Zum einen sind die gesetzlichen Grundlagen nicht immer auf dem aktuellen Stand der Technik. Zum anderen ist es manchmal eine offizielle Regierungsorganisation, die Interesse am Inhalt des Datenstroms im Internet hegt. Beispielsweise müssen E-Mail-Provider die Verbindungsdaten aller E-Mails einige Monate verwahren und auf Verlangen der Behörden mit richterlicher Genehmigung Einsicht gewähren. So verwundern mich die anfänglichen Bestrebungen der US-Regierung nicht, die Verschlüsselung zu reglementieren und einzuschränken.

Wie der Begriff Verschlüsselung nahelegt, benötigt man für diesen Vorgang einen oder sogar mehrere Schlüssel.

35.1 Symmetrische Verschlüsselung

Beim symmetrischen Verschlüsselungsverfahren sind beide Kommunikationspartner im Besitz des gleichen Schlüssels. Dieser Schlüssel kann sowohl für die Verschlüsselung als auch für die Entschlüsselung verwendet werden. Da der Schlüssel im Vorhinein an beide Partner verteilt werden muss, spricht man auch von einem *Pre-Shared Key* (PSK).

> [zB] Ablauf der symmetrischen Verschlüsselung:
> - A verschlüsselt mit dem Schlüssel PSK.
> - B entschlüsselt mit dem Schlüssel PSK.

Dieser Schlüssel muss natürlich unter allen Umständen geheim gehalten werden.

35.2 Asymmetrische Verschlüsselung

Beim asymmetrischen Verfahren wird für jeden Teilnehmer ein Schlüsselpaar generiert. Der öffentliche Schlüssel wird mit geeigneten Mitteln verbreitet, der private verbleibt beim Eigentümer. Mit dem öffentlichen Schlüssel können die Daten nun verschlüsselt, nicht aber entschlüsselt werden. Die Entschlüsselung ist nur mit dem privaten Schlüssel möglich.

> [zB] Ablauf der asymmetrischen Verschlüsselung:
> - A verschlüsselt mit öffentlichem Schlüssel von B.
> - B entschlüsselt mit seinem privaten Schlüssel.

Manchmal findet man statt der Bezeichnung symmetrische bzw. asymmetrische Verschlüsselung auch die Begriffe *Secret-Key-Verschlüsselung* und *Public-Key-Verschlüsselung*.

[zB] Ein bekanntes Beispiel für eine symmetrische Verschlüsselung ist *Data Encryption Standard* (*DES*), ein Beispiel für asymmetrische Verschlüsselung ist *RSA* (benannt nach den drei Mathematikern Rivest, Shamir und Adleman). RSA erfreut sich zunehmender Beliebtheit und findet z. B. bei X.509, IPsec, Secure Shell (SSH) oder Pretty Good Privacy (PGP) Anwendung. Ich möchte Sie mit Abschnitt 35.6, »GNU Privacy Guard (GnuPG)«, gerne schrittweise an die Anwendung eines beliebigen asymmetrischen Verschlüsselungsverfahrens anhand eines Beispiels heranführen.

35.3 Hybride Verschlüsselung

Die Vorteile der asymmetrischen Verschlüsselung gehen stark zulasten der Geschwindigkeit, da längere Schlüssel benötigt werden und die Verschlüsselung aufwendiger ist. Deshalb wird heute bei den meisten Anwendungen ein hybrides Verfahren aus symmetrischer und asymmetrischer Verschlüsselung verwendet.

Die asymmetrische Verschlüsselung wird dabei nur verwendet, um einen gemeinsamen Sitzungsschlüssel (*session key*) auszutauschen. Dieser für alle Kommunikationspartner gleiche Schlüssel wird danach regelmäßig erneuert.

Ablauf der hybriden Verschlüsselung: [zB]

- A generiert einen Sitzungsschlüssel.
- A verschlüsselt den Sitzungsschlüssel mit seinem privaten Schlüssel.
- B entschlüsselt den Sitzungsschlüssel mit öffentlichem Schlüssel von A.
- A und B kommunizieren über den Sitzungsschlüssel.

Ein Beispiel für eine hybride Verschlüsselung ist Transport Layer Security (TLS), [zB] der Nachfolger von Secure Sockets Layer (SSL). TLS bringt die erstaunliche Fähigkeit mit, dass andere Protokolle in TLS implementiert werden können. So wird aus HTTP z. B. mithilfe von SSL/TLS auf diese Weise HTTPs.

35.4 Signaturen

Der private Schlüssel kann außerdem noch für eine andere Aufgabe als zum Entschlüsseln verwendet werden: für eine *Signatur*, also eine digitale Unterschrift.

Die eigentliche Botschaft wird dabei nicht verschlüsselt. Aber es wird zusätzlich eine mit dem privaten Schlüssel erstellte Prüfsumme angehängt. Dieser verschlüsselte Anhang kann dann mit dem öffentlichen Schlüssel des Signierenden entschlüsselt werden. Damit kann sichergestellt werden, dass die Botschaft nicht verfälscht wurde. Es wird deutlich, wie wichtig die Authentizität des öffentlichen Schlüssels ist.

Ablauf der Verschlüsselung mit Signatur: [zB]

- A signiert mit seinem privaten Schlüssel.
- B überprüft die Signatur mit öffentlichem Schlüssel von A.

35.5 (Un-)Sicherheitsfaktoren der Verschlüsselung

Theoretisch ist mit genügend Zeit jeder Schlüssel knackbar. Ein Angreifer könnte schlicht alle möglichen Schlüssel ausprobieren. Das Ganze nennt man *Brute Force Attack* (dt. *Angriff mit roher Gewalt*). Dabei stehen dem Angreifer diverse

Hilfsmittel zur Verfügung: Er kann z. B. Begriffe aus Wörterbüchern ausprobieren (*Dictionary Attack*).

[!] Diese Angriffsarten müssen Sie insbesondere bei *Pre-Shared Keys* berücksichtigen. Wenn Sie z. B. einen Schlüssel für Ihr WLAN festlegen, verwenden Sie bitte

- keine Begriffe aus dem Wörterbuch, sondern im Idealfall zufällig generierte Zeichenketten, und
- keine kleinen Schlüssellängen. Ein Schlüssel mit mindestens 40 Zeichen Länge gilt momentan als relativ sicher gegenüber Brute-Force-Angriffen.

35.6 GNU Privacy Guard (GnuPG)

GnuPG (siehe *http://www.gnupg.org*) ist kompatibel mit *Pretty Good Privacy* (*PGP*). Beide orientieren sich am Standard OpenPGP. GnuPG wurde von Werner Koch entwickelt. Die Version 1.0 wurde im Jahr 1999 fertiggestellt. Zurzeit ist die Version 2.0 aktuell.

[!] Seit GnuPG Version 2 ist ein laufender `gpg-agent` Voraussetzung für die Arbeit mit GnuPG. In der Regel wird dieser Dienst automatisch gestartet, sobald er benötigt wird. Manchmal funktioniert das nicht zuverlässig, und der `gpg-agent` muss mit diesem Kommando von Hand gestartet werden:

```
eval `gpg-agent --daemon`
```

Achten Sie aber darauf, dass jeder Benutzer nur einen `gpg-agent` startet!

Ich möchte Ihnen die Funktionsweise von GnuPG zunächst an einem Beispiel veranschaulichen.

[zB] Klaus und Marie kochen leidenschaftlich gerne. Seit einiger Zeit versucht die Oma von Klaus verzweifelt herauszubekommen, wie Marie ihren berühmten Borschtsch zubereitet. Marie möchte das Rezept jedoch gerne vor der Oma von Klaus geheim halten. Klaus hingegen soll ausnahmsweise eine Kopie des Rezepts erhalten. Da sie vermutet, dass die Oma geeignete Abhörmechanismen im LAN von Klaus installiert hat, möchte sie ihr Rezept verschlüsselt an Klaus verschicken.

35.6.1 Schlüsselgenerierung

Dazu erstellt der Empfänger Klaus mit GnuPG zunächst ein Schlüsselpaar:

```
klaus@siegfried:~> gpg --gen-key
gpg (GnuPG) 2.0.9;
   Copyright (C) 2008 Free Software Foundation, Inc.
This is free software:
  you are free to change and redistribute it.
There is NO WARRANTY, to the extent permitted by law.
Bitte wählen Sie, welche Art von Schlüssel Sie möchten:
   (1) DSA und ELGamal (voreingestellt)
   (2) DSA (nur unterschreiben/beglaubigen)
   (5) RSA (nur signieren/beglaubigen)
Ihre Auswahl?
```

Klaus wählt das voreingestellte DSA und ELGamal. Der sogenannte DSA-(Haupt-)Schlüssel kann so für Signierungen verwendet werden, der ELGamal-(Unter-)Schlüssel zur eigentlichen Verschlüsselung von Daten.

Danach wird Klaus aufgefordert, die Schlüssellänge seines ELGamal-Schlüssels zu bestimmen. Je länger der Schlüssel, desto höher die später benötigte Rechenleistung. Je kürzer der Schlüssel, desto leichter ist er zu knacken:

```
Das DSA-Schlüsselpaar wird 1024 Bit haben.
ELG-Schlüssel können zwischen 1024 und 4096 Bit lang sein.
Welche Schlüssellänge wünschen Sie? (2048)
```

Sie sollten die Schlüssellänge mit Bedacht wählen, da sie für einen existierenden Schlüssel nicht im Nachhinein verändert werden kann! **[!]**

Jetzt ist noch zu bestimmen, wie lange der Schlüssel gültig sein soll:

```
Bitte wählen Sie, wie lange der Schlüssel gültig bleiben soll.
         0 = Schlüssel verfällt nie
       <n> = Schlüssel verfällt nach n Tagen
      <n>w = Schlüssel verfällt nach n Wochen
      <n>m = Schlüssel verfällt nach n Monaten
      <n>y = Schlüssel verfällt nach n Jahren
Wie lange bleibt der Schlüssel gültig? (0)
```

Jetzt muss Klaus noch persönliche Informationen eingeben, die es anderen ermöglichen werden, ihn eindeutig zu identifizieren. Unter anderem gibt Klaus seine E-Mail-Adresse `klaus@pcnetzwerke.de` ein.

Zum Abschluss wird Klaus gebeten, eine Passphrase (dt. *Kennwortsatz*) einzugeben (siehe Abbildung 35.1). Da die Passphrase unter dem Sicherheitsaspekt als kritisch betrachtet werden muss, sollte es an dieser Stelle weder an Kreativität noch an Sorgfalt mangeln. Es sollte ein möglichst langer und sinnfreier Satz mit vielen Sonderzeichen sein. Er sollte nicht in Büchern oder Lexika vorkommen oder in irgendeiner Form zu erraten sein.

35 | Verschlüsselung

Abbildung 35.1 Jeder private Schlüssel sollte gut gesichert werden.

Die Passphrase hält Klaus genauso unter Verschluss wie seinen privaten Schlüssel. Dieser befindet sich im Ordner *~/.gnupg*. Von seinen Schlüsselbunden *secring.gpg* und *pubring.gpg* legt er gleich eine Kopie auf einem USB-Stick an und verwahrt diese sicher.

35.6.2 Export

Klaus muss seinen öffentlichen Schlüssel nun an Marie weitergeben. Dazu kann er ihn zunächst in ein lesbares Format bringen:

```
klaus@siegfried:~$ gpg --armor --output pubkey.gpg
   --export klaus@pcnetzwerke.de
```

Den Inhalt der so erzeugten Datei *pubkey.gpg* kann sich Klaus mit dem Kommando `cat pubkey.gpg` ansehen und ihn Marie zukommen lassen.

35.6.3 Import

Marie hat eine E-Mail erhalten, in der sie den öffentlichen Schlüssel von Klaus vermutet. Sie kann den Schlüssel nun zu ihrem Schlüsselbund hinzufügen:

```
marie@suse:~> gpg --import pubkey.gpg
```

35.6.4 Überprüfung

Klaus hat seinen öffentlichen Schlüssel an Marie versendet. Im besten Fall hat er den Schlüssel auf einem Datenträger persönlich übergeben. Aber wie kann Marie sich sicher sein, dass der Schlüssel unterwegs in der E-Mail nicht verfälscht wurde, wenn er als E-Mail-Anhang verschickt wurde? In diesem Fall können Sie auf den *Fingerprint* (dt. *Fingerabdruck*) des Schlüssels vertrauen.

Den 16 Byte langen Fingerprint des öffentlichen Schlüssels von Klaus können sich sowohl Klaus als auch Marie anzeigen lassen:

```
~> gpg --fingerprint klaus@pcnetzwerke.de
pub   1024D/3E6B1C1C 2005-12-20
 Schl.-Fingerabdruck = F0EB CF27 2A21 CA9C 3E38
    CB0D 8975 2903 3E6B 1C1C
uid Klaus Loddenkötter <klaus@pcnetzwerke.de>
sub 2048g/626D4998 2005-12-20
```

Telefonisch vergleichen Klaus und Marie nun den Fingerprint. Damit haben die beiden sichergestellt, dass die Oma den Schlüssel auf dem Datenweg nicht heimlich ausgetauscht hat.

35.6.5 Signierung

Wenn Marie den importierten Schlüssel anwenden möchte, wird sie in der Regel gefragt werden, ob sie dem öffentlichen Schlüssel von Klaus wirklich vertrauen möchte. Da Marie Klaus persönlich kennt und sie den Fingerprint seines öffentlichen Schlüssels genau überprüft hat, möchte sie den Schlüssel nun für sich und auch andere beglaubigen. Dafür benötigt Marie einen eigenen privaten Schlüssel, den sie mit den gleichen Kommandos erzeugt, wie es zuvor Klaus getan hat. Mit der Signierung beglaubigt Marie, dass der Schlüssel wirklich zu Klaus gehört. Sie gelangt über das Kommando `gpg --edit-key klaus@pcnetzwerke.de` in den Schlüsseleditor. Mit dem Wort `sign` signiert sie den öffentlichen Schlüssel von Klaus:

```
Befehl> sign
pub 1024D/3E6B1C1C erzeugt: 2005-12-20 verfällt: niemals
    Aufruf: CS
         Vertrauen: unbekannt       Gültigkeit: unbekannt
Haupt-Fingerabdruck  = F0EB CF27 2A21 CA9C 3E38
    CB0D 8975 2903 3E6B 1C1C
     Klaus Loddenkötter <klaus@pcnetzwerke.de>
Sind Sie wirklich sicher, dass Sie vorstehenden Schlüssel
   mit Ihrem Schlüssel "Marie Mayer <marie@pcnetzwerke.de>"
   (CC95FB0E) beglaubigen wollen?
Wirklich unterschreiben? (j/N)
```

Den signierten öffentlichen Schlüssel von Klaus kann Marie nun zusammen mit ihrem eigenen öffentlichen Schlüssel wieder an Klaus zurückgeben. Dieser importiert seinen von Marie signierten öffentlichen Schlüssel dann in sein Schlüsselbund. Für jeden, der in Zukunft in den Besitz des öffentlichen Schlüssels von Klaus kommt, ist auf Anhieb ersichtlich, dass Marie für die Echtheit des Schlüssels von Klaus garantiert. Mit dem Wort `check` überprüft Marie den Erfolg:

```
Befehl> check
uid  Klaus Loddenkötter <klaus@pcnetzwerke.de>
sig!3   3E6B1C1C 2005-12-20 [Eigenbeglaubigung]
sig!    CC95FB0E 2006-01-03 Marie Mayer <marie@pcnetzwerke.de>
```

35.6.6 Verschlüsselung

Marie ist nun in der Lage, ihr Kochrezept *Kochrezept.doc* mit dem öffentlichen Schlüssel von Klaus zu verschlüsseln. Da sie mehrere Schlüssel an ihrem Schlüsselbund haben könnte, bestimmt sie genau den Empfänger und damit den öffentlichen Schlüssel, der zur Verschlüsselung dienen soll:

```
marie@suse:~> gpg --encrypt --recipient klaus@pcnetzwerke.de
    --output Kochrezept.gpg Kochrezept.doc
```

Die auf diese Weise erzeugte verschlüsselte Datei *Kochrezept.gpg* verschickt Marie nun an Klaus.

35.6.7 Entschlüsselung

Klaus kann das Kochrezept leicht wieder in lesbare Form bringen. Er ist im Besitz des privaten Schlüssels zur Entschlüsselung der Datei. Zusätzlich benötigt er die Passphrase, die er bei der Erzeugung seines Schlüsselpaares eingegeben hat:

```
klaus@siegfried:~> gpg Kochrezept.gpg
```

Ich habe Ihnen den Weg gezeigt, wie Marie ihre Daten sicher an Klaus versenden kann. Im richtigen Leben würde Marie ihren öffentlichen Schlüssel wahrscheinlich an Klaus weitergeben, um damit eine zweiseitige verschlüsselte Kommunikation zu ermöglichen.

35.6.8 Vertrauen

Marie hat sich persönlich von der Echtheit des Schlüssels von Klaus überzeugt. Doch ein Bekannter von Klaus möchte nun ebenfalls eine Kopie des Kochrezepts haben. Marie sieht, dass sein öffentlicher Schlüssel von Klaus unterschrieben ist. Sie hat nun zwei Möglichkeiten: entweder Klaus zu vertrauen oder nicht.

Dabei spielt es eine Rolle, inwieweit Marie Klaus dahingehend vertraut, dass auch er einen Schlüssel erst nach eingehender Prüfung signiert. Es gibt fünf Vertrauensstufen:

- 1 = *Unbekannt*: Sie können oder wollen nicht sagen, ob Sie dem Schlüsseleigentümer vertrauen.

- 2 = *Kein Vertrauen*: Der Schlüsseleigentümer signiert nicht so, wie Sie es tun und von anderen erwarten.

- 3 = *Teilweises Vertrauen*: Der Eigentümer überprüft Schlüssel immer, bevor er sie unterschreibt.

- 4 = *Volles Vertrauen*: Der Eigentümer genießt in Bezug auf den richtigen Umgang mit Schlüsseln Ihr volles Vertrauen.

- 5 = *Ultimatives Vertrauen*: Dieses Vertrauen genießt z. B. der eigene Schlüssel.

Mit dem Wort trust legen Sie die Stufe des Vertrauens fest:

```
Befehl> trust
pub  1024D/3E6B1C1C  erzeugt: 2005-12-20  verfällt: niemals
     Aufruf: CS
           Vertrauen: unbekannt     Gültigkeit: vollständig
sub  2048g/626D4998  erzeugt: 2005-12-20  verfällt: niemals
     Aufruf: E
[ vollst.  ] (1). Klaus Loddenkötter <klaus@pcnetzwerke.de>
Bitte entscheiden Sie, inwieweit Sie diesem User zutrauen,
Schlüssel anderer User korrekt zu prüfen (durch Vergleich mit
Lichtbildausweisen, Vergleich der Fingerabdrücke aus
unterschiedlichen Quellen ...)?
 1 = Weiß nicht so recht
 2 = Nein, ihm traue ich NICHT
 3 = Ich vertraue ihm marginal
 4 = Ich vertraue ihm vollständig
 5 = Ich vertraue ihm absolut
 m = Zurück zum Menü
Ihre Auswahl?
```

Die Informationen über Ihr Vertrauen in den Eigentümer eines Schlüssels werden in der Datei *trustdb.gpg* gespeichert.

Marie kann nun festlegen, inwieweit ein von ihr selbst nicht unterschriebener Schlüssel trotzdem als gültig anerkannt werden soll, indem sie Bedingungen vorgibt, unter denen sie bereit ist, einen solchen Schlüssel zu akzeptieren. Marie verändert z. B. mit den Optionen --marginals-needed und --completes-needed die Anzahl der aus ihrer Perspektive teilweise vertrauenswürdigen oder voll vertrauenswürdigen Schlüsselsignaturen des fremden Schlüssels, die dazu nötig sind. Das so entstehende Netz von Vertrauensbeziehungen nennt man *Web of Trust* (dt. *Vertrauensnetz*).

Es würde an dieser Stelle zu weit führen, Ihnen die genaue Funktionsweise des *Web of Trust* zu erläutern. Bei Interesse empfehle ich Ihnen die Lektüre der Manpages und die Suche im Internet.

35.6.9 Keyserver

Klaus und Marie haben verschiedene Möglichkeiten, ihre öffentlichen Schlüssel bekannt zu machen. Ein sehr populärer Weg ist das Hochladen des Schlüssels auf einen *Keyserver* (dt. *Schlüsseldienst*). Marie bestimmt einen Server in der Datei *gpg.conf* und kopiert ihren öffentlichen Schlüssel auf den Server:

```
gpg --send-keys <Schlüssel-ID>
```

Die Schlüssel-ID des Unterschlüssels erfährt Marie aus der Ausgabe des Kommandos `gpg --list-keys`. Es ist der Wert hinter dem »/«. Weltweit kann Maries öffentlicher Schlüssel nun sehr einfach mittels des Kommandos `gpg --recv-keys <Schlüssel-ID>` heruntergeladen werden.

Keyserver dienen also der Verbreitung und Veröffentlichung von Schlüsseln. Dieses gilt auch, wenn nachträglich Veränderungen an einem Schlüssel vorgenommen wurden. Marie könnte den von ihr unterschriebenen Schlüssel von Klaus auf dessen Wunsch hin auch direkt auf einen Keyserver kopieren.

35.6.10 Keysigning-Partys

Keysigning-Partys sind eine nette Möglichkeit, Schlüssel gegenseitig zu prüfen und zu signieren. Mehr dazu erfahren Sie im Internet auf der Seite *http://alfie.ist.org/projects/gpg-party/gpg-party.de.html*.

35.6.11 Verschlüsselte Kommunikation mit Servern

Ähnlich der verschlüsselten Kommunikation von Klaus und Marie funktioniert auch die Verschlüsselung von Webservern und anderen Servern im Internet. Wenn Sie z. B. eine Verbindung zu Ihrem Onlinebanking-Server aufmachen, dann werden Sie von Ihrem Browser gefragt, ob Sie den öffentlichen Schlüssel Ihrer Bank akzeptieren möchten. Dabei werden Sie darauf aufmerksam gemacht, dass eine vertrauenswürdige Instanz diesen Schlüssel bereits signiert, also zertifiziert hat. Diese Serverzertifikate werden von vielen Organisationen im Internet angeboten. Eine der bekanntesten ist *VeriSign* (siehe *http://www.verisign.de*). Das Kapital dieser Firmen beruht auf dem Geheimhalten Ihrer Root-Zertifikate, mit denen Sie durch die Signatur bestätigen, dass es sich bei dem Schlüssel eines Internetdiensts tatsächlich um den versprochenen Anbieter handelt.

Diese Zertifikate sind in der Regel recht teuer und müssen regelmäßig erneuert werden. Für Privatpersonen ist dieser Weg daher uninteressant. Eine freie, aber fast genauso sichere Alternative ist *CAcert* (siehe *http://www.cacert.org*). Hier entscheidet nicht ein einzelnes Unternehmen über Ihre Glaubwürdigkeit. Vielmehr benötigen Sie mehrere Personen, die höchstselbst Ihre Person bestätigen. Je mehr Personen für Sie bürgen, desto mehr steigt auch das Ansehen Ihrer Schlüssel!

Sie finden bei CAcert auch Anleitungen, wie Sie mit Ihrem Browser automatisch Serverzertifikaten von CAcert vertrauen können.   [«]

35.6.12 KGpg

In der KDE-Umgebung gibt es ein grafisches Programm, das Ihnen die Arbeit mit GnuPG vereinfachen kann. KGpg dient als grafisches Frontend für GnuPG (siehe Abbildung 35.2). Wenn Sie also die Funktionsweise von GnuPG verstanden haben, dann wird Ihnen die Arbeit mit KGpg sehr leicht fallen.

Abbildung 35.2 Grafische Schlüsselverwaltung mit KGpg

Wenn Sie mehr über GnuPG lesen möchten, empfehle ich Ihnen die Anleitung auf der Internetseite *http://www.gnupg.org/gph/de/manual*.

Der vorliegende Abschnitt ist noch lange keine abschließende Beschreibung der Möglichkeiten von GnuPG. Es geht mir nur darum, Ihnen die Funktionsweise zu veranschaulichen. GnuPG hat noch viele andere praktische Anwendungsmöglichkeiten. Eine davon möchte ich Ihnen im folgenden Abschnitt zeigen.

35.7 E-Mails mit GnuPG und Enigmail verschlüsseln

Jedes gute Mailprogramm unterstützt Verschlüsselung. Meistens muss dafür aber nachträglich Software installiert werden. siegfried und SUSE liefern jeweils die GnuPG-Software schon mit. Auf mit GnuPG kombinierte grafische Oberflächen wie WinTP gehe ich hier nicht ein, da Sie die Schlüsselverwaltung später mit dem E-Mail-Programm erledigen können.

35.7.1 Installation

[●] Für Windows müssen Sie zunächst GnuPG installieren. Sie finden die Installationsdatei auf der DVD im Verzeichnis */software/sicherheit*.

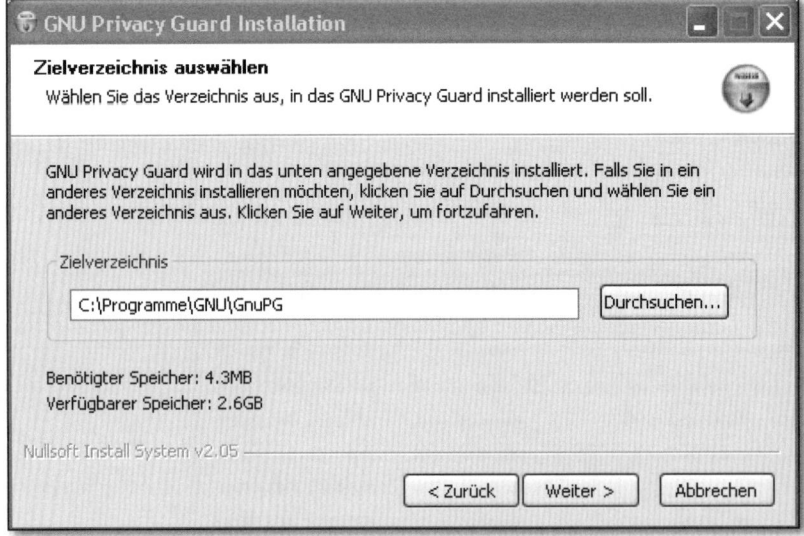

Abbildung 35.3 Die GnuPG-Installation unter Windows

Die Installation von GnuPG unter Windows ist sehr einfach. Merken Sie sich stets den Pfad der Installation (siehe Abbildung 35.3)!

Aufgrund der vielen verschiedenen Mailprogramme und der Dokumentation im Internet ergibt es keinen Sinn, an dieser Stelle verschiedene GnuPG-Implementierungen zu beschreiben. Ich werde mich daher auf den Einsatz im Mailprogramm Mozilla Thunderbird (siehe *http://www.mozilla.org/thunderbird*) beschränken.

Wenn Sie ein anderes Mailprogramm aufrüsten möchten, dann finden Sie im Internet z. B. auf der Seite *http://www.uni-koeln.de/rrzk/sicherheit/pgp* mehrere Anleitungen unter den Menüpunkten WINDOWS und LINUX.

Neben GnuPG benötigen Sie außerdem die Enigmail-Erweiterung für Thunderbird (siehe *http://www.erweiterungen.de*). Auf der DVD finden Sie Enigmail 1.4.6 für Thunderbird 2 im Verzeichnis */software/sicherheit/*. [O]

Starten Sie Thunderbird, und wählen Sie EXTRAS • ERWEITERUNGEN • INSTALLIEREN. Jetzt wählen Sie die XPI-Datei aus. Die Installation der Erweiterung ist nach einem Neustart des Mailprogramms abgeschlossen.

35.7.2 Konfiguration

Nach der erfolgreichen Installation von Enigmail sehen Sie nach einem Neustart von Thunderbird das zusätzliche Menü OPENPGP (siehe Abbildung 35.4). Sie klicken auf EINSTELLUNGEN ... und weisen zunächst den Pfad der GnuPG-Anwendung zu, falls er noch nicht korrekt von Enigmail erkannt wurde. Unter Windows ist das die Datei *gpg.exe* im bei der Installation von GnuPG festgelegten Verzeichnis. Die anderen Einstellungen können Sie zunächst so belassen.

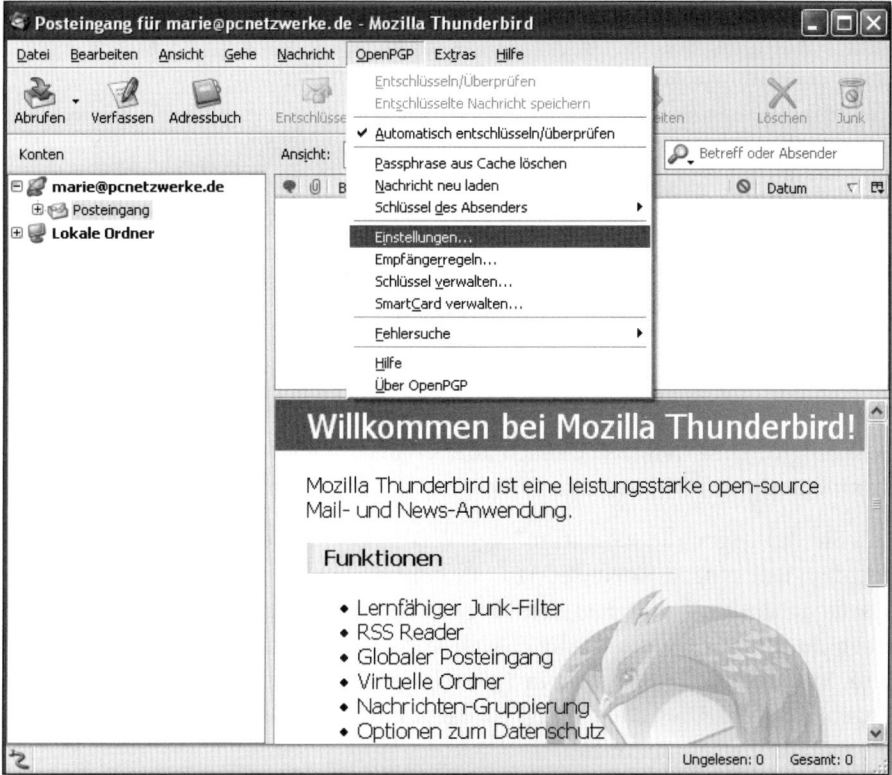

Abbildung 35.4 Thunderbird nach der Installation von OpenPGP

Wenn Sie bereits in Besitz eines privaten oder öffentlichen Schlüsselbunds sind, dann können Sie diese Datei nun importieren. Nach einem Klick auf GNUPG • SCHLÜSSEL VERWALTEN... öffnet sich die Schlüsselverwaltung in einem neuen Fenster.

Wenn Sie noch keinen pivaten Schlüssel besitzen, erzeugen Sie diesen mit einem Klick auf ERZEUGEN • NEUES SCHLÜSSELPAAR. Die von Ihnen verlangten Angaben können Sie bei Bedarf noch einmal in Abschnitt 35.6.1, »Schlüsselgenerierung«, nachlesen.

Bereits bestehende Schlüsselbunde können Sie über DATEI • IMPORTIEREN weiterverwenden. Das trifft natürlich auch auf die unter Linux erstellten Dateien *secring.pgp* und *pubring.pgp* aus dem Verzeichnis *.gnupg* zu. Mit der Enigmail-Schlüsselverwaltung haben Sie gleichzeitig ein mächtiges Werkzeug zur Verwaltung Ihrer Schlüssel zur Verfügung. Fast alles, was Sie auf der Kommandozeile machen können, können Sie nun auch komfortabel mit der Schlüsselverwaltung erledigen (siehe Abbildung 35.5).

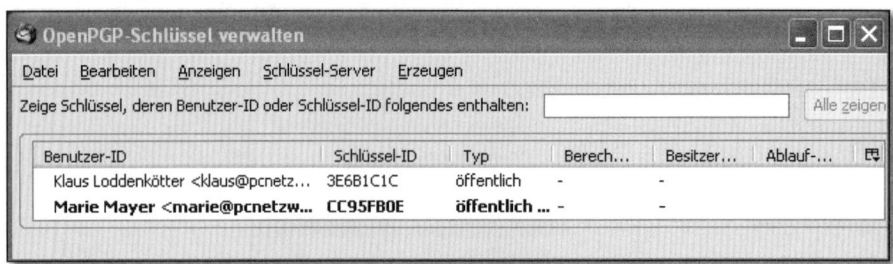

Abbildung 35.5 Die Schlüsselverwaltung von Enigmail

Unter EXTRAS • KONTEN • OPENPGP-SICHERHEIT aktivieren Sie für jedes gewünschte E-Mail-Konto die Verschlüsselung mit der Option OPENPGP-UNTERSTÜTZUNG FÜR DIESE IDENTITÄT AKTIVIEREN. Danach können Sie auswählen, ob Sie NACHRICHTEN STANDARDMÄSSIG VERSCHLÜSSELN möchten oder nicht.

Falls Sie sich gegen die standardmäßige Verschlüsselung entscheiden, können Sie trotzdem jede einzelne neue E-Mail mit einem Klick auf OPENPGP verschlüsseln lassen (siehe Abbildung 35.6). Ein kleiner Schlüssel unten rechts im Fenster zeigt Ihnen an, dass Thunderbird die E-Mail vor dem Absenden noch verschlüsseln wird. Erschrecken Sie nicht, wenn Sie nach dem Klick auf SENDEN Ihre Passphrase eingeben sollen! Dies dient lediglich dazu, eine eventuell gewünschte Signatur der Nachricht zu authentifizieren.

[»] Genau so, wie Sie andere Schlüssel signieren, können Sie auch eine Nachricht mit Ihrem privaten Schlüssel unterschreiben.

Abbildung 35.6 Eine verschlüsselte Nachricht wird erzeugt.

35.7.3 PGP/Mime

Wenn Sie *PGP/MIME* verwenden, dann haben Sie Vorteile und auch Nachteile. Die E-Mail-Anhänge werden automatisch zusammen mit dem Text der E-Mail verschlüsselt, aber einige E-Mail-Programme unterstützen PGP/MIME noch nicht. Für diesen Fall bietet Ihnen Enigmail an, jeden Anhang einzeln, also *PGP/inline* zu verschlüsseln. Der Empfänger kann die Nachricht mit seinem privaten Schlüssel nach Eingabe seiner Passphrase wieder entschlüsseln. Er kann die E-Mail mit Thunderbird wie eine nicht verschlüsselte Nachricht bearbeiten.

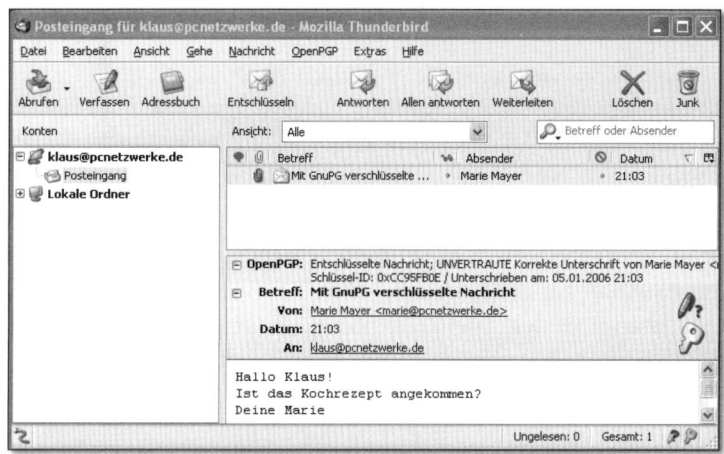

Abbildung 35.7 Die Nachricht ist angekommen.

35.8 GPGTools für OS X

Das Projekt GPGTools bietet eine fast vollständige Integration von GnuPG für OS X. Sie ist fast vollständig, weil zur Drucklegung des Buches die Erweiterung für Mail noch nicht für OS X 10.8 zur Verfügung stand. Indes war sie in der Enwicklung bereits recht weit fortgeschritten. Die GPGTools beinhalten eine Erweiterung für die Systemeinstellungen, ein Dienstprogramm für die Verwaltung der privaten und öffentlichen Schlüssel, Erweiterungen für das Menü DIENSTE sowie die schon angesprochene Erweiterung für das Programm Mail.

Von der Webseite des Projekts (*https://www.gpgtools.org*) können Sie ein Installationspaket herunterladen, und wie gewohnt (siehe Abbildung 35.8) installieren.

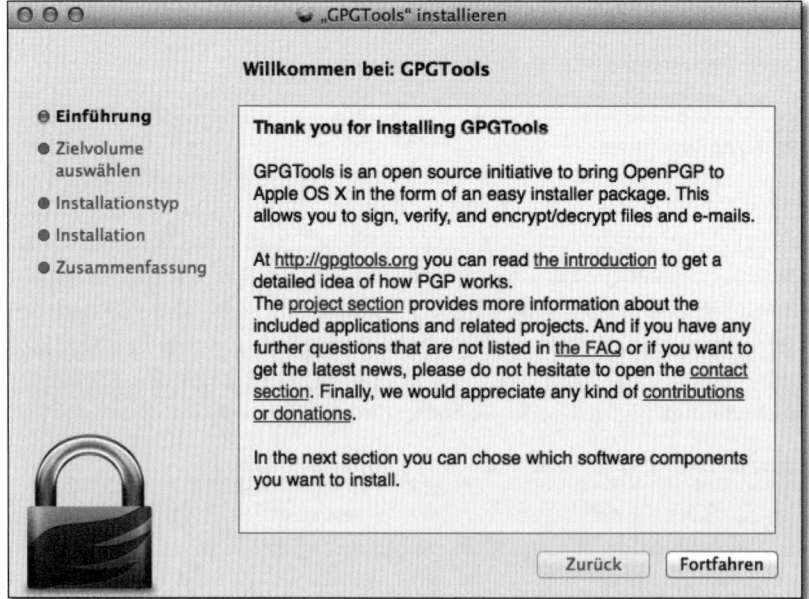

Abbildung 35.8 Die GPGTools werden mit einem Installationspaket eingerichtet.

Nach der Installation wird automatisch das Dienstprogramm GPG Schlüsselbund aufgerufen und der Assistent für die Erstellung eines neuen Schlüsselpaares (siehe Abbildung 35.9) gestartet. In dem Dienstprogramm können Sie über die gleichnamigen Schaltflächen Schlüssel exportieren und importieren.

Abbildung 35.9 Mit dem Programm GPG Schlüsselbund können Schlüssel erstellt, importiert, verwaltet und exportiert werden.

Nach der Installation finden Sie, sofern Sie es bei den Standardeinstellungen belassen haben, in den Systemeinstellungen eine Ansicht GPGPREFERENCES. Hier können Sie unter CONFIGURE Ihren Standardschlüssel auswählen. Sollten Probleme auftreten, dann finden Sie in der Ansicht ABOUT die Schaltfläche FIX GPGTOOLS. Diese versucht, das GPG-Grundsystem erneut einzurichten, sollte es durch ein Update des Betriebssystems oder einen anderen Vorgang unbrauchbar geworden sein.

Zur Ver- und Entschlüsselung von Texten stehen Ihnen zwei Möglichkeiten zur Verfügung. Zunächst können Sie eine Erweiterung für das Programm Mail von *https://www.gpgtools.org/gpgmail/* herunterladen. Dieses ergänzt das hauseigene Mailprogramm um eine recht komfortable Oberfläche zur Ver- und Entschlüsselung von E-Mails. Eine Version dieser Erweiterung für OS X 10.8 war zur Drucklegung in Arbeit, aber noch nicht verfügbar.

Auf jeden Fall funktionsfähig sind die Ergänzungen für das Menü DIENSTE. Diese können Sie in den SYSTEMEINSTELLUNGEN in der Ansicht TASTATUR im Reiter TASTATURKURZBEFEHLE aktivieren, indem Sie dort links den Eintrag DIENSTE auswählen und dann die mit OPENPGP beginnenden Einträge (siehe Abbildung 35.10) aktivieren. Um den Dienst ENCRYPT SELECTION zur Verschlüsselung eines ausgewählten Textbereichs zu nutzen, rufen Sie die Funktion über das Menü DIENSTE auf.

Abbildung 35.10 Zur Ver- und Entschlüsselung werden die GPGTools genutzt.

35.9 Virtual Private Network

Sie möchten sicherheitskritische Daten über ein unsicheres Medium transportieren. Sie wollen über das Internet auf Ihren E-Mail-Server im Firmen-LAN zugreifen. Vielleicht beabsichtigen Sie aber auch, das Netzwerk einer Filiale mit dem Netzwerk der Hauptverwaltung zu verbinden oder ein grundstücksübergreifendes WLAN aufzubauen?

Damit diese Kommunikation sicher stattfinden kann, geht ein *Virtual Private Network* (*VPN*) den folgenden Weg: Es wird ein Tunnel zwischen den Kommunikationspartnern aufgebaut, so als ob der eine bei dem anderen Teilnehmer angerufen hätte. Bei diesem Tunnelaufbau findet eine Authentifizierung und Autorisierung statt. Nach dem Tunnelaufbau werden die eigentlichen Daten übertragen.

Da Internetzugänge häufig anzutreffen sind und die Bandbreiten der Internetzugänge sich in den letzten Jahren deutlich erhöht haben, besteht immer häufiger Bedarf an VPNs, die das Internet als Transportnetz verwenden. Selbst ein permanenter Internetzugang mit 2-Mbit/s-SDSL ist kostengünstiger als eine Standleitung über eine größere Entfernung mit 128 Kbit/s.

Ein VPN kann zwischen (mindestens) zwei Rechnern oder zwischen (mindestens) zwei Netzen aufgebaut werden. Im Zusammenhang mit VPNs begegnen Ihnen die drei Abkürzungen PPTP, L2TP und IPsec. Hinter diesen Abkürzungen verbergen sich verschiedene VPN-Verfahren. Es gibt noch weitere Möglichkeiten, die in diesem Buch nicht weiter vertieft werden.

35.9.1 PPTP

Das *Point-to-Point Tunneling Protocol* (*PPTP*) ist eine ISO/OSI-Schicht-2-Technologie. Dieses Protokoll verpackt Datenpakete in PPP-Rahmen. Alle PPP-Möglichkeiten wie Authentifizierung, Adressvergabe, Datenkompression und Datenverschlüsselung stehen zur Verfügung. Die Authentifizierung findet meist mittels CHAP oder MS-CHAP statt. PPTP übermittelt die PPP-Rahmen in IP-Paketen verpackt über das IP-Netz zum Kommunikationspartner. PPTP hat den Nachteil, dass es nur über IP-Netzwerke arbeiten kann. Der Vorteil von PPTP ist seine große Verbreitung. So ist es ab Windows 95 in Microsoft Windows enthalten.

35.9.2 L2TP

Das *Layer 2 Tunneling Protocol* (*L2TP*) konkurriert mit PPTP, ist ebenfalls eine ISO/OSI-Schicht-2-Technologie und kann auch über andere als IP-Netzwerke übertragen. Dabei ist es das modernere Protokoll und bietet deutlich mehr Möglichkeiten als PPTP. Die Windows-Unterstützung besteht ab Windows 2000. Anders als PPTP besteht bei L2TP die Möglichkeit, eine Multitunnel-Verbindung aufzubauen.

35.9.3 IPsec

Internet Protocol Security (IPsec) ist eine ISO/OSI-Schicht-3-Technologie, also auf der Ebene von IP angesiedelt. IPsec umfasst drei Funktionen:

- AH = Authentication Header
- ESP = Encapsulation Security Payload
- IKE = Internet Key Exchange

IPsec dient zur Verschlüsselung von Daten und kann mit und ohne Tunnel eingesetzt werden. Es ist möglich, das gesamte IP-Paket inklusive IP-Header zu verschlüsseln: Dies geschieht im Tunnelmodus. Man nimmt Firewalls und Virenscannern bei der vollständigen Verschlüsselung die Möglichkeit, die IP-Pakete zu analysieren. Deshalb gibt es auch noch den Modus, der lediglich die Nutzdaten eines IP-Paketes verschlüsselt, den IP-Header aber unverschlüsselt lässt: Das ist der Transportmodus. Allerdings hilft dieser Modus nur einer Packet-Filtering-Firewall (siehe Abschnitt 32.4, »Sicherheitslösungen im Überblick«); schließlich können weder die Firewall noch der Virenscanner die verschlüsselten Nutzdaten analysieren.

Häufig werden vorher verteilte Schlüssel (engl. *Pre-Shared Keys*) verwendet. Dazu installieren Sie auf beiden Rechnern je ein Schlüsselpaar. Von diesen Schlüsseln wird zur Authentifizierung ein Hash-Wert gebildet, den der jeweilige Partner überprüft.

Bei IPsec kann man auch die automatische Schlüsselverwaltung *Internet Key Exchange* (*IKE*) einsetzen. Dabei handelt es sich um einen Standard, der in IPsec integriert ist, jedoch auf der Applikationsebene (ISO/OSI-Schicht 7) angesiedelt ist. Bei dem Verbindungsaufbau zwischen den VPN-Teilnehmern müssen einige Parameter ausgehandelt werden (»Wie oft wird der Schlüssel neu generiert?«, »Welches Verschlüsselungsverfahren kommt zum Einsatz?« und Ähnliches). Diese Parameter werden in *Security Associations* (*SA*) abgelegt und verwaltet.

Es gibt mehrere Möglichkeiten, eine VPN-Lösung aufzubauen. Die Architektur sollte sich immer zuerst an den Anforderungen orientieren.

35.9.4 End-to-Site-VPN

Wenn Sie Außendienstmitarbeiter und Heimarbeiter mit ihren Homeoffices[1] an Ihr Unternehmens-LAN anbinden möchten, spricht man von einem End-to-Site-VPN (siehe Abbildung 35.11). Ein Endgerät – das Notebook des Außendienstmitarbeiters, der PC des Heimarbeiters – verfügt über eine Software, den VPN-Client, und greift über das Internet auf den VPN-Punkt in Ihrem Netzwerk zu.

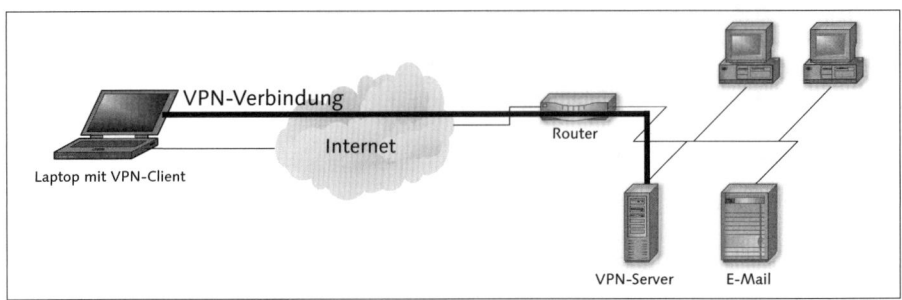

Abbildung 35.11 End-to-Site-VPN

---

1 Die Sprache der Netzwerke ist »Denglisch«, teilweise auch »Germisch«.

Beim in Abbildung 35.11 dargestellten Beispiel ist der Datenverkehr vom Laptop [zB] aus bis zum VPN-Server im LAN verschlüsselt. Ich habe einen Draytec-Router getestet, mit dem ich PPTP aus dem Internet ermöglicht habe. Von einem Windows-Client wird ein PPP-Tunnel über das Internet zu dem PPTP-Server aufgebaut (siehe Abbildung 35.12).

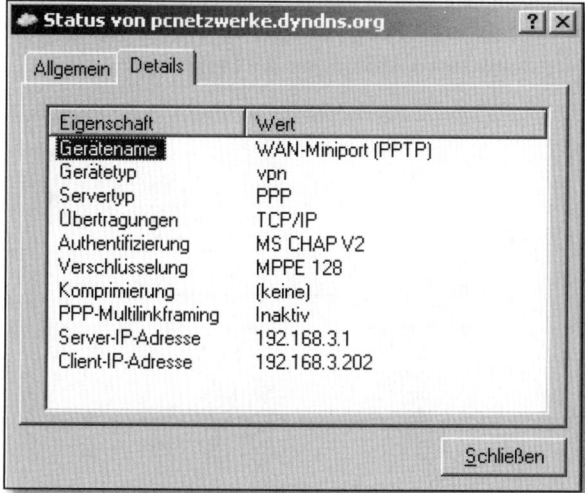

Abbildung 35.12 Der PPTP-Client im Internet

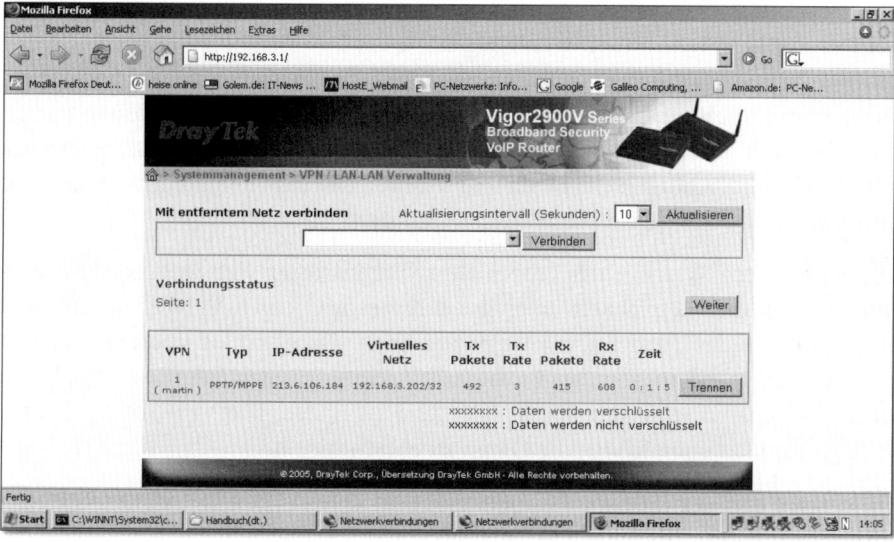

Abbildung 35.13 Die Verbindung wird vom Router verwaltet.

Der Server vergibt eine IP-Adresse, und der Client kann arbeiten, als würde er sich in meinem LAN befinden. Die Verbindung ist in der Statusübersicht des Routers mit einer öffentlichen IP-Adresse und einer virtuellen privaten IP-Adresse verzeichnet (siehe Abbildung 35.13).

Je nach eingesetzter Verschlüsselung könnte eine im Router implementierte Firewall die Datenpakete nicht kontrollieren. Daher wird im Idealfall zwischen dem VPN-Endpunkt und dem LAN noch eine weitere Firewall installiert, sodass eine demilitarisierte Zone (DMZ) entsteht (siehe Abbildung 35.14).

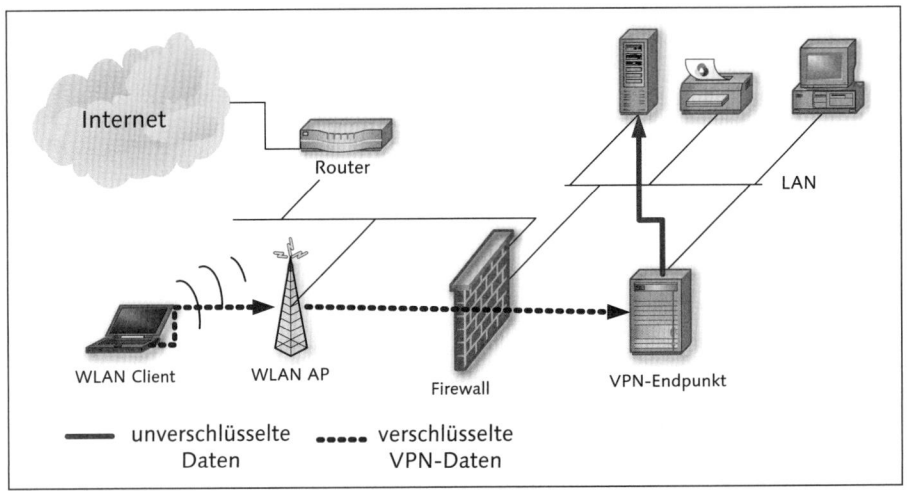

Abbildung 35.14 VPN-gesicherter WLAN-Zugriff

Der größte Vorteil einer End-to-Site-VPN-Lösung gegenüber einer Lösung mit direkter Einwahl über ISDN oder Modem ist einerseits, dass sie sehr kostengünstig angeboten wird. Andererseits ist sie sehr flexibel, da ein beliebiger Internetzugang ausreicht, um weltweit auf das Unternehmensnetz zuzugreifen.

[ZB] Die Firma Cisco Systems, der größte Netzwerkausrüster weltweit, bietet seinen Mitarbeitern die Möglichkeit, über das Internet und einen VPN-Client auf dem Notebook auf das Firmennetzwerk zuzugreifen. Dabei ist es unerheblich, wie der Internetzugang ausgestaltet ist. Genutzt werden können Internetzugänge von Hotels, Flughäfen (z. B. Hot Spots) oder von zu Hause. Die VPN-Software stellt sicher, dass es unmöglich ist, die Daten zu entschlüsseln.

[»] Sie können mit dem Software-Router fli4l und OpenVPN selbst ein End-to-Site-VPN aus dem Internet zu Ihrem LAN aufbauen (siehe Abschnitt 36.3, »fli4l und OpenVPN«).

35.9.5 Site-to-Site-VPN

Die Kopplung von zwei LANs über ein VPN nennt man Site-to-Site-VPN. Dabei findet die Verschlüsselung zwischen zwei VPN-Gateways statt; innerhalb des LANs werden die Daten unverschlüsselt übertragen.

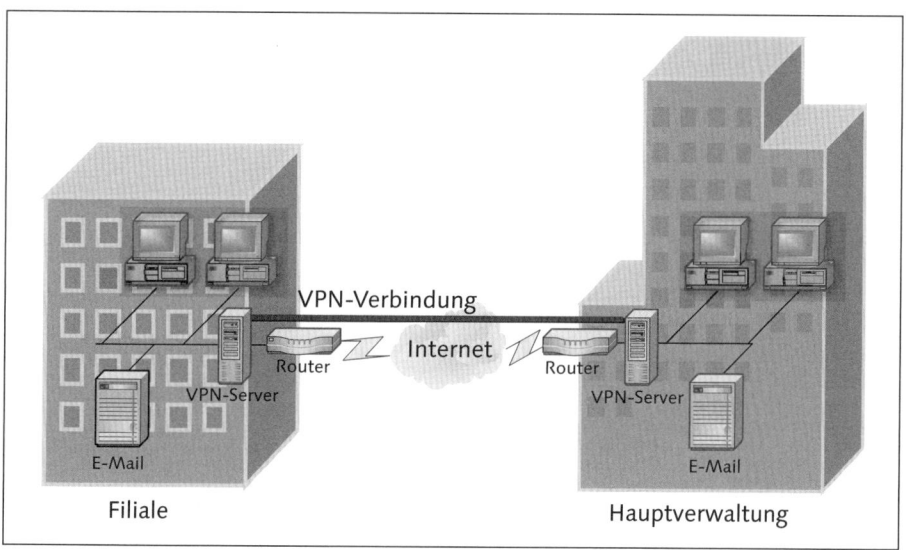

Abbildung 35.15 Site-to-Site VPN

Das in Abbildung 35.15 dargestellte VPN hat den Vorteil, dass lediglich die VPN-Server über die notwendigen Schlüssel verfügen müssen. Die einzelnen PCs adressieren ihre Daten über das VPN-Gateway an das andere Netz. Die Verschlüsselung ist Aufgabe des VPN-Servers. Dabei sind üblicherweise der Router und das VPN-Gateway ein Gerät mit zwei Aufgaben.

35.9.6 VPN zwischen Netzwerken

VPNs werden nicht nur über das Internet eingesetzt, sie kommen auch zur Kopplung von Unternehmensnetzen zum Einsatz. Unterhält man viele Site-to-Site-VPNs, kann dies in einer sternförmigen Struktur oder voll vermascht geschehen. In der sternförmigen Struktur muss es einen Mittelpunkt geben. Diese Situation ist insbesondere dann nicht gegeben, wenn kooperierende Unternehmen sich gegenseitig LAN-Zugänge einrichten. Möglich wäre der Aufbau eines voll vermaschten VPNs, wie in Abbildung 35.16 dargestellt.

Jeder Teilnehmer dieses VPN-Verbunds hat einen VPN-Tunnel zu jedem anderen Teilnehmer. Wie Sie sehen, entstehen auch bei wenigen Teilnehmern schon recht komplexe Strukturen. Es handelt sich bei n Teilnehmern um $(n^2-n)/2$-Verbindungen und um n^2-n Tunnelenden, die verwaltet werden müssen.

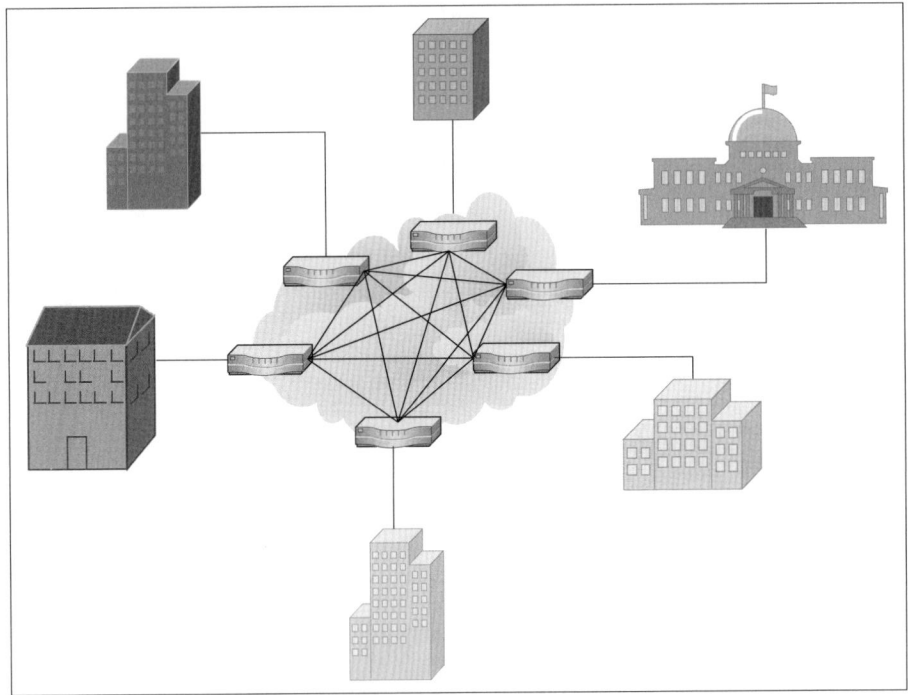

Abbildung 35.16 Voll vermaschtes VPN

[zB] Entsprechend gibt es im Beispiel von Abbildung 35.16 sechs Teilnehmer, 15 Verbindungen und 30 Tunnelenden. Bei nur drei weiteren Teilnehmern, in Summe also neun Teilnehmern, steigt der Administrationsaufwand auf 36 Verbindungen und 72 Tunnelenden, hat sich also mehr als verdoppelt. Stellen Sie sich einen großen Verbund von 50 Teilnehmern vor. Sie müssten sich um 1.225 Verbindungen und 2.450 Tunnelenden kümmern. Mit dem Wort »unübersichtlich« kann man eine solche Struktur sehr gut beschreiben.

Alternativ zur eigenen Verwaltung können Sie auch bei einem Provider VPNs mieten. Auf diese Weise ersparen Sie sich die aufwendige Konfiguration und Administration.

35.9.7 Hamachi: VPN mit einem Klick

Hamachi ist eine einfache VPN-Lösung für Windows, Linux und OS X. Dabei ist Hamachi für den nicht kommerziellen Einsatz kostenlos.

Installation

Von *http://www.hamachi.cc* können Sie den jeweils aktuellen VPN-Client für Ihren PC herunterladen. In den Linux- und OS-X-Paketen befinden sich jeweils README-Dateien, welche die Installation exakt beschreiben. Ich konzentriere mich an dieser Stelle auf die Windows-Installation. Durch diese wird der Anwender gut dokumentiert beraten und geführt. Nach Abschluss der Einstellungen wird die Installation zusammengefasst (siehe Abbildung 35.17).

Nach dem Start von Hamachi können Sie das Programm durch einen Klick auf EINSCHALTEN aktivieren. Sie erhalten daraufhin von Hamachi eine IP-Adresse zugewiesen, die Ihnen auch direkt mitgeteilt wird. Die IP-Adresse legt Hamachi auf ein virtuelles Netzwerk-Interface, das Sie ähnlich einer physikalischen Netzwerkkarte mit Betriebssystemmitteln konfigurieren können.

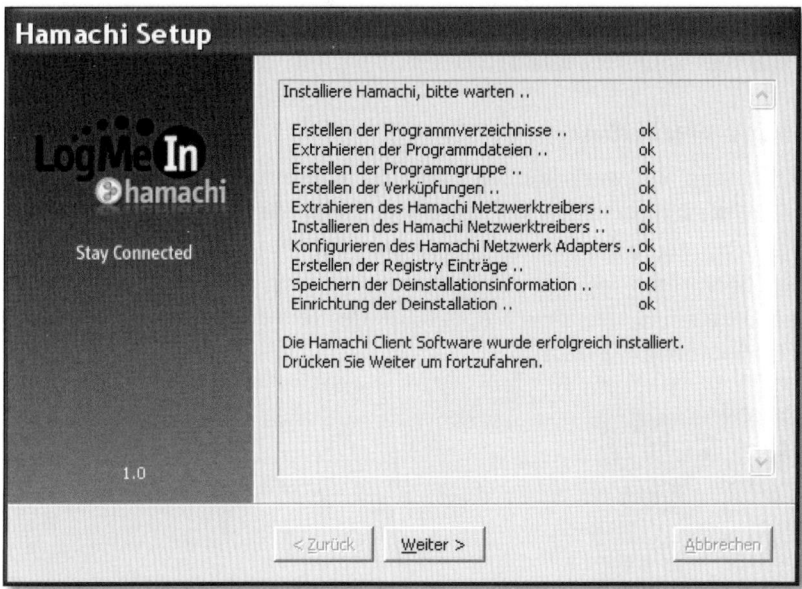

Abbildung 35.17 Die Installation des Hamachi-VPNs unter Windows

Ein Hamachi-VPN erstellen

Ein neues VPN erstellen Sie über NETZWERK BEITRETEN ODER ERSTELLEN • NEUES NETZWERK. Sie wählen einen Netzwerknamen, mit dem Sie später von anderen Teilnehmern gefunden und eindeutig zugeordnet werden können. Außerdem bestimmen Sie ein Passwort, das verhindert, dass Fremde Ihrem Netzwerk beitreten und dort Schaden anrichten (siehe Abbildung 35.18).

35 | Verschlüsselung

[!] Ein allzu einfaches Passwort wird schnell erraten. Ist ein technisch versierter Fremder erst einmal in Ihrem Netzwerk, kann es schon zu spät sein.

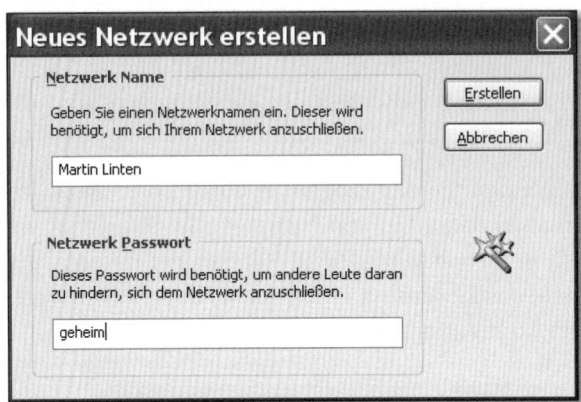

Abbildung 35.18 Ein neues VPN entsteht.

Einem Hamachi-VPN beitreten

Einem so erstellten Netzwerk können nun andere Benutzer beitreten. Dazu klicken diese auf NETZWERK BEITRETEN ODER ERSTELLEN • NETZWERK BEITRETEN und geben die ihnen mitgeteilten Daten NETZWERK NAME und NETZWERK PASSWORT ein. Danach überprüfen Sie den Erfolg mit einem ping auf die IP-Adresse der Teilnehmer. Dazu reicht schon ein Doppelklick des Teilnehmers in der Hamachi-Übersicht (siehe Abbildung 35.19).

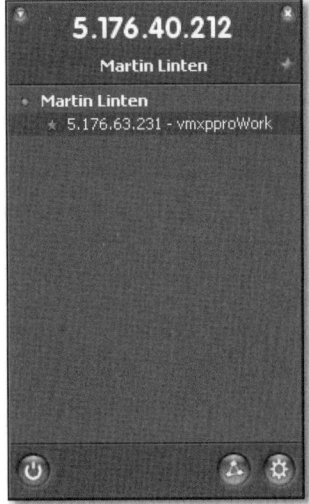

Abbildung 35.19 Ein VPN mit zwei Teilnehmern

35.9.8 Fritz!Box-VPN

Der Hersteller AVM bietet für viele seiner Fritz!Box-Modelle ein integriertes VPN. AVM nennt dieses VPN *Fernzugang*. Diese Möglichkeit ist insbesondere interessant, wenn Sie ein fremdes WLAN für den Internetzugang nutzen oder Zugriff aus dem Internet auf Ihr heimisches LAN, z. B. auf NAS-Daten (siehe Kapitel 38, »Netzwerkspeicher«), haben wollen.

Die Nutzung eines fremden WLANs (siehe Abschnitt 7.12, »Hot Spot«) wird zwar möglicherweise per WPA (siehe Kapitel 34, »WLAN und Sicherheit«) verschlüsselt, jedoch nur auf der Funkstrecke. Der WLAN-Anbieter kann den unverschlüsselten Datenverkehr mitlesen. Daher nutze ich einen Hot Spot nur zum Aufbau einer VPN-Verbindung. Die mit IPsec verschlüsselten Daten sind für Dritte nicht verwertbar.

Voraussetzung ist, dass bei den Teilnehmern unterschiedliche Subnetze konfiguriert sind und die beteiligten Fritz!Box-Geräte über dynamisches DNS aus dem Internet erreichbar sind. Die VPN-Konfigurationen werden mit dem Programm *FRITZ!Box Fernzugang einrichten* (siehe Abbildung 35.20) erstellt.

Abbildung 35.20 Ein VPN entsteht.

Diese Konfiguration können Sie dann in die Fritz!Box laden (siehe Abbildung 35.21).

Abhängig von Ihrer Antwort auf die Frage PC ODER IPHONE? erzeugt dieses Programm entweder Daten für eine allgemeine IPsec-Konfiguration – die *i*-Geräte haben bereits IPsec an Bord – oder aber eine Konfigurationsdatei für das leider zum Verwechseln ähnlich klingende Programm *Fritz!Fernzugang*.

Falls ein Zugang mit dem AVM-VPN-Client gewünscht ist, muss die Konfiguration über DATEI • IMPORT in das Programm FRITZ!Fernzugang importiert werden. Diese Software ist im Grunde nur ein IPsec-Client für Windows.

35 | Verschlüsselung

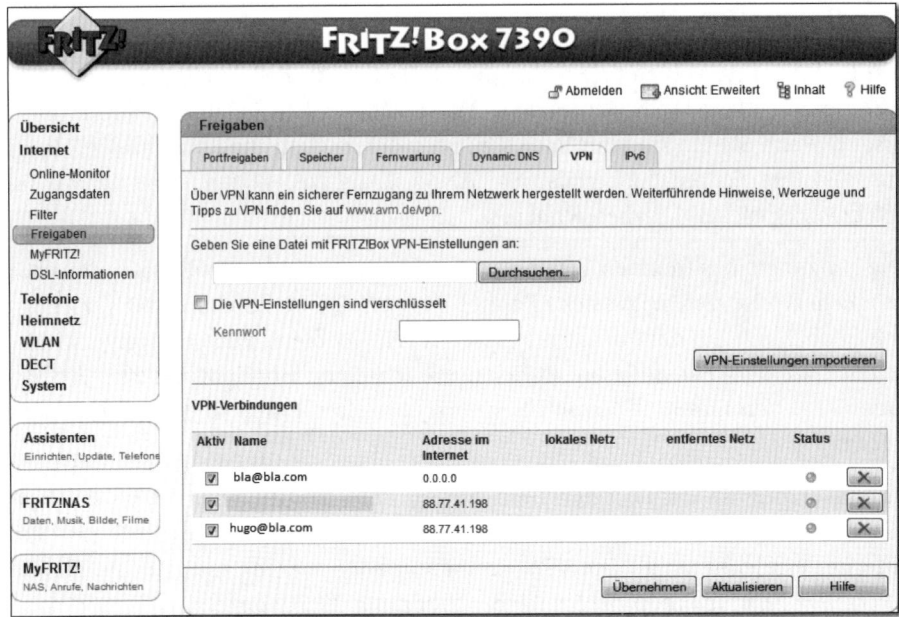

Abbildung 35.21 Die Fritz!Box verwaltet mögliche VPNs.

[»] Wenn Sie über Ihre heimische Fritz!Box per VPN im Internet surfen möchten, dann müssen Sie die Option ALLE DATEN ÜBER DEN VPN-TUNNEL SENDEN im Programm *Fritz!Box Fernzugang einrichten* aktivieren (siehe Abbildung 35.22).

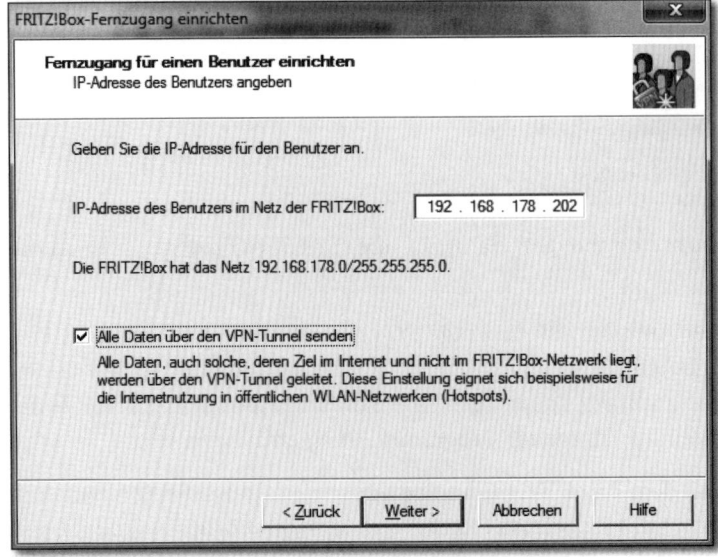

Abbildung 35.22 Der Tunnel wird auch für das Internet genutzt.

Wie können Sie nun sicherstellen, dass nicht doch am Tunnel vorbei und damit eventuell unverschlüsselt ins Internet kommuniziert wird? Am einfachsten überprüfen Sie vor und nach dem Tunnelaufbau Ihre IP-Adresse, z. B. mithilfe der Seite *http://www.wieistmeineip.de*.

Die benötigte Software finden Sie in jeweils aktueller Version auf den Internetseiten von *avm.de*. Sie finden im Serviceportal *http://www.avm.de/vpn* außerdem weitere sehr gute Anleitungen und Beispielkonfigurationen.

Ein LAN sollte über einen einzigen Internetzugang verfügen. Mit einfachen Technologien können Sie einen solchen Internetzugang realisieren.

36 Internetzugang

Ich möchte Ihnen in diesem Kapitel verschiedene Möglichkeiten vorstellen, mit deren Hilfe Sie einen Internetzugang für Ihr LAN realisieren können. Bei der Beschreibung ist es mir wichtig, die Vor- und Nachteile der jeweiligen Lösung für Sie transparent zu machen, sodass Sie in die Lage versetzt werden, die für Sie beste Lösung auszuwählen.

Die einfachste Lösung ist meiner Meinung nach der Einsatz eines Hardware-Routers, gefolgt von einem Software-Router – also einem PC, den man zum Router macht – und einem Proxyserver.

Wie gesagt haben alle Verfahren ihre Vorteile, keines ist überflüssig. Ich werde mich bei der Darstellung des Internetzugangs auf die DSL-Technologie konzentrieren.

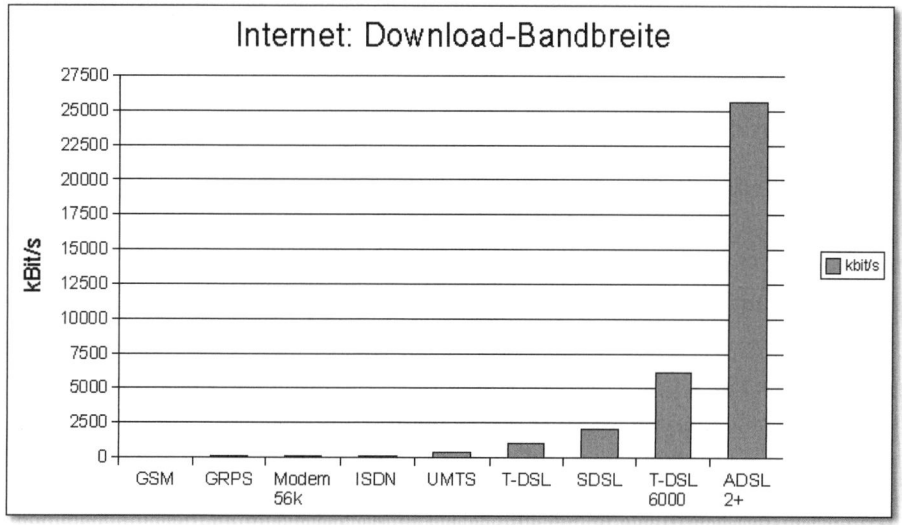

Abbildung 36.1 Bandbreiten für Internetzugänge (Download) im Vergleich

36 Internetzugang

Ich erinnere mich noch gut an die Zeiten von Modems mit einer Übertragungsgeschwindigkeit von 19.200 Bit/s. Auf den damaligen Kartons war zusätzlich eine Geschwindigkeit angegeben, die das Modem unter Einsatz von Kompressionsmechanismen wie V.42bis erreichen konnte: 57.600 Bit/s. Ich habe mir damals ein 14.400-Bit/s-Modem gekauft, weil mir die 19,2-Kbit/s-Modems zu teuer waren. Es kursierte die Meinung, dass mit 19.200 Bit/s die Grenze des physikalisch Machbaren erreicht und eine weitere Steigerung nur noch über Kompressionsmechanismen realisierbar sei. Einen ISDN-Anschluss hatten damals nur wenige Leute, und mit Worten wie E-Mail löste man bei anderen nur Unverständnis aus.

Seit Jahren sind Internetzugänge mit mehr als 6.000 Kbit/s nichts Ungewöhnliches mehr, ja ein Internetzugang mit weniger als 10 Mbit/s wird von vielen schon als langsam empfunden (siehe Abbildung 36.1).

[»] Die Internetverbindungsfreigabe werde ich hier nicht mehr vorstellen, weil die Hardware-Router dominieren. Mit der Verbreitung von VDSL nimmt die Anzahl von Software-Routern wieder zu, weil die heutigen Hardware-Router nicht in der Lage sind, 50 Mbit/s Datendurchsatz zu routen. Das wird sich in Zukunft jedoch schnell ändern.

36.1 Hardware-Router

Wenn Sie einen Hardware-Router kaufen, erwerben Sie ein Gerät, das etwa so groß ist wie ein externes Modem. Das Gerät nimmt also sehr wenig Platz in Anspruch, verbraucht wenig Strom, ist normalerweise lüfter- und daher lautlos. Üblicherweise bieten die DSL-Router zusätzlich zu ihrer Grundfunktion noch weitere Funktionen wie eine Firewall, einen DHCP-Server und einen WLAN Access Point. Die Wahrscheinlichkeit, hinsichtlich der Anschlusstechnologie ins technologische Abseits zu geraten, ist mittlerweile gering. Die üblichen DSL-Router werden an das DSL-Modem angeschlossen und bieten dafür eine Ethernet-Schnittstelle mit 10/100 Mbit/s. Dadurch ist es möglich, das T-DSL-Modem auszutauschen, z. B. gegen eines für ADSL2+ oder VDSL, und den DSL-Router an dieses Modem anzuschließen.

Sollten Sie einen DSL-Router mit integriertem DSL-Modem haben, informieren Sie die Herstellerangaben darüber, bis zu welcher DSL-Geschwindigkeit das Gerät verwendbar ist. Einige ältere Routermodelle schaffen nicht mehr als 6 Mbit/s (ADSL), sie sind für die neuen schnelleren Zugänge mit bis zu 16 Mbit/s (ADSL2+) nicht und erst recht nicht für VDSL mit bis zu 50 Mbit/s geeignet.

36.1.1 Router für die Internetanbindung

Das Internet ist das bekannteste öffentliche IP-Netz. Eine Anbindung eines Netzwerkes an dieses Netz kann über einen Router erfolgen (siehe Abbildung 36.2). Der einzusetzende Router unterstützt dabei mit einem Anschluss Ethernet (LAN-Interface) und mit dem anderen Anschluss xDSL (WAN-Interface).

Das technische Niveau des Internetrouters orientiert sich dabei an den Anforderungen, die Sie an dieses Gerät stellen. Die einfachen DSL-Router kosten ca. 50 € und bieten nicht viel mehr als den reinen Internetzugang für Ihr Netzwerk. Noch günstiger sind die Linux-Router, bei denen ein ausgedienter PC mittels Linux-Bootdiskette und spezieller Konfiguration zum Router wird (siehe Abschnitt 36.2, »Der Software-Router fli4l«).

Abbildung 36.2 DSL-Router von D-Link; Quelle: *http://dlink.de*

Die Geräte, die als Router konzipiert sind, unterscheiden sich optisch wenig von Switches. Üblicherweise wird zur Konfiguration – diese ist im Gegensatz zu einem Switch immer erforderlich – meist eine Webkonsole durch diese Geräte bereitgestellt.

Informieren Sie sich vor einem Kauf auf den Webseiten des Herstellers, welche Anleitungen und Hilfestellungen er dort anbietet. Viele – auch kleine – Hersteller bieten dort zahlreiche Auskünfte. Dadurch können Sie einen guten Eindruck davon gewinnen, ob das Gerät Ihren Bedürfnissen entspricht. Ein Blick in das Benutzerhandbuch z. B. zeigt oft, welche Funktionen der Router tatsächlich bietet oder ob eine solche Funktion Einschränkungen unterworfen ist.

Die Router, die neben xDSL-Routerdiensten auch einen WLAN-Zugang ermöglichen, haben zwar eine Firewall implementiert, jedoch kann über diese üblicherweise nicht der WLAN-Zugang gesondert abgesichert werden. Wenn also jemand den WLAN-Zugang geknackt hat, ist er ein Teilnehmer, als wäre er mit einem Netzwerkkabel angeschlossen. Sollten Sie das WLAN nicht nutzen wollen, dann deaktivieren Sie es.

36.1.2 Kriterien für den Routerkauf

Die wichtigste Entscheidung, die Sie treffen müssen, ist, welche Anschlusstechnologie der Router abdecken muss. Soll er ein intergriertes DSL-Modem haben, oder wird er an ein Modem angeschlossen (meist als *WAN-Interface* bezeichnet)?

Insbesondere für kleine Netzwerke sind die Zusatzfunktionen der Router interessant. Zu den Funktionen, die auf allen gängigen DSL-Routern vorhanden sind, gehören NAT, Firewall, ein Webinterface zur Konfiguration, ein DHCP-Server, WLAN, USB-Anschluss und DynDNS.

Für unabdingbar halte ich die Firewall-Funktion. Der Einsatz einer Firewall auf einzelnen PCs im LAN kann die Handhabung z. B. von Laufwerksfreigaben erheblich erschweren. Daten aus dem Internet sollten dort gefiltert werden, wo sie in das LAN gelangen, und das ist am Router. Alle Router verfügen inzwischen über eine Firewall, die Qualität ist durchaus unterschiedlich.

Wenn Sie viel Wert auf Sicherheit legen, dann kommt für Sie womöglich ein Router mit einer *Stateful-Inspection-Firewall* (SPI-Firewall) in Betracht, die wesentlich mehr Sicherheit bieten kann.

Praktisch ist die Funktion eines Drucker-Spoolers. Sie können am USB-Port des Routers einen Drucker anschließen, der über das Netzwerk erreichbar ist und somit von allen Netzwerkteilnehmern im LAN genutzt werden kann. Das lohnt aber nur, wenn der Aufstellort am Router auch für einen gemeinsamen Drucker sinnvoll ist.

Router, die nicht mittels LAN und RJ-45-Stecker angeschlossen werden, sondern über USB, bergen einige Nachteile: Der erste Nachteil ist, dass Ihnen niemand sagen kann, wieso die Verbindung zum Router über USB nicht funktioniert. Über Windows-Treiber wird eine Netzwerkschnittstelle emuliert, und man kann die Probleme nur nachvollziehen, wenn man exakt diesen Router hat. Ein zweiter Nachteil ist der geringe Datendurchsatz, weil USB nicht für Datenübertragung im Sinne von LAN konzipiert ist. Hinzu kommt eine große Abhängigkeit vom Hersteller hinsichtlich der Treiber, sie funktionieren meist nur unter Windows.

Wie im Forum dieses Buches zu lesen war, kann es passieren, dass die Treiber nicht wieder sauber deinstalliert werden, und die verbliebenen Reste sich dann auf das Netzwerkverhalten negativ auswirken. Daher lautet mein Rat: Finger weg! Lieber ein paar Euro mehr ausgeben und einen Router mit LAN-Anschluss verwenden. Die ersparte Zeit wiegt das Geld leicht wieder auf.

Ähnliches gilt für die USB-DSL-Modems, die von einigen Providern vergünstigt angeboten werden. Leider können Sie keinen Router per USB an dieses Modem anschließen, sondern immer nur einen PC. Bei eBay sind gebrauchte DSL-Modems mit RJ-45-Anschluss für wenige Euros zu bekommen; die Investition lohnt sich wirklich.

Am USB-Port des Routers können Sie auch einen USB-Stick oder eine USB-Festplatte anschließen. Damit haben Sie ein sehr einfaches, aber funktionierendes NAS (siehe Kapitel 38, »Netzwerkspeicher«) geschaffen. Die Daten auf dem Speicher können Sie mit einigen Modellen ins Netzwerk streamen (siehe Kapitel 43, »Streaming Media«).

Einige Router bieten einen VPN-Zugang an (siehe Abschnitt 35.9, »Virtual Private Network«). Fertig konfiguriert können Sie damit von unterwegs auf Ihr Heimnetz zugreifen.

Auch Internettelefonie können Sie mit einigen Modellen betreiben. Häufig lässt sich ein altes Telefon an einem geeigneten Router als SIP-Client weiter betreiben. Ein Router kann sogar Telefonanlage und DECT-Basisstation fungieren (siehe Abschnitt 44.5, »Fritz!Box Fon«)

36.1.3 Stand der Dinge

Was können Sie erwarten, wenn Sie einen Router kaufen? Ein ordentlicher Router bietet heute folgende Anschlussmöglichkeiten:

- Switch-Ports mit Gigabit-Geschwindigkeit
- WLAN nach IEEE 802.11n mit 300 Mbit/s (brutto)
- USB-2.0-Anschluss
- DSL-Modem oder WAN-Interface

Möglicherweise staunen Sie über Gigabit-Switch-Ports, aber diese sind angesichts der heute verbreiteten Gigabit-LAN-Anschlüsse und auch angesichts von 11n als WLAN-Technik eine sinnvolle Ausstattung. Der Datendurchsatz ist deutlich höher als bei Fast-Ethernet; aktuelle PC-Hardware lastet 100 Mbit/s leicht aus, wenn beispielsweise Filmdateien kopiert werden.

Da heute der Internetzugang für sehr viele unterschiedliche Dienste genutzt wird, ist es sinnvoll, dass der Router *Quality of Service* (QoS) unterstützt. Damit können Sie – manche Router können es automatisch – die Internettelefonie gegenüber

Downloads priorisieren, sodass die Gesprächsqualität nicht unter dem Download leidet.

Wenn Sie Kinder haben, kennen Sie die leidigen Diskussionen zur Computernutzung. Nützlich ist daher ein Router, der es ermöglicht, die Zugriffe bestimmter PCs zu regeln, und so den Kindern das Surfen nur zu bestimmten Zeiten ermöglicht (siehe Abbildung 36.3).

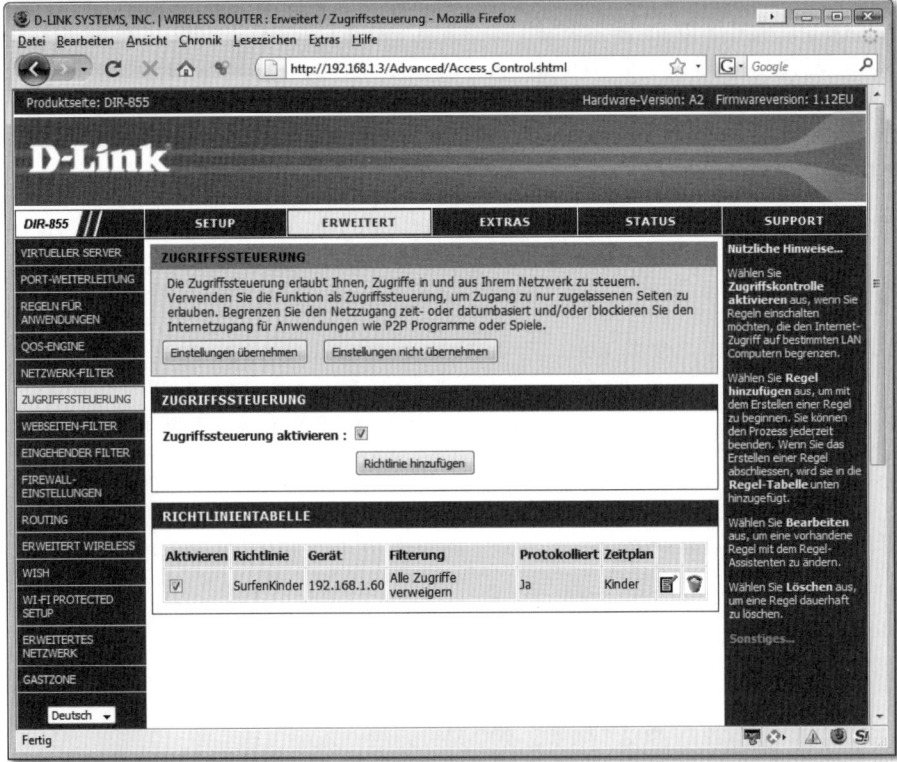

Abbildung 36.3 Zugriffssteuerung bei D-Link

Ebenfalls für Haushalte mit Nachwuchs interessant ist die Möglichkeit, Webinhalte zu filtern. Allerdings beschränkt sich das bei Routern auf recht rudimentäre Funktionen, bestimmte Webseiten zu sperren. Mehr Möglichkeiten bietet in solchen Fällen ein Proxy, wie er in Abschnitt 36.4, »Proxy«, vorgestellt wird.

Der USB-Anschluss am Router arbeitet meist mit USB 2.0, sodass der Datendurchsatz für eine USB-Platte oder einen großen Speicherstick ausreicht. Damit kann man dann ein gemeinsames Netzlaufwerk bereitstellen. Das kann eine Alternative zum NAS (siehe Abschnitt 38.4, »Hardware-NAS«) sein, wenn die Ansprüche nicht allzu hoch sind.

36.1.4 Ersatzzugang

Wir haben uns alle an das ständig verfügbare Internet inzwischen so gewöhnt, dass es mir schwerfällt, auf den Internetzugang für einige Tage zu verzichten. Es war ein Freitagnachmittag, an dem ich feststellte, dass Elektroarbeiten mit einer Spannungsspitze offenbar dazu geführt hatten, dass mein DSL-Modem durchgebrannt war. Die Folge: kein Internet! Gar nicht so einfach, schnell ein Ersatzmodem zu besorgen... – klar, eBay, aber ohne Internet?

Nach diesem Wochenende habe ich mir einen kleinen Ersatzvorrat angelegt:

- DSL-Splitter
- DSL-Modem
- Router

Somit kann nun ruhig ein Hardware-Defekt auftreten, ich komme trotzdem noch ins Internet.

Sollte Ihnen ein funktionierender Internetzugang ebenfalls wichtig sein, kann ich Ihnen nur empfehlen, dass Sie sich rechtzeitig um Hardware-Ersatz kümmern. Da Splitter, DSL-Modems und Router immer noch von Providern subventioniert werden, sind Router oft schon für 1 € zu bekommen.

36.1.5 Alternative Firmware

Es ist kein Geheimnis, dass viele Router intern Linux als Betriebssystem verwenden. Allerdings haben die Hersteller die Linux-Versionen nicht im Quellcode offengelegt, wie dies in der GPL (GNU General Public License) von Linux verlangt wird. Nachdem ein wenig Druck ausgeübt wurde, haben einige Hersteller – bekannt wurde insbesondere Linksys – die Quellen offengelegt und so die Entwicklung von freien Firmware-Versionen für einige Router möglich gemacht.

Bekanntester Vertreter mit alternativer Firmware war der Linksys WRT-54G Router. Für ihn gab es die erste alternative Firmware: Open-WRT. Von dem Open-WRT-Projekt wird inzwischen eine Vielzahl von Routern auch anderer Hersteller unterstützt.

Was ist der Vorteil? Leider ist es so, dass die Entwicklungszyklen immer kürzer werden und viele Firmware-Versionen über 1.0.1 nicht mehr hinauswachsen. Einige Funktionen sind nur unzureichend gelöst, andere mögliche Funktionen fehlen. Eine alternative Firmware bietet die Möglichkeit, eine Firmware zu bekommen, die aktueller ist als die letzte – Jahre alte – Firmware des Herstellers. Ob Sie diese Möglichkeit nutzen möchten, müssen Sie im Einzelfall selbst entscheiden. Die Verwendung einer entsprechenden Firmware geschieht übrigens in der Regel ohne Herstellerunterstützung.

Hier einige Seite im Internet, die sich mit alternativer Firmware für Router beschäftigen:

- *http://www.openwrt.org*
- *http://www.dd-wrt.com*
- *http://www.freewrt.org*
- *http://www.wl500g.info*
- *http://www.freetz.org*

36.1.6 Apple AirPort

Apple hat mit der AirPort-Basisstation auch einen Router im Angebot. Dabei ist das Produkt mittlerweile deutlich gereift und zur Drucklegung dieses Buches war die Firmware bei Version 7.6.1 angekommen.

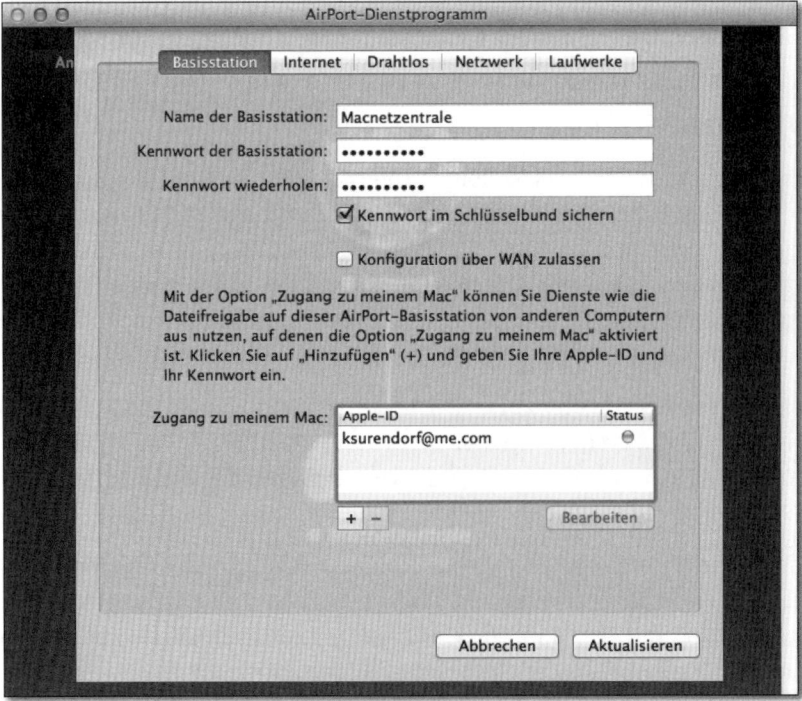

Abbildung 36.4 Das AirPort-Dienstprogramm bietet eine komfortable Oberfläche zur Konfiguration des Routers.

Verwaltet und konfiguriert wird die Basisstation über das AIRPORT-DIENSTPROGRAMM. Dieses steht Ihnen mit einigen Assistenten zur Seite, um Ihre Basisstation für den ersten Einsatz zu konfigurieren. Ferner können Sie mit dem Dienstprogramm in der manuellen Konfiguration auch die Portumleitung einrichten. Wenn Sie das Dienstprogramm gestartet haben, durchsucht es Ihr Netzwerk nach Basisstationen und stellt Ihnen diese in einer Übersicht dar. Wählen Sie eine Station aus, dann erscheint eine Zusammenfassung der aktuellen Konfiguration. Wählen Sie hier die Schaltfläche BEARBEITEN aus, und Sie können die Station im Detail konfigurieren. In der Ansicht LAUFWERKE ist es möglich, über USB angeschlossene Festplatten im Netzwerk freizugeben. Das Dienstprogramm steht auch für Windows zur Verfügung.

36.1.7 Router aufbauen

Das Aufbauen eines Routers ist sehr einfach. Der Aufbau ist in Abbildung 36.5 dargestellt.

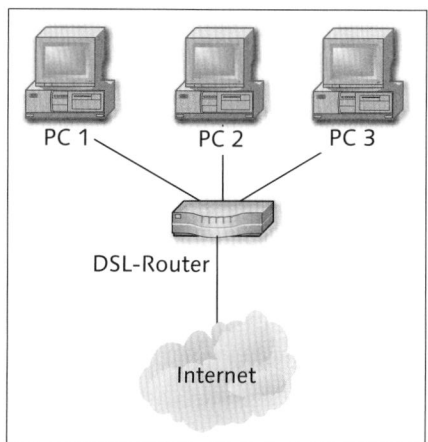

Abbildung 36.5 Schematischer Aufbau eines DSL-Routers

Beim Aufbau des Routers müssen Sie ihn an das DSL-Modem anschließen, falls kein Modem integriert ist (siehe Abbildung 36.6). Sie schließen lediglich anstelle des PCs den Router an. Das Modem wird üblicherweise vom Provider vertrieben. Beim Anschließen des Routers besteht kein Unterschied zu einem einzelnen PC, den Sie bisher an das DSL-Modem angeschlossen und mit einem Treiber (z. B. RASPPPoE) DSL-fähig gemacht haben. Die Treiberinstallation entfällt bei der Verwendung eines DSL-Routers.

36 | Internetzugang

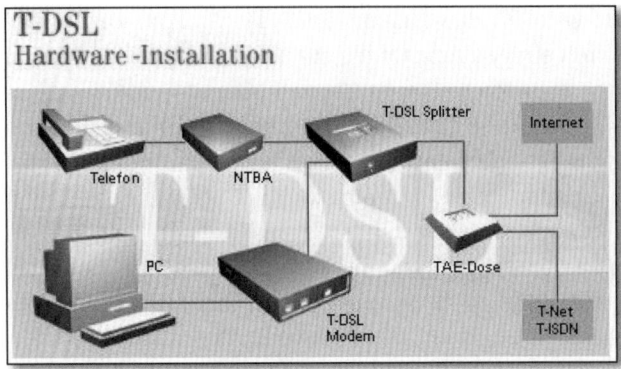

Abbildung 36.6 DSL-Verschaltung; Quelle: *http://telekom.de*

Ein Router ersetzt nicht automatisch das DSL-Modem! Es gibt aber viele DSL-Router, die auch das DSL-Modem beinhalten – ein aus meiner Sicht konsequenter Schritt.

Achten Sie beim Stromanschluss des DSL-Modems darauf, dass Sie keine schaltbaren Stromleisten/Mehrfachsteckdosen verwenden, die zu einem einzelnen PC gehören. Wenn der Strom für diesen PC ausgeschaltet wird, dann können die anderen PCs nicht mehr über den Router auf das Internet zugreifen, weil dem Router der Strom abgeschaltet wurde.

36.2 Der Software-Router fli4l

Ich möchte Ihnen an dieser Stelle die Disketten-Linux-Distribution fli4l (siehe *http://www.fli4l.de*) vorstellen, die einen Router auf einer einzigen Diskette unterbringt.

[»] Sie können eine solche Diskette ohne Linux-Kenntnisse erstellen.

fli4l bedeutet *floppy ISDN 4* (dt. »*für*«) *Linux*. Ursprünglich war fli4l ein ISDN-Router; selbstverständlich wird DSL auch heute noch unterstützt. Ein fli4l-Router bietet Ihnen unter anderem folgende Möglichkeiten:

- Erstellung der Bootdiskette unter Linux und Windows
- Least Cost Routing: automatische Auswahl des Providers nach Uhrzeit und Wochentag
- Windows-/Linux-Programm zur Steuerung von fli4l (imonc)

- Anzeige, Berechnung und Protokollierung von Verbindungszeiten und -kosten am Router oder am Client über imonc
- Upload von neuen Konfigurationsdateien über den Windows-Client imonc
- Bootdiskette mit FAT-Dateisystem zum dauerhaften Speichern von Daten
- Unterstützung von 1.680-KByte-Disketten
- Unterstützung von IP-Masquerading (NAT) und Portweiterleitung
- Firewall: Protokollieren bei Zugriff von außen auf gesperrte Ports
- einheitliche Abbildung von WAN-Schnittstellen auf sogenannten Circuits, daher Internetzugang über ISDN- und DSL-Provider parallel möglich
- Namensauflösung (DNS-Server) für das LAN
- Aufbau eines VPNs mit OpenVPN

Mir gefällt dieses Software-Projekt deshalb so gut, weil es sehr gut gepflegt wird, ein umfangreiches Hilfsangebot existiert, die Lösung flexibel erweiterbar ist und die gesamte Software kostenlos angeboten wird. Das wären schon genug Gründe, fli4l einzusetzen, doch es gibt zumindest noch einen weiteren: Es ist die Disketten-Distribution. Sie erzeugen eine Diskette, booten von dieser und können somit gefahrlos fli4l ausprobieren. Die Daten auf der Festplatte werden nicht modifiziert, und eine Festplatteninstallation ist zwar möglich, aber nicht unbedingt nötig. Auch wenn Sie jetzt vielleicht skeptisch sind: Das Betriebssystem Linux und alle genannten Funktionen passen auf eine 1,44-MByte-Diskette.

36.2.1 Kostenvergleich

Wenn Sie im Geschäft einen Router kaufen möchten, der einen vergleichbaren Funktionsumfang wie fli4l bietet, können Sie schnell einige Hundert Euro loswerden.

Eine Hardware-Lösung würde jeder Netzwerkadministrator einer großen Firma natürlich vorziehen. Wenn Sie für Ihr LAN zu Hause einen Router anschaffen, gibt der Kostenfaktor vielleicht dann doch den Ausschlag. Und wenn Sie nach dem Test von fli4l auf einer alten Hardware dann nicht zufrieden sind, können Sie immer noch Geld in einen Hardware-Router investieren.

36.2.2 Hardware

Sie benötigen einen ausgedienten PC mit mindestens einer Netzwerkkarte, möglichst einer zusätzlichen Netzwerkkarte für DSL oder einer ISDN-Karte und einem

Diskettenlaufwerk. Der PC sollte mindestens 8 MByte RAM haben und ein 486er (oder besser) sein. Einen solch alten PC haben einige von Ihnen vielleicht noch im Keller stehen, wenn nicht, dann gibt es diese alten Geräte für wenige Euros zu kaufen.

Noch einmal im Überblick. Sie benötigen folgende Hardware:

- einen 486er-PC (oder besser) mit 8 MByte RAM und Floppy
- eine Netzwerkkarte für den LAN-Anschluss
- möglicherweise eine Netzwerkkarte für DSL
- möglicherweise eine ISDN-Karte für ISDN
- eine Diskette

Ich setze voraus, dass Sie in der Lage sind, die notwendigen Komponenten einzubauen und dass diese funktionstüchtig sind. In Kapitel 23, »Netzwerkkarten«, habe ich beschrieben, wie man Netzwerkkarten einbaut. Entsprechendes gilt für ISDN-Karten.

36.2.3 fli4l beschaffen

Um den Router mit fli4l-Software erstellen zu können, benötigen Sie immer das Basispaket (*fli4l-<Version>.tar.gz*).

[ZB] Ich möchte zunächst den minimalen Funktionsumfang anhand eines einfachen Beispiels beschreiben. Erweiterungen können Sie dann selbstständig und Ihren Bedürfnissen entsprechend vornehmen.

[O] Sie sollten zunächst im Internet auf der Seite *http://www.fli4l.de/download/stabile-version/pakete.html* nachsehen, welche Version von fli4l im Moment aktuell ist. Sie finden dort auch eine Kurzbeschreibung zu Sinn und Zweck eines einzelnen Paketes. Alle Pakete der Version 3.2.3 finden Sie auf der DVD im Verzeichnis */software/internet/fli4l*. Im Unterordner *doc* habe ich die komplette Dokumentation entpackt. Einen Einstieg in die Dokumentation erhalten Sie, wenn Sie die Datei */software/internet/fli4l/readme.html* in einem Browser öffnen.

Welche Pakete brauchen Sie nun wirklich? Sie benötigen in jedem Fall das Basispaket (engl. *base*) und einen Kernel. Ich rate Ihnen, klein anzufangen. Dann verlieren Sie nicht so schnell die Übersicht. Wenn der Internetzugang – z. B. mit den Paketen `base`, `kernel` und `dsl` – funktioniert, können Sie immer noch sehr leicht andere Pakete und damit Funktionen zu Ihrem fli4l hinzufügen.

36.2.4 fli4l entpacken

Eine erste Hürde stellt das Entpacken der Software dar. Typisch für Unix und Linux ist die Verwendung der Programme *gzip* und *tar*, um Archive zu erstellen. Beide Programme sind den meisten Windows-Anwendern oft völlig unbekannt. Sie können *tar.gz*- oder *tgz*-Archive auch mit dem Programm WinZip – dem wohl verbreitetsten (Ent-)Packer für Windows – entpacken.

Damit die Dateien fehlerfrei entpackt werden, muss eine üblicherweise aktivierte Option abgeschaltet werden. Dies können Sie unter WINZIP • OPTIONEN • *Konfiguration* • *Verschiedenes* • *Weitere Optionen* • *Umwandlung LF zu CR/LF bei TAR-Archiven* durchführen. Mit einem so veränderten WinZip können Sie die genannten Archive in ein Verzeichnis Ihrer Wahl entpacken. **[!]**

Beginnen Sie mit dem Basispaket *fli4l-<Version>.tar.gz*. Beim Entpacken wird ein Verzeichnis *fli4l-<Version>* angelegt. Alle weiteren Archive entpacken Sie in dieses Verzeichnis. Falls Sie beim Entpacken den Hinweis erhalten, dass bereits existierende Einträge überschrieben werden könnten, können Sie diesen bedenkenlos ignorieren.

Es entsteht die folgende Verzeichnisstruktur:

```
fli4l-<Version>
            \changes   # Liste aller Änderungen
            \check     # fli4l Syntaxcheck
            \config    # die gesamte Konfiguration
            \doc       # die Dokumentation
            \img       # wichtige Linux-Dateien
            \opt       # die einzelnen Pakete
            \unix      # fli4l Linux-Tools
            \windows   # fli4l Windows-Tools
```

Das wichtigste Verzeichnis ist das Verzeichnis *config*. Hier finden Sie für jedes fli4l-Paket eine eigene Konfigurationsdatei.

36.2.5 fli4l konfigurieren

Zur Konfiguration benötigen Sie einen Texteditor. Es bieten sich der Windows-Texteditor oder ein anderer geeigneter Editor an. Wenn Sie den Vi von Unix oder Linux schon gut kennen, dann werden Sie auf dessen Leistungen unter Windows nicht verzichten wollen. Auf der DVD im Verzeichnis */software/sonstiges* finden Sie den Vim (siehe *http://www.vim.org*), einen grafischen Vi, der auch für Windows erhältlich ist. **[O]**

Mit dem Editor haben sie nun das wichtigste Werkzeug zur Erstellung Ihres fli4l-Routers an der Hand. Das typische Vorgehen möchte ich Ihnen anhand eines Beispiels näher erläutern.

[zB] Klaus ist im Besitz eines alten PCs, den er zum fli4l-Router ausbauen möchte. Er benutzt bisher seinen DSL-Zugang über ein DSL-Modem, das noch über ein Netzwerkkabel an seinen Windows-PC angeschlossen ist. Ein Diskettenlaufwerk und eine Netzwerkkarte sind bereits in den fli4l-Router eingebaut. Klaus möchte mehreren an einem Switch angeschlossenen PCs in seinem Netzwerk den Internetzugang über den fli4l-Router ermöglichen. Im Beispiel wird Klaus außerdem drei verschiedene Fern-Administrationsmöglichkeiten für seinen Router einrichten: Webserver, SSH-Server und imonc.

Er besorgt sich zunächst die folgenden Pakete, die er auf einen Windows-PC kopiert:

- *dsl*: Klaus möchte seinen DSL-Zugang weiter benutzen. Falls Klaus eine Fritz!-Card besitzen würde, müsste er noch zusätzlich Software von den fli4l-Internetseiten herunterladen.

- *httpd*: Klaus möchte den fli4l-Router in einem Browserfenster später grafisch administrieren.

- *ssh*: Das Paket *ssh* enthält einen Secure-Shell-Server zur Fernwartung (siehe Abschnitt 31.2, »Secure Shell SSH«)

- *dhcp*: Klaus muss dieses Paket eigentlich nicht installieren, da das Basispaket bereits einen DHCP-Server beinhaltet. Das Paket *dhcp* enthält zusätzlich zwei verschiedene DHCP-Clients. Klaus möchte, dass der DHCP-Server seine PCs im LAN automatisch mit vernünftigen Netzwerkeinstellungen versorgt (siehe Kapitel 17, »DHCP«).

- *chrony*: Das Paket enthält einen NTP-Server (siehe Abschnitt 41.11, »Time-Server«)

- *dyndns*: Klaus möchte seine IP-Adresse bei seinem DynDNS-Provider regelmäßig aktualisieren lassen (siehe Kapitel 37, »DynDNS-Dienste«). Sein Webserver im LAN soll aus dem Internet sichtbar sein.

- *qos*: Da Klaus Voice over IP mit Asterisk betreibt, möchte er Sprachpakete mittels *qos* (*quality of service*) gezielt bevorzugen (siehe Abschnitt 44.1.4, »Voraussetzungen für VoIP im Netzwerk«).

- *hd*: Klaus hat noch eine alte Festplatte in seinem PC. Mit dem Paket *hd* ist die Installation von fli4l auf einer Festplatte oder einem anderen Nicht-Disketten-Medium möglich.

- *openvpn*: Klaus möchte Marie eine sichere VPN-Verbindung über das Internet in sein LAN ermöglichen.

Klaus entpackt zunächst das Paket *base* in ein Verzeichnis auf seinem Windows-PC. Danach entpackt er den Kernel und alle anderen Pakete in das neu entstandene Verzeichnis *fli4l-<Version>*.

kernel

Der Kernel für die fli4l-Distribution befindet sich in einem Extrapaket. Von fli4l wird aktuell der Kernel 2.6 empfohlen, also entpackt Klaus die Datei *kernel_26.tar.gz*.

base

Klaus startet seine Konfiguration mit dem Basispaket und bearbeitet zunächst die Datei */config/base.txt*. Er modifiziert die folgenden Einträge unter `General settings`:

```
HOSTNAME='fli4l'          # Name des fl4l-Routers
PASSWORD='fli4l'          # Password für root
```

Zumindest das Passwort sollte Klaus unbedingt ändern! Er tauft außerdem seinen fli4l-Router auf einen neuen Hostnamen.

Jetzt beginnt unter `Ethernet card drivers` die Konfiguration der Netzwerkkarte:

```
NET_DRV_N='1'             # Anzahl nötiger Treiber
NET_DRV_1='ne2k-pci'      # Name des ersten Treibers
NET_DRV_1_OPTION=''       # Optionen für den Treiber
```

Da Klaus eine AMD-PCI-PCnet32-Netzwerkkarte in seinen Router eingebaut hat, ändert er den Wert von `NET_DRV_1` auf `pcnet32`.

Unter der Rubrik `Ether networks used with IP protocol` bestimmt Klaus nun die Parameter seines internen Netzwerkes:

```
IP_NET_N='1'              # Anzahl der LANs
IP_NET_1='192.168.6.1/24' # IP-Adresse/Netzwerk
IP_NET_1_DEV='eth0'       # Linux-Name ethX
```

Klaus würde in diesem Beispiel einen Router für sein lokales Netzwerk 192.168.6.0, Netzwerkmaske 255.255.255.0 einrichten. Die IP-Adresse des Routers ist 192.168.6.1.

Unter `Domain configuration` trägt Klaus nun noch den Namen seiner Domain und die IP-Adresse eines DNS-Servers im Internet ein. Diese Adresse erhält er, indem er auf den Internetseiten seines Providers nachsieht oder einfach die Daten einer bestehenden Verbindung übernimmt:

```
DOMAIN_NAME='lan.fli4l'            # FQDN
DNS_FORWARDERS='194.8.57.8'        # DNS Provider
```

Jetzt richtet Klaus den DHCP-Server für sein LAN ein. Es sollen IP-Adressen von 192.168.6.100 bis 192.168.6.150 an Netzwerkteilnehmer vergeben werden:

```
OPT_DNSDHCP='yes'                          # DHCPD starten?
DNSDHCP_RANGE_1_START='192.168.6.100'      # Bereich Anfang
DNSDHCP_RANGE_1_END='192.168.6.150'        # Bereich Ende
```

Da Klaus den Router später über imonc steuern möchte, muss er den Bereich imond configuration noch anpassen:

```
START_IMOND='yes'                  # imond starten?
```

Jetzt muss Klaus die Datei *base.txt* nur noch abspeichern.

dsl

In Deutschland wird PPPoE verwendet. Da Klaus keine Fritz!-Card, sondern ein DSL-Modem besitzt, ist für ihn nur der Abschnitt PPPoE in der Datei *dsl.txt* interessant:

```
OPT_PPPOE='yes'            # PPPoE verwenden?
PPPOE_NAME='DSL'           # Circuit-Name
PPPOE_ETH='eth0'           # Wo hängt das Modem?
PPPOE_USER='anonymer'      # Benutzername
PPPOE_PASS='surfer'        # Passwort
```

[»] Es wäre viel besser, wenn Klaus zwei Netzwerkkarten in seinem fli4l-Router hätte. Dann könnte er einen Netzwerkanschluss für sein LAN bereitstellen und einen anderen für das DSL-Modem reservieren. Mit nur einer Netzwerkkarte sind das Modem und die restlichen Netzwerkteilnehmer gezwungen, sich über einen Hub oder Switch einen Anschluss am Router zu teilen. Das kann zu Problemen führen! Lesen Sie daher bitte die fli4l-Dokumentation zum *dsl*-Paket sehr sorgfältig.

Die wichtigsten Einstellungen sind Ihr Benutzername und das Passwort bei Ihrem Provider. T-Online-Kunden finden in der fli4l-Dokumentation zusätzliche Hinweise zur Zusammensetzung des Benutzernamens.

httpd

Die Datei *httpd.txt* ist sehr kurz. Dementsprechend müssen auch nur wenige Werte verändert werden:

```
OPT_HTTPD='yes'                    # Webserver verwenden?
HTTPD_USER_N='1'                   # Anzahl der Benutzer
HTTPD_USER_1_USERNAME='klaus'      # erster Benutzer
HTTPD_USER_1_PASSWORD='fli4l'      # sein Passwort
HTTPD_USER_1_RIGHTS='all'          # seine Rechte
```

Natürlich verändert Klaus noch das Passwort des Webservers.

sshd

Ein Teil der Konfiguration des Secure-Shell-Servers für fli4l in der Datei *sshd.txt* könnte so aussehen:

```
OPT_SSHD='yes'                     # SSH Server starten?
SSHD_ALLOWPASSWORDLOGIN='yes'      # Passwortlogin?
SSHD_CREATEHOSTKEYS='no'           # Schlüssel erzeugen?
OPT_SCP='yes'                      # Secure Copy erlauben?
```

fli4l liefert natürlich einen SSH-Host-Key mit. Da dieser allerdings immer gleich ist, empfehle ich Ihnen aus Gründen der Sicherheit, fli4l so bald wie möglich ein neues Schlüsselpaar erzeugen zu lassen. Wie Sie das machen, finden Sie in der fli4l-Dokumentation des Paketes *sshd* detailliert erklärt.

Eine weiterführende Anleitung zu fli4l und SSH finden Sie im Internet unter *http://www.eisfair.org/hilfe/howtos/allgemein/ssh-key-login-fuer-eisfair-mit-putty-und-winscp/*.

[«]

chrony

Das Paket chrony verwendet Klaus, um die Zeit aller Clients in seinem LAN zu synchronisieren. Der Time-Server bedient sich automatisch einer Liste von NTP-Servern aus dem Bestand von *http://www.ntp.org*. In der Datei *chrony.txt* verändert Klaus nur eine Zeile:

```
OPT_CHRONY='yes'                   # NTP Server starten?
```

dyndns

Klaus hat einen Account bei *http://dyndns.org*. Den Eintrag für seine Domain *klaus.dyndns.org* möchte er automatisch aktualisieren, sobald die DSL-Verbindung aktiviert wird:

```
OPT_DYNDNS='yes'                   # DynDNS verwenden?
DYNDNS_SAVE_OUTPUT='yes'           # Status im Webserver?
DYNDNS_N='1'                       # Anzahl Domains
DYNDNS_1_PROVIDER='DYNDNS'         # http://dyndns.org
DYNDNS_1_USER='test'               # Benutzername
DYNDNS_1_PASSWORD='test'           # Passwort
```

```
DYNDNS_1_HOSTNAME='klaus.dyndns.org'   # DynDNS-Domain
DYNDNS_1_CIRCUIT='pppoe'               # Circuit-Name
```

Es gibt viele verschiedene Provider. Für welchen Provider Sie welchen Wert bei `DYNDNS_1_PROVIDER` eintragen müssen, erfahren Sie in der paketeigenen fli4l-Dokumentation. Den Benutzernamen und das Passwort muss Klaus genau wie den Namen seiner Domain richtig eintragen. Den Circuit-Namen `DYNDNS_1_CIRCUIT` hat Klaus in der Datei *dsl.txt* definiert. Leider akzeptiert fli4l nicht den Namen `DSL` selbst, sondern nur die Art des Circuits `pppoe`.

Im nächsten Schritt richtet Klaus eine Weiterleitung für alle HTTP-Zugriffe (Port 80) auf seinen Webserver im LAN (IP 192.168.6.15) ein. Er bearbeitet in der Datei *base.txt* den Abschnitt `PORTFW`, um den virtuellen Server einzurichten:

```
PORTFW_N='1'                                # Anzahl der Regeln
PORTFW_1_TARGET='80'                        # externer Port
PORTFW_1_NEW_TARGET='192.168.6.15:80'       # Ziel im LAN
PORTFW_1_PROTOCOL='tcp'                     # tcp/udp/gre
```

qos

Wenn man einen Flaschenhals zu durchwandern hat, wie hier eine nicht unendliche Internetbandbreite, muss der mangelnde Platz in diesem Flaschenhals verwaltet werden. Im Fall der Internetbandbreite übernimmt dies das Paket *qos*.

[zB] Klaus besitzt die Standard-T-DSL-Internetanbindung mit 1.024 Kbit/s Download- und 128 Kbit/s Uploadgeschwindigkeit. Ein einziges Gespräch in ISDN-Qualität (Codec G.711, siehe Abschnitt 44.1.3, »Audio-Codecs«) belegt gut 80 Kbit/s der Uploadbandbreite. Dieses bezieht sich nur auf die Richtung ins Internet, also auf das, was Klaus Marie erzählt. Die Sprachpakete, die von Marie zu Klaus kommen, belegen weitere 80 Kbit/s, allerdings der Downloadbandbreite.

Anders ausgedrückt: Durch ein VoIP-Gespräch werden 63 Prozent der Upload- und 7,8 Prozent der Downloadbandbreite belegt. Daher ist es wichtig, den Upload mittels QoS zu priorisieren. Dann kann neben dem Telefonat auch noch gesurft werden, ohne dass es zu massiven Einbußen in der Gesprächsqualität kommt.

Klaus hat ein IP-Telefon in seinem LAN, das er für Internettelefonie verwendet; es hat die IP-Adresse 192.168.6.70, und sämtlicher Datenverkehr von dieser IP-Adresse wird nun priorisiert:

```
OPT_QOS='yes'                              # qos installieren?
QOS_INTERNET_DEV_N='1'                     # Anzahl Schnittstellen
QOS_INTERNET_DEV_1='ppp0'                  # DSL-Interface
QOS_INTERNET_BAND_DOWN='1024Kibit/s'       # max. Download
QOS_INTERNET_BAND_UP='128Kibit/s'          # max. Upload
```

```
QOS_INTERNET_DEFAULT_DOWN='0'          # Standardklasse Download
QOS_INTERNET_DEFAULT_UP='2'            # Standardklasse Upload
```

Die Konfiguration bis hierher legt fest, dass es ein Netzwerk-Interface gibt, auf das die Priorisierung angewendet werden soll, nämlich `ppp0`; das ist gleichbedeutend mit dem DSL-Interface. Die Bandbreitenangaben haben Sie bestimmt wiedererkannt. Die Angaben zu `DEFAULT` geben an, wie Datenverkehr priorisiert werden soll, der keiner Priorisierungsklasse zugeordnet werden kann. Für den Upload wird der Datenverkehr der Klasse 2 zugeordnet:

```
QOS_CLASS_N='2'
QOS_CLASS_1_PARENT='0'                 # übergeordnete Klasse
QOS_CLASS_1_MINBANDWIDTH='80Kibit/s'   # Minimum
QOS_CLASS_1_MAXBANDWIDTH='128Kibit/s'  # Maximum
QOS_CLASS_1_DIRECTION='up'             # Richtung
QOS_CLASS_1_PRIO=''                    # 0 bis 7
```

Es gibt zwei Prioritätsklassen; die sechs zuvor zitierten Zeilen definieren diese. Da Klaus für den Anfang keine Prioritätsklassen ineinander verschachteln möchte, steht `PARENT` auf 0. Die Minimalbandbreite beträgt 80 Kbit/s. Maximal darf die gesamte Uploadbandbreite von 128 Kbit/s belegt werden. Die Richtung wird mit `DIRECTION='up'` angegeben. Nun zu den Angaben für den übrigen Datenverkehr:

```
QOS_CLASS_2_PARENT='0'                 # Parentclass
QOS_CLASS_2_MINBANDWIDTH='1Kibit/s'    # Minimum
QOS_CLASS_2_MAXBANDWIDTH='192Kibit/s'  # Maximum
QOS_CLASS_2_DIRECTION='up'             # Direction
QOS_CLASS_2_PRIO=''                    # 0 bis 7
```

Wie Sie sehen, ist die Konfiguration ähnlich zur ersten Klasse. Die Minimalbandbreite steht hier aber auf 1 Kbit/s.

Jetzt muss der Datenverkehr noch den beiden Klassen zugeordnet werden. Dazu reicht ein einziger sogenannter *Filter*:

```
QOS_FILTER_N='1'                       # Number of filters
QOS_FILTER_1_CLASS='1'                 # Destinationclass(es)
QOS_FILTER_1_IP_INTERN='192.168.6.70'  # IP address
```

Anhand der IP-Adresse aus dem internen LAN von Klaus (192.168.6.70) wird der Datenverkehr der ersten Klasse zugeordnet. Ein zweiter Filter für die zweite Klasse ist überflüssig, es greift die Konfiguration zu `QOS_INTERNET_DEFAULT_UP`.

Das wars. Jetzt werden bei vorhandenem Datentransfer vom IP-Telefon 80 Kbit/s im Upload reserviert, und die Sprachdaten können in der erforderlichen Zeit ihr Ziel erreichen.

[»] Bei meinen Versuchen hat die Priorisierung funktioniert. Trotzdem kam es zu Zeitverzögerungen, die man gut wahrnehmen kann, wenn man mit sich selbst telefoniert. Die Verzögerung war sehr gleichmäßig (Fachbegriff: *geringer Jitter*), sodass außer der Verzögerung selbst keine weiteren negativen Auswirkungen auf das Gespräch festzustellen waren. Ohne Priorisierung war ich von einem Gesprächspartner nicht mehr zu verstehen, wenn parallel ein FTP-Upload stattfand.

Klaus könnte seine Konfiguration sogar noch verbessern, indem er beispielsweise von seinem Telefon in Datenpaketen das TOS-Bit setzen lassen würde und dieses bei der Auswertung für die Priorisierung berücksichtigte. Für normale Anforderungen ist die hier vorgestellte Lösung aber völlig ausreichend.

36.2.6 Diskette bauen

Auch die anderen fli4l-Pakete beinhalten jeweils eine eigene Dokumentation der Textdateien. Sie finden diese nach dem Entpacken im Unterverzeichnis *doc*. Mit dem Beispiel und der Paketdokumentation können Sie mit der Zeit neue Pakete ausprobieren.

Jetzt möchte Klaus aber seine Konfiguration testen. Er klickt auf die Datei *mkfli4l.bat*, legt eine Diskette ein und bestätigt mit STARTE BUILD-PROZESS. In einem Fenster erscheint das Protokoll des Vorgangs (siehe Abbildung 36.7).

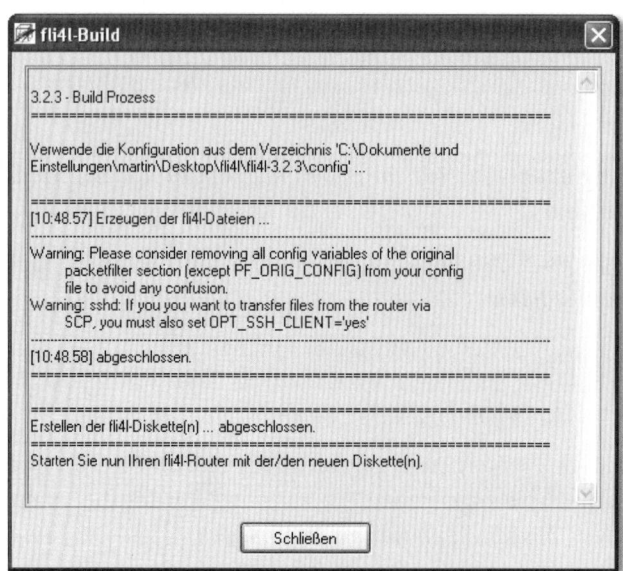

Abbildung 36.7 Die fli4l-Diskette wird erstellt.

Mit dem Kommando `run mkfli4l.sh` oder `./mkfli4l.sh` (Skript vorher mit `chmod +x mkfli4l.sh` ausführbar machen!) starten Sie die gleiche Prozedur unter Linux.

[«]

In diesem einfachen Beispiel genügt es, wenn der fli4l-Router einen Netzwerkanschluss über den Switch oder Hub erhält. Das DSL-Modem wird ebenfalls mit diesem Switch bzw. Hub verbunden.

[zB]

Klaus bootet seinen fli4l-Router nun von der Diskette. Es ist sinnvoll, die Ausgaben auf dem Bildschirm anzusehen. Es ist besonders von Interesse, ob die richtigen Treiber für die Netzwerkkarten geladen werden.

Mit dem Tool `mkfli4l` können Sie später auch direkte Updates des fli4l-Routers über das Netzwerk durchführen.

36.2.7 PCs im Netzwerk mit fli4l einrichten

Da Klaus sich dafür entschieden hat, den fli4l-Router als DHCP-Server einzusetzen, ist die Konfiguration der Clients in seinem LAN ein Kinderspiel. Wie Sie Windows-, Linux- und OS-X-PCs in Ihrem Netzwerk als DHCP-Clients einrichten, erfahren Sie in Kapitel 25, »Windows einrichten«, Kapitel 26, »Linux einrichten«, und Kapitel 27, » OS X einrichten«.

36.2.8 Administration des Routers

Es gibt mehr Möglichkeiten, den Router zu administrieren, als ich Ihnen an dieser Stelle vorstellen kann. Ich beschränke mich auf die Kommandozeile (`ssh`), ein grafisches Tool (imonc) und den Browserzugriff.

ssh

Wenn Sie sich per Secure Shell auf dem Router anmelden, dann werden Sie das Menü sehen, das fli4l Ihnen auch nach dem Einloggen auf der Konsole bietet. Die einzelnen Punkte des Menüs sprechen für sich. Besonders hilfreich finde ich die Möglichkeit, den Server *fli4l.de* anzupingen. Mit diesem Test kann unabhängig von der Anbindung der Clients im LAN überprüft werden, ob zumindest vom Router aus ein Zugriff auf das Internet möglich ist.

imonc

imonc ist der Windows-Client für den Software-Router fli4l (*http://www.imonc.de*). Mit imonc können Sie den Status der Circuits einsehen und aktiv beeinflussen.

Sie legen mit dem Windows-Explorer eine neue Verknüpfung an und tragen bei ZIEL <Pfad>\imonc.exe /s:<fli4l-Router-IP> ein. Nach einem Doppelklick sollte die Verbindung zum Router hergestellt werden.

Um die volle Bandbreite an Möglichkeiten zu haben, müssen Sie auf ADMIN klicken und das Passwort eingeben. Sobald Sie online sind, geht ein zusätzliches Fenster auf, das den Datendurchsatz anzeigt (siehe Abbildung 36.8).

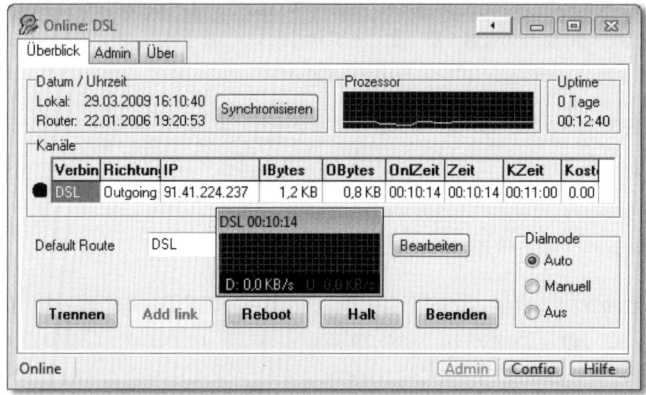

Abbildung 36.8 imonc dient zur Administration des Routers.

http

Sehr gut gefällt mir die fli4l-Übersicht des Webservers (siehe Abbildung 36.9). Sie reicht völlig aus, um sich einen kurzen Überblick über den Router zu verschaffen.

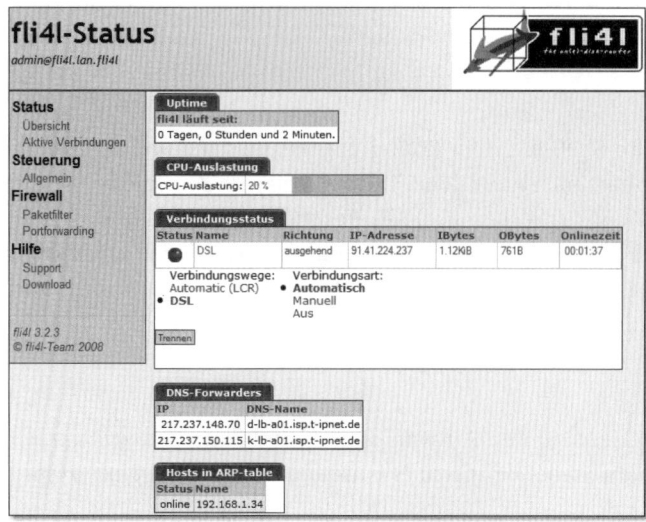

Abbildung 36.9 Die fli4l-Administration per Browser

Schön ist auch die mögliche Integration des DynDNS-Status. Sie können damit leicht überprüfen, ob das Update der IP-Adresse beim DynDNS-Provider geklappt hat. Wenn nicht, hilft die an dieser Stelle einsehbare Antwort des Providers vielleicht bei der Fehleranalyse.

36.2.9 fli4l auf der Festplatte

Da Klaus nach einer längeren Testphase von fli4l überzeugt ist, möchte er die Software gerne auf der im Router eingebauten IDE-Festplatte installieren. Dies geschieht in zwei Schritten. Zunächst kopiert er seine komplette fli4l-Distribution in ein anderes Verzeichnis. Er deaktiviert in den Konfigurationsdateien alle Pakete außer *base*, *dsl* (da imonc sonst nicht läuft), *hd* und *ssh*.

Er verändert nun die Datei *hd.txt*, um seine IDE-Festplatte für den Router zu konfigurieren:

```
OPT_HDDRV='yes'            # Treiber installieren?
OPT_HDINSTALL='yes'        # Paket hd verwenden?
```

Da es die Lebensdauer seiner IDE-Festplatte wahrscheinlich verlängert, entscheidet sich Klaus außerdem, die Fesplatte bei Inaktivität in den Ruhezustand zu versetzen:

```
OPT_HDSLEEP='yes'          # Spindown hd?
```

Nachdem Klaus von der neu erstellten Diskette gebootet hat, loggt er sich lokal oder per Secure Shell auf dem Router ein. Im Menü wählt er INSTALLATION AUF FESTPLATTE STARTEN aus. Auf diesem Weg wird die Festplatte für fli4l eingerichtet. Sämtliche darauf befindlichen Daten gehen dabei allerdings verloren!

Der Router würde an dieser Stelle noch nicht funktionieren, da alle für den Bootvorgang benötigten Dateien noch auf den Router übertragen werden müssen.

Klaus arbeitet nun wieder mit seiner getesteten Original-Konfiguration weiter. Er muss im nächsten Schritt die Datei *base.txt* anpassen:

```
BOOT_TYPE='hd'             # Wo ist fli4l?
```

Im Folgenden tut Klaus zunächst so, als wolle er wieder eine Diskette bauen und klickt auf *mkfli4l.bat*. Dadurch werden die fli4l-Dateien erzeugt. Sie werden anschließend aber nicht mehr auf eine Diskette kopiert, sondern harren im Verzeichnis */build* der Dinge, die da kommen.

Klaus hat jetzt zwei Möglichkeiten. Entweder er startet im ADMIN-Bereich von imonc bzw. mit `mkfli4l` ein FERNUPDATE, oder er überträgt die Dateien *syslinux.cfg*, *kernel*, *rootfs.img*, *rc.cfg* und *opt_tar.bz2* aus dem Verzeichnis *fli4l-<Version>/build* mit Secure Copy von Hand auf den Router in das Verzeichnis

/boot. Egal, wie er sich entscheidet: Nach diesem Vorgang kann Klaus den Router von der Festplatte starten.

[o] Wenn Sie nicht so vertraut mit Secure Copy auf der Kommandozeile sind, dann verwenden Sie einfach das Programm WinSCP, das Sie im Verzeichnis */software/ administration* auf der DVD finden. Zum Aufbau der Secure-Shell-Verbindung kann das Programm PuTTY dienen, das ebenfalls in diesem Kapitel beschrieben wird.

[!] Wenn Sie fli4l auf Ihrer Festplatte installieren wollen, lesen Sie unbedingt vorher die Dokumentation zum Paket *hd*, und achten Sie genau auf die Hinweise von fli4l bei der Installation auf der Festplatte!

36.3 fli4l und OpenVPN

Ein VPN (siehe Abschnitt 35.9, »Virtual Private Network«) zu realisieren, ist keine einfache Aufgabe. Insbesondere dann nicht, wenn Sie dieses wirklich sicher gestalten wollen. Da fli4l kaum in sicherheitskritischen Umgebungen eingesetzt werden dürfte, sondern eher in Privathaushalten, kann man bei der Sicherheit meiner Meinung nach ein paar Abstriche machen, wenn die Realisierung dadurch einfacher wird.

fli4l unterstützt ab Version 3.0 offiziell nur noch OpenVPN (*http://openvpn.net*), das zur Verschlüsselung nicht das sehr sichere IPsec verwendet, sondern OpenSSL. Bei fli4l wird auch nicht mit privatem und öffentlichem Schlüssel gearbeitet, sondern mit einem gemeinsamen Schlüssel (engl. *shared key*).

[»] Selbstverständlich ist ein gemeinsamer Schlüssel nur so lange sicher, wie dieser nicht z. B. beim Austausch schon abgefangen werden kann. Wenn Klaus und Marie den Schlüssel beispielsweise per E-Mail austauschen, ist die Sicherheit wegen der unverschlüsselten Übertragung von E-Mails nicht gewährleistet. Besser wäre der Austausch per Diskette oder USB-Stick.

36.3.1 fli4l als OpenVPN-Server

Die Konfigurationsdatei *openvpn.txt* passt Klaus wie folgt an:

```
OPT_OPENVPN='yes'                          # OpenVpn verwenden?
OPENVPN_FEATURES='std'                     # Befehlsumfang
OPENVPN_WEBGUI='yes'                       # Status im Webserver?
OPENVPN_DEFAULT_ALLOW_ICMPPING='yes'       # ping erlauben?
OPENVPN_DEFAULT_PING='60'                  # regelmäßige Last
```

Zunächst muss das OpenVPN-Paket aktiviert werden, indem die Variable `OPT_OPENVP='yes'` gesetzt wird. Den Parameter `OPENVPN_FEATURE` belässt Klaus bei `std`; genauere Informationen sind in der fli4l-Dokumentation zu finden. Die Administration von OpenVPN will Klaus über das komfortable Webinterface des fli4l-Routers vornehmen, daher setzt er den Parameter `OPENVPN_WEBGUI='yes'`. Damit Klaus zur Überprüfung der Erreichbarkeit auf jedenfall das Kommando `ping` benutzen kann, setzt er `OPENVPN_DEFAULT_ALLOW_ICMPPING='yes'`. Der letzte Parameter dient dazu, die OpenVPN-Verbindung aufrechtzuerhalten, wenn keine Daten fließen.

Nun kommen wir zu den konkreten Einstellungen für den Zugriff eines entfernten Rechners, in diesem Fall dem von Marie:

```
OPENVPN_N='1'                          # Anzahl der VPNs
OPENVPN_1_NAME='marie'                 # Name erstes VPN
OPENVPN_1_LOCAL_PORT='10001'           # lokaler Port
OPENVPN_1_SECRET='key.secret'          # Schlüsseldatei
OPENVPN_1_TYPE='tunnel'                # Art des VPN
OPENVPN_1_REMOTE_VPN_IP='10.0.0.2'     # IP des Partners
OPENVPN_1_LOCAL_VPN_IP='10.0.0.1'      # eigene IP
OPENVPN_1_FORWARD_POLICY='ACCEPT'      # Firewall-Regel
OPENVPN_1_INPUT_POLICY='ACCEPT'        # Firewall-Regel
```

Es soll nur eine OpenVPN-Verbindung mit dem Namen `marie` geben. Jede OpenVPN-Verbindung benötigt einen eigenen TCP-/UDP-Port, der Port sollte weit oberhalb von 1024 liegen, damit keine anderen Anwendungen gestört werden; `10001` ist so einer.

Der Schlüssel, den Klaus und Marie für ihr VPN verwenden, ist in der Datei *key.secret* gespeichert. Wie dieser Schlüssel erzeugt wird, beschreibe ich etwas später. Den Schlüssel wird Klaus in das Verzeichnis *etc/openvpn/config* legen.

OpenVPN unterstützt neben einer IP-Verbindung auch eine Verbindung auf Ethernet-Ebene. Weitere Informationen entnehmen Sie der Dokumentation für fli4l. Klaus will eine IP-Verbindung, daher verwendet er den Tunnelmodus.

VPN präsentiert sich auf dem fli4l-Router wie auch auf dem Internet-PC von Marie als virtuelle Netzwerkkarte. Diese Netzwerkkarte benötigt eine eigene IP-Adresse, und genau diese IP-Adresse darf weder mit einer IP-Adresse bei Marie noch mit einer bei Klaus übereinstimmen, damit das IP-Routing (siehe Abschnitt 12.1, »Routing«) klappt. Klaus muss hier also zwei IP-Adressen verwenden, die zu keinem bisher verwendeteten IP-Netz gehören, die aber dem Bereich der privaten IP-Adressen entstammen. Als Subnetzmaske wird übrigens automatisch 255.255.255.252 gewählt. Die IP-Adresse `OPENVPN_1_REMOTE_VPN_IP` ist die, die

Maries PC bekommt, und `OPENVPN_1_LOCAL_VPN_IP` ist die, die der fli4l-Router für das Routing der VPN-Verbindung nutzt.

[!] Die hier vorgestellte Konfiguration funktioniert nur für VPN-Clients, die sich aus dem Internet – oder einem anderen IP-Netz – mit dem fli4l-Router verbinden. Sie können das hier konfigurierte VPN nicht mit lokalen Clients testen, weil das Routing nicht stimmt.

Die Einstellungen `FORWARD_POLICY` und `INPUT_POLICY` reißen zwei Löcher in die fli4l-Firewall-Regeln: Über diese VPN-Verbindung darf alles gesendet und alles empfangen werden.

[»] Nun sind noch zwei weitere Schritte zu erledigen:
- Die Installation des OpenVPN-Clients muss erfolgen.
- Ein *Shared Key* muss erzeugt werden.

36.3.2 OpenVPN-Client

[o] Auf der DVD finden Sie im Verzeichnis */software/internet* das Windows-Programm *openvpn-2.2.2-install.exe*. Diese Datei enthält alle notwendigen Komponenten für die Installation von OpenVPN unter Windows. Bei der Installation beschwert sich Windows, dass der Treiber der virtuellen Netzwerkkarte (TUN/TAP-Adapter) nicht signiert sei; bestätigen Sie einfach mit INSTALLATION FORTSETZEN. Ich gehe im Folgenden davon aus, dass Sie OpenVPN unter Windows in das Verzeichnis *C:\Programme\OpenVPN* installiert haben.

Klaus hat OpenVPN auf dem Internet-PC von Marie installiert. Als Erstes legt er mit dem Texteditor eine Datei *klaus.ovpn* im Verzeichnis *C:\Programme\OpenVPN\config* an. OpenVPN-GUI ist gestartet und zeigt in der Taskleiste neben der Uhr ein Symbol zweier Bildschirme mit einer Weltkugel. Klaus klickt mit der rechten Maustaste auf das Symbol und wählt EDIT CONFIG. In die leere Datei *klaus.ovpn* trägt er nun Folgendes ein:

```
remote klaus.dyndns.org         # VPN-Server DNS-Name
rport 10001                     # VPN-Serverport
dev tun                         # Art des VPN
proto udp                       # Protokollfamilie
ifconfig 10.0.0.2 10.0.0.1      # lokale und remote IP
route 192.168.6.0 255.255.255.0 # Route Server-LAN
comp-lzo                        # Komprimierung
secret key.secret               # Schlüsseldatei
persist-tun                     # Verhalten bei Abbruch
persist-key                     # Verhalten bei Abbruch
```

```
ping-timer-rem              # Verhalten bei Abbruch
ping-restart 60             # Verhalten bei Abbruch
tun-mtu 1500                # die MTU
fragment 1300               # Fragmentgröße
mssfix                      # Windows-Bugfix
verb 3                      # Output Verbosity
```

Anschließend schließt er das Fenster und speichert dabei die Änderungen. Die Konfiguration beinhaltet, dass sich Maries PC zu *klaus.dyndns.org* verbinden will. Die IP-Adressen für den Tunnel sind 10.0.0.2 und 10.0.0.1. Zusätzlich wird das LAN von Klaus, also das IP-Subnetz 192.168.6.0/24, über diesen Tunnel geroutet. Zur Verschlüsselung wird der Schlüssel aus der Datei *key.secret* verwendet; diese Datei muss ebenfalls im Verzeichnis *C:\Programme\OpenVPN\config* liegen.

Bisher hat Klaus die Datei nicht erzeugt. Er führt dazu auf Maries Windows-PC das Programm START • PROGRAMME • OPENVPN • GENERATE A STATIC OPENVPN KEY aus. Jetzt liegt im besagten Verzeichnis *config* eine Datei *key.txt*. Diese benennt Klaus in *key.secret* um, kopiert sie auf seinen USB-Stick, fährt nach Hause und kopiert sie für seine fli4l-Konfiguration in das Verzeichnis *etc/openvpn/config*.

36.3.3 Kontrolle der OpenVPN-Verbindung

Nun ist das VPN komplett konfiguriert. Werfen Sie zunächst einen Blick auf das fli4l-Webinterface; dort gibt es einen Eintrag für OpenVPN (siehe Abbildung 36.10).

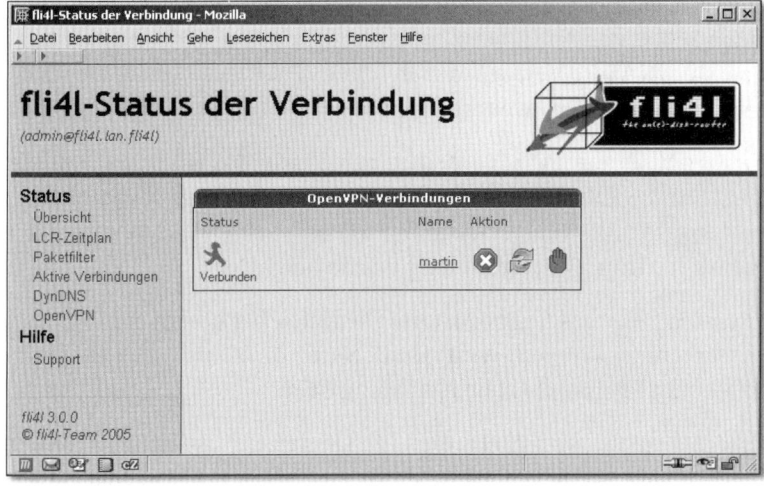

Abbildung 36.10 Die OpenVPN-Verbindung ist aktiv.

Über die Schaltflächen neben der Verbindung können Sie das VPN beispielsweise neu initialisieren. Mit einem Klick auf den Namen der VPN-Verbindung können Sie weitere Details einsehen (siehe Abbildung 36.11). Insbesondere der Reiter LOG ist interessant, weil Sie dort verschiedene Fehler erkennen und analysieren können.

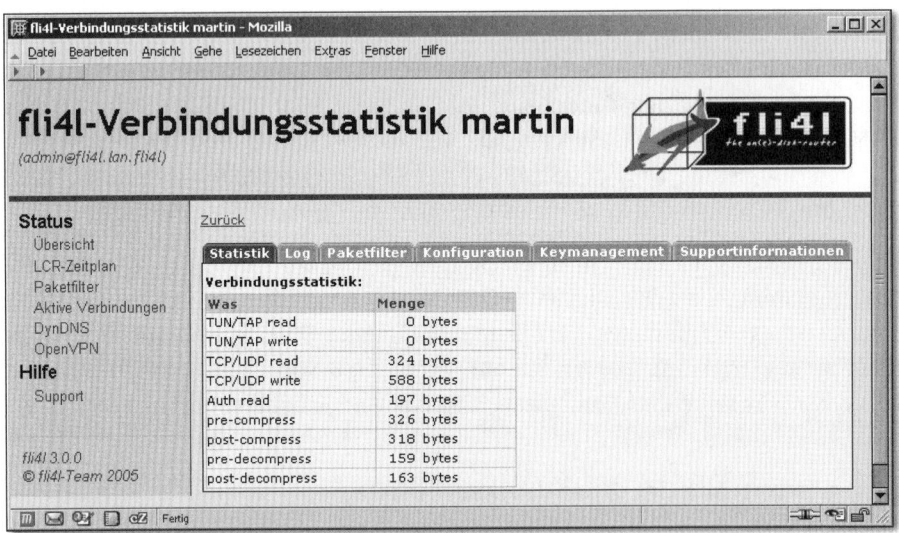

Abbildung 36.11 OpenVPN-Statistik einer Verbindung

Mehr Fallstricke als bei fli4l lauern in der Regel beim OpenVPN-Client. So sind Firewalls eine beliebte, teilweise unüberwindbare Hürde. Genauere Informationen finden Sie auf den Seiten von *http://www.openvpn.net* und *http://www.openvpn.eu*. Weitere Hürden sind NAT-Router, auf denen OpenVPN-Pakete (meistens UDP-Port 1194) zum OpenVPN-Client weitergeleitet werden müssen.

[zB] Nach der Einwahl mit ihrem PC ins Internet ruft Marie das Kontextmenü zur OpenVPN-GUI auf und wählt den Eintrag CONNECT. Es öffnet sich das Statusfenster (siehe Abbildung 36.12). Wenige Sekunden später leuchten die Monitore des OpenVPN-Symbols in Grün. Die Verbindung wurde hergestellt.

Wie Sie in der ersten Zeile des Statusfensters, aber auch bei einem `route print` unter Windows erkennen können, wird das IP-Netz von Klaus 192.168.6.0/24 über das VPN (10.0.0.1) geroutet (siehe Abbildung 36.13).

Marie kann jetzt mit einem `ping` überprüfen, ob sie den PC von Klaus erreichen kann. Ihr PC verhält sich jetzt wie ein lokaler PC im LAN von Klaus. Marie kann Drucker- und Laufwerksfreigaben nutzen oder auch auf den siegfried-Server von Klaus zugreifen.

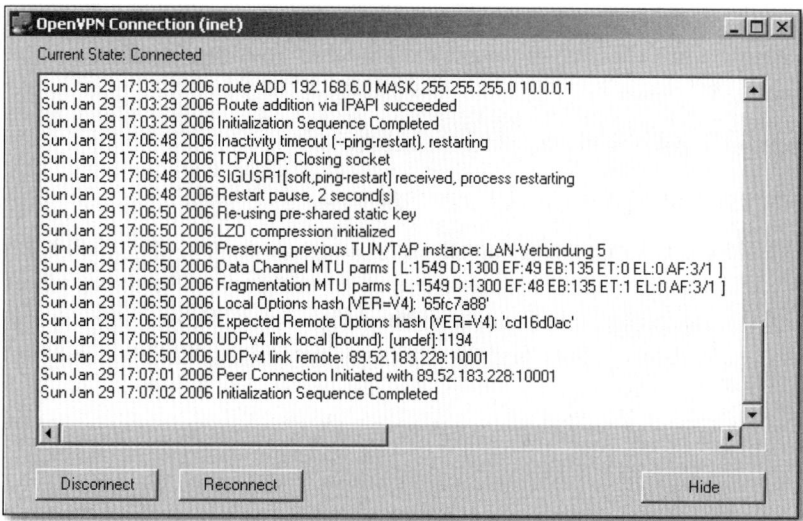

Abbildung 36.12 Status von OpenVPN-GUI bei Erfolg

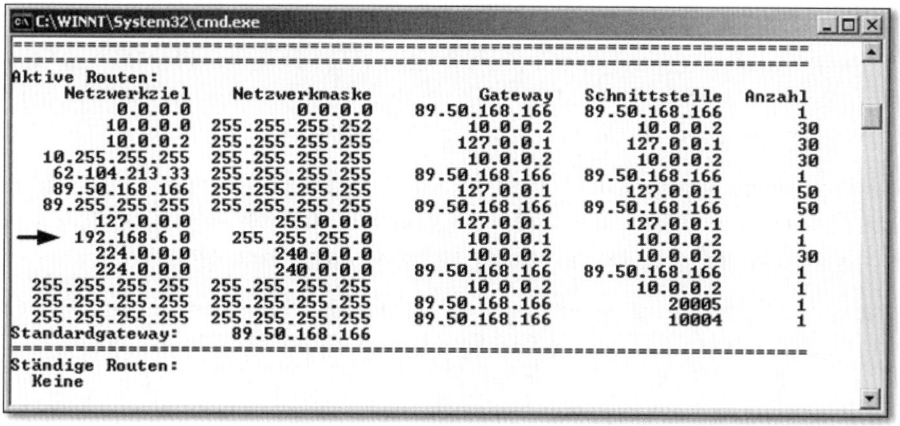

Abbildung 36.13 Hinter dem Router 10.0.0.1 liegt das VPN.

36.4 Proxy

Während NAT auf Schicht 3 des ISO/OSI-Modells arbeitet und lediglich IP-Adressen austauscht, arbeitet ein Proxy auf Schicht 7. Das ermöglicht dem Proxy, Benutzer auf der Applikationsebene zu authentifizieren, sodass sich steuern lässt, wer auf das Internet zugreifen darf und wer nicht.

Proxy bedeutet Stellvertreter (»Pro« = »für«, »xy« = »alles«). Der PC, auf dem der Proxydienst läuft, wird Proxyserver genannt. Ihm kommen zumindest zwei Aufgaben zu:

- Anfordern und Weiterleiten der Internetseiten
- Zwischenspeichern von Internetseiten (sogenanntes Caching)

Ein PC im lokalen Netz fordert eine Internetseite (unter anderem HTTP, FTP) beim Proxyserver an, behandelt den Proxy also wie einen Webserver. Der Proxyserver fordert die Seite, falls erforderlich, bei dem entsprechenden Webserver im Internet an, und der Webserver antwortet dem Proxy, behandelt ihn also wie einen Client.

Die Seiten, die der Proxy angefordert und bekommen hat, speichert er in seinem Cache zwischen. Wird die Seite vom Client erneut angefordert, fordert der Proxy die Seite vom Webserver mit der Bedingung an, dass sie nur dann übertragen werden soll, wenn sie sich seit der letzten Anforderung verändert hat. Damit wird verhindert, dass häufig gleiche Seiten aus dem Internet übertragen werden müssen und so wertvolle Bandbreite belegen.

Da der Proxy alle Anfragen ins Internet stellt, wird ähnlich wie bei NAT nur eine offizielle IP-Adresse benötigt. Das gesamte Netzwerk versteckt sich hinter dem Proxyserver, sodass es für Hacker/Cracker unsichtbar ist.

Der Proxydienst muss alle Protokolle beherrschen, für die er Proxy ist. Das führt insbesondere bei Audio- und Videoprogrammen zu Problemen, die über das Netzwerk arbeiten, weil diese Software teilweise nicht Proxy-fähig ist.

[o] Eine vorkonfigurierte virtuelle Proxy-Appliance finden Sie auf der Buch-DVD. Der Proxy selbst wird in Abschnitt 40.3, »Squid Proxy Appliance«, beschrieben.

Sie wissen nun, wie Sie Verbindungen aus Ihrem LAN ins Internet aufbauen können. Wie aber findet man PCs in Ihrem LAN aus dem Internet?

37 DynDNS-Dienste

Der Begriff DynDNS steht für *dynamisches DNS* und soll darauf hindeuten, dass Sie als Kunde die zu einem Namen gehörige IP-Adresse selbst im DNS-Server eintragen können. Jetzt fragen Sie sich vielleicht, welchen Vorteil Sie davon haben, eine IP-Adresse zu einem Namen einzutragen.

Stellen Sie sich vor, Sie möchten im Internet eine Homepage anbieten. Auf dieser Homepage soll neben dem üblichen HTML auch die Skriptsprache PHP zum Einsatz kommen, Sie benötigen außerdem eine Datenbank und einen SSH-Zugriff. Schauen Sie spaßeshalber mal, was ein Angebot kostet, das diese Forderungen abdeckt. Üblicherweise liegt der Preis um 10 € monatlich. [zB]

Wenn Sie eine DSL-Flatrate haben und im Keller noch ein alter PC herumsteht, dann können Sie die Lösung zum Nulltarif bekommen. Sie melden sich zunächst bei einem der kostenlosen DynDNS-Dienste im Internet an und können sich dort einen Namen für Ihre Domain aussuchen, z. B. *http://meinehp.dyndns.org*. Dieser Name muss in die täglich wechselnde IP-Adresse umgesetzt werden, die Ihnen Ihr Provider zuweist. Dazu müssen Sie jedes Mal, wenn Ihre IP-Adresse wechselt, diese bei *dyndns.org* aktualisieren. Da dies zu aufwendig ist, um es manuell zu tun, erledigen heutige DSL-Router das für Sie.

37.1 Anbieter

Es gibt eine unübersichtliche Anzahl von DynDNS-Anbietern. Die meisten bieten ein kostenloses Einsteigerpaket und verlangen für weitere Dienstleistungen Geld.

Der bekannteste Anbieter ist *DynDNS*, den Sie unter der gleichnamigen Webadresse finden (siehe *http://www.dyndns.org*). Sie können die IP-Adresse manuell oder automatisch mit einer ganzen Reihe von Programmen aktualisieren.

Ein weiterer sehr gut funktionierender Dienst ist *nerdcamp*, zu finden unter *http://www.nerdcamp.net*. Im Gegensatz zu DynDNS werden Webadressen nicht nach drei Monaten ohne IP-Aktualisierung gelöscht, sondern bestehen unbegrenzt weiter.

37.2 Aktualisierung

Sie können Aktualisierungen natürlich manuell vornehmen. Die Webseiten der Anbieter haben diese Möglichkeit. Loggen Sie sich z. B. bei nerdcamp auf der Webseite ein (siehe Abbildung 37.1). Es erscheint die Seite OPTIONEN, in der Sie im Eingabefeld Ihre aktuelle, offizielle IP-Adresse eintragen können.

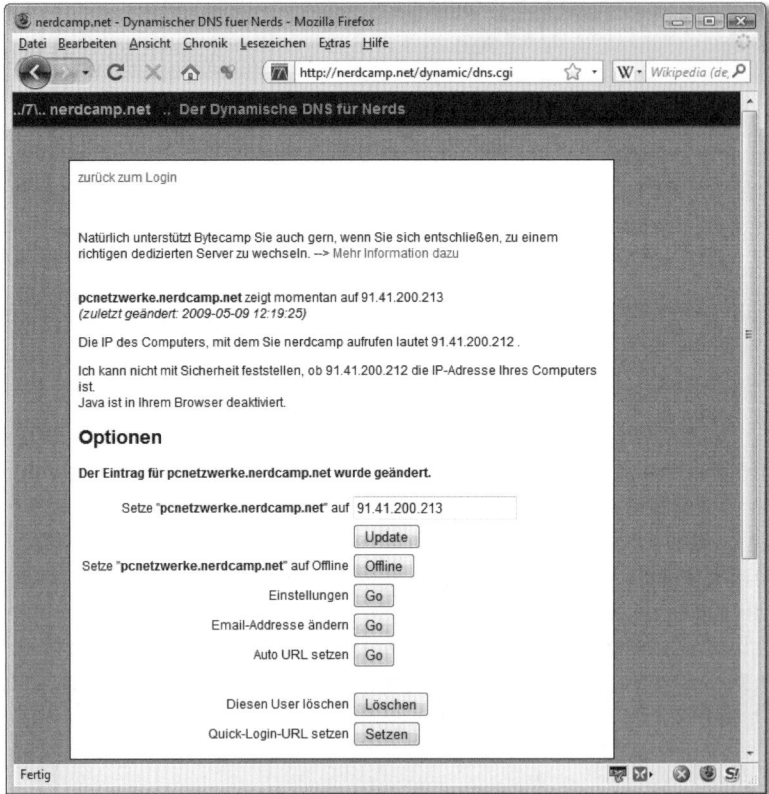

Abbildung 37.1 Aktualisierung per Web bei nerdcamp.net

Ein Klick auf UPDATE aktualisiert die Zuordnung, und Sie sind wieder unter Ihrem Namen *pcnetzwerke.nerdcamp.net* erreichbar.

37.2.1 Router

Viele Router bieten die Möglichkeit, Updates bei DynDNS-Anbietern vorzunehmen. Allerdings ist die Auswahl der möglichen Anbieter meist eingeschränkt. Der bekannteste Anbieter ist DynDNS.org und wird von allen Routern unterstützt.

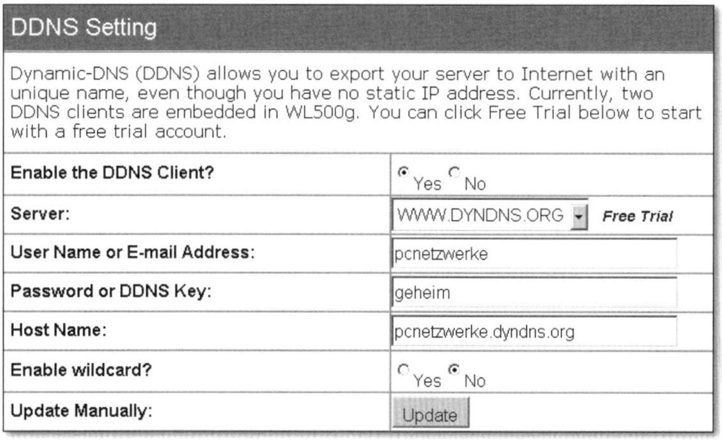

![DDNS Setting]

Abbildung 37.2 WL-500g kann auch DynDNS, wie viele DSL-Router.

Der Vorteil, den Router zu verwenden, liegt darin, dass dieser die offizielle IP-Adresse kennt, die Sie von Ihrem Provider bekommen haben. Es sind also keine weiteren Tricks notwendig, um die korrekte Adresse zu ermitteln.

37.2.2 Software

Wenn Ihr Router keine Möglichkeit bietet, den von Ihnen favorisierten DynDNS-Dienst zu aktualisieren, bleibt noch die Möglichkeit, die Aktualisierung über ein Programm vorzunehmen. Der Dienst DynDNS bietet ein Programm für Windows, Linux und OS X, den *DynDNS Updater*.

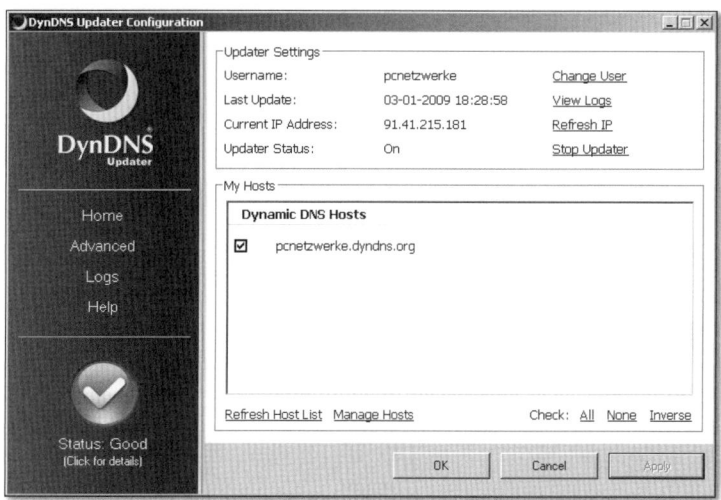

Abbildung 37.3 DynDNS Updater aktualisiert die IP-Adresse.

Natürlich funktioniert dieses Programm auch nur mit DynDNS.org. Der Nachteil einer jeden Software ist allerdings, dass die IP-Änderung immer erst nachträglich festgestellt wird, entsprechend hinkt die Aktualisierung stets etwas hinterher.

37.2.3 DynDNS Updater für OS X

Auf der Webseite *http://www.dyndns.org* finden Sie in der Rubrik UPDATE CLIENTS auch einen DynDNS Updater für OS X. Wenn Sie dieses Programm herunterladen und zum ersten Mal starten, werden Sie nach dem Passwort eines Administrators gefragt. Haben Sie dieses eingegeben, dann wird in Ihrem System ein sogenannter *LaunchDaemon* installiert. Dieses Programm arbeitet im Hintergrund und gibt Ihre aktuelle IP-Adresse an den DynDNS-Dienst weiter. Innerhalb der grafischen Oberfläche des DynDNS Updaters können Sie Ihre Domains eingeben und dort auch einstellen, wie das Programm Ihre IP-Adresse ermitteln soll.

Mit der Verbreitung von Netzwerken, dem sinkenden Preis von Festplattenvolumen und dem Speicherverbrauch durch Fotos, Videos und Musik stieg der Bedarf an netzwerkfähigen Speicherlösungen: NAS.

38 Netzwerkspeicher

Zunächst gab es *Network Attached Storage* (*NAS*) nur für das professionelle Umfeld. Lösungen für den Heimanwender oder kleinere geschäftliche Netzwerke wurden meist auf PC-Basis und mit Windows oder Linux-Betriebssystemen erstellt: ein alter PC, Windows/Linux drauf, eine SMB-Freigabe erstellt, fertig.

Heute gibt es im Wesentlichen vier unterschiedliche Möglichkeiten, ein NAS zu haben:

- Windows Home Server auf PC-Hardware
- Spezielle Linux-Distribution auf PC-Hardware
- Spezielle Hardware-Lösung
- Router mit externer USB-Platte

Alle Varianten werden im Nachfolgenden behandelt. Da der Markt in einem ständigen Umbruch ist, verzichte ich auf die Nennung von einzelnen Produkten sowie auf Performancetests.

Wenn Sie sich mit dem Thema NAS beschäftigen und Testberichte dazu lesen, werden Sie feststellen, dass üblicherweise die Frage des Datendurchsatzes im Fokus steht. Oftmals ist das schnellste NAS im Test auch der Testsieger. Die Argumentation ist auch grundsätzlich richtig, schließlich will man beim Speichern oder Abrufen der Daten nicht auf das NAS warten. Andererseits ist in vielen Fällen fraglich, ob mit den typischen Programmen eines Privatanwenders auch nur annähernd messbarer Datendurchsatz erzeugt werden kann.

Ein gutes Beispiel für den NAS-Einsatz ist die digitale Bildersammlung. Jeder soll auf die Fotos zugreifen können. Ein 3 MByte großes Foto bedeutet aber lediglich 24 Mbit; entsprechend dauert es weniger als eine Sekunde, dieses Foto zu laden, selbst bei einem langsamen NAS. Ob es nun aber letztendlich 0,3 oder 0,001 Sekunden dauert, ist bei einem Bild irrelevant.

Der zweite Einsatzzweck ist das Backup von Dateien. Hier ist Datendurchsatz gefordert; schließlich will man nicht auf die Fertigstellung des Backups warten. Nach meinen Beobachtungen lasten Backup-Tools eine 100-Mbit/s-Verbindung nur zu ca. 30 Prozent aus. Der Flaschenhals ist also die Anwendung. Sie prüft, ob die Datei gesichert werden muss, und verbraucht dabei die Zeit, nicht das langsame NAS.

[»] Möglichkeiten, wie Sie Ihren PC am besten sichern, finden Sie in Kapitel 42, »Netzwerk-Backup«, beschrieben. Dort stellen wir verschiedene Ansätze vor.

Es verbleiben einige wenige Beispiele wie das Kopieren von Filmen, die wirklich gute Datendurchsatzraten brauchen. Wenn Sie mit Ihrem NAS solche Anwendungsfälle haben, sollten Sie über ein PC-basiertes NAS nachdenken. Billig wird das nicht, aber der Datendurchsatz stimmt.

Bei meinen Recherchen habe ich mich ausführlich mit verfügbaren Hardware-NAS-Lösungen beschäftigt. Es ist größtenteils erschreckend, welche geringen Datendurchsätze tatsächlich erreicht werden. Ein Wert von 5 MByte/s (also 40 Mbit/s) trotz Gigabit-Interface und RAID 1 ist nicht unüblich.

38.1 Windows Home Server

Im Jahr 2007 hat Microsoft begonnen, den *Windows Home Server* (*WHS*) zu verkaufen. Es handelt sich um eine spezielle Version von Windows, die explizit auf Privatanwender ausgerichtet ist: »Er organisiert Ihre lieb gewordenen Inhalte wie z. B. persönliche Briefe, Fotos, Videos und Musikstücke an einer zentralen Stelle und stellt sie den Familienmitgliedern so, wie Sie es wünschen, zur Verfügung.« (Quelle: Microsoft)

Als Anwender haben Sie dabei die Wahl, einen PC mit WHS zu bespielen oder eine spezielle Hardware mit fertig installiertem WHS zu kaufen.

Technisch basiert die erste Version des Windows Home Server auf Windows 2003 Small Business Server. Der Nachfolger *Windos Home Server 2011* basiert auf Windows Server 2008 R2 und ist damit ein 64-Bit-Betriebssystem.

Der Windows Home Server 2011 unterstützt im Gegensatz zu seinem Vorgänger Heimnetzgruppen (siehe Abschnitt 25.2.5, »Homegroup«).

Bevor Sie sich für den WHS entscheiden, sollten Sie genau prüfen, ob er Ihre Anforderungen erfüllt. Microsoft bietet an, den WHS 30 Tage lang ohne Lizenzeingabe oder Registrierung kostenfrei zu testen. Insbesondere ist der WHS kein Domänencontroller!

38.1.1 WHS Connector

Anders als die meisten anderen Lösungen nutzt WHS nicht den Webzugriff mit SMB-Freigaben, sondern es muss auf den PCs im Netzwerk der *Windows Home Server Connector*[1] installiert werden. Die Software ist dann in der Taskbar zu finden und bietet unter anderem eine *Console* (siehe Abbildung 38.1).

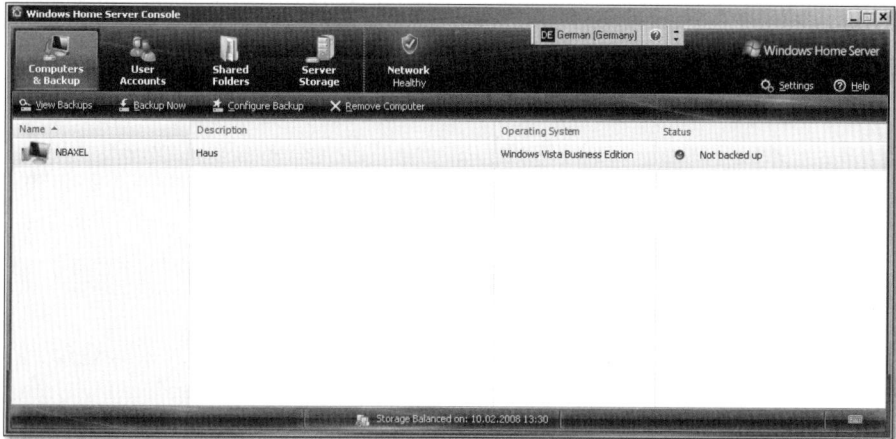

Abbildung 38.1 Die WHS Console listet PCs auf.

Mittels dieser Console können die WHS-Einstellungen selbst geändert werden, aber auch Backup-Einstellungen für PC und Benutzer angelegt werden sowie einiges mehr.

38.1.2 WHS Client Backup

WHS bringt als einziges Produkt in diesem Segment eine Funktion mit, um die Windows-PCs im LAN zu sichern, auch wenn diese ausgeschaltet sind. WHS nutzt dazu *Wake-on-LAN* (WoL) (siehe Abschnitt 23.6.5, »Wake-on-LAN«), sodass die Sicherung automatisiert auch nachts ablaufen kann.

Der WHS weckt dazu die PCs auf und startet dann das konfigurierte Backup – natürlich nur, wenn WoL in Ihrem Netzwerk funktioniert und die PCs nicht stromlos geschaltet sind. Trotz dieser Einschränkung halte ich die Lösung für einen guten Ansatz, damit regelmäßig Backups gemacht werden. In einem privaten LAN ist es schwierig, einen regelmäßigen Termin zu planen, weil die PCs nicht immer zur gleichen Zeit eingeschaltet sind. Wird der PC dann eingeschaltet, kann ein anlaufendes Backup unpassend sein.

---

1 Sie finden die Software auf der WHS-DVD im Ordner *WHS* (dort die Datei *setup.exe* aufrufen).

38.1.3 Datensicherheit

Die erste Version des Windows Home Server setzte noch auf den *Drive Extender*, der Daten selbstorganisiert auf mehrere Festplatten verteilen kann. Da die Daten erst nach dem Ablegen auf die weiteren Platten verteilt werden, kann der WHS mit vielen großen Dateien bis an die Grenze ausgelastet werden. Diese wichtige Funktion, die der sicheren Datenhaltung dienen soll, führte in der Praxis zu den meisten Problemen.

Deshalb wurde der Drive Extender beim Nachfolger Windows Home Server 2011 ersatzlos gestrichen. Sie müssen wieder mit hergebrachten Mitteln – also mit einem Hardware- oder Software-RAID – für die Datensicherheit sorgen. Die *Serversicherung* kann mit dem Windows Home Server 2011 (nun auch gesteuert durch einen Zeitplan) regelmäßige interne Backups erzeugen.

38.1.4 Licht und Schatten von WHS

Nachfolgend möchte ich kurz meine Einschätzung wiedergeben. Selbstverständlich sind meine Argumente subjektiv, und Sie können zu einer anderen Meinung kommen.

Die Installation des WHS geht sehr einfach, die Hardware-Erkennung sollte unproblematisch sein. Für die Konfiguration gibt es am Ende der Installation ein Menü, in dem man einige wenige Dinge festlegen kann, z. B. ob Updates automatisch eingespielt werden sollen.

Vom PC aus kann man die gut strukturierte Oberfläche der WHS Console nutzen und ziemlich einfach die gewünschten Aufgaben konfigurieren. Die Console wird durch das im Windows Home Server 2011 neu hinzugekommene *Launchpad* sinnvoll ergänzt.

Es ist einfach, die Grundfunktionen des WHS per Addons zu erweitern. Diese finden Sie im Internet, zumeist sind sie kostenlos.

Werden PCs auf dem WHS gesichert, werden identische Dateien nur einmal gesichert. So spart das System Platz, weil gerade bei der Sicherung von PCs viele Programmdateien doppelt vorkommen.

Wenn der WHS mit PC-Hardware betrieben wird, besteht der allgemeine Nachteil des hohen Stromverbrauchs und der üblicherweise hohen Kosten für hinreichend funktionstüchtige Hardware. Leider kann der WHS ausschließlich von Windows-PCs richtig genutzt werden, weil sich nur auf ihnen der Connector installieren lässt.

Nur durch die Installation einiger Addons kann man das Niveau anderer NAS-Lösungen erreichen.

Die Verbreitung von WHS scheint mir gering. Vermutlich auch deshalb liegt der Preis des Windows Home Server 2011 mit etwa 50 € deutlich unter dem seines Vorgängers. Die PC-Hardware kommt noch hinzu. Auch die Hardware-Lösungen rangieren im oberen NAS-Preissegment von über 400 €. Diese Meinung wird auch unter WHS-Freunden so vertreten; schließlich konkurriert Microsoft in diesem Segment mit dem kostenlosen Linux.

38.2 FreeNAS, Openfiler & Co.

Wenn Sie ausschließlich Speicherplatz im Netzwerk möchten und weitere Funktionen der heutigen NAS-Systeme für Sie uninteressant sind, kann eine spezielle Linux-Distribution wie FreeNAS (siehe *http://www.freenas.org*) oder Openfiler (siehe *http://www.openfiler.com*) für Sie interessant sein.

> Von der Verwendung alter PC-Hardware für ein NAS muss ich aus mehreren Gründen abraten. Entwerder ist der Stromverbrauch moderat, dann wird die Leistung nicht stimmen, oder der Stromverbrauch ist exorbitant verglichen mit modernen Systemen. Der zweite Grund betrifft die Ausfallsicherheit: Alte Komponenten, insbesondere alte Festplatten, gehören meiner Meinung nach nicht in ein NAS, denn dort möchten Sie Ihre Daten sicher ablegen. Beide Gründe lassen nur den Schluss zu, dass für ein Selbstbau-NAS nur aktuelle Hardware infrage kommt. Der Kostenpunkt liegt zwischen 400 und 600 €.

[«]

Bitte berücksichtigen Sie die gerade angeführten Überlegungen, wenn Sie über ein Selbstbau-NAS nachdenken. Die Lösung mag grundsätzlich reizvoll sein, der Weg zu einer komfortablen Lösung ist allerdings recht steinig. Die Stromkosten einer 80-Watt-Lösung belaufen sich im Jahr auf stolze 140 €, sodass die Lösung innerhalb von drei Jahren bei den Betriebskosten in etwa dieselben Kosten verursacht wie für die Anschaffung.

Leider bleiben die Spezialdistributionen hinsichtlich ihrer Performance deutlich hinter aktuellen Linux-Distributionen und insbesondere hinter OpenSolaris zurück.

Wenn Sie sich Openfiler einmal anschauen wollen, dann finden Sie eine Beschreibung in Abschnitt 40.2, »Openfiler Appliance als Datenspeicher«, und die Appliance auf der Buch-DVD.

[O]

Eine solche Virtualisierungslösung ist dann sinnvoll, wenn Sie mehrere Appliances auf einem System laufen lassen, insbesondere wenn Sie sehr spezielle

Lösungen in Ihrem LAN einsetzen möchten, wie beispielsweise einen Asterisk-Server (siehe Abschnitt 40.5, »Trixbox Asterisk Appliance«).

38.3 Router mit externer USB-Platte

Eine beliebte Minimallösung ist es, einen Router, der eine USB-2.0-Schnittstelle bietet, mit einer externen USB-Festplatte zu erweitern und über diese Lösung Netzlaufwerke im LAN bereitzustellen.

Bevor Sie diese Lösung in Betracht ziehen, bedenken Sie bitte, dass eine einzelne USB-Platte auch ausfallen kann. Diese Platten sind nicht für den Dauerbetrieb ausgelegt, das erhöht das Ausfallrisiko, wenn sich die Platte nicht in den Schlaf schicken lässt. Eine weitergehende Sicherung der Daten kann üblicherweise nicht erfolgen; daher sollten auf dieser Lösung nur Daten abgelegt werden, die entweder auf anderen PCs noch vorhanden sind oder deren Verlust Sie leicht verschmerzen können.

38.3.1 DSL-Router

Was bietet nun der DSL-Router als Fileserver? Das hängt natürlich vom Router selbst ab. Die bekannten und beliebten Fritz!Box-Modelle können die USB-Platte per SMB oder FTP im Netzwerk zur Verfügung stellen. Es ist möglich, einen Kennwortschutz zu vergeben. Es gibt jedoch keine Benutzerverwaltung; jeder Benutzer hat also – abgesehen vom einheitlichen Kennwortschutz – Zugriff auf alle Dateien.

Ein häufiges Problem sind kleine USB-Platten, die ihren Strom vom USB-Port beziehen, doch der Strom an der Fritz!Box reicht in einigen Fällen nicht aus, sodass Sie für eine externe Stromzufuhr sorgen müssen.[2]

Hinsichtlich des Datendurchsatzes sollten Sie nicht mehr als 16 Mbit/s erwarten. Bei älteren Modellen wird nur USB 1.1 angeboten, sodass die Datenrate bei etwa 2 Mbit/s liegt. Das ist für heute übliche Dateigrößen zu langsam. Ein simples Foto braucht dabei schon ca. 15 Sekunden, bis es geladen ist und angezeigt wird.

Sinnvoll ist die Nutzung nur mit USB 2.0 am Router. Die Fritz!Box bietet zusätzlich noch die Möglichkeit, Multimediadateien mit einem Streaming-Server im Netzwerk bereitzustellen.

---

[2] In diesem Fall kann das nur ein USB-Hub mit eigener Stromversorgung sein.

Der große Vorteil dieser Lösung ist ganz klar der Preis:

- keine zusätzliche Hardware
- kein zusätzlicher Stromverbrauch
- kein zusätzlicher Netzwerkanschluss
- kein Lärm

Beim Stromverbrauch meine ich den zusätzlichen Stromverbrauch durch ein NAS. Die USB-Platte verbraucht natürlich Strom. Insgesamt ist dies also eine absolute Basislösung, die weit entfernt ist von den Möglichkeiten, die selbst einfache NAS-Systeme bieten.

38.3.2 Filesharing mit Apples AirPort

Die AirPort-Basisstation von Apple verfügt über eine USB-Schnittstelle, an der Sie eine Festplatte anschließen können. Die Schnittstelle ist dabei in der Lage, mithilfe eines USB-Hubs auch mehrere Festplatten im Netzwerk verfügbar zu machen. Im AIRPORT-DIENSTPROGRAMM finden Sie unter LAUFWERKE zunächst oben eine Übersicht über die angeschlossenen Festplatten. Über die Option DATEIFREIGABE AKTIVIEREN können Sie den Dienst dann starten. AirPort stellt die Festplatten im Netzwerk sowohl mit dem Apple-eigenen AFP-Protokoll als auch über SMB zur Verfügung. In dieser Ansicht legen Sie auch fest, ob und wie die Laufwerke geschützt werden sollen. Die Option LAUFWERKE ÜBER WAN FREIGEBEN ermöglicht es, dass auf die Festplatten nicht nur vom internen Netzwerk, sondern auch vom Internet aus zugegriffen werden kann. Sofern Sie diese Funktion nicht unbedingt benötigen, sollten Sie sie deaktiviert lassen.

Apples AirPort ist nicht in der Lage, mit Festplatten zu arbeiten, die mit dem Dateisystem NTFS formatiert wurden. Wenn Ihre Festplatte mit NTFS vorformatiert wurde, dann sollten Sie diese an einem Windows-PC mit dem Dateisystem FAT 32 oder an einem Macintosh mit dem Dateisystem Mac OS Extended formatieren, bevor Sie sie an die Basisstation anschließen und im Netzwerk freigeben.

Wenn in Ihrem Netzwerk auf die freigegebene Festplatte mit den Systemen Linux, Windows und OS X zugegriffen wird, dann kann es sein, dass Sie auf der obersten Ebene des Dateisystems verschiedene Ordner finden, deren Name mit einem Punkt beginnt. Diese Ordner sind unter OS X und oft auch Linux unsichtbar und werden von OS X für einige Systemdienste genutzt. Sie sollten sich mit der Existenz dieser Ordner anfreunden und sie nicht willkürlich löschen.

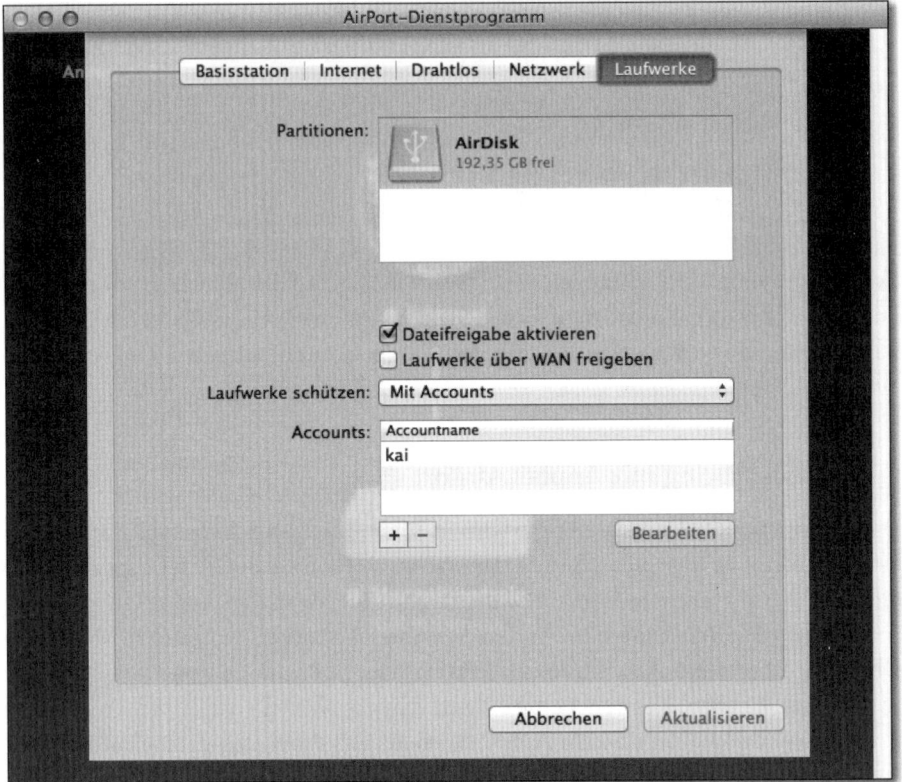

Abbildung 38.2 Über das AirPort-Dienstprogramm kann eine an der Basisstation angeschlossene USB-Festplatte freigegeben werden.

38.4 Hardware-NAS

Für viele Anwendungen ist die Anschaffung eines Hardware-NAS die vernünftigste Lösung. Sie ist zumindest die günstigste eigenständige Lösung, wenn man die Stromkosten berücksichtigt.

Was bietet ein solches NAS heute üblicherweise? Natürlich hängt das vom Preis ab. Erwarten kann man neben SMB-Freigaben, dass auch ein FTP-Server, Downloadserver, eMule-Client, BitTorrent-Client, UPnP-Server und Webserver enthalten sind.

38.4.1 Anzahl der Festplatten

Wie viele Festplatten braucht das NAS? Viele Nutzer entscheiden sich für einen Kompromiss und damit zwei Festplatten. So ist es möglich, die Daten mittels

RAID 1 gespiegelt zu halten. Die Datensicherheit ist also gegenüber der Lösung mit einer Platte erhöht. Eine weitergehende Datensicherung ist aber dennoch unbedingt zu empfehlen.

Wir können uns hinsichtlich der Festplattenkonfiguration (siehe Tabelle 38.1) voll und ganz auf den Aspekt der Datensicherheit konzentrieren. Weitere Aspekte wie Zuwachs des Datentransfers kommt bei den Einsteiger-NAS-Systemen nicht zum Tragen.

Ich habe in einigen Fachpublikationen gelesen, dass die Spiegelung des RAID 1 keinen erheblichen Vorteil bringe, da sie lediglich den Ausfall einer Platte abdecke. Genau das wird aber doch der häufigste Fall sein. Die Wahrscheinlichkeit, dass beide Platte zusammen ausfallen, ist doch eher gering.

Ich gehe davon aus, dass die Daten auf Ihrem NAS für Sie wichtig sind, und kann Ihnen nur wärmstens empfehlen, den Schwerpunkt auf Sicherheit zu legen. Entsprechend ist RAID 1 mein Favorit und punktet auch gegenüber JBOD. RAID 0, bei dem alle Daten verloren sind, wenn eine Platte defekt ist, verbietet sich von selbst.

Anzahl Platten	Konfiguration	Wirkung
>= 2	RAID 0	Die Daten werden immer auf allen Platten verteilt, totaler Datenverlust beim Defekt einer Platte.
>= 2	RAID 1	Spiegelung aller Daten auf einem Spiegel, daher nur die halbe Kapazität; beim Defekt einer Platte sind die Daten vollständig auf der anderen Platte vorhanden.
>= 2	JBOD	Die Platten wirken wie eine große Festplatte. Daten werden entweder auf der einen oder auf der anderen Platte gespeichert. Beim Defekt sind »nur« die Daten der defekten Platte verloren.
>=3	RAID 5	Die Daten werden reihum auf alle Platten verteilt, zusätzlich werden auf mindestens einer Platte Paritätsinformationen geschrieben (rechenintensiv!). Beim Ausfall einer Platte stehen weiterhin alle Informationen zur Verfügung. Die Gesamtkapazität des Verbundes vermindert sich effektiv nur um die Paritäts-Informationen.

Tabelle 38.1 Möglichkeiten der Konfiguration von Festplatten

Größere NAS-Systeme, mit vier oder mehr Platten bestückt, erreichen, was den Stromverbrauch angeht, schon fast eine PC-Lösung und sind von den Anschaffungskosten her eher uninteressant.

Für eine Lösung mit einer Platte spricht, dass sie deutlich günstiger in der Anschaffung ist und etwa 10 Watt weniger an Strom verbraucht. 10 Watt klingt wenig, bei einem 24-Stunden-Betrieb kommt man aber auf jährliche Kosten von zurzeit etwa 20 €.

38.4.2 Fallstricke bei der Auswahl

Nachdem Sie sich nun für die Anzahl der Platten entschieden haben, geht es jetzt um die konkreten Produkte. Zurzeit scheinen einige Geräte noch unausgereift, und ich kann Ihnen nur wärmstens empfehlen, sich ausführlich über Testberichte zu informieren. Eine englischsprachige Seite, die Performancevergleiche bietet, ist *http://www.smallnetbuilder.com*. Es werden auch regelmäßig neue NAS-Produkte getestet und bewertet. Im deutschsprachigen Internet werden unter *http://www.tomshardware.de* öfter Tests veröffentlicht.

Mögliche Probleme bei Hardware-NAS sind:

- laute Lüftergeräusche
- inkompatible Festplatten (Herstellervorgaben beachten!)
- niedriger Datendurchsatz
- nicht funktionierender Schlafmodus für Platten (Hibernation)
- keine Weiterentwicklung der NAS-Firmware
- funktionale Einschränkungen, Funtionen nicht nutzbar

Ergebnis meiner Recherche war, dass üblicherweise die NAS-Systeme lauter sind als erhofft. Nicht selten sind es die Lüftergeräusche, die den unangenehmsten Lärm verursachen. Für das Wohnzimmer oder gar Schlafzimmer taugen diese Systeme nicht.

Ebenso gibt es nur wenige NAS-Systeme, bei denen ein Gigabit-LAN überhaupt sinnvoll genutzt wird, weil die meisten noch nicht einmal 100 Mbit/s an Datenlast in der Spitze erreichen.

Die NAS-Performance hängt insbesondere mit der CPU und dem RAM zusammen. Kleinere oder billigere NAS sind tendenziell auch langsamer. Dabei sind die Festplatten nicht die Ursache für Performanceengpässe, sie leisten 400 Mbit/s oder mehr. Das ist ein Wert, von dem die meisten NAS-Systeme um den Faktor zehn beim Datendurchsatz entfernt sind. Entsprechend sollten Sie bei der Festplattenauswahl eher Wert auf geringen Stromverbrauch und geringe Lärmentwicklung legen.

In Abbildung 38.3 sehen Sie ein Webinterface eines Hardware-NAS der Firma Synology, die einen guten Ruf am Markt hat. Produkte dieser Firma zeichnen sich durch einen großen Funktionsumfang aus, wie z. B. eine Überwachungsstation für IP-Kameras, iTunes-Server, Webserver mit MySQL-Datenbank und vieles mehr.

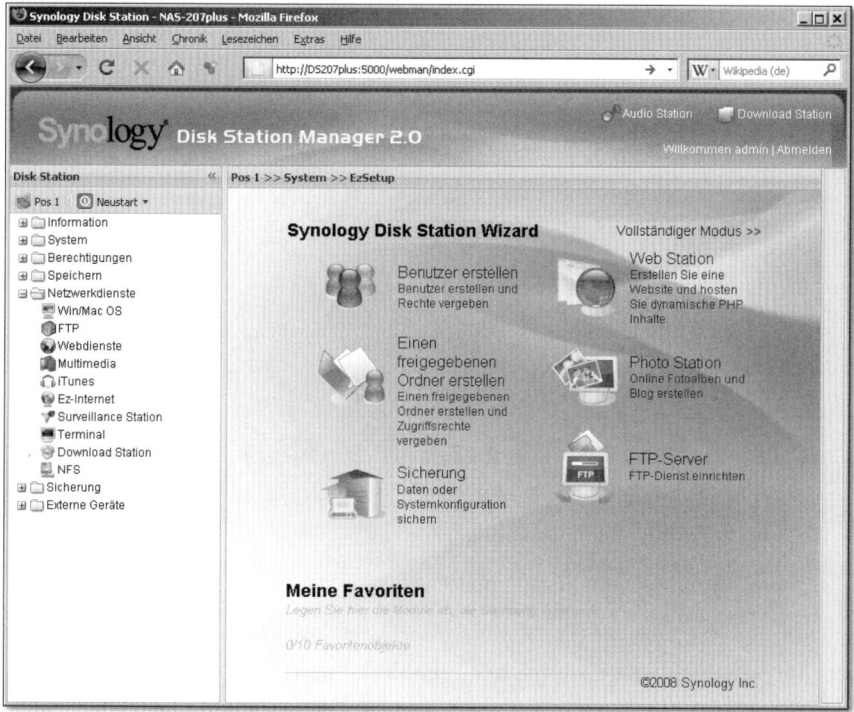

Abbildung 38.3 Webinterface eines Hardware-NAS

Sie zahlen bei der eierlegenden Wollmilchsau auch für den großen Funktionsumfang. Das ist nur sinnvoll, wenn zumindest einige dieser Funktionen auch genutzt werden.

38.4.3 Einbindung ins Netzwerk

Die erste Hürde, die Sie bei der NAS-Einrichtung nehmen müssen, ist das NAS im LAN zu finden. Alle NAS sind bei der Auslieferung auf DHCP gestellt, sodass sie eine IP-Konfiguration vom Router bekommen, wenn dieser als DHCP-Server aktiv ist.

Bei vielen Routern kann man über das Webinterface nachschauen, welche IP-Adressen vergeben wurden. Entweder steht dies direkt beim Punkt DHCP oder im Bereich STATUS & LOG.

Viele Hersteller von NAS-Lösungen bieten auf der dem Produkt beiliegenden CD ein Programm, welches das NAS im Netzwerk sucht. Ob das NAS gefunden wird, ist nicht immer sicher. Im Fall von Synology Assistant hat es in meinem LAN geklappt (siehe Abbildung 38.4). Es wird ein herstellerspezifischer Mechanismus verwendet, der auf UDP-Broadcasts basiert. Das ist eigentlich unnötig, man könnte auch UPnP nutzen.

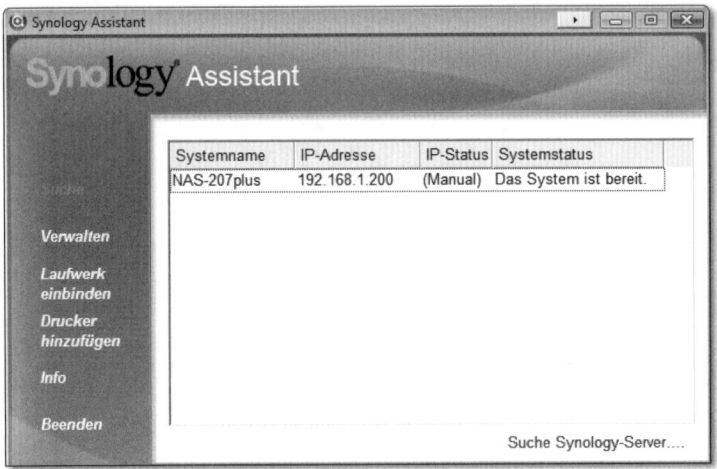

Abbildung 38.4 Gefunden: mein NAS

Sollten Sie das NAS weder im DHCP-Server noch mit dem Assistenten finden, bleiben noch einige wenige Möglichkeiten. Sie können versuchen, das Gerät per ping anzusprechen; dazu tippen Sie Folgendes in eine Windows-Konsole:

```
for /L %i in (1,1,254) do
   @(ping -n 1 -w 20 192.168.1.%i|find ".%i: B")
```

Es dauert ein wenig, weil von 192.168.1.1 bis 192.168.1.254 alle IP-Adressen angepingt werden. Angezeigt werden nur die Stationen, die erreicht werden. Eine weitere Möglichkeit ist der Einsatz eines Portscanners wie *nmap* (siehe http://nmap.org). Am sichersten ist das Scannen nach Port 80, dem Port des Webservers. Auf der Kommandozeile wäre dies der folgende Befehl:

```
nmap -p 80 192.168.1.0/24
```

Das Ergebnis dauert nur wenige Sekunden, Sie bekommen sogar den Hersteller anhand der MAC-Adresse aufgelistet, sodass Sie üblicherweise direkt entscheiden können, welche IP-Adresse zu Ihrem NAS gehört.

Ich empfehle Ihnen, über das NAS-Webinterface eine feste IP-Konfiguration einzustellen. Ansonsten könnte es passieren, dass die IP-Adresse des NAS wechselt und Sie die Konfiguration für die Netzlaufwerke anpassen müssen.

In größeren Unternehmen wird Hardware zunehmend virtualisiert. Können ganze Server oder Netzwerke virtualisiert werden? Die Antwort lautet: »Ja!« Aber kann das nicht auch eine Lösung für Ihr Netzwerk im Büro oder zu Hause sein?

39 Virtualisierung

Zu den vier vorigen Auflagen des Buches »PC-Netzwerke« gehörte eine eigene Linux-Distribution mit dem Namen siegfried. Es handelt sich um einen kleinen, aber feinen Linux-Home-Server auf der Basis von Knoppix. Mit diesem Server konnten Sie mit einfachen Mitteln einen vorkonfigurierten Netzwerkserver für Ihr LAN installieren und Ihren Benutzern etliche Dienste bereitstellen.

Der Nachteil bei der Installation eines solchen Servers ist, dass das Betriebssystem zunächst auf der von Ihnen ausgewählten Hardware installiert werden muss. Dafür müsste das Betriebssystem sehr alte und gleichzeitig sehr neue Komponenten unterstützen. Obwohl Knoppix eine große Menge an Hardware unterstützt, gibt es trotzdem immer wieder Probleme mit der Installation.

Eine Virtualisierungssoftware hingegen gaukelt dem Betriebssystem des virtuellen Gastes eine Standardumgebung vor, egal, aus welchen Hardware-Komponenten Ihr PC in Wirklichkeit zusammengesetzt ist.

Damit können Sie theoretisch noch in einigen Jahren die auf der Buch-DVD mitgelieferten Server in Ihrem LAN einsetzen – und das ohne die Angst, dass Ihre Hardware-Komponenten zur Entstehungszeit dieses Buches noch gar nicht existiert haben könnten.

Ein weiterer Vorteil der Virtualisierung ist die gewonnene Flexibilität. Ein Umzug der virtuellen Maschine auf einen anderen PC ist problemlos möglich. Außerdem können Sie mehrere virtuelle Maschinen gleichzeitig und unabhängig voneinander auf einem PC laufen lassen. Und das auch mit völlig verschiedenen Betriebssystemen. Das spart Platz, Strom und damit Geld. Außerdem ist die Virtualisierungssoftware, die ich Ihnen vorstellen möchte, absolut kostenlos.

Die dritte Version von siegfried kommt also nicht mehr als installierbares Linux daher, sondern als vorinstalliertes Image einer virtuellen Maschine mit allen damit verbundenen Vorteilen. In diesem Kapitel möchte ich Ihnen zeigen, wie Sie siegfried3 als virtuellen Homeserver aufsetzen können.

39 Virtualisierung

39.1 Hardware-Voraussetzungen

Noch bevor Sie sich mit den virtuellen Maschinen (im Folgenden als *Gast* bezeichnet) befassen, sollten Sie sich noch ein paar Gedanken über die Hardware und das Betriebssystem des PCs machen, der die virtuellen Maschinen beheimaten soll (im Folgenden als *Wirt* bezeichnet).

Ihr Wirt benötigt ein Betriebssystem. Dieses kann ein Windows- oder ein Linux-Betriebssystem Ihrer Wahl sein. Mir ist natürlich völlig klar, dass Sie sich nicht unbedingt einen zusätzlichen Computer für den Netzwerkserver anschaffen werden. Für den Anfang und zu Testzwecken empfehle ich Ihnen, einfach Ihren PC als Wirt zu verwenden.

Es muss genügend freier Festplattenplatz vorhanden sein. Ob sich die Festplatte im PC selbst befindet oder in einem externen Gehäuse, ist unwichtig. Wie viel Festplattenplatz von Ihrem System benötigt wird, hängt stark von der vorgesehenen Verwendung ab.

Es ist nicht unwichtig, welchen Bustyp Sie verwenden. Keine Angst: Um die virtuellen Maschinen von der Buch-DVD zu verwenden oder auszuprobieren, reichen die einfachen Festplatten völlig aus. Doch IDE- und SATA-Festplatten sind zwar kostengünstig, aber für den Dauerbetrieb ungeeignet. Bei einem Einsatz des Wirtes von deutlich mehr als acht Stunden am Tag sollten Sie auf SCSI-Festplatten setzen. Diese sind allerdings teurer, und Sie benötigen außerdem einen SCSI-Controller, der im Gegensatz zu einem IDE-Controller gewöhnlich nicht auf dem Motherboard vorhanden ist.

Es macht selbstverständlich einen Unterschied, ob Sie nur die MP3-Musikdateien Ihrer Familie oder aber sensible Daten vieler Kollegen aus Ihrem Büro auf dem Server ablegen wollen.

Sehr wichtige private Daten und Unternehmensdaten sollte man nicht auf eine einzelne Festplatte legen. Dafür gibt es RAID-Controller oder auch die Möglichkeit des Software-RAID.[1]

Mit einem RAID halten Sie alle Daten gespiegelt auf zwei oder mehreren Festplatten vor und haben so eine höhere Datensicherheit und eventuell auch eine bessere Performance. Ein Hardware-RAID-Controller übernimmt genau diese Aufgabe. Falls Sie einen solchen nicht besitzen, können Sie diese Vorteile ebenso gut auch mit einem Software-RAID nutzen. Sie fassen dazu Partitionen zu Mirror Devices zusammen. Es existieren verschiedene RAID-Techniken. Am gebräuchlichsten sind RAID 0, RAID 1 und RAID 5:

---

1 Die Abkürzung RAID stand ursprünglich für *Redundant Array of Inexpensive Disks*, heute aber eher für *Redundant Array of Independent Disks*.

- RAID 0: *Striping* verteilt die Datenblöcke (*chunks*) auf zwei Festplatten. Dadurch hat man keinerlei Fehlertoleranz.

- RAID 1: *Mirroring* bedeutet, dass alle Datenblöcke gespiegelt in mindestens zwei Partitionen vorgehalten werden.

- RAID 5 ist vereinfacht dargestellt der Versuch, die Geschwindigkeitsvorteile von RAID 0 und die Sicherheit von RAID 1 zu vereinen. RAID 5 benötigt mindestens drei Partitionen auf verschiedenen Festplatten und ist schwerer zu administrieren.

Ein RAID ist erst ab mindestens zwei Festplatten sinnvoll. Spiegeln Sie zwei Partitionen auf einer Festplatte, haben Sie nicht nur keinen Gewinn, Sie verlieren sogar Performance, und wegen doppelter Schreibzugriffe verkürzt sich zudem die Lebensdauer Ihrer Festplatte. [!]

Es ist nicht einfach, ein RAID komplett selbst zu administrieren und zu überwachen. Deshalb möchte Sie noch auf eine andere Möglichkeit aufmerksam machen. Sie können auch einen Netzwerkspeicherplatz als Ablageort für die virtuellen Maschinen verwenden. In Abschnitt 40.2, »Openfiler Appliance als Datenspeicher«, erfahren Sie anhand eines Beispiels, wie Sie Openfiler als universellen Netzwerk-Fileserver einsetzen können.

Abhängig von den Aufgaben des Servers und Ihren persönlichen Ansprüchen an die Verfügbarkeit, Leistungsfähigkeit und Sicherheit müssen Sie sich außerdem mehr oder weniger Gedanken über die folgenden Fragen machen:

- Wie hoch sind meine Ansprüche und die Ansprüche der anderen Nutzer an die Performance und Kapazität eines Fileservers? Wo könnte ein Engpass entstehen? Lohnt sich eventuell eine Investition in SCSI-Festplatten und eine schnellere Netzwerkinfrastruktur, oder reicht meine alte Hardware?

- Was passiert, und wie gehe ich vor, wenn der Server aufgrund eines Hardware-Defekts ausfällt?

- Wie hoch darf die Ausfallzeit maximal sein, und wer kümmert sich, wenn ich nicht da bin, um die Behebung eines Fehlers?

- Reicht mir bei einem Plattenausfall eine Wiederherstellung der Daten aus einem Backup, oder lohnt es sich, die Daten mit einem teuren Hardware-RAID oder einem günstigeren Software-RAID auf zwei Festplatten gespiegelt vorzuhalten?

- Ist der physikalische Standort des Servers gut gewählt?

39.2 VMware Server

Gleich eines vorab: Falls Sie den *VMware Player* (siehe Abschnitt 39.4, »VMware Player«) oder *Oracle VM VirtualBox* (siehe Abschnitt 39.3, »Oracle VM VirtualBox«) installiert haben, genügen diese für das Ausprobieren der virtuellen Maschinen, die in diesem Buch behandelt werden. Ich konzentriere mich allerdings auf den VMware Server, da dieser ebenso kostenlos ist, aber deutlich mehr Funktionalität bereitstellt und völlig anders aufgebaut ist. Da der VMware Server als Dienst läuft, können virtuelle Maschinen unabhängig von der Anmeldung eines Benutzers an der Konsole gestartet werden. Aus diesem Grund lege ich Ihnen nahe, die Verwendung von VMware Server zu überlegen, obwohl dieses Produkt von VMware nicht weiterentwickelt wird.

[»] Auf aktuellen Betriebssystemen können sich Installation und Betrieb von VMware Server schwierig gestalten. Im Internet finden Sie Beschreibungen, wie Sie den VMware Server trotzdem zum Laufen bekommen. Falls Sie diesen Aufwand scheuen, empfehle ich als Alternative Oracle VM VirtualBox (siehe Abschnitt 39.3, »Oracle VM VirtualBox«).

39.2.1 Download und Lizenzerwerb

Um kostenlose Lizenzen für den VMware Server zu bekommen, müssen Sie sich zuerst bei VMware registrieren. Sie erhalten dafür automatisch die Gelegenheit, wenn Sie versuchen, die VMware-Server-Installationsdateien herunterzuladen. Sobald Sie registriert sind, können Sie aktuelle Versionen des VMware Servers aus dem Internet beziehen. Dabei erhalten Sie auch den benötigten Lizenzschlüssel für die Installation.

Installationsdateien für andere Linux-Derivate und aktuelle Versionen von Vmware Server finden Sie im Internet bei VMware unter *http://www.vmware.com/de/products/server*. Hier finden Sie zusätzlich 64-Bit-Versionen von VMware Server für Linux.

39.2.2 Installation

Sie können den VMware Server sowohl unter Linux als auch unter Windows installieren. Es gibt viele Meinungen darüber, ob das eine oder das andere Betriebssystem besser dafür geeignet ist. Um die Vorteile z. B. von Linux jedoch spürbar nutzen zu können, müssen Sie das System dementsprechend konfigurieren können und wollen. Da sich diese Mühe nur bedingt lohnt, empfehle ich Ihnen, einfach die Plattform für VMware Server auszuwählen, auf der Sie sich am wohlsten fühlen und am sichersten bewegen können.

Ich beschreibe im Folgenden die Installation von VMware Server für Windows. Die Installation unter Linux ist ähnlich einfach, jedoch abhängig von der jeweiligen Linux-Distribution. Für SUSE oder RedHat finden Sie bei VMware RPM-Installationspakete, für Debian und andere Linuxe TAR-Archive.

Bevor Sie den aktuellen VMware Server herunterladen können, müssen Sie sich bei VMware unter *http://www.vmware.com/de* registrieren. Im Verlauf der Installation müssen Sie zwei Verzeichnisse bestimmen. Das erste ist das Verzeichnis, in das die VMware-Programmdateien kopiert werden. Das zweite Verzeichnis ist ein Speicherort für Ihre virtuellen Maschinen. Hier werden später die virtuellen Festplatten und die Konfigurationsdateien der virtuellen Maschinen abgelegt.

Zum Paket von VMware Server 2.0 gehört auch ein Webserver für die spätere Administration. Die Daten für den Webzugriff können Sie ändern (siehe Abbildung 39.1). Dieser Webserver ist nach der Installation mit einem Browser über *https://<Wirt>:8333* verschlüsselt bzw. *http://<Wirt>:8222* unverschlüsselt administrierbar. Nach der Installation finden Sie auf dem Windows-Desktop die Verknüpfung mit der VMWARE SERVER HOME PAGE.

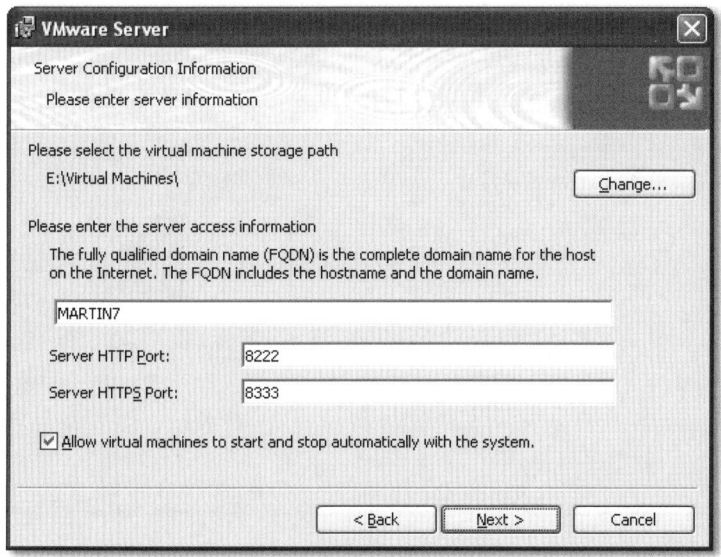

Abbildung 39.1 Die Installation von VMware Server

Zum Schluss werden Sie noch nach der Seriennummer für die Registrierung Ihrer VMware-Server-Installation gefragt. Ohne diese können Sie nicht mit VMware Server arbeiten.

Erst nach einem Neustart des Host-Systems ist die Installation von VMware Server abgeschlossen.

39.2.3 Erste Schritte

Mit Ihrem Windows-Benutzernamen und Kennwort melden Sie sich an der VMWARE SERVER HOME PAGE an, die Ihnen einen guten Überblick über Ihr System liefert (siehe Abbildung 39.2). Mit ADD DATASTORE machen Sie dem System weitere Speicherorte für virtuelle Maschinen bekannt, z. B. auf zusätzlichen Festplatten. Über EDIT VIRTUAL MACHINE STARTUP/SHUTDOWN können Sie Gäste in Abhängigkeit vom Wirt automatisch anschalten oder beenden. Im INVENTORY findet sich eine Liste der Gäste, die dem Wirt bekannt sind. Sobald Sie einen dieser Gäste ausgewählt haben, finden Sie vier Symbole, mit denen Sie die virtuelle Maschine ausschalten, anhalten, starten oder neu starten können. Den aktuellen Zustand der Maschine können Sie auch am Symbol im INVENTORY erkennen (siehe Abbildung 39.3).

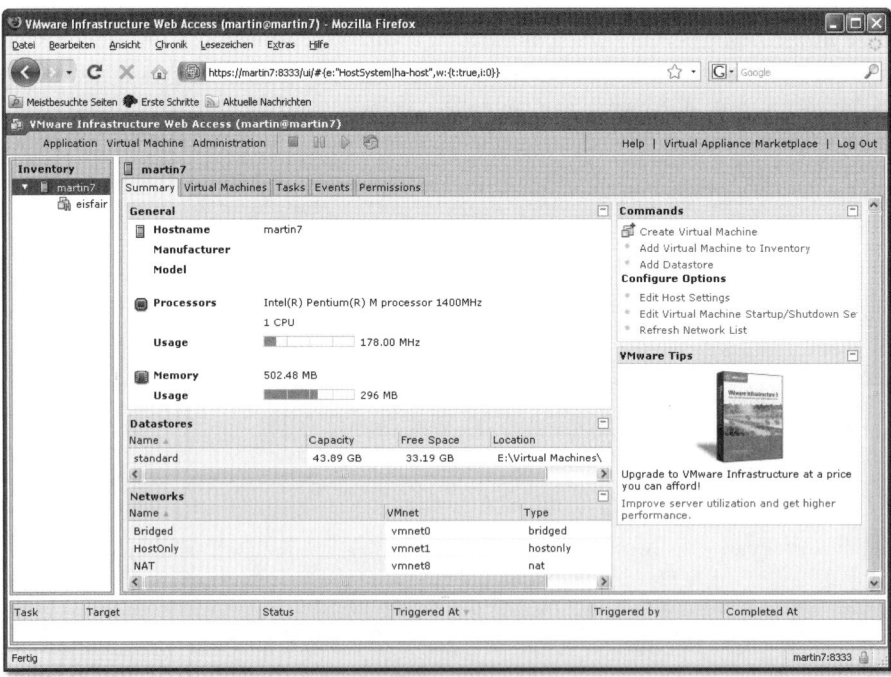

Abbildung 39.2 Die VMware Server Home Page

Im ausgeschalteten Zustand kann ein Gast am einfachsten und effektivsten verändert werden. Über ADD HARDWARE können Sie im Gast virtuelle Ressourcen einbauen. TAKE SNAPSHOT erstellt ein exaktes Abbild der virtuellen Maschine zu diesem Zeitpunkt. Später kann die Maschine in genau diesen Zustand zurückgesetzt werden.

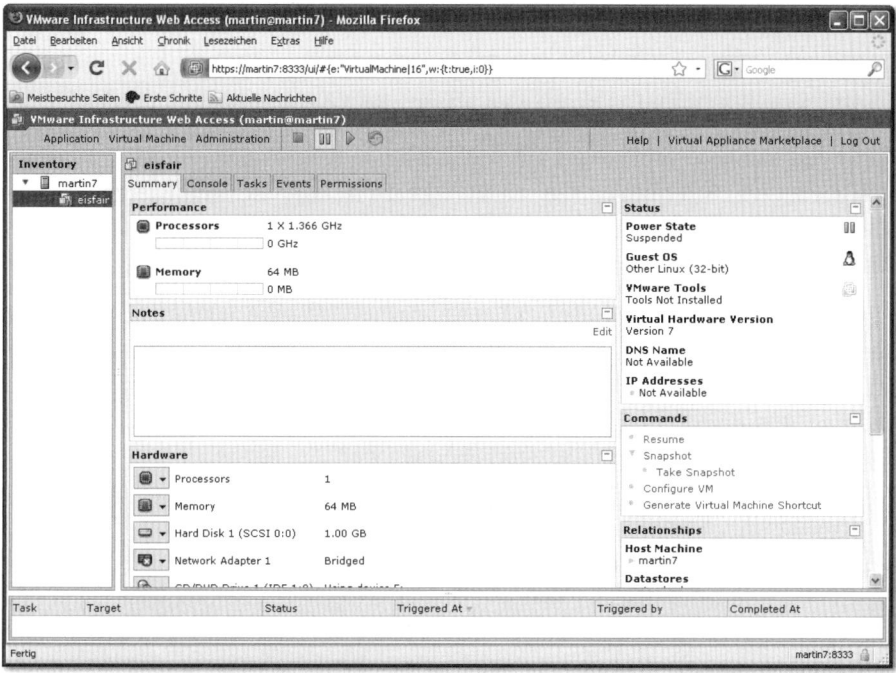

Abbildung 39.3 Der Gast »eisfair« pausiert.

Verwenden Sie diese Funktion nur vorübergehend, z. B. vor Software-Installationen, und lösen Sie den Snapshot danach auf! Der Speicherplatzbedarf steigt ansonsten sprunghaft, außerdem sinkt die Performance merklich. [!]

Hinter dem Reiter CONSOLE verbirgt sich neben der grafischen Konsole des Rechners auch die Möglichkeit, Medien und USB-Geräte des Wirtes zum Gast durchzureichen.

39.2.4 Virtuelle Netzwerke

Genau wie die restliche Hardware sind auch die Netzwerkkomponenten durch VMware virtualisiert. Über START • PROGRAMME • VMWARE • VMWARE SERVER • MANAGE VIRTUAL NETWORKS können Sie die Netzwerke administrieren (siehe Abbildung 39.7).

VMware stellt den Gastsystemen drei vorkonfigurierte Netzwerkanbindungen zur Verfügung:

- VMnet0 (Bridged): Die Netzwerkkarte wird in das Netzwerk des Wirtsystems überbrückt.

- VMnet1 (Host-only): Dies ist ein kleines Netzwerk ausschließlich zwischen dem Wirt und seinen Gästen.

- VMnet8 (NAT): Der Gast verwendet für die Kommunikation außerhalb von VMware Server die IP des Wirtes.

Das Netzwerk Ihrer virtuellen Netzwerkkarten können Sie jederzeit in der VMware Server Home Page nach Auswahl der virtuellen Maschine durch einen Klick auf die Karte und auf die Schaltfläche EDIT ... ändern.

[!] Für die Netzwerke Host-only und NAT startet VMware jeweils einen DHCP-Server. Für das Netzwerk VMnet0 ist dieses nicht vorgesehen, da ein DHCP-Server im VMnet0 DHCP-Clients im gesamten LAN versorgen und damit mit einem anderen DHCP-Server konkurrieren könnte. Das gilt es unbedingt zu vermeiden, damit IP-Adressen nicht doppelt vergeben werden.

39.3 Oracle VM VirtualBox

Die Virtualisierungssoftware *Oracle VM VirtualBox* bietet einen ähnlichen Funktionsumfang wie der VMware Server und ist ebenfalls kostenlos. Nicht nur die vollwertige Snapshot-Funktionalität macht sie Produkten wie dem VMware Player überlegen.

39.3.1 Installation

Die Virtualisierungslösung Oracle VM VirtualBox ist auf Windows, OS X und allen gängigen Linux-Plattformen lauffähig. Sie finden die richtige Installationsdatei auf den Seiten von Oracle unter *http://www.oracle.com/technetwork/server-storage/virtualbox/*.

An gleicher Stelle liegt das *Oracle VM VirtualBox Extension Pack*. Damit kommen folgende Erweiterungen zum Funktionsumfang von VirtualBox dazu:

- ein virtueller USB-2.0-Controller

- Netzwerkboot über PXE

- Fernsteuerung der virtuellen Maschine über das *VirtualBox Remote Desktop Protocol* (VRDP).

- experimentelle *PCI-Passthrough*-Unterstützung für Linux-VMs

Ich empfehle die Installation dieses Extension Packs. Das geschieht über DATEI • GLOBALE EINSTELLUNGEN ... • ZUSATZPAKETE • PAKET HINZUFÜGEN.

39.3.2 Erste Schritte

Das Erzeugen einer virtuellen Maschine mit VirtualBox ist sehr leicht. Das gilt besonders, wenn Sie bereits die Arbeit mit einer anderen Virtualisierungslösung gewohnt sind.

Auch die unter VMware erzeugte virtuelle Maschine siegfried3 (siehe Kapitel 41, »siegfried3 – ein vielseitiger Server«) von der Buch-DVD lässt sich problemlos unter VirtualBox betreiben (siehe Abbildung 39.4). [zB]

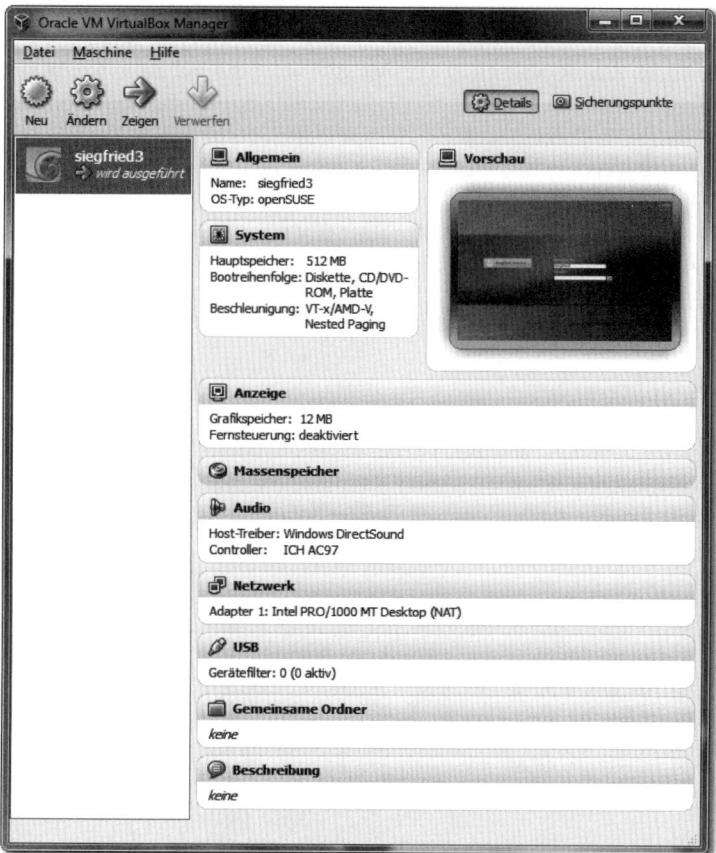

Abbildung 39.4 siegfried3 unter VirtualBox

Nach einem Klick auf NEU werden Sie durch den Import geführt. Sie wählen den NAMEN der virtuellen Maschine, das BETRIEBSSYSTEM heißt LINUX und als VERSION wählen Sie OPENSUSE.

[o] Sie finden siegfried als komprimierte virtuelle Maschine im Verzeichnis */appliances* der Buch-DVD. Sie benötigen dazu das Packprogramm 7-Zip aus dem Verzeichnis */software/sonstiges*.

Als BOOTFESTPLATTE möchten Sie eine vorhandene FESTPLATTE BENUTZEN. Wählen Sie aus dem zuvor entpackten Archiv die Datei *siegfried3.vmdk*. Ein Start der virtuellen Maschine zu diesem Zeitpunkt würde jedoch noch fehlschlagen. Um siegfried3 booten zu können, müssen Sie den SATA-CONTROLLER über ÄNDERN • MASSENSPEICHER • CONTROLLER ENTFERNEN (DEL) löschen und anschließend über CONTROLLER HINZUFÜGEN (INS) • SCSI-CONTROLLER HINZUFÜGEN einen passenden Ersatz für siegfried3 konfigurieren. An diesen Controller hängen Sie mit FESTPLATTE HINZUFÜGEN • VORHANDENE PLATTE AUSWÄHLEN die virtuelle Festplatte *siegfried3.vmdk* wieder an.

Eine funktionierende Netzwerkanbindung muss konfiguriert werden (siehe Abschnitt 26.3, »Netzwerkkarte unter SUSE einrichten«). Auch für die Grafik ist das Einrichtungstool YaST2 zuständig. Nach dem Start über `sudo /sbin/yast` finden Sie unter HARDWARE • GRAFIKKARTE UND MONITOR einen Vorschlag von *SaX2*, den Sie unverändert übernehmen können.

39.3.3 Virtuelle Netzwerke

Mit VirtualBox können bis zu vier verschiedene Netzwerkkarten in einer virtuelle Maschine konfiguriert werden. Dabei können Sie jeweils zwischen fünf Netzwerkmodi wählen (siehe Abbildung 39.5). Der ADAPTERTYP bestimmt die Art der emulierten Hardware.

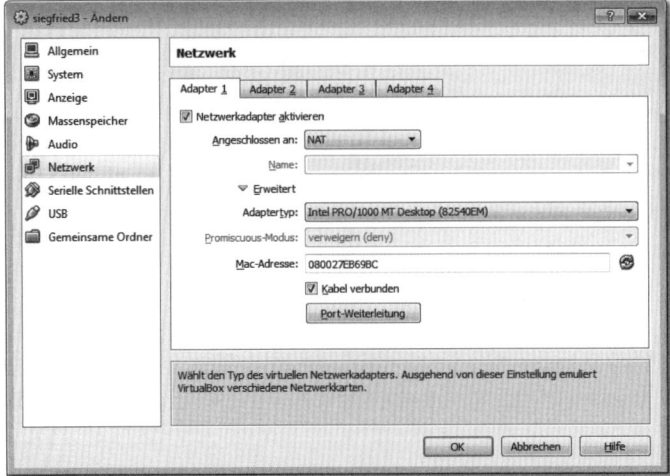

Abbildung 39.5 Netzwerkkonfiguration einer virtuellen Maschine unter VirtualBox

NAT

Mit der Einstellung *NAT* verwendet der Gast für die Kommunikation außerhalb von VirtualBox die IP des Wirtes. Dafür verwendet VirtualBox ein virtuelles Netzwerk mit DHCP-Server (siehe Kapitel 17, »DHCP«).

Mehrere Netzwerke mit dem gleichen IP-Adressbereich können nicht untereinander kommunizieren. [!]

Der Standard-IP-Adressbereich dieses Netzwerkes 10.0.2.0/24 kann unter Windows mit dem Kommando `VBoxManage.exe` aus dem VirtualBox-Installationsverzeichnis geändert werden.

Für siegfried3 ändert das Kommando `VBoxManage.exe modifyvm siegfried3 --natnet1 "192.168.3.0/24"` das NAT-Netzwerk. [zB]

Eine NAT-Netzwerkschnittstelle stellt für eingehende Verbindungen eine Firewall dar (siehe Abschnitt 12.3, »Network Address Translation«). Deshalb können Sie über die Schaltfläche PORT-WEITERLEITUNGEN Virtual-Server-Regeln einrichten.

Netzwerkbrücke

Über eine Netzwerkbrücke (engl. *bridge*) wird der virtuelle Adapter direkt in das Netzwerk des Wirtsystems integriert. Im PROMISCUOUS-MODUS wird der virtuelle Switch-Port zu einem Hub-Port (siehe Abschnitt 6.1, »Ursprung des Ethernet«).

Internes Netzwerk

Das interne Netzwerk ist ein kleines Netzwerk ausschließlich zwischen dem Wirt und seinen Gästen.

Generischer Treiber

Ein generisches Netzwerk kann für folgende Zwecke verwendet werden:

- UDP-Tunnel: ein Netzwerktunnel zwischen virtuellen Maschinen auf verschiedenen Hosts

- Virtual Distributed Ethernet (VDE): Ermöglicht die Integration von hostübergreifenden Netzwerk-Switches (z. B. Open vSwitch, *http://openvswitch.org/*) in VirtualBox.

39.4 VMware Player

Erst seit der Version 3 können mit dem *VMware Player* virtuelle Maschinen auch neu erstellt werden. Zuvor war man auf das Abspielen von virtuellen Maschinen beschränkt. Die Liste der installierbaren Gastbetriebssysteme ist bemerkenswert lang.

39.4.1 Installation

Für den Download ist genau wie beim VMware Server zunächst eine kostenlose Registrierung bei VMware erforderlich. Es gibt Installationsdateien für Windows (32 und 64 Bit), Linux (32 Bit) und Linux (64 Bit).

39.4.2 Erste Schritte

[zB] Die virtuelle Maschine siegfried3 (siehe Kapitel 41, »siegfried3 – ein vielseitiger Server«) von der Buch-DVD lässt sich problemlos mit dem Player betreiben (siehe Abbildung 39.6).

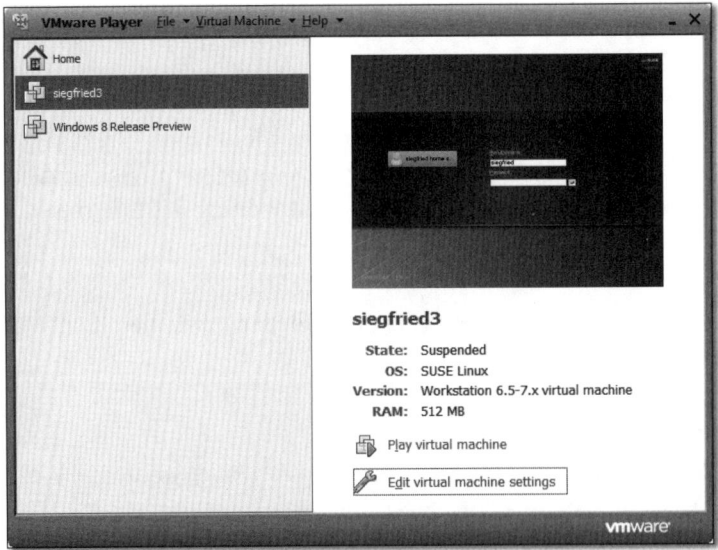

Abbildung 39.6 siegfried3 mit dem VMware Player

Nach einem Klick auf OPEN A VIRTUAL MACHINE wählen Sie die Konfigurationsdatei der virtuellen Maschine *siegfried3.vmx* aus.

[o] Sie finden siegfried als komprimierte virtuelle Maschine im Verzeichnis */appliances* der Buch-DVD. Sie benötigen dazu das Packprogramm 7-Zip aus dem Verzeichnis */software/sonstiges*.

39.4.3 Virtuelle Netzwerke

VMware stellt den Gastsystemen drei vorkonfigurierte Netzwerkanbindungen zur Verfügung:

- VMnet0 (Bridged): Die Netzwerkkarte wird in das Netzwerk des Wirtsystems überbrückt.

- VMnet1 (Host-only): Dies ist ein kleines Netzwerk ausschließlich zwischen dem Wirt und seinen Gästen.

- VMnet8 (NAT): Der Gast verwendet für die Kommunikation außerhalb von VMware Server die IP des Wirtes.

Ein Programm zur Administration dieser Netzwerke muss nachinstalliert werden. Dieses können Sie unter Windows aus dem Installationsarchiv extrahieren.

Das Kommando `VMware-player-4.0.4-744019.exe /e .\extract` extrahiert die [zB] Datei *extract\network.cab*. Dieses Cabinet-Archiv entpacken Sie in das VMware-Player-Installationsverzeichnis und bereichern Ihre Installation so um das wichtige Kommando `vmnetcfg.exe` und einige andere. Das Kommando *vmnetcfg.exe* startet die Netzwerk-Administrationsoberfläche (siehe Abbildung 39.7).

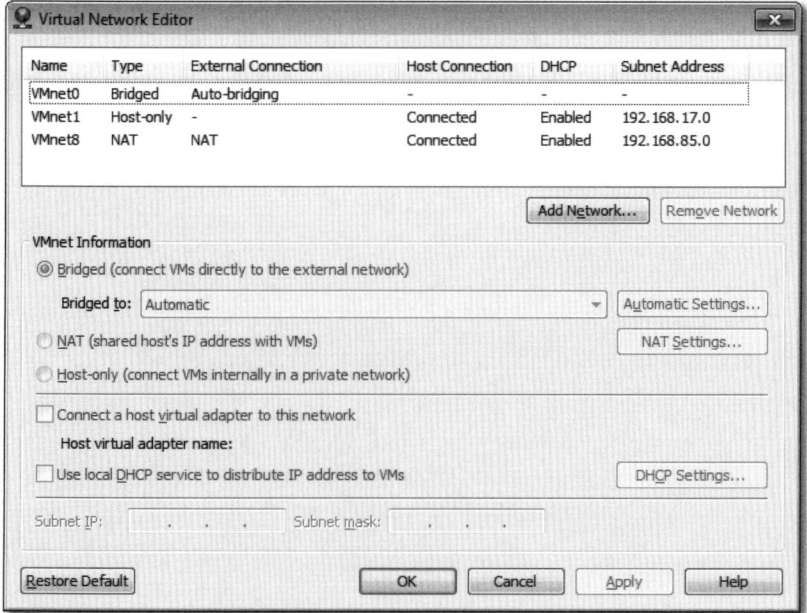

Abbildung 39.7 Die Netzwerkverwaltung von VMware

39.5 Anpassungen des Gastbetriebssystems

Dem Betriebssystem der virtuellen Maschine wird seine virtuelle Existenz bewusst vorenthalten. Deshalb bieten die Hersteller Zusatzsoftware zur Installation in den Gast an, welche in der Regel optimierte Treiber und Konfigurationsanpassungen bereitstellt. Unter VMware sollten immer die aktuellen *VMware Tools* installiert werden. Das Pendant von VirtualBox heißt *Gasterweiterungen*.

[»] Achten Sie unbedingt auf aktuelle VMware Tools und Gasterweiterungen.

39.6 Tuning

Virtuelle Maschinen sind in der Regel langsamer als physikalische Hardware, da die Virtualisierungsschicht zusätzlich Performance verbraucht.

Beachten Sie ein paar einfache Regeln, um die Performanceeinbußen möglichst gering zu halten:

- Hauptspeicher: Beenden Sie während der Arbeit überflüssige Anwendungen, die Speicher verbrauchen. Unbedingt sollten Sie auf dynamische Bildschirmschoner verzichten.

- Festplatten: Verteilen Sie den Wirt und die Gäste auf mehrere Festplatten, falls diese vorhanden sind. Das erhöht die Leistungsfähigkeit deutlich.

Warum sollte man das Rad zweimal erfinden? Denn eines kann ich mit Sicherheit sagen: Man ist nur äußerst selten der Erste, der auf ein bestimmtes Problem stößt.

40 Virtuelle Appliances

Virtual Appliances sind vorinstallierte Software-Lösungen. Sie finden fertige Appliances für verschiedene Virtualisierungslösungen und sehr viele Anwendungen im Internet. Eine von mehreren Quellen für virtuelle Appliances ist das VMware-Technologienetzwerk VMTN (siehe *http://www.vmware.com/vmtn*).

Ein Vorteil dieser vorgefertigten virtuellen Maschinen ist der Zeitgewinn. Die gewünschte Lösung muss nur aus dem Internet heruntergeladen werden und kann in der Regel sofort ausprobiert werden. Auch die VMware-Tools, die regelmäßig in den Gast installiert werden müssen, bringen die meisten Appliances bereits mit.

In den folgenden Abschnitten möchte ich Ihnen einige Beispiele für den sinnvollen Einsatz von vorgefertigten virtuellen Maschinen geben.

40.1 IP-Adressen der virtuellen Maschinen

Die Virtual Appliances auf der Buch-DVD sind als Server für Ihr LAN gedacht. Ich empfehle Ihnen, die Netzwerkkarte der virtuellen Maschine zum Ausprobieren zunächst in das VMnet1 (Host-only) zu hängen. Sollten Sie später die Dienste dieser Maschine im gesamten LAN nutzen wollen, müssen Sie die Maschine nur noch in das VMnet0 (Bridged) umhängen.

Sie werden bemerken, dass alle Virtual Appliances als DHCP-Client konfiguriert sind. Das ist äußerst sinnvoll, da die virtuelle Maschine so in jedem LAN ohne viel Konfigurationsaufwand genutzt werden kann. Ich empfehle Ihnen dringend, bei der Arbeit mit Virtual Appliances einen DHCP-Server für Ihr LAN einzurichten. Dafür bietet sich z. B. ein Hardware-DSL-Router an, der diese Funktionalität in der Regel mitbringt.

Die der virtuellen Maschine vom DHCP-Server zugewiesene IP-Adresse können Sie, falls die VMware-Tools im Gast installiert sind, auch unter dem Punkt STATUS der VMware-Webadministration finden. Ist die virtuelle Maschine dann erst einmal im Netzwerk erreichbar, können Sie bei Bedarf eine statische IP-Adresse konfigurieren.

40.2 Openfiler Appliance als Datenspeicher

Es wäre möglich, alle wichtigen Daten an jedem PC im Netzwerk einzeln zu spiegeln und so die Datensicherheit zu erhöhen. Viel sinnvoller kann es unter Umständen aber sein, diese Aufgabe an einen zentralen Netzwerkspeicher zu delegieren.

Openfiler (siehe *http://www.openfiler.com*) bietet als voll funktionsfähiges NAS sehr viele Möglichkeiten, einen Datenspeicher und entsprechende Dienste zur Verfügung zu stellen. NAS steht für *Network Attached Storage* (dt. *netzwerkbasierter Speicher*). Sie können auf einem Server gleichzeitig verschiedenste Dienste in Ihrem Netzwerk anbieten. Der Nutzen wird durch die Dateiserverdienste erreicht, so z. B. CIFS/Samba (Windows-Dateifreigabe), FTP (File Transfer Protocol), NFS (Network File Service) oder iSCSI (internet Small Computer System Interface, ein über IP getunneltes Storage-Protokoll).

Am besten lernt man Openfiler anhand eines Beispiels kennen. Auf den folgenden Seiten beschreibe ich die Installation von Openfiler und die Verwendung einer Samba-Freigabe als sicheren Storage für eine virtuelle Maschine. Wenn Sie dieses Beispiel nachvollziehen, wird es Ihnen auch leichtfallen, FreeNAS mithilfe der Web-GUI für Ihre eigenen Zwecke zu konfigurieren.

[zB] Ich möchte in diesem Beispiel Openfiler als virtuelle Maschine auf einem VMware Server installieren. Das Wirtsystem verfügt über drei zusätzliche Festplatten, die als Datenspeicher genutzt werden sollen.

In der virtuellen Maschine möchte ich virtuelle Festplatten einrichten, die jeweils auf eine physikalische Festplatte verteilt sind. Danach möchte ich den Speicherplatz für eine gespiegelte Datenhaltung einrichten und im Netzwerk freigeben. Im letzten Schritt sollen andere virtuelle Maschinen in diese Netzwerkfreigabe auf den Openfiler gelegt werden.

40.2.1 Einbinden der virtuellen Maschine

[o] Auf der Buch-DVD finden Sie im Verzeichnis *appliances* die Datei *openfiler-2.3-x86.pcnetzwerke.7z*. Sie entpacken dieses Archiv in einen VMware Datastore, also z. B. in das Verzeichnis *C:\my virtual machines*. Die gesamte virtuelle Maschine liegt danach im Unterverzeichnis *openfiler-2.3-x86*.

Auf der Openfiler-Webseite finden Sie Appliances für andere Virtualisierungslösungen sowie eine 64-Bit-Version zum Download.

Im nächsten Schritt gehen Sie auf Ihre VMware-Server-Homepage und klicken auf ADD VIRTUAL MACHINE TO INVENTORY. Sie wählen den Datastore und das Verzeichnis aus, in dem Sie schließlich die Datei *openfiler-2.3-x86.vmx* finden und auswählen (siehe Abbildung 40.1). Nach einem Klick auf OK ist die Maschine bereits Teil Ihres virtuellen Inventars und könnte gestartet werden.

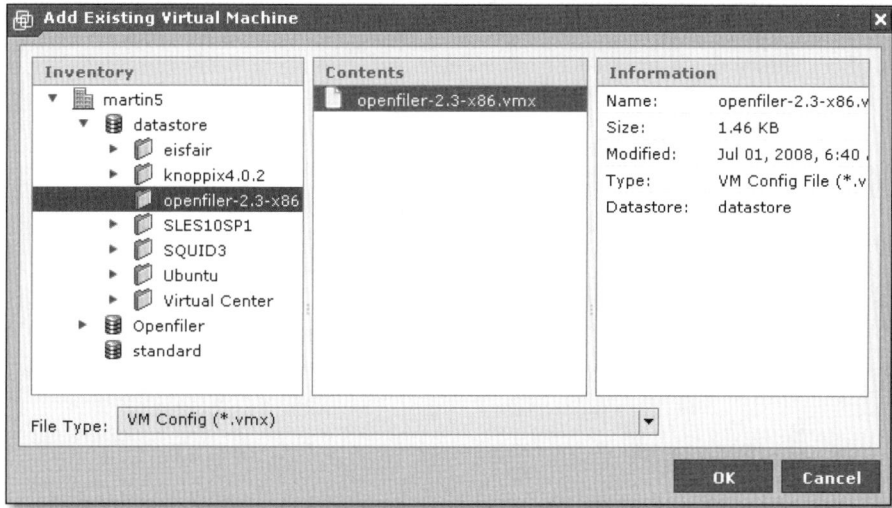

Abbildung 40.1 Openfiler wird in VMware registriert.

Vorher müssen noch die drei virtuellen Festplatten als Speicherplatz für Openfiler eingerichtet werden. Dazu wird zunächst auf jedem der Laufwerke des Wirtsystems ein Verzeichnis erstellt, in dem VMware die Daten ablegen soll. Dann kann über ADD DATASTORE jeweils ein LOCAL DATASTORE auf jeder physikalischen Festplatte im Wirtsystem hinzugefügt werden (siehe Abbildung 40.2).

Danach können nach Auswahl der virtuellen Maschine OPENFILER NAS/SAN APPLIANCE über ADD HARDWARE • HARDDISK • CREATE A NEW VIRTUAL DISK drei neue Festplatten hinzugefügt werden. Als LOCATION dient jeweils einer der drei neuen Datastores. Aus Performancegründen kann die Option FILE OPTIONS • ALLOCATE ALL DISK SPACE NOW gewählt werden. Dadurch wird der Festplattenplatz im Vorhinein reserviert. Anderenfalls wächst die virtuelle Festplatte je nach Auslastung mit der Zeit an. Nach Klicks auf NEXT und FINISH steht der virtuellen Maschine nun ausreichend Speicherplatz für die Verwendung als NAS zur Verfügung.

Abbildung 40.2 Im Datastore liegt der virtuelle Festplattenspeicher.

40.2.2 Konfiguration

Nach dem Start der virtuellen Maschine meldet sich Openfiler auf der Konsole (siehe Abbildung 40.3).

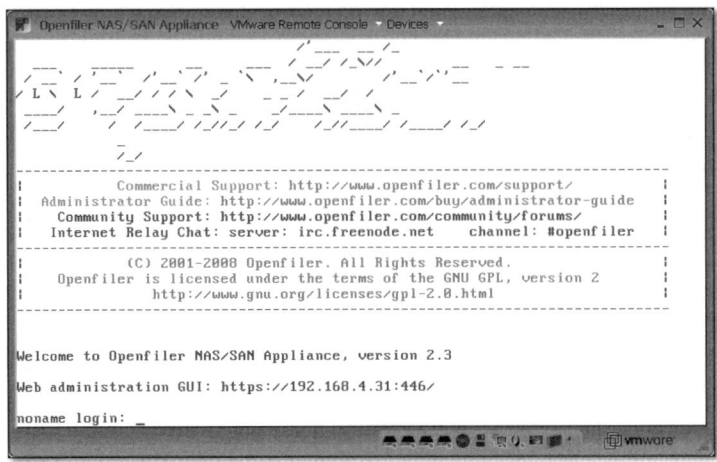

Abbildung 40.3 Openfiler hat per DHCP eine IP bekommen.

Ich empfehle Ihnen, sich zunächst einmal mit dem Benutzernamen root an der [!]
Konsole anzumelden und mit dem Kommando passwd ein Passwort für den Administrator zu vergeben!

Über DHCP hat sich Openfiler beim Start mit einer gültigen IP-Adresse versorgt, die er Ihnen nun auf der Konsole mitteilt. Openfiler ist mit einem Browser über *https://<IP>:446* erreichbar.

Sie können sich nun mit dem Benutzernamen openfiler und dem Passwort password anmelden.

40.2.3 Netzwerksetup

Um für Openfiler eine statische IP-Adresse zu konfigurieren, wählen Sie im Menü SYSTEM • NETWORK SETUP. Hier wählen Sie die zu konfigurierende Schnittstelle, z. B. ETH0, und klicken auf CONFIGURE. Als BOOT PROTOCOL bestimmen Sie STATIC. Im nächsten Schritt geben Sie eine IP-Konfiguration ein und klicken anschließend auf CONTINUE. Schließen Sie aus, dass die IP-Adresse gleichzeitig per DHCP an einen anderen PC vergeben werden könnte!

Anschließend bietet es sich an, einen HOSTNAMEN zu bestimmen. Außerdem tragen Sie bitte einen DNS-Server und ein Gateway ein, in der Regel in beiden Fällen die IP-Adresse Ihres Internetrouters. Zum Schluss bestätigen Sie den neuen Hostnamen durch einen Klick auf UPDATE (siehe Abbildung 40.4).

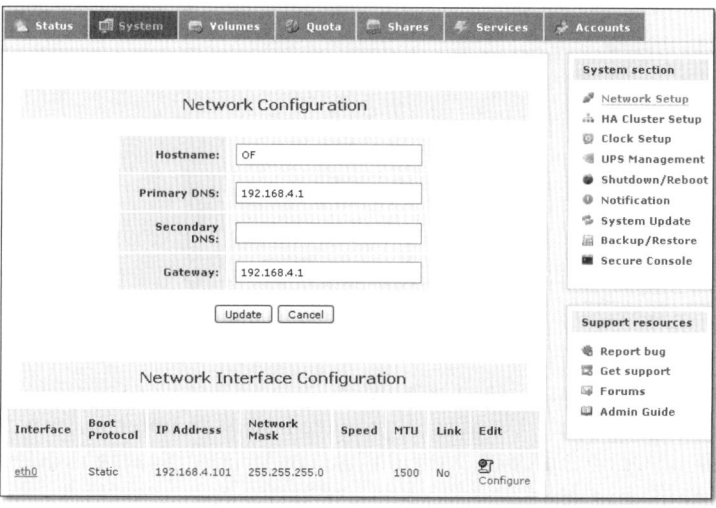

Abbildung 40.4 Die Netzwerkkonfiguration von Openfiler

40.2.4 Systemupdate

Der nächste Schritt sollte ein Update auf den aktuellen Software-Stand von Openfiler sein. Dazu wählen Sie SYSTEM • SYSTEM UPDATE. Mit LAUNCH SYSTEM UPDATE starten Sie die Aktualisierung. Ich empfehle, mit der Option UPDATE ALL PACKAGES alle Pakete zu aktualisieren, die Openfiler vorschlägt. Mit einem Klick auf INSTALL UPDATES beginnt der Vorgang, der einige Zeit dauern kann.

[»] Im Update-Logfile können Sie den aktuellen Stand der Aktualisierung verfolgen. Dazu müssen Sie den Inhalt der Seite allerdings neu laden.

40.2.5 LDAP-Benutzerverwaltung

Vor dem Zugriff auf die Openfiler-Dateien muss sich jeder Benutzer mit Namen und Kennwort authentifizieren. Dafür verwendet Openfiler den Verzeichnisdienst LDAP (Lightweight Directory Access Protocol).

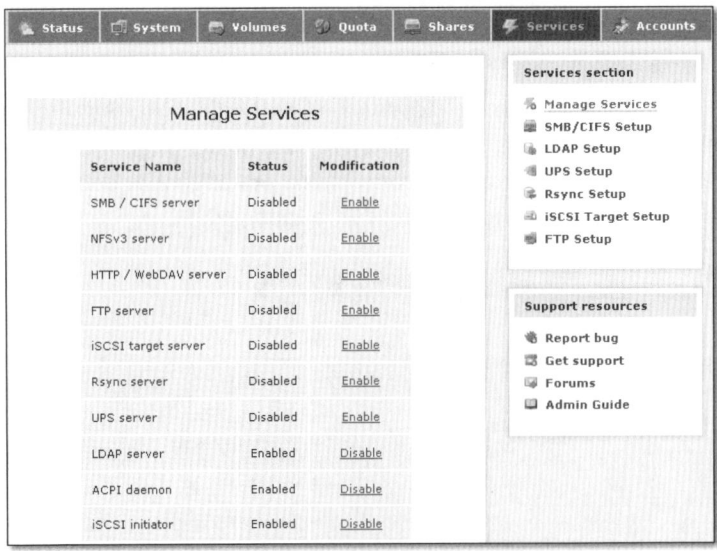

Abbildung 40.5 Der LDAP-Server von Openfiler läuft.

Um nicht einen externen Dienst nutzen zu müssen, bringt Openfiler selbst einen rudimentären LDAP-Service mit. Um diesen zu nutzen, müssen unter ACCOUNTS • AUTHENTICATION die Optionen USE LDAP und USE LOCAL LDAP SERVER aktiviert werden. Wechseln Sie über den Reiter EXPERT VIEW in eine erweiterte Ansicht.

Geben Sie danach die ROOT BIND DN passend zur BASE DN ein, z. B. cn=manager,dc=example,dc=com. Schließlich vergeben Sie noch ein Passwort im Feld ROOT BIND PASSWORD.

Ganz unten auf dieser Seite wird Openfiler mit der Option USE LDAP AUTHENTICATION angewiesen, LDAP für die Benutzerauthentifizierung zu verwenden. Die Einstellungen werden mit einem Klick auf SUBMIT gespeichert. Der LDAP-Server wird nun automatisch gestartet, was Sie mit einem Klick auf SERVICES überprüfen können (siehe Abbildung 40.5).

Unter ACCOUNTS • ADMINISTRATION können Sie unter GROUP ADMINISTRATION zunächst Gruppen und dann unter USER ADMINISTRATION Benutzer anlegen.

40.2.6 Speicherplatzverwaltung

Entscheidende Aspekte eines Netzwerk-Datenspeichers sind die Datensicherheit und die Verfügbarkeit der Daten auf dem Speicher. Daher empfiehlt es sich, die Daten auf mehreren Festplatten verteilt und gespiegelt vorzuhalten.

In diesem Beispiel möchte ich demonstrieren, wie ein RAID-Verbund aus drei virtuellen Festplatten für Openfiler eingerichtet werden kann. [zB]

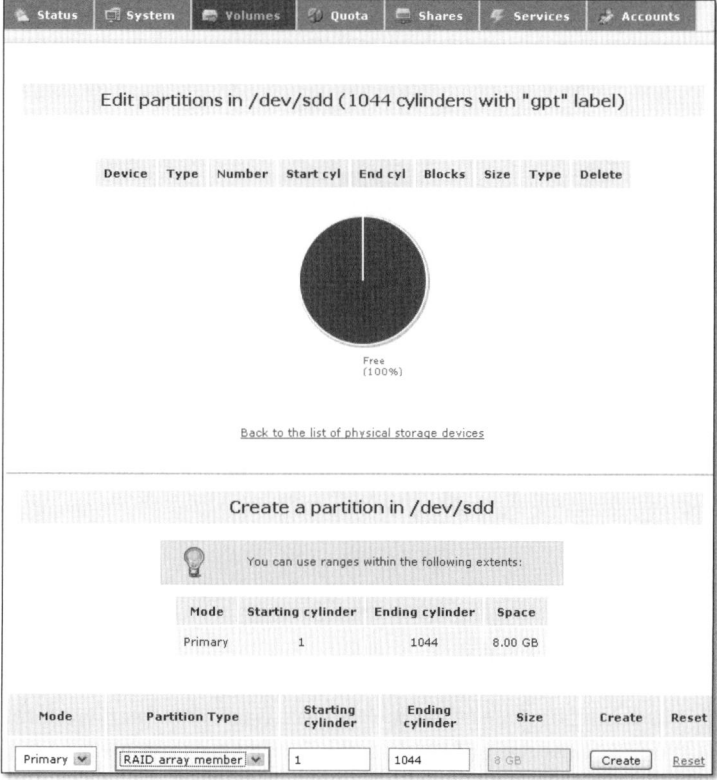

Abbildung 40.6 Partitionierung für ein RAID

Unter VOLUMES teilt Openfiler zunächst mit, dass noch keine Festplatten für die Benutzung mit Openfiler initialisiert wurden. Nach einem Klick auf CREATE NEW PHYSICAL VOLUMES erhalten Sie einen Überblick über die im System bekannten Festplatten. Ein Klick auf die noch nicht partitionierten Festplatten ermöglicht nun nacheinander die Formatierung der Festplatten für einen Datenspiegel.

Da der Plattenplatz vor der Verwendung noch gespiegelt werden soll, muss der PARTITION TYPE auf RAID ARRAY MEMBER geändert werden. Ein Klick auf CREATE vollendet die Partitionierung (siehe Abbildung 40.6).

Im nächsten Schritt kann unter VOLUMES • SOFTWARE RAID der gewünschte RAID-Level ausgewählt werden. Die zu verwendenden RAID-Mitglieder werden markiert. Openfiler unterscheidet zwischen richtigen Mitgliedern (MEMBER) und solchen, die ersatzweise einspringen, falls ein anderes Mitglied ausfällt (SPARE).

Ein Klick auf ADD ARRAY bindet die einzelnen Festplatten zu einem logischen Verbund (siehe Abbildung 40.7).

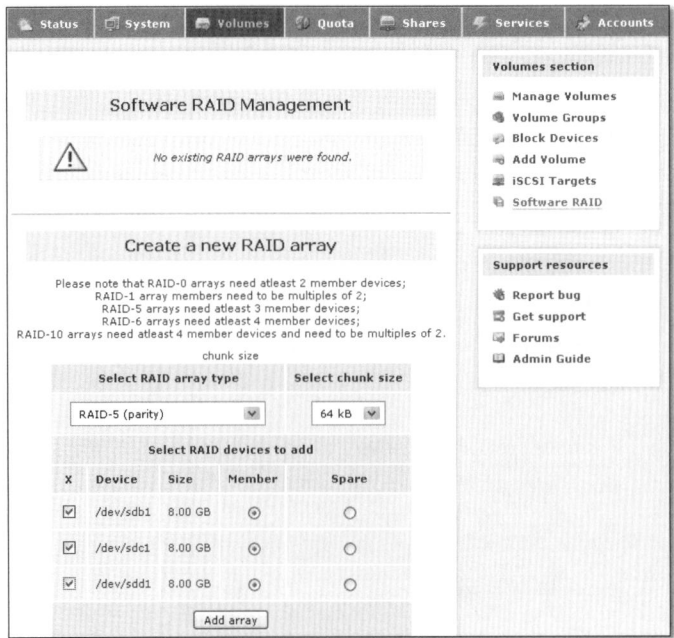

Abbildung 40.7 Ein Software-RAID für Openfiler

Das RAID-Volume wird nun unter VOLUMES • VOLUME GROUPS seiner weiteren Verwendung zugeführt. Es muss sowohl ein Name für die Gruppe als auch für die Mitglieder der Gruppe bestimmt werden. Dann wird die Gruppe durch einen Klick auf ADD VOLUME GROUP erstellt (siehe Abbildung 40.8).

Abbildung 40.8 Die neue Volume Group vg01

Die Gruppe muss noch logisch unterteilt werden. Dies geschieht unter VOLUMES •
ADD VOLUME. Sie müssen lediglich einen Namen für das Logical Volume bestimmen und die Größe festlegen. Bei den Filesystemen kann die Wahl zwischen XFS
und EXT3 getroffen werden. Wieder stößt ein Klick auf CREATE den Vorgang an
(siehe Abbildung 40.9).

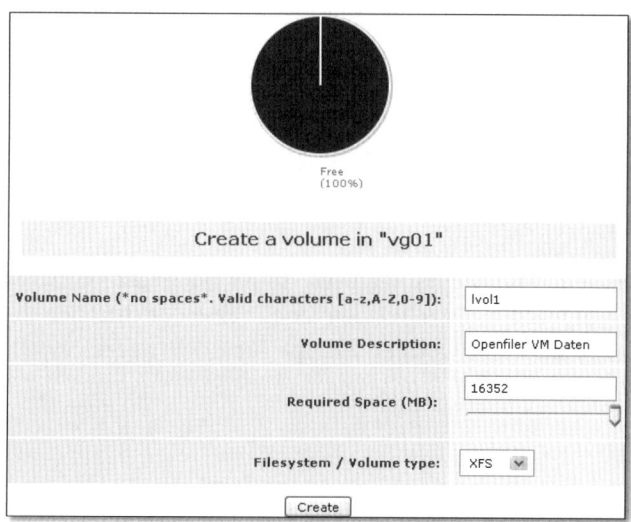

Abbildung 40.9 Das neue Logical Volume lvol1

40.2.7 Netzwerkfreigaben

Sie können den Plattenplatz mit Openfiler im Netzwerk freigeben. Dazu müssen Sie zuerst einen IP-Adresskreis definieren, der auf den Share zugreifen darf. Es bieten sich z. B. die IP-Adressen Ihres privaten LANs an. In der Rubrik SYSTEM finden Sie unter NETWORK ACCESS CONFIGURATION mehrere Felder, in denen Sie die Daten Ihres LANs eingeben (siehe Abbildung 40.10). Danach klicken Sie auf UPDATE und haben somit einen Adresskreis definiert.

Abbildung 40.10 Ein privates LAN wird autorisiert.

In der Rubrik SHARES klicken Sie nun auf Ihr Volume und erstellen ein Unterverzeichnis, dessen Namen Sie eingeben müssen. Nach dem Klick auf CREATE SUBFOLDER wird das neue Unterverzeichnis automatisch angelegt. Mit einem weiteren Klick auf das neue Unterverzeichnis erscheint ein Kontextmenü, in dem Sie MAKE SHARE auswählen. Der Begriff *Share* (dt. *teilen*) steht allgemein für eine Netzwerkfreigabe. Über das Protokoll – und damit die Art der Freigabe – entscheiden Sie in den nächsten Schritten.

[ZB] Anhand dieses Beispiels werde ich eine Samba-Freigabe einrichten. Andere Dienste (NFS, WebDAV, FTP, Rsync) können entsprechend konfiguriert werden.

Auf der folgenden Seite können Sie nun die neue Freigabe einrichten. Im Feld OVERRIDE SMB/RSYNC SHARE NAME tragen Sie den Freigabenamen ein, wie Sie ihn später z. B. am Windows-Client benutzen möchten, und klicken anschließend auf CHANGE.

Eine zuvor von Ihnen eingerichtete Benutzergruppe muss noch zur primären Gruppe der Freigabe gemacht werden. Dazu wählen Sie für eine der Gruppen die Option PG. Außerdem bestimmen Sie, welcher Gruppe für die Freigabe jeweils welches Recht eingeräumt wird.

Es existieren drei Stufen:

▶ NO: keine Rechte

▶ RO: Leserechte

▶ RW: Lese- und Schreibrechte

Diese Rechte können Sie zusätzlich für den zuvor eingerichteten IP-Adresskreis vergeben. Im Bereich SMB/CIFS sollten mindestens die gleichen Rechte vergeben werden wie für die Freigabe. Ihre Änderungen müssen Sie mit einem Klick auf UPDATE bestätigen.

Abschließend müssen Sie noch den Dienst SMB / CIFS SERVER starten. Dazu klicken Sie in der Rubrik SERVICES auf ENABLE. Hier finden Sie auch die Rechte für die anderen Netzwerkdienste, die Openfiler zur Verfügung stellt.

Sie können die Netzwerkfreigabe nun testen, indem Sie im Windows-Explorer unter EXTRAS • NETZLAUFWERK VERBINDEN die Daten Ihrer Openfiler-Freigabe eintragen. Das Feld ORDNER erwartet die Syntax `\\<Openfiler-IP>\<Freigabename>`.

Da OpenFiler leider keine Unterstützung für das AFP-Protokoll bietet, sollten Sie von OS X aus über SMB auf den Datenspeicher zugreifen. Eine Verbindung können Sie herstellen, indem Sie im FINDER den Menüpunkt GEHE ZU • MIT SERVER VERBINDEN auswählen und dann die IP-Adresse des Datenspeichers und den Namen der Freigabe angeben. Stellen Sie das Präfix `smb://` voran, damit OS X das SMB-Protokoll nutzt.

Abbildung 40.11 Die Verbindung kann durch die direkte Eingabe der IP-Adresse und des Freigabenamens erfolgen.

Wenn die Namensauflösung in Ihrem Netzwerk funktioniert, dann ist es möglich, dass der Datenspeicher in der Ansicht NETZWERK im Finder erscheint. Sie können hier mit einem Doppelklick auf den Datenspeicher (in Abbildung 40.12 ist dies der Server WIN8) eine Verbindung herstellen und bekommen dann als Unterordner die verfügbaren Freigaben angezeigt. Mit einem Doppelklick auf eine der Freigaben wird diese eingebunden. Sie können die Verbindung zu dem Server beenden, indem Sie den kleinen Auswurf-Knopf rechts neben dem Namen des Servers nutzen.

Abbildung 40.12 SMB-Freigaben werden in der Ansicht Netzwerk angezeigt.

40.2.8 NFS-Freigaben für Linux

Auf eine ähnlich eingerichtete NFS-Freigabe können Sie nun von Linux-Clients aus zugreifen.

Linux als Client

Ich möchte Ihnen zeigen, wie ein NFS-Client über Webmin so konfiguriert wird, dass er auf die NFS-Freigabe von Openfiler zugreifen kann. Dazu wählen Sie im Menü System • Lokale und Netzwerk-Dateisysteme und dort das Network Filesystem (nfs).

Nach einem Klick auf Füge Mount hinzu öffnet sich eine Maske (siehe Abbildung 40.13).

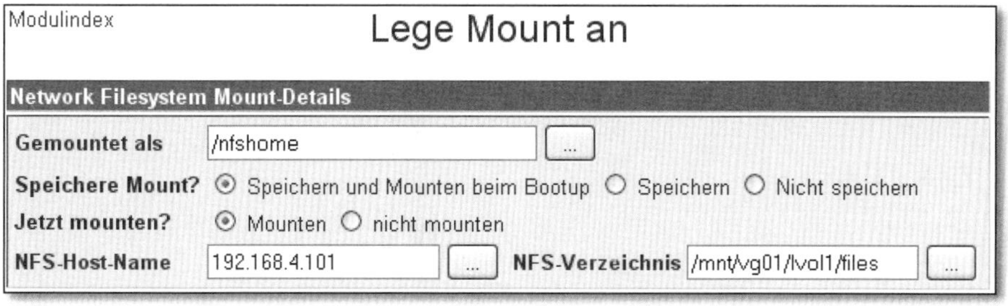

Modulindex	Lege Mount an			
Network Filesystem Mount-Details				
Gemountet als	/nfshome	...		
Speichere Mount?	⊙ Speichern und Mounten beim Bootup ○ Speichern ○ Nicht speichern			
Jetzt mounten?	⊙ Mounten ○ nicht mounten			
NFS-Host-Name	192.168.4.101	...	**NFS-Verzeichnis** /mnt/vg01/lvol1/files	...

Abbildung 40.13 Linux holt sich die NFS-Freigabe von Openfiler.

In das Feld GEMOUNTET ALS tragen Sie ein bestehendes Verzeichnis ein, in das die NFS-Freigabe eingehängt werden soll. Danach tragen Sie noch den Hostnamen oder die IP-Adresse von Openfiler und den Namen der Freigabe ein. Lassen Sie sich dabei von Webmin helfen! Ein Klick auf die drei Punkte zeigt Ihnen jeweils Vorschläge des NFS-Clients zu NFS-HOST-NAME und NFS-VERZEICHNIS.

40.2.9 Der Netzwerk-Datastore für VMware

Sie sind nun im Besitz eines gespiegelten Plattenspeichers, auf den über das Netzwerk zugegriffen werden kann. Es bietet sich an, diesen Speicherplatz auch als VMware Datastore und damit als Ablageort für andere virtuelle Maschinen zu verwenden.

Dieser Speicherplatz eignet sich auch deswegen, dazu da das Überleben der virtuellen Maschine nicht mehr vom Überleben einer einzigen Festplatte abhängig ist. Obwohl das Betriebssystem des Gastes diese Fähigkeit selbst vielleicht nicht beherrscht, sind die Daten trotzdem sicher in einer gespiegelten Gruppe von Festplatten beherbergt.

In der Webadministrationsoberfläche von VMware wählen Sie ADD DATASTORE und bestimmen einen Namen. Dann wählen Sie die Option CIFS und geben die Daten der virtuellen Openfiler-Maschine ein.

Der Freigabename wird im Feld FOLDER, beginnend mit einem \, eingetragen. Dem Benutzernamen im Feld USERNAME muss immer eine Domäne oder eine Arbeitsgruppe vorangestellt werden (siehe Abbildung 40.14).

Andere virtuelle Maschinen sind nun anhängig von Openfiler. Sie müssen daher Openfiler immer vor Gästen starten, deren Festplatten im Openfiler Datastore liegen. Dieses können Sie elegant automatisieren, indem Sie unter EDIT VIRTUAL MACHINE STARTUP/SHUTDOWN das automatische Starten von Openfiler aktivieren.

Abbildung 40.14 Openfiler als Datastore für VMware

40.3 Squid Proxy Appliance

Ein Proxy dient als Stellvertreter für das Surfen im Netz (siehe Abschnitt 36.4, »Proxy«). Dabei bietet er einige Zusatzleistungen, die sowohl für den professionellen als auch für den privaten Bereich sehr wertvoll sind.

[zB] Eine wichtige Anwendung ist das Filtern von Daten. So beschränken viele Unternehmen z. B. den Zugriff auf die Videoplattform YouTube, um die Netzlast nicht unnötig zu strapazieren.

Genauso interessant ist das Filtern von Inhalten. Verschiedene Inhalte können dabei geblockt werden, z. B. auf der Basis von Internetadressen oder Schlagwörtern. Gerade Familien können ihre Kinder so wirksam vor jugendgefährdenden Seiten schützen.

Zu den unerwünschten Inhalten des Internets gehören natürlich auch Viren und andere Schadsoftware. Diese kann vom Proxy ebenfalls erkannt und unschädlich gemacht werden.

Ein zu großzügiger Umgang mit zu blockierenden Wörtern kann jedoch Nebenwirkungen haben. Es wäre naheliegend, das Wort »Sex« in die Blocklist aufzunehmen. Eine harmlose Seite, auf der z. B. das gängige Wort **MSEx**plorer für Microsoft Explorer auftaucht, würde dann aber ebenfalls vom Proxy herausgefiltert. [!]

Die Firma Dalmatech (siehe *http://www.dalmatech.com/squid.html*) bietet eine vorkonfigurierte Appliance an. Diese Appliance habe ich für dieses Buch modifiziert. Die wesentlichen Bestandteile werden von Dalmatech so beschrieben:

- JeOS, eine Serveredition von Ubuntu
- Squid, die Proxy-Software (siehe *http://www.squid-cache.org*)
- DansGuardian, ein Webfilter (siehe *http://dansguardian.org*)
- Frox, ein FTP-Proxy (siehe *http://frox.sourceforge.net*)
- Clam AntiVirus (siehe *http://www.clamav.net*)
- Webmin 1.430 (siehe *http://webmin.com*)

40.3.1 Einbinden der virtuellen Maschine

Extrahieren Sie die Datei *Squid3.pcnetzwerke.7z* aus dem Verzeichnis *appliances* der Buch-DVD in den VMware Datastore. Danach kann die Squid Appliance über die VMware-Webadministration mit einem Klick auf ADD VIRTUAL MACHINE TO INVENTORY registriert werden. [O]

Nach dem Start der virtuellen Maschine meldet sich der Proxy auf der Konsole und teilt die IP-Adresse mit, die er vom DHCP-Server erhalten hat (siehe Abbildung 40.15).

Sie können sich mit dem Browser über *https://<IP-Adresse>:10000* an der Webmin-Administrationsoberfläche der Squid Appliance anmelden. Verwenden Sie den Benutzernamen `user` und das Passwort `pass2cng`.

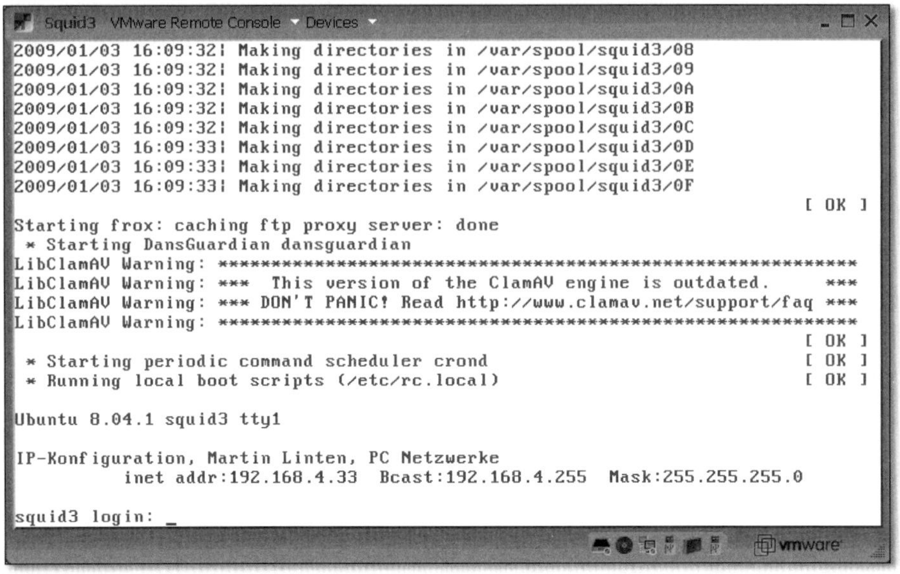

40 | Virtuelle Appliances

Abbildung 40.15 Die Squid Appliance hat eine IP-Adresse bekommen.

40.3.2 Netzwerksetup

Eine statische IP-Adresse kann unter NETZWERK • NETZWERKKONFIGURATION • NETZWERKSCHNITTSTELLEN • SCHNITTSTELLEN, DIE BEIM BOOTEN AKTIVIERT WERDEN vergeben werden. Sie klicken auf das Netzwerk-Interface ETH0 und aktivieren die Option STATIC. Dann tragen Sie eine neue IP-Adresse außerhalb des vom DHCP-Server verwalteten Bereichs ein. Nun fügen Sie noch die Netzwerkmaske und die Broadcast-Adresse hinzu und klicken auf SPEICHERN (siehe Abbildung 40.16).

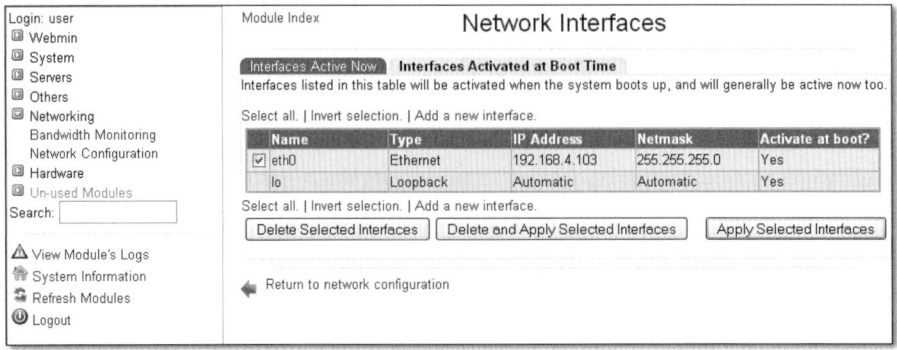

Abbildung 40.16 Eine statische IP-Adresse für Squid

Danach tragen Sie die IP-Adresse Ihres Internetrouters noch unter NETZWERKKONFIGURATION • ROUTING UND GATEWAYS ein. Vergewissern Sie sich außerdem, dass Ihr DNS-Server im Bereich NETZWERK • DNS-CLIENT richtig konfiguriert ist. Die Änderungen werden erst nach einem Klick auf NETZWERKKONFIGURATION • KONFIGURATION ANWENDEN aktiv. Damit haben Sie die Netzwerkkonfiguration geändert und müssen sich mit der neuen IP-Adresse erneut bei Webmin anmelden.

Anschließend starten Sie das System neu, damit alle Dienste der virtuellen Maschine die neue IP-Adresse verwenden können. Das können Sie am einfachsten unter SYSTEM • SYSTEM-START UND -STOP • SYSTEM NEU STARTEN erledigen.

40.3.3 Den Squid Proxy verwenden

Die Konfiguration des Proxyservers ist abhängig vom verwendeten Browser.

Abbildung 40.17 Der Internet Explorer surft jetzt über einen Proxyserver.

Im Microsoft Internet Explorer wird der Proxy über EXTRAS • INTERNETOPTIONEN • VERBINDUNGEN • EINSTELLUNGEN konfiguriert. Sie aktivieren die Option PROXYSERVER FÜR LAN VERWENDEN und tragen als ADRESSE die IP-Adresse der Squid Appliance ein. Ihr LAN selbst sollten Sie als Ausnahme berücksichtigen (siehe Abbildung 40.17).

[zB]

[zB] Im Firefox wird der Proxy über EXTRAS • EINSTELLUNGEN • ERWEITERT • NETZWERK • EINSTELLUNGEN konfiguriert. Sie aktivieren die Option MANUELLE PROXY-KONFIGURATION und tragen die IP-Adresse der virtuellen Maschine ein. Ihr LAN selbst sollten Sie ähnlich wie beim Internet Explorer vom Proxy ausnehmen (siehe Abbildung 40.18).

Abbildung 40.18 Die Proxy-Einstellungen des Browsers Firefox

Grundsätzlich könnten Sie auch den Port 3128 eintragen, den eigentlichen Squid-Port. DansGuardian horcht auf Port 8080 und überprüft die Inhalte, die er von Squid bezieht. Der Port 2121 gehört zu Frox, der wiederum seine Anfragen an Squid weiterleitet und auf diese Weise dessen Cache mit nutzen kann.

[!] Es wäre möglich, an DansGuardian vorbei direkt mit Squid zu kommunizieren. Um dieses zu verhindern, können Sie unter SERVER • SQUID PROXY SERVER • ANSCHLÜSSE UND NETZWERK die Funktion HOST-NAME/IP-ADRESSE umstellen von ALL auf 127.0.0.1. Nach einem Neustart von Squid horcht dieser nur noch auf Verbindungen von Frox und DansGuardian.

40.3.4 Proxy unter OS X konfigurieren

Die Konfiguration eines Proxyservers unter OS X wird für jede Netzwerkschnittstelle einzeln vorgenommen. In der Ansicht NETZWERK der SYSTEMEINSTELLUNGEN rufen Sie hierzu das Panel für die erweiterten Einstellungen auf und wechseln dort in die Ansicht PROXIES. Dort können Sie für jedes Protokoll die Nutzung eines Proxyservers aktivieren und dessen IP-Adresse, den Netzwerkport und, sofern benötigt, die Daten für die Authentifizierung eingeben. Beachten Sie, dass Sie diese Änderungen nach einem Klick auf die Schaltfläche OK auch anwenden müssen.

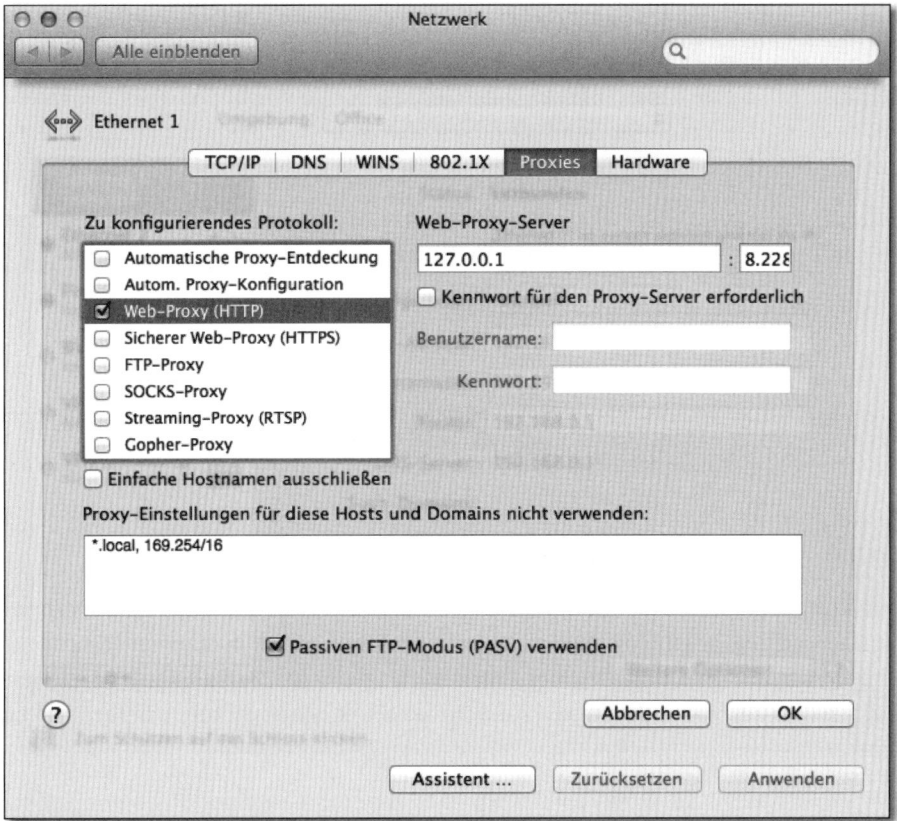

Abbildung 40.19 Die Nutzung von Proxy-Servern wird in den erweiterten Einstellungen einer Netzwerkschnittstelle festgelegt.

Diese Proxyeinstellungen gelten für die meisten Programme, die unter OS X laufen. Eine Ausnahme sind z. B. ältere Versionen des Browsers Firefox, bei denen Sie die Nutzung eines Proxyservers in den Einstellungen des Programms vorgeben müssen.

40.3.5 Blacklists

Mit DansGuardian können Sie die Kommunikation mit bestimmten Domains komplett verbieten. Da niemand allein die Vielzahl der schädlichen Rechner im Internet abschließend aufzählen könnte, gibt es diesbezüglich vorgefertigte Listen, die Sie im Internet finden. Eine sehr gute, frei verfügbare Liste ist die URL-Blacklist (siehe *http://urlblacklist.com*).

Sie können die Datei *bigblacklist.tar.gz* auf Ihren PC herunterladen und dann mit Webmin über SONSTIGES • UPLOAD UND DOWNLOAD auf die Squid Appliance ins Verzeichnis */etc/dansguardian* kopieren. Dabei sollten Sie die Option ZIP- ODER TAR-DATEIEN AUSPACKEN? aktivieren.

In Webmin können nun einzelne Bereiche der Blacklist aktiviert werden. Dazu müssen Sie nur unter SERVER • DANSGUARDIAN • VIEW/EDIT GROUPS die Dateien */etc/dansguardian/bannedsitelist* und */etc/dansguardian/bannedurllist* auswählen und die einzelnen Kommentarzeichen # entfernen.

[zB] Um z. B. den Zugriff auf Chatseiten aus dem LAN zu unterbinden, wird in den beiden Dateien das Kommentarzeichen vor den Einträgen

```
.Include</etc/dansguardian/blacklists/chat/domains>
```

und

```
.Include</etc/dansguardian/blacklists/chat/urls>
```

entfernt. Nach einem Neustart von DansGuardian sind die Änderungen aktiv.

40.3.6 Der Virenscanner ClamAV

Ein Virenscanner auf dem Squid Proxy funktioniert im Prinzip wie ein Virenscanner auf einem PC. Auf einem PC wird ein Virus aus dem Internet festgestellt und bestenfalls in Quarantäne geschickt oder gelöscht. Dafür müssen Sie allerdings jeden einzelnen PC immer auf dem aktuellen Stand halten, um Ihr LAN zu schützen.

Der große Vorteil des Proxyservers ist, dass er zentral an einer Stelle den Schutz gegen Viren aus dem Internet übernimmt und dafür sorgt, dass ein Virus den PC erst gar nicht erreicht (siehe Abbildung 40.20). Dafür müssen Sie allerdings sicherstellen, dass sowohl der Virusscanner als auch die Virusdatenbank immer auf dem aktuellen Stand bleiben.

Die Virusdatenbank wird immer beim Start des Systems aktualisiert. Ein zusätzliches Update im laufenden Betrieb wird mit Webmin über SONSTIGES • KOMMANDOZEILE mit dem Kommando `freshclam` angestoßen.

Abbildung 40.20 ClamAV hat einen Virus gefiltert.

Beim Update von ClamAV müssen unter Umständen Benutzereingaben gemacht werden. Dieses Update sollte daher z. B. mit PuTTY über SSH oder an der Konsole und nicht mit Webmin durchgeführt werden. Die beiden Kommandos `aptitude update` und `aptitude install clamav clamav-base clamav-freshclam` bringen ClamAV auf einen neueren Stand.

40.4 Personal Backup Appliance

Die *Personal Backup Appliance* (*PBA*) bietet Ihnen die einfache Möglichkeit von Backups und Restores ganzer Festplatten über das Netzwerk. Dabei spielt es keine Rolle, ob es sich bei dem zu sichernden PC um einen physikalischen oder virtuellen Rechner handelt.

Dieses Backup-Verfahren sichert ganze Fesplatten. Ein Vorgehen zur Sicherung und Wiederherstellung einzelner Dateien stelle ich an anderer Stelle vor (siehe Kapitel 42, »Netzwerk-Backup«). Mit dem Backup einzelner Dateien können Sie ebenfalls Image-Sicherungen von virtuellen Systemen durchführen. Diese Sicherungen kompletter virtueller Festplatten werden aber nicht im Gast durchgeführt, sondern z. B. mit dem Areca-Backup-Programm (siehe Abschnitt 42.5, »Areca Backup«) auf dem Wirt.

Die Nutzung dieser Appliance für ein Backup eines OS-X-Systems ist nicht zu empfehlen. Der Grund besteht darin, dass OS X trotz der Tatsache, dass es sich um ein standardkonformes UNIX-System handelt, in Bezug auf das Dateisystem viele Dinge auf eine eigene Art und Weise löst, die am besten und zuverlässigsten mit Lösungen von Apple selbst oder auch von spezialisierten Drittanbietern gesichert werden.

40.4.1 Einbinden der virtuellen Maschine

[O] Extrahieren Sie die Datei *Personal-Backup-Appliance-1.1.0-vm.7z* aus dem Verzeichnis *appliances* der Buch-DVD in einen VMware Datastore. Danach kann die Squid Appliance aus dem Unterverzeichnis *pba-1.1.0* über die VMware-Webadministration mit einem Klick auf ADD VIRTUAL MACHINE TO INVENTORY registriert werden.

Überlegen Sie gut, wohin Sie das Archiv mit der Appliance entpacken! Wenn Sie den Datastore von Openfiler benutzen (siehe Abschnitt 40.2.9, »Der Netzwerk-Datastore für VMware«), können Sie die Openfiler Appliance selbst nicht mehr auf diese Personal Backup Appliance sichern. Wenn Sie darauf nicht verzichten möchten, empfehle ich ein unabhängiges Backup-Medium als Datastore für die PBA, z. B. eine USB-Festplatte.

Nach dem Start der virtuellen Maschine meldet sich die Appliance an der Konsole und teilt Ihnen die IP-Adresse mit, die ihr vom DHCP-Server zugewiesen wurde (siehe Abbildung 40.21).

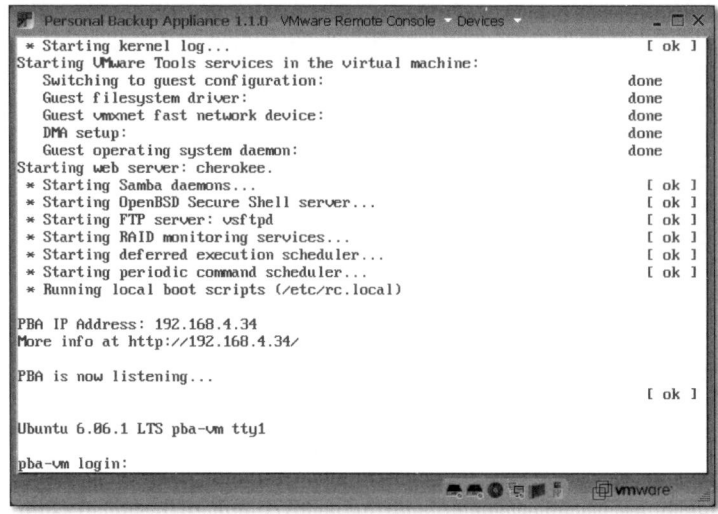

Abbildung 40.21 Die Appliance lauscht im Netzwerk.

In einem Browser können Sie nun den Link *http://<IP-Adresse>* eingeben und von dort den nötigen Backup-Client *pba-client.iso* als ISO-Datei herunterladen und in einem Datastore einer zu sichernden virtuellen Maschine abspeichern.

Wenn Sie eine physikalische Maschine sichern wollen, müssen Sie die ISO-Datei zuvor als Image auf eine CD brennen.

[«]

40.4.2 Backup

Um ein Backup durchzuführen, muss der Backup-Client gebootet werden. Das passiert bei physikalischer Hardware und virtuellen Systemen sehr ähnlich. Sie erstellen ein Backup einer kompletten virtuellen Maschine, indem Sie in der VMware-Konsole der zu sichernden virtuellen Maschine auf DEVICES • CD/DVD DRIVE 1 • CONNECT TO DISK IMAGE FILE (ISO) klicken. Jetzt müssen Sie nur noch den zuvor gespeicherten Backup-Client *pba-client.iso* auswählen.

Im Anschluss booten Sie die virtuelle Maschine, die nun automatisch den Backup-Client lädt, wenn die Bootreihenfolge im Bios der virtuellen Maschine dementsprechend eingestellt ist. Ist dies nicht der Fall, können Sie die Maschine im ausgeschalteten Zustand über CONFIGURE VM • POWER • ENTER THE BIOS SETUP SCREEN THE NEXT TIME THIS VIRTUAL MACHINE BOOTS so einstellen, dass Sie nach dem nächsten Start das BIOS konfigurieren können. Unter BOOT bewegen Sie den Eintrag für das CD-Laufwerk mit (+) weiter nach oben.

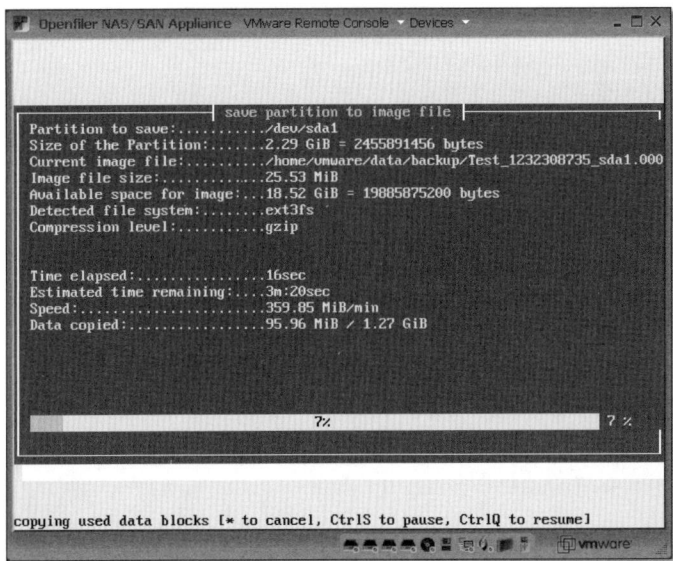

Abbildung 40.22 Backup der ersten Festplatte der Openfiler Appliance

Zunächst werden Sie aufgefordert, die IP-Adresse der Personal Backup Appliance einzugeben. Danach wählen Sie BACKUP HARD DISK und einen möglichst sprechenden Dateinamen für Ihre Datensicherung. Sollten mehrere Festplatten im System vorhanden sein, werden Sie aufgefordert, eine zu sichernde Festplatte auszuwählen. Danach startet die Sicherung (siehe Abbildung 40.22).

40.4.3 Restore

Ein Wiederherstellen der Daten funktioniert ähnlich wie die Datensicherung: Zunächst muss der Backup-Client gebootet werden. Im Anschluss wählen Sie RESTORE HARD DISK und wählen danach das Archiv, dessen Daten zurückgespielt werden sollen, sowie die Festplatte.

[!] Die hier ausgewählte Festplatte wird mit den Daten der Sicherung überschrieben. Die darauf vorhandenen Daten sind danach verloren!

40.4.4 Verwalten der Backups

Sie können sich mit dem Benutzer vmware und dem Passwort vmware auf der Konsole der Personal Backup Appliance anmelden.

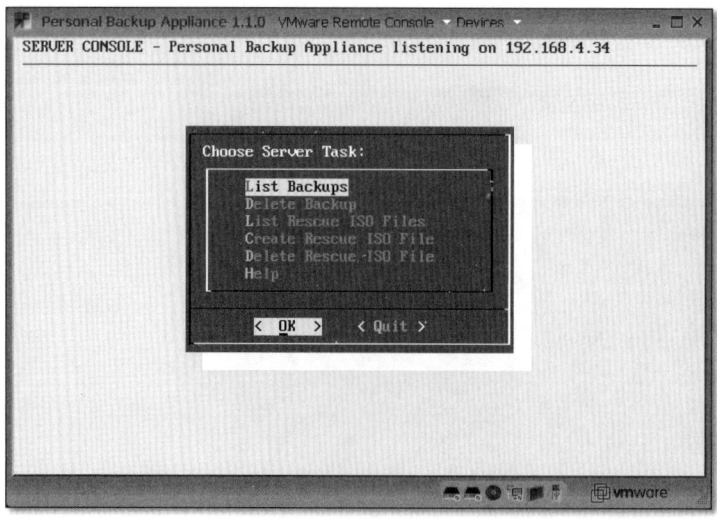

Abbildung 40.23 Die Personal Backup Appliance Server Console

Danach starten Sie mit dem Kommando pba-server-console ein Programm (siehe Abbildung 40.23), mit dem Sie die vorhandenen Backups verwalten können:

- LIST BACKUPS listet alle Dateinamen der Sicherungsarchive auf.
- DELETE BACKUPS löscht von Ihnen auszuwählende einzelne Sicherungsarchive.
- CREATE RESCUE ISO FILE erstellt aus einem Sicherungsarchiv eine bootfähige ISO-Datei. Diese Datei können Sie brennen und z. B. zusammen mit Ihrem Laptop auf eine Dienstreise mitnehmen.
- DELETE RESCUE ISO FILE löscht einzelne von Ihnen auszuwählende ISO-Dateien.
- LIST RESCUE ISO FILES listet alle vorhandenen ISO-Dateien auf.

Die ISO-Dateien liegen in einer Samba-Freigabe auf der Personal Backup Appliance. Sie können mit dem Windows-Explorer über EXTRAS • NETZLAUFWERK VERBINDEN mit dem Benutzernamen `vmware` und dem Passwort `vmware` auf die Freigabe `\\<IP-Adresse\data` zugreifen und von dort aus ein ISO-Image auf CD oder DVD brennen.

40.5 Trixbox Asterisk Appliance

Beim Wort *Asterisk* denken viele zunächst an ein kleines gallisches Dorf und seinen Bewohner Asterix. Tatsächlich steht das Wort Asterisk im Englischen für das Sternchen *. Dieses ist in der IT ein Platzhalter für beliebige und beliebig viele Zeichen. Genau das spiegelt die Philosophie von Asterisk wieder; es kann beliebige und beliebig viele Aufgaben einer TK-Anlage übernehmen.

Die Trixbox Appliance (siehe *http://www.trixbox.org*) ermöglicht Ihnen den einfachen und bequemen Einstieg in das Thema *Asterisk PBX*. Sie können ohne Texteditor alle nötigen Konfigurationen in der Weboberfläche (siehe *http://www.freepbx.org*) vornehmen.

40.5.1 FreePBX nutzen

Verbinden Sie sich mit der Weboberfläche der Appliance, dazu nutzen Sie die IP-Adresse, die auf der Kommandozeile angezeigt wird:

http://<IP-Adresse>/maint

Geben Sie als Benutzernamen `maint` und als Passwort `trixbox` ein. Die Ansicht wechselt daraufhin, und Sie sehen die Oberfläche für die Verwaltung von Asterisk (siehe Abbildung 40.24).

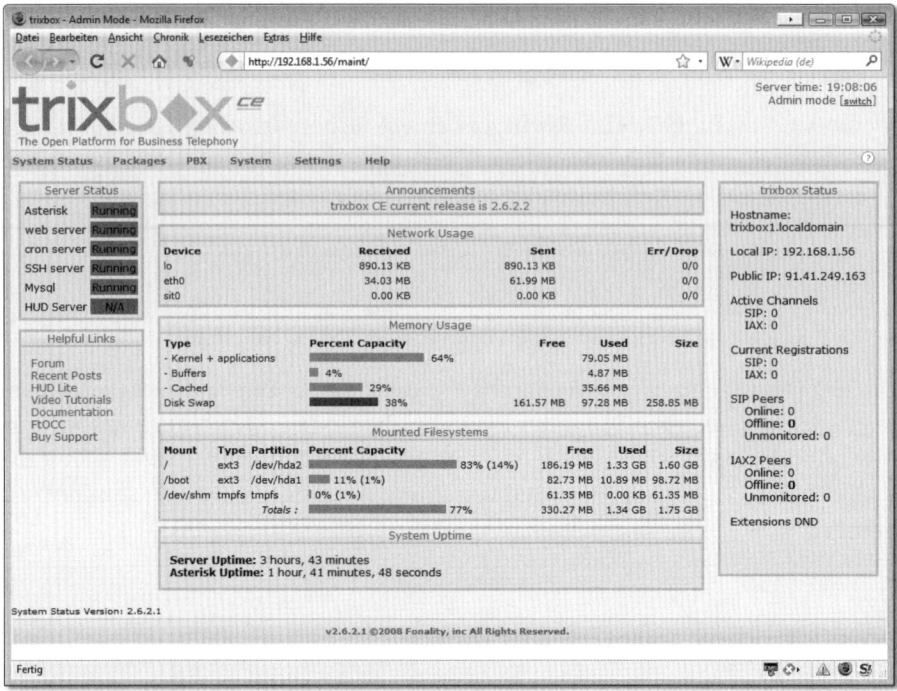

Abbildung 40.24 Trixbox-Administrationsoberfläche

Auf der Hauptseite ist zunächst der Status des Systems übersichtlich dargestellt. Im Bereich SERVER STATUS sollten alle Dienste bis auf den HUD SERVER laufen. Letzterer ist eine nicht installierte Erweiterung. Damit ist Trixbox bereits für die Konfiguration von Telefonen und ausgehenden Verbindungen zu einem SIP-Provider gerüstet.

Die Übersetzung ins Deutsche, die die FreePBX-Oberfläche bietet, ist lückenhaft und teilweise sinnentstellend. Daher werde ich die englischen Bezeichnungen benutzen.

40.5.2 Telefone konfigurieren

Ich möchte Ihnen in diesem Abschnitt zeigen, wie Sie zwei SIP-Clients für Trixbox einrichten können, die dann direkt und auch über einen SIP-Provider miteinander telefonieren können.

Klicken Sie auf der Trixbox-Startseite auf PBX • PBX SETTINGS. Sie sehen nun auf der linken Seite ein Menü. Klicken Sie auf den Punkt EXTENSIONS, der sich im Bereich BASIC befindet. Im nächsten Dialog können Sie die Art des Clients festlegen. GENERIC SIP DEVICE ist richtig, klicken Sie nun auf SUBMIT. Der Dialog ADD SIP

EXTENSION folgt, in diesem können Sie die eigentlichen Einstellungen für die Durchwahl festlegen. Der wichtigste Eintrag ist zunächst einmal die Durchwahl selbst. Geben Sie im Feld USER EXTENSION die Durchwahl ein, z. B. 100. Tragen Sie im Feld DISPLAY NAME den Namen des Teilnehmers ein.

Folgende Eintragungen sind optional; belassen Sie zunächst alle Einstellungen so, wie sie sind:

- CID NUM ALIAS: eine nur intern verwendete Anzeige
- SIP ALIAS: SIP-Adresse für direkte Anrufe
- OUTBOUND CID: externe Rufnummernanzeige
- RING TIME: Zeit in Sekunden bis zur Sprachbox
- CALL WAITING: Anklopfen
- CALL SCREENING: erzwingt Identifizierung der Anrufer
- EMERGENCY CID: Rufnummernanzeige bei Notrufen
- DID DESCRIPTION: Beschreibung
- ADD INBOUND DID: eingehend erreichbare Durchwahl
- ADD INBOUND CID: eingehende Rufnummer
- DTMFMODE: Verfahren für die Tastentöne
- LANGUAGE CODE: Spracheinstellung (de für Deutsch)
- RECORD INCOMING: Aufzeichnung eingehender Gespräche
- RECORD OUTGOING: Aufzeichnung ausgehender Gespräche

Es bleibt der Menüpunkt SECRET. Hier sollten Sie ein Passwort für den Client angeben, mit dem dieser sich authentifiziert. Klicken Sie abschließend auf die Schaltfläche SUBMIT am Ende der Seite, und wiederholen Sie den Vorgang für die Durchwahl 200. In der Menüleiste erscheint nun eine orangefarbene Schaltfläche APPLY CONFIGURATION CHANGES; mit einem Klick hierauf werden die Einstellungen wirksam.

Konfigurieren Sie nun einen SIP-Client, bspw. die Software PhonerLite (siehe Abschnitt 44.4, »Softphone: PhonerLite«). Tragen Sie hier folgende Werte ein:

- Proxy/Registrar: `<IP-Adresse Trixbox>`
- Benutzername: `100` oder `200`
- Kennwort: `<Passwort>`

Wenn Sie diese Werte eingetragen und gespeichert haben, sollte sich der SIP-Client registrieren. Das können Sie überprüfen, indem Sie im Menü PBX auf den Menüpunkt PBX STATUS klicken. Abbildung 40.25 zeigt, dass Sie die SIP-Clients – sie heißen *SIP Peers* – registriert haben. Wenn Sie zwei SIP-Clients an der Trixbox angemeldet haben, können Sie jetzt bereits intern telefonieren. Wenn Sie nur einen Client haben, erreichen Sie über die Rufnummer *97 die Mailboxansage.

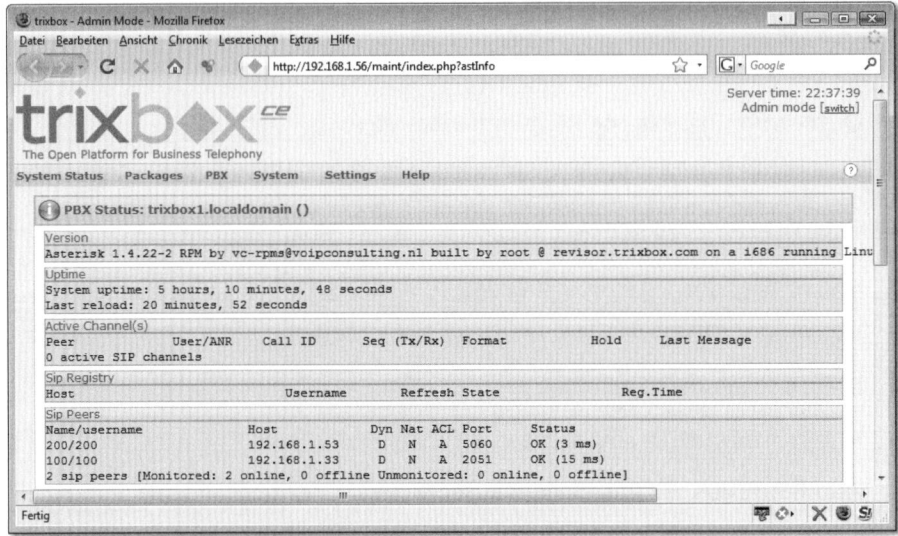

Abbildung 40.25 Trixbox mit zwei registrierten SIP-Clients

40.5.3 SIP-Provider konfigurieren

Eine Telefonanlage ohne Verbindung zur Außenwelt ist nur in wenigen Fällen interessant. Ohne weitere Investitionen ist die Anbindung eines SIP-Providers möglich.

Trixbox kann auch ISDN nutzen; dazu werden ISDN-Karten mit HFC-Chipsatz benötigt. Der Einsatz von PCI-Karten ist im Rahmen einer VMware Appliance nicht möglich, daher verzichte ich auf die weitere Darstellung.

Im Nachfolgenden werde ich die Vorgehensweise für den Provider Sipgate (siehe *http://www.sipgate.de*) aufzeigen. Selbstverständlich können andere Provider ebenfalls genutzt werden, auch mehrere gleichzeitig.

Klicken Sie im Trixbox-Menü auf PBX • PBX-SETTINGS • SETUP • TRUNKS; wählen Sie nun den Punkt ADD SIP TRUNK. Benennen Sie den TRUNK NAME mit Sipgate und tragen Sie folgende PEER DETAILS im Bereich OUTGOING SETTINGS ein:

```
host=sipgate.de
username=<Sipgate-ID>
fromuser=<Sipgate-ID>
secret=<SIP-Passwort>
fromdomain=sipgate.de
qualify=yes
canreinvite=yes
insecure=invite
type=friend
```

Alle weitere Einstellungen lassen Sie zunächst leer. Beim REGISTER STRING tragen Sie Folgendes ein:

`<Sipgate-ID>:<SIP-Passwort>@sipgate.de/<Sipgate-ID>`

Klicken Sie nun auf SUBMIT CHANGES. Der Schlüssel `qualify` bedeutet, dass Trixbox/Asterisk regelmäßig die Verbindung zu Sipgate prüft und bei Unerreichbarkeit diese Verbindung deaktiviert. Mittels `canreinvite=yes` wird festgelegt, ob Sipgate den Kommunikationspartner bestimmen darf. Schließlich besagt der Ausdruck `insecure=invite`, dass sich Sipgate gegenüber Trixbox bei einem eingehenden Anruf nicht authentifizieren muss.

Mit dem Trunk haben Sie nun die Verbindung zu Sipgate geschaffen; es fehlt noch eine Regelung, was mit aus- und eingehenden Anrufen geschehen soll.

Ausgehende Anrufe werden über den Punkt OUTBOUND ROUTES direkt oberhalb von Trunks konfiguriert. Zunächst konfigurieren Sie eine Route zur Testrufnummer 10000. Wählen Sie als ROUTE NAME SipgateTest, tragen Sie im Feld DIAL PATTERNS 10000 ein, und legen Sie unter TRUNK SEQUENCE SIP/SIPGATE fest. Klicken Sie jetzt auf SUBMIT CHANGES. Wenn Sie ein Guthaben für externe Gespräche haben, könnten folgende *Dial Patterns* sinnvoll sein.

Name	Pattern	Bedeutung
Sprachbox	50000	Anrufbeantworter
Lokal	ZXXX.	Ortsnetz (mindestens vierstellig)
National	0ZX.	Ohne Länderkennung
Europa	00[34]X.	Nur europäische Länder
International	00XX.	Alle Länder
Alles	.	Keine Beschränkung

Tabelle 40.1 Wählmuster (Dial Patterns)

Jetzt fehlt noch die Konfiguration für die eingehenden Anrufe. Klicken Sie dazu auf INBOUND ROUTES in der linken Leiste. Geben Sie unter DESCRIPTION Sipgate-

Eingehend ein, und wählen Sie ganz unten beim Punkt EXTENSIONS die Nebenstelle <100> aus. Bestätigen Sie diese sehr allgemeine Regel mit der Schaltfläche SUBMIT. Jetzt fehlt noch ein Schritt. Wählen Sie GENERAL SETTINGS aus, und gehen Sie zum vorletzten Punkt auf der Seite SECURITY SETTINGS. Ändern Sie die Einstellung von ALLOW ANONYMOUS INBOUND SIP CALLS? auf YES. Abschließend klicken Sie auf APPLY CONFIGURATION CHANGES oben rechts auf der Seite (orangfarbene Schaltfläche), damit alle Änderungen wirksam werden.

Wie in Abbildung 40.26 sollten Sie unter PBX • PBX STATUS jetzt im Bereich SIP REGISTRY und SIP PEERS sehen, dass Sipgate registriert ist. Der Status muss REGISTERED sein.

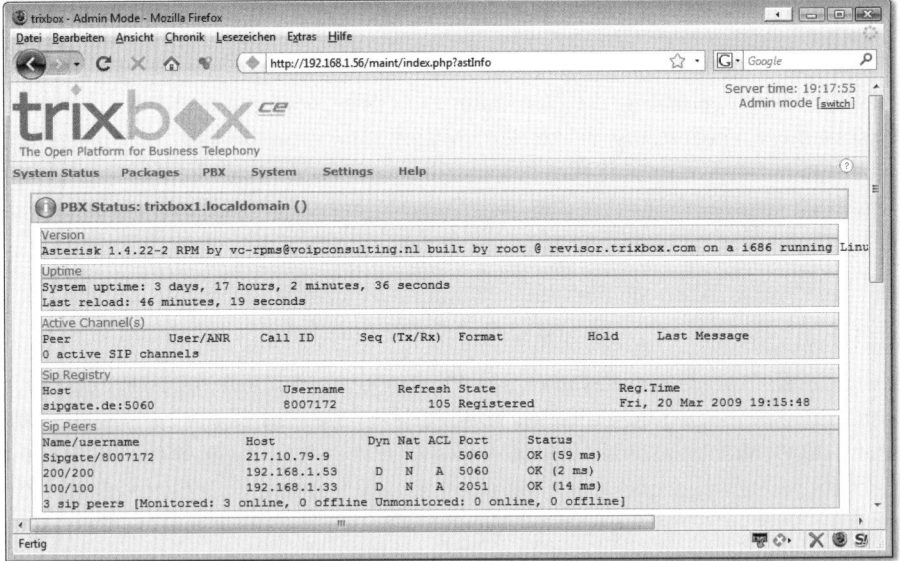

Abbildung 40.26 Sipgate ist registriert.

Wenn Sie diese Lösung begeistert und Sie noch mehr Möglichkeiten nutzen wollen, dann könnten folgende Punkte für Sie interessant sein:

- RING GROUPS: Mehrere Durchwahlen bilden eine Gruppe und klingeln gleichzeitig, nacheinander usw.

- VOICEMAIL: Sprachnachrichten als E-Mail mit Dateianhang

- MUSIC ON HOLD: Wartemusik

Ihr LAN funktioniert, doch Sie wollen mehr Komfort für sich und die Benutzer? Sie werden in diesem Kapitel erfahren, wie leicht Sie einen Server einrichten können, der Ihnen das Leben sehr viel angenehmer macht.

41 siegfried3 – ein vielseitiger Server

Der Begriff *Server* ist nicht eindeutig definiert. Server kommt von »dienen« (engl. *serve*). Ein Server ist also ein Diener, ein PC, der seine Dienste anbietet. Die deutsche Übersetzung von Server, die unter anderem Microsoft verwendet, ist *Dienst*. Ein DHCP-Dienst eines Windows-Betriebssystems entspricht ziemlich genau einem DHCP-Server unter Linux. In beiden Fällen ist nicht die Hardware gemeint, sondern die dort installierte Software DHCP. Wenn also jemand einen DHCP-Server, DNS-Server, DSL-Server, Telnet-Server, FTP-Server, Webserver und einen Fileserver zu Hause betreibt, bedeutet das nicht, dass derjenige in seiner Wohnung insgesamt mindestens sieben PCs untergebracht haben muss. Vermutlich handelt es sich sogar um nur einen einzigen PC, der all diese Aufgaben zugleich wahrnimmt.

Andererseits kann man mit dem Wort Server auch eine Hardware-Einheit beschreiben, z. B. einen Computer als Server für Ihr LAN. Diese Hardware kann – wie im Fall von siegfried3 – auch virtualisiert sein.

41.1 Motivation – oder: Warum ausgerechnet Linux?

Administratoren – ob zu Hause oder im Beruf – richten ihren Benutzern im Netzwerk Dienste ein, die von diesen dann bei Bedarf genutzt werden können. Diese Dienste werden zentral auf einem oder mehreren Rechnern installiert. Für den Serverbetrieb gibt es viele Betriebssysteme. Seit Jahren macht dabei ein Betriebssystem durch hohe Zuwachsraten auf sich aufmerksam, da es stabil und gleichzeitig sehr kostengünstig ist: Linux.

Linux ist ein freies Betriebssystem. Frei bedeutet hier in erster Linie quelloffen. Das heißt, neben den lauffähigen Programmen werden immer auch die dazugehörigen Quellcodes veröffentlicht. Eine große Anzahl von Programmierern auf der ganzen Welt arbeitet unentgeltlich an der Weiterentwicklung. Deshalb entwickelt sich Linux so rasant und ist gleichzeitig eines der sichersten Betriebssysteme:

Der Quellcode der Programme wird von vielen Entwicklern geschrieben und von unzähligen Augen Korrektur gelesen.

Der Kern des Betriebssystems (*Kernel*) und die meisten Anwendungen stehen unter der *GPL* (*GNU Public License*). Das bedeutet, die Software darf frei verwendet und für beliebige Zwecke angepasst werden.

Keine Innovation der letzten Zeit hat die IT-Branche annähernd so durcheinandergewirbelt wie das Betriebssystem mit dem kleinen Pinguin als Logo (siehe Abbildung 41.1).

Abbildung 41.1 Tux, der Linux-Pinguin

Ich habe mich entschieden, openSUSE 11.1 (siehe *http://www.opensuse.org*) als Grundlage für siegfried3 zu verwenden, da die Distribution aus Nürnberg im deutschsprachigen Raum weitverbreitet ist.

Wenn Sie nicht bereits ein gestandener Unix- oder Linux-Nutzer sind, möchten Sie vielleicht jetzt oder später einmal wissen, was im Hintergrund passiert und wie Sie etwas tiefer in das System einsteigen. Dafür müssen Sie zwangsläufig auf der Kommandozeile und mit einem geeigneten Editor arbeiten. Das ist am Anfang sehr gewöhnungsbedürftig, lohnt sich aber. Ich kenne niemanden, der die Kommandozeile als Administrationswerkzeug gegen seine Maus zurücktauschen möchte. Eine Hilfe für den Anfang finden Sie in Anhang A, »Linux-Werkzeuge«. Für siegfried3 sind diese vertieften Kenntnisse der Kommandozeile jedoch keine zwingende Voraussetzung, da siegfried mit Webmin (siehe *http://www.webmin.com*) zusätzlich eine übersichtliche und leicht zu bedienende grafische Oberfläche bietet.

Wenn Sie den Linux-Server einmal eingerichtet haben, werden Sie nur noch minimalen Administrationsaufwand haben. Sie sollten allerdings regelmäßige Sicherungen (Backups) der Daten durchführen.

41.2   Aufgaben Ihres Netzwerkservers

Sie wissen besser als ich, welche Aufgaben ein Netzwerkserver in Ihrem LAN erfüllen muss. Ich könnte mir z. B. folgende nutzbringenden Anwendungen vorstellen:

- DHCP-Server: Der DHCP-Server (ISC) verteilt dynamische und möglicherweise auch statische IP-Adressen.
- Fileserver: Er stellt Netzlaufwerke bereit, auf denen Daten abgelegt und dann zentral gesichert werden.
- Drucker-Spooler: Jeder Benutzer im LAN sollte auf jedem Drucker drucken können. Möglicherweise gibt es auch zentrale Drucker, z. B. Etagendrucker. Das schließt auch das Erzeugen von PDF-Dokumenten mit ein.
- Mailserver: Die E-Mail-Konten der Mitarbeiter im LAN liegen auf dem Netzwerkserver. Bei Bedarf holt dieser Mails ab und verschickt sie in das Internet. Der Zugriff auf die Konten erfolgt mittels IMAP.
- Groupware-Server: Termine und Besprechungen planen und verwalten Sie mit EDV-Unterstützung.
- Downloadserver: Mit einem Dienst auf dem Netzwerkserver verwenden Sie Ihn als Downloadmanager im Internet.
- Time-Service: Ihr Server synchronisiert die Zeit im LAN. Sie brauchen sich nicht mehr um die Umstellung von Sommer- auf Winterzeit und umgekehrt zu kümmern, und alle Uhren laufen synchron.

Das ist sicherlich keine geschlossene Liste; sie könnte beliebig verlängert und erweitert werden. Natürlich lohnt ein zentraler Netzwerkserver umso mehr, wenn Sie mit ihm mehrere PCs versorgen können. Erst dann kann durch die Zentralisierung von Aufgaben effektiv Zeit und Sicherheit (z. B. durch Backups) gewonnen werden.

[!] Ausdrücklich möchte ich davor warnen, diesen Server gleichzeitig zum Router für das Internet zu machen, denn auf ihm sind viele wichtige Daten gespeichert. Deshalb sollte er nicht direkt aus dem Internet erreichbar sein. Ein solcher Server ist angreifbar. Ausgerechnet auf diesen Server auch Ihre Daten zu legen, wäre aus diesem Grund äußerst mutig.

41.3 Einbinden der virtuellen Maschine

[o] Sie finden siegfried als komprimierte virtuelle Maschine im Verzeichnis */appliances* der Buch-DVD. Sie benötigen dazu das Packprogramm 7-Zip aus dem Verzeichnis */software/sonstiges*. Damit entpacken Sie die Maschine in einen VMware Datastore.

Nach dem Start der virtuellen Maschine können Sie sich an der grafischen Konsole mit dem Benutzernamen `siegfried` und dem Passwort `pcnetzwerke` anmelden. Es startet die Desktopumgebung KDE (siehe Abbildung 41.2).

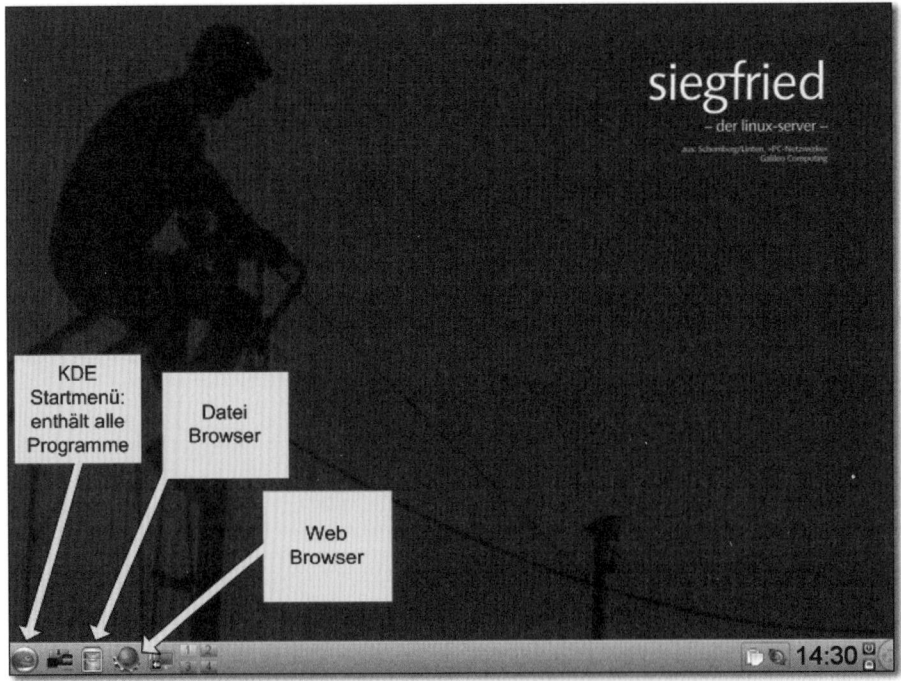

Abbildung 41.2 Der KDE-Desktop unter siegfried3

41.4 Webmin

Webmin ist installiert und von mir so konfiguriert, dass Sie nach der Installation von jedem PC im LAN darauf zugreifen können. Sie müssen dem Server wie in Kapitel 26, »Linux einrichten«, beschrieben eine Netzwerkkonfiguration verpassen, dann können Sie mit der URL *https://<Netzwerk-Server>:10000* direkt loslegen und sich mit dem Benutzer `siegfried` und dem Passwort `pcnetzwerke` anmelden. Wichtig ist, dass die Namensauflösung für den Netzwerkserver funktioniert. Wenn nicht, müssen Sie die IP-Adresse der virtuellen Maschine anstelle des Namens verwenden.

Webmin ist unterteilt in verschiedene Kategorien. Innerhalb der Kategorien WEBMIN, SYSTEM, SERVER, NETZWERK, HARDWARE, CLUSTER und SONSTIGES finden Sie Module oder Modulgruppen, die Sie durch Anklicken aufrufen.

Webmin kennt und verwendet verschiedene Eingabehilfen. Am häufigsten sind Felder, deren Inhalt man sehr einfach mit der Tastatur verändern kann. Für Sprünge zwischen den Feldern können wahlweise die Maus oder (Tab) verwendet werden. Links zu anderen Seiten sind wie von Webseiten gewohnt unterstrichen. Diese Links können genauso wie die Webmin-Symbole angeklickt werden. Manchmal sind auch die Feldbeschreibungen als Link gekennzeichnet. Das bedeutet, dass sich mit einem Klick ein Hilfefenster für dieses Feld öffnet. Auf dieser Seite finden sich auch Beispiele für verschiedene Auswahlmöglichkeiten.

41.5 DHCP-Server

Sie möchten flexibel und schnell unterschiedlichste Netzwerkteilnehmer von einer Stelle aus in Ihr LAN integrieren? Mit einem DHCP-Server werden Netzwerkkonfigurationen an zentraler Stelle verwaltet. Ein Client im Netzwerk stellt eine Broadcast-Anfrage an alle anderen Teilnehmer im LAN und erhält als Antwort z. B. eine IP-Adresse, Netzwerkmaske, einen Routing-Eintrag und einen Hostnamen. Dabei können die Einträge entweder fest anhand der MAC-Adresse des Clients oder aber dynamisch aus einem Pool vergeben werden. Die theoretischen Grundlagen zum DHCP-Server können Sie in Kapitel 17, »DHCP«, nachlesen.

SUSE glänzt mit einer Beispielkonfiguration des ISC-DHCP-Servers. Stören Sie sich nicht an den bereits vorhandenen Subnets und Hosts! Solange sich die definierten Subnets nicht mit Ihrem LAN überschneiden, sind sie nicht hinderlich. Sie können sie auch ganz einfach löschen.

Die Webseite des Moduls SERVER • DHCP-SERVER ist in vier Bereiche unterteilt (siehe Abbildung 41.3). Im oberen Teil werden die Subnetze definiert, für die der DHCP-Server zuständig sein soll. Im zweiten Bereich werden dann die einzelnen Rechner den im oberen Teil festgelegten Netzen zugeordnet, oder ihnen werden direkt IP-Adressen zugewiesen. Der dritte Bereich ist dazu da, DNS-Zonen zu definieren. Die Schaltflächen im unteren Abschnitt sind von besonderem Interesse. Mit der Schaltfläche LISTE AKTIVE VERGABEN AUF erhalten Sie einen Überblick über die aktuell vergebenen Adressen, soweit es sich nicht um mittels Hosteintrag statisch vergebene Adressen handelt. Mit einem Klick auf SERVER STARTEN bzw. ÄNDERUNGEN ANWENDEN starten Sie den DHCP-Server. Die Schaltfläche wechselt in Abhängigkeit davon, ob der DHCP-Dienst gerade läuft oder nicht. Ein Klick auf diese Schaltfläche ist unbedingt erforderlich, wenn Änderungen in der Konfiguration gemacht wurden.

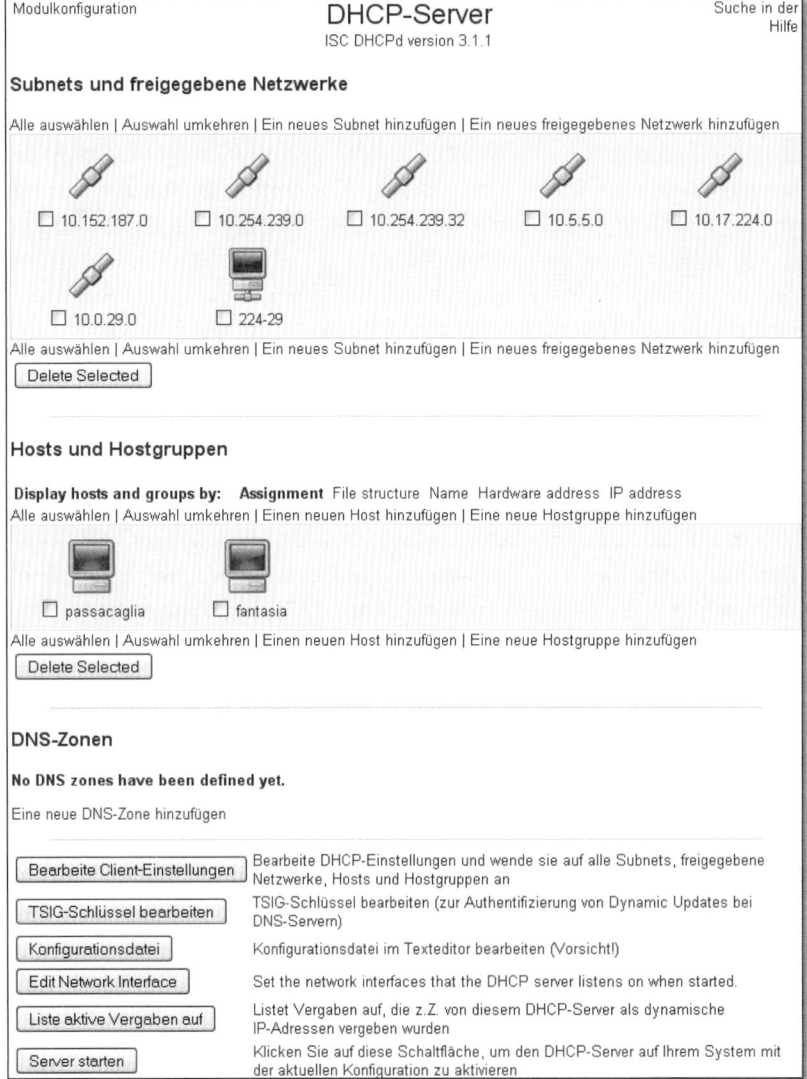

Abbildung 41.3 Der DHCP-Server im Überblick

In der Maske, die sich hinter BEARBEITE CLIENT-EINSTELLUNGEN verbirgt, werden globale Vereinbarungen getroffen, die dann an alle Subnetze vererbt werden. Einige Einstellungen (z. B. den Routing-Eintrag) könnten Sie auch hier vornehmen, allerdings bevorzuge ich wegen der besseren Übersichtlichkeit die Konfiguration des einzelnen Subnetzes an einer einzigen Stelle. Um Fehler zu vermeiden, sollten Sie trotzdem zumindest sinnlose und falsche Einträge löschen (siehe Abbildung 41.4).

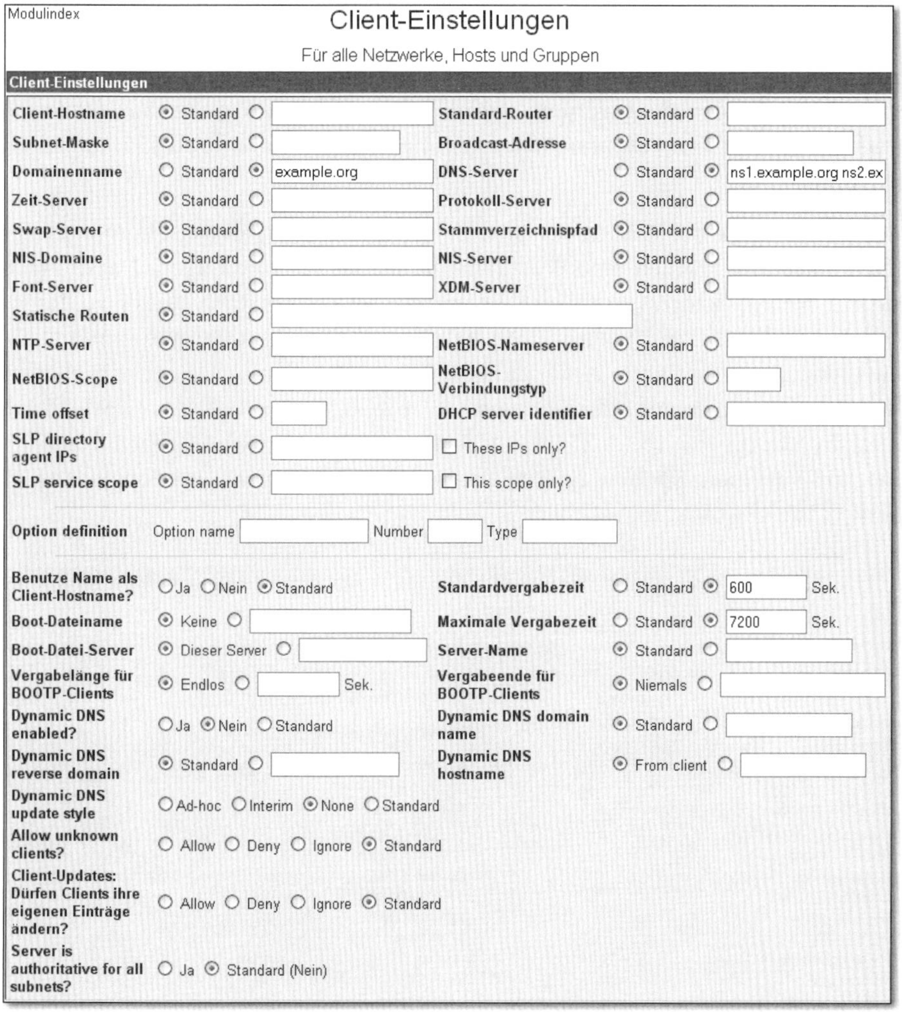

Abbildung 41.4 Globale DHCP-Optionen

Sie möchten einen kleinen DHCP-Server für Ihr Büro zu Hause aufsetzen. In Ihrem Büro stehen drei Computer und der DHCP-Server. Zusätzlich bringen Sie manchmal Laptops aus der Firma mit nach Hause. Die Laptops sind von den Administratoren in Ihrer Firma so konfiguriert, dass sie ihre Netzwerkkonfiguration per DHCP aus dem Netz beziehen. Zwecks Datenaustausch möchten Sie die Laptops schnell in Ihr LAN integrieren, ohne die Konfiguration ändern zu müssen.

[zB]

Außerdem sollen im Moment noch nicht genau bestimmbare DHCP-Clients in Zukunft per DHCP als Teilnehmer in Ihr LAN integriert werden.

Die wichtigsten Informationen für die Kommunikation in Ihrem LAN sind natürlich die IP-Adresse und die Netzwerkmaske. Dieses Beispiel behandelt das Netz 192.168.1.0/255.255.255.0. Den Computern Rechner1, Rechner2 und Rechner3 soll anhand der MAC-Adresse eine feste IP-Adresse (192.168.1.1, 192.168.1.2, 192.168.1.3) zugeordnet werden. Die noch unbekannten Laptops aus der Firma und andere Netzwerkkomponenten sollen mit einer IP-Adresse ab 192.168.1.201 versorgt werden.

Mit einem Klick auf EIN NEUES SUBNET HINZUFÜGEN legen Sie ein Subnet für Ihr LAN an. Sie können eine Beschreibung für das Netz eintragen. Dann tragen sie die Netzwerkadresse und die Netzwerkmaske Ihres Netzwerkes zu Hause ein. Im nächsten Schritt wird ein Adressbereich für die Clients bestimmt, die eine freie IP-Adresse vom DHCP-Server bekommen sollen. Ich vergebe in diesem Beispiel absichtlich nur Adressen von 192.168.1.201 bis 192.168.1.250, da ich die Adressen bis 192.168.1.254 für zukünftige administrative Aufgaben freihalten möchte. Mit einem Klick auf ERSTELLEN schreiben Sie die Konfiguration des DHCP-Servers (siehe Abbildung 41.5).

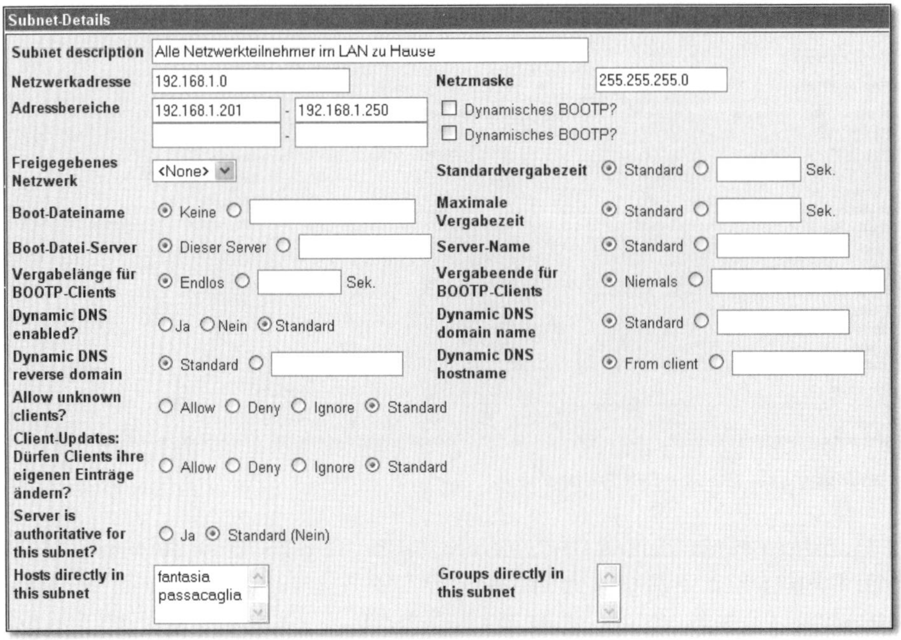

Abbildung 41.5 Ein DHCP-Subnet für das LAN zu Hause

Die Konfiguration für das DHCP-Subnet ist nun fertig. Mit einem Klick auf das Subnet 192.168.1.0 gelangen Sie in eine der bereits bekannten Masken für ein neues Subnet, in der Sie nun die Konfiguration überprüfen und Änderungen vornehmen können.

Im nächsten Schritt werden ausgehend von dieser Maske die Einträge für die PCs Rechner1, Rechner2 und Rechner3 festgeschrieben. Sollten diese DHCP-Clients nun eine Anfrage an den aktivierten DHCP-Server stellen, würden sie aktuell eine dynamische Adresse aus dem Bereich 192.168.1.201 bis 192.168.1.250 bekommen. Um einzelnen PCs eine bestimmte IP-Adresse aus diesem Pool fest zu vergeben, legen Sie mit einem Klick auf EINEN NEUEN HOST HINZUFÜGEN jeweils einen Eintrag für jeden der drei Rechner an (siehe Abbildung 41.6). Wichtige Felder sind insbesondere der Rechnername, die IP-Adresse und die Ethernet-Adresse. Die Hosteinträge können Sie aus der allgemeinen Übersicht mit einem Klick auf den Hostnamen ändern oder löschen.

> [!] Der DHCP-Server darf selbst kein DHCP-Client sein. Wenn dieser Server gebootet oder das Netzwerk neu gestartet wird, dann fragt der DHCP-Client nach einer Konfiguration auf IP-Ebene. Eine Antwort kann es nicht geben, da der DHCP-Server noch nicht gestartet ist. Dieser wird auch nicht starten, da der Netzwerkadapter (eth0) noch nicht aktiv ist. Ein Teufelskreis!

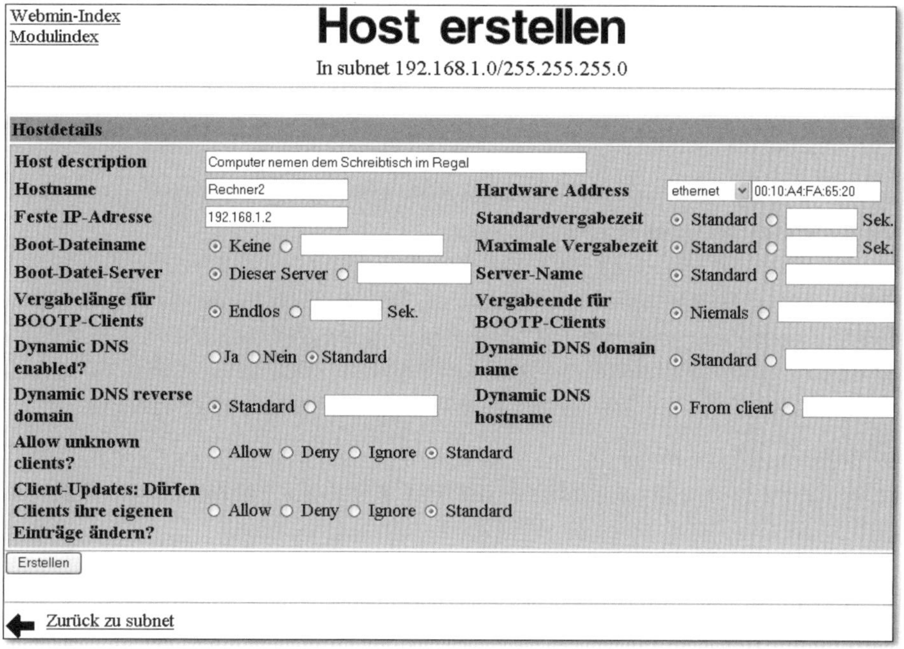

Abbildung 41.6 DHCP-Hosteintrag erstellen

Einige wichtige Funktionen des DHCP-Servers fehlen allerdings noch. So haben die Clients im LAN beispielsweise noch keinen Routing-Eintrag. Mit einem erneuten Klick auf das Subnet 192.168.1.0 kommen Sie in eine Maske, in der Sie die Schaltfläche BEARBEITE CLIENT-EINSTELLUNGEN betätigen. Sie erhalten die Gelegenheit, abweichend von den globalen Einstellungen nur für das Subnet Vereinbarungen zu treffen. Hier sollten Sie – soweit vorhanden – den Standardrouter, den Domainnamen, den DNS-Server oder einen anderen Server eintragen, der den DHCP-Clients bekannt gemacht werden soll (siehe Abbildung 41.7). Für Sie interessant ist vielleicht auch der Eintrag für einen Zeitserver oder NTP-Server.[1] Diese Dienste werden ausführlicher in Abschnitt 41.11, »Time-Server«, beschrieben.

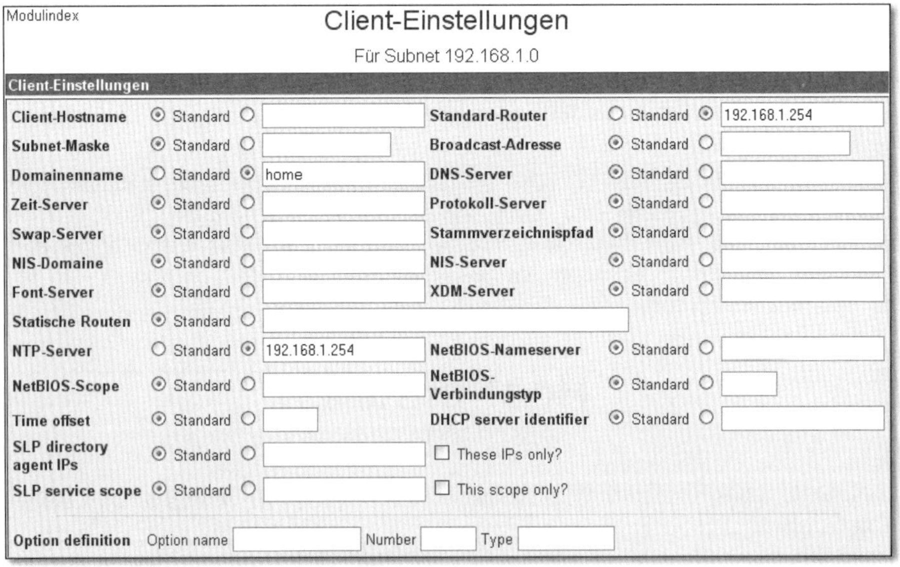

Abbildung 41.7 DHCP-Optionen für das Subnet

[!] Ein Eintrag im DHCP-Server bedeutet nicht, dass der DHCP-Client auch etwas mit dieser Information anfangen kann. Eventuell nimmt er sich nur einige für ihn interessante Informationen und ignoriert den Rest. Der DHCP-Server überprüft nicht, ob der Client die ihm anvertrauten Optionen auch richtig verwertet.

Das Subnet und die Hosts sind nun vollständig beschrieben. Bevor Sie den DHCP-Server testen, vergessen Sie bitte nicht, Ihre Konfiguration mit einem Klick auf ÄNDERUNGEN ANWENDEN bzw. SERVER STARTEN zu aktivieren.

---

1 Das *Network Time Protocol* (*NTP*) sorgt für eine synchrone Zeit im LAN.

Der Dienst DHCP kann auch direkt beim Booten automatisch gestartet werden. Dazu markieren Sie den Dienst DHCPD im Modul SYSTEM • SYSTEM-START UND -STOP und klicken auf AKTIVIERE AUSGEWÄHLTE ZUR BOOTZEIT.

41.6 Samba als Fileserver

Samba ist ein sehr mächtiger Dienst; die Möglichkeiten sind sehr vielfältig. Sie können den Client über Samba-Netzwerkfreigaben anbieten oder eine ganze Windows-Domäne mit Samba abbilden. Ich konzentriere mich in diesem Abschnitt auf die Eigenschaft von Samba als Dateiserver. In fast allen Fällen müssen sich die Benutzer gegenüber Samba authentifizieren. Das bedeutet, dass Sie dem Samba-Server mittels Benutzernamen und Kennwort glaubhaft machen, eine bestimmte Leistung des Servers in Anspruch nehmen zu dürfen. Dieses kann der Server selbst übernehmen oder aber an eine vertraute Instanz delegieren.[2]

Erste Wahl zur Administration des Samba-Servers wäre eigentlich das *Samba Web Administration Tool* (*SWAT*). Aus Gründen der Einheitlichkeit beschränke ich mich aber auf Webmin.

Sie finden auf den folgenden Seiten eine Anleitung, mit der es Ihnen gelingen wird, Ihren Netzwerkserver mit Samba zum Fileserver zu machen und die freigegebenen Verzeichnisse von Clients nutzbar zu machen.

41.6.1 Linux als Server

Im Modul SERVER • SAMBA – SMB/CIFS-FILESERVER erhalten Sie zunächst eine Übersicht über den Samba-Dienst. Vielleicht sind Sie überrascht, dass in der Voreinstellung die Heimatverzeichnisse aller Benutzer freigegeben sind. Das bedeutet allerdings nicht, dass die Benutzer sich mit dieser Freigabe bereits verbinden können. Es scheitert noch an der Benutzerauthentifizierung. Für einen Benutzer auf Betriebssystemebene existiert nicht automatisch auch ein entsprechender Zugriff auf dessen Heimatverzeichnis über Samba.

Eventuell betreiben Sie in Ihrem LAN bereits eine Arbeitsgruppe oder Domäne? In diesem Fall empfiehlt es sich, den Namen im Feld ARBEITSGRUPPE unter SERVER • SAMBA – SMB/CIFS-FILESERVER • WINDOWS EINSTELLUNGEN einzutragen.

Die Seite der Samba-Freigabeverwaltung ist unterteilt in mehrere Bereiche (siehe Abbildung 41.8). Im ersten Teil befinden sich sämtliche Samba-Freigaben. Der zweite Abschnitt beinhaltet die globale Konfiguration von Samba. Im dritten Be-

---

2 Samba selbst kann einem Domain-Controller oder einem anderen Verzeichnisdienst (z. B. LDAP) vertrauen.

reich werden die Samba-Benutzer verwaltet. Ganz unten auf der Seite befinden sich die Schaltflächen SAMBA SERVER NEU STARTEN und STOPPE SAMBA SERVER, mit denen der Dienst gestartet und angehalten werden kann. Änderungen der globalen Konfiguration von Samba müssen immer durch einen Neustart des Servers aktiviert werden.

Abbildung 41.8 Ihr Samba-Server im Überblick

Samba-Benutzer

Die Benutzer des Netzwerkservers können, müssen aber nicht zwangsläufig einen Samba-Zugriff haben. Sie richten zunächst Systembenutzer mit dem Modul System • Benutzer und Gruppen ein. Sollen sich diese Benutzer nicht per Telnet oder Secure Shell (SSH) anmelden dürfen (also reiner Samba-Benutzer sein), kann die Systemanmeldung mit der Einstellung Keine Anmeldung erlaubt verhindert werden. Mit Samba-Mitteln wird auf Wunsch nachträglich zu einem Systembenutzer ein entsprechender Samba-Benutzer geschaffen. Der Samba-Benutzer erhält durch die Funktionalität Server • Samba – SMB/CIFS-Fileserver • Samba Benutzer und Passwörter bearbeiten außerdem ein Samba-Passwort.

Mit einem Klick auf Authentifizierung gelangen Sie zu den Passworteinstellungen (siehe Abbildung 41.9). Hier müssen Sie entscheiden, ob Samba ein verschlüsseltes Passwortverfahren verwenden soll. Ich empfehle Ihnen, diese Option aktiviert zu lassen, und beschreibe das weitere Vorgehen ausführlich. Der Nachteil dieses Sicherheitszugewinns besteht im Wesentlichen darin, dass Sie die Passwörter nach einer Konvertierung der Systembenutzer zu Samba-Benutzern einmal neu vergeben müssen. Windows verwendet die Verschlüsselung der Passwörter ab den Versionen Windows 95b, Windows 98 und Windows NT 4 Service Pack 3.

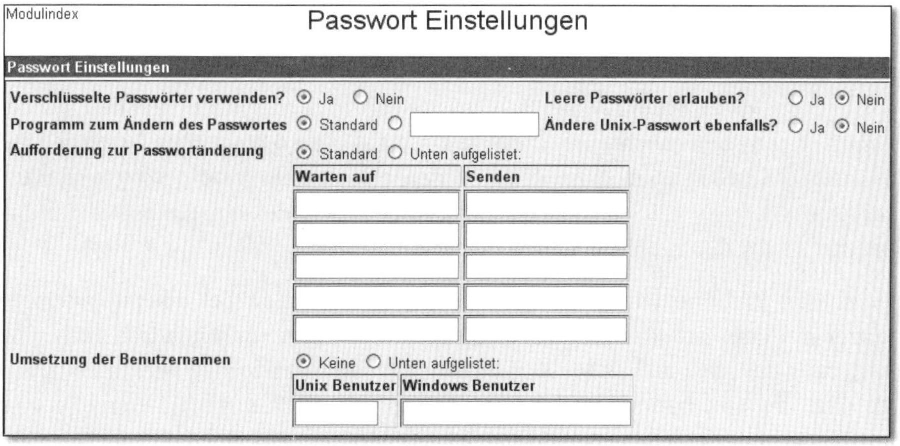

Abbildung 41.9 Verschlüsselte Passwörter sind Standard.

Sie sollten die Systembenutzer und die Samba-Benutzer möglichst synchron halten. Der Vorteil einer besseren Übersichtlichkeit liegt auf der Hand. Mit einem Klick auf Unix Benutzer zu Samba Benutzern konvertieren werden alle aktuellen Systembenutzer auch als Samba-Benutzer eingerichtet (siehe Abbildung 41.10). Dabei wird jedoch wegen der gewählten Verschlüsselung das Systempasswort nicht automatisch übernommen.

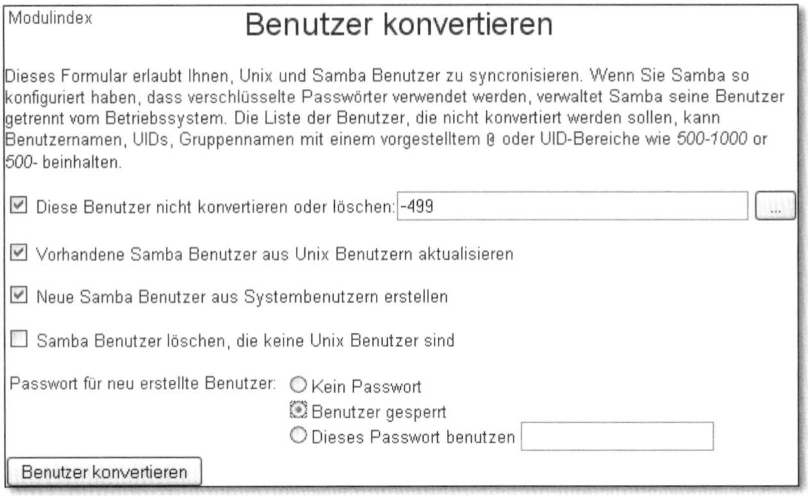

41 | siegfried3 – ein vielseitiger Server

Benutzer konvertieren

Dieses Formular erlaubt Ihnen, Unix und Samba Benutzer zu synchronisieren. Wenn Sie Samba so konfiguriert haben, dass verschlüsselte Passwörter verwendet werden, verwaltet Samba seine Benutzer getrennt vom Betriebssystem. Die Liste der Benutzer, die nicht konvertiert werden sollen, kann Benutzernamen, UIDs, Gruppennamen mit einem vorgestelltem @ oder UID-Bereiche wie *500-1000* or *500-* beinhalten.

☑ Diese Benutzer nicht konvertieren oder löschen: -499

☑ Vorhandene Samba Benutzer aus Unix Benutzern aktualisieren

☑ Neue Samba Benutzer aus Systembenutzern erstellen

☐ Samba Benutzer löschen, die keine Unix Benutzer sind

Passwort für neu erstellte Benutzer:
○ Kein Passwort
◉ Benutzer gesperrt
○ Dieses Passwort benutzen

[Benutzer konvertieren]

Abbildung 41.10 Unix-Benutzer zu Samba-Benutzern konvertieren

[!] Sie sollten sich natürlich auch Gedanken über die Sicherheit machen und deshalb beim Passwort für neu erstellte Benutzer die Auswahl BENUTZER GESPERRT treffen. Anderenfalls kann sich ein Fremder mit einem ihm bekannten Benutzernamen ohne Passwortabfrage über Samba am System anmelden.

Mit einem Klick auf SAMBA BENUTZER UND PASSWÖRTER BEARBEITEN könnten Sie einen auf diese Weise konvertierten Benutzer aktivieren und ihm ein Samba-Passwort geben. Wenn Sie ein gemeinsames Passwort für den System- und den Samba-Benutzer vergeben möchten, sollten Sie zunächst die im Folgenden beschriebene Benutzersynchronisation einstellen und danach mit dem Modul SYSTEM • BENUTZER UND GRUPPEN ein einheitliches Passwort für beide vergeben. Der Samba-Benutzer wird durch diesen Schritt aktiviert.

Sie sollten Webmin jetzt so einstellen, dass eine Aktion bei einem Systembenutzer mit dem Modul SYSTEM • BENUTZER UND GRUPPEN automatisch auch eine Änderung des entsprechenden Samba-Benutzers mit sich bringt. Hierzu bedienen Sie sich des Links AUTOMATISCHE UNIX UND SAMBA BENUTZER SYNCHRONISATION KONFIGURIEREN (siehe Abbildung 41.11). Sollten Sie einen Systembenutzer mit Webmin anlegen oder vom System entfernen, dann passiert Entsprechendes automatisch mit dem Samba-Benutzer. Falls Sie andere Tools für die Benutzerverwaltung verwenden (z. B. YaST2 von SUSE), greift dieser Mechanismus nicht.

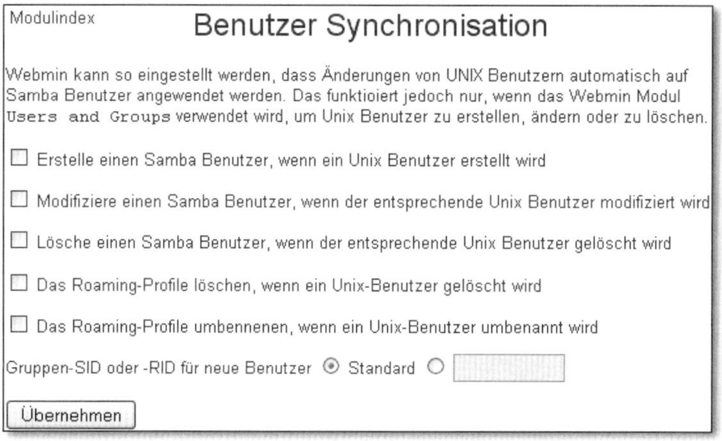

Abbildung 41.11 Automatischer Abgleich der Benutzer

Freigaben

Jeder Benutzer kann nun bereits sein Heimatverzeichnis als Freigabe des Netzwerkservers an seinen PC anbinden. Er kann dort Dateien anlegen, modifizieren und löschen. Ich vermute, diese Freigabe wird Ihnen noch nicht genügen, denn momentan kann ein Benutzer zwar sein Heimatverzeichnis nutzen, wirklich reizvoll wird Samba aber erst bei einer gemeinsamen Zugriffsmöglichkeit von zwei und mehr Benutzern auf eine Freigabe. Wie eine solche Freigabe den Benutzern bereitgestellt wird, möchte ich mit einem kleinen Beispiel veranschaulichen.

Die Benutzer `klaus` und `marie` sind bereits Samba-Benutzer und nutzen von Ihren Windows-PCs aus alle Vorzüge der Freigabe ihrer Heimatverzeichnisse. Da die beiden beim Arbeiten gerne Musik hören, möchten sie nun zusätzlich eine Freigabe mit dem Namen *mp3* erstellen. Auf diese soll von allen Benutzern im Netzwerk aus lesend zugegriffen werden können. Klaus soll außerdem neue Musikdateien hinzufügen und alte löschen dürfen. [zB]

Die Freigabe wird durch einen Klick auf Neue Dateifreigabe erstellen möglich (siehe Abbildung 41.12). Sie bestimmen den Freigabenamen und legen das Verzeichnis */daten/musik* für die Freigabe fest. Mit der Auswahl Verzeichnis automatisch erzeugen wird das freizugebende Verzeichnis von Webmin erstellt, falls es noch nicht vorhanden ist. Das funktioniert allerdings nur, wenn das übergeordnete Verzeichnis, also in diesem Fall das Verzeichnis */daten*, bereits existiert. Dieses Verzeichnis erstellen Sie bei Bedarf z. B. mit Webmin über Sonstiges • Dateimanager. Im Webmin-Dateimanager öffnet ein Klick auf das von Windows bekannte Ordnersymbol mit der Unterschrift Neu einen Dialog, mit dessen Hilfe Sie ein neues Verzeichnis anlegen können.

41 | siegfried3 – ein vielseitiger Server

Abbildung 41.12 Verzeichnisse mit Samba freigeben

Die Berechtigungen bei Samba-Freigaben sind eine mögliche Fehlerquelle. An zwei unabhängigen Stellen wird überprüft, ob der Nutzer einer Dateifreigabe auf die Daten zugreifen darf. Zunächst entscheidet Samba, welche Rechte ein Benutzer besitzt. Hinzu kommen die Mechanismen des Betriebssystems, die zusätzlich jeden Schreib- und Lesezugriff überwachen. Ich habe mich in meinem Beispiel für eine sehr einfache Konfiguration der Rechte entschieden. Zur Demonstration der Funktionalität ist das ausreichend; für einen professionellen Einsatz würden Sie sich um die Sicherheit sicherlich mehr Gedanken machen müssen.

Linux-Rechte

Klaus möchte nicht, dass andere Benutzer der Freigabe seine Musikstücke löschen oder neue dort ablegen können. Deshalb definiert er sich selbst als Erzeuger und damit auch als Besitzer des neu anzulegenden Verzeichnisses. Danach wählt er als Unix-Gruppe für die Freigabe die Standardgruppe für alle Systembenutzer (users) aus. Über den Eintrag in das Feld CREATE WITH PERMISSIONS wird festgelegt, wer welche Unix-Rechte in dem Verzeichnis besitzt. Dabei bestimmen die drei Zahlen von links nach rechts gelesen die Berechtigungen für den Benutzer selbst, die Gruppe und schließlich alle anderen.

Jede dieser drei Zahlen ist eine Summe, die sich so zusammensetzt:

- 4 = Leserechte
- 2 = Schreibrechte
- 1 = Ausführungsrechte für Dateien; bei Verzeichnissen darf in das Verzeichnis gewechselt werden.

Durch die Auswahl 750 bestimmt Klaus den Vollzugriff für sich selbst und den Lesezugriff für die Gruppe. Alle anderen haben keinerlei Unix-Zugriffsrechte. Wenn der Benutzer klaus neue Verzeichnisse für Musikdateien unterhalb von */daten/musik* anlegt, sollten auch diese den Zugriff der anderen Benutzer erlauben. Ein Klick auf die neue Freigabe MP3 lässt sie zunächst die Freigabedetails einsehen.

Die Standardvorgaben für über Samba neu angelegte Dateien und Verzeichnisse sind über den Link DATEIBERECHTIGUNGEN einsehbar (siehe Abbildung 41.13). Die Auswahl 640 für den UNIX DATEIMODUS und 750 für den UNIX VERZEICHNISMODUS gewährt den entsprechenden Zugriff für Klaus und seine Gruppe.

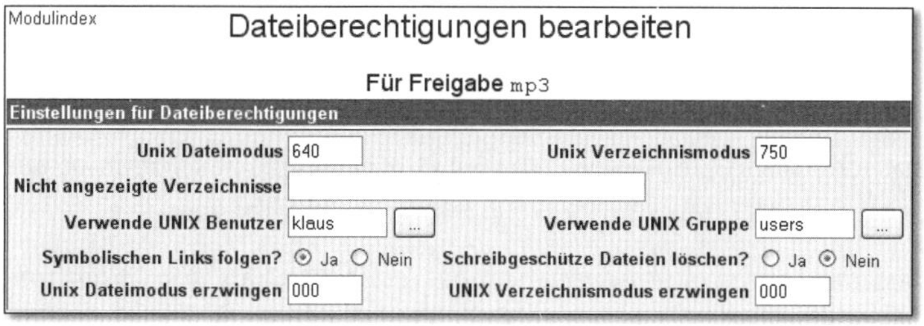

Abbildung 41.13 Vorgaben für neue Dateien und Verzeichnisse

Samba-Berechtigungen

Mit dem Link SICHERHEIT UND ZUGRIFFSKONTROLLE richten Sie die gewünschten Zugriffsmöglichkeiten ein (siehe Abbildung 41.14).

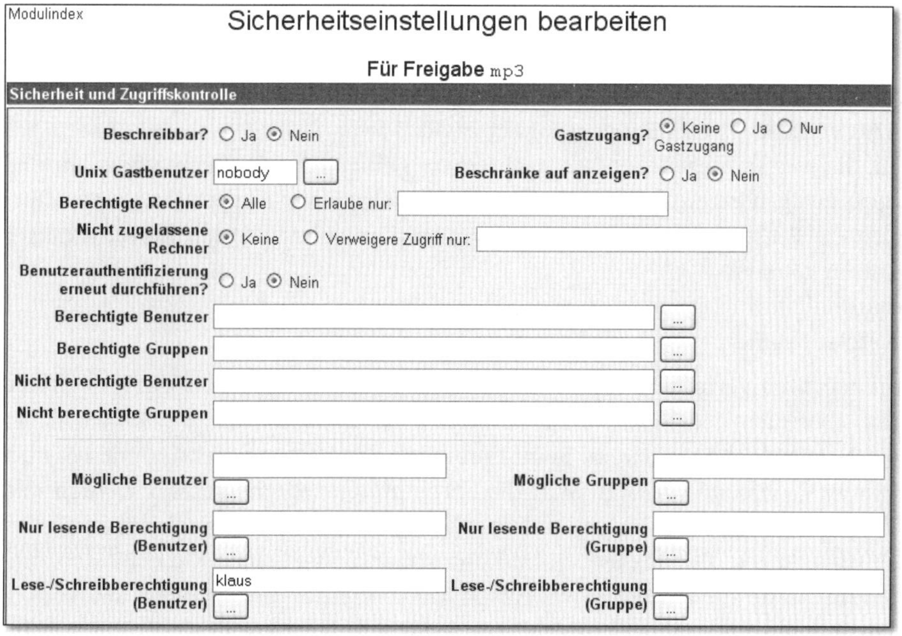

Abbildung 41.14 Sicherheitseinstellungen für die Samba-Freigabe

In der Voreinstellung haben alle Benutzer nur Leseberechtigung. Der Benutzer klaus bekommt nun zusätzlich das Schreibrecht. Aus der Auswahl, die bei einem

Klick auf die drei Punkte bei LESE-/SCHREIBBERECHTIGUNG (BENUTZER) erscheint, könnten neben `klaus` natürlich auch noch andere Benutzer ausgewählt werden. Alternativ können Sie mit der Option BESCHREIBBAR allen Samba-Benutzern einen Schreibzugriff gewähren.

41.6.2 Windows als Client

Was nutzt Ihnen die schönste Samba-Freigabe auf Ihrem Netzwerkserver, wenn sie keiner in Anspruch nimmt? In diesem Abschnitt möchte ich beschreiben, wie Sie Windows-PCs als Samba-Clients an den Netzwerkserver anhängen.

[!] Es ist möglich, dass Ihr Server eine neuere Samba-Version hat als der Client und andersherum. Das ist grundsätzlich kein Problem. Der Mechanismus funktioniert so: Server und Client verständigen sich auf den größten gemeinsamen Nenner. Meiner Erfahrung nach funktioniert das reibungslos, solange die Anforderungen rudimentärer Natur sind. Sollten Sie einmal mehr Samba-Funktionalität als die einfache Dateifreigabe nutzen, dann rate ich Ihnen, immer eine entsprechend aktuelle Samba-Version einzusetzen. Ein Windows-XP-Rechner wird im Zusammenspiel mit Samba 2.2 Fehler erzeugen, die mit Version 3.0 nicht auftreten.

Einfacher Zugriff

Wenn Sie nur kurz auf die Freigabe zugreifen möchten, geben Sie unter START • AUSFÜHREN... den Freigabenamen in der Form `\\<Server-Name>\<Freigabe>` an. Sie werden gegebenenfalls nach einem gültigen Samba-Benutzernamen und dem dazugehörigen Passwort gefragt. Bei erfolgreicher Authentifizierung öffnet sich ein Fenster, das Sie wie unter Windows gewohnt für den Datenaustausch nutzen können.

Netzlaufwerke

Sie möchten vermutlich häufiger auf die Freigabe des Netzwerkservers zugreifen, aber nicht jedes Mal einen so großen Aufwand treiben. Sie sollten daher ein Netzlaufwerk einrichten. Beim Einbinden des Netzlaufwerks können Sie bestimmen, ob beim nächsten Start die Verbindung wiederhergestellt werden soll. Windows bietet Ihnen diese Funktionalität gleich an drei verschiedenen Stellen an. Sie erhalten die Möglichkeit im Kontextmenü durch einen Klick mit der rechten Maustaste auf den WINDOWS-ARBEITSPLATZ oder auf die NETZWERKUMGEBUNG. Wenn Ihnen das noch nicht reicht, können Sie auch im Windows-Explorer unter EXTRAS • NETZLAUFWERK VERBINDEN... zum gleichen Ziel gelangen. Ein Netzlaufwerk bekommt genauso wie ein lokales Laufwerk einen Laufwerksbuchstaben, z. B. z:\. Sie können bequem Ihre Dokumente auf das Laufwerk z:\ und damit letztlich auf dem Netzwerkserver speichern.

41.6.3 Linux als Client

Immer häufiger kommt auch zu Hause auf dem Desktop ein Linux-Betriebssystem zum Einsatz. Leistungsstarke Officeprodukte wie OpenOffice sind für viele Anwender Anreiz genug, diese Lösung dem lizenzpflichtigen Microsoft Office vorzuziehen. Und wenn schon OpenOffice als Anwendung, warum dann nicht auch Linux als Betriebssystem? Natürlich sollen alle Textdateien sowohl bei der Arbeit mit Microsoft als auch bei der Arbeit mit einem Linux-PC zur Verfügung stehen. In diesem Fall verwenden Sie Linux als Samba-Client.

Konqueror

Ein sehr mächtiges Linux-Werkzeug kann aus KDE heraus mit einem Klick auf die Weltkugel gestartet werden: der *Konqueror*.

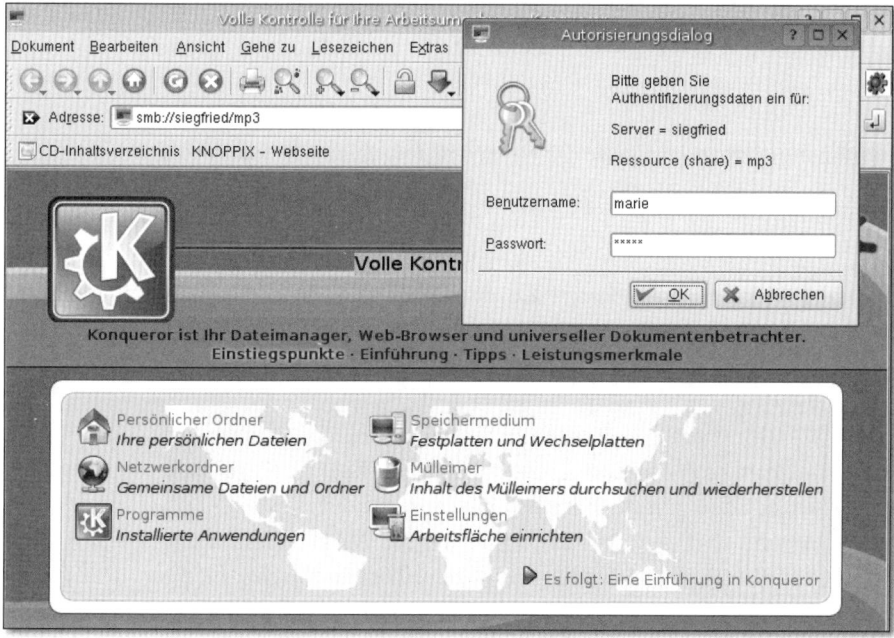

Abbildung 41.15 Konqueror als Samba-Client

Der Konqueror dient sowohl als Webbrowser als auch als Dateimanager. Es hängt lediglich davon ab, was in der Adresszeile eingetragen wird. Mit *file:/* erhalten Sie Zugriff auf das Dateisystem, mit *http://<URL>* können Sie im LAN oder im Internet surfen, und mit *smb://<Server>/<Freigabe>* nutzen Sie den eingebauten Samba-Client (siehe Abbildung 41.15). Der einzige Nachteil besteht darin, dass die Freigabe nicht als Filesystem eingehängt ist, sondern nur über den Konqueror einsehbar ist. Das Ablegen von OpenOffice-Dokumenten ist also nur über

Umwege möglich. Für viele kleinere Anwendungen sollte das allerdings völlig ausreichen.

Samba-Filesystem

Filesysteme einzuhängen – egal, ob lokal oder über das Netzwerk – ist unter Linux grundsätzlich Sache des Benutzers `root`. Falls Sie nicht mit dem Vi arbeiten möchten, empfehle ich Ihnen, zuerst Webmin auf dem Linux-PC zu installieren. Danach können Sie den benötigten Mount Point mit dem Webmin-Modul SONSTIGES • DATEI-MANAGER oder auf der Kommandozeile mit

```
mkdir -p <Verzeichnis-Name>
```

leicht erstellen.

[zB] Im folgenden Beispiel möchte Marie an ihrem Linux-PC auf die Samba-Freigabe *mp3* des Netzwerkservers zugreifen. Dazu hat sie sich auf ihrem Linux-PC als Benutzer `root` angemeldet und legt zunächst einen Mount Point an:

```
mkdir -p /mnt/musik
```

Im nächsten Schritt hängt sie die Netzwerkfreigabe in ihr lokales Dateisystem ein:

```
mount -t smbfs -o username=marie,password=<Samba-Passwort>
//<Server-Name>/mp3 /mnt/musik
```

Nachdem Marie nun die Daten aus der Freigabe nicht mehr benötigt, hängt sie die Freigabe wieder aus:

```
umount /mnt/musik
```

Dieses Verfahren hat zwei wesentliche Nachteile. Es ist kompliziert, und die Linux-Benutzerin `marie` benötigt regelmäßig `root`-Rechte. Es geht aber auch anders. Der Benutzer `root` gibt mithilfe des Webmin-Moduls SYSTEM • LOKALE UND NETZWERK-DATEISYSTEME der Benutzerin `marie` die Möglichkeit, ohne weitere Hilfe eines Administrators die Samba-Freigabe selbstständig einzuhängen. Dazu wählen Sie COMMON INTERNET FILESYSTEM (CIFS) und klicken auf FÜGE MOUNT HINZU. Im nun folgenden Dialog wählen Sie zunächst einen Mount Point im Heimatverzeichnis der Benutzerin `marie`, z. B. */home/marie/jazz*. Sie wählen SPEICHERN, um einen Eintrag in der Datei */etc/fstab* zu erzeugen. Treffen Sie die Auswahl NICHT MOUNTEN, denn der Zugriff auf die Freigabe soll später von der Benutzerin `marie` initiiert werden. Die Informationen SERVER-NAME und FREIGABENAME werden selbstverständlich benötigt. Entscheidend ist die Auswahl der Option ERLAUBE BENUTZERN DAS MOUNTEN DES DATEISYSTEMS. Damit gewährt `root` auch anderen Benutzern, genau diesen Mount-Vorgang in seinem Namen auszuführen (siehe Abbildung 41.16).

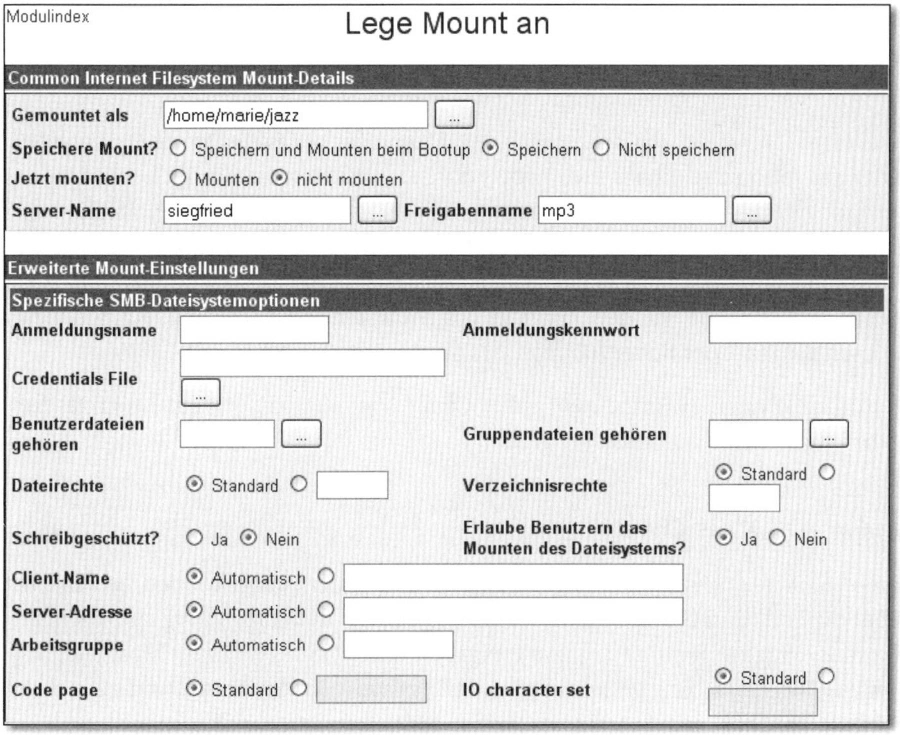

Abbildung 41.16 Linux-Client-Einstellungen für Samba

Den automatisch vom Webmin angelegten Mount Point kann die Benutzerin marie so einfach nicht nutzen. Das Verzeichnis gehört noch dem Benutzer root. Um das Verzeichnis an marie zu verschenken, führt root folgendes Kommando aus:

```
chown marie:users /home/marie/jazz
```

Befindet sich die Benutzerin marie nun in ihrem eigenen Heimatverzeichnis */home/marie*, dann kann sie auf die Netzwerkfreigabe *mp3* mit dem Kommando mount jazz zugreifen. Mit dem Samba-Passwort der Samba-Benutzerin marie authentifiziert sie sich gegenüber dem Netzwerkserver. Jetzt haben Sie mit Webmin einem nicht-privilegierten Benutzer die Möglichkeit geschaffen, auf Samba-Freigaben zuzugreifen. Wenn Sie mit einem Texteditor vertraut sind, können Sie aber auch einfach eine einzelne Zeile an die Datei */etc/fstab* anhängen, um dasselbe Ergebnis zu erzielen:

```
//siegfried/mp3   /home/marie/jazz   smbfs   user,noauto   0   0
```

Den Editor müssen Sie wegen eines Fehlers in Webmin auch immer dann verwenden, wenn Sie auf dem gleichen Linux-PC dieselbe Samba-Freigabe für zwei unterschiedliche Benutzer in der Datei /etc/fstab einrichten möchten.

[!] Vielleicht fragen Sie sich, warum ich den Mount für die Freigabe *mp3* nicht gleich mit der Option SPEICHERN UND MOUNTEN BEIM BOOTUP ausführen lasse? Um das zu tun, müsste ich einen ANMELDUNGSNAMEN und ein ANMELDUNGSKENNWORT speichern. Dieses möchte ich möglichst umgehen. Das Kennwort würde wie der Name in Klarschrift in der Datei /etc/fstab stehen. Aus diesem Grund sollten Sie genau abwägen, ob Sie den Komfort des Mountens von Samba-Freigaben beim Booten nutzen oder lieber häufiger das Samba-Passwort eintippen.

[»] Natürlich können Sie mit einem Linux-Client über Samba auch auf eine Dateifreigabe eines Windows-PCs zugreifen.

41.6.4 OS X als Client

Wenn Sie von OS X auf die Freigabe zugreifen möchten, dann können Sie zunächst über die Funktion GEHE ZU • MIT SERVER VERBINDEN die Verbindung aufbauen. Für die automatische Einbindung von Freigaben unter OS X gibt es mehrere Möglichkeiten. Die einfachste besteht darin, das Passwort im Schlüsselbund zu sichern und die Freigabe den ANMELDEOBJEKTEN des Benutzerkontos hinzuzufügen.

Abbildung 41.17 Das Kennwort kann im Schlüsselbund gesichert werden.

Wenn Sie die Verbindung aufnehmen und nach dem Namen und Passwort gefragt werden, können Sie die Option KENNWORT IM SCHLÜSSELBUND SICHERN aktivieren. Anschließend werden Sie nicht mehr nach dem Passwort für diesen Server gefragt.

Der zweite Schritt besteht darin, die eingebundene Freigabe den Anmeldeobjekten des Benutzerkontos hinzuzufügen. In der Ansicht BENUTZER der SYSTEMEIN-

STELLUNGEN können Sie Ihr Benutzerkonto auswählen und dann in die Ansicht ANMELDEOBJEKTE wechseln. Dort können Sie über das Pluszeichen ein weiteres Objekt hinzufügen, das sofort nach der Anmeldung mit diesem Benutzerkonto geöffnet wird. Die eingebundenen Freigaben finden Sie auf der obersten Ebene in dem Panel zur Auswahl einer Datei, die Ihrem Computer entspricht. In Abbildung 41.18 ist dies die Freigabe SHAREDDOCS. Wenn Sie diese Freigabe den Startobjekten Ihres Benutzerkontos hinzufügen, dann wird die Freigabe nach jeder Anmeldung automatisch eingebunden und dabei auf das im Schlüsselbund gesicherte Passwort zurückgegriffen.

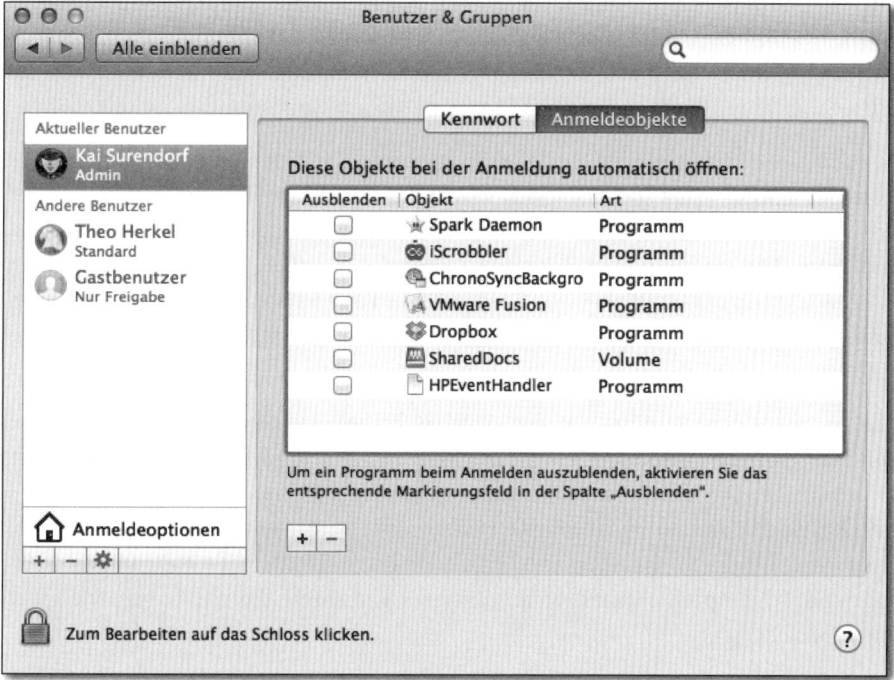

Abbildung 41.18 Die Freigabe wird den Anmeldeobjekten des Benutzerkontos hinzugefügt.

41.6.5 Windows und OS X als Server

Eine Beschreibung von Freigaben unter Windows-Betriebssystemen befindet sich in Abschnitt 25.6, »Drucker- und Dateifreigaben«, und die Konfiguration des in OS X enthaltenen Samba-Servers wird in Abschnitt 27.7, »Freigaben für Windows unter OS X«, besprochen. Da diese thematisch mit dem Netzwerkserver nur indirekt zu tun hat, soll an dieser Stelle auch der kurze Verweis auf den entsprechenden Abschnitt genügen.

41.7 Drucken im Netzwerk

Ziel dieses Abschnitts ist es, den Benutzern einen zentralen Druckserver im Netzwerk anzubieten. Nicht an jedem Computer gibt es einen Drucker, von besonderen Modellen wie einem Farbdrucker ganz zu schweigen. Jeder Benutzer kann mit dem Druckserver bequem von seinem Arbeitsplatz aus auf einem entfernten Drucker seine Dokumente aufs Papier bringen. Sollte der Drucker kurzzeitig nicht verfügbar sein, weil er z. B. gar nicht eingeschaltet ist, dann speichert der Netzwerkserver die Daten so lange, bis der Drucker den Auftrag annehmen kann.

Hier setzen Drucksysteme an. Sie stellen im Netzwerk Druckerwarteschlangen (engl. *queues*) zur Verfügung, in die Clients Druckaufträge einreihen können. Aufträge werden zunächst gespeichert und nacheinander zum Drucker gesendet. Dieses Verfahren bezeichnet man auch als Drucker-Spooling.

Für die Unix-Welt allgemein existieren mehrere Drucksysteme. Es gibt z. B. den Berkeley Line Printer Daemon (lpd) sowie das AT&T Line Printer System. Aktuell wird häufig das *Common UNIX Printing System* (*CUPS*) installiert. Es unterstützt das moderne IPP und bietet gleichzeitig bei Bedarf die gewohnten Kommandozeilentools älterer Drucksysteme.[3] CUPS wurde von Easy Software Products entwickelt und mittlerweile von Apple aufgekauft. Das Projekt steht weiterhin unter der GPL.

[»] Samba bietet eine Schnittstelle für Druckaufträge zu einem Printing System. Damit baut man eine unnötige Schicht in das ohnehin komplizierte netzwerkbasierte Drucken ein. Das Drucken funktioniert, allerdings ist die Einrichtung der richtigen PostScript-Treiber nicht gerade einfach. Die automatische Treiberinstallation über eine Samba-Freigabe ist möglich, allerdings für kleinere Netzwerke wenig lohnend. Ich empfehle daher ein moderneres Verfahren, das sich bereits vielerorts durchgesetzt hat.

Das *Internet Printing Protocol* (*IPP*) basiert auf dem *Hypertext Transfer Protocol* (*HTTP*). Die Protokolle sind eng verwandt, nur transportiert das IPP keine Inhalte von Internetseiten, sondern Druckdaten. CUPS nutzt damit ein Protokoll, das sich als Standard für alle Betriebssysteme durchsetzen könnte. Samba wird nicht benötigt, da auch aktuelle Windows-Versionen das Internet Printing Protocol kennen.

---

3 System V und BSD Printing haben hier bereits früh Standards gesetzt.

41.7.1 Drucker am Server einrichten

Webmin liefert mit dem Modul HARDWARE • DRUCKERVERWALTUNG eine Administrationsoberfläche für CUPS und andere Drucksysteme. Um einen Drucker einzurichten, klicken Sie auf EINEN NEUEN DRUCKER HINZUFÜGEN. Sie geben dem Drucker einen Namen, der nicht zu kompliziert sein sollte. Verzichten Sie außerdem auf Leerzeichen und Sonderzeichen! Diese können Sie bei der Beschreibung allerdings verwenden, denn sie sind nur zur Information der Benutzer gedacht.

Im nächsten Schritt wählen Sie die Anschlussart des Druckers aus. Es gibt theoretisch die Möglichkeit, einen Drucker lokal an einem lokalen Port anzuschließen. Da siegfried3 eine virtuelle Maschine ist, verzichte ich auf diese Beschreibung. Doch das Drucken auf einem anderen Netzwerkdrucker kann hier eingestellt werden. Hier wird z. B. das HP JetDirect Format unterstützt. Dieses Format liefert Druckaufträge unmittelbar an einen Netzwerkdrucker, der selbst eine IP-Adresse besitzt und am Port 9100 nach Aufträgen lauscht. Außerdem könnten Sie hier einen anderen IPP-Drucker auswählen. Eine weitere nützliche Option ist das Drucken auf einen freigegebenen Drucker an einem Windows-PC. Natürlich wäre auch ein direktes Drucken ohne Umweg über den Netzwerkserver möglich; Sie müssen sich dann aber immer darum kümmern, ob der PC und der Drucker auch eingeschaltet sind. Aus der Druckerwarteschlange auf dem Netzwerkserver wird gedruckt, wenn der Drucker wieder verfügbar ist. Im nächsten Schritt fragt CUPS Sie nach der genauen Konfiguration des Anschlusses. Hier kommt es nun darauf an, welchen Geräteanschluss Sie gewählt haben.

In diesem Beispiel ist Ihr Drucker an einem Windows-PC angeschlossen und über Samba mit dem Namen *Farbdrucker* freigegeben. [ZB]

Für diesen Netzwerkdrucker muss Webmin für Sie zunächst eine Geräte-URI zusammenbauen. Hier muss das Programm – je nachdem, wie der PC eingerichtet ist – die allgemeine Form für den Zugriff auf Samba-Freigaben einhalten:

- `smb://<PC>/<Name>`
- `smb://<Arbeitsgruppe>/<PC>/<Name>`
- `smb://<Benutzer>:<Passwort>@<PC>/<Name>`
- `smb://<Benutzer>:<Passwort>@<Arbeitsgruppe>/<PC>/<Name>`

Da diese Form recht gewöhnungsbedürftig ist, fragt Webmin die möglichen Eingaben einzeln ab. Der Drucker ist anschließend fertig eingerichtet (siehe Abbildung 41.19).

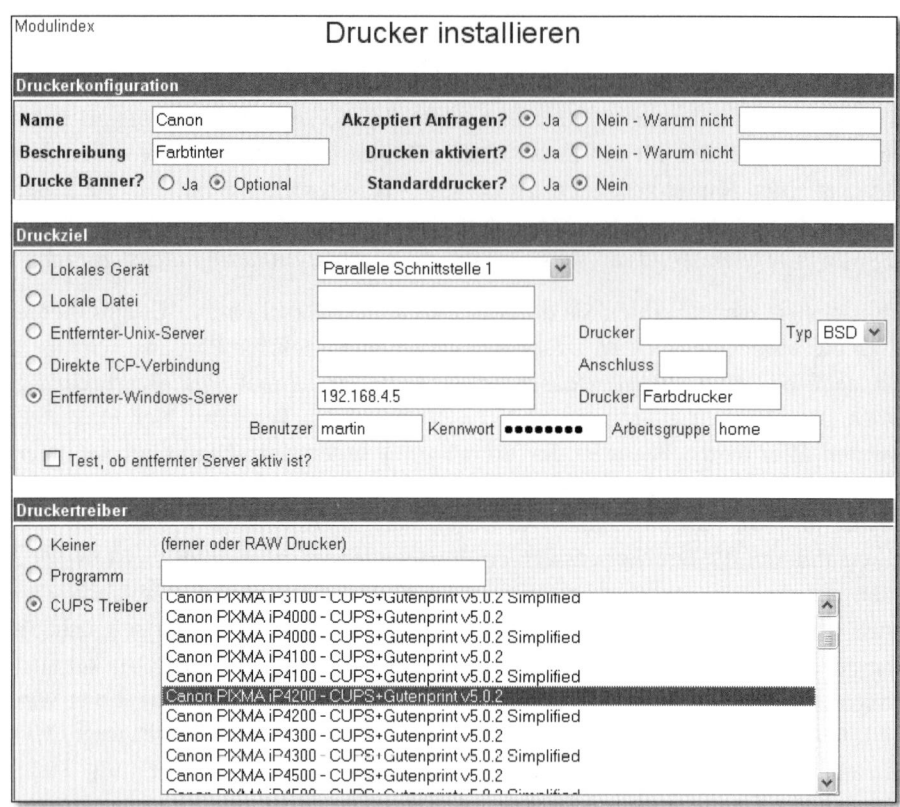

Abbildung 41.19 Ein neuer Netzwerkdrucker entsteht.

[!] Das eingegebene Passwort wird in Klarschrift in einer Datei der Druckerkonfiguration hinterlegt.

Sie können den eingerichteten Drucker direkt mit dem Browser testen und über *http://siegfried:631/printers/Canon* auf den CUPS-Druckdialog zugreifen. Mit einem Klick auf TESTSEITE DRUCKEN erfahren Sie zuverlässig, ob der Drucker korrekt eingerichtet wurde.

41.7.2 PDF-Drucker

[o] PDF ist ein Format, mit dem man Dokumente plattformunabhängig austauschen kann. Sie können unter Windows mit der kostenlosen Software FreePDF arbeiten. Sie finden die Installationsdateien zu FreePDF und GhostScript auf der DVD im Verzeichnis */software/sonstiges*. Diese Lösung ist allerdings nicht netzwerkfähig. Mit einem PDF-Netzwerkdrucker legen Sie die Dokumente auf dem Netzwerkserver ab und können dann z. B. über eine Samba-Freigabe darauf zugreifen.

Ich habe mich für ein Projekt namens *CUPS-PDF* entschieden. Die aktuellen Quellen der unter der GPL stehenden Software sind im Internet auf der Seite *http://cip.physik.uni-wuerzburg.de/~vrbehr/cups-pdf* zu finden.

Auf dem Server siegfried ist CUPS-PDF bereits installiert. Die Installationsdatei finden Sie auf der DVD im Verzeichnis */software/sonstiges*.   [o]

Ausdrucke über diesen Drucker landen als Datei in einem Unterverzeichnis von */var/spool/cups-pdf/*. Die Software versucht, den Druck einem Benutzer zuzuordnen, und legt die Datei in einem Unterverzeichnis mit diesem Benutzernamen ab. Gelingt dies nicht, landen die PDF-Dateien automatisch im Verzeichnis */var/spool/cups-pdf/ANONYMOUS*.

> Diese Verzeichnisse können Sie per Samba freigeben (siehe Abschnitt 41.6, »Samba als Fileserver«). Oder Sie nutzen einfach die von mir eingerichtete Freigabe *pdf*. Damit kann jeder Benutzer schnell und leicht auf seine frisch erzeugten PDF-Dokumente zugreifen. Für das Verzeichnis *ANONYMOUS* müssen Sie bei Bedarf eine zusätzliche Freigabe einrichten.   [«]

Zusätzlich werden alle PDF-Dateien als Anhang per E-Mail an den Linux-Benutzer auf dem siegfried-Server gemailt. Nicht zugeordnete Dateien landen im Postfach des Benutzers `siegfried`. Auf diese E-Mails können Sie mit Ihrem gewohnten E-Mail-Programm zugreifen (siehe Abschnitt 41.8, »Mailserver«).   [«]

41.7.3 Netzwerkdrucker am Client einrichten

Die Drucker sind am Server so konfiguriert, dass die Clients den Datenstrom ohne Aufbereitung (RAW) direkt an den Netzwerkserver senden könnten. Der Client kann sich dann schnell wieder um seine eigentlichen Aufgaben anstelle der Druckaufbereitung kümmern. Es schadet allerdings auch nicht, wenn der Druck vom Client aufbereitet an den Server gesendet wird. CUPS erkennt in diesem Fall, dass ihm diese Arbeit bereits abgenommen wurde.

Windows

Auf einem Windows-Client können Sie nun über Systemsteuerung • Drucker • Drucker hinzufügen einen oder mehrere Netzwerkdrucker einrichten. Dabei erhalten Sie Anschluss an die Netzwerkdrucker über die URL *http://<Netzwerk-Server>:631/printers/<Drucker>*.

Linux

Bei einem Linux-Client können Sie über dieselbe URL wie bei einem Windows-PC auf den Netzwerkdrucker zugreifen. Sie müssen lediglich am Client für den neuen Drucker im CUPS das INTERNET PRINTING PROTOCOL (HTTP) auswählen.

OS X

Einen Drucker im Netzwerk fügen Sie unter OS X in den SYSTEMEINSTELLUNGEN in der Ansicht DRUCKEN & SCANNEN hinzu. Sie finden dort zunächst eine Liste der schon eingerichteten Drucker und können über das Pluszeichen den in Abbildung 41.20 dargestellten Dialog aufrufen. Während in der Ansicht STANDARD die über Bonjour im Netzwerk kommunizierten Drucker aufgeführt werden, finden Sie unter WINDOWS die mittels SMB kommunizierten Geräte. Die Schaltfläche ERWEITERT können Sie durch einen Rechtsklick in die Symbolleiste hinzufügen. Sie ermöglicht Ihnen die detaillierte Konfiguration einiger Protokolle, die für Drucker im Netzwerk genutzt werden.

Abbildung 41.20 Der Drucker kann über die Systemeinstellungen hinzugefügt werden.

In dem Fenster können Sie in der Ansicht IP zunächst unter PROTOKOLL das INTERNET PRINTING PROTOCOL – IPP auswählen; als ADRESSE geben Sie die IP-Adresse oder den Namen des Servers ein, und die WARTELISTE setzt sich analog zur Angabe unter Linux aus PRINTERS/<DRUCKER> zusammen. Unter VERWENDEN können Sie die vom System vorgeschlagene Funktion ALLGEMEINER POSTSCRIPT-DRUCKER auswählen.

Druckertreiber für den PDF-Drucker

Beim Anbinden des CUPS-PDF-Druckers werden Sie nach einem passenden Druckertreiber gefragt. Prinzipiell können Sie hier jeden PostScript-Druckertreiber nehmen. Ich habe gute Erfahrungen mit dem HP Color Laserjet PostScript-Druckertreiber gemacht.

41.8 Mailserver

Sie möchten Mails direkt an Empfänger im Internet senden? Mails sollen zentral über den Netzwerkserver im LAN versendet werden? Die Teilnehmer in Ihrem LAN sollen ihre Mails in Postfächern auf dem Netzwerkserver finden? In diesem Abschnitt werde ich Ihnen das dafür nötige Handwerkszeug näherbringen.

Sie brauchen dazu zunächst einen *Mail Transfer Agent* (MTA), von denen verschiedene existieren. Ich habe mich für *Postfix* (siehe *http://www.postfix.org*) entschieden. Dieser Mailserver sieht sich selbst als modernen Ersatz für *Sendmail*, was lange der Standard war. Das Thema Mailserver ist komplex und teilweise abstrakt. Ich beschränke mich darauf, Ihnen alle Funktionen des Servers grundlegend vorzustellen und zu erläutern. Sie werden jedoch schnell erkennen, dass Postfix noch unzählige weitere Möglichkeiten bietet. Welche Sie davon nutzen, bleibt Ihnen überlassen.

Führen Sie die folgenden Aktionen zunächst mit einem E-Mail-Konto durch, das [!] zum Testen geeignet ist und bei dem der Verlust von E-Mails keine schlimmen Folgen hat! Erst wenn Sie sicher sind, dass die Konfiguration funktioniert, sollten Sie echte E-Mail-Konten verwenden.

41.8.1 Mails mit Postfix verschicken

Ich gehe davon aus, dass für den Netzwerkserver eine Internetanbindung konfiguriert ist. Alles Weitere erledigen Sie mit dem Webmin-Modul SERVER • POSTFIX-KONFIGURATION • ALLGEMEINE EINSTELLUNGEN. Sie müssen nur wenige Einstellungen vornehmen, und schon können Sie bereits erste Mails verschicken. Treffen Sie zunächst bei dem Menüpunkt SENDE AUSGEHENDE MAIL DURCH HOST die Auswahl DIREKT LIEFERN. Dann tragen Sie im Feld LOKALER INTERNET-DOMÄNENNAME Ihre lokale Domain (z. B. `home`) ein.

Diese wenigen Einstellungen sind bereits ausreichend (siehe Abbildung 41.21). Nach einem Klick auf SPEICHERN UND ANWENDEN können Sie die erste Mail verschicken. Öffnen Sie eine Shell, und führen Sie das folgende Kommando aus:

```
echo "HALLO WELT" | mail <email-adresse>
```

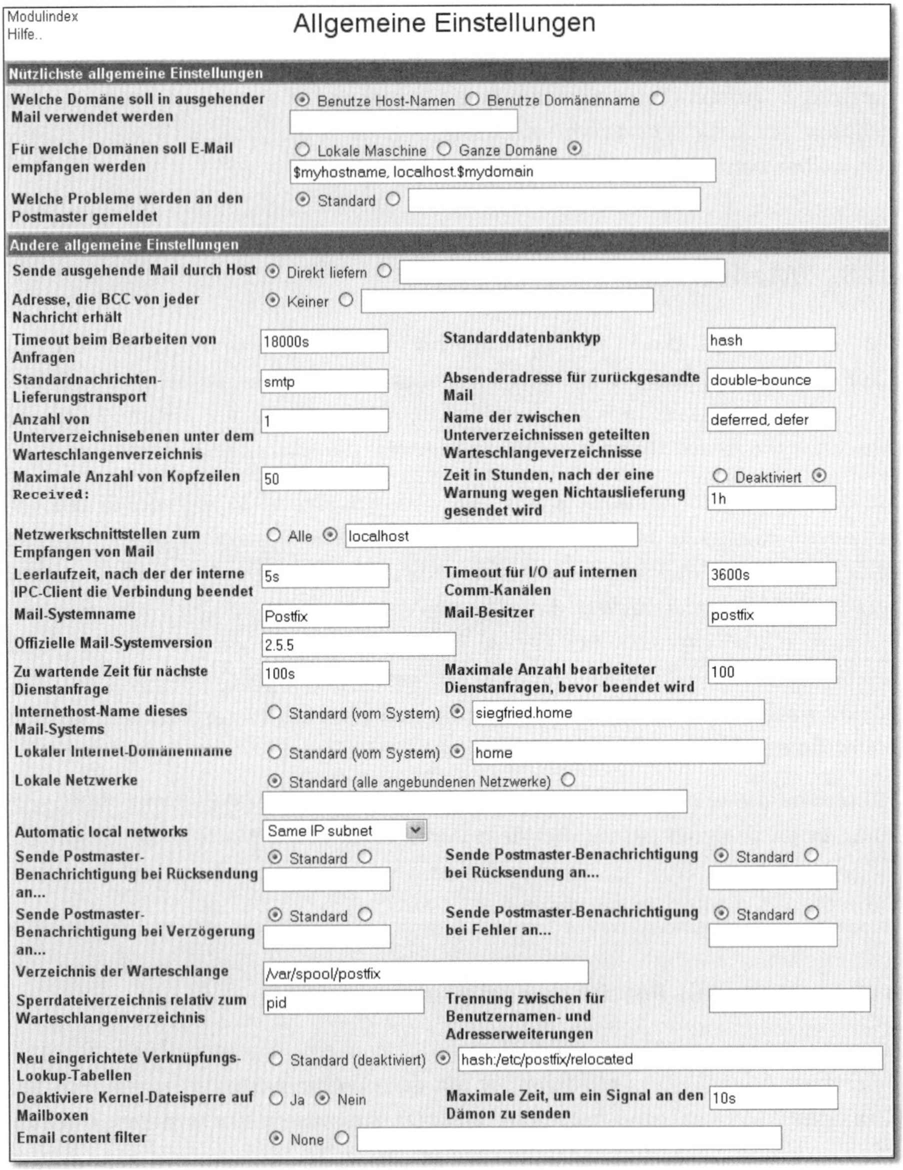

Abbildung 41.21 Allgemeine Postfix-Einstellungen

Der Empfänger erhält eine Mail von benutzername@siegfried. Eine Antwort an diese Adresse würde natürlich (noch) nicht ankommen. Suchen Sie die Mail nicht nur im Posteingang! Es ist nicht unwahrscheinlich, dass die Mail im Spam-Ordner gelandet ist.

Leider ist es neuerdings noch wahrscheinlicher, dass die E-Mail von Ihrem Provider gar nicht akzeptiert wird. Die große Zahl der Spam-Mails zwingt die Mailprovider zu drastischen Schritten. Die Folgen erkennen Sie an solchen oder ähnlichen Einträgen in der Datei */var/log/mail.info*:

```
Dec 3 10:26:02 siegfried postfix/smtp[5185]: connect to
mx0.gmx.de[213.165.64.100]: server refused to talk to me:
554-{mx070} Your address is listed as dynamic on
SORBS (dul.dnsbl.sorbs.net)   554 We are currently not
accepting connections from such hosts.   (port 25)
```

Wie Sie trotzdem E-Mails an diesen und andere Mailserver im Internet verschicken können, erfahren Sie in Abschnitt 41.8.3, »Mails mit Postfix über einen Provider verschicken«.

Der Hostanteil, den ein Empfänger in Ihrer E-Mail-Adresse sieht, wird in der Datei */etc/mailname* bestimmt.

41.8.2 Mails mit Postfix empfangen

Sie haben zwei Möglichkeiten, Mails aus dem Internet zu empfangen:

▶ Sie haben eine über DynDNS ständig aktualisierte Adresse im Internet und richten den Server als selbstständige Maildomain ein.

▶ Sie machen sich davon unabhängig und nutzen ein bestehendes Mailkonto im Internet, z. B. bei einem Freemailer.

Wenn Sie die IP-Adresse Ihres Routers per DynDNS im Internet ständig aktualisieren, dann können Sie den Netzwerkserver so konfigurieren, dass er eine E-Mail annimmt, die direkt an seine Internetadresse gerichtet ist. Mails werden dann so verschickt, dass eine Antwort automatisch an die dynamische Adresse geht. Wie Sie dynamisches DNS nutzen, erfahren Sie in Kapitel 37, »DynDNS-Dienste«.

Tragen Sie in der Datei */etc/mailname* den voll qualifizierten DNS-Hostnamen ein (z. B. `<hostname>.dyndns.org`), unter dem Ihr Router aus dem Internet erreichbar ist.

Diesen Namen fügen Sie außerdem der Liste FÜR WELCHE DOMÄNEN SOLL EMAIL EMPFANGEN WERDEN im Modul SERVER • POSTFIX-KONFIGURATION • ALLGEMEINE EINSTELLUNGEN hinzu. Hier sollten andere lokale Internet-Domainnamen (z. B. `siegfried.home` oder `siegfried.meinedomain`) zusätzlich eingetragen werden. Jetzt tragen Sie den DNS-Hostnamen noch als INTERNETHOST-NAME DIESES MAILSYSTEMS ein.

Überprüfen Sie außerdem, dass der Wert des Eintrags LOKALE NETZWERKE auf STANDARD (ALLE ANGEBUNDENEN NETZWERKE) und der Wert des Eintrags NETZWERKSCHNITTSTELLEN ZUM EMPFANGEN VON MAIL auf ALLE steht! Von diesen Netzwerken wird Postfix Mails zur Weiterleitung akzeptieren. Sie können aus Sicherheitsgründen hier später noch Einschränkungen machen. Die Anpassungen aktivieren Sie mit einem Klick auf SPEICHERN UND ANWENDEN.

Schließlich richten Sie noch eine Portweiterleitung auf Ihrem DSL-Router ein. Sie müssen den Router so konfigurieren, dass er Pakete für den Port 25 (*SMTP, Simple Mail Transfer Protocol*) direkt an den Netzwerkserver weiterleitet.

Test

Die grundlegende Funktion des Postfix-SMTP-Servers können Sie nun überprüfen, indem Sie über eine Telnet-Verbindung aus Ihrem LAN heraus ins Internet und von dort zurück über Port 25 Ihres Routers auf den Netzwerkserver gehen (siehe Abbildung 41.22).

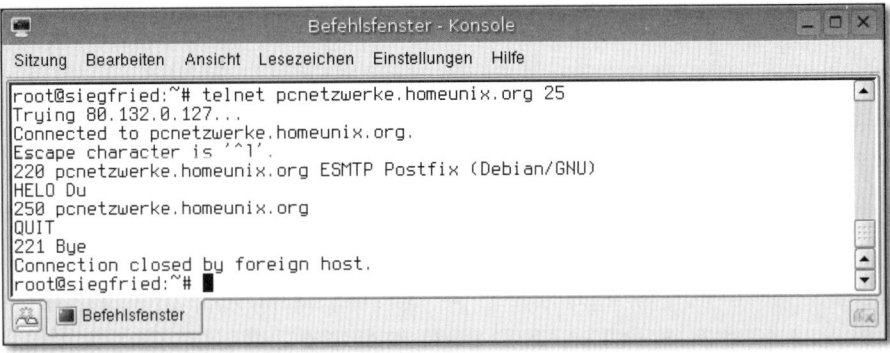

Abbildung 41.22 Postfix über das Internet testen

Einige Router verkraften es allerdings nicht, eine Verbindung zu sich selbst zu verwalten. In diesem Fall können Sie nur einen Freund bitten, Ihren Mailserver über das Internet zu testen.

Der Nachteil dieses Verfahrens liegt klar auf der Hand: Wenn der Netzwerkserver oder der Router nicht eingeschaltet sind, können Sie keine E-Mails empfangen!

[!] Beachten Sie, dass der Netzwerkserver jetzt aus dem Internet sichtbar und damit theoretisch angreifbar ist! Ich rate daher von dieser Konfiguration ab. Besser geeignet ist das Programm *Fetchmail*, das ich in Abschnitt 41.8.4, »Postfächer aus dem Internet holen«, genauer beschreibe.

Maildir-Format

Die E-Mails speichert Postfix in der Standardkonfiguration im Verzeichnis */var/mail/<Benutzername>* oder in */var/spool/mail/<Benutzername>* zwischen. In diesem Format können die Mails zwar lokal auf dem Netzwerkserver gelesen werden, aber für die Anbindung eines E-Mail-Clients im LAN an den Courier IMAP Server[4] (siehe Abschnitt 41.8.7, »IMAP-Clients im LAN an den Server anbinden«) müssen die Mails im Maildir-Format vorliegen. Postfix kann dieses Format erzeugen. Dazu tragen Sie im Modul SERVER • POSTFIX-KONFIGURATION • LOKALE LIEFERUNG im Feld PFADNAME DER MAILBOX-DATEI RELATIV ZUM HOME-VERZEICHNIS den Wert `Maildir/` ein. Gegebenenfalls ist der Inhalt des Feldes EXTERNER BEFEHL, DER ANSTELLE LIEFERUNG AN MAILBOX BENUTZT WIRD zu löschen (siehe Abbildung 41.23).

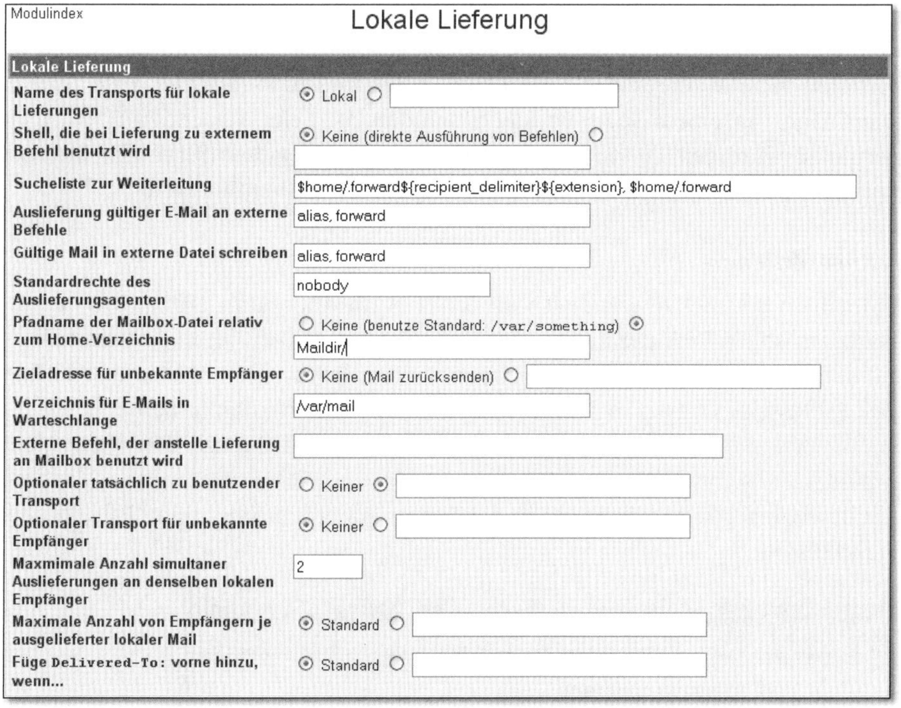

Abbildung 41.23 Eingehende E-Mails im Maildir-Format speichern

Mit dieser Einstellung landen eingehende Mails automatisch im Heimatverzeichnis des Benutzers im Unterordner *Maildir/new*. Dieses Verzeichnis wird nicht automatisch erstellt. Jeder Benutzer muss zunächst auf der Shell in seinem Hei-

---

4 *IMAP* steht für *Internet Message Access Protocol*.

matverzeichnis mit dem folgenden Kommando ein entsprechendes Verzeichnis erstellen:

```
maildirmake Maildir
```

Dieses können Sie neu einzurichtenden Benutzern allerdings auch ersparen, indem Sie die Vorlage für Heimatverzeichnisse entsprechend erweitern. Dazu müssen Sie lediglich als Benutzer root das Kommando im Verzeichnis */etc/skel* ausführen. Der Inhalt dieses Verzeichnisses wird dann beim Anlegen neuer Accounts kopiert. Bei siegfried ist dieses bereits geschehen.

41.8.3 Mails mit Postfix über einen Provider verschicken

Postfix verschickt bereits Mails ins Internet. Deshalb werden Sie sich vielleicht fragen, welchen Sinn es hat, die Nachrichten über einen Mailprovider zu versenden. Zum einen ist der Mailprovider rund um die Uhr erreichbar. Zum anderen sortieren viele Mailprovider die Post in »gute« und in »schlechte« Post (Spam). Die Chance, in einem Spam-Ordner zu landen, ist beim Versenden über einen vertrauenswürdigen Provider viel geringer. Gegenüber dem Server im Internet müssen Sie sich mit Benutzernamen und Kennwort authentifizieren.

Authentifizierung

In meinem Beispiel verwende ich die SMTP-Auth-Authentifizierung. Um herauszufinden, ob ein Provider diesen Mechanismus unterstützt, bietet sich ein telnet auf den Port 25 (SMTP) des entsprechenden Providers an (siehe Abbildung 41.24). Das Schlüsselwort EHLO in Verbindung mit meinem Mailservernamen pcnetzwerke.homeunix.org fordert die Liste an. Die Auskunft besagt, dass mein Mailprovider SMTP-AUTH mit den Verfahren LOGIN und PLAIN unterstützt. Mit dem Schlüsselwort STARTTLS informiert der Server außerdem über seine Fähigkeit zu verschlüsseln.

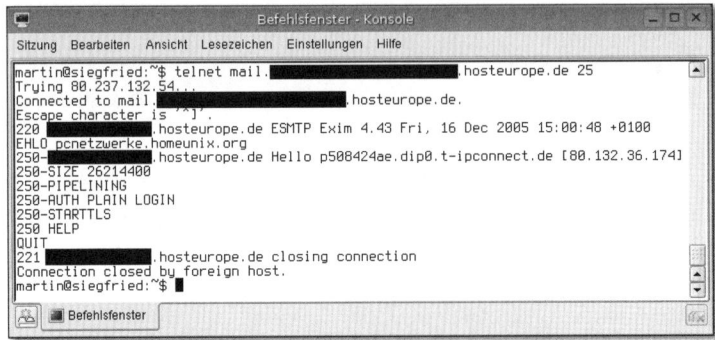

Abbildung 41.24 Der Provider unterstützt SMTP-Auth.

Also können Sie den Postfix jetzt einrichten. Stellen Sie mit Webmin über SERVER • POSTFIX-KONFIGURATION • EDIT CONFIG FILES sicher, dass in der Datei */etc/postfix/main.cf* die folgenden drei Zeilen enthalten sind:

```
smtp_sasl_auth_enable = yes
smtp_sasl_security_options = noanonymous
smtp_sasl_password_maps = hash:/etc/postfix/smtp_auth
```

Die untere Zeile enthält einen Verweis auf eine Datei, die alle für die Authentifizierung nötigen Informationen enthält. Die Datei */etc/postfix/smtp_auth* müssen Sie mit den Zugangsdaten Ihres Mailproviders füllen:

```
<mailprovider.host.de>   <benutzername>:<passwort>
```

Entsprechend sieht meine Datei */etc/postfix/smtp_auth* wie folgt aus:

```
mail.hosteurope.de    test:geheim
```

Postfix erwartet ein bestimmtes Datenbankformat, in das die Datei noch umgewandelt werden muss. Mit diesem Kommando erstellen Sie die Datei */etc/postfix/smtp_auth.db*:

```
postmap /etc/postfix/smtp_auth
```

Zum Abschluss richten Sie den Mailserver, über den Sie versenden möchten, mit dem Webmin-Modul SERVER • POSTFIX-KONFIGURATION • ALLGEMEINE EINSTELLUNGEN noch als Relay-Host ein. Damit weisen Sie Postfix an, alle Mails außerhalb des LANs über diesen Host zu versenden (siehe Abbildung 41.25).

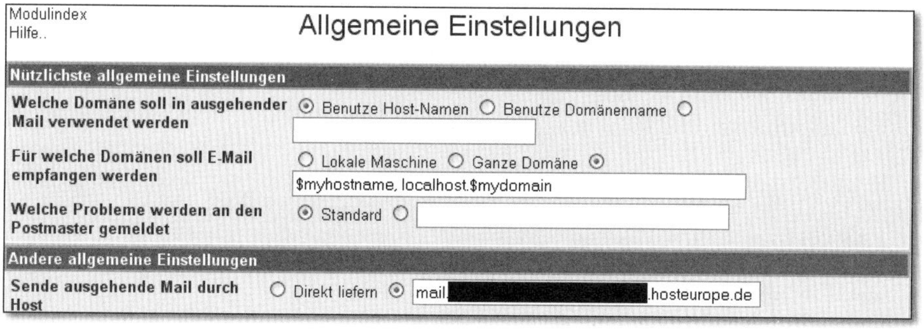

Abbildung 41.25 Der Relay-Mailserver von Postfix

Den Erfolg oder Misserfolg Ihrer Bemühungen können Sie nach dem Versenden von Testmails in der Logdatei */var/log/mail* begutachten.

41.8.4 Postfächer aus dem Internet holen

Fast jeder besitzt heute eine oder mehrere E-Mail-Adressen bei einem oder mehreren Mailprovidern. Jeder Benutzer auf dem Netzwerkserver soll die Möglichkeit haben, seine Mails bei diesen Providern abzurufen und zentral zu sammeln. Dazu dient Ihnen das Programm Fetchmail. Fetchmail holt die Mails vom Provider ab und gibt sie dann an den Postfix weiter.

Der MTA Postfix ist bereits so konfiguriert, dass er die Mails im Maildir-Format abspeichert (siehe Abschnitt 41.8.2, »Mails mit Postfix empfangen«). Der Benutzer im LAN kann also über IMAP mit seinem gewohnten Programm auf seine Mails zugreifen (siehe Abschnitt 41.8.7, »IMAP-Clients im LAN an den Server anbinden«).

.fetchmailrc

Die Fetchmail-Konfigurationsdatei liegt im Heimatverzeichnis jedes einzelnen Benutzers. Sie kann mit dem Vi oder einem anderen Texteditor bearbeitet werden. Das Webmin-Modul SERVER • FETCHMAIL-KONFIGURATION bietet jedoch einen komfortableren Weg, eine solche Datei zu erzeugen. Sie wählen zuerst den Benutzer aus, für den Fetchmail eingerichtet werden soll, und klicken dann auf HINZUFÜGEN EINES FETCHMAIL-SERVERS FÜR DEN BENUTZER.

Der Punkt vor dem Dateinamen gibt an, dass es sich um eine versteckte Datei handelt. Das Kommando `ls` wird diese Datei nur mit der Option `-a` auflisten.

Exkurs

Die weitere Konfiguration möchte ich mit einem Beispiel erläutern. Für meine Tests habe ich ein E-Mail-Konto eingerichtet:

- E-Mail-Adresse: `test@pcnetzwerke.de`
- Benutzername: `test`
- Passwort: `geheim`
- SMTP-Server: `mail.hosteurope.de`
- POP3-Server: `mail.hosteurope.de`

Selbstverständlich habe ich dieses Konto vor der Veröffentlichung des Buches wieder gelöscht. Ich hoffe, dass Ihnen die Angaben helfen, die weitere Konfiguration nachzuvollziehen.

Ich empfehle Ihnen – soweit möglich – E-Mails über eine verschlüsselte Verbindung vom Server abzuholen. Wie Sie diese einrichten, erfahren Sie in der Manpage (Kommando `man fetchmailrc`). In Webmin wählen Sie dann die entsprechende AUTHENTISIERUNGSMETHODE. [!]

Klaus möchte seine E-Mails vom Mailprovider abholen und auf dem Netzwerkserver im LAN speichern. Zunächst erstellen Sie mit Webmin die Datei */home/klaus/.fetchmailrc* für den Systembenutzer `klaus` (siehe Abbildung 41.26). [zB]

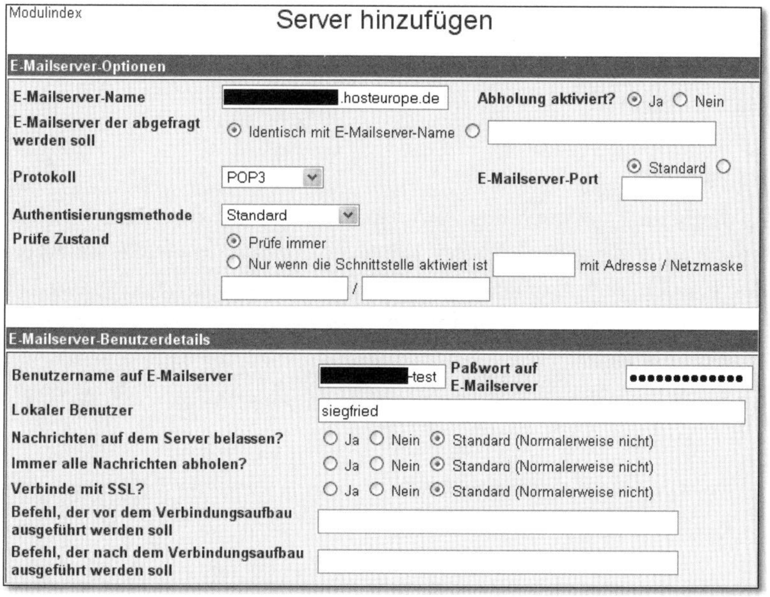

Abbildung 41.26 Ein E-Mail-Konto aus dem Internet

Hier tragen Sie den Mailserver und das Protokoll ein, das verwendet werden soll. Die möglichen Protokolle und genauere Zugangsdaten erfahren Sie bei Ihrem E-Mail-Provider. Jetzt fehlen nur noch der BENUTZERNAME, das PASSWORT, der LOKALE BENUTZER und ein Klick auf SPEICHERN, dann kann Klaus seine Mails abrufen. Dieses können Sie für ihn mit einem Klick auf ÜBERPRÜFE ALLE SERVER erledigen. Sie sehen auf diese Weise ein ausführliches SMTP-Verbindungsprotokoll.

Test

Der erste Fetchmail-Test kann vom Systembenutzer `klaus` auf der Kommandozeile erfolgen. Er hat Post:

```
klaus@siegfried:~$ fetchmail
```

```
1 Nachricht für test bei mail.hosteurope.de (1359 Oktetts).
Nachricht test@mail.hosteurope.de:1 von 1 wird gelesen
   (1359 Oktetts) . geflusht
```

41.8.5 Regelmäßiges Abholen der Post

Klaus selbst kann seine Mailbox regelmäßig überprüfen lassen. Wenn Sie keine zeitbasierte Abrechnung für das Internet haben, ist das auch völlig in Ordnung. Klaus muss das Intervall in Sekunden angeben, in denen Fetchmail nach neuen Mails schauen soll. Das Kommando `fetchmail -d 300` startet einen Dienst, der alle fünf Minuten die in der Datei */home/klaus/.fetchmailrc* gelisteten Mailprovider nach neuen Mails absucht.

Automatisches Abholen

Sie können als Benutzer `root` auch das automatische Abholen der Mails einrichten. Sie schreiben nach dem Vorbild der Datei *.fetchmailrc* in den Heimatverzeichnissen der lokalen Benutzer mit dem Editor die Datei */etc/fetchmailrc*. In diese Datei tragen Sie zunächst die Daten für ein E-Mail-Konto ein, später können Sie noch weitere hinzufügen:

```
set daemon 600
poll mail.hosteurope.de
 proto pop3
 user "test"
 pass "geheim"
 is klaus
 fetchall
```

Die erste Zeile bewirkt, dass Fetchmail alle zehn Minuten (600 Sekunden) das Konto überprüft. Die Rechte der Datei schränken Sie mit dem Kommando `chmod 600 /etc/fetchmailrc` weitmöglichst ein.

Automatischer Start von Fetchmail

Der Dienst soll nun noch automatisch während des Bootvorgangs des Systems gestartet werden? Bitte lesen Sie zuerst sorgfältig den nächsten Abschnitt, bevor Sie diesen Dienst einrichten! Im Modul SYSTEM • SYSTEM-START UND -STOP markieren Sie Fetchmail und klicken auf AKTIVIERE AUSGEWÄHLTE ZUR BOOTZEIT.

Cronjob

Der Nachteil des geschilderten Verfahrens liegt auf der Hand: Es wird ein Dienst benötigt, der auch noch mit den Rechten des Benutzers `root` abläuft. Deshalb nutzen Sie bitte die elegante Lösung über Webmin, um dieses zu vermeiden!

Nach einem Klick auf REGELMÄSSIGE ÜBERPRÜFUNG können Sie in gängiger Cron-Syntax festlegen, wann Cron das Programm Fetchmail aktivieren soll (siehe Abbildung 41.27).

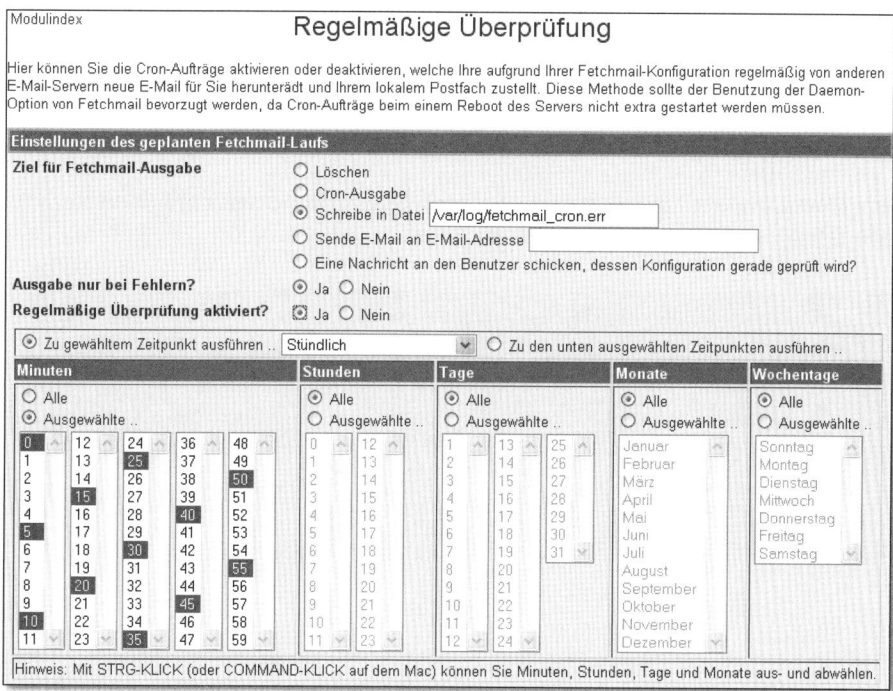

Abbildung 41.27 Fetchmail wird per Cronjob alle fünf Minuten gestartet.

Dabei können Sie die Minuten, Stunden, Wochentage, Kalendertage und Monate bestimmen, zu denen Cron Ihren Auftrag ausführt. Wenn einer dieser Punkte für Sie unwichtig ist, dann belassen Sie es einfach bei ALLE. Es ist wichtig, dass Sie bei REGELMÄSSIGE ÜBERPRÜFUNG AKTIVIERT die Auswahl JA treffen. Den fertigen Cronjob können Sie zusätzlich im Webmin-Modul SYSTEM • GEPLANTE AUFTRÄGE (CRON) einsehen.

41.8.6 IMAP-Server für Clients im LAN vorbereiten

Damit die Clients an die Postfächer auf dem Netzwerkserver herankommen können, muss auf dem Netzwerkserver ein entsprechender Dienst angeboten werden. Es gibt verschiedene Standards. Sie kennen bestimmt die althergebrachten POP3-Server von Freemail-Providern aus dem Internet. Diesen Dienst möchte ich Ihnen nicht vorstellen, da er im Vergleich zum moderneren IMAP einen sehr geringen Funktionsumfang bietet. Ich habe mich in puncto siegfried für den Courier IMAP

Server entschieden, da es ein leicht zu konfigurierender und leistungsstarker IMAP-Server ist.

Courier unterstützt unzählige Authentifizierungs-Mechanismen. Für siegfried habe ich die Methode *USERDB* ausgewählt. Diese konfigurierte Methode authentifiziert alle Benutzer gegen einen Export der gewöhnlichen Systemdateien */etc/passwd* und */etc/shadow*. Diesen Export erzeugen Sie auf der Kommandozeile als Benutzer `root` oder mit dem entsprechenden Webmin-Modul und dem Kommando `pw2userdb > /etc/userdb`.

Eine leere Datei */etc/userdb* mit aus Sicherheitsgründen eingeschränkten Rechten habe ich auf siegfried bereits angelegt.

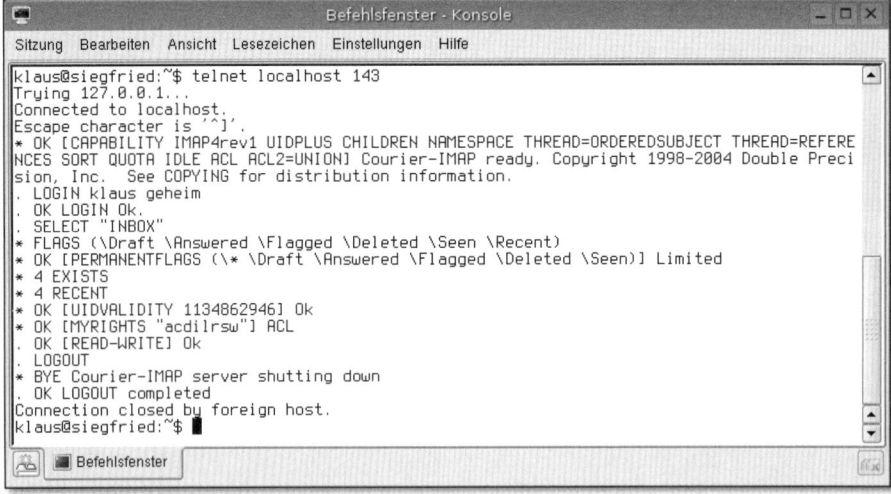

Abbildung 41.28 Test des IMAP-Servers

Der erste Test des IMAP-Servers sollte mit Telnet direkt auf den IMAP-Port 143 erfolgen. Dieses Vorgehen schließt Fehlerquellen beim IMAP-Server aus:

```
telnet <Netzwerk-Server> 143
```

Jeder Befehl beginnt mit einem (.) und einem (Space). Sie melden sich am Server mit einem gültigen Benutzernamen und Passwort an (siehe Abbildung 41.28). Courier meldet mit dem Ausdruck `* 4 EXISTS`, dass für den Benutzer `klaus` vier E-Mails im Posteingang liegen.

[!] Erst nach erneutem Ausführen des Ihnen bereits bekannten Kommandos `pw2userdb > /etc/userdb` werden spätere Veränderungen von Benutzern oder deren Passwörtern dem Courier-Server bekannt gegeben.

41.8.7 IMAP-Clients im LAN an den Server anbinden

Nun kann die Anbindung von Clients erfolgen. Dabei bleibt es natürlich Ihnen überlassen, welchem Programm Sie den Vorzug geben. Ich habe die Anbindung der gängigsten Clients beschrieben. Jedes aktuelle Mailprogramm unterstützt das IMAP-Protokoll.

Mit Ihren gewohnten E-Mail-Programmen können Sie den Netzwerkserver siegfried als vollwertigen Mailserver nutzen! Sie haben außerdem die Möglichkeit, mit dem jeweiligen E-Mail-Client eine persönliche Ordnerstruktur auf dem Netzwerkserver aufzubauen.

Outlook Express

Um z. B. mit Outlook Express auf den Netzwerkserver zuzugreifen, wählen Sie EXTRAS • KONTEN... • HINZUFÜGEN • EMAIL... und tragen als E-Mail-Adresse die Adresse ein, unter der Sie Ihre Mails gewöhnlich erhalten. Diese Adresse wird dann in ausgehenden Mails als Return-Path (Antwortadresse) eingetragen. Wählen Sie unbedingt IMAP als Serverprotokoll aus! Als POSTEINGANGSERVER (IMAP) und POSTAUSGANGSERVER (SMTP) tragen Sie den Namen des Netzwerkservers ein. Achten Sie darauf, dass der Client den Namen des Servers in eine IP-Adresse auflösen kann! Im letzten Schritt müssen Sie noch den Benutzernamen und das Kennwort des Benutzers auf dem Netzwerkserver eintragen. Auf die Darstellung von Verschlüsselungsmechanismen verzichte ich hier, da es sich um Ihr privates LAN handelt.

Mozilla Thunderbird

Ein sehr guter IMAP-Client, den ich persönlich gerne nutze (siehe Abbildung 41.29), ist der Mozilla Thunderbird (siehe *http://www.mozilla.org/thunderbird*).

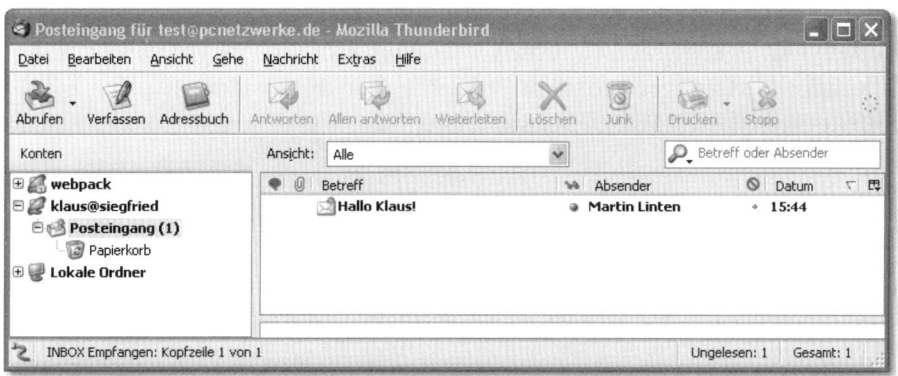

Abbildung 41.29 Der Mozilla Thunderbird als IMAP-Client

Der *Donnervogel* (so die deutsche Übersetzung) ist ebenso wie der Browser Firefox eine Entwicklung des Mozilla-Projektes. Selbstverständlich funktionieren auch andere Mailprogramme im Zusammenspiel mit dem Netzwerkserver.

Apple Mail

Das unter OS X standardmäßig vorhandene Programm Mail bringt ebenfalls eine vollständige Unterstützung für IMAP mit. Wenn Sie das Programm zum ersten Mal starten, können Sie in dem sich selbsterklärenden Assistenten IMAP als zu verwendendes Protokoll auswählen. Der Assistent beinhaltet auch die Einrichtung der Verbindung zu einem SMTP-Server. Haben Sie bereits ein E-Mail-Konto angelegt, können Sie ein zweites Konto über den Menüpunkt MAIL • EINSTELLUNGEN in der Ansicht ACCOUNTS erstellen. Über den Menüpunkt POSTFACH • DIESES POSTFACH VERWENDEN FÜR können Sie festlegen, ob das gerade ausgewählte Postfach für ENTWÜRFE, GESENDETE MAIL oder als PAPIERKORB genutzt werden soll.

41.8.8 Shared Folders

Ein nettes Bonbon des Courier IMAP Servers ist die Option, gemeinsam genutzte Ordner einzubinden. Diese Ordner werden von einem Benutzer angelegt und können dann von anderen Benutzern als Verweis dem eigenen Postfach hinzugefügt werden. Gemeinsam genutzte Ordner müssen Sie auf der Kommandozeile des Netzwerkservers erstellen. Ich möchte Ihnen ein einfaches Beispiel vorstellen.

[zB] Klaus und Marie sind beide Benutzer auf dem Netzwerkserver (nicht `root`) und sind bereits für IMAP konfiguriert (es existiert ein *Maildir*-Verzeichnis in Ihrem Heimatverzeichnis).

Klaus und Marie sind leidenschaftliche Kochrezeptesammler. Klaus und Marie lassen sich von Ihren Freunden Rezepte von leckeren Gerichten zusenden. Klaus möchte diese Gerichte in zwei Verzeichnisse ablegen, sortiert nach Fleischgerichten und vegetarischen Gerichten. Marie soll als militante Vegetarierin natürlich E-Mails in dem vegetarischen Ordner ablegen dürfen (Schreibrecht). Für die Fleischrezepte reicht Marie ein lesender Zugriff.

Zuerst richtet Klaus in seinem Heimatverzeichnis für die gemeinsam genutzten Ordner ein Verzeichnis im Maildir-Format ein (Achtung: großes S):

```
maildirmake -S Maildir-shared
```

Jetzt legt Klaus die zwei Ordner an, einen mit Schreibrecht für alle und einen, in dem nur er Mails ablegen darf (Achtung: kleines S):

```
maildirmake -s read -f Fleisch Maildir-shared
maildirmake -s write -f Beilagen Maildir-shared
```

Er selbst muss nun aus seinem eigenen *Maildir*-Verzeichnis eine Verknüpfung zu den gemeinsam genutzten Verzeichnissen erstellen. Die Bezeichnung `meine` taucht später in der Ordnerhierarchie des E-Mail-Clients wieder auf.

```
maildirmake --add meine=/home/klaus/Maildir-shared
```

Marie möchte nun die Rezepte von Klaus lesen. Sie muss dazu lediglich den letzten Befehl in ihrem Heimatverzeichnis ausführen. Dabei wählt Sie dann wahrscheinlich einen anderen Namen:

```
maildirmake --add klaus=/home/klaus/Maildir-shared
```

Die Anzeige der Ordnerstruktur am Client sollten Sie nun aktualisieren.

Dieses ist ein sehr einfaches Beispiel. Möchten Sie tiefer gehenden Einblick in diesen oder in einen anderen IMAP-Server nehmen, dann empfehle ich Ihnen die Lektüre der Manpages sowie die Suche im Internet.

41.9 PHProjekt Groupware-Server

Was ist Groupware, und welchen Vorteil bringt eine Groupware-Lösung? Groupware ist eine Software, die die Zusammenarbeit von Gruppen, also Arbeitsteams erleichtern soll, indem z. B. ein gemeinsamer Kalender angeboten wird oder das Zuweisen von Aufgaben möglich ist. Ein gemeinsamer Kalender kann auch außerhalb des Arbeitslebens sinnvoll sein. Mit einer Groupware können Sie Termine direkt in den Kalender der Gruppe eintragen, Aufgaben verteilen oder gemeinsame Dokumente verwalten. Für Firmen bietet Groupware noch mehr: Projektmanagement (Zeit- und Ressourcenplanung), Trouble-Ticket-System, Forum, Chat und vieles mehr.

Es war mir wichtig, eine Groupware-Lösung zu wählen, die schon einige Versionen und Verbesserungen durchgemacht hat und daher stabil funktioniert. Die Bedienung sollte vollständig über ein Webinterface möglich sein, damit keine zusätzliche Software auf den PCs notwendig ist und Sie unabhängig vom Betriebssystem die Lösung nutzen können. Nicht zuletzt musste die Lösung kostenfrei sein, damit Sie sie auch in Unternehmen ohne Investitionskosten nutzen können.

Diese Anforderungen erfüllen vermutlich mehr als 50 Groupware-Lösungen. Ich habe mir nicht alle davon angesehen, aber immerhin einige, und habe mich schließlich für PHProjekt (siehe *http://www.phprojekt.com*) entschieden. Das Programm wird regelmäßig aktualisiert und bietet eine gute deutschsprachige Oberfläche. Die Menüführung kommt ohne grafischen Schnickschnack aus und ist funktionell. Die Konfiguration erfolgt über den Browser und somit grafisch, ohne Eingriff in Konfigurationsdateien, auch wenn das selbstverständlich möglich ist.

41.9.1 Installation

Für eine lauffähige PHProjekt-Installation sollten Sie zunächst einige Voraussetzungen schaffen. Sie benötigen insbesondere Folgendes:

- einen Webserver (z. B. Apache 2)
- das PHP4-Modul für den Webserver
- eine MySQL-Datenbank

[o] Auf siegfried ist PHProjekt schon vorinstalliert; alle nötigen Programme sind bereits installiert. Sie können also direkt mit der Konfiguration beginnen. Zusätzlich finden Sie die Installationsdateien auf der Buch-DVD im Verzeichnis */software/sonstiges*.

41.9.2 Konfiguration

PHProjekt benötigt eine MySQL-Datenbank, die darin benötigten Tabellen werden später automatisch von PHProjekt angelegt. Sie können sehr einfach eine neue Datenbank mit Webmin erstellen. Dafür verwenden Sie das Modul SERVER • MYSQL DATENBANK-SERVER. Wählen Sie den Link ERSTELLE EINE NEUE DATENBANK. Tragen Sie unter DATENBANKNAME den Namen `phprojekt` ein (siehe Abbildung 41.30), und klicken Sie auf ERSTELLEN.

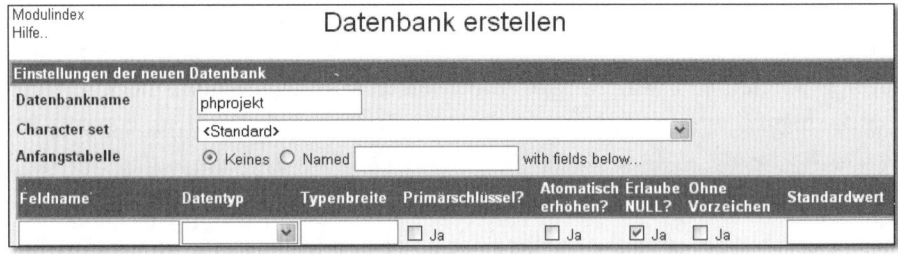

Abbildung 41.30 Die PHProjekt-Datenbank wird angelegt.

Der zweite Schritt ist das Anlegen eines Benutzers, der auf diese Tabelle in geeigneter Weise zugreifen kann. Klicken Sie dazu auf das Icon BENUTZERBERECHTIGUNGEN, und wählen Sie ERSTELLE NEUEN BENUTZER. Im nachfolgenden Dialog legen Sie den neuen MySQL-Benutzer an. Merken Sie sich den Benutzernamen und vor allem das Passwort gut, Sie werden es später noch brauchen! Bei HOSTS tragen Sie `localhost` ein. Wählen Sie bei BERECHTIGUNGEN alles aus, was mit `Tabelle*` beginnt, und klicken Sie abschließend auf SPEICHERN.

Rufen Sie in Ihrem Webbrowser die Adresse *http://<Netzwerk-Server-IP>/phprojekt/setup.php* auf. Sie werden aufgefordert, die Zugriffsdaten zur bereits eingerichteten Datenbank einzutragen. An Benutzernamen und Passwort müssen Sie sich erinnern. Als HOSTNAMEN tragen Sie `localhost` und bei NAME DER EXISTIERENDEN DATENBANK `phprojekt` ein. Sie bestimmen an dieser Stelle auch das Passwort des Administrators `root`. Wenn Sie später den Link *http://<Netzwerk-Server-IP>/groupware/setup.php* erneut aufrufen, werden Sie sich zunächst als Administrator ausweisen. Sie müssen den Benutzernamen `root` und das hier vergebene Passwort eintragen. Merken Sie sich das Passwort also gut! Auf Wunsch können Sie noch einen Benutzer `test` einrichten, dem Sie in diesem Fall auch ein Passwort geben müssen.

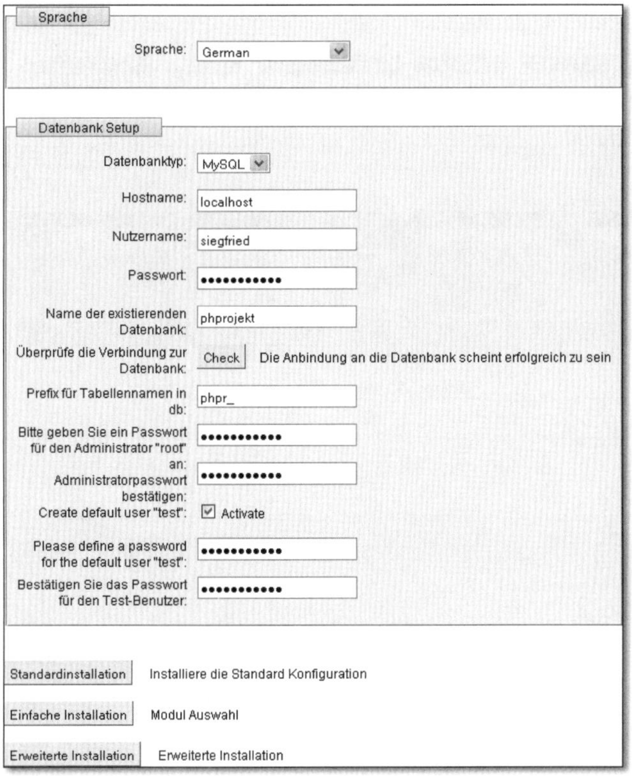

Abbildung 41.31 Das komplette Setup von PHProjekt

Nach einem Klick auf CHECK testet PHProjekt den Datenbankzugriff mit den von Ihnen eingegebenen Daten. Ich empfehle Ihnen, den Vorgang mit einem Klick auf STANDARDINSTALLATION abzuschließen (siehe Abbildung 41.31).

Ihre Konfiguration wurde in die Datei *config.inc.php* geschrieben. Diese können Sie zwar auch ohne Webzugang bearbeiten, jedoch ist es erforderlich, erneut *setup.php* im Browser aufzurufen, damit die Einstellungen wirksam werden.

41.9.3 PHProjekt benutzen

Der Link zum Aufruf von PHProjekt *http://<Netzwerk-Server-IP>/phprojekt/index.php* wird Ihnen am Ende der Installation angezeigt. Es erscheint der Loginbildschirm. Der Benutzer `root` ist Administrator und kann Gruppen und Benutzer anlegen, während der Benutzer `test` Benutzer in der Gruppe `default` ist. Nach dem Login werden Ihnen alle Funktionen im Menü auf der linken Seite angeboten. Sie können z. B. Ihre E-Mails auf dem siegfried-IMAP-Server bearbeiten (siehe Abbildung 41.32).

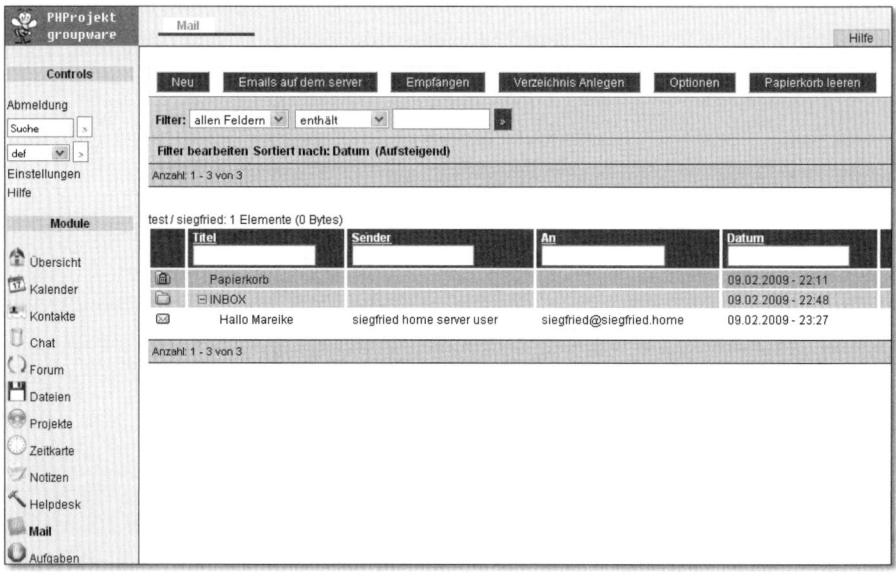

Abbildung 41.32 Zugriff auf E-Mails über PHProjekt

Der Benutzer `root` hat über das Element ADMIN einen zusätzlichen administrativen Zugriff. Hier können Sie Benutzer, Gruppen, Rollen und vieles mehr anlegen und einrichten oder das Passwort für einen Benutzer ändern.

Ich könnte Ihnen jetzt noch viele weitere Funktionen von PHProjekt vorstellen, aber das ist nicht Ziel dieses Buches. Sie sollten sich nach der Benutzung aus dem System ausloggen. Dazu klicken Sie auf ABMELDUNG.

41.10 MLDonkey: Tauschbörsentalente

Tauschbörsen sind der Sargnagel der Musikindustrie und schädigen die Filmindustrie. Solche Ansichten sowie deren Gegendarstellungen werden von mir in diesem Buch nicht behandelt. Im Jahr 2003 wurde die rechtliche Grundlage, auf deren Basis jeder Privatmann ungestraft Filme und Musik tauschen konnte, geändert. Sowohl der Handel mit Raubkopien als auch das unentgeltliche Austauschen von geschützten Inhalten für die private Verwendung wird seitdem geahndet.

Im Jahr 2003 wurde die rechtliche Grundlage, auf deren Basis jeder Privatmann ungestraft Filme und Musik tauschen konnte, geändert. Sowohl der Handel mit Raubkopien als auch das unentgeltliche Austauschen von geschützten Inhalten für die private Verwendung wird seitdem geahndet.

Wesentlich interessanter als die juristischen sind die technischen Fragen. Wie funktionieren diese Peer-to-Peer-Netzwerke? Das übliche Prinzip ist, dass jeder Teilnehmer etwas in diesem Netzwerk zur Verfügung stellt und in gleichem Maße auch Daten aus diesem Netzwerk herunterladen darf.

Es gibt üblicherweise in diesen Netzwerken keine übergeordnete Instanz, sondern – das drückt Peer-to-Peer aus – nur gleichberechtigte Teilnehmer. Anders als im normalen Internet laden Sie die Daten nicht von einem Server herunter, sondern direkt von einem anderen Teilnehmer. Damit Sie überhaupt eine Datei bei einem anderen Teilnehmer finden, gibt es Verzeichnisserver, die Inhaltsverzeichnisse mit Dateien der einzelnen Teilnehmer führen. An diese Verzeichnisserver stellen Sie eine Suchanfrage, klicken auf das gewünschte File, und das Tauschprogramm fragt bei allen Besitzern dieser Datei gleichzeitig an, ob es bei ihnen herunterladen darf. Sie werden daraufhin in eine Warteliste eingetragen.

Größere Dateien werden in kleinere Stücke geteilt, und jeder Teil kann von einem anderen Teilnehmer heruntergeladen werden. Manche Tauschbörsenprogramme bieten zwangsweise fertig heruntergeladene Teile wieder anderen Teilnehmern zum Download an. Hinsichtlich der Datenmenge gilt bei solchen Tauschbörsen, dass Sie in etwa die gleiche Menge Daten in das Internet hochladen müssen wie Sie herunterladen. Je mehr Daten Sie in das Netzwerk hochgeladen haben, desto besser wird Ihr Listenplatz auf den Wartelisten.

41.10.1 MLDonkey einrichten

MLDonkey ist ein Tauschbörsenprogramm. Es beherrscht nicht nur ein einzelnes Peer-to-Peer-Netzwerk, sondern gleich mehrere. Unter *http://www.mldonkey.org* finden Sie nähere Informationen, welche Tauschbörsen insgesamt unterstützt werden. Die wichtigsten Netzwerke sind eDonkey, Gnutella und BitTorrent. Sie können also mit MLDonkey alles herunterladen, was auch mit eMule – dem bekanntesten Client für das eDonkey-Netzwerk – herunterladbar ist.

MLDonkey besteht aus dem sogenannten MLDonkey-Server, der Dateien aus dem Internet herunterlädt, und einem MLDonkey-Client. Dieser dient lediglich der Bedienung, wenn die Downloads nicht über Telnet oder einen Webbrowser stattfinden sollen.

Starten Sie den MLDonkey-Server als Benutzer siegfried aus dem Verzeichnis */home/siegfried/mldonkey* mit dem Befehl ./mlnet. Danach können Sie sich lokal auf dem siegfried-Server mit dem Browser über *http://localhost:4080* mit MLDonkey verbinden.

Die Oberfläche ist weitestgehend selbsterklärend (siehe Abbildung 41.33). Zunächst sollten Sie unter dem Menüpunkt SERVERS sicherstellen, dass Sie mit einem Server verbunden sind.

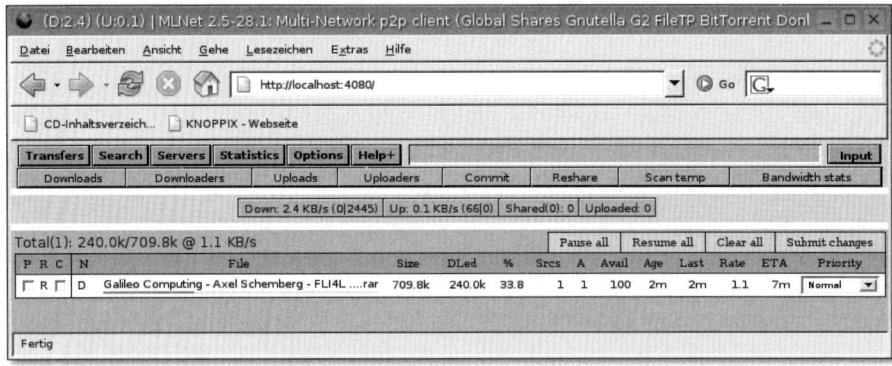

Abbildung 41.33 Downloadanzeige von MLDonkey

Damit im eDonkey-Netzwerk auf Daten unter Ihrer IP-Adresse zugegriffen werden kann, müssen Sie folgende Einstellungen an Ihrem Router beziehungsweise auf Ihrer Firewall freischalten. Leiten Sie die entsprechenden Ports jeweils an den PC weiter, auf dem MLDonkey läuft. Üblicherweise wird die Funktion in DSL-Routern *Virtual Server* genannt. Diese Weiterleitungen sind unabhängig vom verwendeten Client und spezifisch für jedes Peer-to-Peer-Netzwerk einzurichten. An je mehr Netzwerken Sie teilnehmen, desto mehr Lücken hat Ihre Firewall.

Netzwerk	Protokoll	MLDonkey-Port	Konfigurationsfile
eDonkey	TCP	4662	donkey.ini
eDonkey	UDP	4666	donkey.ini
Gnutella	TCP+UDP	6346	gnutella.ini
Gnutella2	TCP+UDP	6347	gnutella2.ini
BitTorrent	TCP	6882	bittorrent.ini

Tabelle 41.1 TCP- und UDP-Ports für MLDonkey

Wenn Sie die richtigen TCP- und UDP-Ports weiterleiten, dann müssen Sie eine gute Verbindung bekommen; das wird im eDonkey-Netzwerk durch eine hohe ID gekennzeichnet. Bei MLDonkey (siehe Abbildung 41.34) steht neben dem Server der Hinweis HI oder – wenn es nicht funktioniert hat – LO für eine Low-ID.

MLDonkey verwendet eine Datei *server.ini*, in der die Verzeichnisserver aufgelistet sind. Diese Datei entspricht der Datei *server.met* bei eMule. Sie finden aktuelle Versionen dieser Dateien mit einem entsprechenden Suchwort über eine Suchmaschine.

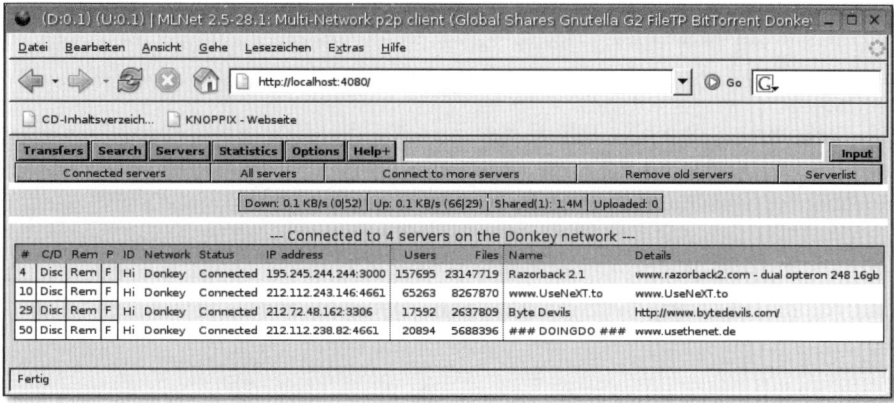

Abbildung 41.34 Serveranzeige bei MLDonkey

Wenn Sie mit den Funktionen der Weboberfläche nicht zurechtkommen, können Sie auf die spartanische Telnet-Oberfläche von MLDonkey zurückgreifen. Verbinden Sie sich mit dem Kommando `telnet localhost 4000` mit dem lokalen TCP-Port 4000 des Netzwerkservers.

Die komplett heruntergeladenen Files befinden sich unterhalb des Heimatverzeichnisses im Ordner *.mldonkey/incoming*. Der Punkt vor dem Verzeichnisnamen bedeutet, dass es sich um ein verstecktes Verzeichnis handelt, das der Befehl `ls` nur in Verbindung mit der Option `-a` anzeigt.

41.11 Time-Server

Ein entscheidender Faktor in einem gut funktionierenden LAN ist die Zeit. Auch im privaten LAN ist eine synchrone und möglichst genaue Zeit sinnvoll. E-Mails werden z. B. mit einem Zeitstempel versehen und beim Empfänger nach diesem Kriterium sortiert. Ihre Nachrichten werden bei einer falsch gehenden Uhr unter Umständen gar nicht bemerkt, weil sie sich im Posteingang in der Vergangenheit einreihen.

Jeder PC verfügt über einen eingebauten Zeitgeber, die *Real Time Clock* (*RTC*). Diese Uhr hängt an einer kleinen Batterie, ist aber trotzdem meistens sehr ungenau. Sollte keine bessere Quelle zur Verfügung stehen, dann macht sich jeder Teilnehmer im LAN mit seiner RTC sein eigenes Bild von der richtigen Zeit.

Neben dieser Hardware-Zeit kennt das Betriebssystem noch die Systemzeit. Die Systemzeit kann beim Booten mit der RTC abgeglichen werden. Die Systemzeit ist dann genauso ungenau wie die Hardware-Zeit. Die Logik der Sommer- und Winterzeit wird übrigens in der Regel nicht von der RTC übernommen. Das übernimmt das Betriebssystem.

Die Systemzeit und die Hardware-Zeit können Sie mit Webmin einsehen und auch verändern. Dazu verwenden Sie das Modul HARDWARE • SYSTEMZEIT.

Wie bekommen nun alle Teilnehmer im LAN die gleiche Systemzeit? Es wäre ein sehr umständlicher Weg, die Hardware-Uhr ständig zu aktualisieren. Deswegen wurden verschiedene Protokolle entwickelt, die einen mehr oder weniger aufwendigen Zeitabgleich zulassen. Ich stelle Ihnen zunächst den Dienst *NTP* (*Network Time Protocol*) vor, der vom Netzwerkserver angeboten werden kann und von den meisten Clients im LAN ohne weitere Software verstanden wird.

Das NTP-Protokoll führt über einen ausgeklügelten Mechanismus dazu, dass selbst Rechner über große Entfernungen die Zeit sehr genau aushandeln können. Dabei wird sogar die Laufzeit der Pakete berücksichtigt. In größeren Netzwerken können dann mehrere Zeitserver die Referenzzeit vereinbaren. Ein Server, der stark von den anderen abweicht, wird dann nach einer Art Abstimmung entmachtet; der Rest bleibt weiter in Kontakt und bestimmt die Zeit im LAN. Die Server sind je nach Genauigkeit in Schichten gegliedert (*Stratum*). Je niedriger das Stratum, desto höher die Genauigkeit und Wertigkeit des Servers. Das NTP-Protokoll kommuniziert über den Port 123.

41.11.1 Zeitserver aufsetzen

Um den Zeitserver einzurichten, muss die Datei */etc/ntp.conf* bearbeitet werden. Ich stelle Ihnen zunächst die Einträge vor, die zu machen sind. Unter siegfried sind diese Konfigurationen bereits vorgenommen.

Falls kein Server zum Abgleich im Internet vorhanden ist, muss die *local clock* (dt. *lokale Uhr*) verwendet werden, die von einer Pseudo-IP-Adresse vertreten wird:

```
server 127.127.1.0
fudge 127.127.1.0 stratum 10
```

Zunächst tragen Sie einen oder besser mehrere Zeitserver aus dem Internet ein. Im Internet finden sich auf der Seite *http://www.ntp.org* Listen mit Zeitservern. Nahe gelegene Zeitserver sind aufgrund niedrigerer Paketlaufzeiten genauer. Deshalb empfehle ich Ihnen, einen lokalen Zeitserver-Pool zu nutzen. Für Deutschland ist das der Pool *de.pool.ntp.org*:

```
server 0.de.ntp.pool.org
server 1.de.ntp.pool.org
server 2.de.ntp.pool.org
server 3.de.ntp.pool.org
```

Das Driftfile speichert die Information, wie stark die Systemzeit von der Referenzzeit im Internet abweicht:

```
driftfile /var/lib/ntp/ntp.drift
```

Die Funktion des Servers testen Sie mit dem Kommando `ntpq`. Das q im Namen steht für *query* (dt. *abfragen*, *erkundigen*). Mit dem Kommando `peers` erhalten Sie einen Überblick über die NTP-Verbindungen zu seinen Servern.

Nach einigen Minuten sucht sich der lokale NTP-Client einen Server zur Synchronisation aus der Liste, den er mit einem * markiert (siehe Abbildung 41.35). Ein Server, der für diesen als Ersatz dienen könnte, wird mit einem + gekennzeichnet, vorerst nicht verwendete Server werden mit einem - versehen.

```
 192.168.4.35 - PuTTY
siegfried:/home/siegfried # ntpq
ntpq> help
ntpq commands:
addvars        debug          lopeers        passociations  rl
associations   delay          lpassociations passwd         rmvars
authenticate   exit           lpeers         peers          rv
cl             help           mreadlist      poll           showvars
clearvars      host           mreadvar       pstatus        timeout
clocklist      hostnames      mrl            quit           version
clockvar       keyid          mrv            raw            writelist
cooked         keytype        ntpversion     readlist       writevar
cv             lassociations  opeers         readvar
ntpq> peers
     remote           refid      st t when poll reach   delay   offset  jitter
==============================================================================
+ari.tomodachi.d 134.34.3.19      2 u   53   64  377   47.066   -9.932   5.600
-services.127001 143.93.99.252    2 u   50   64  377   46.762   -5.192   2.793
*zit-net1.uni-pa .DCF.            1 u   39   64  377   48.028  -29.715   3.258
+gromit.nocabal. 192.53.103.104   2 u   44   64  377   51.963  -16.238   4.526
ntpq>
```

Abbildung 41.35 »ntpq« zeigt den Status der Zeitserver.

Auch der fli4l-Software-Router hält eine Zeitserver-Funktion bereit (siehe Abschnitt 36.2.5, »fli4l konfigurieren«).

41.11.2 Clients an den Zeitserver anbinden

Die Anbindung der Clients an den Server ist einfach. In den meisten Fällen ist es auch für Windows-Betriebssysteme nicht nötig, zusätzliche Software aufzuspielen.

Linux

Entsprechend der Einrichtung des Servers sieht die Anbindung eines Linux-PCs im LAN aus. Ein Eintrag in der Datei */etc/ntp.conf* genügt:

```
server siegfried.home
```

Überprüfen Sie anschließend, dass der NTP-Dienst gestartet ist!

[»] Mit YAST2 • NETWORK SERVICES • NTP CONFIGURATION ist es zusätzlich und ohne Kommandozeile möglich, NTP zu konfigurieren.

Windows

Unter Windows können Sie über die Kommandozeile einen *SNTP*-Client (*Simple Network Time Protocol*) einrichten. Ein SNTP-Client kann seine Zeit mit einem NTP-Server abgleichen; umgekehrt funktioniert es nicht.

Klicken Sie auf START • AUSFÜHREN... und starten Sie die Windows-Eingabeaufforderung cmd. Mit einem Kommando legen Sie den NTP-Server fest:

```
net time /setsntp:<Hostname>
```

Mit dem Kommando `net time /querysntp` sehen Sie die aktuelle Konfiguration. Die Einstellungen werden permanent in der Registry-Datenbank gespeichert. Zum Schluss stellen Sie noch sicher, dass der Windows-Zeitgeber-Dienst gestartet wird. Klicken Sie auf SYSTEMSTEUERUNG • VERWALTUNG • DIENSTE, und stellen Sie sicher, dass der Starttyp des Dienstes WINDOWS-ZEITGEBER auf AUTOMATISCH steht.

[o] Auch für Windows 95/98/NT gibt es eine große Anzahl Freeware-(S)NTP-Clients. Als ein Beispiel sei an dieser Stelle nur das Programm Automachron genannt, das Sie im Verzeichnis */software/management* der Buch-DVD finden.

OS X

In der Ansicht DATUM & UHRZEIT der SYSTEMEINSTELLUNGEN können Sie im Textfeld nach DATUM & UHRZEIT AUTOMATISCH EINSTELLEN auch direkt die Adresse eines NTP-Servers eingeben, wenn Sie die von Apple bereitgestellten zugunsten Ihres eigenen nicht mehr verwenden möchten.

41.11.3 Andere Zeitdienste als NTP

Es gibt Netzwerkteilnehmer, die können mit dem NTP-Protokoll nichts anfangen. Dabei handelt es sich meistens um Hardware wie z. B. Router. Diese LAN-Teilnehmer benötigen andere Dienste wie den Time- (Port 37) oder den Daytime-Dienst (Port 13). Diese Dienste benötigen den Superdaemon `xinetd`, um laufen zu können. Der Superdaemon wird mit dem Webmin-Modul NETZWERK • ERWEITERTE INTERNET-DIENSTE (XINETD) konfiguriert.

Sie wählen zunächst einen der Zeitdienste DAYTIME und TIME aus und machen ihn mit einem Klick auf AUSGEWÄHLTE AKTIVIEREN verfügbar. Ein Klick auf STARTE XINETD startet den Dienst und macht Time und Daytime verfügbar. Mit dem Webmin-Modul SYSTEM • SYSTEM-START UND -STOP können Sie den `xinetd` beim Systemstart immer automatisch starten.

Die Funktion testen Sie mit Telnet auf den entsprechenden Port des Protokolls, also `telnet <Netzwerk-Server> 13` bzw. `telnet <Netzwerk-Server> 37`. Die Rückgabe der Zeit erfolgt über Port 13 (Daytime) in Klartext, bei Port 37 (Time) sehen Sie einen Binärcode (siehe Abbildung 41.36).

Abbildung 41.36 Die TCP-Ports 13 (Daytime) und 37 (Time) sind aktiv.

41.11.4 Systemzeit virtueller Maschinen

Sie können die Zeit eines VMware-Server-Gastes automatisch mit der – hoffentlich korrekten – Zeit des Host-Betriebssystems synchronisieren. Dazu aktivieren Sie im VMware Infrastructure Web Access die Option CONFIGURE VM • POWER • SYNCHRONIZE GUEST TIME WITH HOST. Das hat den Vorteil, dass nicht in jeder virtuellen Maschine ein eigener Zeitdienst laufen muss, der die Latenzen der Infrastruktur ausgleichen muss. Diese Art des Zeitabgleichs wirkt sich positiv auf die Performance aus.

Sie sollten sich unbedingt Zeit nehmen, um über ein Backup-Konzept für Ihren Netzwerkserver nachzudenken. Betrachten Sie dieses Kapitel als Vorbereitung für Ihre Entscheidung.

42 Netzwerk-Backup

Es geht mir nicht darum, Ihnen eine fertige Backup-Lösung vorzusetzen. Das wäre Unsinn, denn ich kenne Ihre Infrastruktur nicht. Es geht mir vielmehr darum, Ihnen die Grundbegriffe zu erläutern. Außerdem möchte ich Ihnen ein Beispielsetup vorstellen. Die Entscheidung, welches Programm und welche Strategie Sie wählen, müssen Sie letztlich aber alleine treffen.

42.1 Wozu Backup?

Ihre Daten lagen vor dem Netzwerkserver verstreut auf mehreren Clients. Eine Sicherung aller Clients ist sehr zeitaufwendig und technisch anspruchsvoll. Deshalb macht es auch kaum jemand. Sie haben auf dem Netzwerkserver oder auf dem Openfiler nun viele Aufgaben zentralisiert. Im Idealfall liegen keine unersetzlichen Daten mehr auf den anderen PCs in Ihrem Netzwerk. Auf den Festplatten des Netzwerkservers befinden sich persönliche Daten und E-Mails, Nachrichten Ihres Anrufbeantworters oder heruntergeladene Dateien. Was passiert, wenn die (nicht gespiegelte) Festplatte dieses Servers ausfällt? Wenn Sie beim Gedanken daran Zahnschmerzen bekommen, sind Sie hier richtig: beim Backup.

Es sind nicht nur defekte Festplatten, die zum Datenverlust führen. In vielen Fehlerstatistiken liegt der Faktor Mensch noch vor der Hardware. Ein falsches Kommando, und wichtige Daten können verloren sein. Wer aus Gewohnheit immer als `root` arbeitet, macht früher oder später leidvoll diese Erfahrung.

Ein weiterer Grund dafür, dass Sie ein Backup haben sollten, ist, dass Daten auch manipuliert werden können. In einem wichtigen Brief wird ein Absatz gelöscht und der Brief so gespeichert. Wochen später fällt Ihnen ein, dass der Absatz doch wichtiger sein könnte als ursprünglich angenommen. Glücklich ist der Mensch, der ein Backup hat.

Ein sehr unangenehmes Thema ist auch die mögliche Manipulation Ihrer Daten von außerhalb des LANs. Ein Teilnehmer im Netzwerk könnte beim Surfen im Internet einen Virus eingeschleppt haben. Infizierte Dateien würden Sie einfach mit nicht infizierten aus einer Sicherung überschreiben. Falls Sie einen Einbruch in Ihr System entdeckt haben, ist es außerdem ratsam, die Dateien auf der Festplatte mit den vor dem Einbruch gesicherten Daten zu vergleichen.

Im Internet finden sich eine Fülle von Free- und Shareware-Programmen. Welches davon das richtige für Sie ist, müssen Sie selbst entscheiden.

Stellen Sie sich beim Lesen dieses Kapitels bitte folgende Fragen:

- Welche Datenmenge muss gesichert werden?
- Wie häufig (z. B. wöchentlich) sollten die Daten gesichert werden?
- Welche Laufwerke und Sicherungsmedien stehen zur Verfügung?

42.2 Backup

Eine hundertprozentige Sicherheit gibt es nicht. Im Wesentlichen entscheiden Sie selbst, wie ausfallsicher Ihr Server sein soll. Das bedeutet: Je mehr Gedanken Sie sich jetzt machen, desto schneller ist das System im Fehlerfall wieder aufgebaut.

Es gibt grundsätzlich zwei Sicherungsarten: lokale Sicherungen und Sicherungen über das Netzwerk. Bei der lokalen Sicherung werden die Daten auf ein Laufwerk oder Medium des Netzwerkservers gesichert. Dabei kann es sich um ein Bandlaufwerk (z. B. DDS oder DLT), einen CD- oder DVD-Brenner oder auch eine andere Festplatte handeln. Die Sicherung von Daten in eine Datei auf der gleichen Festplatte ist natürlich nicht zu empfehlen, da bei einem Ausfall der Platte mit den Daten auch das Backup verschwunden wäre.

Netzwerksicherungen liefern die Dateien über einen anderen Netzwerkteilnehmer an ein dort angeschlossenes Gerät. Einige Freeware-Programme bieten die Sicherung in eine Netzwerkfreigabe eines anderen PCs an (z. B. mit FTP, NFS, Samba).

Nicht nur auf Sicherungslaufwerke können Sie über einen anderen PC im LAN zugreifen. Auch die Steuerung der Sicherung muss nicht lokal bleiben. Die Sicherungsdaten (*Wann* wurde *was wohin* gesichert?) können auf diese Weise vom zu sichernden System ferngehalten werden. Sollte der Netzwerkserver also Daten verlieren, wären die Informationen über die Sicherungen unversehrt.

Wenn Sie größere Mengen relativ statischer Daten sichern möchten, sollten Sie bei der Wahl Ihres Backup-Tools darauf achten, dass inkrementelle Sicherungen unterstützt werden. In einer inkrementellen Sicherung werden nur die Dateien in die Sicherung einbezogen, die sich seit der letzten Vollsicherung oder der letzten inkrementellen Sicherung verändert haben.

42.3 Restore

Im Falle eines *Restore* (Zurückspielen der Daten vom Sicherungsmedium auf die Festplatte) sollten Sie sorgfältig und mit Bedacht arbeiten. Die meisten Backup-Programme bieten Ihnen die Möglichkeit, die betroffenen Dateien und Verzeichnisse einzeln auszuwählen.

Andere Optionen können im Ernstfall sehr hilfreich sein. Mittels No Overwrite werden nur Dateien zurückgespielt, die nicht mehr vorhanden – weil z. B. versehentlich gelöscht – sind. Alle anderen Dateien bleiben unberührt. Ob und welche anderen Hilfsmittel das Backup-Programm Ihnen bietet, erfahren Sie aus der Dokumentation.

42.4 Disaster Recovery

Wenn gar nichts mehr geht, hilft nur ein Disaster Recovery. Es ist denkbar, dass das Betriebssystem nicht mehr zu retten ist. Die Basis selbst ist so in Mitleidenschaft gezogen, dass nur noch ein kompletter Restore der Partitionen hilft. Die möglichen Ursachen dafür sind vielfältig:

- Administrationsfehler
- Fehler im Filesystem
- Hardware-Ausfall
- Virenbefall

Ich empfehle Ihnen zur Vorsorge für diesen Notfall eine Image-Sicherung (siehe Abschnitt 40.4, »Personal Backup Appliance«) oder ein Systemabbild (siehe Abschnitt 42.6.4).

42.5 Areca Backup

Areca (siehe *http://areca.sourceforge.net*) ist eine in Java geschriebene Applikation. Sie ist daher für Windows und Linux verfügbar.

[o] Sie finden die Installationsdateien für Windows auf der Buch-DVD im Verzeichnis */software/administration*.

Aufgrund der Spezifika von OS X kann der Einsatz von Areca Backup hier nicht empfohlen werden. Wenn Sie ein Backup im Netzwerk vornehmen möchten, dann bietet die Apple-eigene Lösung mit der *Time Machine* (siehe Abschnitt 42.7, »Time Machine«) eine gute Alternative zu kostenpflichtigen Zusatzprogrammen von Drittherstellern.

42.5.1 Sicherungsdefinitionen

Areca bietet die Möglichkeit, verschiedene Sicherungen parallel auszuführen. Sie müssen immer zuerst eine Gruppe anlegen, auch wenn Sie nur eine einzelne Datei sichern möchten. Eine neue Gruppe legen Sie über BEARBEITEN • NEUE GRUPPE an. Sie sollten einen möglichst sprechenden TITEL wählen, damit Sie die einzelnen Sicherungsdefinitionen später nicht verwechseln. Die neue Gruppe erscheint in der Baumstruktur von Areca. Nach einem Rechtsklick auf die neue Gruppe erscheint ein Kontextmenü, in dem Sie NEUES ZIEL auswählen (siehe Abbildung 42.1).

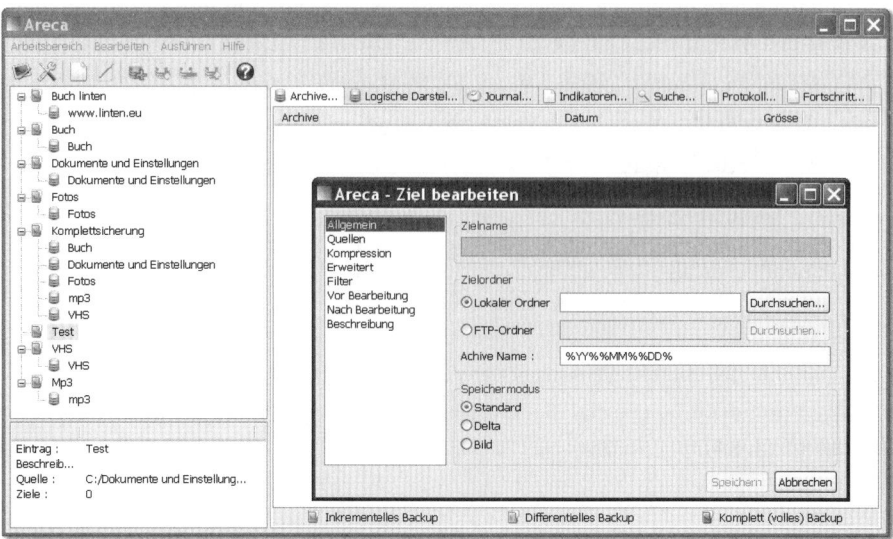

Abbildung 42.1 Die neue Gruppe TEST erhält ein Ziel.

Ein Areca Backup-Ziel beschreibt:

- was gesichert werden soll (Quelle),
- wohin gesichert werden soll (Sicherungsmedium) und
- wie die Sicherung abgelegt werden soll (z. B. komprimiert).

Als Ziel wählen Sie wieder einen möglichst sprechenden Namen. Sie bestimmen außerdem, ob in einen LOKALEN ORDNER oder über das Netzwerk in einen FTP-ORDNER gesichert werden soll.

Falls Sie sich für einen lokalen Ordner als Sicherungsmedium entscheiden, achten Sie darauf, dass die Quelle und das Sicherungsmedium nicht identisch sind. Optimal ist eine separate USB-Festplatte, die Sie nur für Sicherungszwecke verwenden und ansonsten vom PC trennen. [!]

Über den Reiter QUELLEN fügen Sie der Sicherungsdefinition nun lokale Ordner und Dateien hinzu. Als KOMPRESSION empfehle ich ZIP 64, da die Archivgröße anderenfalls begrenzt ist. Auf diese Art und Weise können Sie der Gruppe nun bei Bedarf weitere Ziele hinzufügen.

Beachten Sie, dass die Sicherungen in einer Gruppe zeitgleich durchgeführt werden. Sollten in einer Gruppe Quellen von der gleichen Festplatte oder gleiche Sicherungsmedien definiert sein, dann wirkt sich das negativ auf die Gesamtperformance aus. Der Schreib- und Lesekopf der Festplatte müsste immer zwischen den Sicherungen hin- und herspringen. Das verkürzt zudem die Lebensdauer einer Festplatte. [!]

Nach einem Rechtsklick auf die Gruppe klicken Sie auf BACKUP STARTEN, um ein Voll-Backup aller Ziele in der Gruppe durchzuführen.

42.5.2 Inkrementelle Sicherung

Wenn Sie jede Sicherung als Voll-Backup durchführen, ist das bei relativ statischen Daten eine unnötige Zeit- und Platzverschwendung. Deshalb empfiehlt es sich, nur die veränderten Dateien in eine Sicherung einzubeziehen. Dazu wählen Sie nach einem Rechtsklick auf das Ziel (nicht wie bei der Vollsicherung auf die Gruppe) den Punkt BACKUP STARTEN. Es erscheint eine neue Maske, in der Sie die Option INKREMENTELLES BACKUP wählen.

Diese Backup-Methode wird standardmäßig auch ausgeführt, wenn bereits ein Voll-Backup des Zieles gemacht wurde. An dieser Stelle müssten Sie also auch ein erneutes Voll-Backup explizit auswählen. [«]

42.5.3 Differenzielle Sicherung

Eine differenzielle Sicherung funktioniert wie eine inkrementelle Sicherung. Der Bezugspunkt der differenziellen Sicherung ist jedoch immer das letzte Voll-Backup, während eine inkrementelle Sicherung sich auch auf eine andere inkrementelle Sicherung beziehen kann.

Die DIFFERENZIELLE SICHERUNG wählen Sie wie die INKREMENTELLE SICHERUNG nach einem Rechtsklick auf das Ziel und auf BACKUP STARTEN.

42.5.4 Backup-Verknüpfungen

Nicht jeder Benutzer kann auf Anhieb ein Backup-Programm bedienen. Gerade ein Zurückspielen von Dateien sollte man vorher schon einmal geübt haben. Aber auch die Dateisicherung ist nicht für jeden PC-Benutzer so einfach, dass er von sich aus regelmäßig eine Sicherung seiner Dateien durchführen würde.

Aus diesem Grund sollten Sie für diese Benutzer eine Backup-Verknüpfung auf dem jeweiligen Desktop anlegen. Das geschieht durch einen Rechtsklick auf die Gruppe und die Auswahl EINE BACKUP-VERKNÜPFUNG ERSTELLEN. Damit erleichtern Sie gerade unerfahrenen Benutzern das Durchführen eines Backups erheblich.

42.5.5 Restore

Ich empfehle, das Zurückspielen von Dateien zu testen und damit gleichzeitig zu üben! Beim Zurückspielen von Dateien ist zwar etwas Erfahrung hilfreich, aber wirklich schwierig ist es trotzdem nicht.

Es kann vorkommen, dass Sie nicht genau wissen, in welchem Archiv die wiederherzustellende Datei gespeichert sein könnte. In diesem Fall können Sie über den Reiter SUCHE die Archive nach einzelnen Dateinamen durchstöbern.

Ansonsten erhalten Sie mit einem Klick auf das Archiv und danach auf den Reiter LOGISCHE DARSTELLUNG eine verzeichnisartige Übersicht über den Inhalt. In der Baumstruktur wählen Sie die Objekte, die Sie wiederherstellen möchten. Nach einem Klick mit der rechten Maustaste öffnet sich ein Kontextmenü, in dem Sie den Punkt DATEIEN WIEDERHERSTELLEN auswählen. Sie bestimmen danach den ORT, an dem Areca die Dateien wiederherstellen soll. Areca fügt automatisch das Verzeichnis *rcv* (Abkürzung für *recovery*, dt. *Wiederherstellung*) hinzu. Von dort können Sie die Dateien nach dem Restore an ihren ursprünglichen Ort verschieben.

42.5.6 Archive löschen und zusammenfügen

Mit der Zeit entstehen viele Sicherungen in chronologischer Reihenfolge, die Sie sich über den Reiter ARCHIVE ansehen können. Die Vielzahl der Archive kann mit der Zeit sehr unübersichtlich werden und wirkt sich außerdem negativ auf die Sicherungszeiten bei rein inkrementellen Sicherungen aus. Mit einem Rechtsklick auf ein Archiv können Sie mit der Auswahl von ARCHIVE LÖSCHEN ein nicht mehr benötigtes altes Archiv entsorgen.

Auf ähnliche Art können Sie aus mehreren Archiven ein einziges machen, indem Sie ARCHIVE ZUSAMMENFÜHREN wählen. Areca kombiniert dann alle Archive zwischen dem ältesten und jüngsten markierten Archiv.

42.6 Windows-Bordmittel

Die Sicherung von Daten ist ein wichtiger Schritt, um Sicherheit für Ihr Netzwerk zu erreichen. Windows bringt wie OS X oder Linux eigene Bordmittel mit, mit denen Sie Sicherungen anlegen können.

42.6.1 Robocopy

In Windows Vista, Windows 7 und Windows 8 ist das Kommandozeilentool `robocopy.exe` bereits enthalten, für Windows XP können Sie es von den Microsoft-Seiten herunterladen (*www.microsoft.de*); es ist Bestandteil des *Windows Server 2003 Resource Kit Tools*.

Wie der Name schon andeutet, ist es eigentlich kein klassisches Sicherungstool, sondern ein Kopierprogramm. Es eignet sich insbesondere dazu, ein Verzeichnis, z. B. *Eigene Dateien*, auf das NAS zu spiegeln. Mit den entsprechenden Parametern kopiert Robocopy nur Dateien, die sich geändert haben oder neu sind und löscht – sofern gewünscht – im Quellordner gelöschte Dateien.

Das Programm bietet etliche Aufrufoptionen, daher sollten Sie überlegen, ob Sie nicht eine kostenfrei verfügbare Programmoberfläche nutzen. Ich habe mich für *RoboGUI* (siehe *http://steppenmaus.homeserver.com/SpoonSOFT/RoboGUI*) entschieden. Über die bequeme und mit Hilfstexten versehene Oberfläche von RoboGUI (siehe Abbildung 42.2) können Sie verschiedene Kopierjobs anlegen, umfangreich konfigurieren und auch direkt einen Zeitplan für die Ausführung festlegen.

Im Gegensatz zu einigen anderen Sicherungstools arbeitet Robocopy mit maximaler Datenrate, ohne das Quellsystem dabei zu sehr zu belasten. Allerdings werden die Daten auch nicht komprimiert, sodass genug Platz auf den Zielverzeichnissen zur Verfügung stehen muss.

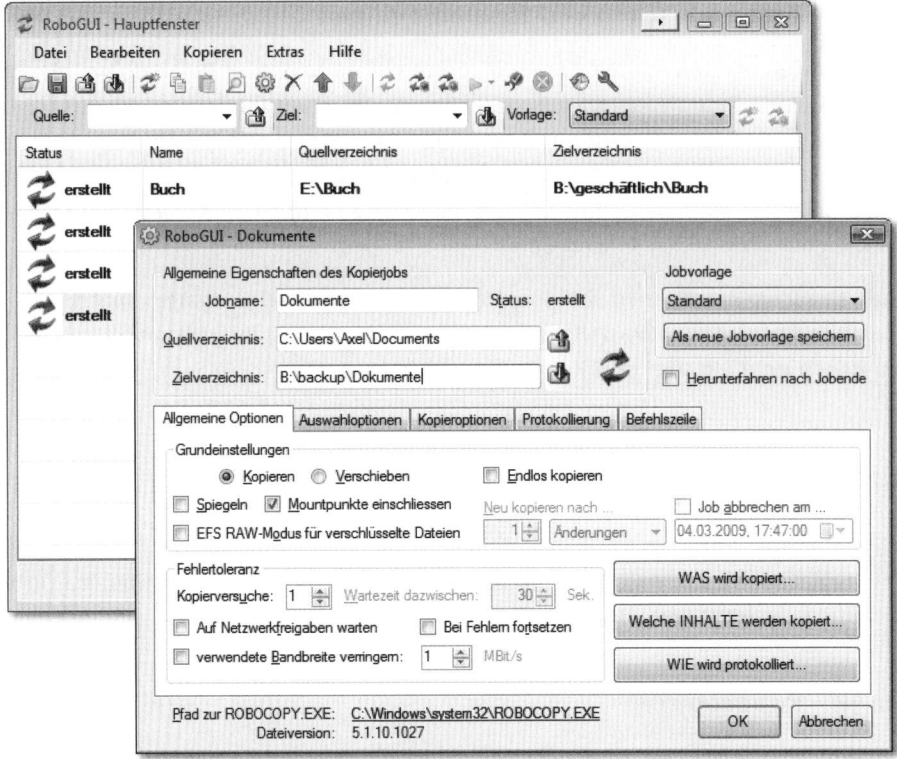

Abbildung 42.2 RoboGUI hilft beim Einrichten von Robocopy.

Ein Nachteil kann je nach Konfiguration von Robocopy sein, dass gelöschte Dateien auch in der Kopie gelöscht werden. Versehentlich gelöschte Dateien können dann in der Sicherung nicht mehr wiedergefunden werden. Außerdem können Sie nicht mehrere Versionen einer Sicherung anlegen.

42.6.2 SyncToy 2.0

Microsoft bietet mit dem SyncToy ein Programm, das speziell für die Synchronisierung von Verzeichnissen ausgelegt ist.

Die Optionsvielfalt von Robocopy bietet SyncToy nicht, doch wenn Sie nur zwei Ordner synchron halten wollen, ist es eine nette, wenn auch englischsprachige Alternative.

Zur Einrichtung wählen Sie einen Quellordner (LEFT FOLDER) und einen Zielordner (RIGHT FOLDER) aus. Die beiden bilden ein Paar und werden synchronisiert, wenn Sie als ACTION den Punkt SYNCHRONIZE wählen. Entsprechend werden im Quellverzeichnis gelöschte Dateien auch im Zielverzeichnis gelöscht. Möchten

Sie das nicht, müssen Sie CONTRIBUTE wählen. Es gibt weitere Optionen, um Verzeichnisse oder Dateien auszuschließen.

Abbildung 42.3 SyncToy kopiert von links nach rechts.

Auch bei diesem Programm handelt es sich nicht um ein klassisches Backup-Programm, das Ihnen ein komprimiertes Archiv zur Verfügung stellt, sondern auf dem NAS liegen die Dateien 1:1 wie auf dem Quell-PC. Dafür sind die Dateien nutzbar, was beispielsweise bei Musik oder Fotos oft wünschenswert sein dürfte.

Im Vergleich zu Robocopy ist SyncToy deutlich langsamer, kann beim Kopieren einer geänderten Datei aber auch deren Inhalt berücksichtigen.

42.6.3 Offlinedateien

Ein Bordmittel von Windows sind die *Offlinedateien*. Bei Windows Vista, Windows 7 und Windows 8 wird die Funktion durch das *Synchronisierungscenter* unterstützt. Eine Offlinedatei ist eine Datei auf einem Netzlaufwerk, die in einen lokalen Ordner synchronisiert wird. Das soll nach Aussage von Microsoft genutzt werden, wenn eine schlechte Netzwerkanbindung vorliegt oder die Dateien auch ohne Netzwerkanbindung bearbeitet werden sollen.

Wenn Sie eine Datei oder einen Ordner auf dem Netzlaufwerk haben, können Sie dort mittels rechter Maustaste über EIGENSCHAFTEN • OFFLINEDATEIEN • IMMER

OFFLINE VERFÜGBAR die Synchronisierung aktivieren. Um einen Zeitplan brauchen Sie sich keine Gedanken machen, die Synchronisierung wird im Hintergrund automatisch durchgeführt. Dabei kann es sein, dass es zu einem Konflikt kommt, wenn Original und Kopie bearbeitet wurden. In diesen Fällen fragt Windows nach – wie vom normalen Kopieren her bekannt –, was nun zu tun ist. Im Ordner oder in der Datei erscheint ein kleines Symbol, das die Synchronisierung anzeigt.

Im SYNCHRONISIERUNGSCENTER, das Sie in der SYSTEMSTEUERUNG finden, haben Sie den Überblick, welche Dateien synchronisiert werden und wie der Status der Synchronisierung ist.

Für die Offlinedateien gilt wie schon bei Robocopy und SyncToy, dass es kein Backup-Werkzeug im eigentlichen Sinn ist, da kein Backup-Archiv erzeugt wird.

42.6.4 Systemabbild

Ab Windows 7 ist das *Systemabbild* ins Betriebssystem integriert. Über SYSTEM-STEUERUNG • SYSTEM UND SICHERHEIT • SICHERN UND WIEDERHERSTELLEN • SYSTEMABBILD ERSTELLEN starten Sie den Vorgang. Sie wählen das Backup-Ziel, das aus einer lokalen Festplatte, einem Optical-Disc-Brenner oder einem Netzwerkshare bestehen kann. Im Anschluss an die Sicherung werden Sie gefragt, ob Sie einen SYSTEMREPARATURDATENTRÄGER erstellen möchten (siehe Abbildung 42.4).

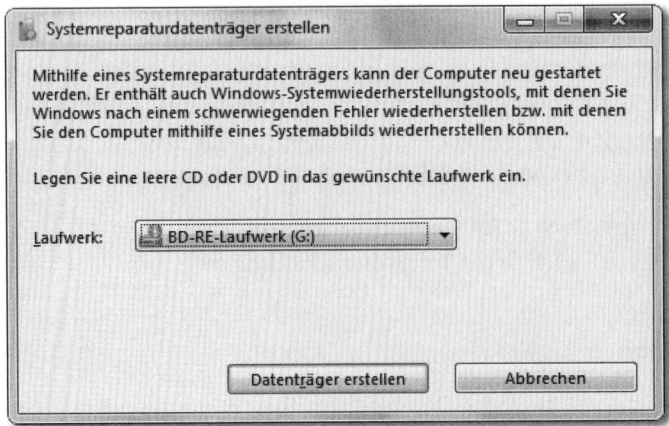

Abbildung 42.4 Der Systemreparaturdatenträger für das Disaster Recovery

Ich möchte Ihnen dringend raten, diesen anschließend gut zu verwahren. Sollte das Betriebssystem so stark in Mitleidenschaft gezogen worden sein, dass es nicht mehr startet, können Sie mithilfe des Systemreparaturdatenträgers den Restore problemlos initiieren.

42.6.5 Windows File History

Ab Windows 8 können Sie den *Dateiversionsverlauf* (siehe Abschnitt 25.1.5, »File History«) für die Sicherung und Wiederherstellung von Verzeichnissen zu definierten Zeitpunkten einsetzen.

42.7 OS X Time Machine

Wenn Sie unter OS X ein Backup über das Netzwerk erstellen möchten, dann gibt es hierbei einige Faktoren zu berücksichtigen. Zwar handelt es sich bei OS X um ein vollwertiges und sogar offiziell zertifiziertes UNIX-System, aber in vielen Punkten verhält sich OS X doch etwas anders. Dies betrifft insbesondere die Arbeit mit Dateien. OS X verwendet standardmäßig das Dateisystem HFS. Das System ist zwar in der Lage, auch auf Festplatten mit dem FAT-Dateisystem zuzugreifen und das Dateisystem NTFS zu lesen, aber ein vollständiges und wirklich funktionsfähiges Backup können Sie in der Regel nur mit einer Apple-eigenen Lösung wie Time Machine oder kostenpflichtigen Zusatzprogrammen erreichen, welche die besonderen Anforderungen der Plattform berücksichtigen.

Eine der wesentlichen Anforderungen an ein Backup-System besteht in der korrekten Handhabung der erweiterten Dateiattribute, die unter OS X viele Aufgaben wahrnehmen und manchmal nicht nur zusätzliche Informationen einer Datei speichern, sondern in Ausnahmefällen auch den eigentlichen Inhalt. Auch wenn es sich beim letzten Fall eher um eine Altlast aus der Zeit des klassischen Mac OS handelt, sollten Sie dies bei den Überlegungen bezüglich Ihrer Backup-Strategie im Hinterkopf behalten.

Eine recht einfach zu konfigurierende Variante besteht im Einsatz von Time Machine, der hauseigenen Lösung des Systems. Sowohl die Servervariante von OS X als auch die AirPort-Basisstation sind in der Lage, Ordner und Festplatten im Netzwerk freizugeben, die als Ziel für eine Sicherung mit Time Machine genutzt werden können. Ferner bietet Apple mit Time Capsule eine modifizierte AirPort-Basisstation an, die zusätzlich eine Festplatte enthält.

Wenn Sie die freigegebenen Ordner oder die über die AirPort-Basisstation im Netzwerk bereitgestellten Festplatten unter OS X im Finder eingebunden haben, können Sie diese als Ziel für ein Backup im Netzwerk verwenden. Wenn Sie bereits Time Machine nutzen, können Sie in der Ansicht TIME MACHINE der SYSTEMEINSTELLUNGEN über die Schaltfläche BACKUP-VOLUME HINZUFÜGEN ODER ENTFERNEN ein Panel aufrufen. In diesem Panel werden alle Festplatten und eingebundenen Ordner aufgeführt, die als Zielmedium für ein Time-Machine-Backup geeignet sind.

42 | Netzwerk-Backup

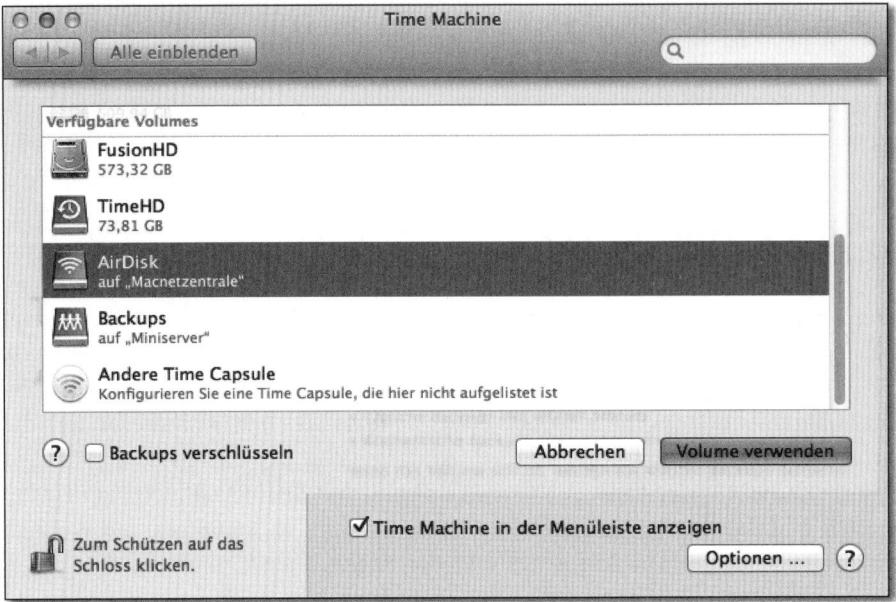

Abbildung 42.5 Als Zielmedium für das Backup wird ein freigegebener Ordner verwendet.

In Abbildung 42.5 wird der im Netzwerk von der Basisstation MACNETZENTRALE freigegebene Ordner AIRDISK als Zielmedium für das Backup ausgewählt. Über die Schaltfläche ANDERE TIME CAPSULE starten Sie das AIRPORT-DIENSTPROGRAMM und können dort analog zu einer normalen Basisstation Time Capsule konfigurieren.

Wenn Sie auf diese Weise eine Freigabe im Netzwerk konfiguriert haben, beginnt das System mit der Erstellung des ersten Backups. Dieser Vorgang kann mehrere Stunden dauern. Gesichert wird hierbei neben Ihren Daten im persönlichen Benutzerordner auch das gesamte Betriebssystem. Wenn Sie auf diese Sicherung verzichten möchten und somit Speicherplatz auf dem Zielmedium sowie Zeit sparen möchten, können Sie die zum Betriebssystem gehörenden Verzeichnisse von der Sicherung ausschließen. Hierzu rufen Sie über die Schaltfläche OPTIONEN das Panel auf, in dem die Ordner aufgeführt werden, die vom Backup ausgeschlossen sind. Über das Pluszeichen fügen Sie jetzt einen Ordner hinzu. Wenn Sie den Ordner SYSTEM auf Ihrem Startvolume auswählen, erhalten Sie die Rückfrage, ob Sie ALLE SYSTEMDATEIEN AUSSCHLIESSEN möchten. Wenn Sie zustimmen, werden nur die Dateien und Ordner im Backup gesichert, die nicht zum System gehören.

Abbildung 42.6 Es ist möglich, alle Systemdateien vom Backup auszuschließen.

Das Backup wird auf dem Zielmedium nicht in Form einzelner Dateien und Ordner gesichert. Vielmehr wird ein Festplattenabbild erstellt, dessen Bezeichnung dem Namen Ihres Systems entspricht. Innerhalb dieses Festplattenabbilds mit der Dateiendung .SPARSEBUNDLE befindet sich dann die Dateistruktur des Backups.

Ein wirklich zuverlässiges Backup können Sie mit Time Machine im Netzwerk eigentlich in erster Linie dadurch erzielen, dass Sie die Geräte von Apple nutzen. Die handelsüblichen NAS-Festplatten nutzen in der Regel das Projekt Netatalk, um Verzeichnisse über das *Apple Filing Protocol* (*AFP*) freizugeben. Hier müssen Sie darauf achten, dass Ihr Gerät AFP mindestens in der Version 3.3 unterstützt. Sollte dies nicht der Fall sein, was bei vielen älteren Geräten wahrscheinlich ist, dann sollten Sie von der Nutzung als Zielmedium für Time Machine unbedingt absehen. Im Internet kursieren verschiedene Hacks, mit denen sich Sicherungen entgegen der Vorgaben von Apple erzwingen lassen, aber von deren Nutzung ist unbedingt abzuraten. Im schlimmsten Fall verfügen Sie über ein Backup, das zwar vollständig und funktionsfähig wirkt, müssen aber bei der Rekonstrukion von Daten feststellen, dass die Sicherungskopie korrupt ist.

42.8 Cloud Backup

Ein zentrales Backup hat viele Vorteile. Durch die räumliche Nähe des Originals und des Backups können jedoch auch beide gleichzeitig in Mitleidenschaft gezogen werden. Die Folge ist ein totaler Datenverlust.

Ein dezentrales Backup in der Cloud (siehe Kapitel 45, »Cloud-Computing«) ist dieser Gefahr nicht ausgesetzt. Viele kommerzielle Anbieter stellen den Speicherplatz und die passende Backup-Software als Gesamtpaket zur Verfügung.

42.8.1 Amazon S3

Der allgemeine Onlinespeicher von Amazon S3 (siehe Abschnitt 45.3.2, »Amazon S3«) lässt sich im Speziellen auch für Backups nutzen. Es gibt diverse S3-Backup-Clients für Windows, Linux und OS X.

Auch auf einigen NAS-Systemen ist bereits ein S3-Client installiert. Der Hersteller QNAP ermöglicht eine einfache Datensynchronisation mit dem Amazon-S3-Speicher (siehe Abbildung 42.7). Die *Replikationsaufträge* entsprechen einer Backup-Definition.

Abbildung 42.7 Daten vom QNAP NAS werden in die Cloud repliziert.

42.8.2 File History in die Cloud

Die Funktion *File History* (siehe Abschnitt 25.1.5, »File History«) können Sie nicht nur mit einem USB-Laufwerk, sondern auch mit einem Netzlaufwerk verwenden. Warum sollten Sie nicht ein Netzwerklaufwerk aus der Cloud, wie z. B. Microsoft SkyDrive (siehe Abschnitt 45.3.1, »Microsoft Skydrive«) oder Dropbox (siehe Abschnitt 45.3.3, »Dropbox«), für diesen Zweck verwenden?

[!] Beachten müssen Sie natürlich die verfügbare Bandbreite. Das Backup Ihrer Heimvideosammlung gehört wahrscheinlich nicht in die Cloud.

LAN und WLAN eignen sich hervorragend, um Musik, Video und Fotos überall im Haus verfügbar zu machen. Spezielle Clients können auf bereitgestellte Streams zugreifen.

43 Streaming Media

Ein *Video-Stream* (deutsch: *Video-Strom*) sind direkt empfangbare Bild- und Toninformationen. Demgegenüber ist beispielsweise die Übertragung einer MPEG-4-Datei über das LAN lediglich ein Datenstrom. Der Vorteil des Streamings ist also, dass die empfangenen Daten von verschiedenen Geräten (PCs, Mediacenter, Internetradio usw.) empfangen und wiedergegeben werden können.

Stellen Sie sich vor, dass Sie Ihre Videosammlung auf dem NAS für alle im LAN verfügbar machen möchten. [zB]

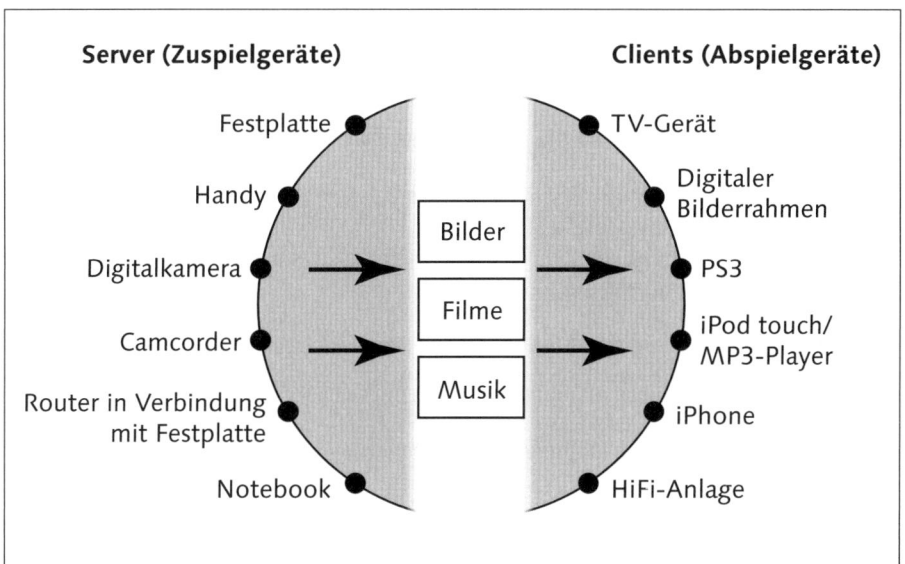

Abbildung 43.1 DLNA-Teilnehmer; Quelle: *http://conrad.de*

Sie können diese vom NAS auf verschiedene PCs streamen oder aber auch ein Mediacenter nutzen, also eine Set-Top-Box, die an den Fernseher angeschlossen wird. Geräte die problemlos zusammenarbeiten, werden oft mit dem DLNA-Siegel beworben.

Die *Digital Living Network Alliance* (*DLNA*) ist eine Organisation ähnlich wie die Wi-Fi Alliance. Sie hat einen Katalog von Prüfkriterien aufgestellt, die Geräte erfüllen müssen, wenn sie DLNA-kompatibel sein wollen. Die Möglichkeiten, die Ihnen DLNA gibt, sind vielfältig (siehe Abbildung 43.1).

Die Tabelle 43.1 gibt die Datenraten für digitalen Satellitenempfang, DVD und HDTV an.

	DVB-S	DVD	Full-HD
Video-Codec	MPEG-2	MPEG-2	MPEG-4
Videoverfahren	VBR	VBR	CBR
Audio-Codec		diverse	AAC
max. Videorate	5 Mbit/s	9,8 Mbit/s	27 Mbit/s
max. Audiorate	k.A.	912 Kbit/s	640 Kbit/s
typische Videorate	--	3,5 bis 5 Mbit/s	25 Mbit/s
typische Audiorate Stereo	--	64 Kbit/s	224 Kbit/s
typische Audiorate AC3	--	448 Kbit/s	448 Kbit/s

Tabelle 43.1 Videodatenraten

Dabei handelt es sich um die reinen Video- oder Audiodaten. Wie Sie ja sicher wissen, müssen diese noch in weitere Paketformate eingepackt werden (IP, UDP usw.), und dadurch entsteht zusätzlicher Bandbreitenbedarf.

Bei einer normalen DVD in Stereoqualität habe ich im LAN eine Übertragungsrate von 7 bis 10 Mbit/s festgestellt. Da eine DVD mit variabler Bitrate (VBR = Variant Bit Rate, CBR = Constant Bit Rate) arbeitet, schwankt die zu übertragende Menge je nach Häufigkeit von Bildwechseln.

Das in Europa eingesetzte *PAL*-Verfahren (*Phase Alternating Line*) für die Übertragung von Fernsehen benötigt insgesamt 4 bis 6 Mbit/s für Video- und Audiodaten. Wenn Sie gute Qualität möchten und *HDTV* (*High Definition Television*) schauen wollen, steigt die Bandbreite auf 25 Mbit/s.

43.1 Protokolle und Codecs

Es gibt eine Fülle von Streaming-Protokollen und Codecs. Alle haben Vor- und Nachteile. Allerdings kann man nicht vom Codec auf die tatsächliche Qualität schließen, weil beim Streaming weitere Faktoren wie eine konstante Übertragung (insbesondere bei Internet-Streams ein Thema) und die Vorverarbeitung wichtig sind: Eine alte TKKG-Kassette klingt auch dann schlecht, wenn man sie mit Ogg bei 256 Kbit/s streamt.

Wenn die Medienquelle in einem Format codiert ist, welches das Empfangsgerät nicht verstehen kann, muss das Signal transcodiert. werden. Viele Medienserver bieten das on-the-fly an. Der Vorgang benötigt jedoch Rechenleistung – was nicht selten zu unliebsamen Rucklern und Aussetzern beim Anschauen von Videos führt. [!]

43.1.1 Audio-Codecs

Der Vergleichsstandard von Audio-Codecs ist die CD. Es gibt eine Reihe von sogenannten Hörtests, bei denen verschiedene Codecs bei unterschiedlichen Musikrichtungen miteinander vergleichbar gemacht werden. Ziel aller verlustbehafteten Codecs ist es, *Transparenz* zu erreichen. Gemeint ist, dass ein Hörer keinen Unterschied im Vergleich zu einer CD hört.

Beim Streaming sind zurzeit folgende Codecs am Markt weitverbreitet:

- MP3
- WMA
- AAC+
- Ogg

Das bekannte und weitverbreitete MP3-Format ist von sehr vielen Playern abspielbar. Bei Internetradios ist dieses Format ebenso beliebt wie bei der Umwandlung der privaten CD-Sammlung.

Microsoft gibt es *Windows Media Audio* (*WMA*). Im Gegensatz zu MP3 können bei WMA auch digitale Rechte vergeben werden, was als *Digital Rights Management* (*DRM*) eine Zeit lang populär war. Insbesondere, wenn sehr niedrige Bandbreiten von weniger als 96 Kbit/s gestreamt werden sollen, kann WMA eine gute Alternative sein, denn in diesem Bereich sinkt die Qualität von MP3 stark ab.

Man darf ihn durchaus den Nachfolger von MP3 nennen, den Codec *Advanced Audio Coding* (*AAC*). Er wurde wie MP3 maßgeblich vom Fraunhofer Institut entwickelt. Das Kodierungsverfahren wurde deutlich verbessert und erzeugt nun bei gleicher Datenrate wesentlich natürlicheren Klang. Eine weitere Verbesserung gegenüber MP3 ist die Möglichkeit, mehr als zwei Kanäle – also mehr als Stereo – zu verarbeiten, konkret 5.1- oder 7.1-Sound. Die Variante *AAC+* kommt insbesondere bei niedrigen Datenraten von weniger als 96 Kbit/s zum Einsatz und bietet dann verbesserten Klang.

Im Gegensatz zu AAC ist Ogg ein Open-Source-Format und somit lizenzfrei nutzbar. Es erreicht ähnliche Qualität wie AAC und bietet auch die Möglichkeit, 5.1- oder 7.1-Sound zu verarbeiten.

Dabei hängt die Qualität von der Musikart ab, die gehört wird, von den eigenen Präferenzen – üblicherweise wird die durchschnittliche Meinung von »Otto Normalhörer« geprüft – und der Version des eingesetzten En-/Decodierers.

43.1.2 Video-Codecs

Im LAN werden für das Streaming üblicherweise folgende Codecs verwendet:

- MPEG-2
- MPEG-4/H.264/AVC
- DivX/Xvid

Dagegen wird im Internet *Windows Media Video* (*WMV*) bei Video-on-Demand und Flash-Video[1] bei kostenfreien Clips genutzt.

Der bekannte Standard *MPEG-2* wird insbesondere beim digitalen TV-Rundfunk eingesetzt: DVB-T und DVB-S. Auch die DVD verwendet diesen Codec.

Standardisiert ist der Nachfolger *MPEG-4*, der unter vielen Namen und in vielen Varianten vorkommt. So nutzt das bekannte DivX ebenso MPEG-4, wie Xvid oder Nero Digital. Die Datenrate ist bei gleicher Qualität deutlich geringer als bei MPEG-2.

Für den Einsatz im Bereich der Onlinevideotheken eignet sich wegen der DRM-Integration WMV und wird dort häufig genutzt.

43.1.3 Streaming-Dienste

Damit ein Video im LAN vom Sender zum Empfänger kommt, müssen die beiden sich kennen. Der Streaming-Server muss den Streaming-Clients im Netzwerk mitteilen, dass er seine Dienste anbietet. Ein Streaming-Client kann sich dann verbinden und auf die Medien zugreifen, die der Streaming-Server bereithält.

Unter Windows ermöglicht *UPnP AV* (siehe Kapitel 21, »Universal Plug and Play«) diese Dienste. Es gibt drei Funktionen:

---

1 Der Codec heißt VP6, gebräuchlich ist aber die Bezeichnung Flash-Video.

- *Mediaserver*: stellt Medien bereit
- *Control Point*: zeigt und sortiert Medien, sorgt für die Wiedergabe an einem Renderer
- *Media Renderer*: gibt Medien wieder

Wenn man die Funktionen übersetzt, ist der Mediaserver der Streaming-Server, während Control Point und Media Renderer Funktionen des Streaming-Clients sind.

Erstaunlicherweise gibt es für UPnP AV kaum Clientsoftware. Während jedes Internetradio UPnP AV (Streaming-Client) und auch eine große Anzahl von NAS-Geräten als Streaming-Server über UPnP agieren, kann derzeit weder VLC noch der Windows Media Player als UPnP Control Point dienen.

Der *Windows Media Player* (WMP) kann ab Version 11 unter Vista oder Windows 7 auch UPnP Control Point sein, stellt allerdings gewisse Anforderungen an den Mediaserver, sodass die Auswahl und Wiedergabe von Mediainhalten nicht zuverlässig funktioniert. Mit anderen Worten: Nicht in jedem Fall sind die per UPnP zur Verfügung gestellten Medien mit dem WMP 11 abrufbar. Seinerseits bietet der WMP 11 selbst auf Wunsch Medien per UPnP im LAN an.

Wenn Sie prüfen möchten, ob die Daten per UPnP korrekt im LAN bereitgestellt werden, können Sie bei der Firma Cidero (siehe *http://www.cidero.com*) eine kostenfreie Software herunterladen (siehe Abbildung 43.2), die auch einen Control Point, also einen UPnP Client, mitbringt.

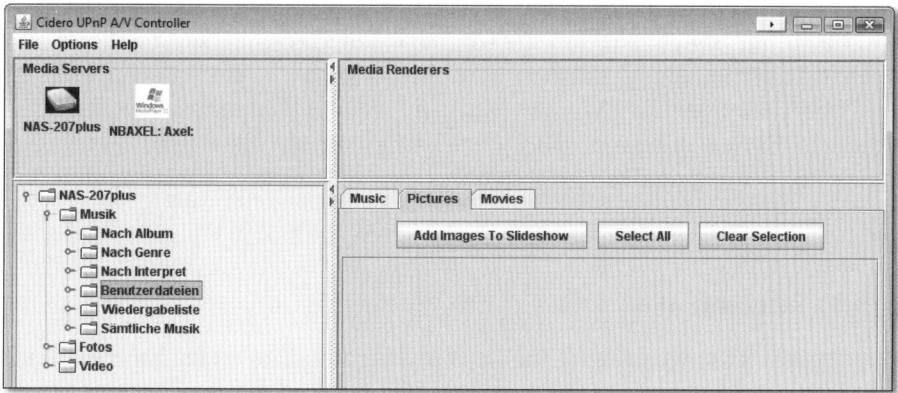

Abbildung 43.2 Cidero UPnP A/V Controller

Eine Alternative zu einer gesonderten Software ist ein Netzwerkmitschnitt mit Wireshark (siehe Abschnitt 29.1, »Wireshark«). Filtern Sie auf die IP-Adresse

239.255.255.250; über diese Multicast-Adresse werden die Informationen bei UPnP ausgetauscht. Der Inhalt eines UPnP-Paketes ist ein HTML-Header.

Einige Streaming-Server bieten zusätzlich die Möglichkeit, Medien via Bonjour im Netzwerk zu verteilen.

43.2 Streaming-Hardware

Immer den PC für die Wiedergabe von Videos, Musik oder Fotos laufen zu lassen ist unbequem. Schöner ist es, wenn ein Radio oder die Musikanlage sich um die Wiedergabe kümmert. Nebenbei bemerkt: Es klingt auch besser.

43.2.1 Digitaler Bilderrahmen

Dank digitaler Fotokameras wachsen heute Fotoordner schneller, und nicht selten sind etliche Fotos enthalten. Wie bei den Papierbildern schaut man sich die Fotos eigentlich viel zu selten an. Abhilfe versprechen digitale Bilderrahmen, die Fotos der Fotosammlung als Diashow anzeigen. Immer mehr Bilderrahmen unterstützen WLAN, sodass Sie per UPnP oder per RSS-Feed auf Ihre Fotos zugreifen können.

Der Bilderrahmen kann dann eine zufällige Auswahl aus all Ihren digitalen Fotos zeigen; es werden garantiert viele Erinnerungen geweckt. Ich halte die Speicherkartenlösung nicht für optimal, denn die Lust, permanent neue Fotos auf die Speicherkarte zu bannen, sinkt mit der Zeit genauso wie die Übersichtlichkeit.

Spezielle Dienstseiten wie *http://www.framechannel.com* bieten zusätzlich zur eigenen Bildersammlung auf dem NAS die Möglichkeit, auch Nachrichten eines RSS-Feeds oder den Wetterbericht auf dem Bilderrahmen zwischen die eigenen Fotos einzustreuen. Über eine E-Mail-Adresse kann man leicht neue Bilder auf den Bilderrahmen schicken oder auf diesem Weg von Freunden ihre Schnappschüsse bekommen.

43.2.2 Internetradio

Verschiedene Lösungen ringen um die Gunst der Kunden. Ich konzentriere mich bei meiner Betrachtung auf die weitverbreiteten Internetradios. Technisch gibt es zu den teureren Hi-Fi-Komponenten aus der Sicht eines Netzwerkers keinen großen Unterschied.

Internetradios greifen per LAN oder WLAN auf eine stetig wachsende Anzahl von Internetradiostationen zu. Zusätzlich wird die eigene Musiksammlung per UPnP im Netzwerk gefunden und wiedergegeben. Die Unterstützung von Codecs ist breit gestreut: MP3, WMA, AAC oder Ogg gehören auch bei günstigen Geräten zum Standardumfang. Das ist auch notwendig, denn die Streaming-Formate im Internet sind vielfältig. Bei privaten Musiksammlungen dominiert MP3; mit guten Encodern gibt es auch keinen Grund, ein anderes Format zu nutzen. Ebenso ist es Geschmacksache, ob LAN oder WLAN genutzt wird. Bei den vergleichsweise geringen Bandbreiten von meist weniger als 256 Kbit/s sollte kein WLAN überfordert sein.

Was bieten die Einsteigergeräte? Über ein mehrzeiliges Display, einige wenige Funktionstasten und eine kleine Fernbedienung steuert man das Gerät. Am Display können Sie sich für die Wiedergabe von UPnP-Mediendaten oder Internetradio entscheiden. Bei UPnP wird Musik nach Kategorien wie Album, Künstler, Genre oder Wiedergabelisten angeboten. Das funktioniert nur, wenn entsprechende Metadaten hinterlegt sind oder ermittelt werden können – eine Leistung des UPnP-Mediaservers. Er hat eine entsprechende Datenbank anhand der vorhandenen Musik aufgebaut.

Entscheiden Sie sich für Internetradio, können Sie nach Ländern, Musikgeschmack oder nach einem konkreten Namen suchen. Je nach Gerät können Radios mit geringer Bandbreite ausgefiltert werden. Auf jeden Fall haben Sie die Qual der Wahl, und Sie werden schnell feststellen, dass es mühselig ist, diese Arbeit mit einer Fernbedienung und einem zweizeiligen Display zu erledigen. Diese Erkenntnis ist auch den meisten Herstellern gekommen, und sie kooperieren mit speziellen Webseiten, an denen das Radio angemeldet wird. Auf den Webseiten können Sie Ihre Lieblingsradiostationen mit dem PC suchen, Probe hören und dann zu den Favoriten hinzufügen. Auf diese greifen Sie dann über das Radio zu.

Viele Hersteller setzen auf *http://www.reciva.com*, andere favorisieren hingegen *http://www.lastfm.de*. Während Reciva das Verwalten von Radiostationen vereinfacht, erzeugt Last.fm ein am Musikgeschmack des einzelnen Nutzers ausgerichtetes »Radio«. Der Nutzer kann stundenlang seine Musik hören, ohne dass ein Radiomoderator eine Staumeldung zwischendurch preisgibt.

43.2.3 TV Media Player

Video-Streaming-Clients werden üblicherweise von den DSL-Providern im Rahmen eines TV-Angebots vergünstigt an die Kunden verkauft und oft als Media Player bezeichnet. Unabhängig von den technischen Möglichkeiten sind diese Geräte meist auf das Anbieterportal festgelegt. Auch wenn neben Video- auch Audio-Streaming oder die Wiedergabe von Fotos beherrscht wird, wird es von der Software meist nicht unterstützt. Daher hat sich eine ganze Reihe von Umbauprojekten etabliert, welche die vorhandene Software ersetzen oder zumindest ergänzen.

Die Geräte werden wie ein Receiver über SCART, AV oder HDMI an den Fernseher angeschlossen und über eine gesonderte Fernbedienung gesteuert. Ein Anschluss für die Hi-Fi-Anlage sorgt für ordentlichen Klang. Aus Netzwerksicht betrachtet handelt es sich bei den Geräten um UPnP-AV-Clients, sofern UPnP unterstützt wird.

[»] In einem reinen Mac-Umfeld ist interessant, sich Produkte wie Apple TV anzuschauen, weil dieses sich mittels Bonjour-Protokoll sehr gut in die Mac-Umgebung integriert. Für Windows-Benutzer ist dies meiner Meinung nach eher uninteressant. Das Gerät ist eng in iTunes integriert; so können recht einfach im iTunes Store gekaufte Filme oder Musik über Apple TV wiedergegeben werden.

Beim Kauf eines Gerätes sollten Sie auf breite Formatunterstützung achten, sodass hoffentlich auch Filme der nächsten Jahre noch über das Gerät wiedergegeben werden können.

Bei Full-HD in Kombination mit WLAN sollten Sie Skepsis walten lassen. Wenn WLAN nach 11n zum Einsatz kommt, ist immer noch fraglich, ob am gewünschten Abspielort eine permanente Datenrate von 25 Mbit/s zur Verfügung steht. Achten Sie auf Rückgabemöglichkeiten, wenn es in Ihrer Umgebung nicht funktionieren sollte.

Der Vorteil der Lösung ist, dass sie neben Audio auch Video und Fotos umfasst. Dabei sollte das Bildmaterial über HDMI an den Fernseher übermittelt werden, um eine möglichst hohe Qualität zu erreichen und nicht auf minderwertige Analog-/Digitalwandler angewiesen zu sein. Das Erlebnis ist nur vollkommen, wenn auch Ihr Fernseher HDMI bietet.

43.2.4 TV-Geräte

Viele moderne Fernseher beherrschen DLNA. Über LAN oder WLAN können mehrere Server im Netzwerk erkannt werden. Fotos, Videos und Musik werden z. B. in das Wohnzimmer gestreamt und über die vorhandenen Hi-Fi-Geräte genossen.

43.2.5 Spielekonsolen

Gleiches gilt in der Regel für Spielekonsolen. Sie sind häufig netzwerkfähig und mittels HDMI-Kabel an einen Fernseher angeschlossen. Für die Sony Playstation 3 existiert mit dem PS3 Media Server (siehe *http://www.ps3mediaserver.org*)

sogar ein speziell entwickelter Medienserver. Er stellt aber auch für andere Streaming-Clients eine gute Alternative dar. Er wurde in Java entwickelt und ist daher weitgehend unabhängig vom Betriebssystem.

43.2.6 Smartphones

Auch für Smartphones existieren diverse DLNA-Clients. Dass es auch diverse DLNA-Server gibt, ergibt auf den ersten Blick vielleicht nur wenig Sinn. Viele nutzen die guten Kameras der Smartphones aber für hochauflösende Schnappschüsse und können das Ergebnis via WLAN und DLNA gleich auch auf größeren Displays in voller Auflösung darstellen.

43.2.7 Router

Ein Router eignet sich ideal als Zuspielgerät für die heimische MP3-Sammlung, da er sich in der Regel im Dauerbetrieb befindet. Deshalb können Sie an viele Modelle einen USB-Speicher anschließen und den Inhalt über DLNA im Netzwerk anbieten.

43.2.8 NAS-Speicher

Das optimale Zuspielgerät für Videos, Fotos und Musik ist der Netzwerkspeicher. Benutzer legen ihre Dateien auf Shares ab. Dort werden sie vom DLNA-Server erkannt und umgehend als Stream angeboten.

43.3 Streaming-Software

Sie müssen sich nicht zwingend neue Hardware kaufen, wenn Sie das Netzwerk-Streaming ausprobieren möchten.

43.3.1 Betriebssysteme

Alle modernen Betriebssysteme für den Heimbetrieb unterstützen DLNA. Auch zwischen PCs ist das Streamen also problemlos möglich (siehe Abbildung 43.3). Je moderner die Software, desto besser funktioniert der Stream.

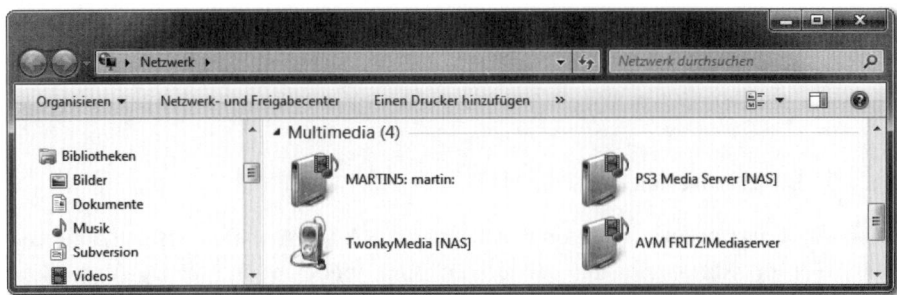

Abbildung 43.3 Ein PC, zwei Medienserver auf einem NAS und ein Router bieten Multimediainhalte per DLNA.

Unter Windows 7 und Windows 8 wird die Freigabe des Streams über die Heimnetzgruppe (siehe Abschnitt 25.2.5, »Homegroup«) geregelt. Die Rechte eines dem Server bereits bekannten Streaming-Clients können über START • SYSTEMSTEUERUNG • HEIMNETZGRUPPEN- UND FREIGABEOPTIONEN AUSWÄHLEN • MEDIENSTREAMINGOPTIONEN AUSWÄHLEN verwaltet werden (siehe Abbildung 43.4).

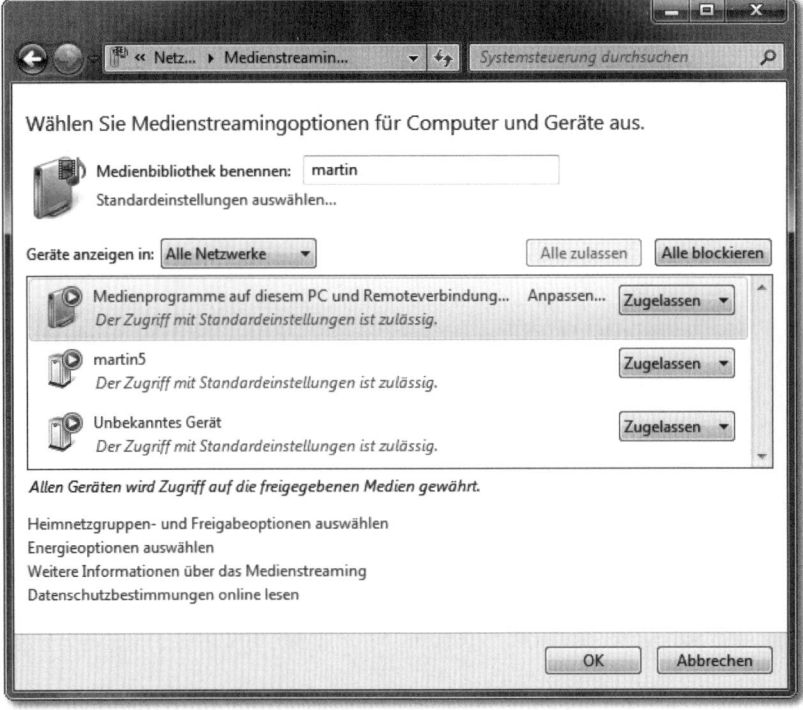

Abbildung 43.4 Streaming mit den Mitteln des Windows-Betriebssystems

Ein mit der Heimnetzgruppe verbundener Streaming-Client kann auch mit dem Windows Media Player über WIEDERGABE • WIEDERGEBEN AUF vom Server aus angesteuert werden.

43.3.2 Video-Streaming mit dem VLC media player

Manche von Ihnen kennen den *VLC media player* vermutlich, weil die Software viele Videoformate unterstützt. Im Internet finden Sie VLC unter *http://www.videolan.org*.

Funktionen

Sie können mit dem VLC media player lokale Dateien, lokale DVDs, lokale Video-CDs (VCDs) oder Bilder von an diesem PC angeschlossenen anderen Videoquellen ansehen. VLC unterstützt eine Vielzahl von Video- und Audioformaten. Von vielen andern Videoplayern unterscheidet sich VLC aber durch seine Streaming-Funktion. Jede Datei, DVD oder Videoquelle, die Sie lokal ansehen, können Sie auch über das LAN streamen. Dabei steht es Ihnen frei, in Echtzeit die Datenrate zu reduzieren oder das Format zu konvertieren.

Voraussetzungen

Damit Sie erfolgreich Video streamen können, müssen Sie einige Hardware-Anforderungen erfüllen. Ihr LAN sollte in der Lage sein, einen Datendurchsatz von 10 Mbit/s zu leisten. Diese Bandbreite reicht für eine DVD im Allgemeinen aus. Das bedeutet, WLAN nach IEEE 802.11b (11 Mbit/s) ist ungeeignet, und auch ein Ethernet mit 10 Mbit/s wird zu langsam sein. Wenn die Daten zwingend über langsames WLAN, Powerline oder andere langsame Datenverbindungen gesendet werden sollen, müssen Sie die Datenrate begrenzen.

Der Empfänger-PC sollte hinreichend schnell sein. Wenn der PC zu langsam ist, um dort mit VLC lokal eine DVD zu schauen, dann ist er auch zu langsam, um den Video-Stream einer DVD zu empfangen und anzuzeigen. PCs, die in den letzten drei Jahren gekauft wurden, sind allesamt geeignet.

Bei einem Core-2-Duo-Prozessor erzeugt die Wiedergabe einer DVD etwa 10 bis 20 Prozent CPU-Last. Allerdings habe ich festgestellt, dass ohne weitere Einstellungen ein lediglich gestarteter VLC schon 50 Prozent CPU-Last unter Vista erzeugte. Grund war die fehlerhafte Videoausgabe STANDARD. Nachdem ich die Einstellungen zurückgesetzt habe und danach die Videoausgabe auf WINDOWS GDI-VIDEOAUSGABE änderte (siehe Abbildung 43.5), sank die CPU-Last nach dem Neustart von VLC auf 0 Prozent.

[!]

Abbildung 43.5 VLC-Videoeinstellungen auf »Windows GDI-Videoausgabe« ändern

VLC ist freie Software und steht für alle gängigen Betriebssysteme (Windows, Linux, OS X) zur Verfügung.

Bedienung

Auf dem Empfänger-PC starten Sie VLC und wählen aus dem Menü MEDIEN den Punkt NETZWERK ÖFFNEN. Wählen Sie bei PROTOKOLL den Eintrag UDP aus, und klicken Sie auf WIEDERGABE. Dieser VLC horcht nun auf dem UDP-Port 1234 (siehe Abbildung 43.6). Sobald ihm ein anderer VLC Daten an diesen Port sendet, beginnt er mit der Wiedergabe.

Um eine lokal vorhandene Mediendatei an den Empfänger zu streamen, starten Sie auf dem Sender-PC ebenfalls den VLC und wählen im Menü MEDIEN den Punkt STREAMING... Nachdem Sie die Datei ausgewählt haben, klicken Sie auf das Dreieck neben der Schaltfläche STREAM und wählen dort STREAM ALT+S.

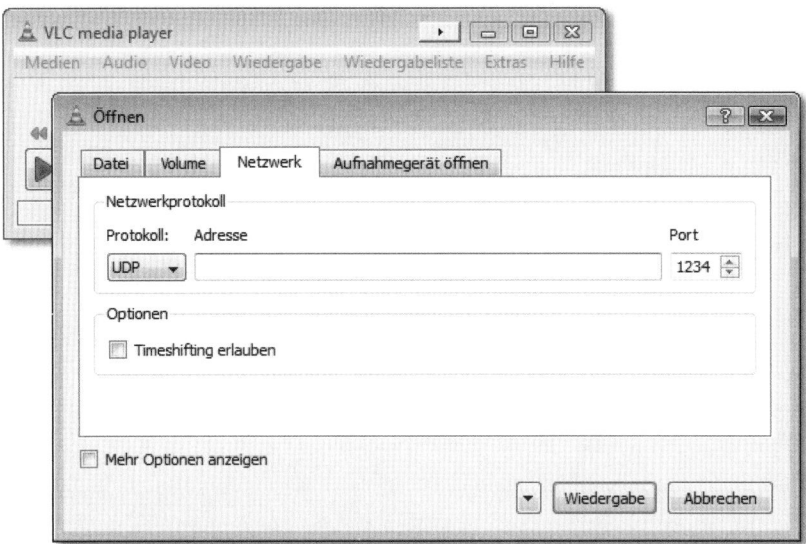

Abbildung 43.6 VLC media player auf dem Empfänger-PC horcht auf UDP-Port 1234.

Im Fenster STREAMAUSGABE (siehe Abbildung 43.7) können Sie die Wiedergabe nun so steuern, wie Sie es für Ihr Netzwerk und den Empfänger am besten geeignet empfinden.

Im Bereich OUTPUTS können Sie zwischen den folgenden Optionen wählen:

- LOKAL WIEDERGEBEN: öffnet (auch) ein Fenster auf dem Sender-PC
- DATEI: speichert in eine Datei
- HTTP: streamt per HTTP
- MMSH: streamt mit dem Microsoft Media Server Protocol
- RTP[2]: Ziel-IP-Adresse eingeben, fertig
- UDP: Ziel-IP-Adresse eingeben, fertig

Für einen ersten Test wählen Sie UDP aus. Tragen Sie bei ADRESSE die IP-Adresse des VLC-Empfängers ein, und wählen Sie im Bereich PROFIL je nach Mediendatei beispielsweise MPEG-4/DIVX für Video oder MP3 für eine Audiodatei. Nach dem Klick auf die Schaltfläche STREAM startet die Wiedergabe beim Empfänger.

---

[2] Das Real Time Protocol basiert ebenfalls auf UDP.

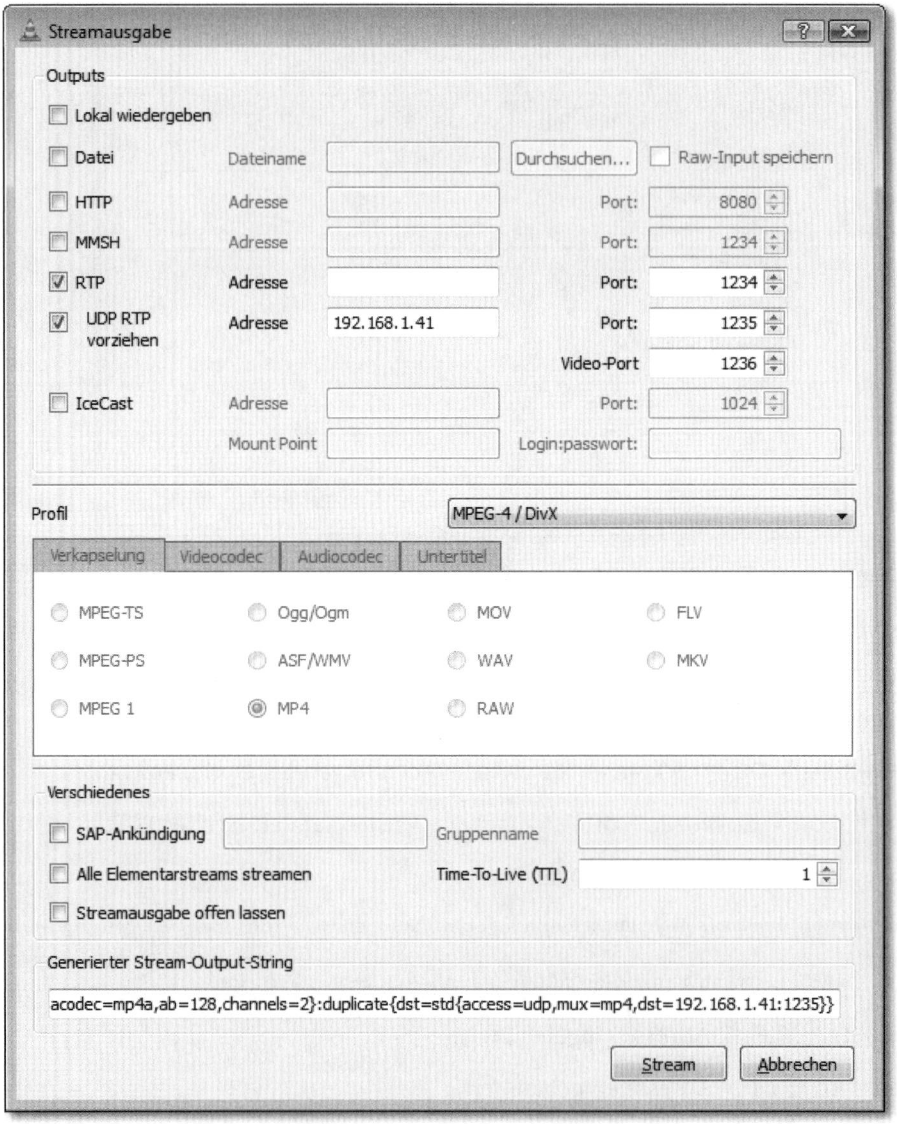

Abbildung 43.7 VLC-Streamausgabe

Vor wenigen Jahren waren VoIP oder Internettelefonie noch nicht besonders weitverbreitet, inzwischen hat sich das geändert. Nicht immer erzielen Kunden die versprochene Sprachqualität, dabei kann mit VoIP eine bessere Sprachqualität erreicht werden als mit ISDN.

44 Voice over IP

Schon sehr früh wurde das Internet als Medium für das Telefonieren entdeckt. Die ersten Schritte wurden schon kurz nach dem ersten Internet-Boom ab dem Jahr 1998 unternommen. Microsoft erweiterte zu Zeiten des sogenannten Browserkriegs – Netscape versus Internet Explorer – seine Internetsuite aus Internet Explorer und Outlook Express um ein weiteres Programm: *NetMeeting*.

Bei NetMeeting konnte man einen Account mit einem kreativen Benutzernamen auf einem Microsoft-Verzeichnisserver erstellen und war dann aus dem gesamten Internet heraus erreichbar. Dabei konnte man sowohl chatten als auch über ein Whiteboard Skizzen austauschen, Anwendungen freigeben oder eben auch telefonieren. Der damals gängige Telefonstandard war H.323; heute würde man die Funktionen als Kollaboration bezeichnen (siehe Abschnitt 31.5, »Zusammenarbeit im Internet – Kollaboration«).

Ein typischer Internetanschluss bestand zu der Zeit von NetMeeting aus einem PC mit einem Pentium II 200-MHz-Prozessor, 64 Byte RAM, einer 16-Bit-Soundkarte und einem 33,6-Kbit/s- oder 56,7-Kbit/s-Modem für die Verbindung ins Internet. Als Betriebssystem kam Windows 95 oder Windows 98 zum Einsatz. Vielleicht erinnern Sie sich auch noch an diese Zeit.

- *Voice over IP* (VoIP, dt. *Sprache über IP*): Sprache wird über ein Datennetzwerk mit dem Internetprotokoll übertragen. VoIP ist der Oberbegriff.

- *IP-Telefonie*: Marketingbegriff, der die VoIP-Fähigkeit von TK-Anlagen und die Fähigkeiten von Software-TK-Anlagen (engl. *Soft-PBX*) deutlich voneinander trennen soll. Beim Einsatz einer Soft-PBX spricht man von IP-Telefonie.

- *Internettelefonie*: Aus Kostengründen telefoniert man über das Internet. Nachdem lange Zeit mangelnde Gesprächsqualität regierte, gibt es nun den Schritt zu HD-Telefonie.

- *Unified Communication* (*UC*): Unter diesem Begriff versammeln sich verschiedene Kommunikationslösungen wie Sprache, Video und Erreichbarkeitsinformationen (Presence).

Dieses – aus heutiger Sicht – nicht sehr leistungsstarke Hardware-Gespann erweiterte man um ein billiges Headset für ca. 5 € (damals ca. 10 DM) und probierte Internettelefonie.

Ich habe es damals exakt ein Mal probiert. Technisch war das schon interessant, doch die Sprachqualität war unglaublich schlecht, ich konnte ca. ein Viertel des Gesprächs nicht verstehen. Schuld daran war vor allem meine langsame 33,6 Kbit/s-Modemverbindung. Zu lange Paketlaufzeiten führten dazu, dass Sprachpakete ignoriert wurden und dann im Sprachstrom Lücken entstanden: Die Sprache klang abgehackt und war selbst mit viel Fantasie nicht mehr zu verstehen.

Damals wurde VoIP im Privat- und vor allem im Businessbereich ein riesiges Wachstum prognostiziert. Es waren die Zeiten des Börsen-Hypes, in der jede Aktie am Neuen Markt am ersten Tag ihren Emissionspreis verdoppelte. Große Firmen wie Cisco Systems stiegen in das Geschäft mit VoIP ein.

Die Liberalisierung des Telekommunikationsmarkts brachte stark sinkende Gebühren für nationale und internationale Gespräche. Die Wirtschaftlichkeitsberechnungen für VoIP basierten aber auf hohen Gesprächsgebühren. Heute liegen die Gesprächsgebühren von Deutschland in andere Wirtschaftsmetropolen der Welt auf dem Niveau von einem Cent pro Minute. Eine Gebühreneinheit kostete bei der Telekom damals sechs Cent, ein Gespräch in die USA bis zu 72 Cent/Minute. Heute ist ein solches Gespräch für einen Cent zu bekommen, ein Preisverfall von über 98 Prozent. Es lohnt sich also nicht mehr, ausschließlich wegen der Gesprächsgebühren VoIP zu benutzen, wenn sich nicht noch weitere Vorteile ergeben.

Die Anbindung an das Internet war teuer. Flatrates gab es in Deutschland erst mit der großflächigen Einführung von DSL. Minutenpreise für den Internetzugang von einigen Cent ließen VoIP ebenfalls schnell unwirtschaftlich werden.

All diejenigen, die eine feste Datenanbindung hatten, also beispielsweise die Anbindung von Firmenfilialen an die Hauptgeschäftsstelle, hatten entsprechend schmalbandige Datenleitungen (9,6 bis 64 Kbit/s), die zusätzliche Daten nicht bewältigen konnten.

Ein Gespräch in ISDN-Qualität benötigt für reine Audiodaten 64 Kbit/s (8 Bit/s bei 8 kHz), hinzu kommt der sogenannte Protokoll-Overhead von UDP, IP und beispielsweise Ethernet. So werden leicht 80 Kbit/s pro Gesprächsrichtung erreicht, die sich auf einer einzelnen ISDN-Verbindung nicht transportieren lassen.

Da die Datenmenge für UDP-, IP- und Ethernet-Protokolle nicht verringert werden kann, müssen die Audiodaten komprimiert werden, um Datenbandbreite zu sparen. Dazu wurden relativ schnell einige Coder/Decoder (engl. *codecs*) erfunden, die diese Arbeit leisten. Allerdings ging die Komprimierung deutlich zulasten der Sprachqualität. Heutige hochwertige Komprimierungen konnten nicht eingesetzt werden, weil diese zu rechenintensiv waren. Weitere Informationen zu Audio-Codecs finden Sie in Abschnitt 44.1.3, »Audio-Codecs«.

Die in Europa gewohnte Leistungsvielfalt von modernen TK-Anlagen mit mehreren Tausend verschiedenen Funktionen konnte von VoIP nicht geboten werden. Das Kommunikationsprotokoll H.323 umfasste hinsichtlich der Telefonie Grundfunktionen, wie sie auch bei einem privaten analogen Telefon zur Verfügung stehen. Besondere Leistungen, die in Unternehmen notwendig sind, wurden nicht abgedeckt.

Wenn keine speziellen Endgeräte (IP-Telefone) verwendet werden, ist es einigermaßen aufwendig, über das Internet zu telefonieren: Der Gesprächspartner muss ebenfalls im Internet sein und sein Telefonprogramm gestartet haben, daher entsteht Abstimmungsbedarf. Es ist viel leichter, mit dem normalen Telefon anzurufen.

Nach über zehn Jahren VoIP kann man sagen, dass es sich heute durchgesetzt hat. Sowohl in Unternehmen als auch bei Privatanwendern ist VoIP längst nichts Besonderes mehr. Telefongebühren sind weitestgehend durch Flatrates ersetzt.

Allmählich steigt der Trend zu Unified Communication, auch wenn es nur bei großen Unternehmen so genannt wird. Neben dem Telefonieren ist es auch möglich, auf einfache Weise eine Konferenzschaltung zu machen oder Video zu nutzen. Welche Freunde oder Kollegen erreichbar sind, geht aus der Statusinformation hervor.

44.1　Grundlagen zu VoIP

Dieser Abschnitt bringt Ihnen die Grundlagen für VoIP näher, sodass Sie Auswirkungen der einen oder anderen Technik besser verstehen und einschätzen können.

44.1.1　Protokolle

Damit zwei Kommunikationspartner miteinander telefonieren können, ist es erforderlich, dass beide Telefonanwendungen die gleiche »Sprache« sprechen.

44 | Voice over IP

Bei VoIP unterscheidet man zwischen zwei notwendigen Schritten der Kommunikation:

- Gesprächsaufbau
- Sprachübertragung

Der Gesprächsaufbau beinhaltet neben dem Austausch der IP-Adressen und UDP-Ports auch die Aushandlung von Fähigkeiten beider Partner, beispielsweise die Frage, welche Audio-Codecs von beiden Partnern unterstützt werden. Typische Vertreter sind *H.323* und *SIP*. Die Sprachübertragung findet mittels *Real Time Protocol (RTP)* statt, das in UDP-Paketen transportiert wird. Wie die Sprache verpackt ist, bestimmt der Codec.

Das Protokoll H.323 ist der Klassiker der Datentelefonie. Dabei handelt es sich bei H.323 nicht um einen einzelnen Standard, der »Telefonieren« standardisiert, sondern um eine Sammlung von vielen Standards, die sich mit dem Verbindungsaufbau von Sprache- und Videokommunikation über Datennetze beschäftigen, und zusätzlichen Audio-Codecs für die Kodierung der Sprache in Datenpaketen. H.323 orientiert sich sehr stark an der ISDN-Telefonie und bildet sie auf die Datenwelt ab.

Einer der Nachteile von H.323 ist, dass der Standard an einigen Punkten nicht genau genug definiert war und somit verschiedene, inkompatible Umsetzungen existierten. Heute spielt H.323 nur noch bei Unternehmenslösungen eine nennenswerte Rolle.

Der aktuelle Erfolg vieler Internettelefonie-Angebote basiert auf dem *Session Initiation Protocol (SIP)*. SIP ist für den Verbindungsaufbau im Internet entwickelt worden und im Gegensatz zu H.323 einfach aufgebaut. Alle Steuerungsinformationen werden als ASCII-Text ausgetauscht.

Im Folgenden sehen Sie eine SIP-Nachricht aus dem Logfile eines Softphones:

```
SEND >> 192.168.1.222:5060
REGISTER sip:192.168.1.222 SIP/2.0
Via: SIP/2.0/UDP 192.168.1.10:5060;rport;
branch=z9hG4bKA43D3F92CF39445BA5B519A6AA70D369
From: asterisk <sip:10@192.168.1.222>
To: asterisk <sip:10@192.168.1.222>
Contact: "asterisk" <sip:10@192.168.1.10:5060>
Call-ID: FE79D6AF9A0C4D688AB1184EAE5BBE80@192.168.1.222
CSeq: 41430 REGISTER
Expires: 1800
Max-Forwards: 70
User-Agent: X-Lite build 1101
Content-Length: 0
```

Sie sehen eine SIP-Anfrage zur IP-Adresse 192.168.1.222, der Client will sich am Asterisk-Server registrieren (REGISTER).

Dass SIP aus der Entwicklungszeit des Internets stammt, erkennen Sie auch daran, dass die SIP-Adressen, also die SIP-Telefonnummern, vom Aufbau her den E-Mail-Adressen sehr ähnlich sind:

SIP:axel.schemberg@pcnetzwerke.de

SIP definiert verschiedene Funktionen, wie dies auch H.323 tut:

- User Agent
- Registrar Server
- Proxyserver
- Redirect Server

Der *User Agent* entspricht dem Telefon und ist in der Praxis beispielsweise ein Softphone, die Fritz!Box Fon oder ein IP-Telefon. Zwei User Agents können über IP-Adressen direkt eine Verbindung zueinander aufnehmen. Allerdings ist dies ein ziemlich aufwendiges Verfahren, schließlich müssten Sie zunächst die – dynamisch wechselnde – IP-Adresse Ihres Kommunikationspartners ermitteln. Daher melden sich die User Agents üblicherweise bei einem *Registrar Server* an, wie Sie es in der gerade dargestellten SIP-Meldung sehen können. Der Asterisk-Server (192.168.1.222) ist der Registrar Server für die SIP-Domain 192.168.1.222.

Bekommt der Registrar Server eine Verbindungsanfrage für seine SIP-Domain, ermittelt er aus seinem sogenannten *Location Service* – einer Datenbank – die IP-Adresse des entsprechenden User Agents und leitet die Anfrage an den angerufenen User Agent weiter. Die Funktion ist mit der DNS-Namensauflösung vergleichbar.

Der *SIP-Proxy* greift auf die Informationen des Location Service zurück, wenn er eine Verbindungsanfrage für seine Domain bekommt. Er ermittelt so die IP-Adresse eines angemeldeten User Agents. Anders als der Registrar Server begleitet er den Verbindungsaufbau bis zum Schluss und kann daher bestimmte Teile der Nachrichten umschreiben, falls dies erforderlich ist. Wenn der gewünschte User Agent beispielsweise nicht zu der Domain des Proxys gehört, kann er die Anfrage an den zuständigen Proxy weiterreichen.

Zur Entlastung der SIP-Proxys gibt es den *Redirect Server*. Anfragen von SIP- zu IP-Adressen kann er auflösen, liefert also einem anfragenden User Agent die IP-Adresse zurück.

SIP kann ebenso für den Verbindungsaufbau von Multimedia, E-Learning oder Computerspielen verwendet werden. Die Aushandlung von Audio-Codecs und den verwendeten Transportprotokollen (UDP, TCP, SCTP) geschieht über das *Session Description Protocol (SDP)*.

44.1.2 ENUM

[zB] Angenommen, Klaus Loddenkötter hat einen SIP-Account, und für diesen hat er auch eine Rufnummer im deutschen Ortsnetz: 0049 (211) 456789.

Wenn ich Klaus nun von meinem IP-Telefon anrufe, werde ich 0211-456789 tippen, und somit werden wir ein kostenpflichtiges Gespräch über das Festnetz führen. Das ist sinnwidrig, denn mein IP-Telefon könnte sein IP-Telefon auch direkt über das Internet erreichen; dazu müsste es nur wissen, an welchen SIP-Provider/SIP-Account es sich wenden muss.

Um diese Aufgabe zu erfüllen, wurde ENUM erfunden. ENUM ist eine DNS-Erweiterung und arbeitet ähnlich wie das dortige Reverse Lookup (siehe Kapitel 18, »Namensauflösung«). Die gerade genannte Rufnummer 0049 (211) 456789 wird zu `9.8.7.6.5.4.1.1.2.9.4.e164.arpa`. Es wurden aus der internationalen Schreibweise der Rufnummer alle Zeichen entfernt, die keine Ziffer waren, jede Ziffer durch einen Punkt von den anderen Ziffern getrennt, die Kennzeichnung für International (`00`) weggelassen, die Reihenfolge umgedreht und am Ende das `.e164.arpa` angehängt.[1]

Mit der Adresse `9.8.7.6.5.4.1.1.2.9.4.e164.arpa` wird ein sogenannter ENUM-Lookup durchgeführt. Sofern die Adresse/Rufnummer ENUM-registriert ist, kommt als Ergebnis zurück, wie die gewünschte Rufnummer erreichbar ist. So wäre es möglich, dass in folgender Reihenfolge versucht werden soll, Klaus zu erreichen:

1. SIP: klaus.loddenkoetter@sipprovider.de

2. Festnetz: 0049211456789

3. Mobil: 0049177456789

4. E-Mail: klaus.loddenkoetter@gmx.de

Mein IP-Telefon wird nach dieser Rückmeldung zunächst versuchen, Klaus per SIP zu erreichen; sollte das nicht funtionieren, per Festnetz usw. Die anfallenden Gebühren muss ich jeweils zahlen, auch wenn statt der gewählten Festnetzrufnummer das Handy angerufen wird.

---

[1] E.164 ist die international gültige Normierung für Telefonnummern durch die ITU (*International Telecommunication Union*).

Leider gibt es aber zurzeit in Deutschland die noch sehr verbreitete Unsitte, zwischen SIP-Provider private *Peerings* (dt. *Zusammenschlüsse*) zu machen. So erreicht man von Sipgate über die normalen Rufnummern zwar Freenet über SIP, nicht jedoch GMX und viele andere.

Die einzige Gefahr, die von einem ENUM-Eintrag ausgeht, ist *Spam over IP Telephony (SPIT)*. Die Kontaktdaten von Klaus Loddenkötter sind über ENUM-Abfragen verfügbar. Spammer und/oder Spitter könnten diese Daten sammeln, und dann klingelt das IP-Telefon und die Nigeria-Connection fragt, ob er eine Million Dollar verdienen möchte. Tatsächlich habe ich bisher noch nie einen SPIT-Anruf erhalten, obwohl meine Daten seit Jahren registriert sind.

Mutmaßlich habe ich aber auch noch nie einen Anruf bekommen, der über ENUM zustande kam; die Technik wird aus wirtschaftlichen Gründen von den Anbietern blockiert. Jeder SIP-Provider berechnet seinem Kunden einen Preis für Gespräche in das Telefonnetz – auch wenn dieser Preis oft in den Kosten für eine Flatrate steckt. Bei eingehenden Gesprächen berechnet der SIP-Provider des Angerufenen dem Anrufer-SIP-Provider eine Gebühr für die Durchleitung des Gesprächs. Würden die Gespräche direkt über das Internet abgewickelt, würde der Kunde erwarten, dass diese Gespräche per se kostenlos sind.

44.1.3 Audio-Codecs

Ein Kodierer setzt Audio in Datenpakete um. Der Dekodierer empfängt die Datenpakete und wandelt sie zurück in Audio. Beim Kodieren können die Audiodaten komprimiert und/oder verschlüsselt werden, müssen es aber nicht. Wichtig ist nur, dass der Dekodierer korrespondierende Fähigkeiten hat.

Die Qualität, die ein Audio-Codec erreicht, wird in einem *Mean Opinion Score (MOS, dt. durchschnittlicher Meinungswert)* ausgedrückt. Es wurde anhand von repräsentativen Gruppen ermittelt, wie nahe der eingesetzte Codec an die menschliche Sprache im Original kommt. Dabei bedeutet ein Wert von eins schlechte, ein Wert von fünf eine exzellente Qualität.

Die nachfolgende Tabelle 44.1 enthält eine Übersicht über gängige Audio-Codecs und deren Eigenschaften.

Name	Kbit/s (netto)	MOS	Math. Verzögerung	Qualität
G.728	16	3,61	0,625 ms	ausreichend
G.723	5,3/6,3	3,8/3,9	30 ms	befriedigend
G.726	24/32	--/3,85	0,125	befriedigend

Tabelle 44.1 Audio-Codecs im Vergleich

Name	Kbit/s (netto)	MOS	Math. Verzögerung	Qualität
GSM	4 bis 21	3,8	20 ms	befriedigend
G.729	8	3,92	10 ms	gut
G.711	64	4,4	0,125 ms	gut
iLBC	14,4	4	30 ms	gut
G.722	64	4,5	0,125 ms	sehr gut
iSAC	30-60	> 4	33 bis 63 ms	sehr gut
Speex	2,15 bis 44,2	> 4	30 bis 34 ms	sehr gut
SVOPC	20	> 4	25 ms	sehr gut
SILK	6 bis 40	> 4	25 ms	sehr gut

Tabelle 44.1 Audio-Codecs im Vergleich (Forts.)

Der Codec *G.711* entspricht der ISDN-Kodierung und arbeitet ohne Komprimierung. Der reine Sprachdatenanteil beträgt 8 kHz * 8 Bit = 64 Kbit/s. Zu diesen 64 Kbit/s kommen Protokollinformationen für RTP, UDP, IP, Ethernet, sodass das Datenvolumen auf etwa 80 bis 90 Kbit/s anwächst. Offensichtlich ist damit eine saubere Übertragung von Sprachdaten über eine ISDN-Einwahl (64 Kbit/s) oder gar über ein Modem (Upload = 33,6 Kbit/s) nicht möglich. Für diesen Fall muss auf einen komprimierenden Audio-Codec zurückgegriffen werden.

Viele kommerzielle Lösungen verwenden den *G.729*-Audio-Codec, der ordentliche Sprachqualität bei guter Komprimierung ermöglicht. Leider ist dieser Audio-Codec kostenpflichtig, sodass er bei der Internettelefonie seltener zum Einsatz kommt. Dort wird *iLBC* oder *Speex* genutzt, Letzterer ist kostenfrei und bietet trotz Komprimierung gute Sprachqualität; er hat eine variable Bitrate und kann somit der verfügbaren Bandbreite angepasst werden.

Moderne Entwicklungen sind neben Speex der *iLBC*- und der *iSAC*-Audio-Codec. Beide bieten gute bis sehr gute Sprachqualität. Skype hat zwei eigene Codecs entwickelt: *SVOPC* und *SILK*. Letzterer wird von Skype kostenfrei zur Nutzung angeboten. Seine Stärken liegen insbesondere darin, Wideband-Qualität – denken Sie in Kategorien von CD-Qualität – über Internetverbindungen zu übertragen. Dabei kann er gut Paketverluste ausgleichen, auch wenn die Verbindung während des Gesprächs schlechter wird.

44.1.4 Voraussetzungen für VoIP im Netzwerk

Wenn Sie VoIP im Netzwerk betreiben wollen, handelt es sich um eine anspruchsvolle Anwendung. Da Telefonie eine Echtzeitanwendung ist, die auf Fullduplex (also gleichzeitiges Sprechen und Hören) ausgelegt ist, sind die folgenden Voraussetzungen im Netzwerk zu beachten.

VoIP funktioniert nur, wenn Sie einen Switch statt eines Hubs verwenden. Ein Hub bietet nur Halfduplex – CSMA/CD-Verfahren –, und daher können Sie entweder etwas hören oder sprechen, wie bei einem Walkie-Talkie. Da Switches für den Heimbereich inzwischen günstiger sind als Hubs, empfehle ich den ausschließlichen Einsatz von Switches.

Hinsichtlich der Verzögerung (engl. *Delay*), der Laufzeitschwankung (engl. *Jitter*) und des Paketverlusts (engl. *Packet loss*) gibt es Empfehlungen:

- Delay: < 150 ms für einen Weg (nicht Round Trip Time, RTT!)
- Jitter: < 30 ms
- Packet Loss: < 1 Prozent

Üblicherweise werden diese Werte im LAN erfüllt, daher sollte es kein Problem sein, innerhalb des LANs zu telefonieren. Wenn Sie über das Internet telefonieren, haben Sie nur wenig Einfluss auf die geforderten Werte. Die durchschnittliche Verzögerung einer DSL-Verbindung beträgt auf einem Weg – halbe `ping`-Zeit – etwa 30 ms, wenn kein Fastpath aktiviert ist. Allerdings kommen noch weitere Verzögerungen dazu, z. B. das Erzeugen eines Datenpaketes im richtigen Audio-Codec, Verschlüsselung oder Komprimierung.

Die Beratungsfirma ComConsult (siehe *http://www.comconsult.de*) verwendet folgendes Schema aus Tabelle 44.2 mit geschätzten Werten.

Komponenten	Delay in ms	z. B. T-DSL
Kodierung (Audio-Codec)	10	10
Paketierung	15	15
Verschlüsselung (VPN, IPsec)	15	--
LAN	10	10
Reserver für externe Netze	max. 55	30
Entschlüsselung	15	--
Empfangspuffer	20	20
Dekodierung	10	10
Summe	**150 ms**	**95 ms**

Tabelle 44.2 Delay-Budget für VoIP von 150 ms

[zB] Wenn Sie diese Tabelle mit den Werten für eine DSL-Verbindung ohne Verschlüsselung durchrechnen, kommen Sie auf eine Verzögerung von 95 ms.

Echtzeitkommunikation macht es erforderlich, dass Sprachpakete sehr regelmäßig ankommen. Damit nicht ein einzelnes verlorenes Paket schon Probleme verursacht, wird ein kleiner Teil der Sprachpakete zwischengespeichert (engl. *Buffer*).

Dieser Puffer gleicht *Laufzeitschwankungen* (engl. *Jitter*) aus und heißt daher Jitter-Buffer. Je größer man den Jitter-Buffer einstellt, desto größer wird die Verzögerung. Ein großer Jitter-Buffer wirkt einer kurzen Laufzeit entgegen, weil er Pakete ja zwischenspeichert und damit verzögert. Üblich ist ein Jitter-Buffer von 8 bis 16 ms.

Pakete, die außerhalb der für den Audio-Codec erforderlichen Zeitspanne eintreffen, werden verworfen.

Es bleibt als drittes Kriterium die *Paketverlustrate*. Die Forderung nach einer Paketverlustrate von weniger als ein Prozent ist meiner Meinung nach nicht ganz korrekt. Es kommt auf den verwendeten Audio-Codec an. Diese sind unterschiedlich robust. Speziell auf verlustbehaftete Netzwerke optimierte Codecs wie iLBC, Speex oder SILK kommen sehr gut mit Paketverlusten von 10 Prozent zurecht.

Quality of Service

Ethernet, IP und TCP/UDP sehen keine Dienstgüte vor – anders als beispielsweise ATM –, und daher kann eine konstante Bandbreite nicht garantiert werden. Dieser Nachteil der Technologien Ethernet, IP und TCP/UDP soll durch *Quality of Service* (*QoS*) ausgeglichen werden.

QoS ist Mangelverwaltung! Sie haben keine ausreichende Bandbreite zur Verfügung, daher können hinsichtlich der Laufzeiten nicht alle Anwendungen zufriedenstellend arbeiten. Die Lösung ist, dass man die vorhandene Bandbreite aufteilt und feste Teile davon bestimmten Anwendungen zuweist.

[zB] Ein relativ einfacher Mechanismus sind Prioritätsklassen mit Warteschlangen. Sie definieren zwei Klassen von Daten: *Sprache* und *anderes*. Immer wenn ein Paket der *Sprache*-Klasse in der Warteschlange ist, wird es sofort transportiert. Nur wenn die Bandbreite nicht durch Pakete dieser Klasse belegt ist, werden Daten der *anderes*-Klasse übertragen.

Wie werden Prioritätsklassen definiert? Im Protokollkopf, also den Steuerungsinformationen des IP-Paketes, gibt es einen *Type of Service* (*TOS*). Das TOS-Byte (siehe Abbildung 44.1, erste Zeile, Bit 8 bis 15, und Abbildung 44.2) kann mit unterschiedlichen Informationen gefüllt werden, die acht[2] unterschiedliche Qualitätsstufen erzeugen können.

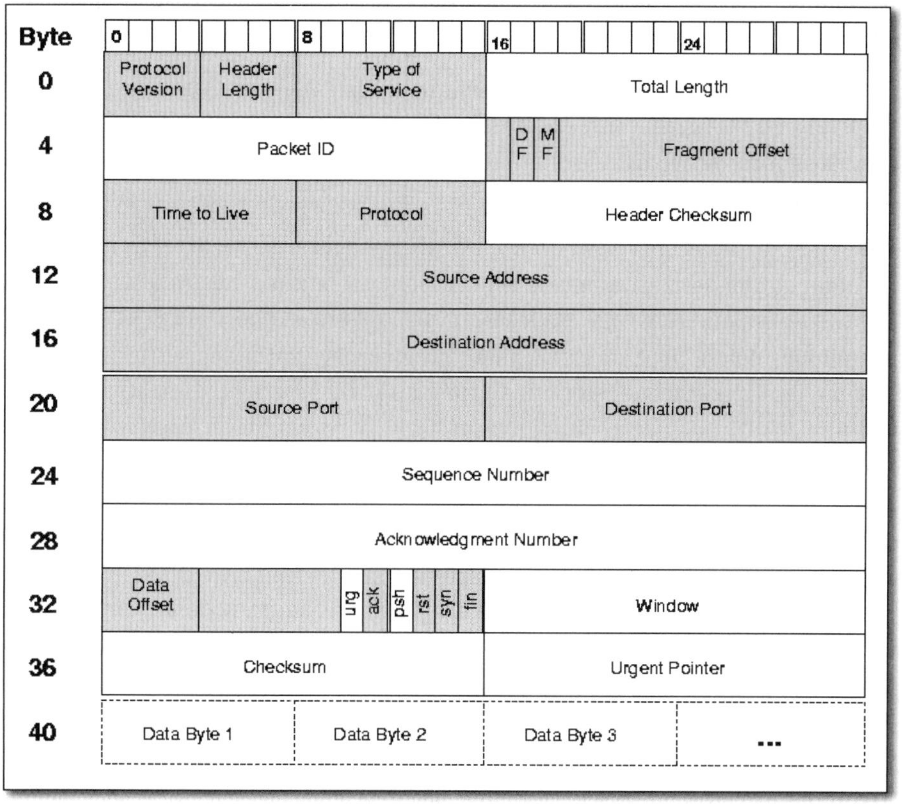

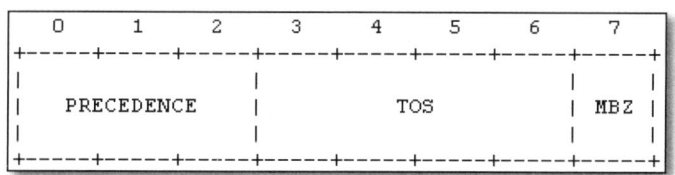

Abbildung 44.1 IP-Protokollkopf; Quelle: *http://www.linux-magazin.de*

Inzwischen wird das Byte in professionellen Netzwerken zusammenhängend genutzt und bietet 64 Möglichkeiten, per *Differentiated Services Codepoint* (*DSCP*, RFCs 2474 und 2475) differenziertere Möglichkeiten einer Priorisierung vorzunehmen.

```
  0     1     2     3     4     5     6     7
+-----+-----+-----+-----+-----+-----+-----+-----+
|                 |                 |           |
|   PRECEDENCE    |       TOS       |    MBZ    |
|                 |                 |           |
+-----+-----+-----+-----+-----+-----+-----+-----+
```

Abbildung 44.2 Einzelne Teile des TOS-Bytes (8 Bit)

---

2 Es handelt sich um acht Klassen über Precedence und fünf Klassen über TOS, eigentlich also 13.

Eine genaue Beschreibung des TOS-Bytes finden Sie im RFC 1349 (siehe *ftp://ftp.rfc-editor.org/in-notes/rfc1349.txt*).

Wichtig ist, dass das TOS-Byte von Netzwerkkomponenten ausgewertet werden und berücksichtigt werden kann.

Üblicherweise priorisieren sich Anwendungen auf dem PC oder auf einem IP-Telefon selbst. Wenn Sie mit einem SIP-Client telefonieren, wird der Datenstrom automatisch als bevorzugt markiert. Fraglich ist nur, ob Ihre Netzwerkkomponenten diese Markierungen auswerten.

Wie wirkt sich QoS aus? Nun, wenn Ihr Router QoS beherrscht, transportiert er bevorzugt priorisierten Datenverkehr ins/aus dem Internet. Wichtig ist QoS beim Upload. Er ist beim ADSL das Nadelöhr, er beträgt etwa 10 Prozent der Downloadbandbreite. Wenn ein größerer Upload ins Internet stattfindet, wird die Sprachqualität (G.711-kodiert belegt ein Gespräch ca. 80 Kbit/s im Upload) erheblich darunter leiden. Die QoS-Konfiguration für fli4l finden Sie in Abschnitt 36.2.5, »fli4l konfigurieren«.

Erreichbarkeit

Die Kommunikation zwischen zwei Telefonen im gleichen LAN ist relativ einfach, Sie können sich auf den Problemkreis IP-Telefonie konzentrieren. Schwieriger wird es, aus dem Internet erreichbar zu sein und in das Internet telefonieren zu können. Der Grund dafür liegt in zwei Techniken, ohne die kaum jemand im Internet surft: NAT und Firewall.

NAT steht für *Network Address Translation*. NAT macht es möglich, mit mehreren PCs gleichzeitig im Internet zu surfen, obwohl Sie lediglich eine offizielle IP-Adresse von Ihrem Provider geliehen bekommen. Erläuterungen zu NAT finden Sie in Abschnitt 12.3, »Network Address Translation«.

Eine Firewall filtert Datenpakete anhand bestimmter Kriterien und lässt die Pakete in das LAN/das Internet oder blockiert sie. Es gibt verschiedene Arten von Firewalls, die diese Aufgabe unterschiedlich aufwendig erledigen. Weitere Informationen finden Sie in Abschnitt 32.4.1, »Firewall«.

Im Gegensatz zu vielen anderen Anwendungen möchten Sie bei der Internettelefonie immer erreichbar sein, und zwar auch für Kommunikationspartner, deren IP-Adresse Sie noch gar nicht kennen. Aufgrund von NAT ist ein PC in Ihrem LAN jedoch nicht eindeutig adressierbar; ein spezieller NAT-Eintrag existiert ebenfalls nicht, sodass man Sie nicht anrufen kann. Hinzu kommt, dass ein SIP-Client beim Informationsaustausch mit einem anderen Client oder beispielsweise einem Registrar Server die lokale IP-Adresse und den Standard-SIP-Port 5060 verwendet. Diese Adresse ist jedoch – das ist der Sinn von privaten IP-Adressen – aus dem

Internet nicht erreichbar. Der SIP-Client kennt aber auch nicht die offizielle IP-Adresse Ihres Routers, sodass er diese nicht in seiner Kommunikation verwenden kann.

Sie haben ein IP-Telefon in Ihrem lokalen LAN mit der privaten IP-Adresse 192.168.0.50. Im Internet haben Sie bei einem SIP-Provider einen Account namens hugo@sipgate.de. Wenn Sie bei Ihrem IP-Telefon den SIP-Registrar Server *regtrar.sipgate.de* konfigurieren, registriert[3] das Telefon sich mit seiner privaten, nicht aus dem Internet erreichbaren IP-Adresse (192.168.0.50). Die Folge: Niemand kann Sie anrufen, wenn er diese Verbindungsinformation von diesem Registrar Server bekommt. [zB]

Es gibt einige Lösungen für das NAT-Problem:

- STUN
- TURN
- ICE
- Application Level SIP Gateway
- UPnP
- manuelle NAT-Einträge

Die einfachste Lösung ist *Session Traversal Utilities for NAT (STUN)*. Bei STUN handelt es sich um Verfahren, bei dem der STUN-Client – Ihr SIP-Telefon – vor seiner Registrierung beim Registrar Server Kontakt zu dem angegebenen STUN-Server im Internet aufnimmt, indem er zu ihm Datenpakete sendet. Der STUN-Server empfängt Datenpakete mit einer offiziellen Absender-IP-Adresse und mit einem bestimmten Quell-UDP-Port. Er schickt Anworten an diese Adresse und den Port. Über weitere Pakete, in denen der STUN-Client den STUN-Server veranlasst, dessen Absender-IP-Adresse und/oder dessen Absender-UDP-Port zu wechseln, wird geprüft, ob überhaupt und welches NAT verwendet wird.

Haben der STUN-Server und der STUN-Client endgültig herausgefunden, welches NAT zum Einsatz kommt und wie der STUN-Client aus dem Internet erreichbar ist (siehe Abbildung 44.3), kommt die SIP-Registrierung. Der SIP-Client – er ist identisch mit dem STUN-Client – verwendet die beim STUN-Verfahren gewonnenen Informationen und registriert sich mit diesen (offizielle IP-Adresse, UDP-Port) beim SIP-Registrar.

---

3 Die Registrierung ist nicht erfolgreich, weil bereits die Antworten des Servers Sie nicht erreichen.

44 | Voice over IP

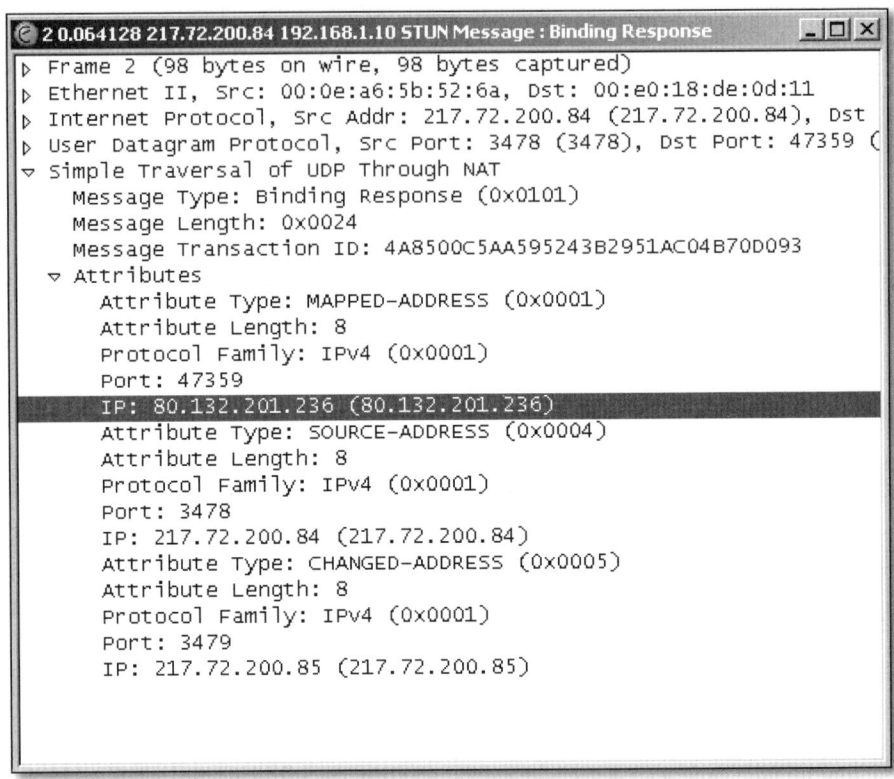

Abbildung 44.3 Die STUN-Antwort enthält unter anderem die offizielle IP-Adresse.

Durch den Datenverkehr mit dem STUN-Server hat der Router dynamische NAT-Einträge (siehe Tabelle 44.3), und das SIP-Telefon ist erreichbar. Weil die dynamischen NAT-Einträge nach einer bestimmten Zeit verfallen würden, tauscht der STUN-Client in bestimmten Zeitabständen Daten mit STUN-Servern aus, um den Eintrag gültig zu halten. Mit der SIP-Kommunikation hat der STUN-Server nichts zu tun.

Offizieller UDP-Port	Offizielle IP-Adresse	Privater UDP-Port	Private IP-Adresse
47359	80.132.201.236	47359	192.168.1.10

Tabelle 44.3 Einfacher NAT-Eintrag zur Abbildung 44.3

[»] STUN funktioniert nur, wenn der NAT-Eintrag nicht an der Quell-IP-Adresse und dem Quell-UDP-Port aus dem Internet festgemacht wird, wie beim symmetrischen NAT in Tabelle 44.4.

Server-IP	Server-UDP-Port	Offizieller Client-UDP-Port	Offizielle Client-IP	Privater UDP-Port	Priv. IP-Adresse
217.72.200.85	3478	47359	80.132.201.236	47359	192.168.1.10

Tabelle 44.4 Symmetrischer NAT-Eintrag zur Abbildung 44.3

Bei DSL-Routern wird üblicherweise ein einfaches NAT eingesetzt, das weniger Sicherheit bietet als das symmetrische NAT. Das sicherere symmetrische NAT wird häufiger bei Unternehmen eingesetzt.

Wenn Sie eine komplexere Netzwerkumgebung haben, wird es z. B. aufgrund von Firewall-Regeln oder symmetrischem NAT nicht möglich sein, mithilfe eines STUN-Servers einen SIP-Client im Internet erreichbar zu machen. Dann kommen als mögliche Lösungen diese hier zum Einsatz:

- *Traversal Using Relay NAT* (TURN)
- *Interactive Connectivity Establishment* (ICE)
- *Application Layer Gateway* (ALG)

Universal Plug and Play wird in diesem Buch in Kapitel 21, »Universal Plug and Play«, beschrieben. Der SIP-Client und der NAT-Router müssen UPnP unterstützen, damit der SIP-Client entsprechende Modifikationen am Router vornehmen kann. Grundsätzlich empfehle ich die UPnP-Funktion des Routers aus Sicherheitsgründen zu deaktivieren.

Bei fast jedem Router können Sie manuelle NAT-Einträge einfügen. Bei den DSL-Routern heißt der Einstiegspunkt für die Konfiguration meist *Virtual Server*.

Ohne den Einsatz einer der gerade genannten Techniken zur Umgehung von NAT werden Sie es nicht schaffen, aus dem Internet über Ihr SIP-Telefon[4] erreichbar zu sein. Wenn Sie SIP in einer privaten Umgebung oder in einer kleineren Büroumgebung einsetzen wollen, achten Sie darauf, dass STUN unterstützt wird. Es ist die einfachste Möglichkeit, erreichbar zu sein.

44.2 Skype: Einfacher geht es nicht

Sie wollen einfache und kostenlose Internettelefonie mit guter Sprachqualität? Einfacher als mit Skype (siehe *http://www.skype.com*) können Sie es nicht erreichen. Die Generation 50plus hat Skype für sich entdeckt, seitdem man Enkelkinder im Video sehen kann.

---

4 Das gilt allgemein für SIP-Clients, also auch für SIP-Software auf dem PC.

Abbildung 44.4 Skype-Kontaktliste mit Klaus Loddenkötter

44.2.1 Installation und Konfiguration

Eine Installationsanleitung für Skype ist völlig überflüssig, weil nach einem Doppelklick auf die Installationsdatei *Setup.exe* alles automatisch abläuft. Beim erstmaligen Start werden Sie aufgefordert, sich zu registrieren, ähnlich wie bei anderen Onlinediensten auch. Dazu müssen Sie einen eindeutigen Benutzernamen wählen. Andere Skype-Benutzer können Sie über diesen Benutzernamen finden und kontaktieren, und Ihren aktuellen Status (online, offline usw.) sehen sie auch.

44.2.2 Skype benutzen

Skype können Sie nicht ohne Internetverbindung verwenden, und der Einsatz ist nur dann sinnvoll, wenn Sie mindestens einen Gesprächspartner haben, der ebenfalls Skype benutzt.[5] Damit Sie Ihren Gesprächspartner kontaktieren können, müssen Sie in der Symbolleiste auf die Lupe klicken. Es öffnet sich ein gesondertes Fenster, in dem Sie nach Skype-Benutzern suchen können. Hilfreich ist es, wenn Sie den Skype-Namen kennen.

---

5 Mittels Skype-Out können Sie gegen Gebühr auch mit normalen Telefonen telefonieren.

In der SUCHE können Sie nach einem Skype-Namen oder anderen Kriterien suchen. Klicken Sie mit der rechten Maustaste auf einen Benutzer, und wählen Sie PROFIL ANZEIGEN aus dem Kontextmenü, um alle Informationen über diesen Benutzer zu sehen. Sie können aus dem Kontextmenü den Benutzer direkt anrufen sowie ihn zu Ihrer Kontaktliste hinzufügen.

Neben der reinen Kommunikation können Sie auch Dateien versenden/empfangen oder chatten sowie Kontaktinformationen austauschen. Seit der Version 2.0 ist auch Video (siehe Abbildung 44.5) möglich; dazu benötigt mindestens ein Gesprächsteilnehmer eine Webcam.

Abbildung 44.5 Videoanruf bei Klaus

Sie müssen üblicherweise keine Firewall-Regeln anpassen, alles sollte direkt funktionieren, auch NAT ist kein Problem. Die Bedingung ist, dass ausgehende Verbindungen auf den UDP-Ports größer 1024 erlaubt sind. Der für eingehende Verbindungen verwendete Port ist einstellbar (siehe Abbildung 44.6), Datenpakete für diesen Port müssen die Firewall passieren dürfen.

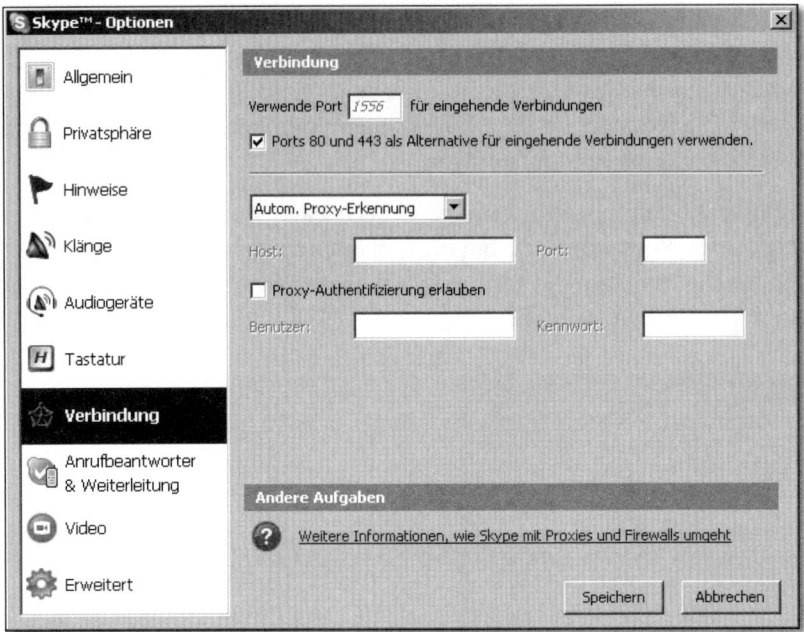

Abbildung 44.6 UDP-Port für eingehende Verbindungen

Skype funktioniert durch dynamische Portwahl auch, wenn mehrere Skype-Nutzer hinter einem NAT-Router arbeiten.

44.2.3 Technik

Im Gegensatz zu allen weiteren hier vorgestellten Lösungen verwendet Skype ausschließlich ein eigenes properitäres Protokoll, das nicht offengelegt ist und daher ausschließlich bei Skype zum Einsatz kommt. Als Audio-Codec wird seit Version 4.0 SILK verwendet, das bietet sehr gute Qualität bei weniger intensiver CPU-Nutzung und verhältnismäßig geringer Bandbreitennutzung.

Skype ist sicher. Ein unschönes Gefühl käme sicherlich bei Ihnen auf, wenn Sie wüssten, dass Ihr Telefonat über das Internet belauscht werden kann. Skype verschlüsselt deshalb die Verbindungen mit AES 256 Bit. Mitschnitte des Datenverkehrs von Skype mit Wireshark zeigen im Datenteil der Pakete nur Unleserliches, weil der Datenteil verschlüsselt ist und nicht durch Wireshark entschlüsselt werden kann. Die Authentisierung von Skype-Nutzern wird über eine Public-Key-Infrastruktur sichergestellt, auch wenn die Nutzer nichts davon merken. Man kann sich also nicht als ein anderer ausgeben.

Skype, gegründet von den Erfindern der Tauschbörse Kazaa, verwendet ein Peer-to-Peer-Netzwerk.[6] Die Technik von Kazaa, FastTrack, wurde verfeinert und wird nun für Skype verwendet. Im Gegensatz zu allen anderen hier vorgestellten Lösungen gibt es keinen zentralen Verzeichnisdienst, der die Benutzerdatenbank verwaltet. Stattdessen gibt es sogenannte *Supernodes*, die einen Teil dieser Datenbank verwalten. Der Vorteil für Skype ist, dass zusätzliche Benutzer nicht eine Belastung für eine Serverinfrastruktur darstellen, sondern CPU-Zeit für das P2P-Netzwerk selbst bereitstellen.

Die Firma Skype muss somit nicht in eine große Serverlandschaft investieren: ein unschätzbarer Vorteil! Ein neuer Client wird zu einem Supernode geleitet, dieser fragt etwa alle zwei Minuten den aktuellen Status des Skype-Clients ab. Zu einem Supernode wird ein Skype-PC, wenn er ausreichend Speicher (RAM) und Uploadbandbreite zur Verfügung stellt sowie eine bestimmte Zeit online ist. Ein Supernode ist für ein paar Hundert Nodes – Skype-Clients – zuständig. Selbstständig übergibt dieser Supernode an andere Supernodes, wenn die Last zu groß wird.

44.3 SIP-Provider im Internet

Die Anzahl der SIP-Provider ist seit einigen Jahre recht konstant. Was ist überhaupt ein SIP-Provider? Ein SIP-Client registriert sich üblicherweise bei einem SIP-Registrar-Server und ist dann über eine SIP-Adresse erreichbar. Ein SIP-Provider bietet einen kostenlosen SIP-Registrar-Server, über den ein SIP-Client unter einer SIP-Adresse erreichbar ist. Zusätzlich bieten die SIP-Provider eine echte Rufnummer, unter der Ihr SIP-Client – also Ihr IP-Telefon oder Softphone – erreichbar ist.

Die Rufnummernvergabe muss in Deutschland für die normalen Rufnummern ortsgebunden stattfinden. Das bedeutet, das jemand der in Hamburg wohnt, nicht eine Rufnummer aus dem Ortsnetz von München bekommen darf. Das gilt auch für die Vergabe von Rufnummern durch SIP-Provider, auch wenn für diese technisch kein Problem darin bestünde, einem in Hamburg ansässigen mit einer Rufnummer im Ortsnetz von München zu versorgen. Das wäre für SIP-Provider attraktiv, denn sie müssten dann nur in wenigen Ortsnetzen – es gibt in Deutschland etwa 5.200 Ortsnetze – Gateways zum öffentlichen Telefonnetz betreiben. Die Bundesnetzagentur hat jedoch die sogenannte *nomadische Nutzung* ausdrücklich verboten.

---

6 Peer-to-Peer bedeutet, dass es keine Server gibt, sondern jeder Teilnehmer sowohl Client, als auch – zumindest potenziell – Server ist.

Um die Auflagen der Bundesnetzagentur zu erfüllen, aber nicht in jedem Ortsnetz Rufnummern[7] bereithalten zu müssen, sind viele Provider auf 0180-Service-Rufnummern umgestiegen. Für den Angerufenen ist es eigentlich egal, unter welcher Rufnummer er erreichbar ist. Für den Anrufer hingegen ist es ein preislicher Unterschied. Kostet ein Anruf zur Hauptzeit im deutschlandweiten per Call-by-Call etwa 2 Cent/Min., so kostet ein Anruf zum 01801-Service 5 Cent/Min., also das 2,3-fache. Noch dramatischer ist die Gebührenspanne vom Handy aus. Kostet beispielsweise bei E-Plus ein Gespräch ins normale Ortsnetz 12 Cent/Min., so kostet 0180 teure 50 Cent/Min. – gut das 4-fache! Wundern Sie sich also nicht, wenn Sie niemand mehr unter Ihrer neuen VoIP-Rufnummer anruft …

Die Telefontechnik hat ihre eigenen Begrifflichkeiten. Der Begriff *Gasse* bezeichnet einen Vorwahlbereich, z. B. 0180, 0900 oder eben 032. Aus der Rufnummerngasse 032 wurden im Jahr 2005 von der Bundesnetzagentur Rufnummern an SIP-Provider zur nomadischen Nutzung verteilt. Die Tarife entsprechen bei der Telekom denen für normale Fernverbindungen, also bis zu 12 Cent/Min. Neben dem stattlichen Preis für Anrufer kommt noch ein weiterer Nachteil hinzu, die 032-Rufnummern sind z. B. aus dem Ausland oder von bestimmten Providern aus nicht erreichbar. Entsprechend gering ist bisher der Erfolg der neuen Rufnummerngasse.

Sinnloserweise telefonieren zurzeit viele IP-Telefone untereinander über das Festnetz statt über das Internet. Eine Lösung dieses Problems hätte ENUM bringen können (siehe Abschnitt 44.1.1, »Protokolle«). Kaum ein Anbieter unterstützt dieses Verfahren noch, weil eingehende Gespräche in sein Telefonnetz dem Provider eine Vergütung bringen.

Die Firma Indigo Networks aus Düsseldorf betreibt unter dem Namen Sipgate (siehe *http://www.sipgate.de*) einen SIP-Registrar-Server (siehe Abbildung 44.7) und ist weitreichend bekannt. Allen Nutzern bietet Sipgate eine kostenfreie Rufnummer, die eingehenden Anrufe sind ebenfalls kostenlos. Ausgehende Telefonate sind gebührenpflichtig, zudem sind verschiedene Abrechnungsmodelle von Prepaid bis Flatrate buchbar.

Neben der Möglichkeit, eine Rufnummer zu bekommen, hat Sipgate einen kostenlosen Anrufbeantworter geschaltet, der Nachrichten entgegennimmt und beispielsweise per Mail mit WAV-Dateianhang weiterleitet. Abhören kann man die Nachrichten aber auch per Telefon, doch wer macht das noch, wenn es aus der E-Mail heraus so bequem ist?

---

[7] Pro 1.000er-Block müssen 200 € als Kaution hinterlegt werden. Bei 5.200 Ortsnetzen à 200 € macht das für die flächendeckende Präsenz 1.040.000 €!

Abbildung 44.7 Webinterface von Sipgate

44.4 Softphone: PhonerLite

Bis zur massiven Verbreitung der AVM Fritz!Box Fon durch die DSL-Provider begann fast jeder seine ersten Schritte der Internettelefonie mit einem Softphone. Das lag daran, dass dies keine Investitionen – höchstens ein Headset – erforderte, und man ja noch nicht wusste, ob Internettelefonie wirklich gut ist. Heute kommt ein Softphone insbesondere auf Notebooks zum Einsatz oder am PC, wenn dort kein Telefon installiert werden soll.

Wenn Sie ausschließlich an der SIP-Funktion von Phoner interessiert sind, ist die abgespeckte Variante PhonerLite (siehe *http://www.phonerlite.de*) genau das Richtige.

[»] Bewusst beschreibe ich an dieser Stelle nicht das bekannte X-Lite (siehe *http://www.counterpath.net/x-lite.html*). Die Bedienung von X-Lite ist sehr kompliziert und somit sehr erklärungsintensiv. Insbesondere die Konfiguration von SIP-Providern finde ich persönlich misslungen, weil die Konfiguration sich nicht an die Standards hält, die in Programmen für Windows üblich sind.

44.4.1 Konfiguration

PhonerLite kann mehrere Profile verwalten. Nach der Installation wird ein Assistent ausgeführt, der Sie durch die Einstellungen führt. Tragen Sie unter dem Reiter KONFIGURATION die üblichen Informationen (siehe Abbildung 44.8) für eine erfolgreiche Registrierung ein:

- SIP-Username
- SIP-Passwort
- SIP-Servername (Registrar/Proxy)
- STUN-Server (gegebenenfalls mit Port)

Anschließend aktivieren Sie die Option REGISTER. Klicken Sie jetzt auf SPEICHERN. In der Statuszeile sollte nun `sip: <Ihr SIP-Account> registered` stehen.

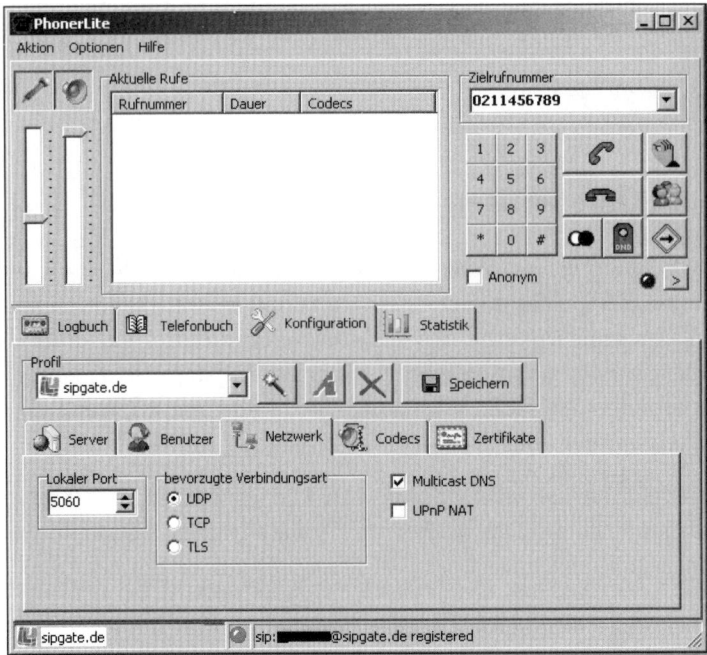

Abbildung 44.8 PhonerLite-Konfiguration für Sipgate

Sollte die Registrierung nicht geklappt haben, finden Sie im Menü HILFE den Punkt DEBUG. Dort sind alle SIP-Meldungen enthalten; oft ergibt sich daraus der Fehler.

44.4.2 Einsatz

Nach der erfolgreichen Registrierung steht der Benutzung nichts mehr im Weg. Im Eingabfeld RUFNUMMER können Sie sowohl Rufnummern als auch SIP-Adressen im Format

```
<sippaccount>@<sipprovider>.<Domain>
```

eingeben. Eingehende und ausgehende Gespräche werden im LOGBUCH aufgelistet. Von dort aus können Sie Rufnummern/Gesprächsziele über ein Kontextmenü direkt in das Telefonbuch übernehmen.

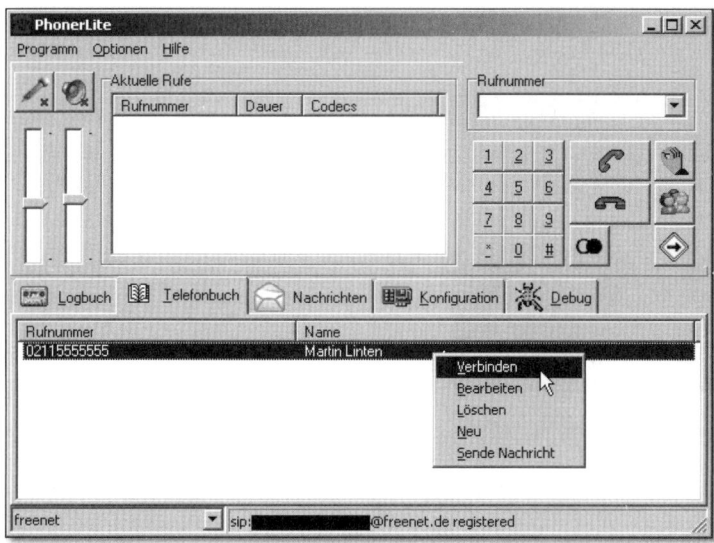

Abbildung 44.9 PhonerLite-Telefonbuch

Das TELEFONBUCH (siehe Abbildung 44.9) ermöglicht die Verwaltung von Rufnummern. Der Inhalt wird in der Datei *phonebook.cvs* verwaltet, die Sie mit jedem Texteditor bearbeiten können. So können Sie aus anderen Anwendungen Adressbuchdaten exportieren und im vorgegebenen Format

```
<Rufnummer>;<Name>
```

als CSV-Datei in PhonerLite verfügbar machen.

44.5 Fritz!Box Fon

Die *Fritz!Box Fon* ist ein Multifunktionsgerät, das die Funktionen Router, Switch, TK-Anlage, Registrar, SIP-Client und WLAN Access Point in einem Gerät vereint. Es gibt eine große Anzahl unterschiedlicher Fritz!Box-Fon-Modelle (siehe Abbildung 44.10) mit unterschiedlichen Ausstattungsmerkmalen. Ich konzentriere mich bei meiner Beschreibung rein auf die Telefonfunktionen.

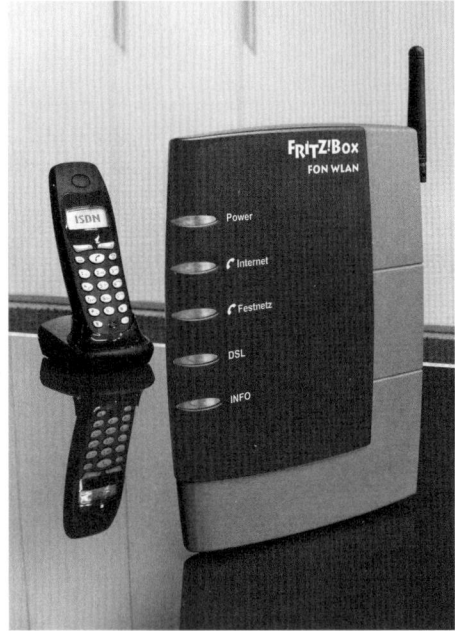

Abbildung 44.10 Fritz!Box Fon; Quelle: avm.de

Die Fritz!Box Fon wird von vielen DSL-Providern subventioniert vertrieben. Der Listenpreis des Spitzenmodells liegt bei mehr als 200 € und ist damit relativ hoch. Dementsprechend kann man viel Leistung für sein Geld erwarten.

Über mehrere Anschlüsse können Telefone die Fritz!Box Fon nutzen:

- ein ISDN-Anschluss für den Anschluss an das öffentliche Telefonnetz/NTBA
- ein ISDN-Anschluss für eine ISDN-TK-Anlage oder ein ISDN-Telefon (S_0-Bus inklusive Stromversorgung)
- zwei RJ-11-Buchsen für analoge Telefone (inklusive TAE-Adapter)
- eine integrierte DECT Basisstation
- ein integrierter SIP-Registrar

Damit dürften die Anschlussmöglichkeiten für die klassischen Telefone relativ klar sein. Alle genannten Anschlussmöglichkeiten zeigen sich in der Administrationsoberfläche als eigener Anschluss und lassen sich unterschiedlich konfigurieren.

An der DECT-Basisstation können Sie Ihre alten DECT-Telefone registrieren oder ein auf den Betrieb mit der Fritz!Box abgestimmtes *Fritz!Fon* verwenden. Diese Geräte bieten zusätzlich zu den klassischen Möglichkeiten der Telefonie weitere Kommunikationswege:

- E-Mail
- Internetradio
- Podcasts
- RSS-Nachrichten

Analog zum WLAN-Repeater kann eine Fritz!Box Fon auch als DECT-Repeater genutzt werden. Damit kann die Reichweite der DECT-Mobilteile deutlich erhöht werden.

Außerdem können sich über LAN und WLAN SIP-Clients (siehe Abschnitt 44.6.1, »IP-Telefon«) an der Fritz!Box Fon registrieren. Sollten Sie über ein Smartphone verfügen, können Sie auch dieses mit der FRITZ!App Fon neben der Mobiltelefonie zusätzlich als WLAN-Mobilteil für Festnetz- und Internettelefonie über die Fritz!Box Fon verwenden.

Alle angeschlossenen Telefone – ISDN, DECT LAN und WLAN – nutzen die Fritz!Box Fon als Telefonanlage. Wird von einem der Telefone aus gewählt, baut die Fritz!Box Fon das Gespräch auf. Dabei können interne Telefone angerufen, Gespräche über das Festnetz geführt und Verbindungen über einen SIP-Provider im Internet aufgebaut werden.

Die Fritz!Box Fon bietet als Telefonanlage viele Möglichkeiten:

- Festnetz- oder Internetrufnummern pro Nebenstelle für eingehende Anrufe aufschalten
- Wahlregeln definieren; beispielsweise Gesprächsaufbau über Festnetz unter Verwendung einer bestimmten Vorwahl
- Rufumleitungen (Ziele können intern oder extern sein)
- Callthrough, also einen eingehenden Anruf über die Fritz!Box Fon nach extern ermitteln
- Nachtschaltung, bei der zu einem definierbaren Zeitraum eine Nebenstelle nicht klingelt

- über Internet fehlgeschlagene Anrufe über das Festnetz laufen lassen
- Weckdienst per Telefon zu einer konfigurierbaren Uhrzeit
- nicht angenommene Gespräche als Voicemail verschicken (Anrufbeantworter)
- interne Telefonbücher nutzen und externe Telefonbücher von Diensten aus dem Internet anbinden

Sicherlich habe ich die eine oder andere Telefonfunktion nicht genannt, ich beschränke mich hier auf die Wesentlichen.

Die Einrichtung der Fritz!Box Fon ist von AVM übersichtlich gestaltet, es gibt entsprechende Assistenten. Außerhalb der Einrichtungsassistenten ist es schon schwieriger, den Überblick über die Konfiguration zu behalten. Der eine oder andere Blick in das Handbuch hilft aber weiter.

Seit dem Jahr 2006 gibt es von D-Link die *HorstBox*. Sie bietet ähnliche Funktionen wie die Fritz!Box zu einem ähnlichen Preis. Auch andere Geräte wie die von Telekom vertriebenen Speedport-Router bieten Telefonfunktionen.

Die Fritz!Box ist einfach einzurichten und orientiert sich an dem durchschnittlich technisch Begabten. So bleiben die Funktionen auf dem Niveau einer einfachen ISDN-Anlage für den Hausgebrauch, mit dem Zusatz, dass man auch über das Internet telefonieren kann. Insbesondere die Möglichkeit, vorhandene Telefone anzubinden, erleichtert es, technisch weniger interessierten Mitbewohnern die Internettelefonie nahezubringen.

Da die Fritz!Box eigentlich ein kleiner Linux-Rechner ist, gibt es selbstverständlich entsprechende Entwickler, die weitere Funktionen auf die Fritz!Box bringen (siehe *http://www.wehavemorefun.de/fritzbox* und *http://www.freetz.org*). Ob der Aufwand lohnt, müssen Sie für sich entscheiden.

44.6 VoIP-Hardware

Es gibt verschiedene Gerätearten, die als Hardware meist für Internettelefonie verkauft werden. *Analoge Terminal Adapter*, kurz *ATA*, bieten Anschlussmöglichkeiten für analoge Endgeräte (Telefon, Funktelefon, Fax, Anrufbeantworter) sowie für einen LAN-Anschluss. Die ATAs verwenden also analoge Endgeräte für die Internettelefonie. Die Konfiguration erfolgt – wie auch bei allen anderen Geräten üblich – über ein Webinterface, alternativ über das Telefon selbst.

Es gibt selbstverständlich *IP-Telefone*. Das sind Telefone in einer klassischen Bauweise, die nicht an die TAE-Dose, sondern an das LAN angeschlossen werden. Dazu haben diese Telefone meist zwei LAN-Anschlüsse. Mit dem einen Anschluss wird das Telefon an das LAN angeschlossen, mit dem anderen Anschluss – einem Switch-Port des Telefons – kann man dann den PC über das Telefon ins LAN einbinden. Die bisher verfügbaren WLAN-IP-Telefone verbrauchen derzeit noch so viel Strom, dass ihr Einsatz nicht ernsthaft mit dem von DECT-Telefonen konkurieren kann.

Die dritte Art von Geräten sind die sogenannten *Phoneboards*. Meist handelt es sich um einen DSL-Router mit oder ohne WLAN, an den Sie auch analoge Telefone anschließen können. Neben der reinen Anschlussmöglichkeit sind diese Phoneboards auch SIP-Clients und unterscheiden sich bis zu diesem Punkt nicht von den ATAs. Wenn zusätzliche Funktionen einer TK-Anlage wie das Sperren von Rufnummern angeboten würden, könnte man auch von einer TK-Anlage sprechen. Allerdings bieten selbst kleine TK-Anlagen meist eine größere Fülle von Funktionen.

44.6.1 IP-Telefon

Intern verwenden viele Telefone ein embedded (dt. *eingeschlossen*) Linux, dessen Quellen als Sourcecode zur Verfügung stehen. Alternative Firmwareprojekte sind bisher aber selten.

Typische IP-Telefone bieten diese Funktionen:

- mehrzeiliges Display
- dynamische Softkeys
- programmierbare Funktionstasten
- interner Switch für den Anschluss des PCs hinter dem Telefon
- Headset-Anschluss
- STUN, UPnP, ICE
- SIP, H.323/H.450 und ENUM
- Unterstützung für verschiedene Sprachen (National Language Support)
- Unterstützung für eine Vielzahl von Codecs
- Sicherheit (SIPS, SRTP)

Auf die Unterstützung von SIPS und SRTP sollten Sie achten, damit zukünftig auch verschlüsselte Verbindungen genutzt werden können.

Abbildung 44.11 Elmeg IP290; Quelle: *http://elmeg.de*

Sie können mehrere SIP-Provider gleichzeitig einrichten und parallel mehrere Gespräche führen.

44.6.2 TK-Anlagen

Voice over IP ist auch an den meisten TK-Anlagen nicht vorbeigegangen, sondern bei allen modernen TK-Anlagen möglich. Bei TK-Anlagen für Privatanwender hat sich dieser Trend bisher noch nicht durchgesetzt.

Die Firma AVM bietet mit der Fritz!Box Fon eine kleine TK-Anlage, wie sie bei einigen Privathaushalten zur Verwaltung von einigen Telefonen, oftmals auch zum Anschluss von mehreren analogen Telefonen an ISDN (also als a/b-Wandler), zum Einsatz kommt. Eine ausführlichere Darstellung der Fritz!Box finden Sie in Abschnitt 44.5, »Fritz!Box Fon«. Für umfangreichere Lösungen kann Asterisk infrage kommen. In Abschnitt 40.5, »Trixbox Asterisk Appliance«, finden Sie ein Beispiel.

44.6.3 Headsets

Wenn Sie in das Thema VoIP einsteigen, dann starten Sie üblicherweise mit der Internettelefonie. Damit keine unnötigen Kosten während der Testphase entstehen, verwenden viele ein Softphone (siehe Abschnitt 44.4, »Softphone: PhonerLite«), also eine Software, die mithilfe einer Soundkarte den PC zum SIP-Telefon werden lässt.

Damit Sie telefonieren können, ohne einen Hall zu erzeugen, benötigen Sie ein Headset. Der Preis entscheidet bei einem Headset oftmals über die Qualität.

Billig-Version

Ein einfaches Headset kostet ca. 4 € und hat zwei Klinkenstecker (Microphone/Speaker), die in die Soundkarte des PCs gesteckt werden. Schon zeigt sich der erste Nachteil, denn üblicherweise können Sie Ihre Aktivboxen und das Headset nicht parallel betreiben. Ein wesentlicher Nachteil dieser sehr preisgünstigen Ausstattung ist es, dass üblicherweise On-board-Soundkarten mit sehr wenig Hardware auskommen müssen. Die eigentliche Leistung erbringt eine Software auf dem PC unter dem Betriebssystem, eben der Treiber.

Es kommt vor, dass die Soundkarte eine Verzögerung von bis zu einer Sekunde in der Sprachverbindung verursacht. Eine Optimierung des Netzwerkes beseitigt die Verzögerung nicht, da diese durch den Treiber der billigen Soundkarte verursacht wird. [!]

Wenn Sie das Headset angeschlossen haben, dann klingelt es üblicherweise auch nur noch im Headset, vermutlich ist das aber zu leise, um es zu hören. Ein Ausweg ist eine zweite Soundkarte oder ein USB-Headset.

USB

Die USB-Headsets, die über eine eigene Soundkarte mit DSP verfügen, tragen oft DSP (*Digital Signal Processor*) im Namen (siehe Abbildung 44.12).

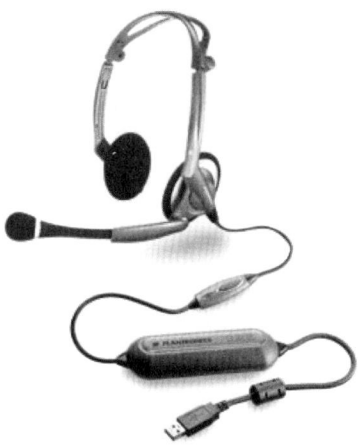

Abbildung 44.12 Plantronics DSP400 USB-Headset

Der Vorteil der USB-Headsets ist nicht nur die exzellente Sprachqualität, das Headset präsentiert sich zudem als weitere Soundkarte im PC. Viele Softphones bieten die Möglichkeit, das Klingeln über die eingebaute Soundkarte und damit über die Aktivboxen wiederzugeben. Die Aufnahme- und Wiedergabequelle ist aber das USB-Headset. Insbesondere wenn Sie hohe Sprachqualität – HD-Telefonie, Wideband – nutzen möchten, lohnt es sich, ein USB-Headset zu kaufen.

Bluetooth

Es gibt viele Bluetooth-Headsets, insbesondere seitdem die Handys auch Bluetooth beherrschen. Ein solches Headset lässt sich nicht nur als Alternative zur

Freisprecheinrichtung im Auto nutzen, sondern auch mit einem Softphone und einem Bluetooth-Dongle am PC, wenn das Headset-Profil unterstützt wird.

Die Sprachqualität, die per Bluetooth erzielt wird, ist geringer als die von USB-Headsets, dafür gewinnen Sie die Freiheit, sich kabellos um den PC zu bewegen. Die meisten Headsets sind von ihrer Soundqualität her auf GSM-Handys ausgerichtet, und das ist die schlechteste Gesprächsqualität, die man heutzutage erleben kann.

DECT

Wenn Sie die Vorteile der USB-Headsets mit der Bewegungsfreiheit von Bluetooth-Headsets in Kombination genießen möchten, empfehle ich Ihnen ein DECT-Headset. So viel Komfort hat allerdings auch seinen Preis. Günstige Produkte haben häufig nur eine geringe Reichweite. Obwohl Hersteller oft mit Reichweiten von bis zu 50 Metern in Häusern werben, erreichten Sie bei mir zu Hause im Test nur wenige Meter; eine leichte Wand war bereits ein undurchdringliches Hindernis. Ein wirklich gutes DECT-Headset verfügt dann aber auch vielleicht über diverse Anschlüsse, z. B. einen USB-Anschluss und einen Anschluss für ein IP-Telefon (siehe Abbildung 44.13), kostet aber auch mehrere Hundert Euro.

Abbildung 44.13 Sennheiser DW Pro 2; Quelle: *http://sennheiser.com*

In der IT verhielt es sich vor wenigen Jahren noch wie mit Kindern im Sandkasten. Es hieß nur »mein Desktop«, »mein Computer«, »mein Programm« und »meine Festplatte«. Heute sind viele Dienstleistungen nicht mehr so lokal und statisch, sondern immer dynamischer geworden. Oder haben Sie den Server schon einmal gesehen, auf dem Ihre Kontakte, Bilder, Termine und Nachrichten gespeichert sind?

45 Cloud-Computing

Der Begriff »Cloud« (dt. *Wolke*) soll erklären, dass es für den Anwender nicht wichtig ist, wo seine Anwendungen und Daten sich befinden. Sie liegen aus seiner Sicht in einer Wolke, auf die er jederzeit und von überall zugreifen kann (siehe Abbildung 45.1). Es muss ein gegenseitiges Vertrauensverhältnis bestehen: Der aktuelle Besitzer der Daten muss genauso wie der Nutzer der Dienste verantwortungsvoll mit diesen umgehen.

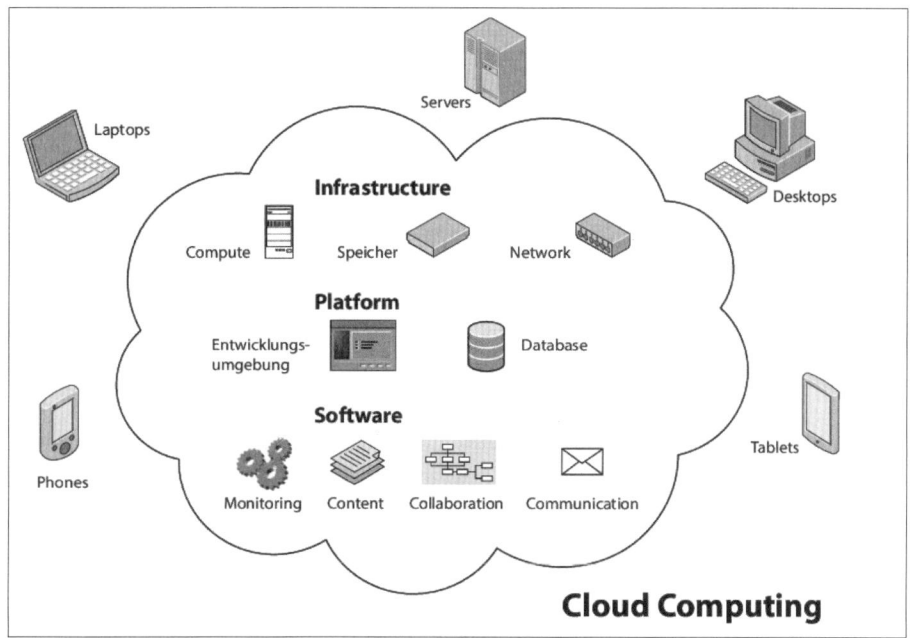

Abbildung 45.1 Cloud-Computing in der Übersicht

45.1 Infrastrukturen

Eine Cloud kann als rein interne *Private Cloud*, rein externe *Public Cloud* oder als *Hybrid Cloud*, einer Mischung aus interner und externer Cloud, aufgebaut sein.

45.1.1 Public Cloud

In einer *Public Cloud* bietet ein Service Provider seinen Kunden über das Internet Dienstleistungen an. Für den Kunden als Nutzer hat das weitreichende Konsequenzen:

- Die Einrichtung ist schnell und einfach.
- Die Leistung kann ohne großen Aufwand getestet werden.
- Die Nutzung ist flexibel skalierbar.
- Die Kosten sind häufig nutzungsbezogen.
- Pflege und Updates werden vom Provider übernommen.
- In der Regel besteht wenig Einfluss auf Wartungsfenster.
- Die eigenen Daten liegen in einem fremden Rechenzentrum.

45.1.2 Private Cloud

In einer *Private Cloud*, auch *Interne Cloud* oder *Corporate Cloud* genannt, ist der Nutzerkreis, dem die Dienste zur Verfügung gestellt werden, eingeschränkt. Die Cloud-Technologie – z. B. Virtualisierung – bleibt dabei in der eigenen Hand. Dadurch wird die Kontrolle über die eigenen Daten und die Verfügbarkeit gewonnen, was jedoch mit eigenem Aufwand und eigener Verantwortung bezahlt werden muss.

45.1.3 Hybrid Cloud

Die *Hybrid Cloud* vereint die Private Cloud und die Public Cloud. Typische Anwendungsfälle aus der Hybrid Cloud sind sehr dynamisch. Die Grundlast kann mit der Private Cloud beherrscht werden, Lastspitzen werden aus der Public Cloud bedient, bzw. werden in diesen Zeiträumen weniger kritische Teile in die Public Cloud ausgelagert.

45.2 Everything as a Service

Der Begriff *Everything as a Service* (*XaaS*) steht für den Versuch, sämtliche Ressourcen als Service zu beschreiben. Einige Beispiele habe ich im Folgenden beschrieben.

45.2.1 Infrastructure as a Service

Der Anwender einer *Infrastructure as a Service* (*IaaS*) kann bei einem Provider Recheninstanzen mieten. Die Infrastruktur ist häufig virtuell und die Hardware nicht exklusiv für Sie reserviert. Deshalb teilen Sie sich die Kapazität in der Regel mit anderen Kunden. Dies führt einerseits zu gewünschten Synergien, macht die Performance jedoch stark abhängig vom Provider, der allgemeinen Auslastung und den genauen Vereinbarungen im Vertrag.

Die Verantwortung für das Betriebssystem liegt beim Kunden. Einige Anbieter bieten *Managed Server* im Paket an. Updates und Sicherheitspatches werden dem Kunden auf diese Weise abgenommen.

Beispiele und Anwendungsfälle für IaaS sind *SkyDrive* (siehe Abschnitt 45.3.1), *Amazon S3* (siehe Abschnitt 45.3.2), *Dropbox* (siehe Abschnitt 45.3.3), *Apple iCloud* (siehe Abschnitt 45.3.7), *QNAP MyCloudNAS* (siehe Abschnitt 45.3.5) und *Amazon EC2* (siehe Abschnitt 45.3.6).

45.2.2 Platform as a Service

Die Dienste von *Platform as a Service* (*PaaS*) unterstützen die Entwicklung und den Betrieb von Applikationen und liefern die dafür benötigten Werkzeuge:

- Webservices
- Entwicklungsumgebungen
- Betriebsumgebungen (z. B. Application Server)
- Datenbanken
- System Management

Beispiele für PaaS sind die *Google App Engine* (siehe *https://developers.google.com/appengine*) und *Windows Azure* (siehe *http://www.windowsazure.com*).

45.2.3 Software as a Service

Mittels *Software as a Service* (*SaaS*), auch *Application Service Providing* (*ASP*) genannt, stellt der Provider seinen Kunden eine fertige Applikation zur Verfügung. Bei der Art der Applikation sind der Phantasie keine Grenzen gesetzt.

SaaS revolutioniert die Lizensierung von Software. Die Anwendung wird nicht gekauft, vielmehr zahlt der Anwender Gebühren für die Nutzung. Mit einem internetfähigen Endgerät kann ein Kunde von überall auf die beim Provider gehosteten Applikationen zugreifen.

Ein Beispiel für eine kostenfreie SaaS-Anwendung ist *Google Docs* (siehe Abschnitt 45.3.4).

45.3 Beispiele aus der Cloud

Die Beispiele für Anwendungen aus der Cloud sind vielzählig. Einige wenige habe ich daraus ausgewählt.

45.3.1 Microsoft SkyDrive

Der Cloud-Speicherdienst *SkyDrive* von Microsoft ermöglicht die Verwaltung von eigenen Dateien im Internet (siehe Abbildung 45.2). Eine SkyDrive-Applikation gibt es für Windows ab Vista Service Pack 2, OS X und Smartphones. Bei Windows 8 ist SkyDrive schon ab Werk in den Explorer integriert.

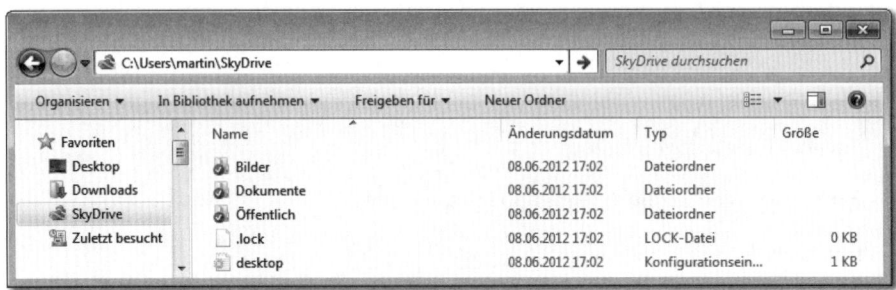

Abbildung 45.2 SkyDrive speichert Ihre Dokumente in der Cloud.

Für SkyDrive benötigen Sie lediglich eine *Windows Live ID* (siehe Abschnitt 25.1.2, »Windows Live ID«). Weitere Informationen finden Sie im Internet unter *http://www.windowslive.de/skydrive*.

45.3.2 Amazon S3

Mit dem *Simple Storage Service* von Amazon, auch als *Amazon S3* bezeichnet (siehe *http://aws.amazon.com/de/s3/*), kann Speicherinfrastruktur in die Cloud verlegt werden. Häufig wird dieser Speicher für dezentrale Backups oder Online-Netzlaufwerke genutzt. Der Datentransfer, die Speicherung und jeder Zugriff müssen bezahlt werden.

Der Amazon S3 Speicher wird mithilfe von *Buckets* je nach Funktion übersichtlich in mehrere Bereiche aufgeteilt. Die optionale serverseitige Verschlüsselung der Backups von Amazon soll Missbrauch vorbeugen.

45.3.3 Dropbox

Der Speicherdienst *Dropbox* (siehe *https://www.dropbox.com*) ermöglicht wie SkyDrive die Verwaltung von Dateien und wird verbreitet für den Austausch von Daten verwendet. Dropbox gibt es für Windows, OS X, Linux und Smartphones. Es lässt sich durch eine einfache Installation ab Windows XP in den Explorer integrieren (siehe Abbildung 45.3).

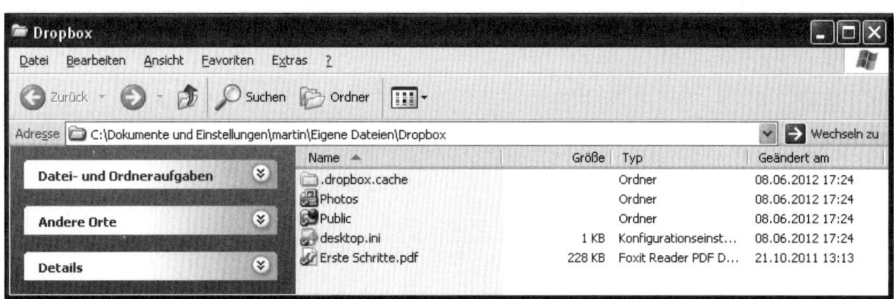

Abbildung 45.3 Das Dropbox-Verzeichnis wird mit der Cloud synchronisiert.

Für gehostete Dateien lassen sich Links generieren, mit deren Hilfe man auch nicht in Dropbox registrierten Freunden Zugriff gewähren kann. Dropbox setzt auf Amazon S3 auf (siehe Abschnitt 45.3.2, »Amazon S3«).

45.3.4 Google Drive

Die Softwaresammlung *Google Docs* ist in *Google Drive* (siehe *http//drive.google.com*) aufgegangen. Benutzer können in Kollaboration (dt. *Teamarbeit*) Dokumente importieren, erstellen und bearbeiten. Zur Darstellung wird lediglich ein Browser benötigt (siehe Abbildung 45.4).

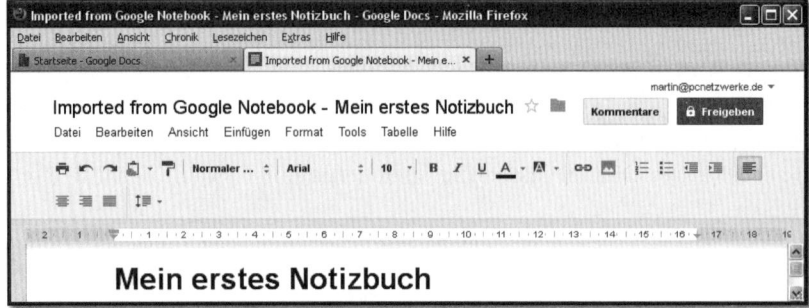

Abbildung 45.4 Online zusammenarbeiten mit Google Docs in der Cloud

Die Dokumente können neben anderen auf dem *Google Drive* gespeichert werden. Die Officeumgebung wirkt vertraut.

45.3.5 QNAP MyCloudNAS

Selbstverständlich können Sie mit geeigneten NAS-Systemen auch von zu Hause aus Ihre eigene Cloud aufbauen. Über diese können Sie über das Internet von überall aus auf Ihre Daten zugreifen. Das kann kostengünstiger sein als eine gemietete IaaS-Lösung.

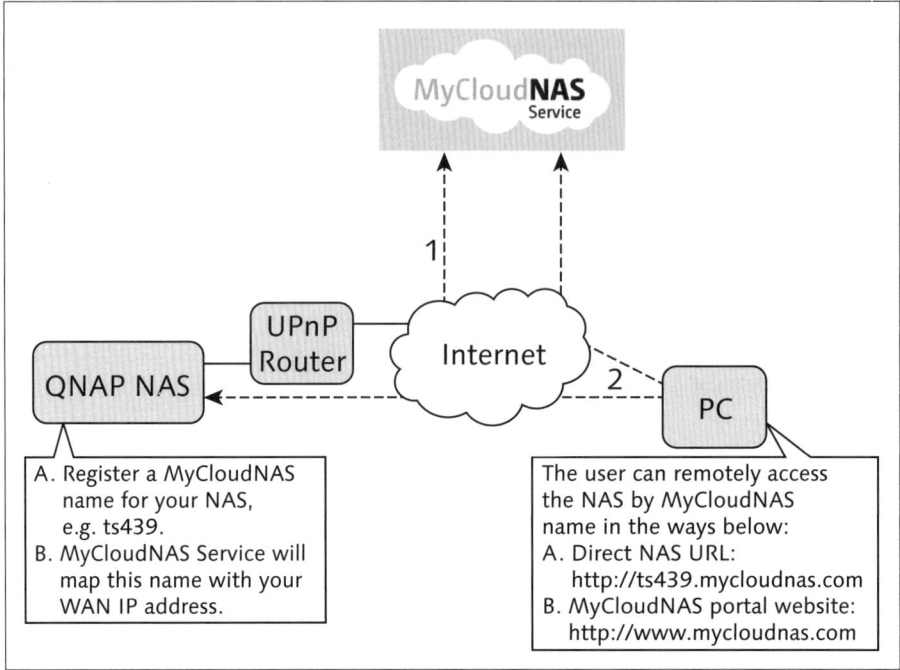

Abbildung 45.5 Mit QNAP MyCloudNAS selber eine Cloud aufbauen; Quelle: *http://qnap.com*

Der Hersteller QNAP bietet für einige seiner Speichersysteme die Lösung *MyCloudNAS* an. Mithilfe von dynamischem DNS werden ausgewählte Dienste über das Internet angeboten (siehe Abbildung 45.5).

Mit der Windows-Anwendung *MyCloudNAS Connect* ist eine Integration des Cloud-Speichers in den Explorer möglich.

45.3.6 Amazon EC2

Die *Amazon Elastic Compute Cloud* (*Amazon EC2*) stellt virtuelle Rechenumgebungen zur Verfügung (siehe *http://aws.amazon.com/de/ec2/*). Sie können Ihre virtuellen Maschinen selber konfigurieren, aus vordefinierten Templates generieren oder unter bestimmten Voraussetzungen eigene Maschinen in die Amazon-Cloud importieren.

Dieses Angebot richtet sich bevorzugt an Unternehmen für den Betrieb einer sehr flexiblen hybriden Cloud. Für kurzfristigen und langfristigen Bedarf stellt Amazon jeweils unterschiedliche Abrechnungsmodelle zur Verfügung. Diese sollen auf Seiten des Providers eine optimale Ressourcenauslastung garantieren und dem Kunden ein flexibles *Capacity on Demand* (*COD*) anbieten:

- Eine *On-Demand Instance* wird stundenweise abgerechnet. Damit können z. B. Lastspitzen abgefangen werden.

- Auch für eine *Reserved Instance* fallen Nutzungsgebühren an. Nach Zahlung eines Festpreises wird die Nutzungsgebühr pro Stunde deutlich reduziert. Der Vorteil für Amazon besteht in einer besseren Planungssicherheit.

- Aktuell nicht genutzte Kapazität wird den Kunden als *Spot Instance* angeboten. Das Entgelt ändert sich flexibel, abhängig von Angebot und Nachfrage. Die Kunden geben den Preis an, den Sie maximal zahlen möchten. Kunden mit zeitlich unkritischen Anwendungen füllen so die Lücken und gewährleisten für Amazon eine optimale Ressourcenauslastung.

45.3.7 Apple iCloud

Apple hat den nicht sehr erfolgreichen Dienst MobileMe mittlerweile eingestellt und durch die *iCloud* (siehe *https://www.icloud.com*) ersetzt. Das Ziel der iCloud besteht darin, eine gemeinsame Kommunikationsbasis für die unterschiedlichen Geräte zu bieten. So ist es über die iCloud möglich, sowohl die Adressen als auch Notizen und Aufgaben zentral zu verwalten und zu speichern. Ihnen stehen sowohl auf dem iPhone als auch auf dem Rechner und dem iPad die gleichen Datenbestände zur Verfügung. Eine Onlinefestplatte bietet die iCloud in dieser Form nicht. Es ist allerdings möglich, dass Entwickler Ihre Applikationen um eine iCloud-Funktionalität ergänzen. Sie haben dann im Programm selbst Zugriff auf die in der iCloud gespeicherten Dokumente. Darüber hinaus bietet Ihnen die iCloud auch ein E-Mail-Konto. Für aktuelle Windows-Versionen steht eine Systemsteuerung zur Verfügung. Die Nutzung der iCloud ist in der Basisversion nach der Registrierung kostenlos.

Abbildung 45.6 Die iCloud wird in den Systemeinstellungen in der gleichnamigen Ansicht verwaltet.

ANHANG

A Linux-Werkzeuge 655

B ASCII-Tabelle 671

C Glossar 673

Sie haben den Ehrgeiz, sich auf Linux selbst zu tummeln, doch Sie kennen die Kommandos nicht? Dieses Kapitel wird Ihnen grundlegende Befehle aufzeigen.

A   Linux-Werkzeuge

A.1   Vorbemerkung

SUSE Linux stellt in der Werbung die Vorteile der grafischen Programme in den Vordergrund. Doch selbstverständlich basiert auch das neueste SUSE Linux auf einem Linux-Betriebssystem, und bei Linux ist die grafische Oberfläche nur eine Ergänzung. Die Kommandozeile unter Linux heißt Shell; dort können Sie uneingeschränkt arbeiten. Es gibt nicht nur eine Shell, sondern mehrere verschiedene Shells. Leider kann man die Shells optisch nicht voneinander unterscheiden, wenn man den Cursor blinken sieht. Die Unterschiede fallen mir immer erst dann auf, wenn bestimmte Funktionen nicht zur Verfügung stehen. Es gibt z. B. die Bash, die Korn-Shell, die C-Shell, die A-Shell oder die Z-Shell. Wenn Sie aus dem KDE-Desktop heraus eine Shell aufrufen, indem Sie auf den kleinen schwarzen Monitor bzw. die Muschel in der Taskleiste klicken, dann haben Sie eine *Bourne-Again-Shell* (Bash).

Linux ist ein UNIX-Derivat, also eine Variante von UNIX. Es gibt noch viele weitere UNIX-Derivate, z. B. HP-UX, SCO, Solaris, FreeBSD oder AIX. Alle diese UNIX-Systeme sind ähnlich, aber nicht gleich. Wenn Sie sich über UNIX näher informieren möchten, finden Sie bei Galileo Computing unter *http://www.galileocomputing.de/ openbook* das Buch »Wie werde ich UNIX-Guru?« von Arnold Willemer. Ich verwende in diesem Kapitel den Begriff *Linux*, auch wenn die meisten Kommandos auch bei anderen UNIX-Systemen funktionieren. Ein anderes Buch zum Thema ist das Buch von Steffen Wendzel und Johannes Plötner. Es hat den Titel »Einstieg in Linux«. Noch viel interessanter klingt in meinen Ohren der Untertitel »Eine leichte Einführung in alle Distributionen«. Das Buch ist bei Galileo Computing (siehe *http://www.galileocomputing.de/katalog/buecher/titel/gp/ titelID-3146*) erschienen.

fli4l ist eine abgespeckte Linux-Distribution. Viele Befehle, die Sie von Linux kennen, stehen dort nicht zur Verfügung. Das ist in aller Regel auch nicht notwendig, denn grundsätzlich haben Sie an der Konsole des Routers nichts zu tun. Bei fli4l wird die A-Shell (*ash*) verwendet, weil diese weniger Platz benötigt. Es gibt ein optionales Paket für fli4l, das statt der A-Shell die Bash auf dem Linux-Router installiert. Solche Pakete dürften nur für die wenigsten von Ihnen sinnvoll sein.

Unter Linux wird zwischen Groß- und Kleinschreibung unterschieden. Die Dateien *Test.txt*, *test.txt*, *test.TXT* und *test.txT* unterscheiden sich. Es sind vier verschiedene Dateien, und *TeSt.TxT* wäre die fünfte.

Die Shell stellt verschiedene Mechanismen zur Verfügung, mit deren Hilfe Sie Datenströme (engl. *streams*) umlenken können. Es gibt standardmäßig drei Datenströme. Die Standardausgabe (*stdout*) mit dem Dateideskriptor 1, die Standardeingabe (*stdin*) mit dem Dateideskriptor 0 und die Standardfehlerausgabe (*stderr*) mit dem Dateideskriptor 2. Wenn in einer Shell nichts anderes vereinbart wird, finden die Standardausgabe und die Standardfehlerausgabe auf dem Bildschirm statt. Die Standardeingabe ist die Tastatur.

- Eine | leitet die Ausgabe eines Befehls an einen anderen Befehl weiter. Das Zeichen heißt *Pipe* (dt. *Leitung*).

- \> leitet die Ausgabe eines Befehls in eine Datei um. Sollte die Datei existieren, wird der Inhalt überschrieben.

- \>> leitet die Ausgabe eines Befehls in eine Datei um. Die Ausgabe wird angehängt, gegebenenfalls wird die Datei angelegt.

- < liest den Inhalt einer Datei aus und verwendet ihn als Eingabe für ein Kommando.

- 2> leitet die Fehlerausgabe des Kommandos in eine Datei um.

- >/dev/null 2>&1 leitet zunächst die Standardausgabe ins Siliziumnirvana */dev/null*. Zusätzlich wird der Dateideskriptor 2 (*stderr*) auf den Dateideskriptor 1 (*stdout*) umgelenkt. Damit landen auch alle Fehlermeldungen im Datenmülleimer */dev/null*.

Es gibt darüber hinaus weitere unzählige interessante Grundlagen; ich kann Ihnen leider nur wenige vorstellen:

- [Strg] + [c] ist die Tastenkombination, mit der man die meisten Befehle beenden kann. Sollte das in Ihrer Shell nicht bereits so vereinbart sein, können Sie die Tastenkombination mit dem Kommando `stty intr` [Strg] + [c] + [Enter] definieren.

- Wenn Sie einen Befehlsaufruf mit einem & (Kaufmanns-Und) zum Abschluss ergänzen, wird der Befehl im Hintergrund ausgeführt, und Sie können auf der Shell weiterarbeiten. Das Kommando `jobs` zeigt den aktuellen Status der Hintergrundprozesse.

A.2 Grundbefehle

Kommandos unter Linux haben häufig Optionen, die mit einem Minuszeichen eingeleitet werden.

A.2.1 Bewegen im Dateisystem

ls

- `ls` Das Kommando `ls` listet (fast) alle Dateien und Verzeichnisse des aktuellen Verzeichnisses auf. Dabei kann man von der Anzeige her Dateien und Verzeichnisse nicht unterscheiden. Der Befehl ist vergleichbar mit dem `dir`-Befehl unter DOS.

- `ls -l` listet (fast) alle Dateien und Verzeichnisse auf und gibt weitere Informationen zu jeder Datei aus, z. B.: `drwxr-xr-x 7 root root 1024 Mar 29 2003 var` Verzeichnisse sind unter Linux nichts anderes als Dateien. Daher gelten die gleichen Regeln auch für sie. In der ersten Spalte stehen die Rechte; dabei gibt das `d` an, dass es sich um ein Verzeichnis handelt. `rwxr-xr-x` steht für die Rechte lesen (`r`), schreiben (`w`) und ausführen (`x`). Es gibt drei Klassen von Benutzern: den Eigentümer, eine Gruppe und alle anderen. Entsprechend bedeuten die Rechte in diesem Fall Folgendes: Der Besitzer `root` darf `rwx` (alles), die Mitglieder der Gruppe `root` dürfen `r-x` (lesen und ausführen, nicht ändern oder löschen!), ebenso wie alle anderen Benutzer.

- `ls -a` listet alle Dateien, auch die versteckten, auf. Versteckte Dateien sind solche, die mit einem Punkt im Dateinamen beginnen.

- `ls -al` listet alle Dateien in der Detailansicht auf, da Optionen kombiniert werden können.

- `ls -l c?` zeigt alle Dateien und den Inhalt aller Verzeichnisse an, deren Name aus zwei Zeichen besteht und mit dem Buchstaben *c* beginnt.

- `ls -l c*` zeigt den Inhalt aller Verzeichnisse und alle Dateien an, deren Dateiname mit *c* beginnt.

cd

Der Befehl `cd` ist sicherlich einigen schon von DOS her bekannt. Man kann damit das Verzeichnis wechseln.

- `cd /boot` wechselt absolut in das Verzeichnis */boot*, das sich direkt unter dem Wurzelverzeichnis */* – das Verzeichnis heißt Root-Verzeichnis (dt. *Wurzelverzeichnis*) – befindet, unabhängig von Ihrem Standpunkt innerhalb der Dateistruktur. Solche Pfadangaben werden deshalb absolute Pfadangaben genannt.

- `cd boot` wechselt auch in das Verzeichnis *boot*, allerdings relativ zum aktuellen Standort. Wenn ich also ein Verzeichnis */tmp/boot* habe, unter */tmp* stehe und dort `cd boot` eingebe, dann lande ich in */tmp/boot* und nicht in */boot*. Diese Pfadangabe wird daher auch relative Pfadangabe genannt.

- `cd ..` wechselt in das nächsthöhere Verzeichnis. Dabei können die Punktangaben auch mit Verzeichnisangaben kombiniert werden: `cd ../test` wechselt relativ in das Verzeichnis *test*, das sich auf der gleichen Ebene wie das aktuelle Verzeichnis befindet.

- `cd ~` wechselt in das Heimatverzeichnis von Ihnen bzw. von dem Benutzer, als der Sie angemeldet sind: für den Benutzer `root` in */root* und für andere Benutzer in */home/<Benutzername>*. Das Kommando `cd` ohne Optionen hat in den meisten Shells den gleichen Effekt.

pwd

Der Befehl `pwd` gibt den Standort im Verzeichnisbaum an (»print working directory«), liefert also die Information, in welchem Verzeichnis Sie sich gerade befinden.

mkdir

Der Name lässt es erahnen: Mit diesem Befehl wird ein Verzeichnis erzeugt.

- `mkdir test` legt in dem Verzeichnis, in dem man sich befindet, ein neues Unterverzeichnis *test* an.

- `mkdir -p /test2/hallo` legt das Verzeichnis */test2/hallo* an. Sollte das Verzeichnis */test2* noch nicht existieren, wird es gleich mit angelegt.

cp

Das Kommando kopiert Dateien.

- `cp test.txt kiki.txt` kopiert die Datei *test.txt* in die Datei *kiki.txt*.

- `cp -r /tmp/* /bin` kopiert alle Dateien und Verzeichnisse unterhalb von */temp* nach */bin*.

- `cp /var/log/messages .` kopiert die Datei */var/log/messages* in das aktuelle Verzeichnis, das durch den Punkt repräsentiert wird.

- `cp /var/log/messages ..` kopiert die Datei */var/log/messages* in das übergeordnete Verzeichnis.

mv

Der Befehl `mv` verschiebt Dateien. Die Dateien werden also am alten Ablageort gelöscht. Es gilt die gleiche Syntax wie bei `cp`.

rm

Das Kommando `rm` löscht Dateien und Verzeichnisse. Dabei bedeutet löschen, dass die Dateien nicht mehr vorhanden sind. Sie werden nicht in einem Papierkorb aufbewahrt!

- `rm test.txt` löscht die Datei *test.txt*.

- `rm -r /tmp` löscht das Verzeichnis */tmp* inklusive aller enthaltenen Dateien und Verzeichnisse ohne Nachfrage und unwiederbringlich.

- `rm -r *` löscht alle Dateien. Damit hätten Sie den Ast, auf dem Sie sitzen, abgesägt, zumindest, wenn Sie als Benutzer `root` diesen Befehl im falschen Verzeichnis absetzen, denn auch alle Programme werden gelöscht.

Auf einigen Systemen ist das Kommando `rm` durch einen Aliasnamen abgesichert. Jedesmal, wenn Sie den Befehl `rm` eintippen, ersetzt die Shell den Befehl automatisch durch den Befehl `rm -i`. Diese interaktive Variante fragt jedesmal nach, bevor sie eine Datei löscht. Wenn Sie dieses Verhalten abstellen möchten, können Sie entweder die Option `-f` (engl. »force«) verwenden oder den Aliasnamen mit dem Kommando `unalias rm` auflösen.

[«]

chmod

Das Programm ändert die Benutzerrechte an Verzeichnissen und Dateien. Dabei gehe ich bei meiner Beschreibung davon aus, dass Sie als `root`, also als Administrator, arbeiten. Als solcher dürfen Sie alles machen, wofür Sie sich nicht selbst die Rechte entzogen haben. Wären Sie als normaler Benutzer angemeldet, könnten Sie nur die Rechte derjenigen Dateien verändern, die Ihnen gehören. Die Rechte werden über Zahlenwerte ausgedrückt:

- 4 = lesen
- 2 = schreiben
- 1 = ausführen

Die Zahlen kann man addieren und dann in das Kommando mit einbauen. Die »6« bedeutet lesen und schreiben (4+2), die »7« bedeutet lesen, schreiben und ausführen (4+2+1), und die »5« lesen und ausführen (4+1).

- `chmod 666 test.txt` ändert die Rechte der Datei *test.txt* so, dass alle Benutzerklassen (Besitzer, Gruppe und der Rest der Welt) lesen und schreiben dürfen.
- `chmod -R 666 /tmp` setzt für das Verzeichnis */tmp* und alle darin befindlichen Dateien und Unterverzeichnisse die Rechte auf Lesen und Schreiben für alle Benutzerklassen.
- `chmod 744 test.sh` macht die Datei *test.sh* für den Eigentümer ausführbar. Alle anderen Benutzer dürfen lesend darauf zugreifen.

chown

Das Kommando ändert den Besitzer einer Datei bzw. eines Verzeichnisses.

- `chown ens:ensusers test.txt` Die Datei *test.txt* wird Eigentum des Benutzers `ens` und der Gruppe `ensusers`.
- `chown -R ens:ensusers /bsp` ändert rekursiv den Besitz des Verzeichnisses */bsp* und aller darunter liegenden Dateien und Verzeichnisse. Alle Dateien und Verzeichnisse gehören von nun an dem Besitzer `ens` und der Gruppe `ensusers`.

find

Das Kommando `find` hilft bei der Suche nach Dateien, die irgendwo im Verzeichnisbaum liegen. Dabei können verschiedenste Auswahlkriterien berücksichtigt werden.

- `find` ohne Optionen liefert eine Liste aller Dateien im aktuellen Verzeichnis und in allen Unterverzeichnissen.
- `find . -name mar\*` findet alle Dateien im aktuellen Verzeichnis und dessen Unterverzeichnissen, die mit *mar* beginnen. Das Joker-Zeichen (die Wildcard) * ist mit einem \ maskiert.

- `find /home -group users` findet alle Dateien und Verzeichnisse, die unterhalb des Verzeichnisses */home* liegen und der Gruppe `users` gehören.

A.2.2 Datenstrom

cat

Der Befehl gibt Textdateien aus.

- `cat test.txt` gibt die Datei *test.txt* auf dem Bildschirm aus.

- `cat test.txt | less` gibt die Datei *test.txt* bildschirmweise aus. Um die nächste Bildschirmseite sehen zu können, müssen Sie eine Taste drücken. Die Ausgabe von `cat` wird an das Programm `less` übergeben, das die Ausgabe seitenweise vornimmt.

- `cat /proc/interrupts` listet die IRQs auf. Das ist sehr hilfreich, wenn man nicht weiß, auf welchem IRQ die ISDN-Karte oder die Netzwerkkarte angesprochen wird.

echo

Mit `echo` geben Sie Texte oder Variablen aus.

- `echo $HOME` gibt den Inhalt der Variablen mit dem Namen *HOME* aus.

- `echo "Hallo Welt"` schreibt auf den Bildschirm `Hallo Welt`.

- `echo "Hallo Welt" > test.txt` schreibt `Hallo Welt` in die Datei *test.txt*. Sie können das mit `cat test.txt` überprüfen und ausgeben lassen.

grep

Der Befehl filtert Textausgaben beziehungsweise durchsucht Textdateien nach Zeichenketten.

- `cat /var/log/messages | grep ERROR > /var/log/error.log` gibt die Ausgabe der Datei */var/log/messages* an den Befehl `grep` weiter. Dieser Befehl filtert alle Zeilen heraus, die das Wort `ERROR` enthalten, und schreibt die Ausgabe in eine Datei */var/log/error.log*.

- `grep ERROR < /var/log/messages > /var/log/error.log` macht das Gleiche wie der obige Befehl.

- `grep -v ERROR </var/log/messages > /var/log/error.log` schreibt alle Zeichen in die Datei, die das Wort `ERROR` nicht enthält.

date

Das Kommando gibt das aktuelle Datum mit Uhrzeit aus.

- `date +%Y-%m-%d` gibt z. B. 2003-02-10 aus, also im Format: jjjj-mm-tt.

A.2.3 Prozesse und Dateisystem

ps

Der Befehl gibt die Prozessliste aus.

- `ps` führt zu einer Tabelle. In der ersten Spalte steht die Prozessnummer. Diese ist wichtig, wenn man den Prozess beenden möchte.
- `ps -ef` gibt die Prozesstabelle mit Prozessen aller Benutzer (engl. *everybody*) in einer umfassenden (engl. *full*) Liste aus.

top

Das Tool schreibt ähnlich wie der Windows-Taskmanager eine Prozessliste mit den Prozessen und ihrer jeweiligen CPU-Nutzung auf die Standardausgabe. Diese Liste wird in einem selbst definierbaren Intervall aktualisiert (Voreinstellung ist 1 Sekunde).

- `top` gibt die Liste aus.

kill

Beendet Prozesse anhand ihrer Prozessnummer.

- `kill 243` versucht, den Prozess 243 sauber (mit dem Signal 15) zu beenden.
- `kill -9 243` beendet den Prozess 243 unabhängig davon, ob er möchte oder nicht.
- `kill -l` liefert eine Liste aller möglichen Signale.
- `killall netscape` beendet alle Prozesse mit dem Namen `netscape`.

df und du

- `df` (»disk free«) gibt an, wie viel Platz noch auf den Laufwerken frei ist. Die Option `-H` sorgt für mehr Übersichtlichkeit.
- `du` (»disk usage«) listet auf, welches Verzeichnis wie viel Platz belegt.

mount und umount

Der Befehl `mount` bindet Laufwerke in das Dateisystem ein, `umount` hängt sie wieder aus.

- `mount` listet alle gemounteten Laufwerke auf. Das sind alle Laufwerke, auf die man zugreifen kann.
- `mount -t fat /dev/fd0 /mnt` macht den Inhalt der eingelegten Diskette (Laufwerk *a:*) unter */mnt* verfügbar.
- `mount -t vfat /dev/hda4 /mnt` bindet eine FAT32-Partition ein und macht deren Inhalt unter */mnt* verfügbar.
- `umount /mnt` löst die Verbindung, die man mit */mnt* hergestellt hatte. Das ist wichtig, um z. B. das CD-Laufwerk wieder öffnen zu können oder damit Daten auf den gemounteten Datenträger zurückgeschrieben werden.

hdparm

Dieses Kommando ist sehr mächtig. Verwenden Sie es nur, wenn Sie verstehen, was Sie tun. Sie können mit diesem Kommando Festplatteneinstellungen (DMA-Modus und Ähnliches) vornehmen. Im Fall von fli4l wird mit `hdparm` die Festplatte nach einem Zeitraum der Inaktivität heruntergefahren.

- `hdparm /dev/hda` gibt die Einstellungen für die Festplatte aus.
- `hdparm -help` gibt weitere Informationen aus.

halt, reboot und shutdown

- `halt` fährt den PC herunter.
- `reboot` startet den PC neu.
- `shutdown -h now` fährt den PC herunter. Wenn Sie die Option `now` weglassen, fährt Ihr PC zeitverzögert herunter. Das geschieht dann möglicherweise für Sie unerwartet.

A.2.4 Netzwerkbefehle

ping

Überprüft die Erreichbarkeit von Rechnern auf der IP-Ebene. Weitere Ausführungen zu ping unter Linux finden Sie im Abschnitt 28.5, »Linux-Bordmittel«.

- ping 192.168.4.2 sendet unablässig ICMP-Pakete an die IP-Adresse 192.168.4.2 und zeigt, falls erfolgreich, die Antwortzeiten an.
- ping Eins löst zunächst den PC-Namen *Eins* in die IP-Adresse 192.168.4.2 auf, sodass Sie bei Erfolg wissen, dass die Namensauflösung in Ihrem Netz funktioniert.
- ping -c 5 192.168.4.2 sendet fünf ICMP-Pakete zum Rechner 192.168.4.2.

ifconfig

Ein wichtiges Kommando, wenn der Router fli4l nicht wie gewünscht funktioniert. Man kann sich damit die Konfiguration der Netzwerkschnittstellen anzeigen lassen.

- ifconfig gibt die Konfiguration aller Schnittstellen aus.
- ifconfig eth0 gibt die Konfiguration von *eth0*, unserer ersten Netzwerkkarte, aus.
- ifconfig eth0 192.168.1.1 up aktiviert die Netzwerkschnittstelle *eth0* mit der IP-Adresse 192.168.1.1.

route

Man kann mit diesem Kommando Routing-Einträge sehen und setzen.

- route gibt die aktuelle Routing-Tabelle aus.
- route add -net 0.0.0.0 gw 192.168.1.1 konfiguriert das Default-Routing auf das Gateway 192.168.1.1.

arp

ARP ist das Address Resolution Protocol. Es löst IP-Adressen in MAC-Adressen auf. Die aktuell bekannten Beziehungen MAC zu IP kann man ausgeben lassen:

- arp -a listet die ARP-Tabelle auf.

> **netstat**

Der Befehl `netstat` zeigt die TCP-/UDP-Verbindungen an. Sie können so feststellen, welcher Prozess auf welchem TCP-/UDP-Port arbeitet und in welchem Zustand dieser Prozess ist.

- `netstat -s` gibt Statistiken des Netzwerk-Interfaces (*eth0*) aus.
- `netstat -an` gibt alle Verbindungen aus und zeigt die Ports numerisch an.
- `netstat -p` gibt die Prozessnummer an, sodass Sie einen Prozess zu einer Verbindung identifizieren können.

A.3   Der Editor Vi

Wenn Sie regelmäßig unter Linux Dateien verändern, dann benötigen Sie einen Editor. Selbstverständlich können Sie dazu KWrite oder Kate verwenden, doch beide KDE-Programme stehen nur unter der grafischen Benutzeroberfläche, also der Desktopumgebung, zur Verfügung. Sie können zwischen sechs reinen Textkonsolen mit (Alt) + (F1), (Alt) + (F2) bis (F6) wählen, mit (Alt) + (F7) gelangen Sie zurück zu KDE.

Wenn Sie auf einer Textkonsole arbeiten, benötigen Sie einen entsprechenden Texteditor. Es gibt Leute, die dazu den Vi verwenden, und es gibt andere, die Emacs bevorzugen. Ich benutze den Vi, weil ich seine Befehle halbwegs beherrsche.

Wenn Sie den Vi fleißig verwenden, werden Sie ihn irgendwann lieben. Wenn es so weit ist, können Sie ihn auch unter Windows verwenden. Sie können Gvim von der Internetseite *http://www.vim.org* herunterladen.

[«]

Ich und auch jeder andere, den ich kenne und der den Vi zum ersten Mal verwendet hat, hält ihn anfangs für ein sehr schlechtes Programm. Die Bedienung ist alles andere als intuitiv, man muss sich alle Befehle merken und ständig zwischen dem Eingabe- und dem Kommandomodus hin- und herwechseln.

Was ich anfänglich als schlecht empfunden habe, halte ich inzwischen für ein geniales Programm, das dank Zehnfingersystem sehr bequem und äußerst schnell bedient werden kann.

A.3.1 Arbeiten mit dem Vi

Entweder Sie arbeiten am Text, dann erfolgt das im Eingabemodus, in dem Ihnen Befehle nur eingeschränkt zur Verfügung stehen. Oder Sie arbeiten im Kommandomodus, dann können Sie keinen Text eingeben.

[zB] Sie rufen mit `vi /tmp/test.txt` den Vi auf und wollen im Verzeichnis */tmp* eine Datei *test.txt* erzeugen. Sie sehen zunächst einen leeren Bildschirm. Wenn Sie ein `i` tippen, wechseln Sie in den Eingabemodus. Geben Sie nun ein paar Buchstaben ein, z. B. »mein erster Text mit dem Vi«. Um wieder in den Kommandomodus zu wechseln, drücken Sie (Esc). Nur im Kommandomodus können Sie den Text abspeichern. Dazu geben Sie `:w`, gefolgt von (Enter) ein. Wenn Sie den Vi wieder verlassen wollen, müssen Sie `:q`, gefolgt von (Enter) eingeben. Da Sie ja noch im Kommandomodus sind, entfällt das vorherige Drücken von (Esc).

Befehle im Kommandomodus

Diese Befehle werden immer im Kommandomodus eingegeben:

- `A`: Springt an das Ende der Zeile springen und wechselt dort in den Eingabemodus.
- `a`: Wechselt hinter der aktuellen Cursor-Position in den Eingabemodus.
- `i`: Wechselt an der Stelle in den Eingabemodus, an der sich der Cursor befindet.
- `o`: Wechselt unterhalb der aktuellen Zeile in den Eingabemodus.
- `O`: Wechselt oberhalb der aktuellen Zeile in den Eingabemodus.
- `r`: Das Zeichen unter dem Cursor wird verändert. Für dieses eine Zeichen wechselt der Vi in den Eingabemodus.
- `R`: Das aktuelle Wort wird von der Cursor-Position bis zum Wortende editierbar. Der Vi wechselt dazu in den Eingabemodus.
- `cw`: Das aktuelle Word wird ab der Cursor-Position ausgetauscht. Der Vi wechselt in den Eingabemodus.

Dateien können gelesen und geschrieben werden. Im Kommandomodus beginnen diese Operationen mit einen Doppelpunkt:

- `:w` speichert die Datei unter dem vorgegebenen Namen ab. Um den Text unter einem anderen Dateinamen abzuspeichern, geben Sie `:w <Dateiname>` ein.
- `:q` verlässt den Vi.
- `:wq` speichert die Änderungen und beendet den Editor.
- `:x` entspricht `:wq`.

- `:q!` verlässt den Vi, ohne die Änderungen abzuspeichern.
- `:w!` hebt den Schreibschutz für eine Datei auf (sofern der Benutzer überhaupt Schreiberlaubnis für diese besitzt).
- `:r` fügt eine Datei ein. Geben Sie `:r <Dateiname>` ein, um den Inhalt der Datei einzulesen.

Der Vi bietet Ihnen eine Suchfunktion. Wenn Sie sich im Kommandomodus befinden, können Sie mit dem Schrägstrich `/`, gefolgt von einem Begriff vorwärts im Dokument suchen. Das Fragezeichen `?` sucht rückwärts.

Sie haben die Datei */var/log/messages* geöffnet. Diese enthält 10.000 Zeilen, und Sie suchen eine Zeile, in der das Wort `2003-02-23` vorkommt. Dazu geben Sie `/2003-02-23` ein. Wenn Sie zum nächsten Treffer springen möchten, geben Sie `n` ein; mit `N` kommen Sie zum vorherigen Treffer. [zB]

Sie können sich mit den Cursor-Tasten bewegen. Wenn Sie die Finger auf der Buchstabentastatur liegen lassen möchten, können Sie sich unter anderem mit den Buchstaben `h,j,k,l` im Text bewegen:

- `h`: Sie bewegen sich ein Zeichen nach links.
- `j`: Sie bewegen sich eine Zeile nach oben. Alternativ können Sie auch eine Zahl vor dem `j` eingeben. Zum Beispiel bewegt `40j` Sie 40 Zeilen nach oben.
- `k`: Sie bewegen den Cursor eine Zeile im Text nach unten.
- `l`: Sie bewegen den Cursor ein Zeichen nach rechts.
- `0`: Der Cursor wird am Anfang der Zeile positioniert.
- `$`: Der Cursor wird am Ende der Zeile positioniert.
- `G`: Der Cursor wird in der letzten Zeile des Textes positioniert. Sie geben `6G` ein, und der Cursor springt in die sechste Zeile.

Im Kommandomodus können Sie kopieren und löschen:

- `yy`: Die aktuelle Zeile wird in den Puffer gelesen. Sie geben `4yy` ein, und vier Zeilen einschließlich der aktuellen werden in den Puffer gelesen.
- `p`: Der Inhalt des Puffers wird eingefügt.
- `dd`: Die aktuelle Zeile wird gelöscht und in den Puffer gelegt. Sie geben `4dd` ein, und vier Zeilen einschließlich der aktuellen werden gelöscht und in den Puffer gelesen.
- `dG`: Von der aktuellen Zeile bis zum Ende des Dokuments wird alles gelöscht und in den Puffer gelegt.

- x: Das Zeichen unter dem Cursor wird gelöscht.
- u Die letzte manipulierende Aktion wird rückgängig gemacht.

Bei Linux wird der *Vim* (*Vi improved*) eingesetzt, ein frei verfügbarer Editor. Dieser hat zusätzlichen Komfort, z. B. können Sie auch die Cursor-Tasten zur Navigation verwenden und Syntaxhighlighting nutzen.

Suchen und Ersetzen

Sie möchten ein umfangreiches Suchen und Ersetzen durchführen? Mit dem Vi können Sie reguläre Ausdrücke verwenden, um Zeichenketten aufzuspüren und zu ersetzen. Damit haben Sie fast unendlich viele Möglichkeiten, automatisch Ersetzungen vorzunehmen. Leider gibt es solch intelligente Möglichkeiten z. B. nicht unter Word.

Im Kommandomodus wechseln Sie mit dem Doppelpunkt in die untere Zeile. Sie können den Zeilenbereich angeben, in dem das Suchen und Ersetzen vorgenommen werden soll: 0,8 ersetzt nur bis zur achten Zeile. Wenn Sie das Suchen und Ersetzen auf den ganzen Text anwenden möchten, dann geben Sie % ein.

[zB] Sie möchten in einem Dokument das Wort »Netzwerk« gegen »LAN« austauschen. Dazu tippen Sie folgenden Ausdruck und schließen die Eingabe durch ⎡Enter⎤ ab.

```
:%s/Netzwerk/LAN/g
```

Im ganzen Dokument (%) wird »Netzwerk« gegen »LAN« ausgetauscht, auch wenn es mehrfach pro Zeile existiert (g).

[zB] Sie möchten in allen Zeilen, die mit einer Zahl beginnen und ein »#« enthalten, den Teil einschließlich des Rautezeichens löschen:

```
:%s/^[0-9]*.#//
```

Natürlich bietet der Vi noch viel mehr Möglichkeiten, die ich an dieser Stelle nicht vermitteln möchte. Wenn Sie Interesse am Vi haben, können Sie im Internet weiterführende Literatur finden.

A.4 Shell-Skripte

Es ist sehr einfach, Programme selbst zu schreiben. Man kann Linux-Befehle miteinander kombiniert in eine Datei schreiben, und schon ist das eigene Programm fertig. Es handelt sich um eine Textdatei, die dann mittels chmod 700 <DATEI> ausführbar gemacht wird. Weil Sie diesen Quellcode nicht in Maschinensprache übersetzen (kompilieren), heißt das Ganze Skript.

A.4 Shell-Skripte

Ein einfaches Beispiel:

```
!#/bin/sh
echo "Hallo Welt"
```

Das ist das alte Hallo-Welt-Programmier-Beispiel als Shell-Skript. Damit Sie dieses Beispiel ausprobieren können, müssen Sie zunächst einen Texteditor aufrufen:

```
vi test.sh
```

Sie können jetzt die drei Zeilen abtippen und dann mit der Tastenkombination `Esc` +`:qw` die Datei speichern und den Editor verlassen.

Als zweiten Schritt müssen Sie die Datei ausführbar machen:

```
chmod 700 ./test.sh
```

Der Aufruf von `./test.sh` sollte ein `Hallo Welt` auf den Bildschirm zaubern.

Das Beispiel ist natürlich unsinnig. Man kann in Shell-Skripten `if`-Abfragen durchführen, `for`- und `while`-Schleifen einsetzen und vieles mehr. Variablen werden durch `VAR=unsinn` belegt und mit `echo $VAR` ausgegeben.

Mein Ziel ist es an dieser Stelle nicht, einen Kurs über Shell-Programmierung abzuhalten. Ich wollte Sie nur kurz auf die Möglichkeiten hinweisen. Weitere Informationen finden Sie sehr leicht im Internet. Achten Sie darauf, dass die meisten Beschreibungen zum Thema Bash, also zur Standard-Linux-Shell, erscheinen. fli4l verwendet die A-Shell.

Es ist immer wieder nützlich (z. B. für WEP-Keys), eine Tabelle zur Hand zu haben, die bei Umrechnen zwischen den Zahlensystemen Dezimal, Hexadezimal und Oktal hilft.

B ASCII-Tabelle

```
Dec Hx Oct Char                         Dec Hx Oct Html Chr   Dec Hx Oct Html Chr   Dec Hx Oct Html Chr
 0  0 000 NUL (null)                     32 20 040 &#32; Space  64 40 100 &#64; @     96 60 140 &#96;  `
 1  1 001 SOH (start of heading)         33 21 041 &#33; !      65 41 101 &#65; A     97 61 141 &#97;  a
 2  2 002 STX (start of text)            34 22 042 &#34; "      66 42 102 &#66; B     98 62 142 &#98;  b
 3  3 003 ETX (end of text)              35 23 043 &#35; #      67 43 103 &#67; C     99 63 143 &#99;  c
 4  4 004 EOT (end of transmission)      36 24 044 &#36; $      68 44 104 &#68; D    100 64 144 &#100; d
 5  5 005 ENQ (enquiry)                  37 25 045 &#37; %      69 45 105 &#69; E    101 65 145 &#101; e
 6  6 006 ACK (acknowledge)              38 26 046 &#38; &      70 46 106 &#70; F    102 66 146 &#102; f
 7  7 007 BEL (bell)                     39 27 047 &#39; '      71 47 107 &#71; G    103 67 147 &#103; g
 8  8 010 BS  (backspace)                40 28 050 &#40; (      72 48 110 &#72; H    104 68 150 &#104; h
 9  9 011 TAB (horizontal tab)           41 29 051 &#41; )      73 49 111 &#73; I    105 69 151 &#105; i
10  A 012 LF  (NL line feed, new line)   42 2A 052 &#42; *      74 4A 112 &#74; J    106 6A 152 &#106; j
11  B 013 VT  (vertical tab)             43 2B 053 &#43; +      75 4B 113 &#75; K    107 6B 153 &#107; k
12  C 014 FF  (NP form feed, new page)   44 2C 054 &#44; ,      76 4C 114 &#76; L    108 6C 154 &#108; l
13  D 015 CR  (carriage return)          45 2D 055 &#45; -      77 4D 115 &#77; M    109 6D 155 &#109; m
14  E 016 SO  (shift out)                46 2E 056 &#46; .      78 4E 116 &#78; N    110 6E 156 &#110; n
15  F 017 SI  (shift in)                 47 2F 057 &#47; /      79 4F 117 &#79; O    111 6F 157 &#111; o
16 10 020 DLE (data link escape)         48 30 060 &#48; 0      80 50 120 &#80; P    112 70 160 &#112; p
17 11 021 DC1 (device control 1)         49 31 061 &#49; 1      81 51 121 &#81; Q    113 71 161 &#113; q
18 12 022 DC2 (device control 2)         50 32 062 &#50; 2      82 52 122 &#82; R    114 72 162 &#114; r
19 13 023 DC3 (device control 3)         51 33 063 &#51; 3      83 53 123 &#83; S    115 73 163 &#115; s
20 14 024 DC4 (device control 4)         52 34 064 &#52; 4      84 54 124 &#84; T    116 74 164 &#116; t
21 15 025 NAK (negative acknowledge)     53 35 065 &#53; 5      85 55 125 &#85; U    117 75 165 &#117; u
22 16 026 SYN (synchronous idle)         54 36 066 &#54; 6      86 56 126 &#86; V    118 76 166 &#118; v
23 17 027 ETB (end of trans. block)      55 37 067 &#55; 7      87 57 127 &#87; W    119 77 167 &#119; w
24 18 030 CAN (cancel)                   56 38 070 &#56; 8      88 58 130 &#88; X    120 78 170 &#120; x
25 19 031 EM  (end of medium)            57 39 071 &#57; 9      89 59 131 &#89; Y    121 79 171 &#121; y
26 1A 032 SUB (substitute)               58 3A 072 &#58; :      90 5A 132 &#90; Z    122 7A 172 &#122; z
27 1B 033 ESC (escape)                   59 3B 073 &#59; ;      91 5B 133 &#91; [    123 7B 173 &#123; {
28 1C 034 FS  (file separator)           60 3C 074 &#60; <      92 5C 134 &#92; \    124 7C 174 &#124; |
29 1D 035 GS  (group separator)          61 3D 075 &#61; =      93 5D 135 &#93; ]    125 7D 175 &#125; }
30 1E 036 RS  (record separator)         62 3E 076 &#62; >      94 5E 136 &#94; ^    126 7E 176 &#126; ~
31 1F 037 US  (unit separator)           63 3F 077 &#63; ?      95 5F 137 &#95; _    127 7F 177 &#127; DEL
                                                                              Source:   www.LookupTables.com
```

Abbildung B.1 Umwandlung von Dezimal, Hexadezimal und Oktal nach ASCII; Quelle: *http://www.lookuptables.com*

C Glossar

Sollten Sie im Glossar nicht fündig werden, helfen Ihnen diese Webseiten bei der Suche nach Begriffen und Abkürzungen weiter: *http://de.wikipedia.org* und *http://www.webopedia.com*

1TR6 siehe DSS1

ACL (Access Control List) Zugriffskontrollliste; sie regelt, welche MAC-/IP-Adresse Zugriff erhält. Eine ACL wird unter anderem bei Routern eingerichtet. Sie können so z. B. bestimmte PCs vom Zugriff auf das Internet anhand ihrer IP-Adresse ausschließen.

Active Directory Das AD ist die Weiterentwicklung der Windows-Domäne. Insbesondere ist der Vorteil eines einheitlichen AD, dass dort mehr Informationen zu einem Benutzer abgelegt werden können und so eine zentrale Benutzerdatenbank entsteht, auf die viele Anwendungen zugreifen können (Exchange, Rechnungswesen usw.).

AD siehe Active Directory

ADSL (Asymmetric DSL) Das am weitesten verbreitete DSL-Verfahren; die Datenraten für den Up- und Download sind nicht gleich, sondern unterschiedlich (somit asymmetrisch).

AES (Advanced Encryption Standard) Nachfolger von DES und 3DES (Triple-DES); wird zur Verschlüsselung unter anderem bei WPA eingesetzt.

AGI (Asterisk Gateway Interface) AGI ist die Möglichkeit, die weitere Verarbeitung des Gesprächs über ein Skript/Programm durchführen zu lassen.

ALG (Application Layer Gateway) Erweiterung einer Firewall um die Fähigkeit, Datenpakete der Anwendungsschicht zu verstehen und zu modifizieren.

AMR (Adaptive Multi-Rate) Verfahren zur Kodierung von Sprache, das sich den Übertragungsbedingungen anpassen kann; wird unter anderem bei UMTS verwendet.

ANSI (American National Standards Institute) Normungsausschuss in den USA, vergleichbar mit DIN

AOL (America Online) Sehr großer Internetprovider, der international agiert; in Deutschland ist AOL durch die Werbung mit Boris Becker bekannt geworden. Sie haben sicherlich auch schon mal eine CD von AOL erhalten, oder?

AOSS (AirStation One-Touch Secure System) Die Firma Buffalo bietet ein vereinfachtes Verfahren, die Verschlüsselung für WLAN zwischen Buffalo-Geräten einzurichten.

APIPA (Automatic Private IP Addressing) Eine IP-Adressen-Konfiguration ohne DHCP; der von der Behörde IANA normierte Adressbereich für diese Funktion ist 169.254.0.1 bis 169.254.255.254/16. Die Funktion wird ab Windows 98 automatisch ausgeführt, wenn kein DHCP-Server gefunden wird und keine manuelle IP-Konfiguration existiert.

AppleTalk LAN-Vermittlungsprotokoll von der Firma Apple. Das Protokoll arbeitet auf ISO/OSI-Schicht 3 und wurde von den älteren Mac-OS-Versionen benutzt.

Appliance Der englische Begriff Appliance bedeutet so viel wie Gerät. Gemeint ist mit dem Begriff ein Server, der mit Software (z. B. Firewall) geliefert wird und sofort einsatzbereit ist.

APT (Advanced Packaging Tool) die Software-Paketverwaltung von Debian

ASCII (American Standard Code of Information Interchange) Buchstaben müssen für PCs in Zahlen umgesetzt werden. Diese Aufgabe erfüllt ASCII, indem es 128 Zeichen auf 128 Zahlen kodiert (0 bis 127, 7 Bit). Der erweiterte ASCII-Standard mit 8 Bit bietet 256 Zeichen Platz und enthält außer englischen z. B. auch deutsche Zeichen wie Umlaute.

ASIC (Application Specific Integrated Circuit) Ein Chip, der speziell für eine Funktion gefertigt wird. Er ist eine in Hardware gegossene Funktion. ASICs kommen bei hochwertigen Switches und Layer-3-Switches zum Einsatz.

ATM (Asynchronous Transfer Mode) Konkurrenztechnik zu Ethernet mit sehr guten QoS-Merkmalen. ATM hat den Nachteil, dass die Geräte sehr teuer sind. Daher wird ATM nur noch im WAN eingesetzt.

Authentication Überprüfung der Identität einer Person oder eines PCs. Die Überprüfung kann mit einem einfachen Benutzernamen, aber z. B. auch mittels Fingerabdruck durchgeführt werden.

Authentifizieren siehe Authentication

Autorisation Gewähren von Rechten (z. B. Zugriffsrechten). Wenn Sie eine Datei den anderen Benutzern per Dateifreigabe zur Verfügung stellen, autorisieren Sie diese, auf die Datei zuzugreifen. Möglicherweise haben Sie das Recht der anderen beschränkt, sodass diese die Datei z. B. nicht löschen können.

Autorisieren siehe Autorisation

Backbone Der Begriff wird nicht eindeutig verwendet. In einem LAN ist ein Backbone die Verbindung der Hauptverteiler. Ein Provider bezeichnet als sein Backbone die Datenverbindungen, die seine wichtigen Zugangsknoten verbinden.

Backplane Die »Rückwand« eines Hubs, Switches oder Routers, auf der die Daten transportiert werden. Gemeint ist ein ähnliches Bauteil wie das Motherboard im PC. Sie können sich ein Bussystem vorstellen, auf dem die Daten ausgetauscht werden.

Baud Anzahl der Symbole, die pro Sekunde über eine Schnittstelle ausgetauscht werden, also die Schrittgeschwindigkeit. Die Angabe in Baud wurde für alte Modems verwendet und ist nicht mehr üblich. Heute verwendet man die Angabe von Bits pro Sekunde, Bit/s.

BBAE (Breitband-Anschluss-Einheit) der in Deutschland übliche (technische) Begriff für den DSL-Splitter

BDC (Backup Domain Controller) Stellvertreter des PDC; ein BDC ist nicht erforderlich, wird hauptsächlich zur Lastverteilung und zur Gewährleistung der Ausfallsicherheit eingesetzt.

BIOS (Basic Input Output System) Im ROM des Motherboards abgelegtes Programm, das die Hardware-Ansteuerung durchführt. Bei PCs können Sie üblicherweise an die BIOS-Einstellungen gelangen, indem Sie beim Systemstart (F2) oder (Entf) drücken.

Bit (Binary Digit) die kleinste Informationseinheit (Ziffer 0 oder 1, Strom an oder aus)

Bluetooth Bluetooth ist ein kabelloses Übertragungsverfahren, das mittlerweile mehrere Ziele verfolgt. Einerseits geht es um das PAN (Personal Area Network). Man möchte z. B. Headsets für Handys kabellos an das Handy anbinden und zwar mittels Bluetooth. Es gibt Bestrebungen, Bluetooth auch für den drahtlosen Internetzugang zu benutzen, z. B. AVM Blue Fritz!.

BootP (Bootstrap Protocol) Der Vorläufer von DHCP, dient auch zur Zuweisung einer

IP-Konfiguration, aber nur mit der Zuordnung fester IP-Adressen zu MAC-Adressen.

Botnet Eine Gruppe von Bots (dt. *Roboter*); die Bots werden von einem zentralen Operator über das Internet überwacht, gesteuert und können so für diverse Zwecke missbraucht werden.

BRI (Basic Rate Interface) Bezeichnung für einen ISDN-Anschluss; beispielsweise werden Module, die es einem Router ermöglichen, per ISDN (S_0) angebunden zu werden, als BRI-Module bezeichnet.

Bridge Eine Bridge (dt. *Brücke*) ist ein Gerät, das zwei Netzwerksegmente (zwei Ethernets) verbunden hat. Stellen Sie sich einen Switch mit nur zwei Anschlüssen vor. Die Switches sind die Nachfolger der Bridges.

BSS (Basic Service Set) ein im Infrastruktur-Modus aufgebautes WLAN mit WLAN-Clients und einem oder mehreren Access Point(s)

Bundesnetzagentur Im Zuge der Liberalisierung des Telekom-Marktes wurde die RegTP geschaffen, die verschiedentlich auch im Netzwerkbereich (WLAN) Zuständigkeiten hat. Nach der Erweiterung der Aufgaben um den Strommarkt wurde die Behörde von Regulierungsbehörde für Telekommunikation und Post (RegTP) in Bundesnetzagentur für Elektrizität, Gas, Telekommunikation, Post und Eisenbahnen (kurz Bundesnetzagentur) umbenannt.

Byte Ein Mengenbegriff; 8 Bit ergeben 1 Byte.

Cache schneller Zwischenspeicher

CAM (Constant Access Mode) Verfahren im WLAN, bei dem die Clients nicht in den Stromspar-Modus fallen (siehe PAM)

Cardbus-Card 32-Bit-PCMCIA-Karte, die ähnlich wie eine PCI-Karte aufgebaut ist; die Datenrate ist wesentlich höher als bei einer PC-Card, allerdings werden die Karten zurzeit weniger gut unterstützt und sind relativ teuer.

CBR (Constant Bit Rate) immer gleich bleibende Datenrate eines Audio-Codecs

CCC (Chaos Computer Club e. V.) ein Verein, der die Kommunikation der Hackerszene und der Öffentlichkeit fördert und für Informationsfreiheit eintritt

CCMP (Counter Mode with Cipher Block Chaining Message Authentication Code Protocol) AES-CCMP ist die Verschlüsselungsmethode bei WPA.

CELP (Code Excited Linear Prediction) Sprachkodierungsverfahren, das unter anderem bei GSM verwendet wird

CERN (Conseil Européen pour la Recherche Nucléaire) Europäische Forschungsgemeinschaft für Teilchenphysik mit Sitz in Genf; als Anwendung für das CERN selbst wurden Webtechnologien wie HTTP und Hyperlinks entwickelt.

CERT (Computer Emergency Response Team) Abteilung z. B. der Carnegie Mellon University, die vom US-amerikanischen Verteidigungsministerium (DoD) betrieben wird. Die Hauptaufgabe ist die Veröffentlichung von Sicherheitsproblemen bei Computern. Auch in Deutschland gibt es nationale CERTs, die beispielsweise Informationen über Viren oder Sicherheitslücken veröffentlichen.

CHAP (Challenge Handshake Authentication Protocol) Bei PPP kann eine Autorisierung durchgeführt werden. Eine Methode ist CHAP: Es übermittelt eine Benutzername-Passwort-Kombination und zwar verschlüsselt. Ein anderes Verfahren ist PAP (Password Authentication Protocol). Normiert ist CHAP im RFC 1994.

CIDR (Classless Inter-Domain Routing) eine Technik, die auf IP-Klassen verzichtet und das Routing anhand der Subnetzmaske durchführt

CLI (Command Line Interface) Die Kommandozeile von Netzwerkgeräten wird CLI genannt. Dort können Sie ähnlich wie in einer Eingabeaufforderung Befehle eingeben. Üblicherweise ist diese Schnittstelle durch Passwörter geschützt und wird per Telnet oder SSH erreicht.

CLID (Calling Line Identification) Rufnummernübertragung bei ISDN oder beim Handy; technisch kann die Rufnummernübertragung auch bei analogen Telefonanschlüssen erfolgen.

CLIP (Calling Line Identification Presentation) Verfahren zur Rufnummernübertragung bei ISDN oder beim Handy

CLIR (Calling Line Identification Restriction) Verfahren zur Rufnummernunterdrückung; der Angerufene sieht die Rufnummer nicht.

Cloud Server, Speicher, Laufzeitumgebungen, Entwicklungsumgebungen oder Anwendungen werden abstrahiert und über ein Netzwerk dem Anwender als Service zur Verfügung gestellt.

Codec (Coder Decoder) elektronische Verpackung eines Audiosignals bzw. einer Entschlüsselung

CPU (Central Processing Unit) der Prozessor

Cracker Ein Hacker, der in Ihrem Netzwerk Schaden verursachen will; oftmals wird zwischen Hacker und Cracker unterschieden. Die erste Sorte sei angeblich nur technisch interessiert und will keinen Schaden verursachen, die zweite Sorte will nur Schaden anrichten. Eine bekannte Hacker-Vereinigung ist der CCC (Chaos Computer Club e. V.).

CSMA/CA (Carrier Sense Multiple Access Collision Advoidance) WLAN-Verfahren zur Kollisionsvermeidung. Eine echte Kollisionserkennung kann nicht stattfinden, weil es nicht wie bei kabelgebundenen LANs zu einer Potenzialerhöhung kommt.

CSMA/CD (Carrier Sense Multiple Access/Collision Avoidance) Das Zugriffsverfahren im Ethernet; jeder Teilnehmer hört die Leitung ab. Wenn kein anderer sendet, darf jeder Teilnehmer senden (nicht deterministisch). Sollte es zu Kollisionen kommen, müssen diese erkannt werden. In einem vollständig geswitchten Netzwerk findet CSMA/CD auch bei Verwendung von Ethernet faktisch keine Anwendung mehr.

CTS (Clear To Send) Gegenstück zu RTS

Datex-P (Data Exchange, paketorientiert) der Name eines alten paketvermittelten Dienstes auf Basis von X.25

DCF (Distributed Coordination Function) Funktion beim WLAN, um auf Basis von DIFS einen WLAN-Kanal nutzen zu können

DDNS (Dynamisches DNS) Ein DNS-Verfahren, das ständig automatisch aktualisiert wird; dabei können die Clients selbst oder der DHCP-Server die notwendigen Informationen liefern.

DECT (Digital Enhanced Cordless Telecommunications) Digitales Übertragungsverfahren für schnurlose Telefone (Funktelefone), das von der ETSI entwickelt wurde. Es arbeitet normalerweise in einem Frequenzbereich von 1,88 bis 1,9 GHz und ist daher in den USA nicht zugelassen. Die Datenrate beträgt 24 Kbit/s pro Zeitschlitz. Die Sendeleistung beträgt 250 mW, und daher beträgt die Reichweite innerhalb von Gebäuden ca. 40 Meter. Es gibt aber DECT@ISM, das im 2,4-GHz-Bereich funkt und eine Datenrate von 1 Mbit/s erreicht.

DES (Data Encryption Standard) Ein symmetrischer Verschlüsselungsalgorithmus; er wird manchmal auch als DEA (Data Encryption Algorithm) bezeichnet.

DFS (Dynamic Frequency Selection) In Abhängigkeit von dem Datenverkehr wird der Funkkanal bei IEEE 802.11a gewählt.

DHCP (Dynamic Host Configuration Protocol) ein Verfahren, mit dem insbesondere eine IP-Konfiguration (IP-Adresse, Subnetzmaske usw.) beim Booten und in zeitlichen Intervallen zugewiesen wird

Dialer Ein Dialer (dt. *Einwahlprogramm*) wählt sich ungewollt über das Telefonnetz in ein anderes Netzwerk ein.

DIFS (Distributed IFS) siehe IFS

DIN (Deutsches Institut für Normung) Die wichtigste nationale Normungsorganisation in der Bundesrepublik Deutschland; DIN A4 normt beispielsweise die Größe (und andere Eigenschaften) eines Blatt Papiers.

Diversity Die sogenannte Antennen-Diversity nutzt bei zwei Antennen z. B. eines WLAN Access Points die Antenne zum Senden, auf der das Signal des Kommunikationspartners stärker empfangen wird.

DMZ (Demilitarized Zone) Vom Internet und dem LAN durch jeweils eine Firewall abgetrennter Bereich; er ist nicht so unsicher wie das Internet, aber nicht so sicher wie das eigene LAN. Üblicherweise befinden sich z. B. Mailserver in der DMZ.

DNS (Domain Name Service) Namensauflösung im Internet und auch im LAN; Namen von PCs oder Webseiten werden mittels DNS in die zugehörigen IP-Adressen umgewandelt.

DoS (Denial of Service) Hackerangriff, um einen Server funktionsuntüchtig zu machen

DOS (Disk Operating System) In Form von MS-DOS als altes Betriebssystem bekannt; es gab/gibt aber auch andere DOS-Systeme, z. B. FreeDOS.

DPCM (Differential Pulse Code Modulation) Sprachkodierungsverfahren bei Audio-Codecs

DSCP (Differentiated Services Codepoint) Priorisierungsverfahren, das zur Kennzeichnung der gewünschten Übertragungsqualität im IP-Protokollkopf 1 Byteine benutzt, Nachfolger des ungenaueren TOS (Type of Service)

DSL (Digital Subscriber Line) DSL ist eine Technologie, um einen Internetzugang bereitzustellen, der über eine hohe Bandbreite verfügt. Mit der Technik DSL wird dabei nur eine kurze Strecke zwischen der Vermittlungsstelle des Providers und der Telefondose des Kunden überbrückt.

DSLAM (Digital Subscriber Line Access Multiplexer) Das Gegenstück zum Splitter eines DSL-Kunden in einer Ortsvermittlungsstelle, an dem die DSL-Verbindungen der Kunden gebündelt werden

DSP (Digital Signal Processor) Mikroprozessoren, die auf Echtzeitanwendung optimiert sind und somit insbesondere für die Modulierung/Kodierung von Sprache geeignet sind

DSS1 (Digital Subscriber Signalling System No. 1) Ein im Euro-ISDN genormtes Verfahren für die Signalisierung im D-Kanal von ISDN; in Deutschland gibt es parallel bis 31.12.2006 noch 1TR6.

DSSS (Direct Sequence Spread Spectrum) das Standard-Modulationsverfahren im WLAN nach IEEE 802.11b

DTE (Data Terminal Entry Power via MDI) Stromversorgung für kleine Netzwerkgeräte über das Twisted-Pair-Kabel nach IEEE 802.3af

DTIM (Delivery Traffic Indication Map) Wert, der angibt, wie häufig eine TIM in einer Reihe von Beacon-Paketen vorkommt

DTMF (Dual-Tone Multi-Frequency) Tastentöne eines Telefons, in Deutschland auch unter dem Begriff MFV (Mehr-Frequenzwahl-Verfahren) bekannt

Duplex Gleichzeitiges Senden und Empfangen von Daten; der unsinnige Begriff Halfduplex beschreibt das Gegenteil, nämlich entweder Senden oder Empfangen.

DVD (Digital Versatile Disc) Medium mit 4,7 bis 17 GByte Speicherkapazität; als Video-DVD wird der MPEG-2-Standard zur Komprimierung der Videodaten eingesetzt.

EAP (Extensible Authentication Protocol) Ein Authentifizierungsverfahren, das ursprünglich für PPP entwickelt wurde; mittlerweile findet es z. B. bei IEEE 802.1x Verwendung und wird dort als EAPoL (EAP over LAN) bezeichnet. Es ist in RFC 2284 normiert.

EFM (Ethernet in the First Mile) Ein IEEE-Standardisierungsvorhaben, das Ethernet für den Internetzugang ermöglichen soll; der Standard wird IEEE 802.3ah heißen.

EIA/TIA (Electronic Industries Alliance/Telecommunications Industry Association) Verband der elektronischen Industrie der USA; er erlässt einige Normierungen, z. B. für die Belegung von Twisted-Pair-Kabeln nach EIA/TIA 568.

EIFS (Extended IFS) siehe IFS

EIGRP (Enhanced IGRP) verbesserte Version von IGRP

EIRP (Equivalent Isotropically Radiated Power) Die EIRP ist ein Vergleichswert. Sie gibt an, mit welcher Leistung man einen idealen Rundstrahler (isotroper Strahler) speisen müsste, damit er dieselbe Feldstärke erzeugt wie die vorliegende Anlage aus Sender, Kabel und Antenne (Quelle: *http://heise.de*).

ENUM (Telephone Number Mapping) Telefonnummern sind über einen DNS-Server in IP-Adressen auflösbar, sodass eine Festnetzrufnummer für andere Internettelefonanwender kostensparend über das Internet angerufen werden kann.

ESSID (Extended Service Set Identifier) siehe SSID

EtherTalk Netzwerkprotokoll der Firma Apple

ETSI (European Telecommunications Standards Institute) Diese Behörde normiert Telekommunikationsstandards wie GSM, GRPS unter anderem für Europa.

ETTH (Ethernet To The Home) ein Internetanschluss, der mittels Ethernet realisiert ist

Euro-ISDN vereinheitlichtes ISDN

Extranet Zugangsbereich eines Intranets für Partner und Kunden; aus Sicht der Sicherheit nimmt der Zugang für Partner oder Kunden eine Position zwischen internem LAN-Zugang und Internet ein. Das Extranet ist somit vertrauenswürdiger als das Internet, aber weniger vertrauenswürdig als das LAN.

Fast-Ethernet 100BASE-TX/FX, IEEE 802.3u, Ethernet mit einer Geschwindigkeit von 100 Mbit/s

FDDI (Fiber Distributed Data Interface) Ein auf Glasfaserkabeln basierendes Konkurrenzverfahren zu Ethernet; es handelt sich um ein Ringverfahren wie auch Token-Ring, das mit einer Geschwindigkeit von 100 Mbit/s arbeitet und große Entfer-

nungen von mehreren Hundert Kilometern überbrücken kann.

FEC (Forward Error Correction) Bei dem FEC-Korrekturverfahren kodiert der Sender die Daten redundant, sodass der Empfänger Übertragungsfehler korrigieren kann.

FHSS (Frequency Hopping Spread Spectrum) Ein Modulationsverfahren im WLAN; dabei wird mehrfach pro Sekunde das Frequenzband gewechselt, um so Störungen auf einzelnen Frequenzen auszuweichen.

Fibre Channel Übertragung von Daten (z. B. zu Festplatten) über große Entfernungen

Firewall Filter, der Daten aus dem und in das Internet kontrolliert, bevor er sie passieren lässt

Firewire Eine serielle Schnittstelle am PC, ähnlich wie USB; der Standard IEEE 1394 zeichnet sich insbesondere durch hohe Datenraten aus (IEEE 1394a = 400 Mbit/s und IEEE 1394b = 800 Mbit/s). Ursprünglich wurde dieser Bus von der Firma Apple entwickelt, er ist jedoch inzwischen insbesondere für Videoanbindungen an PCs zahlreich verfügbar. Firewire wird auch unter anderen Namen vertrieben. Die Firma Sony benutzt den Begriff *i.link* und die Firma Texas Instruments *Lynx*.

FQDN (Fully Qualified Domain Name) Der PC-Name mit Angabe des Domainnamens und der Top-Level-Domain, z. B. *asterix.pc-netzwerke.de* oder *idefix.haus.hier*

Frame ein Ethernet-Paket

FTP (File Transfer Protocol) Standardanwendung zur Dateiübertragung

FTTC (Fibre To The Curb) ein Glasfaseranschluss bis zum Bordstein, gemeint ist: Glasfaser bis in die Straße

FTTH (Fibre To The Home) Ein Glasfaseranschluss für jedes Haus, um jeden Bandbreitenengpass für die nächsten zehn Jahre auszuschließen; FTTH gibt es in Deutschland nur in den fünf neuen Bundesländern.

GAN (Global Area Network) WAN, das sich über die gesamte Welt verteilt; die DaimlerChrysler AG betreibt ein GAN, weil die Standorte weltweit vernetzt sind.

Gateway Der Begriff wird nicht einheitlich benutzt. So ist mit Standardgateway unter Windows der Default-Router gemeint. Meiner Meinung nach ist ein Gateway ein Verbindungsgerät bzw. eine Verbindungsgerät-Software zwischen inkompatiblen Netzwerken, z. B. ein Fax-to-Mail-Gateway.

GBIC (Gigabit Interface Converter) Ein kleines Einschubmodul bei Switches, das entweder 1000BASE-SX, LX oder T als Gigabit-Variante unterstützt; bei der Anschaffung des Switches ist man somit variabler.

GG45 Der Nachfolger des RJ-45-Steckers; er wird bei Kategorie-7-Kabeln (noch nicht verabschiedet!) als Stecker zum Einsatz kommen und kann abwärtskompatibel mit dem RJ-45-Stecker sein.

GnuPG (GNU Privacy Guard) Freie Software zum Verschlüsseln und Entschlüsseln von Daten, sowie zum Erzeugen und Signieren von Schlüsseln; GnuPG Ist kompatibel zu PGP (Pretty Good Privacy).

GPL (GNU General Public License) Eine Lizenz, welche die Freiheit von Software gewährleisten soll

GPRS (General Packet Radio Service) Schnellere Datenkommunikation am Handy; GRPS ist die Weiterentwicklung von HSCSD und arbeitet im Gegensatz zu diesem paketvermittelt. Daher wird dort immer das Datenvolumen und nicht die Onlinezeit berechnet.

GSM (Global System for Mobile Communications) Genormt durch die ETSI; GSM ist der europäische Standard für Funktelefonie, also Handys.

H.323 eine Zusammenfassung verschiedener Protokolle für den Verbindungsaufbau und -abbau von Sprachverbindungen über IP

HDLC (High-Level Data Link Control) ein Verfahren der ISO/OSI-Schicht 2, das vor allem bei ISDN eingesetzt wird

HDTV (High Definition Television) Neuer Fernsehstandard mit wesentlich besserer Auflösung (1.920 × 1.080) als PAL (720 × 576) oder NTSC; HDTV Basiert auf NTSC-Technik und arbeitet rein digital.

HIPERLAN/2 (High Performance Radio Local Area Network, Version 2) Eine Funktechnologie als Konkurrenz zu WLAN nach IEEE; HIPERLAN wurde von der ETSI entwickelt und bietet im 5-GHz-Band Datenraten von bis zu 20 Mbit/s. Voraussichtlich wird HIPERLAN aber sterben, weil sich WLAN international durchsetzt.

Homeplug Marketingbegriff für PLC-Technik innerhalb eines Hauses, beispielsweise dLAN von Devolo; in der Homeplug Alliance haben sich führende Hersteller dieses Bereichs zusammengeschlossen (siehe *http://www.homeplug.com*).

Host Host (dt. *Gastgeber*) ist die allgemeine Bezeichnung für Netzwerkteilnehmer. Es wird sich normalerweise um einen PC handeln, möglich wäre z. B. auch ein netzwerkfähiger Drucker oder ein DSL-Router.

HSCSD (High Speed Circuit Switched Data) Datenübertragungsverfahren für die schnellere Datenkommunikation mit Handys; technisch werden mehrere Kanäle à 14,4 Kbit/s gebündelt.

HTML (Hypertext Markup Language) Sprache, die das Layout von Webseiten beschreibt

HTTP (Hypertext Transfer Protocol) Protokoll zur Übertragung von Internetseiten

Hub Die »Radnabe« ist auch unter dem Begriff »Sternkoppler« oder »Multiport-Repeater« bekannt. Der Hub ist ein Gerät, das in einem Twisted-Pair-Netzwerk alle Teilnehmer miteinander verbindet. Er selbst ist dabei lediglich elektrischer Verstärker und trifft keinerlei Entscheidungen.

IANA (Internet Assigned Numbers Authority) Verwaltungsbehörde, legt unter anderem die TCP-/UDP-Nummern (Ports) weltweit eindeutig fest

IAPP (Inter Access Point Protocol) Kommunikationsstandard zwischen mehreren WLAN Access Points eines LANs, der z. B. das Roaming zwischen verschiedenen APs ermöglicht; die Normung wird nach IEEE 802.11f erfolgen.

IBSS (Independent Basic Service Set) Ein im Ad-hoc-Modus aufgebautes WLAN; dabei funkt eine WLAN-Karte zu einer anderen, und es gibt keinen Access Point.

ICE (Interactive Connectivity Establishment) probiert verschiedene Wege, um eine Kommunikation zu ermöglichen (STUN, TURN, IPv4, IPv6 . . .)

ICMP (Internet Control Message Protocol) Kontrollprotokoll auf ISO/OSI-Schicht 3, z. B. basiert ping auf ICMP-Echo-Request und -Response.

ICQ (I seek you) Eine Chatplattform, die es ermöglicht, den Onlinestatus von Freunden (engl. *buddies*) zu sehen.

ICS (Internet Connection Sharing) Die englische Bezeichnung für die Internetverbindungsfreigabe von Microsoft Windows. ICS gibt es seit Windows 98.

IDS (Intrusion Detection System) siehe NIDS

IEEE (Institute of Electrical and Electronics Engineers) US-amerikanischer Verband der Elektronik- und Elektrotechnik-Ingenieure, der Normungen wie IEEE 802.3 durchführt; der Verband entspricht dem deutschen VDI (Verband Deutscher Ingenieure).

IETF (Internet Engineering Task Force) Gremium, das Internetstandards wie HTTP, PPP usw. normiert; Standards werden als RFCs herausgegeben. Sie können unter *http://www.rfc-editor.org* nach solchen Standards suchen.

IFS (Interframe Spacing) Wartezeit beim CSMA/CA-Verfahren von WLAN-Clients. Es gibt DIFS (Distributed Coordination Function Interframe Spacing) als Wartezeit zwischen Datenpaketen und SIFS (Short Interframe Spacing) als Wartezeit zwischen einem Datenpaket und seinem ACK. PIFS (Point Coordination Function Interframe Spacing) ist die Wartezeit eines Point Coordinators, der Zugriffsberechtigungen an WLAN-Clients verteilt. EIFS (Extended Interframe Spacing) bezeichnet die Wartezeit nach einem Frame-Fehler. Im neuen WLAN-Standard 11n wird zusätzlich noch RIFS (Reduced IFS definiert), eine kürzere Zeitspanne als die der SIFS. RIFS wird im Burst-Mode zur Trennung von Daten unterschiedlicher Sendeleistung verwendet.

IGMP (Internet Group Management Protocol) Verfahren zur intelligenteren Behandlung von Multicasts; diese werden nicht an allen Anschlüssen wie Broadcasts ausgegeben, sondern nur an Anschlüssen, die sich für einen speziellen Multicast angemeldet haben.

IGRP (Interior Gateway Routing Protocol) ein proprietäres Routing-Verfahren von der Firma Cisco

IMAP (Internet Message Access Protocol) Ein Protokoll zum Verwalten von E-Mails; im Gegensatz zu POP3 verbleiben die Mails in der Regel auf dem Server.

Implementieren Einen Standard in Software umsetzen; der RFC2132 wurde z. B. im MS DHCP-Server implementiert.

Infiniband Infiniband ist ein serielles Bussystem, das zum Anschluss interner und externer Geräte mit hoher Geschwindigkeit verwendet werden kann.

Internet Das allseits bekannte, weltweite Netzwerk; in einigen Dokumenten wird übrigens mit »internet« ein IP-basiertes LAN gemeint. Erst wenn dort »Internet« geschrieben wird, ist das eigentliche Internet gemeint.

Intranet Ein der Öffentlichkeit unzugängliches Netz (LAN); viele Unternehmen und Behörden betreiben Intranets, in denen unter anderem Neuigkeiten des Unternehmens bzw. der Behörde verbreitet werden und auf die mittels Browser zugegriffen werden kann.

IP (Internet Protocol) Implementierung der ISO/OSI-Schicht 3; mittlerweile ist IP eines der bedeutendsten Protokolle in der Netzwerkwelt. Im Internet wird ausschließlich IP als Protokoll der ISO/OSI-Schicht 3 verwendet.

IPP (Internet Printing Protocol) Das Verfahren stellt Druckdienste über ein Netzwerk, z. B. das Internet oder ein lokales Netzwerk, zur Verfügung. IP basiert auf HTTP 1.1 und wird in den RFCs 2910 und 2911 standardisiert.

IPsec (Internet Protocol Security) Sichere Form von IP; IP-Daten werden verschlüsselt übertragen, und das Verschlüsselungsverfahren setzt auf Schlüsselaustausch.

681

IRC (Internet Relay Chat) Online Chat (dt. *Plauderei*) im Internet; es gibt verschiedene themenbezogene Räume, in denen sich Interessierte austauschen.

ISC (Internet Software Consortium) Herstellerfirma des DNS-Servers Bind und des ISC-DHCP-Servers

ISDN (Integrated Service Digital Network) In Europa stark verbreitetes Verfahren des digitalen, öffentlichen Telefonnetzes; die Gesprächsdaten werden nicht analog, sondern in digitalisierter Form übertragen. Es gibt zwei Anschlussarten, ISDN-BRI (Basic-Rate-Interface) mit zwei B-Kanälen und einem D-Kanal und ISDN-PRI (Primary-Rate-Interface) mit 30 B-Kanälen und einem 64-kByte-Datenkanal. Auf dem D-Kanal erfolgt die Signalisierung, also z. B. die Rufnummernübertragung.

ISM (Industrial Scientific Medical) Der Frequenzbereich von 2,4 GHz ist für allgemeine, genehmigungsfreie Funkanwendungen reserviert. WLAN, Bluetooth und einige andere Techniken (wie Ihre Mikrowelle) nutzen diese Frequenz.

ISO (International Organization for Standardization) Die Organisation ist aus über 140 nationalen Standardisierungsgremien zusammengesetzt und veröffentlicht international gültige Standards.

ITSP (IP Telephony Service Provider) Bezeichnung für SIP-Provider

ITU/ITU-T (International Telecommunication Union/Telecommunication Standardization Sector) Die internationale Normungsbehörde für die Telekommunikation

IVR (Interactive Voice Response) Sprachmenüs, die mittels DTMF-Tönen oder Sprache gesteuert werden können: »Drücken Sie die Eins für…«.

IWV (Impulswahlverfahren) Das alte Wahlverfahren bei analogen Telefonen, das verschieden lange Impulse für das Wählen verwendet; das heutige Wahlverfahren ist MFV und arbeitet mit Tastentönen.

Jitter Die Schwankung der Laufzeit in Millisekunden

Kollision Kollisionen treten auf, wenn zwei Stationen in einem Ethernet-Segment gleichzeitig Daten senden.

KVM-Switch (Keyboard-Video-Mouse-Switch) Fernadministration eines PCs per KVM bedeutet, dass Tastatur-, Maus- und Monitoranschluss an eine spezielle Box anschlossen sind. Die Informationen der Anschlüsse können bei manchen Geräten über das LAN übertragen werden.

L2TP (Layer 2 Tunneling Protocol) ein Protokoll, das auf der ISO/OSI-Schicht 2 VPN-Tunnel aufbauen kann

LAN (Local Area Network) ein Computernetzwerk innerhalb eines Grundstücks

LCR (Least Cost Routing) Verwendung des günstigsten Telefon-/Internetanbieters je nach Uhrzeit

LDAP (Lightweight Directory Access Protocol) Mit LDAP können Verzeichnisse abgefragt werden. Dazu haben diese Verzeichnis-Datenbanken einen sogenannten LDAP-Connector. LDAP ähnelt SQL, dient jedoch speziell zur Abfrage von Verzeichnisdatenbanken.

LEAP (Lightweight Extensible Authentication Protocol) Vereinfachtes EAP; das Protokoll wird unter anderem von der Firma Cisco zur Absicherung von WLANs genutzt.

LRS (Limited Rate Support) Verfahren für IEEE 802.11g Komponenten, um alte, nicht standardkonforme 11b-Clients einzubinden

LVM (Logical Volume Manager) Verfahren, bei dem Festplatten und Partitionen als logische (nicht wirklich existierende) Laufwerke abgebildet werden; eine Volume Group besteht aus mehreren Partitionen oder Festplatten und kann flexibel wieder in mehrere beliebig große viele Logical Volumes aufgeteilt werden.

LWL (Lichtwellenleiter) ein Glasfaserkabel (engl. *fiber*)

MAC (Media Access Control) MAC ist ein Teil von Ethernet, insbesondere die MAC-Adresse ist bekannt. Sie ist sechs Bytes lang und wird als Hexadezimalwert geschrieben, z. B. 00:07:f3:ea:10:22. Die Doppelpunkte trennen die einzelnen Bytes voneinander ab, dienen aber nur der besseren Lesbarkeit.

MAN (Metropolitan Area Network) Ein Netzwerk innerhalb einer Stadt; die Bezeichnung ist inzwischen unüblich geworden, meistens wird ein MAN als WAN bezeichnet.

Mb/s (Megabit pro Sekunde) die übliche Angabe von Datenraten im Netzwerk

MB/s (Megabyte pro Sekunde) gängige Informationsmengen-Einheit, sie entspricht 1.024 * 1.024 Bytes

MCU (Multipoint Control Unit) Begiff aus dem Verfahren H.323; eine MCU ermöglicht gleichzeitige Datenströme zwischen mehr als zwei Teilnehmern (Konferenz).

MDI/MDI-X (Medium Dependent Interface) Die Anschlussart von RJ-45 kann MDI oder MDI-X sein. Das erste ist z. B. eine typische Netzwerkkarte, das zweite ein typischer Switch-Port. Möchten Sie zwei gleichartige Anschlüsse (z. B. zwei Netzwerkkarten) direkt miteinander verbinden, ist ein Cross-Kabel erforderlich. Heutige Switches beherrschen meist Auto-MDI(X). Sie erkennen automatisch, welcher Partner angeschlossen ist, und stellen ihren Anschluss entsprechend ein. Sie könnten also auch mit einem Cross-Kabel einen PC anschließen.

Mesh Mesh-Netze sind WLAN-Verbindungen verschiedener WLAN Access Points zu einem Gesamtnetz, sodass beispielsweise nur ein Access Point einen Zugang zum Internet benötigt. Dabei sollen sich die Netzwerke herstellerunabhängig weitestgehend selbstständig konfigurieren. Die Technik soll als IEEE 802.11s normiert werden.

MFV (Switch-Port) Nachfolger des Impulswahlverfahrens (IVW), siehe DTMF

MIB (Management Information Base) Die Ansammlung von OIDs, also SNMP-Variablen, wird MIB genannt. Es gibt offiziell normierte Standard-MIBs, z. B. MIB-II und den Bereich der Private MIB, die jeder Hersteller spezifisch füllt.

MIC (Message Integrity Code) Verfahren bei WPA-Verschlüsselung im WLAN, das die Integrität – also die Unverfälschtheit – der Daten sicherstellt; es handelt sich im Wesentlichen um eine Hash-Funktion.

MIMO (Multiple In Multiple Out) Neues WLAN-Verfahren, das auf einem Kanal mehrere parallele Signale versendet; MIMO Findet bei IEEE 802.11n Verwendung.

MMS-Protokoll (Microsoft Media Server Protocol) Verfahren, um *.asf*-Dateien über ein Netzwerk als Video-Stream zu senden

Monomode Die 9 mm dicken LWL-Kabel leiten den Laserstrahl durch die Mitte und werden Monomode-Fasern genannt.

MP3 (MPEG-1, Audio Layer 3) Bekanntestes Format von komprimierten Audiodateien; es wird aus dem MPEG-1-Standard die Komprimierungsfunktion für Audio (Layer 3) verwendet.

MPEG (Moving Pictures Experts Group) Eine Arbeitsgruppe der ISO, die Videoverfahren normiert; der Standard MPEG-1 bietet VHS-Videoqualität, während MPEG-2 aufgrund höherer Auflösung und besserer Bildwiederholrate oberhalb von VHS liegt. MPEG-2 wird auch bei DVDs eingesetzt. MPEG-4 ist der letzte veröffentlichte Standard, der sehr gute Bildqualität bei geringer Bandbereite ermöglicht.

MRU (Maximum Receive Unit) Die maximale Größe von Datenpaketen, die an einem Stück (nicht fragmentiert) empfangen werden können; bei PPP kann der Client anhand seiner MRU Pakete mit einer bestimmten maximalen Größe anfordern.

MS-CHAP (Microsoft-CHAP) siehe *CHAP*

MSN (Multiple Subscriber Number) eine Telefonnummer, auf die ein ISDN-Endgerät reagiert

MSS (Maximum Segment Size) maximale Größe eines TCP-Paketes in Bytes

MSTP (Multiple STP) siehe *RSTP*

MTA (Mail Transfer Agent) ein Programm, das Mails von einem Server verschickt und dort empfängt, z. B. *Sendmail* oder *Postfix*

MTBF (Mean Time Between Failures) Die angegebene Zahl sagt aus, wie viele Stunden das Gerät (z. B. Festplatte, Switch) arbeitet, bevor es zu einem Fehler bzw. Ausfall kommt. Allerdings sind diese Werte oft geschönt, weil nicht von einem Dauerbetrieb ausgegangen wird.

MTU (Maximum Transmission Unit) Maximale Größe eines Paketes, das in einem Stück gesendet wird; die MTU bei IP kann maximal 1.492 Bytes betragen.

Multimode LWL-Fasern, die 50 mm oder 62,5 mm dick sind und den Laserstahl am Rand reflektieren

NAPT (Network Address and Port Translation) Wenn NAT erwähnt wird, ist meist NAPT gemeint. Es kann mit einer IP-Adresse mehrere Clients ins Internet bringen.

NAT (Network Address Translation) Adressumsetzung zwischen privater und offizieller IP-Adresse

NDF (Network Discovery Framework) Technik, um ab Windows Vista Fehler bei der Internetanbindung zu diagnostizieren

NDIS (Network Driver Interface Specification) Eine logische Schicht, über die Netzwerkkarten mittels Treibern angesprochen werden können; NDIS gibt es nur bei Windows, es wurde von Microsoft und 3Com entwickelt. Es erlaubt die Koexistenz von mehreren Protokollen, die auf eine Netzwerkkarte zugreifen (z. B. TCP/IP und IPX).

NetBEUI (NetBIOS Extended User Interface) ein nicht routingfähiges Transportprotokoll, das die ISO/OSI-Schichten 2, 3 und 4 umfasst

NetBIOS (Network Basic Input Output System) Programmierschnittstelle (API) zu NetBEUI; NetBIOS basiert auf einem Nachrichtenformat, das SMB (Server Message Block) heißt.

Newsgroup Diskussionsforen im Internet; nach Themenbereichen geordnet, gibt es Gruppen, die sich über alle möglichen Themen austauschen. Das Protokoll zum Austausch von News ist NNTP (Network News Transport Protocol).

NIDS (Network Intrusion Detection System) eine Software, die Auffälligkeiten im Netzwerk unter Sicherheitsaspekten auswertet und mögliche Angriffe innerhalb des LANs meldet

NNTP (Network News Transport Protocol) siehe *Newsgroup*

NTBA (Network Termination for Basic Access) Das Netzabschlussgerät auf der Seite des Kunden; am NTBA entsteht der S_0-Bus, an den Sie ISDN-Endgeräte anschließen können.

NTBBA (Network Termination Broad Band Access) das DSL-Modem, oftmals in den DSL-Router integriert

NTP (Network Time Protocol) Zeitsynchronisation über das Netzwerk; damit können Sie erreichen, dass alle PCs im LAN die richtige oder zumindest die gleiche Uhrzeit haben. Sehr genau gehende NTP-Server gibt es auch im Internet.

NTSC (National Television System Committee) in den USA vorherrschendes Verfahren für den TV-Empfang mit 525 Zeilen und 60 Halbbildern pro Sekunde (Alternative: PAL)

OFDM (Orthogonal Frequency-Division Multiplexing) das Modulationsverfahren im schnellen WLAN (IEEE 802.11a/g)

OID (Object ID) eine Variable, die vom SNMP-Agenten gefüllt wird

OSI (Open Systems Interconnection) ISO-Standard für die Datenkommunikation; seine Struktur ist im OSI-Referenz-Modell, dem ISO/OSI-Schichten-Modell, abgefasst.

OSPF (Open Shortest Path First) Ein dynamisches Routing-Protokoll; dieses Protokoll ist der technische Nachfolger von RIP und bietet viele Möglichkeiten, Routing durchzuführen. Insbesondere werden Kosteneinträge für einzelne Verbindungen unterstützt. Dadurch ist es möglich, eine Verbindung günstig oder teuer zu machen. Entsprechend wird diese Verbindung oft oder selten genutzt.

PAL (Phase Alternating Line) Vorherrschendes Übertragungsverfahren beim Fernsehempfang in Europa; es erzeugt ein Bild mit 625 Zeilen und 50 Halbbildern pro Sekunde (Alternative: NTSC).

PAM a) Polled Access Mode: WLAN-Clients schlafen ein und werden gezielt aufgeweckt. b) Pluggable Authentication Modules: Authentifizierungsverfahren unter Linux, das flexible Möglichkeiten eröffnet, um Benutzer zu authentifizieren

PAN (Personal Area Network) Ein Netzwerk, das mittels Bluetooth um eine Person herum eingerichtet ist; gemeint ist der Nahbereich von maximal zehn Metern um eine Person.

PAP (Password Authentication Protocol) Authentifizierungsverfahren z. B. bei HTTP oder PPP, bei dem der Benutzername und das Passwort im Klartext, also unverschlüsselt, übermittelt werden

PBCC (Packet Binary Convolution Coding) Ein Kodierungsverfahren für WLAN von der Firma Texas Instruments; es wird von einigen IEEE-802.11b-Komponenten beherrscht, die dann Datenraten von bis zu 44 Mbit/s (statt 11 Mbit/s) erreichen. Konkurrenz ist OFDM, das für IEEE 802.11g ausgewählt wurde.

PC-Card 16-Bit-PCMCIA-Karte; eine Erweiterungskarte, die insbesondere für Notebooks benutzt wird. Sie ist deutlich langsamer als eine Cardbus-Karte.

PCI (Peripheral Component Interconnect) Die Schnittstelle bei PCs; Sie können PCs durch PCI-Karten erweitern. Üblicherweise ist der PCI-Bus 32 Bit breit und wird mit 33 MHz getaktet, daher können – theoretisch – bis zu 133 Mbit/s übertragen werden.

PCIe (PCI Express) Nachfolger von PCI mit wesentlich höheren Datenraten von 2 Gbit/s Fullduplex pro Kanal; die Anzahl der Kanäle wird z. B. für einen Kanal mit PCIe-1X angegeben.

PCM (Pulse Code Modulation) Sprachkodierungsverfahren, das unter anderem beim Sprach-Codec G.711 eingesetzt wird; Erweiterungen sind DPCM (Differential PCM) und ADPCM (Adaptive Differential PCM).

PCMCIA (Personal Computer Memory Card International Association) Industriestandard für Notebook-Erweiterungskarten; es gibt verschiedene Typen (siehe PC-Card und Cardbus-Card).

PDC (Primary Domain Controller) Windows-Domänen-Anmeldungsserver; er verwaltet die Benutzer-/Computerkonten der Domäne. Sein Stellvertreter ist der BDC.

PDF (Portable Document Format) von Adobe Systems entwickeltes Dateiformat

Peer-to-Peer Innerhalb des Peer-to-Peer-Netzwerkes gibt es keine Client-Server-Hierarchie. Jeder PC ist nur Client.

PEG (PCI Express for Graphics) gebündelter 8X-PCIe-Kanal, als Ablösung für AGP-Grafikkarten

PGP (Pretty Good Privacy) Ein Programm für ein symmetrisches Verschlüsselungsverfahren; PGP ist nicht durchgehend quelloffen. Deshalb entstand das kompatible GnuPG.

PIFS (PCS IFS) siehe IFS

PLC (Power Line Communication) Datenübertragung über die Stromkabel, entweder als Internetzugang (das ist vor allem in der Schweiz ansatzweise erfolgreich) oder als Vernetzungsmöglichkeit zu Hause (siehe Homeplug)

PLT (Power Line Telecommunication) siehe PLC

PNRP (Peer Name Resolution Protocol) von Microsoft genutztes Protokoll, um via Peer-to-Peer-Netzwerk und IPv6 die Namensauflösung unabhängig von einem DNS-Server zu machen

PoE (Power over Ethernet) Stromversorgung von Netzwerkteilnehmern über das LAN-Kabel

POP (Post Office Protocol) Verfahren zum Empfangen von E-Mails von einem E-Mail-Server; aktuell ist die Version 3, daher heißen die Server POP3-Server.

POS (Personal Operating Space) Arbeitsbereich um uns herum, zielt auf PAN ab

POTS (Plain Old Telephony Service) DSL hat einen für Telefonie reservierten Kanal; dieser wird als POTS bezeichnet.

PPP (Point-to-Point Protocol) IETF-Standard zur Übertragung von IP-Paketen über serielle Leitungen, bekannt insbesondere beim Einsatz zur Interneteinwahl

PPPoE (Point-to-Point Protocol over Ethernet) das übliche Verfahren, um DSL-Daten zu übertragen

PPTP (Point-to-Point Tunneling Protocol) Protokoll, um VPNs zu erzeugen

PRI (Primary Rate Interface) Die große Variante von BRI; PRI bezeichnet die Anschlussmöglichkeit von S_{2M}, also einem ISDN-Anschluss mit 30 Kanälen. Die Bandbreite beträgt 64 Kbit/s * 30 + 64 Kbit/s = 1.984 Kbit/s, also ungefähr 2 Mbit/s.

Proprietär Es handelt sich um ein Verfahren oder eine Technik, die von einem Unternehmen kommt und nicht offengelegt und somit anderen Herstellern nicht frei zur Verfügung gestellt wird. Das *doc*-Format von MS Word ist proprietär, weil es nicht offengelegt ist und es keinen anderen Anbieter außer Microsoft gibt. Der Nachteil einer proprietären Lösung ist deren mangelnde Interoperabilität, also die Unfähigkeit, mit anderen Lösungen zusammenzuarbeiten.

Proxy Ein Proxy (dt. *Stellvertreter*) leitet Anfragen in das Internet stellvertretend weiter. Dadurch ist es unter anderem möglich, Webseiten zu filtern oder mit einer offiziellen IP-Adresse ein ganzes Netzwerk mit einem Internetzugang zu versorgen.

PSK (Pre-Shared Key) Manuelles Austauschverfahren für geheime elektronische Schlüssel. Die entsprechenden Passwörter werden bei beiden Geräten z. B. für WPA (WPA-PSK) manuell eingetragen.

PTR Resource Record IP-Adresse zum Namenseintrag bei DNS.

PUI (Phone User Interface) hörbare Benutzeroberfläche eines Telefons, siehe auch TUI (Telephone User Interface)

PVC (Permanent Virtual Circuit) Eine virtuelle Verbindung, die permanent verfügbar ist; die Verbindung besteht bereits, wenn kommuniziert wird, und muss nicht erst aufgebaut werden. PVCs werden unter anderem bei ATM verwendet.

PXE (Preboot Execution Environment) Ein von Intel und anderen Firmen entwickeltes Verfahren, das es ermöglicht, aus dem BIOS heraus Programme auszuführen. Damit ist es möglich, im Zusammenspiel mit DHCP PCs ohne Bootdisketten oder Ähnlichem beim erstmaligen LAN-Anschluss automatisch über das Netzwerk mit Software zu betanken (z. B. ein Betriebssystem zu installieren).

QoS (Quality of Service) zugesicherte Verbindungsqualität (Paketlaufzeit, zur Verfügung stehende Bandbreite, Schwankung der Laufzeit) einer Übertragungsstrecke

Queue Priorisierungen für WAN-Verbindungen teilen Datenverkehr je nach Dringlichkeit in eine Warteschlange (engl. *queue*) ein. Erst wenn alle Pakete aus der dringlichsten Queue transportiert worden sind, wird die zweite Queue abgearbeitet.

RADIUS (Remote Authenticaion Dial-In User Service) Das RADIUS-Verfahren wird von vielen Providern angewandt. Wenn Sie Ihren Internetzugang aktivieren, authentifizieren Sie sich mit einem Benutzernamen und einem Passwort. Das wird mittels RADIUS überprüft. Nur wenn es korrekt ist, können Sie ins Internet. RADIUS findet auch bei IEEE 802.1x Anwendung.

RAID (Redundant Array of Independent Disks) Ein logischer Verbund von Festplatten mit dem Ziel, die Ausfallsicherheit und/oder die Performance des Gesamtsystems zu verbessern; es gibt Hardware- und Software-Lösungen.

RAM (Random Access Memory) Dieser flüchtige Speicher existiert in Form von Chips. Der Hauptspeicher eines PCs ist sein RAM. Das RAM benötigt elektrische Spannung, um die Informationen zu halten, daher sind die Informationen nur so lange im RAM, wie der PC eingeschaltet ist.

RDP (Remote Data Protocol) Bei Windows NT/2000 Server und XP Professional werden über RDP die Maus-, Tastatur- und Monitorinformationen zu einem Fernsteuerungs-PC weitergeleitet: Man spricht hier von einem Terminal Service.

RegTP (Regulierungsbehörde für Telekommunikation und Post) siehe Bundesnetzagentur

RFC (Requests for Comments) Standard der IETF; es gibt verschiedene Stufen eines Standards, vom Entwurf bis zum wirklich verabschiedeten Standard.

RIFS (Reduced Inter Frame Space) siehe IFS

RIP (Routing Information Protocol) Ein einfaches und weitverbreitetes dynamisches Routing-Verfahren; es gibt RIP Version 1 und 2. Technisch ist RIP weitestgehend überholt und wird nach und nach durch OSPF (Open Shortest Path First) abgelöst.

RIPE (Réseaux IP Européens) Europäische Verwaltungsbehörde für IP-Adressen, wurde 1989 gegründet

RJ-45 (Registered Jack 45) Der Standard-Twisted-Pair-Stecker bietet acht Kontakte und wird außer bei LAN-Verkabelungen auch bei ISDN eingesetzt.

RMON (Remote Monitoring) Die SNMP-Erweiterung bietet mit weiteren MIBs und mehr Möglichkeiten an, Kenndaten über das LAN zu erhalten (standardisiert in RFC 1757 und 2021).

ROM (Read-Only Memory) Ein Speicher, der mehrfach gelesen werden kann, aber nur einmal beschrieben wurde; er ist aber dauerhaft und benötigt keine ständige Spannungsversorgung.

Router verbindet unterschiedliche Netzwerke auf ISO/OSI-Schicht 3, z. B. zwei IP-Netze

Routing Wegewahl im IP, das Verbinden von IP-Netzen

RPM (RPM Package Management) Software-Paketverwaltungssystem von Red Hat und SUSE

RSA Das asymmetrische kryptografische Verfahren kann sowohl zur Verschlüsselung als auch zur digitalen Signatur verwendet werden. RSA wurde nach seinen Erfindern, den drei Mathematikern Rivest, Shamir und Adleman, benannt.

RSS (Really Simple Syndication) Protokoll zur Verbreitung von Neuigkeiten, die Abonnenten automatisch sehen

RSTP (Rapid Spanning Tree Protocol) Standardverfahren nach IEEE 802.1w, das schneller arbeitet als STP

RTCP (Real-Time Control Protocol) Überwachungsprotokoll für RTP, ermittelt Fehler, Jitter oder Delay (RFC 1890 und 3551)

RTP (Real-Time Protocol) Paketformat für UDP-Datenpakete, unter anderem für Audiodatenströme (RFC 1889 und 3550)

RTS (Request To Send) Verfahren im WLAN, das Clients abfragt, anstatt CSMA/CA durchzuführen

S_0 siehe ISDN und BRI

S_{2M} siehe ISDN und PRI

SASL (Simple Authentication and Security Layer) Eine Erweiterung von SMTP um eine Autorisierungsstufe laut RFC 2222; das Verfahren ist auch als AUTH SMTP bekannt. Der Benutzer meldet sich mit Benutzernamen und Kennwort am SMTP-Server an, erst dann kann eine E-Mail versendet werden.

SCTP (Stream Control Transmission Protocol) Das Protokoll wurde von der IETF als neues Transportprotokoll neben UDP und TCP vorgeschlagen und in RFC 2960 veröffentlicht. Es handelt sich somit um ein neues ISO/OSI-Layer-4-Protokoll.

SDP (Session Description Protocol) das eigentliche Datenprotokoll von SIP

SDSL (Symmetric DSL) Anders als bei ADSL sind bei SDSL die Up- und die Downloadraten gleich hoch.

Segmentierung Unterteilung eines Netzwerkes durch Switches oder Router in kleinere Einheiten mit dem Ziel, die Bandbreite zu erhöhen

SES (Secure Easy Setup) Einrichtungshilfe für WLAN-Sicherheit, unter anderem von Linksys, siehe auch AOSS

S-HDSL (Single-Pair High-Speed Digital Subscriber Line) Der designierte Nachfolger von ADSL ist eine symmetrische DSL-Variante, die neben höheren Datenraten auch eine fehlerärmere Übertragung bietet.

SIFS (Short Interframe Spacing) siehe IFS

SIP (Session Initiation Protocol) Der Nachfolger des H.323-Kommunikationsstandards regelt den Verbindungsaufbau und -abbau für Voice over IP (Genormt nach RFC 3261).

SIPS (Session Initiation Protocol Secure) verschlüsseltes SIP, also die Verschlüsselung von Signalisierungsinformationen

SLA (Service-Level-Agreement) Eine Vereinbarung über die Qualität einer Dienstleistung (QoS); so kann z. B. Teil eines SLA sein, wie oft ein Internetzugang verfügbar ist. Der Wert wird üblicherweise in Prozent festgelegt.

SLAT (Second Level Address Translation) Diese Prozessoreigenschaft erleichtert virtuellen Maschinen die Adressierung des Hostspeichers. Intel nennt das EPT (Extended Page Table), AMD bezeichnet es als RVI (Rapid Virtualization Indexing).

SMB (Server Message Block) Windows-Datei- und Druckerfreigaben verwenden unter anderem das Protokoll SMB. Unter UNIX werden solche Freigaben mittels Samba nutzbar.

SMTP (Simple Mail Transfer Protocol) Verfahren zum Senden von E-Mails zum E-Mail-Server; üblicherweise wird der TCP-Port 25 zur Kommunikation genutzt.

SNMP (Simple Network Management Protocol) Verfahren, um Informationen über den Zustand von Netzwerkkomponenten und PCs zu bekommen

SNTP (Simple Network Time Protocol) siehe NTP

SOA (Start Of Authority) Eintrag in den Zonendateien des DNS-Servers

Spyware Software, die ohne Wissen des Anwenders Daten ausspäht und weitergibt

SQL (Structured Query Language) SQL ist die Abfragesprache der meisten Datenbanksysteme. Eine typische Abfrage lautet: `SELECT * FROM xyz`.

SRTP (Secure RTP) verschlüsseltes RTP, also Verschlüsselung der Audiodaten

SSID (Service Set Identifier) Name des Access Points, der 32 Bytes lang ist und in jedem WLAN-Paket mitgesendet wird

STP (Spanning Tree Protocol) Standardverfahren, um Ringe (engl. *loops*) in Netzwerkkonfigurationen automatisch zu unterdrücken. Dadurch kann man Backup-Leitungen schalten, die durch dieses Verfahren von den Switches automatisch aktiv bzw. inaktiv geschaltet werden.

STUN (Session Traversal Utilities for NAT) Verfahren, um einen Client hinter einem NAT-Router erreichbar zu machen

Subnetz Synonym zu IP-Netz; PCs, die sich im selben Subnetz befinden, sind im selben IP-Netz und haben dieselbe Netz-ID in der IP-Adresse.

Subnetzmaske Sie gibt die Anzahl der Bits an, die bei einer IP-Adresse die Netz-ID ausmachen.

TCP (Transport Control Protocol) Implementierung der ISO/OSI-Schicht 4; TCP ist verbindungsorientiert, es gibt einen Verbindungsauf- und -abbau, und das Empfangen der Datenpakete wird durch Bestätigungen sichergestellt.

T-DSL Marketingvariante von ADSL, von der Telekom vertrieben

TFTP (Trivial FTP) vereinfachtes FTP, wird häufig von Netzwerkkomponenten zur Sicherung der Konfiguration/Software eingesetzt

TIA (Telecommunications Industry Association) Verband der Telekommunikationsindustrie in den USA und Kanada

TIM (Traffic Indication Map) Aufwecken der WLAN-Clients über ein spezielles Paket, festgelegt in einem DTIM-Intervall

TKIP (Temporal Key Integrity Protocol) Verschlüsselungsverfahren für WPA, alternativ kann AES angeboten werden.

TLS (Transport Layer Security) ein Protokoll zur hybriden Verschlüsselung

TOS (Type Of Service) 1 Byte lange Information zur Priorisierung von IP-Paketen, die im IP-Protokollkopf eingetragen wird (siehe auch DSCP)

TPC (Transmit Power Control) Regelfunktion für die Sendeleistung von IEEE-802.11a-WLAN-APs in Abhängigkeit von der Frequenz

TTL (Time to live) Anzahl der Router, über die ein ICMP-Paket transportiert wird; üblicherweise spricht man von Hops (dt. *Hüpfer*), die ein Paket überwindet.

TUI (Telephone User Interface) Sprachmenü für Voicemailboxen

Tunnel(n) Daten werden auf andere Pakete gepackt, damit sie durch ein Netz transportiert werden können, welches das ursprüngliche Paketformat nicht beherrscht.

TURN (Traversal Using Relay NAT) TURN hat eine ähnliche Aufgabe wie STUN, bietet jedoch einen Lösungsansatz, der auf größere Firmennetze zugeschnitten ist.

Twinaxkabel ein Paar verdrillter Kupferadern (Innenleiter), die von einem Dielektrikum und einer Schirmung umgeben sind (ähnlich den Koaxialkabeln)

UDP (User Datagram Protocol) Implementierung der ISO/OSI-Schicht 4; UDP ist verbindungslos. Eine Kontrolle wie bei TCP, ob Daten empfangen wurden oder ein Verbindungsauf- und -abbau stattgefunden hat, bleibt aus.

UMTS (Universal Mobile Telecommunications System) Der Mobilfunkstandard der dritten Generation soll Bandbreiten von bis zu 2 Mbit/s bringen. Allerdings teilen sich alle Teilnehmer einer Funkzelle diese Bandbreite, sodass der Wert wohl eher theoretisch ist. Anders als bei GSM wird dieser Standard weltweit funktionieren, also in Europa, Asien und in Nordamerika.

UPnP (Universal Plug and Play) Kommunikationsverfahren für unterschiedliche Netzwerkteilnehmer, z. B. zwischen DSL-Router und Video-Streaming-Server

USB (Universal Serial Bus) Anschluss am PC für Geräte (unter anderem Tastatur, Scanner, Maus, Kamera); in der Version 1.1 wird eine Übertragungsrate von 12 Mbit/s, in der Version 2.0 von bis zu 480 Mbit/s erreicht. Die Konkurrenz ist Firewire.

USV (Unterbrechungsfreie Stromversorgung) Die Batteriepufferung der Stromversorgung von PCs oder Netzwerkkomponenten sichert Geräte gegen Stromausfall und Spannungsschwankungen ab.

VBR (Variable Bit Rate) Diese Kompressionsmethode erzeugt Audio- und Videodaten mit gleichbleibender Qualität. Der Gegensatz ist CBR (Constant Bit Rate).

VCD (Video CD) MPEG-1-komprimierte Video-CD mit einer Auflösung von 352 x 288 Bildpunkten; bessere Qualität bietet die SVCD (Super VCD) mit 576 x 480 Bildpunkten.

VCI (Virtual Channel Identifier) virtueller Kanal bei ATM

VDSL (Very High Speed Digital Subscriber Line) Die bandbreitenstarke, asymmetrische DSL-Variante bietet bis zu 52 Mbit/s im Download bietet. VDSL kann auch symmetrisch betrieben werden und erreicht dann bis zu 34 Mbit/s.

Virus Das sich selbst reproduzierendes Programm nistet sich in anderen Programmen ein und infiziert diese.

VLAN (Virtual LAN) Bei einem virtuellen LAN erzeugen Sie mehrere LANs, deren Daten auf einer einheitlichen Verkabelung transportiert werden. Die Unterscheidung der verschiedenen VLANs erfolgt über eine Kennzeichnung im Ethernet-Paket (engl. *tagging*).

VoIP (Voice over IP) Übertragung von Sprachdaten über IP-basierte Netzwerke; qualitativ unterscheidet sich dabei die Internettelefonie von der IP-Telefonie. Erstere wird über Applikationen wie NetMeeting durchgeführt und dient dazu, Verbindungsgebühren zu sparen. Die Sprachqualität ist sehr schlecht. IP-Telefonie nutzt lediglich die LAN-Verkabelung zur Übertragung der Sprachdaten und erreicht damit eine gute Sprachqualität, die mit ISDN vergleichbar ist.

VPI (Virtual Path Identifier) virtueller Kanal im ATM

VPN (Virtual Private Network) Es handelt sich um eine sichere, virtuelle Verbindung über unsichere Netzwerke. Ein VPN wirkt wie ein Tunnel: Die Daten im Inneren sind gegen Außeneinflüsse (Hacker) geschützt. Bekannte Standards sind IPsec und PPTP.

Wake-on-LAN Bei ausgeschaltetem PC bleibt die LAN-Karte aktiv und kann den PC aus seinem Schlaf erwecken. Dazu sind allerdings spezielle Datenpakete erforderlich (Magic Packets).

WAN (Wide Area Network) ein städteübergreifendes Netzwerk, das von Ihnen kontrolliert wird

WDS (Wireless Distribution System) Ein Verbund von mehreren über WLAN verbundenen Access Points vergrößert den Empfangsbereich eines WLANs.

WEP (Wireless Equivalent Privacy) Dieser Verschlüsselungsstandard für WLAN ist nachweisbar unsicher, unabhängig davon, ob Sie WEP mit 40-(64-) oder 104-(128-)Bit-Verschlüsselung verwenden.

WiBro (Wireless Broadband) Konkurrenzverfahren zu WiMAX, das aus Korea stammt und lizenzfrei verwendbar ist

WiMAX (Worldwide Interoperability for Microwave Access) Diese Funktechnik nach IEEE 802.16 wird insbesondere als Konkurrenz zu DSL vermarktet. Seit der Möglichkeit, auch sich bewegende Clients zu versorgen, ist WiMAX auch Konkurrenz für WLAN.

WINS (Windows Internet Name Service) NetBIOS-Namensauflösung; der WINS-Server löst NetBIOS-Namen in IP-Adressen auf. Seit Windows 2000 ist WINS nur noch aus Kompatibilitätsgründen in Windows enthalten. Ab Windows 2000 wird DNS verwendet.

WLAN (Wireless LAN) Standard der IEEE 802.11 für drahtlose LANs

WoL (Wake-on-LAN) siehe Wake-on-LAN

WPA (Wi-Fi Protected Access) Der Ersatz für WEP bietet neue die Verschlüsselungstechnik TKIP und/oder AES.

WPAN (Wireless PAN) siehe PAN

WPP (Wireless Performance Prediction) WPP ist der IEEE 802.11t-Standard, der Testverfahren festlegen will.

Wurm Das sich selbst reproduzierende Programm infiziert im Gegensatz zum Virus keine anderen Programme.

WWW (World Wide Web) Das weltweite Netz umfasst elektronische Hypertext-Dokumente (HTML-Seiten) im Internet, die durch Hyperlinks miteinander verknüpft sind.

X.509 Ein Zertifizierungsstandard z. B. für Webserver im Internet; mit einer Signatur wird die Authentizität eines öffentlichen Schlüssels von der zertifizierenden Stelle bestätigt.

xDSL siehe DSL

Index

1000BASE-LX 65
1000BASE-SX 65
1000BASE-T 65
1000BASE-TX 66
100BASE-T 172
100BASE-TX 64
100GbE 67
10BASE-T 61
10GBASE 66
10GBASE-T 67
3GPP 115
40GbE 67

A

AAC 603
Abkürzung 673
ACL 402, 673
ADSL 673
AES 402
Aircrack-ng 409
AirPort 280
Amazon EC2 → Cloud
Amazon S3 → Cloud
ANSI 673
Antennenkabel → Kabel
AntiVir 392
APIPA 155
Apple iCloud → Cloud
AppleTalk 673
Application Layer → Layer
ARP 135
   Cache 135, 300, 387
   Missbrauch 386
   Spoofing 386
ARPANET 379
ASCII 671, 674
ASIC 674
Asterisk 527
ATA 640
ATM 48
   Begriff 674
   VCI 691
   VPI 691
Audiocodec → Streaming
Authentifizierung 380
Autonegotiation 64, 191
Autorisierung 674
Autosensing 64, 178, 191
Avahi 158

B

Backup 588
   Areca 590
   Cloud 599
   Restore 589
   Robocopy 593
   SyncToy 594
   Time Machine 597
Baud 674
BBAE 674
Begriffserklärung 673
bing 313
BIOS 674
Bit 674
BitTorrent 128
Bladeserver 67
Bluetooth 73, 643
Bonjour 156
BootP → DHCP
Botnet → Sicherheit
Bridge 69
   Abgrenzung 123
   Begriff 675
   VirtualBox 499
   VMware Player 501
   VMware Server 495
Brute Force Attack 385, 415
Buffer Overrun 385
Bundesnetzagentur 675
Burst-Modus 65

C

Cache 675
Cain & Abel 388
CAM 675
Cardbus 184, 675
CBR 602, 675
CCMP 402, 675
CDP 228

CERN 379, 675
CERT 675
Channel Bonding 99
CHAP 675
Clientport → TCP
Cloud 645
   Amazon EC2 651
   Amazon S3 600, 649
   Apple iCloud 651
   ASP 648
   Backup 599
   COD 651
   Dropbox 649
   File History 600
   Google Docs 649
   Google Drive 649
   Hybrid 646
   IaaS 647
   Managed Server 647
   PaaS 647
   Private 646
   Public 646
   QNAP MyCloudNAS 650
   SaaS 648
   SkyDrive 204, 648
   Windows Live 251
   XaaS 647
Codec 602, 617
Courier 572
   Maildir 565
   shared folders 574
Cracker 128, 676
CUPS 556
   Drucker einrichten 557, 559
   IPP 556
   PDF-Drucker 558
   Samba 556
CurrPorts 327

D

Data Link Layer → Layer
Datenintegrität 381
Datex-P 676
DECT 33, 182, 644, 676
Deutsche Industrie Norm → DIN
DFS 677
DHCP 143
   Begriff 677
   BootP 143, 675

Dialer → Sicherheit
Dictionary Attack 416
DIFS, Begriff 677
Digitale Dividende 115
Digitale Kluft 115
DIN 66, 677
Distributed DoS 385
DivX 604
DLNA → Streaming
DMZ 434
DNS 149
   Begriff 677
   DDNS 676
   DynDNS 473
   FQDN 679
   PTR 687
   Reverse Lookup 152
   SOA 689
   TLD 150, 152
   Zonen 150
DOCSIS → EuroDOCSIS
DoD-Modell 52
DoS Angriff 385, 677
DRM 603
Dropbox → Cloud
DSCP → IP
DSL 103
   ADSL 105
   Begriff 677
   DSLAM 105, 677
   Fastpath 107
   Interleave-Modus 107
   Modem 444, 451
   NTBBA 104, 685
   POTS 104, 686
   PPPoE 686
   Router 128
   S-HDSL 689
   SDSL 108, 688
   Splitter 104
   T-DSL 105
   VDSL 109, 691
DSP 643
DTE 678
DVD 602
DynDNS 473

Index

E

EAP 401, 678
Easy Connect 216
EDGE 113, 114
eDonkey 128, 384
EIA/TIA 170, 678
EIFS, Begriff 678
EIGRP 678
Empfänger 44
ESSID → WLAN SSID
Ethereal → Wireshark
Ethernet 61
   Backplane 67
   Converged 10 GbE 72
   CSMA/CD 61, 69, 676
   EFM 71, 678
   ETTH 71
   Fast-Ethernet 678
   Frame 679
   JAM-Signal 62
   MAC 135, 683
   Residential 71
   Topologie → Netzwerk
   VLAN 196
   VLAN Begriff 691
EtherTalk 678
ETSI 678
EUI-64 226
EuroDOCSIS 99
Evolved EDGE 114
ExpressCard 184
Extranet 678

F

FCoE 72
FDDI 679
Fernadministration 345
Fibre Channel 679
FileZilla 330
Firewall 389, 390
   ALG 673
   Application-Level 283, 391
   Begriff 679
   DMZ 677
   ipfw 283
   Linux 397
   Logdatei 384
   Masquerading SuSE 270

   Packet-Filtering 391
   pf 283
   Router 445
   Stateful-Inspektion 391
   Test 397
   VoIP 626
   Windows 213, 229, 240, 395
Firewire 679
fli4l
   Beispiel 456
   imonc 463
   Info 452
Flow Control 199
Fritz!Box 439, 638
Fritz!Box Fon → VoIP
FTP 329
   Begriff 679
   Performance-Messung 339
   Server SlimFTPd 339
   TFTP 690
FTTH 111, 679
Fullduplex 63, 64, 191

G

G.711 622
G.9960 94
G.hn 94
Gateway, Begriff 316, 679
Gerätemanager 295
GG45 679
Gigabit-Ethernet 65
GnuPG 416
   Linux KGpg 423
   Mozilla Thunderbird 424
Google Docs → Cloud
Google Drive → Cloud
GPL 261
GPRS 113, 114, 679
GSM 113, 680

H

Hacker 128
Hackerparagraf 384, 408
Halfduplex 63, 191
HDLC 680
HDMI 608
HDTV 93, 110, 194, 602, 608, 680
Heimatverzeichnis 547

Index

Heimnetzgruppe → Windows, Homegroup
Hijacking 386
HiperLAN 680
Hirose → Kabel
HomeGrid 94
Homeplug 92, 680
Host 680
hosts 149
Hot Spot 88, 131, 232
Hotplug 187
hrping 240
HSCSD 113, 680
HSDPA 114
HSDPA+ 115
HSPA 113, 114
HSUPA 115
HTML 680
HTTP 680
Hub 49, 68, 680
HyperV → Windows

I

IANA 140, 680
IAPP 680
ICMP 137
  Begriff 680
  TTL 690
IEEE
  1901 92
  Begriff 681
  IEEE 801.11 74
  IEEE 802.11a/h 78
  IEEE 802.11ac 83
  IEEE 802.11ad 83
  IEEE 802.11b 78
  IEEE 802.11b+ 78
  IEEE 802.11e 84, 86
  IEEE 802.11g 79
  IEEE 802.11i 401
  IEEE 802.11n 82
  IEEE 802.11r 77
  IEEE 802.16 116
  IEEE 802.3ah 71
  IEEE 802.3an 67
  IEEE 802.3ap 67
  IEEE 802.3ba 67
  Info 61
IETF 681

IGMP 71, 196, 681
IGRP 126, 681
iLBC 622
IMAP 327, 535
inSSIDer 329
Internet
  Begriff 681
  Radio 606
  Router 445
  Verbindungsfreigabe 227
  Zugang 443
Intranet 681
IP → IPv6
  Adresse 120, 122
  Adresse privat 126
  Begriff 681
  Broadcast 70, 121, 145
  DHCP 143
  DSCP 625
  Info 119
  IPnG 129
  IPsec 382, 681
  Klasse 122
  Konfiguration 143
  Multicast 71, 121
  Netz 122
  QoS DSCP 677
  QoS TOS 624
  Subnetz 123, 689
  Telefon 640
  Test 40
IPP 681
IPsec → VPN
IPTables 397
IPTraf 333
IPTV 93
IPv6 129
  Adressen 130
  Anycast 129
  Autokonfiguration 129
  DAD 131
  DHCPv6 131
  DOCSIS 99
  Fritz!Box 133
  Info 121
  Interface Identifier 130
  IPsec 129
  Migration 132
  Präfix 130
  Prefix 130

Privacy Extension 131
SAC 131
Sicherheit 131, 381
SixOrNot 134
SLAAC 131
Tunnel 133
Vista 226
IRC 682
ISDN
  1TR6 673
  Begriff 682
  Belegung 175
  BRI 675
  CLID 676
  CLIP 676
  CLIR 676
  DSS1 677
  Euro ISDN 678
  NTBA 175, 685
  PRI 686
ISO/OSI-Modell 51, 53
ISOC 379
ITU 106, 682

J

JBOD 485
Jitter 137, 682

K

Kabel
  Antennenkabel 91
  BNC 47
  crimpen 165
  Cross 175
  FTP 168
  Hirose 168
  Internet 99
  Kategorien 166
  Linkklasse 167
  Messgerät 172
  Patchkabel 32, 168
  PiMf 167
  S/FTP 168
  Schirmung 167
  Steward 168
  STP 168
  Stromverkabelung 91
  Test 171

Twisted-Pair 62, 167
UTP 167, 168
Verdrillung 168
Verlegekabel 168, 174
verlegen 38
Werkzeug 165
Kodierung 44
Kollaboration 361
Kollision 62, 69, 682
Kommunikation 43, 51

L

LAN
  Backbone 674
  Begriff 682
  Karte 177
  Karte PCMCIA 184
Layer
  Begriff 53
  Data Link 53
  Physical 53
  Presentation 53
  Switch 54
LDAP 682
LEAP 682
Leitungsvermittlung 113
Link-Aggregation 191, 196
Link-LED 194
Linux 261
  /etc/hosts 268
  /etc/nsswitch.conf 268
  ARP 314, 664
  Befehl Dateisystem 657
  Befehl Datenströme 661
  Befehl ifconfig 664
  Befehl Netzwerk 664
  Befehl Prozesse 662
  Befehl route 664
  bing 313
  DHCP SuSE 266
  Dienst daytime 585
  DNS SuSE 268
  Dokumentation 262
  Drucksystem → *CUPS*
  ethtool 309
  Firewall 397
  Firewall SuSE 269
  ifconfig 296, 310
  IRQ 661

Kernel 261
Kommandozeile 655
Konqueror 551
KWiFi 273
LVM 683
Mailserver 561
Namensauflösung SuSE 268
netstat 317
Netzwerkkarte SuSE 264
Netzwerkperformance 333
PAM 685
RAID 490
RAID Begriff 687
route 315
Shell 264, 655
Shell Bash 655
Shell streams 656
Shell-Skripte 668
tracepath 317
Traceroute 315
Wicd 273
WLAN SuSE 271
WLAN-Karte 271
xinetd 585
LLDP 225, 228
LLTD 228
LLTP 225
lmhosts 259
Load Balancing 191
LSA-Plus 165, 174
LTE 113, 115
LWL 65, 683, 684

M

Magic-Packets 192
Malware → Sicherheit
Man in the middle Attack 385
Managed Server → Cloud
Management Information Base → SNMP, MIB
Manpage 262
Masquerading 128
MBit/s 683
MByte 683
MDI-X 683
MDI/X 199, 201
Microsoft Network Monitor 330
Mikogo 361
MLDonkey 578

Monitoring 386
Motherboard 183
MP3 603, 609, 683
MPEG 604
MRU 684
MTBF 684
MTU 317, 684
Multicast → IP

N

Namensauflösung
 Info 149
 PDC 150
NAS 477
 Auswahl 486
 Hardware 484
 Openfiler 504
 Test 340
NAT 127
 Begriff 684
 Internet 128
 STUN → *VoIP*
 Tabelle 128
 Traversal 162
 Virtual Server 128, 499
 VirtualBox 499
 VMware Player 501
 VMware Server 496
 VoIP 626
nbtstat 305
Ndiswrapper 271
NetBIOS 150, 305, 684
NetIO 335
netstat
 Linux 317
 Windows Vista 222
NetStumbler → inSSIDer
Network Address Translation → NAT
Netzwerk
 Bustopologie 47
 Definition 45
 Dose 174
 Kommunikation 54
 Komponenten kaufen 36
 Performance 335
 Performance Tools 335, 337
 Personal Area Network 73
 Physik 64
 Planung 31

Planung Kabel 32
Planung PLC 34
Planung WLAN 33
Ringtopologie 48
Sterntopologie 48, 68
Topologie 47, 234
Netzwerkkarte, WLAN 38
NIDS 392, 684
nmap 318, 488
NSFNET 379
NTP 581, 685
   Clients 584
   ntp.conf 582
   ntp.drift 583
   SNTP 584
   Stratum 582

O

OFDM 81, 685
Ogg 603
Open-WRT 449
OpenPGP → GnuPG
OpenSSH → SSH
Ortsvermittlung 105
OSPF 126, 685
OS X
   Bildschirmfreigabe 369
   GPGTools 428
   netstat 319
   Netzwerkdienstprogramm 319
   Netzwerkumgebungen 275
   Portscanner 321
   Remotedesktopverbindung 374
   SSH 353
   Systemeinstellungen 275
   Traceroute 320
   VNC 369
   WLAN 280
   X11 358

P

packet loss 137
Paketlaufzeit 137
Paketvermittlung 113
PAM 403
PAN 674, 685
PAP 685
Patchkabel → Kabel

Patchpanel 33, 167
PCI 179
   Begriff 685
   Bus 179
   Slot 183
PCI-X 179
PCIe
   Begriff 685
   Info 179
   PEG 180, 686
PCMCIA
   Begriff 686
   LAN 185
   PC-Card 685
   WLAN 186
persistent 304
Personal Area Network → Netzwerk
Phishing 386
PhonerLite 635
PHProjekt 575
Physical Layer → Layer
PING 137, 292, 311
   flood 312
PLC 92, 94, 686
PNRP 216, 377
PoE → Switch
POP3 327, 568, 686
Portscanner 318, 321, 386, 393
Postfix 561
   Mails empfangen 563
   Mails verschicken 561
   MTA Begriff 684
   Relay-Host 567
   SMTP 564
PPP 686
PPTP → VPN
Presentation Layer → Layer
Promiscuous Mode 63, 499
Provider 633
Proxy 127, 391, 471
   Appliance 516
   Begriff 687
   Blacklists 522
   Cache 472
   ClamAV 522
   DansGuardian 522
   Virencanner 522
PuTTY 347
PXE 144, 496, 687

Q

QNAP MyCloudNAS → Cloud
QoS 108, 447
  Begriff 687
  TOS 690
  VoIP 624
Queue 687

R

RADIUS 402, 687
RAID 480, 484, 490
RASPPPoE 451
Rate Adaptive Mode 107
RDP 371
  Begriff 687
  Client Linux 374
  Client Windows 372
Real-Time Transport Protocol → RTP
Remotedesktop → RDP
Remoteunterstützung 375
RFC 687
RIFS, Begriff 687
RIPE 123, 126, 379, 688
RJ-45 168, 173, 688
Roaming → WLAN
Robocopy → Backup
Router 123
  Apple Airport 450
  Begriff 688
  Druckeranschluss 446
  DSL 444
  DynDNS 474
  Firewall 446
  Firmware 449
  Internet 445
  NAT 127
  USB Platte 482
Routing 121, 123
  Begriff 688
  CIDR 122, 676
  Default 125
  Eintrag 124, 125
  Linux 315
  Protokolle 126
  RIP 126, 688
  Windows 303
RSA 414
RSS 606
RTP 141, 618, 688, 689
RWIN 110, 223

S

Samba
  Linux Client 551
  Linux Server 543
  Netzlaufwerk 550
  OS X 288
  Windows Client 550
SASL 688
SCTP 688
Segment 123
Sender 44
Sendmail → Postfix
Server 533
Session Layer → Layer
Sicherheit 379
  Angriffsszenarien 385
  Autorisierung 380
  Botnet 382, 675
  Dialer 382, 677
  IP 381
  Malware 382
  Passwörter 393
  Programme 395
  Spyware 229, 382, 689
  UPnP 162
  Viren 231, 382, 392, 691
  Virenscanner 209, 382, 389, 392, 522
  Würmer 382, 692
  WLAN 399
SIFS, Begriff 689
SILK Codec 622
Simple Network Time Protocol → NTP
SIP 528, 618
  Begriff 689
  Client HorstBox 640
  Info 618
  Proxy 619
  SDP 688
  SIP Secure (SIPS) 689
SkyDrive → Cloud
Skype 629
SLA 108, 689
SLAT 210, 689
SlimFTPd 329
SMTP 568, 689
Sniffer 323, 384, 409

Index

Sniffing 386
SNMP 153, 196, 200
    Agenten 153
    Begriff 689
    Community 153
    MIB 153
    MIB Begriff 683
    OID 685
    read 153
    RMON 196, 688
    Traps 154
    write 153
SNTP 689
Social Engineering 386
Spanning Tree 196
Spanning Tree Protocol 689
Speex 622
Spoofing 386
Spyware → Sicherheit
SSH 414
    Client Windows 347
    Clientschlüssel 349
    Info 348
    Konfiguration Linux 348
    Serverschlüssel 348
    Sicherheit 348
    Single Sign On 350
    WinSCP 347
    X11-Tunnel 357
SSL → Verschlüsselung, TLS
Standardgateway → Routing
Steward → Kabel
Streaming 601
    Audiocodec 603
    Client 607
    Datenraten 602
    DLNA 602
    Hardware 606
    Software 609
    Videocodec 604
    Windows 610
Structured Query Language 689
STUN → VoIP
SuSE 261
SVOPC 622
Switch 69, 193
    Backplane 198
    GBIC 679
    Gigabit 194, 447
    Layer 3 54, 200

Loop 196
Mini 194
NWay 199
PoE 686
Power over Ethernet 200
RMON 200
Spanning Tree 196
Store&Forward 193, 199
STP 200
Switching-Tabelle 199
Trunking 196
Uplink 201
VLAN 200
Workgroup 195
SyncToy → Backup
Systemabbild → Windows

T

TAE-Dose 175
TCP
    Begriff 690
    Clientport 139
    Flusskontrolle 139
    Info 139
    MSS 684
    Port 139
    Receive Window 139
    Receive Window Size 110
    Send Window 139
    Serverport 54, 139
    Verbindungsabbau 139
    Verbindungsaufbau 139
Teamviewer 359
Telekommunikation 43
Telnet 346
    Client 346
    Server 347
    Sicherheit 346
Terabit-Ethernet 72
TFTP 329
Tftpd32 329
Thunderbird 573
TIA 690
Time Machine → Backup
TKIP 401
TLS → Verschlüsselung
Token-Ring 48
tracepath 317
Traceroute 125, 302, 315, 320

Triple Play 99, 109
Trixbox 527
Trojanisches Pferd 390
Troubleshooting
  Allgemeines 291
  Checkliste 297
  Firewall 298
  IP-Konfiguration 296
  ipconfig 299
  ISO/OSI 292
  Kabel 295
  Linux-Bordmittel 308
  OS X Bordmittel 319
  OS X PING 319
  Paketanalyse 323
  PING 293
  Tools Linux 333
  Treiber 295
  Windows PING 301
  Windows-Bordmittel 299
Trunking 191, 196
TUI, Begriff 690
Tunnel 690

U

U-R2 107
UAC 221
UDP 141, 690
Übertragungsmedium 44
UMTS 114, 690
UNIX 655
Uplink → Switch
UPnP 248, 488, 604, 690
  Info 161
  Sicherheit 162
  VoIP 629
  Windows Vista 233
USB 690
  Adapter 187, 188
User Account Control → UAC
User Datagram Service → UDP
USV 690

V

VBR 602
  Begriff 690
Verdrillung → Kabel
Verschlüsselung 413
  AES 673
  asymmetrisch 414
  CAcert 423
  DES 414
  DSA 417
  E-Mail 327, 424
  ELGamal 417
  Enigmail 425
  hybrid 414
  Keysigning-Partys 422
  Passphrase 417
  PGP 414
  PGP/inline 427
  PGP/MIME 427
  RSA 414
  symmetrisch 413
  TLS 327, 415, 690
  Web of Trust 422
  X.509 414
Vi 264, 665
Video LAN Client → VLC
Videocodec → Streaming
Viren → Sicherheit
Virenscanner → Sicherheit
VirtualBox → Virtualisierung
Virtualisierung 489, 646
  Appliances 503
  Gasterweiterungen 502
  Netzwerke 495, 498, 501
  Openfiler 504
  Performance 502
  Personal Backup Appliance 523
  Snapshot 209, 494, 496
  Squid 516
  VirtualBox 496
  VMware Player 499
  VMware Server 492
  VMware Tools 502
VLC 611
VMware → Virtualisierung
VNC 365
  Sicherheit 367
  siegfried 365
  SuSE 368
VoIP 615
  Begriff 691
  Client PhonerLite 635
  Client Skype 629
  Codec 621
  DTMF 678

E.164 620
ENUM 620, 678
Fritz!Box Fon 638
Gasse 634
H.323 615, 618, 680
Headset 642
Internet-Telefonie 615, 623
IP-Telefonie 615
ITSP 682
IVR 682
IWV 682
LAN Voraussetzungen 622
Laufzeitschwankung 624
Least Cost Routing 682
MFV 683
MOS 621
Ortsnetz 634
Rufnummerngasse 634
Sicherheit Skype 632
STUN 627, 689
TURN 629, 690
UC 616
VPN
  Begriff 691
  Encapsulation 431
  Hamachi 436
  Info 430
  Internet Key Exchange 431
  IPsec 414, 431
  IPsec AH 431
  L2TP 431
  L2TP Begriff 682
  OpenVPN 466
  PPTP 431, 686
  Pre-Shared Keys 432
  Site-to-Site 435
  WLAN 402

W

Würmer → Sicherheit
WAN 691
Wardriving 404
Webmeeting 363
Webmin 263
  DHCP-Server 537
  Fetchmail 568
  Samba 543
  siegfried 536
WEP 88, 399, 400, 691

Werkzeug 165
  Crimpzange 165, 168
WiMAX 115
Windows
  Active Directory 673
  APIPA 673
  Benutzerauthentifizierung 258
  Bildcode 206
  Dateisystemberechtigung 255
  Defender 209, 230
  DNS 259
  Drive Extender 480
  Easy Connect 211
  File History 206, 597
  Freigabe 215, 246, 251
  Freigabe Datei 255
  Freigabe Drucker 258
  Freigabe Probleme 258
  Freigabe Vista 232
  FTP 330
  Gast-Authentifizierung 253
  Hardware-Erkennung XP 236
  Home Server 478
  Homegroup 211, 214, 247, 250, 251
  HyperV 209
  Internetverbindungsfreigabe 681
  IP-Adresse 238
  IP-Konfiguration 212, 223, 237
  ipconfig 296
  Jugendschutz Vista 234
  Live → Cloud
  Live ID 204
  Namensauflösung 258
  nbtstat 305
  NDF 307
  NDIS 684
  netstat 304
  Netzlaufwerk 257
  Netzwerkcenter Vista 231
  Netzwerkeinstellung XP 237
  Netzwerkprofile 245
  Netzwerkumgebung 255
  Offlinedateien 595
  Patchday 382
  Performance-Monitor 305
  PING 239
  RDP 371
  Remoteunterstützung 216, 375
  Ressourcenmonitor 219, 222
  Routing 303

Security Essentials 209
Standardgateway 239
Subnetzmaske 239
Sync Settings 204
Systemabbild 596
Teredo 216
Tools 327
Vista 220
Windows 7 210
Windows 8 203
XP 236
WinPcap 323
WINS 149, 691
Wireless Fidelity → WLAN
Wireshark 323
WLAN 402
    Überlick 74
    Accesspoint 75
    Ad-hoc-Modus 76
    Antenne 78, 82
    Antenne Ausrichtung 87
    Beacon 403
    Begriff 691
    BSS 75, 675
    Channel Bonding 85
    Chipsätze 271
    CSMA/CA 76, 676
    DFS 79
    DIFS 86
    DSSS 78, 677
    DTIM 403, 678
    EIRP 82, 678
    Empfang 182
    ESSID 399
    FHSS 679
    Fragmentation 404
    Frame Aggregation 86
    Frame bursting 86
    Funkkanal 79
    IBSS 76, 680
    IFS 76, 681
    Info 73
    Infrastruktur-Modus 76
    ISM 73, 682
    Karte → Netzwerkkarte
    KWiFi 273
    MIMO 82, 87, 683
    Monitormodus 271
    Netzwerkkarte 181
    PBCC 78, 685
    Preamble Type 404
    Priorisierung 84
    Repeater 82
    Roaming 77
    RTS 403
    Sendeleistung 86
    Sicherheit 88, 399, 408
    SIFS 86
    SSID 399, 689
    TIM 403, 690
    Tools 329
    TPC 79, 690
    WDS 691
    Wicd 273
    WiFi Alliance 77
    WiFi Finder 81
    WiFi Info 84
    WPS 407
    Zertifizierung 85
WMA 603
WoL 192, 479, 691
WPA 401, 691
    AES 405
    IEEE 802.1x 405
    Info 399
    MIC 683
    Passphrase 406
    PSK 405
    TKIP 405, 690
    WPA2 402
WPAN 692
WPS → WLAN
WWW 379

X

X.org → X11
X11 354
    Beispiel 356
    Sicherheit 355, 356
    SSH-Tunnel 357
xhost 355
xterm 355
Xvid 604

Y

YaST 263